浙江工业大学专著与研究生教材出版基金(20170101)
浙江工业大学 2017 年校级重点建设教材(JC1717)
浙江工业大学 2018 年度人文社科后期基金资助出版(GZ18811230029)

知识产权犯罪学的建构及其应用

杨夔蛟　陈南成　著

图书在版编目(CIP)数据

知识产权犯罪学的建构及其应用 / 杨燮蛟等著. —杭州:浙江大学出版社，2021.7

ISBN 978-7-308-21525-1

Ⅰ.①知…　Ⅱ.①杨…　Ⅲ.①侵犯知识产权罪—研究—中国　Ⅳ.①D924.334

中国版本图书馆 CIP 数据核字(2021)第 121381 号

知识产权犯罪学的建构及其应用

杨燮蛟　陈南成　**著**

责任编辑　石国华
责任校对　杜希武
封面设计　刘依群
出版发行　浙江大学出版社
(杭州市天目山路 148 号　邮政编码 310007)
(网址：http://www.zjupress.com)
排　　版　杭州星云光电图文制作有限公司
印　　刷　广东虎彩云印刷有限公司绍兴分公司
开　　本　787mm×1092mm　1/16
印　　张　25
字　　数　620 千
版 印 次　2021 年 7 月第 1 版　2021 年 7 月第 1 次印刷
书　　号　ISBN 978-7-308-21525-1
定　　价　78.00

浙江大学出版社市场运营中心联系方式:0571—88925591;http://zjdxcbs.tmall.com

序

四十年光阴弹指一挥间，岁月见证了科技产业的日新月异，见证了社会经济的蓬勃发展，也见证了法治文明的砥砺前行。21世纪的中国传承着过往的荣光，寻求着全新的机遇，也面临着接踵而来的挑战。国内外敌对势力、犯罪集团和犯罪人员一直都对我国的知识产权领域虎视眈眈，企图窃取我国的科技信息、经济情报、商业秘密和技术专利，甚至不择手段地破坏相关成果，近年来更有以美国为首的部分西方国家操纵舆论，妄想借此打压我国知识产权领域的发展。我国不少学者都觉察到了此类犯罪的危害性，也开始呼吁构建独立的知识产权犯罪学体系，杨燮蛟教授便是其中之一。杨教授一直致力于知识产权相关领域的学科建设，并已有专著《知识产权刑法学的建构及其应用》问世，而今姊妹篇《知识产权犯罪学的建构及其应用》付梓在即，相信本书的出版将会是他写作生涯中浓墨重彩的一笔，也为我国知识产权犯罪学领域的研究添砖加瓦。

杨教授研究团队撰写的这本《知识产权犯罪学的建构及其应用》在形式与内容上都有不小的创新，其立足于传统犯罪学理论，突破思维定式，提出了知识产权犯罪学的理论框架及其应用于实际的诸多设想。杨教授从知识产权犯罪学与知识产权犯罪预防的基本概念入手，介绍了我国知识产权犯罪学的现状，借此指出了现有制度存在的不足之处，并试图以此为契机提出建设性意见。具体而言，书中主要涉及犯罪预测、风险社会的犯罪恐惧感、犯罪心理学、犯罪社会学、社区犯罪预防、女性犯罪、修复式司法、犯罪预防模式等，既有学科传统的经典问题，又有作者新近提出的思考。此外，作者还探讨了知识产权犯罪学正当性的基础、知识产权犯罪对传统刑罚目的的挑战与应对、自然犯和法定犯理论构架分析知识产权犯罪的天然缺陷、对知识产权犯罪行政从属性的批判以及知识产权犯罪宽严相济刑事政策的分析等深层次议题，纵横政治民生，足见作者的功底与野心。本书揭示的大多是当代中国知识产权犯罪学领域亟须走出的困境，具有较强的实证意义与实践价值。

我国的知识产权犯罪学领域初生而混沌，有许多内涵值得挖掘，也有许多观点需要商榷。事实上，我国学界在许多基础性的问题上看法并不一致，这也导致了我国知识产权犯罪学领域的发展举步维艰，故作者在书中就许多看法做了理论上与实践上的利弊分析，并借此提出了自己的观点。例如，在我国司法资源有限的大背景下，知识产权刑事制度的制定将直接关系到知识产权犯罪防控工作的效率和成败，因此作者主张在刑事法律中应当首要遵循知识产权伦理学的基本观点，认可人类伦理价值和知识产权价值的双重优先性，通过符合客观规律的实践活动实现人类经济社会与知识产权制度的共同发展，这恰恰是当下学界尚未明确的认识。再有，我国刑法通说观点一般将我国刑法的目的概括为一般预防和特殊预防相结合，但作者认为现实中造成知识产权重大侵害的主体很可能给社会带来难以估量的损失，刑罚的运用应适度提前而不要等到侵害事实的真正发生，这是对传统刑罚目的观的修正。此外，作者还认为知识产权犯罪具有行政从属性的观点极易给人以知识产权刑法乃国家知识产权行政秩序管理工具的错误认识，甚至造成知识产权行政执法和行政管理是知识产权刑事司法必要前置程序的重大误解，这些都是我国知识产权刑事法治发展的潜在阻碍。诸如此类的观点与讨论在本书中还有很多，或局部或整体，作者试图通过这些思考来为知识产权犯罪学的发展谋求一条通路，也希望以此当仁不让地为学科领域的开拓献出自己的一份努力。

杨教授长年奋斗在司法一线，有过侦查、起诉、反贪的工作经历，兼具深厚的理论素养与丰富的实践经验。这些年来，杨教授潜心治学之余热衷科研，硕果颇丰，而这次在知识产权犯罪学领域的深入研究也取得了骄人的成果。我衷心地期待本书可以带给读者启发与共鸣，期待杨教授在写作生涯中再树丰碑，也期待我国的法治建设一路坦途，大步向前，用公平和秩序的画笔绘出中国梦的蓝图。

是为序。

周长康

2020 年 12 月于杭州

周长康，曾任浙江省公安厅办公室主任、治安处长，浙江省青少年犯罪研究会和刑事犯罪学学会常务副会长兼秘书长，中国青少年犯罪研究会副会长。

前　言

人生而有欲，欲而不得，则不能无求。

犯罪是欲望的恶果，犯罪史本身与人类历史一样古老。《圣经》中记载了这样一个故事，亚伯因献祭贡物获得了耶和华的悦纳，招致亲生兄弟该隐的嫉妒，后来二人在田间大打出手，最终亚伯被该隐亲手杀害。这便是《圣经》中著名的“第一起谋杀案”。随着人类的发展，犯罪却愈发猖獗，衍生了诸如劫掠、盗窃、奸淫等不同犯罪，再后来，如我们所知，犯罪成为社会文明的影子，时刻影响着世俗生活的方方面面，亦成为人类历史的重要组成部分。

犯罪，是具有高度社会危害性的行为。犯罪学，则是一门以科学方法研究犯罪并寻求防治对策的学科。犯罪学之根本目的在于预防犯罪，即通过设计可预防、控制、排除及降低实际发生犯罪数量与犯罪恐惧感的所有活动，以维持社会秩序并促进社会和谐。犯罪的预防是一个含义极广的概念，不仅包括个体状况的改善，也兼顾整个社会环境的治理整顿。犯罪预防存在于犯罪的各个阶段，包括犯罪发生之事前、事中及事后，并期望达到“不想犯罪、不必犯罪、不敢犯罪、不能犯罪、不再犯罪”的最终效果。

本书论述的知识产权犯罪要件理论，发轫于专利制度的诞生。世界上第一部成文专利法《威尼斯专利法》诞生至今已有五百多年，即使从第一部近代意义上的专利法——英国《垄断法规》算起，也有近四百年的历史。四百多年来，知识产权制度经历了无数次社会思潮与立法革新，特别是近百年来科学技术的新兴与发展，形成了丰富的理论体系，并且在许多发达资本主义国家建立了较为完整的法律制度。

就国内学术研究现状而言，以知识产权犯罪问题作为直接研究对象的成果还不多。截至目前，市面上尚无系统论述知识产权犯罪的学术著作，相应的博士论文更是少数，目前公开的研究成果也大多是一些期刊论文和硕士学位论文。可以说，若要对知识产权犯罪问题进行系统全面的研究，可以直接借鉴的资料不多，也没有可以参照的较为严整的结构体例。即使是现成的成果，对许多专业问题的看法也是各执一词，难论是非。故本书尝试对知识产权犯罪做系统论述，存在不小的难度，但具有一定的开拓意义，笔者也希望能借此机会为填补这块领域的空白献上绵薄之力。

一、关于选题

确定写作的主题，是每一个作者面临的首要任务。这一过程往往曲折复杂，充满了机缘巧合。十多年前，法学院增设了知识产权专业，开设了知识产权刑法学和知识产权犯罪学两门课程，但苦于没有教材，只能用刑法学和犯罪学的教材替代。因缘际会，知识产权犯罪进入我的视野，我也产生了浓厚的兴趣，进而萌发了写作的念头。经过多年的预备和积累，我得以完成了《知识产权刑法学的建构及其应用》的书稿，并顺利在 2018 年 11 月出版。现在，我已经着手开展《知识产权犯罪学的建构及其应用》第三稿的写作。我避开传统教材的写作模式，选择以“知识产权犯罪学的建构及其应用”的视角进行论述研究。

我坚定选题的信心，亦得益于以下考量。

第一，在知识产权犯罪学理论研究不甚成熟且学科实力相对单薄的大背景下，对犯罪做类型研究始终是我国犯罪学领域重要的成果形式。但是回顾以往的成果，研究范围大多局限于财产犯罪、暴力犯罪、性犯罪、未成年人犯罪以及女性犯罪等等，而以知识产权犯罪为角度做类型研究的，可谓少之又少。因此，在笔者看来，从犯罪学角度研究侵害知识产权犯罪，或许大有可为，除了能够比较系统地阐述知识产权犯罪理论体系，还可以为其他类型犯罪的犯罪学研究提供一种不同于传统刑法学的方法和思路。

第二，无论是犯罪学还是知识产权犯罪学，归根结底都是同犯罪做斗争的理论工具。犯罪学全面研究犯罪现象本身，揭示其产生、发展、变化之规律，总结犯罪原因，并服务于控制、减少以至消灭犯罪的最终目的。知识产权犯罪学虽是犯罪学的一个分支，但具备特有的犯罪行为的特征及原因，因此不应当盲目地运用传统理论进行审视。为了寻找更加科学有效、更具针对性的预防知识产权犯罪的对策，我们必须着眼于知识产权犯罪的现象，落脚于知识产权犯罪本质特征的研究，进而贯彻犯罪学的使命。

第三，近些年，出于种种原因，我已几乎远离了犯罪学的教学方向。但我心底里对犯罪学的研究始终念念不忘，而那种由来已久的亲近感更是从未改变。尽管已是解甲归田的年纪，但我总想为学校留下点什么，也算是完成自己心中的愿景。所谓“有梦最美，筑梦踏实”便是如此吧，这个“梦”驱使着我选定了知识产权犯罪这一命题，也一直鼓舞着我攻克难关以至最终完成书稿。其间辛酸滋味不足为外人说道，但“追梦”的激动与酣畅亦是常怀心间。这本书，于犯罪学而言，不过是浩瀚书海中的一粟，但于我而言，是一次足慰平生的经历与纪念。

二、研究方法

知识产权犯罪学研究使用最多的便是实证研究方法。从某种意义上说，作为一门独立的学科，犯罪学就属于实证学科。毋庸置疑，实证研究方法是知识产权犯罪学方法论的瑰宝，甚至是知识产权犯罪学诞生的催化剂。19世纪中期之前，犯罪研究领域为刑法学所垄断。古典刑法学在研究刑事惩罚措施时，关注的是犯罪行为和法律规范之间的逻辑原则，理论着眼点则必然是犯罪行为而非犯罪人，理论方法也自然是对法律规范的逻辑阐释而不是对犯罪现象本身的深入考察。19世纪后期，被誉为犯罪学之父的龙勃罗梭采用实证研究方法研究犯罪原因，突破了刑法学对犯罪的单一法学研究方法现状，主张刑法学跳脱法律规范的框架来研究犯罪，打破了刑法学垄断犯罪研究的局面，在客观上构筑了一个在研究对象和方法上不同于刑法学的学科基本理论框架。可以说，在犯罪研究的方法论层面引入实证研究方法，推动了犯罪学研究方法的重大变革，使犯罪研究摆脱了纯粹的逻辑与思辨，开创了科学研究的全新时代①。在此后的犯罪学学科发展历程里，实证研究始终扮演着不可或缺的重要角色。20世纪中期以后西方犯罪学发展的一个重要特点，就是高度重视对犯罪的实证调查，犯罪学家们试图通过大规模的或者长期的调查，用确切的数据资料佐证他们的理论假设。这类调查既有地区性的，也有全国性的，其中全国性的犯罪调查和犯罪被害调查在许

① 王牧.新犯罪学[M].北京:高等教育出版社,2005:54-60.

多西方国家都有过实践，并且至今仍然被看作是犯罪研究的重要手段。①

事实上，尽管已被广泛使用，但是截至目前学术界对于实证研究方法还没有确切和统一的概念。笔者比较赞同的说法是，实证研究方法就是通过多种渠道和方式收集经验事实，并且按照既定步骤，使用特定方式对这些材料进行分析、推理以检验命题或者建立理论学说的科学方法。

犯罪学在我国的出现，同样得益于实证研究的发展。19 世纪末，随着西学东渐，实证主义哲学被引入中国，为中国学者对社会问题开展实证研究埋下了思想种子。也正是在这样的大背景下，西方犯罪学于 20 世纪 20 年代被引入中国。几十年来，我国犯罪学在曲折中艰难前行，尽管目前已经取得了独立的学科地位，但仍处在发展阶段。但是应当指出的是，在这一过程中，对实证研究作为犯罪学最主要研究方法的地位的认同与共识是始终没有改变的。

但是在我国的犯罪学研究实践中，实证研究方法一直处于尴尬的境地。我国对犯罪现象进行系统实证研究的理论成果不够多，也普遍不够深入，以至于“实证逐渐成了一种时尚的学术宣言”②而很少被贯彻到具体的研究中去。这一点在普通的刑事犯罪以及特殊的侵害知识产权的犯罪研究中尤为普遍，具体表现在规范性的研究占据了太大的比重，而调查性的事实学研究成果太少。造成这种状况的原因并不仅仅是缺乏对实证研究方法的重视，更主要的是实证研究依赖于人、财、物等客观条件，无论是研究方案的设计还是研究步骤的选择，往往需要团队的科学协作，而非个人力量所能胜任。笔者在本书写作过程中，也面临同样的困扰，由于行政执法部门和司法机关黑数的存在，兼之精力和时间有限，许多调查无法开展也实属力所不能及。本书中涉及的实证研究资料大多来自中国法院的知识产权白皮书和其他学者、专家、教授们的相关研究成果。

本书的主要研究方法如下。

1. 归纳研究法

归纳研究法是从大量的具体事实资料中概括出一般性结论的研究方法。本书在阐述知识产权犯罪的特征问题时主要采用的就是归纳法。通过分析最高人民法院、公安部每年公布的十大案例、各类有关知识产权侵权违法行为及犯罪方面的统计数据，结合典型案例，归纳出知识产权犯罪的整体特征。

2. 比较研究法

比较研究法是人文社会科学研究中最常用的方法之一。“他山之石，可以攻玉”，通过比较可以对本国制度与外国制度的异同与优劣形成比较清晰的认识，并在此基础上为制度的借鉴或移植提供意见与参考。本书在阐述我国知识产权立法、司法的不足之处与改进方向时即采用了这种方法。

3. 刑法学的研究方法

用法律解释剖析犯罪构成是刑法学研究具体犯罪的主要方法。本书主要以犯罪学视角研究知识产权犯罪，但也涉及刑法学视角及其研究方法。本书在阐述知识产权犯罪行为问题时便主要是从刑法学视角出发的。这是基于两方面考量而做出的选择：一是在我国知识产权犯罪的核心部分或是典型表现是刑法规定的侵犯知识产权罪，要遏制这类犯罪，刑罚是

---

① 王牧. 新犯罪学[M]. 北京：高等教育出版社，2005：64.

② 赵国玲，王海涛. 知识产权犯罪中的被害人——控制被害的实证分析[M]. 北京：北京大学出版社，2008.

不可或缺的手段,因此,从刑法学角度厘清一些法律适用上的模糊认识是非常必要的;二是尽管从犯罪学角度而言知识产权犯罪的外延很广,但是本书对知识产权犯罪的分类是以刑法学的规定为参照物的,即将知识产权犯罪划分为法定犯罪行为和法外准犯罪行为,而在研究法定犯罪行为时,当然离不开刑法学研究方法。

三、本书特点

第一,本书从犯罪学的视角来揭示知识产权犯罪产生的过程,帮助读者学习知识产权犯罪发生的内部机制,并了解相应的防范对策。

第二,本书的写作理念是将普通的刑事犯罪以及特殊的侵害知识产权犯罪的理论基础和知识产权实际运作过程相结合,让读者在深入浅出地理解犯罪学基础理论知识的同时,还能够掌握知识产权犯罪者的本能、手段、规律,从而更好地应用到知识产权犯罪的日常预防工作中去。

第三,本书是一本引导人们防范知识产权犯罪的书。本书中所有的文字都在向读者传达在当今的风险社会中应当做什么以及不应当做什么。阅读本书不仅可以让读者通晓知识产权犯罪现象的产生原因、特点、方法、演变发展过程,从根源上对知识产权犯罪加强预测和优化防范,而且能够了解被害人和加害人的心理过程及特点,帮助我们更好地了解犯罪副文化理论、紧张犯罪理论、社会控制理论的观点,讨论在风险社会下的犯罪治理,并且说服人们接受各种犯罪预防理论和犯罪预防模式的观点。

本书的创新主要体现在以下三个方面:首先,笔者较为系统地考察了知识产权犯罪的历史沿革,总结了不同时代知识产权犯罪的不同表现方式及其成因;其次,不同于当下流行的以传统犯罪学的相关理论作为研究对象和研究根据的注释法学式的研究方法,本书深入讨论了知识产权犯罪构成要件的理论及价值基础,使规范性研究建立在一个更为宽广的理论背景之上;最后,关于知识产权犯罪的判断基准,作者结合了国内外两种不同的立法模式,提出了一套较为科学完整的知识产权犯罪预防规则。

笔者希望,阅读本书能够帮助读者学会利用事先预警、威吓效果、技术和环境设计以适应科技社会的发展。这是人们日常工作和生活的需要,是对科研部门和管理部门工作人员的要求,也是一个现代企业人员的基本素质,更是使知识产权更加安全、使人民更有尊严地幸福生活的必要前提。学术研究的最终还是要服务于立法和司法实践,这也正是本书的宗旨所在。

四、研究思路和基本框架

本书主要分四部分共 14 章内容,每一章的末尾设有“结语”,便于读者更好地梳理和掌握书中内容。

第一部分,即第一章,主要讲关于知识产权犯罪学与知识产权犯罪预防的基础理论和重要思想,阐述知识产权犯罪预测的基本内涵、必要性及运行机制,并强调了预防知识产权犯罪的必要性。在知识产权犯罪预防的过程中,需要先有一个基础,即基于相关社会问题和犯罪原因了解更多的预防知识以拓宽视野,并且始终保持批判性的态度。只有这样,读者才能对社会问题和犯罪原因有自己的见解,从而更好更有效地进行犯罪预测和犯罪预防。这一部分的立论也是后文的基础。

第二部分,包括第二章至第九章,主要讲古典犯罪学、实证犯罪学、批判犯罪学与明耻整合及修复式司法与犯罪预防模式。学习知识产权犯罪学的过程中,了解传统犯罪学的历史发展过程是必要的。通过了解犯罪学的历史背景、发展演变过程及特点，探寻侵害知识产权犯罪的原因、手段与特征，并将传统的犯罪学理论应用到对知识产权侵害的实际问题中去。由此便引出了防卫空间理论、情境犯罪预防论、日常活动理论、新机会犯罪理论、破窗理论等学说理论，通过对侵害知识产权犯罪问题的阐释。提出一些创新性预防对策。这一部分明示了实证主义犯罪学派之犯罪预防理念，矫治犯罪预防之理念、社区犯罪预防之理念、发展性犯罪预防之理念以及犯罪被害人保护与犯罪预防、风险社会下的犯罪治理等一系列复杂问题。

第三部分，包括第十章至第十三章，主要讲知识产权犯罪的构成要件和特点、知识产权犯罪行为、知识产权犯罪行为人与被害人关系以及知识产权犯罪原因。我们通常将知识产权犯罪行为分为四类：商标犯罪、专利犯罪、侵犯著作权犯罪和侵犯商业秘密罪，并在每一类别中对区分法定犯罪行为和法外准犯罪行为做了全面的阐述，也涉及网络环境下知识产权犯罪人的自然特征、网络环境下知识产权犯罪人的犯罪动机、网络环境下知识产权犯罪人的法律意识。依照犯罪因果链条，距离犯罪发生的远近，我们把“犯罪原因”分为犯罪根源、基本原因、直接原因和条件、犯罪诱因等，然后针对知识产权犯罪的特点，具体阐述了对知识产权犯罪的产生影响最大、最直接的犯罪直接原因、条件和诱因。这是鼓励人们对形形色色的知识产权犯罪行为树立批判性的态度，学会在应对知识产权犯罪行为时应当如何预防和惩治，识别和克服在预防惩治过程中可能出现的困难，并能够持批判性态度去思考争议性的问题，最后对争议的观点和事实形成新的认识，并在以后不断加以完善。

第四部分，即第十四章，主要讲全球化时代应该如何保护知识产权及其预防犯罪战略。为了帮助人们在平时的科技活动和日常工作中能够更加有序和谐地生活，我们可以将防患于未然的思考理念应用到立法保护及其价值目标中，从而更好地进行知识产权犯罪的预防，也能使读者深刻理解提高公民知识产权意识正是全球化时代下知识产权犯罪预防的关键。通过阅读，读者也可以了解到知识产权保护是 19 世纪后期才出现的“全球化”趋势，知道知识产权问题与国际经济、政治问题是相互影响的，知识产权保护的地域性受到严重挑战；从而也能使读者深刻理解美国和日本出台知识产权保护战略的背景，美国及日本“知识产权立国”保护战略的特点及其对世界各国的影响，懂得全球化背景下知识产权犯罪的预防走向在于中国传统伦理的精髓——中庸之道，学会用简明扼要的形式表达健全知识产权司法体系的重要性，在实践中更加灵活地操作事先预防和事后预防的多种形式。此外，书中还提供了较为丰富的基础理论知识和实践操作范例供读者借鉴。

本书内容的修改和校正分工如下：第 1 章、第 2 章由许越同学负责；第 3 章由娄晶媛同学负责；第 4 章、前言、后记由徐东尔同学负责；第 5 章由孙寅杰同学负责；第 6 章由朱敏琦同学负责；第 7 章由黄梦颖同学负责；第 8 章、第 9 章由陈艺欣同学负责；第 10 章由汪聃尔同学负责；第 11 章由孙佳玮同学负责；第 12 章由周芷蕙同学负责；第 13 章由张虹同学负责；第 14 章由胡丹冰同学负责；全书由杨燮蛟教授和陈南成同学统稿。

笔者希望本书以对比为切入口，对比知识产权犯罪在不同学科领域中的研究、今昔表现与实践状况、传统犯罪学与知识产权犯罪学、中外防控经验，指出知识产权犯罪防控体系存在的缺陷，立足于国内，放眼于国外，尝试对实践中存在的问题提出解决方案，以期供立法部门和其他相关部门借鉴参考。虽希冀如此，奈何笔者学识水平有限，书中难免存在疏漏乃至错误，也恳请广大读者谅解、指正。

目　录

第一章　知识产权犯罪学概论……………………………………………（1）

第一节　知识产权犯罪学的犯罪概念…………………………………（1）

第二节　知识产权犯罪学的功能与价值………………………………（10）

第三节　知识产权犯罪学的研究对象…………………………………（12）

结　语……………………………………………………………………（20）

第二章　古典犯罪学与犯罪…………………………………………（22）

第一节　古典犯罪学派…………………………………………………（22）

第二节　新古典犯罪学派与现代新古典犯罪学派……………………（28）

结　语……………………………………………………………………（54）

第三章　实证犯罪学与犯罪预防……………………………………（56）

第一节　实证犯罪学派…………………………………………………（56）

第二节　犯罪生物学理论………………………………………………（60）

第三节　犯罪心理学理论………………………………………………（63）

第四节　犯罪社会学理论………………………………………………（68）

第五节　发展性犯罪理论………………………………………………（83）

第六节　实证主义犯罪学派的犯罪预防理念…………………………（89）

结　语……………………………………………………………………（94）

第四章　批判犯罪学与明耻整合及修复式司法……………………（96）

第一节　批判犯罪学导论………………………………………………（96）

第二节　冲突犯罪学理论………………………………………………（99）

第三节　女性主义犯罪学………………………………………………（101）

第四节　明耻整合理论…………………………………………………（104）

第五节　修复式司法……………………………………………………（108）

结　语……………………………………………………………………（115）

第五章　犯罪预防的模式……………………………………………（117）

第一节　犯罪预防的基本观念…………………………………………（117）

第二节　犯罪预防模式的理论表述……………………………………（120）

第三节 犯罪预防模式的分类…………………………………………………………（124）
第四节 犯罪预防模式的评析…………………………………………………………（136）
第五节 ADR 纠纷争议解决机制 ……………………………………………………（138）
结 语……………………………………………………………………………………（144）
第六章 犯罪被害人保护与犯罪预防……………………………………………（146）
第一节 被害人与被害者学的发展演变……………………………………………（146）
第二节 被害人保护政策的发展………………………………………………………（152）
第三节 警察对犯罪被害人的保护政策……………………………………………（157）
结 语……………………………………………………………………………………（166）
第七章 风险社会与犯罪治理………………………………………………………（168）
第一节 风险社会与犯罪恐惧感………………………………………………………（168）
第二节 风险社会下的犯罪治理………………………………………………………（174）
结 语……………………………………………………………………………………（189）
第八章 知识产权犯罪的现状和特点……………………………………………（191）
第一节 知识产权犯罪概况……………………………………………………………（191）
第二节 知识产权犯罪的犯罪现象……………………………………………………（197）
第三节 我国惩治知识产权犯罪的困境……………………………………………（208）
结 语……………………………………………………………………………………（212）
第九章 知识产权犯罪比较研究……………………………………………………（213）
第一节 知识产权犯罪与一般财产型犯罪比较……………………………………（213）
第二节 知识产权犯罪与财产型经济类犯罪比较…………………………………（215）
第三节 知识产权犯罪体系内部比较…………………………………………………（217）
第四节 知识产权犯罪防控上的比较…………………………………………………（219）
第五节 中美知识产权犯罪防控的比较……………………………………………（221）
第六节 对完善知识产权犯罪防控体系的启示……………………………………（227）
结 语……………………………………………………………………………………（238）
第十章 知识产权犯罪行为研究……………………………………………………（239）
第一节 商标犯罪…………………………………………………………………………（240）
第二节 专利犯罪…………………………………………………………………………（255）
第三节 侵犯著作权犯罪………………………………………………………………（260）
第四节 侵犯商业秘密罪………………………………………………………………（274）
结 语……………………………………………………………………………………（286）
第十一章 知识产权犯罪行为人与被害人研究…………………………………（288）
第一节 知识产权犯罪行为人研究……………………………………………………（288）

第二节 知识产权犯罪被害人研究…………（296）
第三节 知识产权犯罪行为人与被害人的互动关系…………（306）
第四节 知识产权犯罪被害人保护与救济…………（310）
结 语…………（317）
第十二章 知识产权犯罪原因研究…………（318）
第一节 我国知识产权犯罪外因分析…………（318）
第二节 我国知识产权犯罪内因分析…………（327）
结 语…………（332）
第十三章 网络环境下知识产权犯罪人实证研究…………（334）
第一节 网络环境下的知识产权犯罪…………（334）
第二节 网络环境下知识产权犯罪人的概念及其分类…………（340）
第三节 网络环境下知识产权犯罪人的实证分析…………（341）
第四节 网络环境下知识产权犯罪人的现实挑战…………（345）
第五节 网络环境下对知识产权犯罪人的规制路径…………（348）
结 语…………（350）
第十四章 全球化时代知识产权保护战略研究…………（352）
第一节 全球化背景下的知识产权保护…………（352）
第二节 美国的知识产权保护战略…………（356）
第三节 日本“知识产权立国”保护战略的出台及其对周边国家的影响…………（359）
第四节 中国知识产权保护战略的制定与实施…………（364）
第五节 知识产权保护战略展望…………（370）
结 语…………（376）
参考文献…………（378）
后 记…………（385）

第一章　知识产权犯罪学概论

近年来，随着我国知识产权犯罪的日益频发以及国家对知识产权保护的逐步重视，我国加强了针对知识产权犯罪的立法工作和执法力度。与此同时，我国学界也对知识产权犯罪问题开展了多视角、全方位的热烈探讨，取得了不少成果。与此同时，我国传统型犯罪学的研究也经历了一个高速发展的阶段，一方面犯罪学基本理论问题的研究趋于深化，另一方面传统型犯罪学的研究范围不断向包括知识产权犯罪在内的各个相关领域拓展延伸。具体而言，学界就知识产权犯罪的犯罪概念、犯罪特点、犯罪原因和犯罪预防等犯罪学语境下的问题展开了相当程度的研究。但需要指出的是，知识产权犯罪学依然有许多基本且必要的问题尚待深入考察，且由于学者们存在不同的立场和侧重点，学界对诸多问题亦存在多种观点与主张。故本书拟在介绍、评析犯罪学的历史沿革及其发展方向的基础上，就知识产权犯罪的犯罪概念、犯罪特点、犯罪原因以及犯罪预防等几个方面提出自己的见解，以求教方家。

第一节　知识产权犯罪学的犯罪概念

一、犯罪概念的学科解读

犯罪学的研究对象是纷繁复杂的社会现象，往往涵盖公众普遍关注的热点问题，而被人们以不同学科的角度进行解读。古往今来的哲学家、法学家和社会学家都曾以不同的视角对同一对象——犯罪现象进行研究。特别是在当下的风险社会，犯罪早已成为严重的社会综合征。如何解释、分析犯罪的原因并寻求犯罪的预防对策不仅是法学家的职责所在，也是普通大众的民心所向。法学领域拥有独特的学科视角与研究方法，诸如刑法学、刑事诉讼法学、刑事侦查学、监狱法学等分支都是应对犯罪现象的理论武器。犯罪学领域则诞生了犯罪社会学、犯罪生物学、犯罪心理学、犯罪统计学、犯罪地理学、犯罪精神病学等学科，以全面研究犯罪。这些理论成果进一步拓宽了犯罪学的研究领域，丰富了犯罪学的研究内容，但也为犯罪学学科性质的界定带来了困难。有的学者认为犯罪学是一种“法社会学”，有的学者则认为犯罪学是属于“社会学的范畴”，也有的学者认为二者兼而有之。这些分歧与争议都为犯罪学蒙上了一层扑朔迷离的面纱。但作为研究的前提，给犯罪学做一个确凿的定义是必要的。

我们认为，犯罪学是一门以犯罪现象、犯罪原因和犯罪预防对策为研究对象，并综合运用社会学、法学等多种学科的知识和方法的综合性学科。依据如下：

(1)犯罪学研究的犯罪现象、犯罪原因和犯罪预防，都是以刑法规定的犯罪为基础的。无论是研究犯罪现象的构成、特点、规律，还是犯罪现象产生的主客观原因，抑或是评述刑事法律措施在预防犯罪中的作用与地位，都应当以刑法为指导。当然，犯罪学研究的犯罪现象并不局限于刑法规定的范围，它还包括刑法中没有规定但具有较严重社会危害性的行为，而这是为刑法立法和犯罪预防服务的。犯罪学在研究涉及婚姻、家庭、财产等方面的犯罪时，便离不开民法学和婚姻法学的基础。犯罪学在研究犯罪预防对策时，如分配公、检、法、司以及国家行政机关在预防犯罪中的职能与责任时，又同刑事诉讼法和行政法产生了千丝万缕的联系。由此可见，研究犯罪学既要充分运用刑事法学和相关的部门法学的理论成果来解释犯罪，也要以此为基础提炼出更多的观点去审视犯罪。因此，法学是犯罪学的重要基石。

(2)犯罪学的研究范围远不止于法学领域，譬如我们常常需要研究宏观社会环境中的政治、经济、文化、教育、道德、法制等因素和微观社会环境中家庭、学校、社区环境中的不良因素对犯罪的影响，或是研究犯罪个体的反社会观念、心理、人格、生理等因素对犯罪行为的影响，这就离不开社会学、经济学、政治学、人口学、心理学、生物学、伦理学、教育学的知识。因此，犯罪学的研究是一个多学科知识交叉综合运用的过程。

我们认为犯罪学是法学与社会学交叉的综合性学科，兼具深刻的理论性与较强的应用性(如图 1-1 所示)。

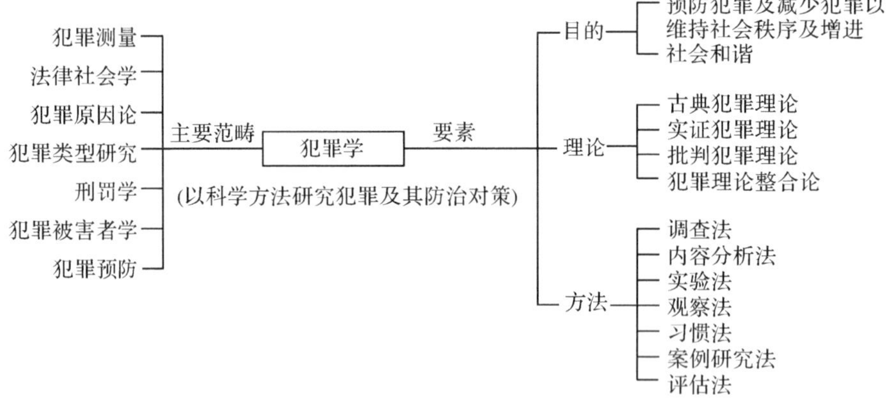

图 1-1　犯罪学研究体系架构

(一)刑法学中的犯罪概念

早在犯罪学产生之前，刑法学中就已经有了关于犯罪的定义，而且不少国家的刑法学都以犯罪为法定研究对象。因此犯罪学在确定研究对象并给“犯罪”下定义时，就必须注意两个学科语境下“犯罪”的区别与界限。

我们知道犯罪学作为一门独立学科，与心理学、社会学、医学、生物学、精神医学、教育学、统计学、经济学等众多学科具有密不可分的联系。因此，在某些时候犯罪学被比喻成“巨大的杂居大楼”，“掌握了各种各样的学科领域(精神医学、心理学、社会学、教育学等)的专业素养的人的共同成果之积累”①。刑法学和刑事诉讼法学是规范学科，而犯罪学和刑事政策学属于实证学科，具有不同的学科性质。作为犯罪学研究对象的犯罪包括但不限于刑法上的犯罪，从这个意义上说，犯罪学是一门特殊的实证学科。犯罪学是以犯罪现象的动态把握、原因研究、预防法研究为固有研究对象的，相比之下，刑法学中的各种制度(从成文刑法典到刑罚、保安处分)不过是预防犯罪、恢复被害的一种手段而已。

---

① [日]前野育三. 刑事政策论[M]. 京都：法律文化社，1988：10.

此外，在某些场合，犯罪学与刑法学在课题与研究方法上存在区别，如表 1-1 所示。

表 1-1　犯罪学与刑法学在课题与研究方法上的区别

	课　题	研究方法
犯罪学	阐明犯罪的本质、原因并寻求对策手段	实证学科的方法
刑法学	认定特定的行为作为制定法上的犯罪，并加以适当的刑罚	规范伦理学的方法

依据刑法学和犯罪学之间的关系，我们可以下这样一个结论：两者并行发展，互相推动，并作为一个整体与犯罪斗争。两者之间相互依存、彼此促进的性质是不可忽视的。

刑法所言之犯罪必须是刑法明文规定的行为。无论某种行为多么严重、多么恶劣、多么可耻，只要没有被国家立法机关明文列入刑法，那都不算是犯罪。刑法是被政府司法机关宣布为非法的特殊人类行为的清单，统一适用于生活在这个政府管制之下的所有人，并且通过国家执行的刑罚来实施。

1. 刑法的特征

理论上，刑法鲜明区别于其他人类行为规则体系的特征在于其政治性、特定性、统一性和刑事制裁性。不过，这些特征通常只共存于绝对理想的或完全理性的刑法体系之中。实际上，现行刑法很少具备理想刑法的特征，它和其他人类行为规则体系之间并不是无缝衔接的。

(1)政治性。政治性是刑法的必然属性。只有违反统治阶级的意志才会构成犯罪，而纯粹地违背伦理道德则不属于犯罪。

(2)特定性。特定性是刑法区别于民法的特征。民法通常具有相当的概括性，例如我国民法规定，任何故意用不符合恰当行为标准的方式伤害别人的人，都应当向受到伤害的一方赔偿。而刑法一般会严格界定某种特定行为，并且在对被告人的行为是否符合该定义产生疑问时，法官就应当做出有利于被告人的决定。但是现实中也存在特殊情形，如法律明文禁止某种行为，但是不禁止另一种在性质和效果方面与之十分类似的行为。

(3)统一性。统一性是刑法的必要成分，这是为实现公平司法的目的服务的。统一性意味着刑事责任不会因为个人社会地位的高低而有所例外，而执法过程不应受犯罪人或者犯罪嫌疑人的利益操控。但是实践中很少完全遵循理想中的模式进行，这是因为理想模式有时会导致不公平，刚性原则往往被警察和司法人员的自由裁量权软化，这种做法被称为“个别化”。

(4)刑事制裁性。刑事制裁性是指违反刑法者要受到国家刑罚处罚或威胁的特性。我们可以认为，刑事制裁性是刑法定义中最重要的成分，存在刑法的社会必然是社会管理者能够通过刑事制裁剥夺公民权利的社会。刑法的处罚不同于民事侵权法，在民事侵权法中法庭会判令被告人向原告人进行赔偿，但是不会因为损害了原告人的利益而惩罚被告人。

2. 犯罪的特征

刑法分则中仅仅规定了具体犯罪的定义，例如，强奸、抢劫和入室盗窃。不过，法律学者们已经能够从这些定义中归纳出某些可能适用于所有犯罪的一般性原理。理论上，这些一般性原理形成了确定某种行为是否构成犯罪的标准。这些一般性原理和刑法的典型特征(政治性、特定性、统一性和刑事制裁性)是一致的。我们可以把它们看成这些典型特征的转换，或是对所有犯罪的典型特征的重述。

我们认为犯罪具有七个相互关联的特征(亦称种差)，换言之，若某一行为不具备全部七个特征也就不能构成犯罪。下面我们简要论述这七个特征。

(1)行为造成足以被称为“损害”的客观的外部结果。犯罪必须对特定法益造成一定程度及更深的客观损害结果,而不能仅仅停留在主观层面。

(2)损害是“非法的”。纯粹的违背道德或者某种惯例的行为并不构成犯罪。

(3)存在“行为”。犯罪必然表现为作为或不作为的外在形态。

(4)具有“犯罪意图”。需要指出的是,学者常常混淆“目的”和“意图”,“目的”是指故意达到某种目标的动机和追求这种目标的理由。我们可以通过犯罪目的来识别犯罪意图,如果某种意图可能引起非法损害就属于犯罪意图。

(5)犯罪意图和行为结合在一起或者同时存在。

(6)自愿进行的不良行为和非法损害之间存在因果关系。

(7)存在法律规定的刑罚。法律上不仅要有损害和事先的规定,而且要对违法者设置相应的刑罚。

原则上所有犯罪都必须具备上述七个特征,但也存在一些例外。由于刑法并不是一个完全由精确的原则构成的体系,因此无论是在法律上还是理论上都存在一些偏离现象。下面我们简要论述三种偏离上述七个特征的例外情形。

第一,在某些犯罪中不一定要有犯罪意图。在所谓的“严格责任”案件中,犯罪人必须为自己的行为结果负责,而不需要考虑主观意图。譬如实践中对强奸的处理,如果一名男子与女伴发生了性行为,且事前足够充分地确信女伴达到了法定自愿同意性交的年龄,而事后却发现这名女伴未达到年龄标准,那么这名男子依然构成法定强奸。

第二,法官有时会混淆动机和意图。例如就诽谤罪而言,在许多法域里,个人不能发表损害他人利益的言论,除非出于纯粹善意的动机。不过在大多数情况下,法官通常只在量刑时才考虑动机。

第三,实践中的刑法不同于法律学者对刑法的纯理论分析。我们可以很轻易地在刑法及相关规定中找到确定某种行为是否构成犯罪的基本原则,但现实中无论是法律部门解释和应用法律所使用的技术,还是借此得出的结论观点,都属于实践中刑法的组成部分。因此,我们可以看到法律部门并不是古板地套用规则,而是在实践和认识的基础上加以取舍权衡。具体而言,某些制定法会被频繁适用,某些制定法会被部分适用,而某些制定法则几乎不会被适用,而且适用同样的制定法也可能会得到不尽相同的结论,这些都属于实践中刑法的特质。

需要指出的是,实践中的刑法和理论刑法存在的差异是客观且多样的,其成因也颇为复杂。差异源于成文法固有的“含糊性”。尽管刑法文本精确而严格,但实践中依然存在无法预测的盲区与模糊地带。譬如刑法通常使用一般性术语描述犯罪的构成,但任何立法者都无法详尽地列举所有的犯罪情形。因此学者们往往将风俗习惯以及认知常识结合到法律解释中,借此将刑法进一步具体化。此外,诸如舆论风评和预算分配等因素都会影响法律部门对制定法的执行,从而形成实践与理论上的差异。

诚然,犯罪学与刑法学有着相当密切的联系,但两者依然是两门独立的学科,有着各自的研究对象和存在价值。

(1)犯罪学的研究对象是犯罪现象、犯罪原因和犯罪预防,而刑法学的研究对象是犯罪与刑罚。虽然互有交叉,但角度和侧重点是不同的。例如研究贪污罪时,刑法学关注贪污罪的构成要件、贪污的额度以及量刑的幅度,而犯罪学则探究贪污罪的状况、特点、规律、产生的主客观原因以及预防措施。

(2)刑法学是一门规范性法学,以刑法典及其法律解释为依据,对犯罪现象进行规范性研究,注重揭示犯罪的法律特征以及罪与非罪、罪与刑之间的关系。而犯罪学则是法学与社会学之间的交叉科学,属于实证学科,以犯罪现象为事实依据,研究犯罪的特点、规律、生成原因以及预防的途径和方法,以期最终为制定犯罪的预防战略、策略和措施提供事实依据和理论支撑。

(3)犯罪学研究的最终目的是预防犯罪,因此犯罪学的研究对象并不局限于刑法明文规定的犯罪行为,也包括其他法律规定的违法行为以及有害行为。

综上所述,犯罪学和刑法学并非密不可分,我们学习时应当准确把握其联系与界限。

(二)社会学中的犯罪概念

犯罪学是从动态的社会系统的整体出发,通过人们的社会关系和社会行为来研究犯罪的结构、功能、发生、发展规律的一门综合性社会科学。社会学对犯罪学的影响很大,在国外甚至有犯罪社会学派这一说法,其代表作有意大利犯罪学家菲利的《犯罪社会学》,我国也有《犯罪社会学》等相应著作。

在社会学的语境下,犯罪具有下列特性:①恒常性,即犯罪与社会同在,且只能控制而无法消灭;②变异性,即犯罪成因会随社会变迁而变异更替;③相对性,即同一犯罪行为在不同的情境下往往会得到不同的评价;④感染性,即不同犯罪行为之间存在相互影响渗透的可能;⑤流动性,即犯罪若在某个地区受到压制则会流动到另一区域;⑥多元性,即犯罪行为的成因往往较为复杂,包含了诸多变量;⑦低威吓性,即刑罚的威吓难以根治犯罪。

犯罪对社会具有下列四项功能:①澄清社会规范之界限;②强化团体之凝聚力;③提供社会革新之原动力;④降低社会内部之紧张。事实上,犯罪会破坏社会秩序,影响他人顺从社会规范之意愿,以及破坏社会人际间之诚信关系,因此也是社会学的研究对象。经过美国犯罪学家与社会学家的多年努力,犯罪社会学的体系已具规模。社会学家们企图给出一个独立于刑事法规范的犯罪定义,提出所谓"偏差行为"之观点,认为犯罪系一种社会偏差行为,是与社会所公认之行为规范相冲突,并且侵害社会公益,而为社会所否定并加以制裁的反社会行为,具有显著的"反社会性"与"无社会适应性"特征。

犯罪学与社会学的关系可从两个方面加以把握。

(1)两门学科的研究对象是相互交叉的。犯罪是人类群体普遍存在的社会病态现象,是多种社会矛盾的综合体现,因此同时属于犯罪学与社会学的研究范畴。社会学的研究对象是社会结构、社会控制功能及人类社会化过程中存在的缺陷和弊病所引发的各种社会问题(如失业、失学、家庭解体、酗酒、卖淫嫖娼、赌博、社会分配不合理、人口结构不合理等)对犯罪的影响,以期提出社会改良政策。犯罪学则研究犯罪现象和犯罪的社会原因,因此需要借鉴社会学的研究成果和研究方法。但是需要指出的是,社会学所研究的犯罪社会原因,仅仅是犯罪成因的局部内容,它并不能解释为何在相同的社会条件下不同个体会存在不同的犯罪倾向。相比之下,犯罪学不仅要研究犯罪的社会原因、主体因素及其相互作用的过程,还要研究犯罪现象的状况、特点和规律,进而为预防犯罪提供理论上和实践上的依据。

(2)社会学的研究方法,如社会调查、社会实验、历史比较法、统计法等可以为犯罪学研究提供借鉴。

综上所述,社会学与犯罪学互有渗透,不可断然分割。从某种意义上讲,犯罪学也可以算是社会学的一路分支。

（三）犯罪学中的犯罪概念

早在犯罪学诞生之前，人们一度将刑法学研究视为预防犯罪的不二法门，但随之而来的困境让人们意识到，刑法学终归是一门研究法律规范的学科，在认识犯罪上存在难以克服的局限性，这也直接促成了犯罪学的兴起。综观史实，刑法学与犯罪学可谓是"花开两朵，各表一枝"，同样是面对犯罪，却肩负着不同的使命。

犯罪学是一门研究犯罪的学科，犯罪学也应当给犯罪做一个准确的定义。这里需要指出的是，刑法学定义犯罪是出于定罪量刑的需要和对罪刑法定原则的贯彻，而犯罪学定义犯罪则是为了构筑理论基础以便于后续研究的开展。犯罪学史上出现过的犯罪论不胜枚举，如一致观的犯罪论、冲突观的犯罪论、互动观的犯罪论等（见表1-2）。大量的实践与经验表明，定义犯罪的过程远比人们想象的要困难，而统一犯罪的概念更是举步维艰。关于犯罪概念的确定，我国的一些学者认为犯罪学研究的犯罪概念不能单纯地以探讨法定犯罪概念为限；只从伦理、社会、阶级性或犯罪本质的角度也无法确切理解犯罪的概念。由于犯罪概念关乎犯罪学的根本任务，我国也有学者称之为犯罪的"功能性概念"，并指出犯罪的功能性概念是一种以"严重的社会侵害性"（包括侵害国家法益、社会法益和个人法益）去界定犯罪的判断依据（分为法定犯罪行为和准犯罪行为），并以此来说明犯罪学研究犯罪的基本范畴及客观标准。也有学者认为，犯罪是一种违反了由社会中拥有政经权力的阶层所制定的刑事法律中所解释和表述之行为规则的行为，犯罪者将承受刑罚、社会歧视以及丧失社会地位等不良后果。我们不难看到，犯罪学中犯罪的范畴远比刑法学宽泛，除了法定犯罪行为之外还包括准犯罪行为。准犯罪行为（含待犯罪化行为）往往是法定犯罪行为的前身，可能在特定条件下转化为犯罪行为，若不给予足够的重视将破坏犯罪学的科学性与严谨性。再者，研究准犯罪行为也是基于犯罪预防和控制的需要，是根本实现学科任务的重要一环。[①]

表1-2 犯罪学的观点与理论

观点	理论
古典/理性选择观点 classical/rational choice perspective	情境的影响（situational forces） 犯罪是一种自由意志与个人选择的结果，刑罚可以吓阻犯罪
生物/心理观点 biological/psychological perspective	内因性的影响（internal forces） 犯罪是生化的、神经系统的、基因的、人格特质的、智力的或心理特质异常的结果
社会结构观点 social structural perspective	生态学的影响（ecological forces） 犯罪是邻里环境、文化力量与规范冲突的结果
社会过程观点 social process perspective	社会化的影响（socializational forces） 犯罪是一个人教养、学习与控制的结果，同侪、父母以及师长会影响其行为
社会冲突观点 conflict perspective	经济与政治的影响（economic and political forces） 犯罪是有限的资源与权力的竞争的结果，阶级冲突制造了犯罪
发展性观点 developmental perspective	多因性的影响（multiple forces） 生化的、社会—心理的、经济的、政治的作用等可能整合而产生犯罪

① 王牧. 新犯罪学[M]. 北京：高等教育出版社，2005：74.

（四）知识产权中的犯罪概念

如前文所述，犯罪学语境中的犯罪不仅包括刑法意义上的犯罪行为（含待除罪化的犯罪行为），还包括准犯罪行为（含待犯罪化行为）。知识产权犯罪的概念应从广义上理解，不仅包括我国刑法在分则第三章"破坏社会主义市场经济秩序罪"第七节（《刑法》第二百一十三条到第二百二十条）明确规定的"假冒注册商标罪"、"销售假冒注册商标的商品罪"、"非法制造、销售非法制造的注册商标标识罪"、"假冒专利罪"、"侵犯著作权罪"、"销售侵权复制品罪"和"侵犯商业秘密罪"共七个罪名在内的侵犯知识产权罪，还涉及那些侵犯他人知识产权、危害社会、应受处罚但尚未入刑的行为以及虽未直接侵犯他人知识产权但扰乱了国家知识产权管理制度和秩序的行为。譬如骗取他人商标权的行为、以欺骗性手段在专利局登记以取得专利权的行为等。最广义的知识产权犯罪则泛指一切与知识产权有关的犯罪，如发生在商标、专利、著作、商业秘密领域的贪污贿赂、渎职、盗窃、走私等行为。

我国学界对知识产权犯罪的定义众说纷纭，莫衷一是，下面笔者简要罗列一些主流观点。

观点一：知识产权犯罪是指行为人以营利或其他非法利益为目的，违反知识产权管理法规，故意侵犯他人的知识产权，扰乱社会主义市场经济秩序，销售金额、违法所得数额较大，或者具有其他严重情节的行为。①

观点二：知识产权犯罪是指违反知识产权法的规定，未经知识产权所有人的许可，非法利用其知识产权，侵犯国家对知识产权的管理制度和知识产权人的利益，情节严重的行为。②

观点三：知识产权犯罪是指侵犯他人知识产权，破坏社会主义市场经济秩序，情节严重，依照刑法规定应予以刑罚处罚的行为。③

观点四：知识产权犯罪是指违反知识产权法规定、侵犯他人的知识产权、破坏知识产权管理制度和秩序，情节严重，依照刑法规定应受刑罚处罚的行为。④

观点五：知识产权犯罪是指我国刑法所规定的，违反知识产权法，故意侵犯他人知识产权，破坏知识产权管理制度，损害社会主义市场经济秩序和影响国家经济增长，情节严重的行为。⑤

上述五种观点视角不一，各具优势，但都存在一定的局限性，未能阐明知识产权犯罪的全部内涵。

我们认为，知识产权犯罪是指行为人违反知识产权法的规定，侵犯他人的知识产权或者假冒享有知识产权的智力成果或经营性标识，情节严重应受制裁或者处罚的行为。

必须指出的是，知识产权犯罪并不等同于侵犯知识产权的犯罪，这是两个极易被混淆的概念，也是初学者经常陷入的误区。但在我国刑法中，知识产权犯罪仅指侵犯知识产权罪，属于狭义的知识产权犯罪概念。

这里还有一个特例，国家知识产权行政管理机关的工作人员在管理知识产权过程中的

① 高佩德，李金声．新刑法与知识产权犯罪[M]．北京：西苑出版社，1998：12．

② 高晓莹．侵犯知识产权犯罪的认定与处理[M]．北京：中国检察出版社，1998：11．

③ 赵秉志．侵犯知识产权犯罪研究[M]．北京：中国方正出版社，1999：64．

④ 刘宪权，吴允锋．侵犯知识产权犯罪理论与实务[M]．北京：北京大学出版社，2007：120．

⑤ 梁华仁，朱平．侵犯知识产权犯罪若干问题的探讨[J]．政法论坛，2000(1)．

渎职行为，虽然也侵犯了国家的知识产权管理制度，但由于《刑法》规定了渎职罪，根据想象竞合犯的处断原则，应按有关渎职罪的规定处罚，故知识产权犯罪不涉及国家知识产权主管机关的工作人员在管理知识产权过程中的渎职行为。

（五）形式上的犯罪概念与实质上的犯罪概念

形式上的犯罪概念是指现行刑事实体法明文规定应科处刑罚或保安处分的不法行为。换言之，形式意义上的犯罪行为必须满足法律规定的构成要件且兼具违法性与有责性，“无法律则无犯罪”。形式上的犯罪定义明示着国家刑罚权的界限，也是国家刑事司法机构执法行刑的依据，是人权和法治的重要保障。我们通常谈论的犯罪就是形式意义上的犯罪，即违反法律规范的不法行为。但是，形式上的犯罪定义并不能说明不法行为违法性与有责性的来源，而这恰恰是实质犯罪定义的工作[①]。

实质上的犯罪概念在学界有多种说法，有说是违反人类自然、怜悯、正直情操的行为，也有说是违反社会伦理规范的行为。若从现代国家法秩序的维持来看，维持社会秩序最重要的乃是法益的保护，故判断一个行为应罚与否，应以其对法益造成侵害或危险与否为判断标准，而惩罚的力度也应与侵害程度、危险大小及恶性轻重相适应。据此，我们也不难知道并非所有背离社会期待的偏差行为都属于实质犯罪，只有当它们对特定法益造成侵害或危险时才会转变为实质意义上的犯罪。

犯罪的形式概念与实质概念相辅相成、互为表里，而绝非是截然对立、水火不容的。因此无论是研究犯罪学还是制定刑事政策都应当兼顾两者，尤其不能忽略犯罪的形式概念，这是常见的误区。研究犯罪的形式概念具有诸多意义：(1)与刑事司法体系工作者有了清楚对话的可能；(2)清晰描绘了犯罪学的研究对象；(3)更全面地理解不同类型的犯罪；(4)深刻理解“无被害人犯罪的意义”。

事实上，知识产权犯罪并非以防止法律上的犯罪为目的，而是期望通过防止知识产权犯罪以达到维持社会经济的管理秩序的效果。由此，我们应从维持社会经济管理秩序的实质观点来考察知识产权犯罪问题，亦即从维持社会经济管理秩序的目的出发，否定特定的破坏社会经济管理秩序行为，并制定强制性措施作为刑事保障。并非所有的反社会行为（如侵犯著作权）均属于犯罪，相应地，亦非所有的犯罪行为（如侵犯专利）均具有反社会性。而且从实质的犯罪观点考察问题有助于把握不法行为犯罪化的标准及犯罪行为除罪化的边界（见图 1-2）。[②] 这便是本书采纳实质犯罪概念的原因。

---

① 王祖书. 实质的犯罪概念比较研究[J]. 辽宁警专学报，2006(1)：14-16. 王祖书认为实质犯罪，乃一个行为须具有不法、罪责与“应刑罚性”等三个本质要素，始得经由刑事立法手段，加以犯罪化，赋予刑罚之法律效果。至于不法行为是否应具有社会损害性，而具有应刑罚性，应就下列四点而做判断。(1)结果非价：不法行为有无具备应刑罚性，首先应考量不法行为所破坏法益的价值与程度，即以行为结果的价值，判断是否要以刑罚规范。(2)行为非价：行为是否有应刑罚性，接下来考量不法行为对于行为客体之侵害危险性程度作为评价。(3)良知非价：不法行为有无具备应刑罚性，亦应判断行为人在良知上的可责性，行为人在良知上的认知标准是否为社会大众所期待。(4)刑罚不可避免性：除非刑罚是不可避免，否则行为若能不以刑罚规范，就尽量不用刑罚规范，亦即考量刑法的最后手段性。

② 犯罪化是指通过刑事立法手段或刑事法规的解释与适用，将本来不属于犯罪的行为赋予刑罚的法律效果，而成为刑事制裁的对象。相对地，除罪化即将原本法律规范之犯罪行为，通过立法程序或法律解释，将其排除在刑罚处罚之外。

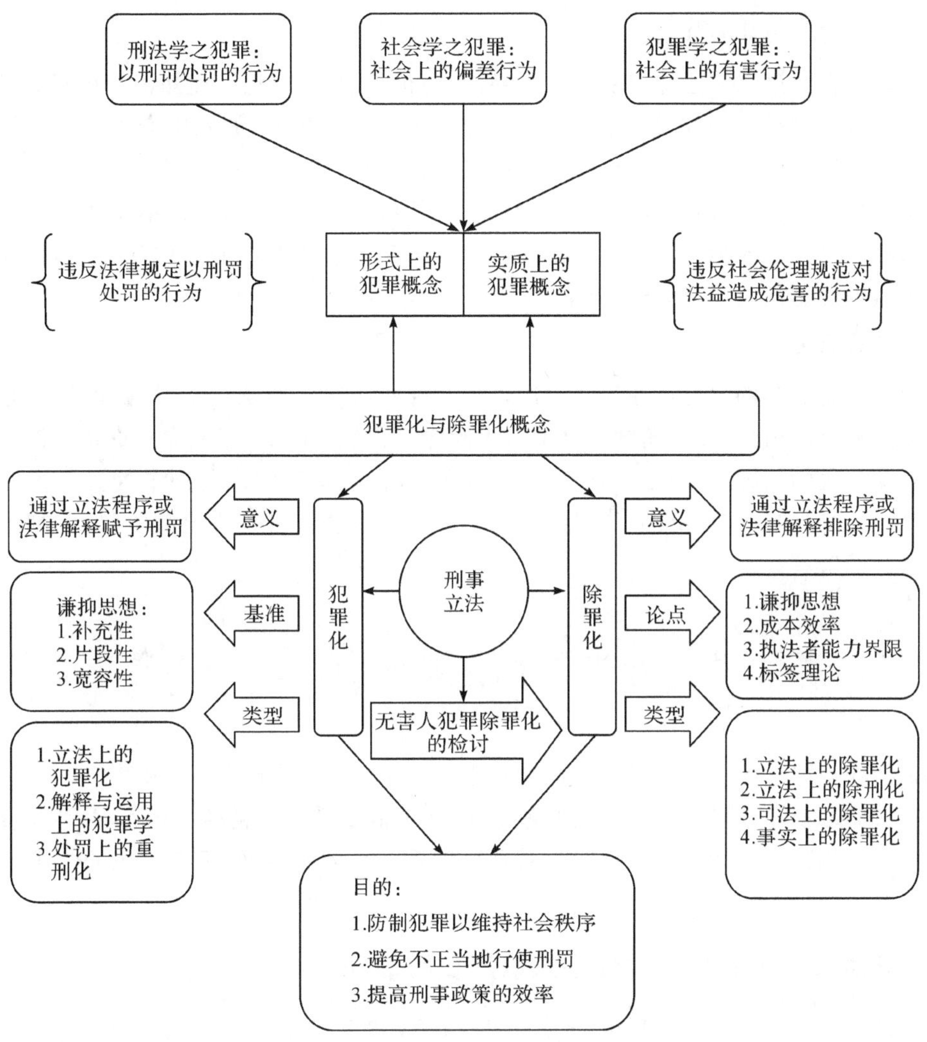

图 1-2 犯罪化标准与除罪化边界

二、如何准确把握知识产权犯罪学的犯罪概念

（一）对象角度上的辩证法

知识产权犯罪的研究对象没有刚性的界定标准，实践中需要灵活运用辩证法进行判断。知识产权犯罪的研究整体上以防控犯罪、矫治犯罪人为目的，同时要求学者具备前瞻意识，紧跟时代潮流。不过，由于知识产权犯罪的研究成果往往涉及矫治措施的实施和刑法的完善，考虑到刑法的谦抑性要求、宽严相济原则以及司法资源的有限性，学者对“准犯罪行为”的界定不得超出必要限度。过度打击知识产权犯罪可能带来严重的负面效应，一方面，有悖于人权保障的基本要求，造成“治安环境恶化”的假象；另一方面，根据标签理论，贴上“犯罪”标签后的行为人往往难以回归社会，而更大可能地走上犯罪的不归路，这些都将成为影响社会安定的不利因素。此外，知识产权纠纷终归属于公共利益与私人利益斗争的产物，破坏这种利益平衡的“入罪”行为片面保护了私人权利而置公共利益于不顾，是不可取的。

（二）方法角度上的实证法

刑法学旨在通过完善法律以实现科学惩治、矫正犯罪人的目的，而知识产权犯罪则着眼于通过提出具体对策来防控现实社会中的侵犯知识产权的犯罪，故知识产权犯罪的研究更注重实证分析法的应用，即通过研究现状以期提出实际可操作的防控对策。另外，比较研究依然是常用手段，尤其是用以探究同一犯罪在不同时期的延续性以及在不同地区存在的共性。本书拟以对比研究为主线，穿插实证研究，逐步深入知识产权犯罪的学科体系，并尝试提出切实可行的防控对策。

（三）学科角度上的关联法

知识产权犯罪学的内容往往涉及刑法、民法、行政法等多门法律学科，因此学习研究时应当注重学科上的衔接，多视角多维度地考虑问题。当然，知识产权犯罪学的特殊性也带来了许多亟须解决的问题，如不法行为"入罪"的标准，行政管理程序与刑事处置程序如何衔接，不同执法部门的工作人员的工作如何协调，等等。这些问题也许充满争议，但笔者将试图给出自己的解答。

第二节　知识产权犯罪学的功能与价值

知识产权犯罪学是一门兼具理论性和应用性的学科，有明确的方向和特定的使命。学习知识产权犯罪学不仅可以了解相关的理论知识，还能受到人文精神的滋养，并且随着时间推移和经验积累建立起知识产权犯罪学的思维模式。具体而言，知识产权犯罪学主要有下列功能与价值。

一、帮助人们确立科学的侵害知识产权犯罪观

知识产权犯罪是一种社会现象（或社会事实），故知识产权犯罪学算是"事实学"或"现象学"。而知识产权犯罪学又强调以科学方法（或实证方法）为主要研究手段，因此又被称为"经验学科"或"实证学科"。需要指出的是，知识产权犯罪学并不绝对排斥纯粹的思辨，但它毫无疑问更注重实证方法的应用。

二、为刑事立法和刑事执法提供理论依据

侵害知识产权犯罪的实证研究将给予我们对犯罪态势、犯罪原因、犯罪规律以及犯罪本质的一般性认识，这种一般性认识将为刑事立法和刑事司法提供指导借鉴。首先，它可以佐证刑法学（规范学）中侵害知识产权犯罪概念的合理性、合目的性，换言之，刑法学所说的"规范性事实"的犯罪必须依据实证研究得到的一般性认识作界定。更重要的是，它可以指引知识产权方面刑事政策的方向。知识产权刑事政策是国家及执政党基于对知识产权犯罪原因和本质的认识，依据知识产权犯罪态势制定，运用刑罚及相关措施来惩罚和预防犯罪的方略。国家通常需要根据当下侵害知识产权犯罪态势的变化对刑事政策做出调整，政策举措是否科学有效，政策调整是否灵活及时，都依赖于知识产权犯罪学的研究。知识产权犯罪学研究对刑事政策的指导意义主要在于：(1)明确打击重点，指导刑事政策制定者和刑事立法

者准确把握刑事打击面的宽窄，适当运用犯罪化与非犯罪化刑事立法策略；(2)监督刑罚适用，指导刑事立法者拿捏刑罚轻重的设置和刑事打击的力度，合理运用刑罚化与非刑罚化策略；(3)提高政策实效，指导刑事立法者和刑事司法者设计适当的犯罪惩治方式和刑罚执行方式。综上可知，知识产权犯罪学总是不可避免地将刑事政策和刑事立法纳入学科视野，但又应当与其保持必要距离，以便于客观审视和针对性批判。

三、作为公共政策的重要参考

公共政策是政府和执政党就社会公共事务或市场经济调节问题所采取的政治策略和行动。公共政策与侵害知识产权犯罪现象互相影响，紧密联结，从某种意义上甚至可以说是互为因果。存在于公共政策与知识产权犯罪现象的规模及结构之间的共变关系具体表现为：若公共政策做出较大调整，侵害知识产权犯罪状况也将发生相应变化，主要表现为侵害知识产权犯罪总量上的明显起伏和结构类型上的显著变化。“最好的社会政策就是最好的刑事政策”，好的公共政策就是好的犯罪对策，侵害知识产权犯罪问题不仅是一个刑事问题，也是一个公共政策问题。如何制定、执行公共政策，如何真正实现对犯罪现象的防控治理，都是摆在政府与执政者面前的难题，而知识产权犯罪学将会是重要的参考与依据。

四、具有一定的社会经济学价值

很多人说知识产权犯罪学的实践意义不如规范法学，但就整个社会来说，知识产权犯罪学具有巨大的、潜在的社会经济学价值，可以帮助社会节省巨大的发展成本。实际上，侵害知识产权犯罪属于一种特殊的“社会产业”，揭露了社会内部存在着一个规模庞大的犯罪经济的事实。犯罪以不同的形式对社会以及被害者造成损害(包括经济损害)，而社会和个体又不得不付出巨大的物质代价作为应对和预防。如何通过防治侵害知识产权犯罪来减少这种社会资源损耗和社会成本付出，也是知识产权犯罪学的重要课题之一。

五、训练提高社会研究技能

侵害知识产权犯罪是一个复杂的社会现象，犯罪学研究早已证明任何片面的、局部的、单科突进式的研究都不足以对犯罪做出全面的解释。早期的犯罪人类学(犯罪生物学)、犯罪心理学、犯罪社会学虽然各自从某一侧面解析了犯罪的特质，但缺少大局观的统领，依然无法真正完成使命。美国当代犯罪学家克拉伦斯·雷·杰弗利(C. R. Jeffery)主张运用系统方法研究犯罪行为，整合多种学科，建立一种“科际整合犯罪学”。他的努力代表了当代西方犯罪学发展前沿，也是整个犯罪学发展的大势所趋。杰弗利曾说：“由犯罪和犯罪人的本质所决定，犯罪学必须是一门包含生物学、心理学、精神病学、社会学、政治学、经济学以及人类学等生物和行为科学，刑法学、公共管理学、哲学、伦理学以及历史学等政策学科在内的科际整合学科。人类行为是作为科际整合学科的犯罪学的研究中心，这种研究旨在科学地研究和理解犯罪与犯罪人。因此，知识产权犯罪学可以被视为对人类行为的科学研究。”简而言之，知识产权犯罪学可以视为一门以生物学(生理学)、心理学、社会学和经济学为基础，结合法学与刑事司法学，以系统方法和科学方法研究犯罪行为的学科。知识产权犯罪学的综合性要求研究者具备较高的学科素养与社会研究技能，而在研究过程中后者也将得到锻炼提高。

六、为人们探究人性、解读社会提供一个全新的视角

犯罪是人类特有的社会现象，植根于社会结构和人性本身，并且是社会本质和人性本质的外部化。因此，考察犯罪、研究犯罪，亦是审视社会、审视人性的过程。若要真正理解犯罪的实质，我们必须拓宽视野、大胆尝试，同时追根究底、谨慎求证，尤其是面对那些上升至法理乃至哲理的命题。人的本质是什么？人性是善是恶？人的社会属性与自然属性应当如何协调？社会的本质是什么？社会结构、文化以及发展规律应当如何把握？人类与社会是如何互相作用的？这些都是犯罪学研究中不可避免且不容忽视的问题，其在知识产权犯罪学这一分支中则表现得更为鲜明特殊。它们的存在使知识产权犯罪学注定是一座屹立于深厚地基之上的楼宇，稳固、坚实而又包罗万象。它们的存在也时刻提醒着人们保持谦卑淡泊，切不可好高骛远、急功近利，因为呈现在我们眼前的远不止卷宗和法条，而是一整段满载着人类科技发展、市场经济和社会变革的历史篇章。

第三节　知识产权犯罪学的研究对象

知识产权领域中的犯罪现象、犯罪原因和犯罪预防是构成知识产权犯罪学研究对象的主要内容。知识产权犯罪学以研究犯罪行为和犯罪人为基本出发点，是一门从现象到本质，由果溯因，步步深入，最终以预防犯罪为归宿的综合性学科。知识产权犯罪学有其特定的研究对象，即知识产权犯罪的产生、发展、变化之规律与应对、治理、防控之策略。考虑到逻辑上的简明与叙述上的便利，我们下面先对犯罪现象、犯罪原因、犯罪预防三个部分做一介绍。

一、犯罪现象

知识产权犯罪现象是一个国家在市场经济活动中所有知识产权犯罪行为的总称。

知识产权犯罪现象是知识产权犯罪学研究的重要组成部分，既反映了犯罪原因，又为预防知识产权犯罪提供了客观依据。因此，犯罪现象是犯罪原因和犯罪预防的基础，无论是分析犯罪原因，还是研究犯罪预防，都应当建立在客观真实的犯罪现象之上。从逻辑上讲，这是一种由果溯因的思路，我们试图通过对犯罪现象的归纳解读，挖掘分析犯罪原因，进而寻求制定预防对策。

知识产权犯罪现象的研究主要包括以下几个方面。

（一）犯罪现象的本质属性

“一定数量的犯罪集合而构成的犯罪现象，不是个别的具体的犯罪行为的简单相加，它在一个新的层次上具有新的性质。”[①]抽象的知识产权犯罪现象通过犯罪的状况、结构、动态、后果等方面具象化，我们只有进行深入的定质定量分析，才能真正认清犯罪的本质属性。

---

① 王牧.犯罪学[M].长春:吉林大学出版社,1992:126.

马克思主义认为，犯罪是人类社会发展到一定历史阶段出现的社会法律现象。在阶级社会里，犯罪行为的认定总是与统治阶级的利益和统治秩序的需要密切相关，有着深刻的阶级性和法定性。罪与非罪的界限也有显著的相对性，在不同的国家地区与历史时期中表现为不同的评判标准。同时，构成犯罪的一系列要素诸如犯罪人、犯罪对象、犯罪结果等都具有不同程度的危害性，这是犯罪现象社会性的表现。因此，我们研究犯罪现象时必须坚持辩证唯物的观点，对犯罪现象的本质属性做客观科学的分析，而不能主观臆测，犯形而上学的错误。

（二）犯罪情况、犯罪特点和犯罪规律

知识产权犯罪情况，是指知识产权犯罪行为的数量、类型、危害程度、时间、地区、犯罪主体的构成状况和犯罪主体的个人情况（年龄、职业、性别等）。犯罪情况是基本犯罪事实和基本数据材料的总和，是犯罪现象的最表层内容，它能反映一定时期的社会经济发展和社会治安状况，也能从侧面暴露出这一特定时期在政治、经济、文化、法制等方面存在的问题。因此，研究既往和当下的知识产权犯罪情况，不仅是查明犯罪背后的社会原因的重要前提，也是判断预测未来知识产权犯罪现象，并制定预防方略所必需的事实依据。

知识产权犯罪特点，是指犯罪现象表现出来的某种特性，即犯罪现象在某一时期内的共性。它通常表现为犯罪数量的增减，严重犯罪的比重起伏，犯罪的性质、种类、手段、危害以及犯罪成员结构的变化。知识产权犯罪特点是犯罪现象深层次内涵的显现，具有高度的概括性与相当的抽象性，也是我们掌握知识产权犯罪规律的必要一环。

知识产权犯罪规律，是指在一定条件下知识产权犯罪的变化、发展和更替的一般趋势，也即知识产权犯罪的流量和流向的一般运动过程。犯罪规律决定了犯罪情况和犯罪特点，并以此作为显现形式。知识产权犯罪学的重要任务就是认识和把握侵犯知识产权的犯罪规律。知识产权犯罪现象总是有起有伏，有涨有落，波浪式地向前发展，这种发展时刻受到当下社会的政治、经济形势的影响，根本上取决于社会的精神文明建设，尤其是科学文化和思想道德建设水平，以及犯罪滋生因素和犯罪抑制力量的对比程度。

（三）犯罪人和被害人

知识产权犯罪人和被害人，是指知识产权犯罪中涉及的自然人和法人，其中自然人是研究重点。知识产权犯罪学研究自然人犯罪人的生理、心理和社会经济等方面的特征，并做出合理归类，以此分析犯罪人的犯罪原因。关于自然人被害人，知识产权犯罪学主要研究其经济状况、知识产权技术类型、被害原因以及被害预防等方面的问题。

二、犯罪原因

在某种意义上，知识产权犯罪学的重要任务就在于挖掘和解释知识产权犯罪原因，并进一步将其消除。因此，衡量知识产权犯罪学是否科学的一个重要标准，就是能否客观科学地查明和把握知识产权犯罪原因，准确地描述犯罪现象和犯罪原因之间的因果联系及其作用范围。我们下面从几个方面阐述知识产权犯罪原因。

（一）犯罪原因的基本理论

知识产权犯罪原因是指引起知识产权犯罪发生的各种因素及其相互作用的过程。知识产权犯罪原因是一个多元、多层次、多变量、综合性的动态系统，涵盖了社会因素、心理因素、经济发展因素和自然环境因素等诸多内容。当这些因素在一定条件下有机结合而形成特定的原因系统时,便可能导致知识产权犯罪现象的发生。这里需要指出的是,引发知识产权犯罪的因素往往是社会因素,某些市场经济发展因素和科学技术的进步也会对其产生影响,但它们的作用是以与社会因素相结合为前提的。

鉴于知识产权犯罪原因自身的多样性和相互作用的复杂性,人们对犯罪原因的分类是多元多视角的。这里需要说明的是,知识产权犯罪原因分为整体犯罪现象的原因和具体犯罪行为的原因,整体犯罪现象的原因是指某个国家或某种社会形态在一定历史阶段里宏观的犯罪原因,而具体犯罪行为的原因则是指犯罪人实施某一种犯罪行为的原因。在方法论上,研究整体犯罪现象的原因应当从审视社会环境入手,研究某一具体犯罪行为的原因则需要考察行为人所处的特定环境和主体状况。这两者极易在言语措辞中混淆,我们需要根据语境分析判断,以避免歧义与误会。

知识产权犯罪并非孤立的社会现象,它与当下社会的政治、经济、科技、文化、教育、法制等多个领域的因素存在直接或间接的客观联系,受到社会物质生活条件以及社会意识的制约,并处于一个动态变化的平衡之中。我们可以认为现阶段的知识产权犯罪现象是各种社会矛盾的综合反应,这也要求我们在分析知识产权犯罪现象时既要看到政治、经济、科技、文化、教育、法制等领域带来的消极影响,也要看到现实社会中导致犯罪的负面因素。具体到个案时,我们既要看到犯罪人的个人品质和主观需求,也要看到个体所处的物理环境与社会环境对犯罪滋生的促进作用。

(二)犯罪的社会因素

犯罪的社会因素是指与知识产权犯罪有关的各种社会现象的总称。知识产权犯罪的社会因素可分为宏观社会因素和微观社会因素。宏观社会因素主要包括政治、经济、科技、文化、思想道德、法制;微观社会因素则是指企业、家庭、学校、社区等构成个体生活环境的因素。这两者是对立统一的,宏观社会因素总是通过微观社会因素的折射而影响个体。

(三)犯罪的主体因素

犯罪的主体因素是指犯罪主体的意识因素、心理因素、人格因素和生理因素。就犯罪个体而言,知识产权犯罪行为归根到底是行为主体的意识因素、心理因素、人格因素和生理因素相互作用的结果。因此,研究知识产权犯罪的主体因素也是知识产权犯罪学的重要内容。

(四)研究犯罪原因的价值

(1)研究知识产权犯罪原因有助于我们认识知识产权犯罪规律。规律是存在于事物内部的客观联系,具有本质性与必然性,是现象中相对统一稳定的方面。从宏观方面讲,知识产权犯罪是一种社会现象,知识产权犯罪规律支配着知识产权犯罪现象的发生和发展,因此,对其的研究具有重要价值与实践意义。

(2)研究知识产权犯罪原因有助于我们规划针对知识产权犯罪的对策。犯罪对策是指惩治和预防犯罪的原则、策略和措施。犯罪对策的有效程度以对知识产权犯罪规律的认识程度为转移,对知识产权犯罪规律的把握越准确,则犯罪对策的实施成效越显著。

三、犯罪预防

“犯罪预防是为消除犯罪的原因和条件，防止和减少犯罪发生而采取的社会性和专门性的综合防治措施。”[①]知识产权犯罪预防是知识产权犯罪学研究的目的和归宿，无论是考察知识产权犯罪现象，还是研究知识产权犯罪原因，归根到底都是为了寻求知识产权犯罪预防的对策和措施。

（一）犯罪预防的基本理论

知识产权犯罪预防是指针对犯罪现象产生的原因以及诸多影响因素，采取一系列活动或措施予以消除，并对可能实施知识产权犯罪的人进行早期防御、矫治，以减少或杜绝知识产权犯罪行为的发生的活动。主要可以分为两类。

（1）社会层面之预防。从宏观的、整体的角度，对造成社会经济犯罪现象的原因、条件，采取一系列综合性措施，包括组织体制、管理控制、物质福利、教育文化、刑事政策及惩治等，以减少知识产权犯罪现象的发生。

（2）心理层面之预防。从微观的、个体的角度，对具有知识产权犯罪倾向的人进行犯罪预防。

（二）犯罪预防的基本定位

随着人类社会的不断发展和进步，尤其是现代化科学技术的突飞猛进，知识产权犯罪无论在数量上、规模上，还是在犯罪方法、对社会的危害程度上都发生了很大变化，对人类社会构成的威胁也越发严重。仅仅依靠事后的犯罪惩治对犯罪现象的减少和消除在实践中往往显得不甚足够，此时犯罪预防就体现出其必要性。

通过努力限制、克服各式各样的犯罪诱因，消除各种各样的不安定因素，增加潜在的违法犯罪分子实施犯罪行为的困难，对已经发生的犯罪行为依法惩处，以维护社会的安定，为社会的进步与发展、人类的生存创造良好的社会环境就是犯罪预防的基本定位。

（三）知识产权犯罪预防的基本概念

预防知识产权犯罪是知识产权犯罪学的重要使命。不过，知识产权犯罪预防的概念鲜少出现在传统学术研究的视野之中，究其原因，主要是犯罪预防的分类太多太杂且范围过大，缺乏明确的定义，以至于在研究重点上无法聚焦。直到 20 世纪 70 年代后期，随着人们对刑事司法机关感到失望，犯罪原因论的解释力逐渐疲乏，又适逢理性选择理论新兴，这才促使知识产权犯罪预防论正式登上主流舞台。事实上，当代许多犯罪学家都相信犯罪预防可以有效弥补刑事司法的天然不足，将在现代犯罪学领域中扮演越来越重要的角色。

如上文所言，知识产权犯罪预防的概念一直不甚明晰。有学者认为知识产权犯罪预防是指所有致力于保护具有商业价值的思想（idea）和信息的应用，以及适应而努力服务经济发展之预防，也包括对可能促使犯罪发生的经济环境进行改善的各项活动。也有学者认为，知识产权犯罪预防是指减少或降低经济犯罪之欲望或机会，预防、控制及减少经济犯罪的所有活动（改善个人情况之活动、社会与物理环境之整顿等）。比较主流的观点认为知识产权

---

① 康树华.犯罪学大辞书[M].兰州：甘肃人民出版社，1994：296.

犯罪预防是指减少对知识产权的基本客体的信息或信息的某些方面的侵害之任何行动措施。这些措施并不局限于刑事司法体系中各项控制经济犯罪的努力，还包括其他政府与民间组织的预防活动。

笔者认为知识产权犯罪预防是指设计用以控制、降低、排除、预防知识产权犯罪行为的发生及降低知识产权犯罪恐惧感且较具组织性的措施，其范畴涵盖犯罪前、犯罪中、犯罪后的个人、家庭、学校、社会、政治、经济、物理环境、法律等之改善及刑事司法体系的各项预防及控制犯罪活动。因此，知识产权犯罪预防的实现依赖于政府与民间相关组织人士的协作努力。也可以这样认为，犯罪预防是利用社会资源和多种手段，实施具有专业性和社会性的预防、控制和矫治措施，限制并消除可能发生经济犯罪的原因和条件，以此达到控制、减少、排除以至最终预防犯罪的目的。

综观上述学者的观点，不难看出他们的侧重点都落在了知识产权犯罪预防的目的上，即致力于减少或降低知识产权犯罪的发生，其不同处在于是否包含减轻心理层面上对知识产权犯罪的恐惧感。确实，要准确定义知识产权犯罪预防，必须兼顾事实上的知识产权犯罪和被害以及想象中的知识产权犯罪和被害，许多定义只是专注于实际层面的降低或阻止知识产权犯罪，而忽视了主观认知上的知识产权犯罪恐惧感，这是片面的，也是不妥的。

因此，笔者认为知识产权犯罪预防是指设计至少能在三个利益不同的团体的要求中取得平衡，第一是信息产品的设计者的利益；第二是竞争者的利益；第三是信息产品的最终使用者或消费者的利益，以控制、降低、排除、预防实际发生的知识产权犯罪数量与犯罪恐惧感的所有活动。这些活动不仅包括对个人情况的改善，亦涵盖其社会与物理环境的整顿，并可在犯罪发生之事前、事中及事后进行，以达到“不想犯罪、不必犯罪、不敢犯罪、不能犯罪、不再犯罪”的最终目的。

（四）知识产权犯罪预防的发展

从历史的角度来看，人类具有天然的危机感与自卫性，犯罪预防可以说是人性使然。诸如早期的庄园和堡垒，到后来组建的地方乡勇部队，再到现代具有监控与阻绝犯罪功能的哨所、网络探头监控，犯罪预防一直与人类的社会生活息息相关，在不同的历史时期扮演着不同的角色。

随着国家体制的建立，公共安全与犯罪预防显然已成为各国执政者的重要工作，国家通过行使公权力制定相关规范，并建构完善的刑事司法体系以协同作用，形成了一类较为成熟的犯罪预防模式。

直到20世纪80年代，随着社会犯罪率的失控性走高，民众对犯罪的恐惧感日益增长，刑事司法体系的局限性也逐渐暴露，兼之适逢世界性新保守主义思潮，个体对安全维护的责任受到空前重视，犯罪控制更是被定性为“超越国家之外”。也正是在这样的大环境下，人们尝试将犯罪控制的工作“回归社区”或结合“民间组织”以期达到犯罪治理的实效。

了解了犯罪预防的历史后，我们可以更好地理解当代知识产权犯罪预防的一些基本特质，例如不再独尊刑事司法功能，关注民众生活情境上的管理与监控，鼓励政府机关与民间组织协同合作等情形。

（五）知识产权犯罪预防的主体结构及其作用

侵害知识产权的犯罪预防主体是全方位且多层次的，上至各级党委领导下的各级部门，下至社会各行各业、组织集体、公民个人，每一层级都有各自的责任和义务。中央综合治理委员会和地方各级综合治理委员会主要负责决策、协调；公、检、法、司等部门则是带头执行、反馈；国家机关和企事业单位、人民团体和群众自治组织、各基层组织以及家庭、公民个人也各自起着主体作用。

（六）知识产权犯罪预防的措施体系

知识产权犯罪预防的措施体系是指在社会治安综合治理方针的指导下建立的用于社会预防、心理预防、治安预防和刑罚预防的措施体系及网络。具体措施主要有人民调解、社会帮教、社区矫正、经济处罚、特殊预防（罪犯改造）、群防群治中的治安联防、特种行业的防范与控制、特定区域的防范及流动人口的管理措施等。

（七）知识产权犯罪预防的必要性

知识产权犯罪的社会危害性是难以估量的。受到惩罚的犯罪者将面临事业中断、家庭破碎、名誉受损甚至失去自由的惨重代价，被害者则不得不承受相当的财产损失与持久的精神创伤，政府也必须付出庞大的人力资源与物质成本用于犯罪抗制和犯罪处遇的工作，犯罪阴影下的民众恐慌将进一步恶化治安秩序，国家的经济文化建设或将受阻，国际社会的良好关系也可能受到威胁。

因此，犯罪预防也必须正式肩负起对抗犯罪、稳定社会的使命。犯罪预防的主要价值有：(1)降低社会不必要的成本以符合经济效益原则；(2)促进社会各阶层团结协作；(3)教导民众防范犯罪技巧以消弭被害恐惧；(4)使民众知其所防范以发挥示警效果。

四、犯罪预测

犯罪预测是指在掌握以往知识产权犯罪情况与当下知识产权犯罪情况的基础上，运用学科理论与科学方法，对未来知识产权犯罪的发展趋势进行展望推测的行为。犯罪预测是犯罪预防的重要信息来源，也是制定相关对策措施的必要依据。

（一）知识产权犯罪预测的价值

通常意义上的知识产权犯罪预测，是指科学地推测将要发生的犯罪。知识产权犯罪预测主要有一般预测与个别预测，前者是以刑事统计方法进行的预测，而后者则是将个体实施犯罪的可能性对照犯罪预测表进行的预测。一般预测会将以往的知识产权犯罪案例进行统计处理，查明知识产权犯罪的数量、比例、倾向、通常的原因及犯罪人的情况，从而推测犯罪未来发生的时期及场所，因此被广泛用于警察的预防活动及地域组织的预防活动之中。个别预测是针对个人犯罪或犯罪人再犯可能性的预测，并以由此获得的个人类型及犯人情况，作为制定犯罪预防对策时的参考。

知识产权犯罪预测是犯罪预防的基础，犯罪预防中通常隐含犯罪预测。犯罪预防的一个重要原则是：犯罪是高度集中于特定的人群、地点与事物的，因此将焦点聚焦在犯罪集中的地点可以取得最好的预防成效。这些集中现象有着不同的名称：(1)重复的犯罪者，在所有的犯罪者中大约有6%的犯罪者需对51.9%的知识产权犯罪案件负责；(2)重复的被害人，在所有被害人中只占4%的重复被害人持续承受了40%的犯罪伤害；(3)犯罪热点研究发现，在东南沿海城市中有6%的地址报警次数占所有报警次数的60%；(4)热门产品，某些类型的商品的侵权率是其他商品的30倍；(5)高风险场所，在东南沿海城市中的公安出警记录中有2%的案件与侵犯知识产权有关。这些集中现象并非犯罪与失序行为的特殊个例，而是普遍性的法则。这个现象又被称为“80/20法则”，即对于某件事而言，80%的结果是由20%的原因造成的。其实，实践中的案例未必是绝对精准的“80/20法则”，但小比率的事物或团体造成大比率的后果却是普遍的事实。

知识产权犯罪预测根本上是以假释基准的客观化为目的的。美国自20世纪20年代开始从犯罪因子之中选出预测所必要的因子，并制成预测表，进而根据预测因子的相关程序来推测犯罪人再犯的可能性。1928年，伯吉斯(Burgess)根据假释成绩的好坏制作了再犯预测表。几乎是同一时期，社会学者奥林(Ohlin)也制作了以社会因子为中心的预测表。此外，格莱克(Glueck)夫妇在少年非法行为方面也进行了预测研究，制作了针对个体早期非法行为的预测表，并在1950年出版的《解析少年非行》中加以说明。

(二)知识产权犯罪预测的方法

我们下面主要介绍临床法(整体评价法)和统计精算法(点数方法)。①

临床法，是指对成为对象的个人进行整体评价、诊断，并根据医学、心理学、社会学等专门知识进行犯罪预测的方法。临床法只能由具备专门知识和临床经验的诊断者(鉴定人)使用，因此临床法的准确性通常取决于诊断者的专业水平。事实上，由于不同诊断者之间存在的水平差异，兼之临床法自身尚处于未被确定的阶段，因此实践中难以形成客观的标准。

统计精算法，是指将预测上有效的犯罪原因或预测因子进行量化，并根据其点数大小预测犯罪的方法。统计精算法的基本假设是：犯罪人具有的犯罪特质越多，将来再犯的可能性越大。因此统计精算法以特定的群体为对象进行回归分析，制作预测表，将该预测数据和迁移数据相对照，再根据数据分析将来犯罪的可能性。美国假释委员会的显著预测因子得分就是一个很好的例子，其显著预测因子如表1-3所示，每一个点代表每个项目的个人特征，累计的分数越高代表受刑人的再犯风险越低，而更可能获得假释。

表1-3　显著预测因子项目

1. 先前没有被定罪判刑过	2. 先前没有被关押入狱过
3. 第一次犯罪已满18岁	4. 未曾有重特大知识产权犯罪及盗窃的前科
5. 未曾有过被撤销假释	6. 没有知识产权犯罪的情况
7. 至少有高中文凭	8. 监禁前2年至少有被雇佣6个月以上
9. 释放后有和亲戚及家人住在一起的地方	

当下流行的，也是通常意义上的犯罪预测法即统计精算法。按照预测时间进行分类，统计精算法可分为释放时预测、裁判时预测和早期预测。释放时预测，用于判断是否予以假释及决定假释的时间，是合理使用假释所必不可少的工具。裁判时预测，是在审判阶段对知识产权犯罪人将来的行为进行预测，这是对知识产权犯罪人决定选择处遇的依据。早期预测，是对没有知识产权犯罪经历的人预测其将来犯罪的可能性，在犯罪对策上用于发现对象者群体。

① 犯罪预测的方法可分为直觉法、临床法及统计精算法等三种。直觉法是实务工作者依据自己的专业训练与经验参考若干因素，预估犯罪人再犯的可能性。直觉法在实务上被广泛运用，但难免有浓厚的主观色彩，较不可靠。

（三）危险因子与犯罪预测

在确认个人的犯罪倾向时，往往涉及与犯罪行为相关联的危险因子。我们并不认同某人具有某些特质就一定会成为犯罪者的论调，但不能否认的是，具有某些潜在危险因子的人确实更可能出现偏差行为。我们研究危险因子并不是想借此去预测某个特定的个体，而是希望能给特定的人群提供及时有效的关怀与协助。

危险因子早已不是一个新奇的概念了，实际上，危险因子一直被用来研究青少年将来成为罪犯的可能性，是少年刑事司法制度的重要基石。许多犯罪学理论都试图确认对象的潜在危险因子，以更好地预测犯罪行为，进而采取有效的干预措施。危险因子的种类很多，文献上典型的分类有生物、心理、家庭、同侪（辈分相同的人）、学校及社区等。不同的学者可能会采取不同的分类方法，本书则参考 Steven 11 Lab 的分类（如表 1-4 所示），这也是大多数文献资料使用的分类标准。

表 1-4 Steven 11 Lab 危险因子分类

生物因素	心理因素	家庭因素	同侪因素	学校因素	社区因素
产前并发症 出生前后并发症 出生体重过轻 怀孕时使用药物 怀孕时营养不良 神经传递问题 低休息心跳率 视神经受损	过动易冲动 不易集中 学习障碍 低智商 易焦虑 容易受挑衅	父母犯罪 缺乏监控 管教不一 管教严厉 遭受虐待 家庭束缚力低 破碎家庭 家庭大小 经济能力 家庭冲突 家庭功能	非行同侪 帮派成员 兄弟姊妹犯罪	休学/开除 低学习态度 成绩低落 学校品质 辍学	低经济环境 失序 枪支/毒品滥用 帮派活动 暴力地区 社区解组

（四）犯罪预测的问题

首先可以明确的是，犯罪预测在知识产权犯罪预防实务上具有许多重要功能：①警察与检察机关做出不立案或不起诉的参考；②法官裁判免刑的参考；③法官量刑轻重的参考；④缓刑宣告的参考；⑤假释决定的参考；⑥知识产权庭行使审判权的参考；⑦知识产权庭裁定保护处分的参考。

但也需要指出的是，尽管犯罪预测由来已久，且日趋成熟，但依然存在一些问题。

预测表的有效性依然存疑。由于预测表是以特定地区、特定时期内的犯罪情况为基础制作的，即使该预测表的证明力、信赖度、安定度极高，也不能将其用作一般性预测，更何况预测表本身就可能存在不完善之处。再有，即使预测表能够预测犯罪性，但现实中不存在客观条件完全相同的犯罪，倘若以既成的预测表预测未来可能发生的犯罪则容易误入歧途。事实上，从心理学和概率学的角度来说，对于正确的预测，我们不会太过关心，而对于错误的预测，我们却无力改变，只能承受其惩罚性的后果。常见的错误预测有：①误假为真，例如非暴力犯罪者被错误地认为有暴力但无须监禁；②误真为假，例如暴力犯罪者被错误地确认为无从事暴力及未监禁等。误假为真容易侵害基本人权，误真为假则可能动摇社会治安。

预测表的使用也存在刑事政策上的限度。考虑到预测表存在错误预测的可能，那么根据预测表采取强制措施便有侵犯人权的风险，若是根据预测表对特定个体贴上潜在犯罪人标签的话，反而会促使其走上犯罪之路。因此，犯罪预测不得用于选定潜在的犯罪人或一个时期的犯罪趋势，而对其采取预防措施。

但是，全盘否定预测研究也是不妥的。事实上，在刑事司法的各个阶段（如决定逮捕、移送、起诉、量刑、假释），裁量决定的过程也是在进行犯罪预测。在广泛行使裁量权时预测表作为一种客观研究资料的价值是无法被取代的，这也正是我们期望预测表改进发展的理由。

（五）犯罪预测在犯罪预防上的应用

犯罪预测是知识产权犯罪预防的重要组成部分。特别是在次级犯罪预防中，我们需要及早识别高风险的犯罪者，以便采取适当的预防干涉措施。不幸的是，对于个体未来行为的预测常会导出错误的结论。近年有关危险因子的研究揭示了其与后来偏差行为的关联性，促使人们将研究焦点转移至危险因子。

再者，近来犯罪预测的另一种趋势是从预测个体行为扩散至预测违法地点、时间和犯罪目标。如此做法表明，以被害人角度开展预防比以潜在犯罪者的角度开展预防更有成效。任何技术在勾勒潜在被害人或目标物的轮廓时，都将提供应洞察“哪里”和“何时”开始洞察。对于确认地理与时间的犯罪热点、热门产品及重复被害的信息，都应当给予更多关注，并继续深入细化。因此，有效的犯罪预防重心是将资源投入重复被害者、热门产品、犯罪热点及重复加害者的重叠处，以达成犯罪预防最大化的目的（如图 1-3 所示）。

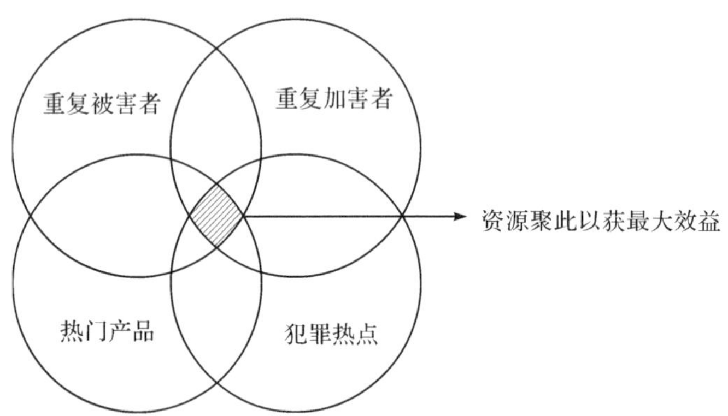

图 1-3 有效的犯罪预防重叠情况

结 语

普通的刑事犯罪以及侵害知识产权的犯罪都包含具有高度社会危害性的不法行为，知识产权犯罪学则是以科学方法研究侵害知识产权犯罪现象及防治对策的学科。知识产权犯罪学的使命是减少并预防侵害知识产权犯罪的发生，以维持社会经济秩序稳定与社会和谐。

知识产权犯罪学的基础理论包括古典犯罪理论、实证犯罪理论、批判犯罪理论、犯罪理论整合论，基本框架涉及犯罪测量、法律社会学、犯罪原因论、犯罪类型研究、刑罚学、犯罪被害者学以及犯罪预防。犯罪预防是指设计用以控制、降低、排除、预防实际的犯罪数量与犯罪恐惧感的所有活动，不仅包括个人情况的改善，亦涵盖社会与物理环境的整顿，并可在犯罪发生之事前、事中及事后进行，以达到“不想犯罪、不必犯罪、不敢犯罪、不能犯罪、不再犯罪”的最终效果。犯罪预测则是科学地推测未来可能发生的犯罪，主要依赖于以刑事统计方法进行预测和以犯罪预测表进行预测的方法，现行的犯罪预测法一般是指统计精算法。但是，针对个体的预测极易导致重大偏差，因此近年有关危险因子的研究开始从预测个体行为扩散至预测违法地点、时间和犯罪目标，这也表明从被害人角度的预防比从潜在犯罪者角度的预防更加有效。

第二章　古典犯罪学与犯罪

我们研究普通的刑事犯罪以及特殊的侵害知识产权犯罪，都离不开对犯罪学的研究，因为知识产权犯罪是派生于犯罪学的，与犯罪学具有同源性，又与法学同根，其与犯罪学的关系也就是辩证法所阐明的共性与特殊性的关系。因此，为探寻有效地预防知识产权犯罪的对策，不能忽视对犯罪学的研究，有必要学习犯罪学的历史沿革及发展趋势。

第一节　古典犯罪学派

一、历史背景

古典犯罪学派(classical school of criminology)之产生时代背景可追溯至18世纪以前。那时欧洲正处于基督教的黑暗笼罩下，君主受庇护于教会之下，造成宗教势力凌驾于政治之上。刑罚制度具有浓厚的神权思想，并通过公开、泛滥、残酷的执行方法，针对人的肉体而非心灵，以此使社会公众产生恐惧，遏制其违法犯罪意念，从而达到社会控制的目的。自18世纪以后，启蒙思想学说的兴起，教会的神学思想和君王至高无上的原则才得以渐渐被社会契约论及理性主义、功利主义所取代。

理性主义认为人类意志是个人心理上的特性，人们能控制自己的行为，并能运用理智而逐渐成长为一个负责任的人。社会契约论认为人类通常为追求自身利益而不顾他人利益，为避免相互争斗，乃放弃自私行为，签订与他人停止争斗的和平条约，假若有人为追求自身利益而不顾他人利益，就会导致国家使用武力加以惩罚，因此用刑法对犯罪的处罚是有必要的。功利主义认为人的行为由动机所驱动，而对动机的产生具有决定作用的是人的欲望，我们总是希望实现幸福的最大化及痛苦的最小化，所以政府最主要的任务，即是促进社会幸福的最大化；因而对于犯罪的刑罚目的，应当仅仅限于预防犯罪，预防将来可能发生的侵犯他人幸福和其他利益的行为，如此才有正当性。

古典犯罪学派的发展于18世纪达到顶点，其强调人道主义及理性主义，认为人类有能力去推理及控制自身的命运。因而古典学派较强调从国家的法律结构来看犯罪问题，其代表人物诸如贝卡利亚、边沁、费尔巴哈，反对当时刑法执行之不一致与不公平，而建议从人性之观点进行刑法改革。

二、代表人物的思想

(一)贝卡利亚(Cesare Bonesana Beccaria，1738—1794)

1. 个人背景

贝卡利亚是18世纪意大利刑罚学者，犯罪学古典学派创始者，他出身于意大利米兰的一个贵族家庭，早期专攻数学、经济与政治，后来受到孟德斯鸠(Montesquieu)等人思想的影响，对刑法、刑罚等产生浓厚兴趣，积极地从事此方面的研究，1764年(当时26岁)因与兄长们参加定期讨论会，被指定撰写相关论文，因而发表《犯罪与刑罚》一书。[①] 此书是第一本有系统地探讨犯罪与刑罚的著作，对刑法的人道主义改革贡献甚大，促使各国逐渐由"人治"改为"法治"，不但是一部促使司法制度革新的著作，更被誉为刑法学的圣经。此书对当时欧洲各国的刑事司法制度大加抨击，引起欧洲各国极大震撼。此书曾被翻译为多国语言，广为流传。然而此书与当时统治阶级格格不入，被天主教会视为异端，而被列为禁书达200年。

2. 主要主张

贝卡利亚的主要主张为：①认为人具有理性及自由意志，应对自己的行为负责；②认为人是追求快乐逃避痛苦的，因而惩罚犯罪之痛须超过犯罪得到的快乐；③认为法律的来源是议会而非法官，法官的真正功能是决定一个人是否有罪，刑罚的重轻应由法律来决定；④主张"罪刑法定化"；⑤主张"罪刑均衡原则"；⑥认为法律之创立和执行，应以追求最大多数人的最大幸福为原则；⑦主张应予废止私人刑求及死刑；⑧强调刑罚的迅速性及确定性远较严厉性，在犯罪预防上更具效果；⑨犯罪的严重性之衡量，应以其行为对社会所造成的损害程度而定，而非以犯罪者的意图来判断；⑩厉行公开审判，采用陪审制，主张刑止于一身，以防国家滥用刑罚权，株连无辜；⑪强调法律之前人人平等，废除刑罚身份上的差异；⑫事前预防犯罪胜于事后惩罚。

贝卡利亚写作《犯罪与刑罚》的目的，是推翻资本主义社会初期仍在盛行的司法专断、独裁和残暴，建立一套科学、文明、人道的刑事司法制度。贝卡利亚在书中否定人类行为的神意决定论，而代之以自由意志论，提出了一整套关于犯罪原因、刑罚的目的、罪刑法定、罪刑相适应、刑罚的威慑效力、刑事诉讼程序和犯罪预防等旨在颠覆封建司法理念和司法实践的较为严密的主张。他的这些主张针对当时最大的社会时弊提出了改革的理性思路。贝卡利亚的思想对于近代西方刑法改革产生了巨大的推动作用。[②]

(二)杰里米·边沁(Jeremy Bentham，1748—1832)

1. 个人背景

1748年，杰里米·边沁出生于英国伦敦，3岁能读拉丁文，16岁即从牛津大学毕业，被誉为神童。他对于当时法国法院以金钱的有无作为判决有罪与否的依据甚感不平，乃致力于法律制度的改革，其主要著作有《道德与立法原则序说》和《刑罚的理论基础》。

2. 主要主张

杰里米·边泌的主要主张为：①认为刑法立法目的是谋求"最多数人的最大幸福"。②强调功利主义和享乐主义。[③] ③发明了"道德衡量法"去评估个人从事特殊行为的期望。④创造了所谓的"道德微积分"，依据苦与乐的强弱度、持续性、程度性列出等级表，以计算人们从事特定行为的可能性。⑤主张惩罚的目的在于预防犯罪，消灭为恶之源，减少犯罪，增进社会的幸福，因此惩罚有四个主要的目的：(a)预防所有的犯罪行为；(b)当惩罚不能预防一项犯罪行为时，应能说服犯罪者选择较轻微的罪行；(c)确保犯罪人不使用过度的力量；

① 杨燮蛟. 当代犯罪学的重构及展开[M]. 北京：法律出版社，2010：7.

② 杨燮蛟. 现代犯罪学[M]. 杭州：浙江大学出版社，2010：43.

③ 杨燮蛟. 当代犯罪学的重构及展开[M]. 北京：法律出版社，2010：11.

(d)尽可能以最低成本的方式预防犯罪。⑥针对刑罚的有效性,发展出指导惩罚的六项原则:(a)惩罚的价值在任何情况下绝对不能低于犯罪所带来的利益;(b)犯罪的危害愈大,惩罚应愈严厉;(c)当两项犯罪行为相互竞争时,对于严重行为的惩罚必须足以使人选择较轻的犯罪行为;(d)惩罚必须与所犯之罪成比例,使欲违法者有动机不去违法;(e)惩罚在任何情况下绝对不应超过他人守法的需要;(f)相类似犯罪行为之犯罪者的刑罚应相对应,年龄、性别、阶级等外在环境因素的影响也应考虑在内。⑦法律应根据行为结果来处理犯罪人。⑧对犯罪之制裁应由立法方式来建立制度,立法之内容应能被大多数人所接受;而法律的功能是预防犯罪,并非以对犯罪人之报复为目的。⑨极力反对死刑、流刑、罚金刑、囚禁刑及侮辱刑制度。⑩认为欲防止刑事司法制度的专横,只有确定刑事诉讼程序的原则、建立有效的证据制度才能达到目的。⑪刑罚的本质具有一般预防与特别预防之效果。⑫认为在各种刑罚制度内,以自由刑的效果最好,监狱应该是一种学校,应以各种方式的教诲去消除人犯之邪恶个性,以免将来再犯罪。并针对监狱建筑的缺失,提出兴建监狱的构想,革新监狱的行政与管理制度。边沁的改革方案虽然没有被英国采纳,但后来被美国一些州所采用。此外,边沁也是建立和改革近代警察制度的重要先驱者。①

(三)费尔巴哈(von Feuerbach,1775—1833)

1. 个人背景

费尔巴哈出生于德国,是近代刑法思想的奠基者,被后人称为思想家、立法者和法官。其思想深受康德哲学二元论的影响,认为人有感性和理性两个世界,在刑法领域中,他将人作为自然的存在者来考察,其犯罪学理论就是建立在此基础上的。

2. 主要主张

费尔巴哈的主要主张如下。①犯罪原因论:费尔巴哈认为人犯罪,乃是追求犯罪时获得快乐的感性冲动,因而为了防止犯罪,就需先遏制此冲动,即先制定出作为恶害的刑罚,使人预先知道受刑的痛苦大于犯罪所带来的快乐,才能遏制犯罪的冲动。②罪刑法定主义:即表明罪刑法定主义的主要内涵为"无法律则无刑罚""无犯罪则无刑罚""无法律规定的刑罚则无犯罪"。同时其所主张的罪刑法定主义,是以"心理强制说"为理论基础的。③刑罚目的论:其从罪刑法定主义和"心理强制说"出发,强调一般犯罪预防论,而否定道德的应报论。

三、对犯罪原因的基本看法

古典犯罪学派最基本的假设是:假若不受惩罚恐惧的制衡,则人均有犯罪的可能性与潜能。人若有犯罪的可能性与潜能,则立即犯罪的动机无须解释,犯罪事件是当事人最迅速、最有效的理性选择,故古典犯罪学派的犯罪原因观又被称为理性选择理论。因而社会的反应及惩罚愈迅速、确定、严厉,愈可控制犯罪行为,亦即最有效的犯罪预防方式是足够的惩罚,并不使犯罪成为吸引人的选择。换言之,古典犯罪学派对于犯罪原因的基本看法有自由意志论和理性选择论。

1. 自由意志论

(1)人在社会上由自由意志来选择犯罪或守法行为,以满足其需要或解决问题。

---

① 杨士隆.现代犯罪学[M].杭州:浙江大学出版社,2010:45.

(2)人若自甘堕落,便有违社会契约和社会道德,应该受到惩罚。

2.理性选择论

(1)犯罪行为是行为人在追求快乐和避免痛苦的力量驱使下理性选择以犯罪的结果。

(2)以犯罪的方式来解决问题较守法的方式吸引人,因为可以以较少的功夫获得较大的回报。

(3)个人选择犯罪的行为可以因害怕社会对该行为的反应及惩罚而受到限制。

(4)社会的反应及惩罚愈迅速、确定、严厉,愈可控制犯罪行为。

(5)最有效的犯罪预防方式,是足够的惩罚,并不使犯罪成为吸引人的选择。

四、古典犯罪学派的犯罪预防理念

(一)强调威吓主义的犯罪预防理念

古典主义犯罪学派认为犯罪是个人自由意志及理性选择的结果,其基本假设认为不受惩罚恐惧的制衡,人均有犯罪的可能性与潜能。因而强调以威吓主义作为一种犯罪预防理念,揭示了理性、自我本位的个体,通过考量利益得失而放弃犯罪动机的原因。

因此,犯罪预防不能仅靠刑罚,必须制定明确的法律并公布于众,且须完善刑事司法,警察和法官只能根据法律执行职务,不能滥用法律或创造法律。法律必须简洁、清晰并获得普遍支持。同时,法律应当是明确的、不容易产生歧义的,且有必要通过教育使人理解维持社会契约的必要性。

(二)强调有犯罪必有惩罚

从历史的观点来看,古典主义犯罪学派认为,犯罪预防比刑罚惩罚更有意义,即犯罪预防胜于刑罚惩罚,这是每一个良好的立法者所追求的最终理想。同时,犯罪是一种理性行为,是犯罪人对风险计算的结果,亦即犯罪人也是一个懂得对风险和收益进行计算后才做出一定的行为选择的"理性人",其与我们普通人一样,也会受到"幸福最大化—痛苦最小化"原则的指引。

因此,对于犯罪预防的实现,是通过社会对"有犯罪必有惩罚"这一认知而得以实现的。这如同白天之后是黑夜一样,惩罚是犯罪的必然且唯一的结果。犯罪预防最好的方式,是在威吓的作用下,使个人从犯罪的危险中摆脱出来,况且刑罚如果让其遭受到足够的痛苦,则犯罪者就不会重新犯罪。此外,古典主义犯罪学派也非常重视刑罚对一般社会大众的警示作用,以达到一般预防的效果,是以对未来的犯罪预防为导向,有别于以对过去行为报复为导向的报应主义。

五、古典犯罪学派与现代国家的犯罪控制模式

(一)理想的社会控制工具

依据古典主义犯罪学派的观点,刑罚不应当被视为一种道德强制或一个绝对的国家职权,而应当被理解为一种为"达到特定理想目的的社会控制工具"。因此,为达到这一目标,刑罚首先必须定位为一种威吓性的和预防性的措施,其次必须是正当的、有效的和有益的。至于刑罚选择,在特定环境中至少应当与法律规定的犯罪相适应,与犯罪的危害程度成比例,同时刑罚必须是"公开、迅速和必要的"。从而可知,古典主义犯罪学家建立了一种刑罚

和犯罪预防的哲学，以及基于理性人的精确计算所应当采取的相关策略，以达到特定理想目的。换言之，古典主义犯罪学派试图努力描绘出一种“统治型犯罪控制模式”(sovereign crime control)，亦即国家的职权就是在其领土范围内向社会提供一个安全的保障，提供法律、秩序和犯罪控制等制度性安排与实践。有学者指出，古典主义犯罪学理论为我们提供了一种“国家主导型的犯罪学研究途径”(the route of a state-led criminology)，即一种由国家制定法律、国家机构认可并执行法律、具有特定且正式的社会控制形式的科学的社会控制机制；它同时也是一种“科层制的专家治理模式”(knowledge at the service of the bureaucratic specialists)。这种统治型社会控制模式在19世纪的英国得到全面应用与发展，其中最重要的是现代警察制度的建立，以及19世纪早期现代监狱制度的建立，这些机制作为一种专业性、垄断性的力量而具有犯罪控制，或更确切地说是维持公共秩序的功能，更是威吓主义的犯罪预防理论的实践。

(二)现代警察制度的建立

19世纪国家日益加强了对刑事司法制度的控制，就在此时也创立了警察制度。我们知道法律是强化社会秩序的工具，警察则是“维护社会秩序事业的先锋”，秩序是这一事业的主要目标，而国家是这一事业必要的执行人，至今警察仍是国家权力最强有力的象征。

1829年英国伦敦出现了现代警察，作为政治统治的一种威吓力量的代表，他们首先走上伦敦大街，到了1857年他们已经遍布英国大多数城镇。这些警察脚穿皮靴，身着制服，头戴高帽，手持警棍，在大街小巷巡逻，强调国家权力之无所不在。19世纪早期对于警察制度的需要，缘于对维持公共秩序的恐惧，唯当时的内政大臣皮尔(Robert Peel)爵士指出，对于警察制度的需要不是为了维持公共秩序，而是由于犯罪的大量出现而引发了一系列的社会问题。因而自1829年现代警察制度建立以后，伦敦大都会警察局的警官就被告知他们的首要任务是“预防犯罪”。诚如皮尔爵士在其内政大臣任内发表的一篇很有名的宣言所言：“我们从一开始就应清楚的是，我们所肩负的首要任务是‘预防犯罪’，警察所有的努力都应以此目标为导向。我们建立现代警察制度，乃是为了保障民众的生命、身体和财产安全，维护社会秩序与公共安宁以及其他的任务。建立警察制度的目的，是为了有效地实现上述目标，而不是在犯罪发生后，再启动调查程序及刑事制裁来对犯罪人进行惩罚。”

此外，在皮尔爵士所提到的工作报告中，当时设想的警察权力范围是非常广泛的，是将警察作为管理型国家中预防犯罪的威吓力量。在这一时期，这种表达使人们普遍地认为，警察在大街上巡逻吓阻犯罪，是预防犯罪发生最有效的手段。因此，总结伦敦大都会警察局的指导手册，在犯罪预防方面有两大目标，并清楚地反映出犯罪预防的本质：(1)都市警察运用比军队的镇压及法律严厉的惩罚方法，更能预防犯罪及失序状况的发生；(2)警察效率的验证，是观察整体犯罪率的降低，而不是单凭目睹警察是否有逮捕犯罪人而定。[①] 当时的警察犯罪预防策略，是针对特定个人或团体划定“犯罪热区”，对贫民窟进行监视，而工人阶级的大部分生活，是要受到街头警察管制的；至于对富人区，则进行特别的保护。这种按阶级标

① 确实，犯罪预防是一个很有意义、值得警察奉献的工作，然而警察重视犯罪预防政策并没有持续太久，反而是愈来愈强调破大案抓要犯。特别是在现行的政治环境下，由于犯罪预防成效并不易显现，因而未受到应有的重视。之所以如此，乃因未能发展明确的犯罪预防衡量指标，以及欠缺明确的犯罪分析方法。因此，如何发展明确的犯罪预防衡量指标及犯罪分析方法，值得注意。

准来选择受保护对象的预防策略，仍然是现今警察制度的特征。换言之，自 19 世纪公共警察制度设立起，公共警察在犯罪预防领域一直占据主导地位，亦即关于犯罪预防的任何争论，都不能忽视公共警察的存在。

（三）早期现代监狱制度的建立

19 世纪中叶现代监狱出现时，是作为犯罪预防的手段，是一种公正地施加于犯罪人的“痛苦”，这可以视为古典主义哲学信仰在制度上的表现。从贝卡利亚的观点来看，为了使威吓性犯罪预防模式发挥作用，有必要建立一系列的刑罚种类，这些惩罚将与特定的犯罪种类相匹配，同时对于作为旁观者的社会公众而言，这也传递了一种明确的警示信息。在监狱里，犯罪人可以在特定的时间和空间中反省和改变自己，这种自我改变是建立在自由意志的基础上的。因此，无论是对于被监禁的犯罪人个人，还是更广大的社会大众，威吓性犯罪预防模式的效果确实都可通过监狱来达到，这也说明了监狱作为犯罪预防的一种措施，是一种卓越创造。

对于那些需要控制和监视的人来说，边沁的“圆形监狱建筑”（panopticon）或“监视屋”（inspection house）的建筑设计，正是“权力—知识”理论的缩影。“圆形监狱建筑”是一栋圆形建筑，个人牢房环绕着周边，窗户与照明的安排在于使犯人能被中央监视塔看得一清二楚，而犯人却看不见中央监视塔里的人。这是一栋用来将身体予以个别化的建筑，并且让这些人持续不断地屈从于中央监视塔权威的知识与权力。圆形监狱是一个机制，它将监视者和被监视者分开来。在这种情况下，牢房监禁者迟早会在持续不断的可注视性与脆弱性下进行自我控制。权力不再需要施加制裁，相反地，权力的对象必须让自己以合乎要求的方式行事。

这个令人痛苦的、构思巧妙的牢笼，对于社会控制策略的连续性产生了非常重要的影响。它可以用于犯罪者改过自新，也可以用于治疗病人、教导学龄儿童、禁闭精神病患者、监视工人的活动、使乞讨者和流浪者参加劳动。这种设计对于犯罪控制模式将会产生持续的影响，这并非一种空想，因为它是一种建立在“公共展示”和“监视”（如公共区域或特殊区域监视录影系统在当今犯罪预防技术上的运用）基础上的惩罚。

六、理论的评析

（一）提供社会使用刑罚控制犯罪的正当性

倘若社会没有刑罚，社会将退化至战争状态，遵守法律对大家均有利，因而古典学派被现代法律体系所广泛接受。特别是在当代保守主义和新自由主义学者的推动下，贝卡利亚所关注刑罚的价值，如适当性、确定性和经济性的影响仍被保留。然而刑罚是否能正当、公平地适用，以及司法是否能真正独立，仍遭受诸多质疑。

（二）主张自由意志与理性选择

基本上古典学派认为人有自由意志，能经由理性判断而选择好与坏。因此，当处罚所引起的痛苦超过犯罪所付出的代价时，人会选择放弃犯罪；因此古典学派特别强调刑法的功效与刑罚的过程，而忽略犯罪行为的原因与本质。然而人是否真正具有自由意志，迄今尚未成为定论，毕竟人经过理性计算来进行行为选择和思考的能力是有限的。从而可知，古典主义犯罪学派对人类行为动机的心理学探讨是过于简单了。

(三)建构出威吓性犯罪预防理念

古典犯罪学派建构出威吓性犯罪预防理念,设计出现代警察制度及现代监狱制度,呈现出“统治型犯罪控制模式”,因而古典犯罪学派对于我们理解现代刑事司法制度,仍具有非常广泛的意义。确实,对于国家的法定权力,应用于被监禁者或提供威吓性犯罪预防,古典犯罪学派提供了一种新的思考。然而处罚是否能产生吓阻作用,迄今尚未成为定论。

(四)设立一套易于执行的司法程序

古典学派设立了一套易于执行的司法程序,法律明确规定每一种犯罪和每一等级犯罪的惩罚,法官仅是执行法律的工具,因而亦可称为法律犯罪学。然而,因为它缺乏对犯罪人的类型化分析,同时也缺少对实证主义犯罪学理论所说的“犯罪人”进行的研究,因而亦有批判者认为古典主义犯罪学派论并不是真正现代意义上的犯罪学。

(五)强调人类行为的可预测性和可控制性

古典学派强调人类行为的可预测性和可控制性,因而认为处罚公开、迅速和合适,人们就会减少犯罪。这样的观点,是否意味着古典学派亦开始以科学方法探索犯罪的原因,而也有采取“决定论”的观点,值得深思。

第二节 新古典犯罪学派与现代新古典犯罪学派

一、新古典犯罪学派产生背景

尽管古典犯罪学派在整个刑事科学的发展史上产生了一定的影响,并为现代刑法的法典化及合理化提供理论依据。但在实践上确实也出现一些缺陷,例如未考虑个人因素或犯罪环境的差异,导致初犯与累犯、少年犯与成年人,心神丧失与心智健全者,均接受相同处罚。对所有少年犯、有能力缺陷者与常习犯一律处以相同的处罚,是极不人道和不公平的。换言之,古典犯罪学派在实际适用上显然是虚伪、不人道和不公平的,纵使其立论简单明确。因而在此批评建议中产生了新古典犯罪学派,容许法官针对专家在法庭作证,以及上述人员作案的环境、年龄、心智状况对自由意志的影响进行考量并享有部分裁量权,例如 1810 年及 1819 年拿破仑刑法典的修正案,即表现此思维。

二、新古典犯罪学派基本主张

新古典犯罪学派主要由一些富有革新精神的法国学者组成,因而又被称为“法国古典学派”。其主要主张如下。①相对自由意志论:新古典犯罪学派仍然以自由意志论为基础,但认为人的自由意志非绝对的,个人的自由意志在某些情况下会受到限制,使个人不能完全按照自己的自由意志行动,如未成年人或有精神疾病的人。②刑罚个别化论:对犯罪人适用刑罚时,须考量到每个人不同的情况,如年龄、精神状况及其他可宽恕或怜悯之情节,而有所区别。这样的修正,意味着除犯罪人的自由意志之外,尚须考量其他的犯罪因素。如此的修正,对近代刑法学和犯罪学的发展做出了一定程度的贡献。

三、现代新古典犯罪学派再次兴起的背景

19 世纪末，由于实证学派的兴起，古典犯罪学派逐渐趋于没落，至 20 世纪中期以前其理论仍受到大多数犯罪学家的批评，许多无法控制的外在因素，诸如贫穷、智力、教育及家庭生活等，被视为导致犯罪的真正因素，对犯罪客观条件的处罚观念被认为是愚蠢而残忍的，强调处遇胜于处罚的心理治疗在欧美矫治机构蔚然成风。20 世纪 70 年代以后，许多人对古典犯罪学派理性选择理论又逐渐产生兴趣，其主要原因为：(1)觉醒到实证学派并无法真正找到犯罪的特殊原因；(2)许多人开始攻击实证学派的教化主义政策，而有些评估研究也发现教化并不能预防犯罪；(3)犯罪率的增加以及社会的动荡不安，使得大家对社会的安全感到忧虑，认为应不仅以矫治或教化来控制犯罪，而应寻求更有效的方式。

四、现代新古典犯罪学派基本主张

对许多犯罪学家而言，引用古典犯罪学派的人类行为理念于犯罪问题上，认为犯罪是一种利益与损害之衡量，远比只一味地企图矫治犯罪人来得更宽广，这些思想家被统称为“现代新古典犯罪学派”。现代新古典犯罪学派已成为一个强而有力的学派，影响各国刑事政策甚大，主要表现于理性选择理论及环境犯罪学的运用。

五、理性选择理论

(一)理性选择理论的基本意涵

理性选择理论乃根源于古典犯罪理论，认为人是自利及以自我为中心的，倘若有足够的惩罚，人便会考量其利弊而放弃犯罪。换言之，理性选择理论强调犯罪是一种利益与损害之衡量，人可以理性选择而理解刑罚的抑止效果。因此，依据理性选择的途径，违法行为的发生，乃是犯罪者在考量个人因素(如需要用钱、报复或娱乐)及情境因素(如目标物受保护程度及当地警察执法效率等)后，决定冒险而从事违法行为。亦即在选择犯罪之前，理性犯罪者会评估犯罪风险高低、处罚的严厉性、犯罪的利益及其想从犯罪之中获得的立即利益等，倘若其评估结果是犯罪利益大于其风险，便会去从事犯罪，反之则放弃。

此外，理性选择涉及犯罪与犯罪性的两种不同概念，犯罪为事件，犯罪性则为个人的特质。至于在何种情况下构成“犯罪性”之衍生及促成“犯罪”？美国犯罪学者拉里·J. 西格尔(Larry J. Siegel)教授则认为犯罪性之构成乃是许多个人因素制约着人们选择犯罪，在这些因素中，以经济机会、学习与经验以及犯罪技术的知识最为重要。至于进行犯罪行为之考量因素，则系针对犯罪形态、犯罪时间与地点以及犯罪标的物等进行评估分析。

另外，日本学者濑川晃教授指出，理性选择理论乃是行为人以自己的学习经验及信息为基础去选择犯罪。至于犯罪的选择可划分为下列三个阶段：①第一阶段为犯罪行动的选择；②第二阶段为罪种的选择；③第三阶段为犯罪目标的选择。

本书认为理性选择理论乃是行为人以经济机会、自己的学习经验及知识产权的信息为基础去选择犯罪。至于犯罪的选择可划分为下列四个阶段。

第一阶段为犯罪行动的选择。行为人会考量比较：①从知识产权中犯罪所获得的利益特别是想从犯罪之中获得的立即利益；②逮捕的危险性；③刑罚的轻重，以决定是否选择犯罪。亦即“犯罪之利益＞逮捕之危险性×刑度”，便会去实行犯罪，反之则不会去犯罪。

第二阶段为罪种的选择。行为人会分析手中所获得的资料，以决定采取何种犯罪。如盗版、仿造和复制等商业价值和信息的应用，以获取更大的回报。

第三阶段为犯罪时间与地点的选择。犯罪者在从事犯罪行为时，常会针对时间与地点加以分析评估。知识产权犯罪者会选择某一时期忽视知识产权保护或没有法律强制力保护的地方作案。

第四阶段为犯罪目标的选择。行为人并非随机地选择被害人，而是基于合理计算去选择标的物。例如对信息创新者的保安防护措施严密，并有警察人员的严密保护，且创新者和消费者保护意识强，则较不为侵害知识产权犯罪者所青睐。

(二)理性选择理论对刑事政策的影响

理性选择理论无法解释全部的犯罪，如激情犯等批评。然而，理性选择理论强调犯罪是一种利益与损害之衡量，人可以理性选择而理解刑罚的抑止效果，导致在刑事政策领域中产生下列两种策略。

1. 提倡刑事司法的犯罪镇压模式

(1)强调威吓效果。威吓理论以刑罚之威吓效果，吓阻社会大众或特定对象，以收到预防犯罪之效果。换言之，对于想要或将要犯罪之人，处罚发挥了一种预防功能，而让他们在犯罪之前，会先衡量犯罪的利益得失，从而认知到若犯罪则将遭受逮捕、处罚，便会因害怕而不去犯罪。至于威吓理论，又可区分为一般威吓及特别威吓两种，前者之对象为一般社会大众，后者之对象为个别或特定犯罪人。[①] 典型例子如要求恢复死刑、主张大量使用监禁刑、否定矫正效果、应报符合正义等。

(2)主张隔离政策。隔离是通过隔离再犯者以减少犯罪，把犯罪者排除在街道外，他们就不会犯更多的罪。隔离更进一步预想若把他们关上两倍时间之久，便可减少更多的犯罪，典型的例子如美国联邦或各州所通过之三振出局法案(Three strikes and you are out laws)。

(3)提高逮捕率。刑罚的严厉性、确定性及迅速性彼此相互影响。倘若刑罚的处罚非常严厉，却无法立即将罪犯逮捕，则严厉的刑罚似无可能吓阻犯罪，因而提高逮捕率亦相对地重要，典型例子如增加警察员额及预算、强化警察对智力成果的救济等。

(4)实施强迫量刑政策。实施基于公正应报之强迫量刑政策，使犯罪者付出其所应付出的代价，从而吓阻或隔离使其不再犯罪。事实上强迫量刑只是一种手段，其主要目的乃是达到威吓或隔离的效果，典型的例子如实施基于公正应报之量刑、导入量刑指南、强化监所之运作。

2. 提倡环境设计的犯罪预防模式

由于刑罚的严厉性、确定性、迅速性是彼此相互影响的，迅速的逮捕确实会有些效果，但提升被逮捕率并非那么乐观，况且刑罚镇压的效果很难证明，且易招致保留死刑及长期监禁的负面效果，从而促使刑事政策的典范逐渐由“犯罪实施后通过刑事司法机关的事后处理系统”，转移至“以社区为基础的事前防止犯罪实行的防治系统”，而促成提倡环境设计的犯罪

① 威吓理论的类型除可分为一般威吓及特别威吓外，另可再分为客观威吓及主观威吓。客观威吓是指真实司法惩罚的影响，主观威吓是指人们对可能的司法惩罚及这种惩罚严厉性的感知。换言之，威吓理论预测人们会被确定且严厉的真实司法惩罚，或是被观念中对确定且严厉司法惩罚的感知所吓阻而避免犯罪。

预防理论的抬头。环境设计预防犯罪理论认为，一个人在一个既定物理环境中的行为，尤其是出现越轨行为的可能性，会受到这个环境的设计特点的影响。通过对社区环境的改造和重新设计，增加对犯罪的阻隔、监控能力，即可达到减少犯罪行为并提高居民生活品质的目的。该模式包含加强监视、接近控制、领域强化、活动支持、维护保养、目标强化等若干原则。其实质是通过环境的改变降低犯罪率，即通过针对各种"侵入型""机会型"犯罪的"防御性设计"，减少犯案机会，促使居民能自觉地对居住环境进行非正式控制与防卫，促进社区人员的交往，借此降低犯罪率，减少居民对犯罪的恐惧感。因该犯罪防控模式的操作性较强，效果显著，许多国家的政府和民间机构纷纷将环境设计预防犯罪的理念和模式运用到社区建设和改造中，效果良好。

六、环境犯罪学

（一）环境犯罪学的意义与沿革

环境犯罪学，乃为探求犯罪预防对策之一种犯罪学观点，通过观察身边环境的状况，研究其对犯罪者选择犯罪行为的影响。不同于传统犯罪学原因论认为少年犯罪原因乃是"种因于个人与家庭的互动、显现于学校、恶化于社会等之相互作用而产生"，环境犯罪学着重于从犯罪的情境中分析犯罪行为。换言之，环境犯罪学研究的重点，从"原因论的理解转移至情境的理解"，观察为何某些人会在某些特殊的时间和空间实施某些特殊类型的犯罪。

1981 年加拿大犯罪学者布兰丁汉姆（Brantingham）夫妇出版了《环境犯罪学》，在"通过环境设计预防犯罪"的基础上第一次提出了"环境犯罪学"的概念。布兰丁汉姆夫妇指出，犯罪的发生必须同时具备四项因素：法律、犯罪人、标的及场所。需要注意的是，其中"场所"要素包括时间与空间场所，而前三项要素要共同发生作用则必须具备共同的时空条件。之前的理论都认为犯罪的发生是必然的，而环境犯罪学则认为犯罪的发生是或然的，犯罪的发生必须具备以上四项要素，否则犯罪就不会发生。因此要想预防犯罪只需要移动四个要素的其中一个便可达成。从此角度来看，其最可行的方法就是不让犯罪人和标的在同一场所（时间和空间）内出现。换言之，布兰丁汉姆夫妇将犯罪当作社会事件，而从法律、犯罪人、标的及场所等四个层面来探讨：①何为犯罪发生之时间地点；②何为犯罪发生之物理和社会特征；③何为犯罪人选择犯罪地之过程，即在空间上之移动原因；④何为犯罪标的物及发生地在空间的分布；⑤上述四因素如何互动而产生犯罪。

虽然环境犯罪学之观点形成时间不久，但仍可追溯至 19 世纪比利时学者凯特莱（Quetelet）及法国学者盖里（Guerry）之研究发现，犯罪集中在某些地区。而美国学者肖兰德·麦凯等人在 1920 年至 1940 年间，对美国芝加哥及其他城市进行区位研究，发现少年犯罪问题有往市中心集中的趋势，往郊区犯罪率逐渐降低，从而认为都市的区位环境影响犯罪行为最大，亦对后来环境规划、设计之兴盛产生部分影响。后来因芝加哥学派所用的社会生态学理论及其研究方法遭受诸多批评，导致 20 世纪 40 年代其支持者急速减少。

环境犯罪学再次受到重视，则是 20 世纪 70 年代中期，其直接的发展契机并非来自犯罪学家，而是通过建筑师及都市计划专家的倡导而来。1961 年美国学者简·雅各布斯（Jane Jacobs）出版《美国大城市的死亡与生活》（*The Life and Death of American Cities*）一书，对于当时都市之规划与设计走向垂直化、郊区化、腐蚀社区生活倾向加以抨击，从而为未来之

"环境设计规划预防犯罪"理念奠定良好基础。1972 年奥斯卡·纽曼(Oscar Newman)提出"防卫空间"的概念,认为可以通过特殊的建筑设计降低犯罪的机会,从而达到犯罪预防的效果。1971 年,杰弗利又撰写《通过环境设计预防犯罪》一书,提出建筑物的安全装置、门锁、街灯及守望相助等均能有效减少犯罪。值得一提的是,环境犯罪学之发展亦受到地理学家研究之影响。例如哈利斯(Harries)之"犯罪与司法地理学"和美国一批学者的"犯罪空间动力"等研究,在环境规划技术、方法、概念之开发上功不可没。此外,另一波建筑师及都市规划者之努力,亦对环境设计预防犯罪之发展造成影响,诸如,加德纳(Gardiner)引介之"环境安全"概念及鲁宾斯坦(Rubenstein)之"建构环境"理念均属之。这些理念告诉我们,物理环境设计规划不当可能刺激犯罪之发生;相对地,倘若妥善予以设计,不仅可以产生防治犯罪功用,同时亦可唤起住户采取必要行动,以遏止非法情事之发生。另外,学者布兰丁汉姆等人所出版的《环境犯罪学》、波伊纳(Poyner)之《排除犯罪设计》及罗纳德·克拉克(Ronald Clarke)之《情境犯罪预防》一书,系统地阐述了情境犯罪预防的策略与理论,对于环境犯罪学之发展皆有显著之影响。如图 2-1 所示为环境犯罪学之相关学科。

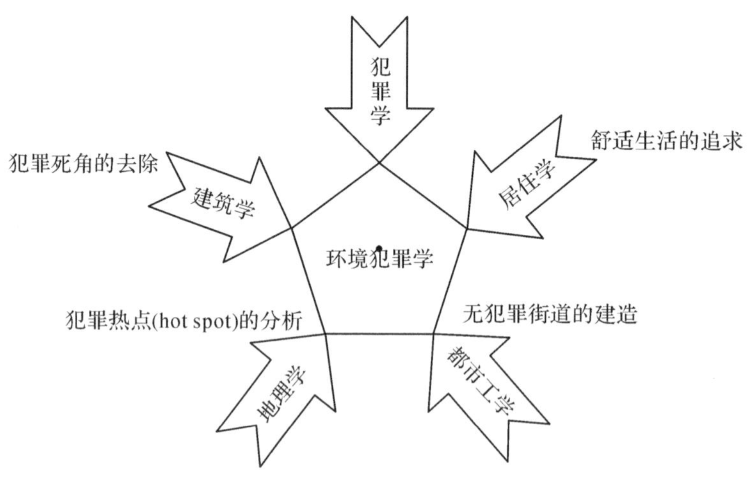

图 2-1 环境犯罪学之相关学科

另外,20 世纪 70 年代末期,英国内政部研究小组将情境犯罪预防理论发展到极致。英国内政部评论人员认为,致力于犯罪原因的探索是徒劳无功的,引发犯罪的机会因素才是可以控制的,使得犯罪学所关注的焦点从对犯罪人个体矫正转向对犯罪行为产生的直接环境的改善。由于在 70 年代伴随经济的迅速发展和社会福利的提高,犯罪率急速攀升,人们对犯罪矫治理想丧失信心。而英国内政部犯罪学家与官员们对下述看法深表赞同:①没有任何证据显示,刑罚惩罚的方式对于抑制不断攀升的犯罪率有任何显著效果;②警务工作的改善和警察队伍的壮大,对犯罪率并无任何有意义的影响;③通过社会改革来预防犯罪是最根本的途径,但不具有现实的可能性,且没有证据证明其对减少犯罪有任何可以量化的效果;④用以改变犯罪人犯罪倾向的矫治计划,没有产生任何成效。甚至有学者首创"行政犯罪学"(administrative criminology)一词,用以说明此犯罪预防模式"非理论性"及"政治实用性"的特点。

（二）环境犯罪学的理论基础

对于环境犯罪学，具体而言应以何种理论为基础，并不容易界定。除前述的理性选择理论外，仍可以采用下列的理论，现做简略说明。

1. 防卫空间理论

防卫空间理论，乃由简·雅各布斯及奥斯卡·纽曼所提出。美国新闻记者简·雅各布斯于 1961 年出版《美国大城市的死亡与生活》一书，对于当时都市之规划与设计走向垂直化、郊区化、腐蚀社区生活倾向加以抨击。并提出下列犯罪防止的基本原理：①明确区别公的领域与私的领域；②建筑的设计能确保可注视至街道的动静；③可利用街道的动态来监视。此乃因环境的物理特性，如建筑物的格局和基地的规划，在功能上允许居民自身成为确保他们在安全上的重要安全关键特性。

另外，1972 年奥斯卡·纽曼提出"防卫空间"的概念，认为可以通过特殊的建筑设计减少犯罪的机会，从而达到犯罪预防的效果。根据纽曼之见解，高楼大厦之所以有高犯罪率之情形，与建筑物缺乏防卫空间有关。在环境设计领域内，纽曼认为防护空间具有下列四项要素：①领域感的设定，是指住宅地为了防止外部的侵入，能将半私有用地有效纳入监控管理。②自然监控的确保，是指区域建筑环境的设计，能使居住者自然地监控日常的出入者。③居住地意象的形成，是指建立一个不为犯罪所侵害并与周遭环境密切接触之邻里社区，以产生正面的形象，减少犯罪之侵害。④环境的整顿，是指将社区安置于低犯罪、高度监控之区域，以减少犯罪之活动。在后来的著作中他又增加了出入控制、目标强化、活动支持三个要素。他指出具有领域感的空间更具有防御性，领域感的含义就是空间的归属或所有权是明确的，当人们感到某一空间是明显属于某人的时候，在这个空间便不容易发生犯罪。换言之，防卫空间意味着建立领域感，通过街道使用和监控变得方便可行。

2. 通过环境设计预防犯罪论（CPTED 理论）

杰弗利于 1971 年出版《通过环境设计预防犯罪》一书，首先对犯罪学研究的范式提出了批判。他指出当时美国的犯罪学研究表现出单纯的社会学模式，应当突破这种单一的研究模式，对犯罪问题采用生态学、生物社会学的研究方法，提倡对犯罪学进行科际整合研究。而对于犯罪治理的问题，杰弗利则认为行为是学习来的，而犯罪行为便是在有利于学习犯罪的环境中习得的。人的行为乃是人作为生命有机体对于来自环境中的刺激所做出的反应，即行为是"环境—人—环境"相互作用的行为模式，犯罪行为亦同（见图 2-2）。杰弗利认为如果环境中充斥着产生犯罪行为的刺激因素，那么该环境便有利于人们学习犯罪行为，于是该环境中就会产生大量犯罪，这些犯罪又反过来刺激人们学习犯罪行为，二者相互影响而形成恶性循环。因此可通过环境设计以减少环境中的容易导致犯罪的刺激因素，减少犯罪行为，让社会形成一个有利于习得守法行为的环境，从而预防犯罪。

换言之，杰弗利认为脑的接收部门、整合部门及动力部门乃是促成生物有机体与环境发生互动行为之主要所在，脑与环境彼此发生互动之影响，而导致彼此发生修正作用。因此，犯罪行为被认为主要是遗传（生物）因素与环境因素交互作用之结果，即犯罪行为＝环境×遗传。生物社会学习理论可以归纳以为下几个要点：①杰弗利认为研究犯罪行为，须兼顾遗传（生物）与环境两方面因素。②犯罪之研究，必须运用科际整合的观点，运用犯罪问题相关之学科予以整合研究。③可运用环境因素控制或影响遗传方面的基因，并进一步控制犯罪行为，因此环境设计方面的技术甚为重要。④我们如能控制或影响基因，使其成为正常之染色体或去除脑瘤，就能用正常的行为来适应社会生活，以预防犯罪，减少再犯。⑤某些人因分泌过多男性荷尔蒙导致侵略攻击性的行为，可研究予以注射反男性荷尔蒙，使其减少侵略攻击性之犯罪。⑥可运用行为治疗法。用合法方法使有犯罪之虞的人达到渴望之目标；并可设计健全的社会环境结构，促其认识到不犯罪比犯罪更有利。⑦改善都市设计、规划，可减少都市疏离感、隔阂及隐匿性，因为人口都市化的特征，易导致人类偏差行为的发生，故将来的犯罪预防亦应注意都市的设计及规划，尽量增加人际及社会关系之互动。⑧由于酒精及麻醉药物滥用有增加犯罪之趋势，因此我们亦应控制酗酒及麻醉药物滥用的情形。

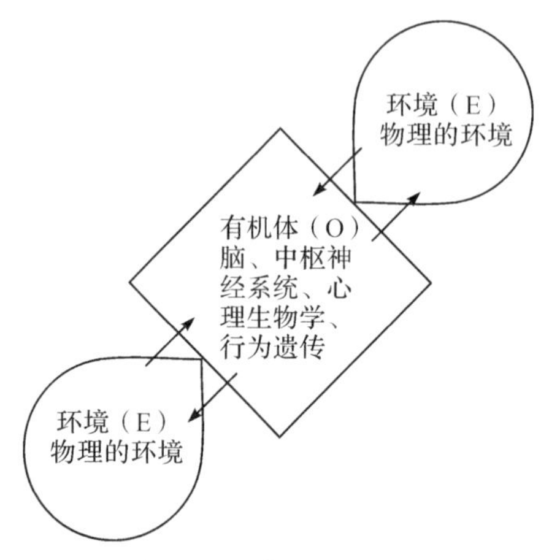

图 2-2 生物社会学理论

杰弗利理论的优点在于：

(1)对于环境(外部环境)的定义不仅仅强调其物理属性，更强调其社会属性。能够更加深刻地理解犯罪的产生机制并提出更为有效的防治策略。

(2)提倡用科际整合的观点来研究犯罪，为犯罪学研究提供了方法论的新渠道，同时也为犯罪防治的实践提供了新思维。

然而，杰弗利理论也有其不足之处：

(1)该理论中的环境不仅包括外部环境，还包括内部环境。内部环境是指人的心理生理状态，但按其犯罪行为是“环境—人—环境”相互作用的观点，这里的环境应该仅指外部环境。因为内部环境其实就是指人，因而所谓内部环境的概念，不仅不符合其固有理论，还会造成其概念的混乱。

(2)该理论所提倡的科际整合的观点虽然符合犯罪学发展的潮流，但也对学者的知识和能力产生了巨大的挑战。因要突破固有的学术领域，实现不同学科之间的整合确实有其难度，如此也引来一些反对的声音。

由于第一代通过环境设计预防犯罪(CPTED)的理论侧重于物理环境的建筑设计，在遭受批判之后，第二代通过环境设计预防犯罪(CPTED)的理论采用了萨维尔(Saville)及克利夫兰(Cleveland)等学者的建议，加入了社会因素及活动的预防策略，即提倡积极的社区参与和强调通过人的活动来实现犯罪预防。换言之，第一代通过环境设计预防犯罪的理论是静态的，强调通过建筑的设计来实现通过环境设计预防犯罪的理念；第二代通过环境设计预防犯罪的理论是动态的，强调通过人类活动来实现通过环境设计预防犯罪的理念，显得更加积极。

美国塔拉哈斯城警察局 1992 年开始推行一项 CPTED 计划，即“通过环境设计来预防犯罪”。其核心是该市著名建筑设计师的观点，即在建筑设计之初就注意减少可能被犯罪分子利用的隐患。这样比案件发生后再采取防范措施来得容易，并且花费少，效果更好。

提摩西 · D. 克朗在其所著的《环境设计预防犯罪法——建筑设计与空间管理应用思想》一书中论证了 CPTED 计划的三个核心要素，即自然通道控制、自然监视和增强“领地意识”。

(1)传统的通道控制多强调“经济”方式和“有组织”的犯罪防范，如“上锁”或“雇用门卫”等。CPTED 则强调自然控制通道。只要通道被安排在易被其他单位自然观察到的地方，或行人视线可清楚看到的地方，就不需要“门卫”，因为这会使“入侵者”感到太冒险。

(2)传统的监视技术强调“经济”手段，如利用灯光、闭路电视进行监视。CPTED 则强调自然监视。如通过窗户位置的设计、建筑物的具体方位以及利用地形、背景等实现自然监视。其中最好的事例是近几年在停车场、车库以及楼梯井和电梯设计方面的改革。以前大多为密闭式，现在则改为玻璃透明式，从外面即可实现自然监视，效果很好。

(3)增强“领地意识”是指有关部门在对建筑物或环境的外部设计进行总体规划的同时，让该区域的居民参与到这一规划中，以增强“我们拥有这一领地”的意识。也就是说，从独特的建筑环境设计活动中创造一种“领地意识”，使居民都关心本区域的安全防范，增强他们的报案意识和反抗“入侵者”的意识。居民在环境规划活动中互相了解、互相配合，参与治安防范，罪犯便不敢轻易铤而走险，实施犯罪活动。

由于实现该计划不仅需要将自然的技术的组织的几方面因素综合起来考虑，还要考虑该地区的犯罪状况、周围土地的使用条件等因素。所以尽管 CPTED 思想早已被提出，却直到 1992 年才得到警方和建筑部门的重视。美国佛罗里达州之大学博士杰弗利是最早提出 CPTED 思想及这个概念的人。当塔拉哈斯城警察当局沿用的定点守卫、邻里守望、安全检查及 DARE(即“毒品知识普及宣传计划”)等传统方法不适应预防犯罪的要求时，警方决定大力提倡公民个人承担起更多的义务和责任来预防犯罪。这样既可以减少公民对犯罪的畏惧，减少犯罪的数量，又可以降低警方的费用。从长远看，警方为应付此类犯罪而投入的大量人力物力便可节省下来。然而，由于很多警察机构在与建筑设计者合作时只完成了 CPTED 计划的前两个步骤，而没能进一步强化居民的“领地意识”，因此计划的效益是有限的。而“塔拉哈斯”模式注意到了这一点，所以获得了成功。

“塔拉哈斯”模式还包括以下内容。

(1)学校：停车场的照明，汽车站、建筑物以及校园的周边设计。

(2)医院：停车场与候诊室的照明，电疗室的安全设计，建筑物内部通道及人员拥挤处的设计。

(3)车库：减少出口，照明的位置与数量，可视性强的楼梯井，单向车道(不宜采取双向车道)应急站的位置设计等。

(4)购物中心：货物和垃圾的堆放位置；雇员停车场、行人通道及障碍物的位置设计。

(5)公园：背景设计，景点的位置和可视性，休息室地点的选择及建筑式样的设计，公用设施外形及防破坏装置设计，曲径小路及照明设施的设计。

再进一步说，死胡同、人行道、自行车道、公园的娱乐设施、街灯的密度设计等都对预防犯罪产生影响,所以均在 CPTED 计划的研究范围之内。

综上所述,执法机构选择 CPTED 计划,在环境设计伊始就尽量减少潜在的犯罪威胁,以最小的代价起到长期的预防犯罪的作用,这就是“环境设计预防犯罪法”的精髓所在。

3. 情境犯罪预防论

情境犯罪预防概念来自学者蒂扎德(Tizard)与克拉克(Clarke)于 1975 年在英国内政部研究发展部门从事犯罪矫治研究所获之心得。他们发现在感化机构中少年脱逃事件与脱逃当时之环境及机会结构密不可分。此后,情境是犯罪与否的决定因素之观点在学术上激起广泛回响,而由克拉克将之发扬光大。其实“情境导致犯罪”的观点在许多早期的犯罪研究中就已出现,例如早期之心理学家约翰·哈桑(Harthorne)和梅(May)就发现,青少年的人格特质常随着情境的变化而呈现不同的风貌(如学生作弊与否,常依监考的松紧而有不同的反应)。随后犯罪学者福克斯(Fox)于 1971 年在监狱暴动研究中,亦认为激发因素乃是监狱暴动的关键。此外,克拉克和马丁(Martin)在一项青少年逃学之研究中亦发现“直接情境因素”比“青少年之人格特质”或“家庭社会背景”更具决定性。

至于克拉克对情境犯罪预防所做的定义为一种优先选择的手段,它不依赖对社会及其结构的改善,而是致力于减少犯罪的机会。其中减少犯罪机会的措施包含:(1)针对高度具体的犯罪形态;(2)当对该类犯罪发生的直接环境管理、设计或控制,越是具体和持久,效果越明显;(3)通过增加实施犯罪的困难度和风险,使众多犯罪人感到犯罪收益降低,从而减少犯罪。如为预防汽车盗窃而锁住排挡锁,加强出入境旅客之检查以减少劫机事件之发生,增加风险降低收益以消除职业银行抢劫犯罪,加强武器枪械管制以减少伤害或杀人事件,加强知识产权的专门法律保护等均是如此。

因此,情境犯罪预防乃对某独特之犯罪类型,以一种较有系统、常设的方法对犯罪环境加以管理、设计或操作,以增加犯罪者犯罪之困难与风险,减少酬赏,而降低犯罪机会之预防措施,其与公共卫生犯罪预防模式之第一、二层次预防相近。在实际运作方面,情境犯罪预防方案包括下列五个阶段:(1)针对标的犯罪问题的性质及范围,搜集资料;(2)针对容许及促进标的犯罪问题发生的情境条件,进行分析;(3)针对阻碍标的犯罪问题发生的方法,进行系统性的研究,包括成本分析;(4)实施最具功能、可行性及经济的措施;(5)监控结果及传播经验。

4. 日常活动理论

日常活动理论(routine activity theory)乃由美国犯罪学家劳伦斯·科恩(Lawrence Cohen)和马尔库斯(Marcus Felson)于 1979 年首先提出,企图将生活形态理论具体化。他们认为,犯罪的动机和犯罪人可说是一常数,亦即每一个社会总有某一比例的人会因特殊的理由(需要、贪婪、报复等)而犯罪。因此,直接接触暴力性犯罪(如盗窃、抢劫、凶杀等)的总数和分布与被害人和犯罪人的日常活动及生活形态有关。

此外,日常活动可以反映在下列三变项的互动上:①合适标的物,如信息产品内有价值昂贵、易被偷取的利益存在;②有能力之监控者不在场,如信息产品设计者缺乏保护意识;③有动机之犯罪者,如竞争者利益驱使(见图 2-3)。三者如能在时空聚合,犯罪即很有可能发生。例如,一位竞争者活动到信息产品设计者的工厂或车间,而发生盗窃,信息产品的设计者可能疏忽技术保密或专利申请,由于竞争者和信息产品设计者需具备特殊的生活形态,才使犯罪事件易于发生。而“犯罪”对嫌犯而言,是最有利的时机和决定(不会损害自我利益,却可利益最大化),故亦是一种“理性选择”,而为古典犯罪论的一个衍生。科恩和菲尔逊也利用日常活动理论解释自20世纪60年代以后美国暴力犯罪的增加，事实上其确实与该时期内人们日常活动形态的变化密切相关，而且得到实证资料的证实。他们指出，由于妇女劳动参与率的增加，父母均外出工作，孩子置于育婴中心、幼儿园或学校等，家中无人，使得房子未能受到监控，而使家庭偷窃率增加。而愈不以家庭为中心之生活形态者，其被害的可能性愈高。相同地，由于郊区的拓展及传统社区的逐渐丧失，家庭、邻里及朋友的监控效果均降低甚多。而在同时期，易于顺手牵羊之财物（如照相机、手机、电脑及录放影机等）大幅增加，创造了更多的犯罪对象和机会。

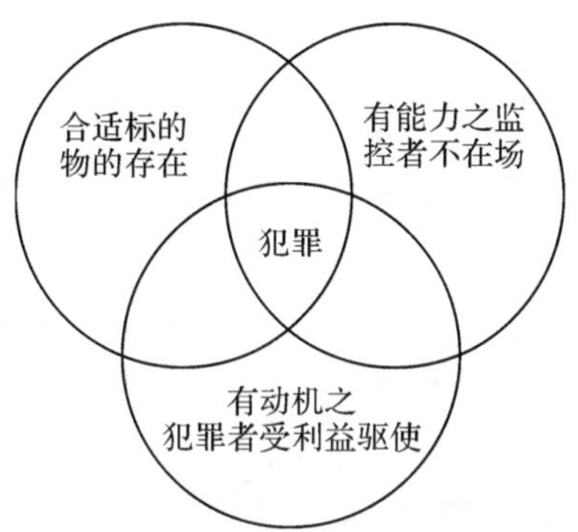

图 2-3　日常活动理论三变项互动关系

何谓合适的标的物？菲尔逊以 VIVA 表示，V(value)是指标的物的价值；I (inertia)是指标的物的惯性（可移动性）；V(visibility)是指标的物的可见性；A(access)是指标的物的可接近性及是否易于逃跑。克拉克则以 CRAVED（是指“渴望”，是加害者渴望之犯罪对象）来描述合适的信息产品，C(concealable)是指犯罪后可以隐藏起来；R(removable)是指其大小和重量易于移动；A(available)是指信息产品可以被盗用或占有；V(valuable)是指信息产品有市场和经济价值；E(enjoyable)是指信息产品可以用来享受；D(disposable)是指信息产品可以被占有和消费，有信息产品消费市场。

5. 新机会犯罪理论

1998年菲尔逊和克拉克提出所谓新机会犯罪理论（new opportunity theories），系由“日常活动理论”、“犯罪形态理论”以及“理性选择理论”所组成。“日常活动理论”强调有动机之犯罪者、合适标的物及监控者不在场等三要素时空的聚合；“犯罪形态理论”强调社区生活方式的变迁会影响犯罪者选择标的机会；“理性选择理论”主要探讨犯罪前的决定过程及影响因素。

“日常活动理论”确认了犯罪的三要素，却没有解释犯罪者是如何发现合适标的物的。菲尔逊表示，他们通过下列三个途径来进行：①对信息产品设计者的利益的了解；②通过工作之便能够接触到信息产品的机会；③通过重叠的生产，其目的是为了与设计者竞争，得到消费。

活动空间的概念是犯罪形态理论的核心，该理论是由加拿大的环境犯罪学者帕特和保罗·布兰丁汉姆所发展出来的，他们运用这个概念，描绘犯罪者如何在他们每天的规律行程中发现标的物。再者，就空间的术语而言，个人是通过在社区的移动去建构其心理或认知图像，而建构其心理图像包含下列四个要素：(1)认知；(2)认知引导其预测；(3)评估其行动；(4)最后决定——适当的行动。

因此,“犯罪形态理论”亦称为犯罪搜寻理论,主要是探讨人和事物如何在一个社区的时空移动中发生犯罪,因而注重犯罪的地理分布及活动的节奏。每一个犯罪者会在个人活动的中心点(如家里、工作场所或娱乐场所)以及活动路径上寻找合适的标的物,如犯罪者从家里出发前往工作与休闲娱乐的场所,犯罪者会在三个“中心点”附近,以及这三条路线的延长点(除了他们可能会被认出来的缓冲地带)上找寻犯罪的机会。他们可能会发现在这些路径以外的小路,但是他们通常不会离他们熟悉的区域太远,如此他们在日常活动的过程中,要比他们在一个特殊的过程中容易犯罪(见图 2-4)。

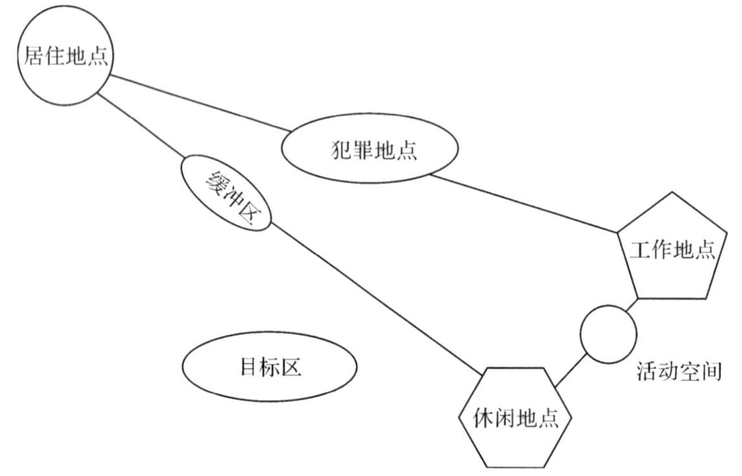

图 2-4　布兰丁汉姆犯罪形态理论

此外,布兰丁汉姆也使用“边界”(edges)这个名词来表示区域周遭人们生活、工作、购物或寻求娱乐的范围,有些犯罪会特别容易发生在这些边缘地区,因为这些地区的人们与邻居间是彼此不认识的。研究指出住宅窃盗易发生在富有区域与贫穷区域的交界处,因富有的区域提供了对来自贫户的窃贼具有吸引力的标的物,但是窃贼不愿冒险过于深入富有的区域,因为他们对这些区域并不熟悉,也会被看出他们并不属于这些富有的区域,而当他们得手带着赃物要逃离时,也变得容易被辨认出。因而人们每天活动的“路径”及居住的中心点,除了可以说明被害的风险外,也可以指出犯罪形态。

“日常活动理论”“犯罪形态理论”与“理性选择理论”等三个理论均隐含有“机会”的概念,或以机会的变化来解释犯罪形态及数量的变化。机会包含“合适标的物”的变化、“方法或工具”的变化及“情境”的变化,而这些因子的变化均属于环境变项之变化,而非社会结构、个人特性之变化,因而均属环境犯罪学之范畴①。

① 菲尔逊与克拉克指出,机会是所有犯罪行为的基本条件,仅有机会虽不一定促成犯罪发生,但犯罪必须有机会始能发生,他们更明白表示:“个体的行为,乃是该人与环境互动的结果。”机会影响行为的方式很多,菲尔逊与克拉克提出下列十项有关机会的原理,说明机会如何影响及塑造犯罪行为,况且多数原理与时间、空间及情境有关,因而他们认为减少机会可以控制犯罪的发生。(1)所有犯罪的发生机会都扮演重要的角色。(2)犯罪机会具有高度的特定性,不同犯罪需要不同机会。(3)犯罪机会在时间与空间上具有集中特性。(4)犯罪机会受个人日常活动的影响。(5)某一件犯罪可能为另一件犯罪制造机会。(6)某些物品提供了较具吸引性的犯罪机会。(7)社会及科技的变化制造了新的犯罪机会。(8)犯罪机会可因外力介入而减少。(9)减少机会,原本可能发生的犯罪不会转移至其他地点。(10)特定机会的抑制可能促使多种类型犯罪的减少。

再者，此三个理论均认为犯罪机会促使犯罪的发生，但强调的重点各不同，日常活动理论强调大社会的变化而改变犯罪机会，犯罪形态理论强调社区的差异和变化而影响犯罪机会，理性选择理论强调个人所在场所的犯罪机会不同，导致个人犯罪考虑因素亦有所差异（见图 2-5）。因此，我们可以说，社会和社区可以改变犯罪机会，而个人则对这些机会加以反应，改变任何层次的犯罪机会，也会改变犯罪的发生。

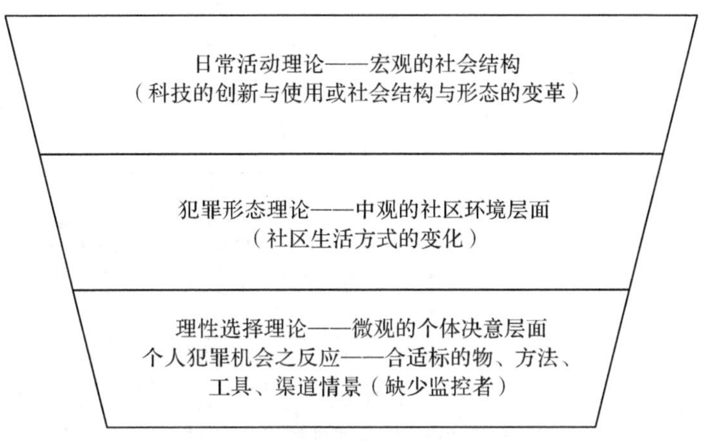

图 2-5　日常活动理论、犯罪形态理论及理性选择理论之关系

6. 破窗理论

破窗理论最初是由美国学者比德曼等于 1967 年提出的，他认为：行为不检、扰乱公共秩序的行为与重大犯罪一样，都会造成一般大众犯罪被害恐惧。但是其思想在当时并没有引起重视。1969 年美国旧金山的一项实验指出，把一辆车子摆在旧金山的街道上，将车子好好地摆在那里，不理它，结果第一个礼拜没有遭人破坏，第二个礼拜将其中一个窗户打破，结果不到四个钟头，被偷得仅剩下轮胎。1982 年 3 月美国政治学家威尔逊（Wilson）和犯罪学家凯琳（Kelling）在美国《大西洋月刊》杂志上发表了一篇题为"'破窗'——警察与邻里安全"的文章，首次提出了"破窗"理论。该文以"破窗"为喻来阐述无序的环境与犯罪之间的关系，极力主张政策制定者、警察人员、学者专家应多注意有关行为不检、扰乱公共秩序行为与犯罪恐惧感的问题。换言之，"破窗理论"指出社区之颓废、破烂，较会引发犯罪的动机，若社区经过一番整修，则较不会遭受犯罪者觊觎，因而重建社区的祥和气氛，较易预防犯罪。

依据凯琳的研究可发现，人们对犯罪被害的恐惧感不仅与他们所听到或看到的犯罪事件有关，更与他们所在的周围环境有关。环境一旦散发出失序、缺乏管理的气氛，就算尚未发生犯罪事件，处于该环境的人犯罪被害恐惧感还是会随之增高。至于破窗理论的内涵可以下列五点来说明。

（1）当社区中的物理环境出现衰败、涂鸦、毁损、垃圾、废弃物等现象时，当地民众或有关部门如果不适时处理，一段时间后，民众的犯罪被害恐惧感会逐渐增高；

（2）民众出于自身安全的考量，逐渐退缩，不愿参加公共事务，对于所见所闻的治安事件或犯罪事件，表现出冷漠态度；

（3）具有潜在犯罪动机之人感觉此处无人注意、关切或监控，可以大胆地去做想做的事，促使当地的失序状态进一步恶化；

（4）由于潜在犯罪人出没频繁，当地民众更加不安，更加只注重自身安全，更加退缩，公共参与率大幅下降，甚至连出入公共场所的时间也随之减少；

(5)此时该社区以外的潜在犯罪人获知该社区的情况，判断在该社区从事非法行为被发现及取缔的可能性很低，所以逐渐由外地移往该社区，最后该社区的犯罪率大幅上升(见图2-6)。

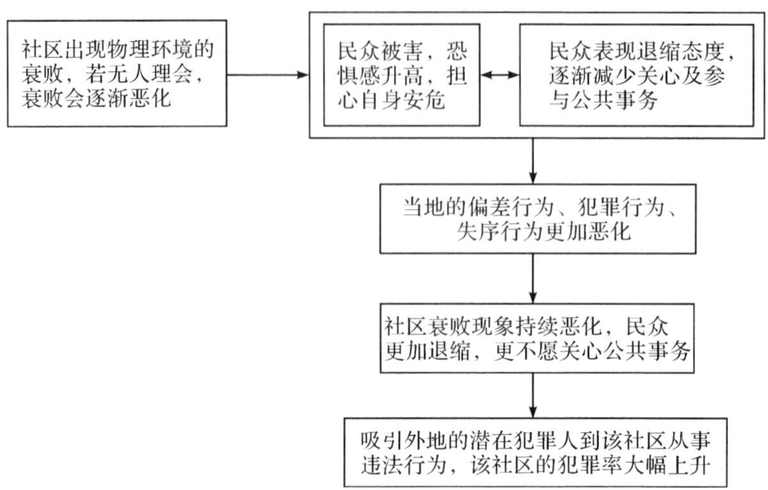

图2-6　破窗理论的图解

因此，为了"修补破窗"，执法者应尽早识别及紧密留意和控制高危险群，另外，须保护守法的青少年，同时要促进居民参与维护社会治安的积极性，以及协调社区内不同团体共同处理治安问题。

(三)环境犯罪学的预防犯罪措施

通过环境设计来预防犯罪的主要理论依据为理性选择理论，目的在于营造不适合犯罪之情境，而犯罪预防的对象是具体的特定犯罪，其方法是直接对可能发生犯罪的环境进行设计、管理和操控以减少机会。克拉克于1983年揭示情境犯罪预防概念时，仅提出预防犯罪发生的三个途径，即监控、强化标的及环境管理。之后，克拉克于1992年将情境犯罪预防技术具体化为三类情景12项犯罪预防的基本技术，以增加犯罪阻力、犯罪风险，同时减少犯罪收益，作为犯罪预防策略。克拉克及美尔(Homel)又于1997年针对前列12项技术加以改良，在原先着重于物理因素的基础上纳入了心理性及社会性因素，且将原先的三类情景也重新命名以反映犯罪者的感受，即增加犯罪者所感知的犯罪阻力、增加犯罪者所感知的犯罪风险及减少犯罪者所预期的犯罪收益，另加入能"激发犯罪者罪恶感或羞耻心"这类情景。2003年，克拉克及科尼什(Cornish)参考沃特利(Wortley)的意见，认为先前之技术过于强调那些能够"控制或抑制犯罪"发生的原因，而忽略"促使或导致犯罪"发生的原因(如催促因素、压力因素、允许因素、挑衅因素等)，因而将先前的第四类情景"激发犯罪者罪恶感或羞耻心"更名为"移除犯罪借口"，另又增加一类情景来涵盖犯罪的促发因素，命名为"减少犯罪刺激"，应用范围除了针对财产犯罪外，还包括一些暴力犯罪，更兼顾到如何针对刺激物的控制及协助犯罪者面对同侪之压力(见表2-1)。

此外，通过环境设计来预防犯罪，也一直寻找经济适宜的手段来减少犯罪，如：①设计安全的场所，通过环境预防犯罪的方式建构一个安全的环境。②安排有效的程序，这包括计划与实践最好的管理原则。③研发安全产品，亦即目标物强化。截至今日，通过环境设计来预防犯罪基于上述基本主张，拓展成许多项预防技术范畴与个别案例研究。

表 2-1 25 项情境犯罪预防技术

增加犯罪阻力	增加犯罪风险	减少犯罪诱因	减少犯罪刺激	移除犯罪借口
强化标的 ·信息产品的法律保护 ·防盗隔幕 ·防破坏包装	扩充监控 ·例行提醒，夜行结伴，有人居留之迹象，携带手机 ·家户联防相助	隐匿标的 ·车辆不停放于街道上 ·性别中立化电话簿 ·无标识运钞车	减缓挫折与压力 ·有效率的排队与有礼貌的服务 ·扩充座椅 ·柔和的音乐与光线	订定规范 ·租赁条约 ·骚扰防治规范 ·旅馆登记
管制通道 ·入口通话装置 ·电子通行证，行李安检	增加自然监控 ·改善街道照明 ·防卫空间的设计	移除标的 ·可拆式汽车音响 ·妇女儿童庇护区 ·电话预付卡	避免争执 ·隔离球迷间的可能冲突 ·降低酒吧的拥挤 ·制定计程车收费标准	警告守则 ·“禁止停车” ·“私人土地” ·“扑灭营火”
过滤出口 ·有票根才可出口 ·出境文件 ·磁化商品标签	减少匿名 ·计程车司机的身份证识别 ·免付费的申诉电话 ·学校制服	财物识别 ·财产标注和商标 ·车辆牌照与零件注册 ·畜养动物标记	减少情绪挑逗 ·暴力色情影片的控管 ·提升球场内的模范行为 ·禁止激进的毁谤	激发良心 ·路旁超速板 ·关税签名 ·偷窃商品是违法的行径
移转嫌犯 ·道路封闭 ·强化门卫 ·车间分隔	职员作用 ·设置管理人员 ·信息产品单位夜间安排人员值班 ·奖励维护纪律职员	干扰市场 ·监视工厂 ·分类广告控管 ·街头门店领照	减少同侪压力 ·“白痴才醉酒驾车” ·“说不，没有关系” ·在单位中分散麻烦人物	协助遵守规则 ·简化图书借阅手续 ·方便使用公共厕所 ·方便使用垃圾桶
管制器械 ·“智慧型”枪支 ·失窃后便失效的移动电话 ·严格管制少年购买喷漆	强化正式监控 ·闯红灯照相机 ·防盗警铃 ·保安警卫	否定利益 ·防盗墨水标签 ·清洗涂鸦 ·减速路口	避免模仿 ·公物被破坏后立即修缮 ·电视内安装节目过滤器 ·避免作案模式之散布	管制药酒 ·于酒吧内酒测 ·侍者调解 ·无酒精活动

（四）问题导向警务 SARA 模式与环境犯罪学

1. 问题导向警务与 SARA 模式

问题导向警务（Problem Oriented Policing）是一种警务工作的方法，其针对零散的警察工作对象（如可能是警察处理的相似的犯罪或失序行为），通过仔细的检验（以犯罪分析技术或实务人员所累积的经验)，希望对问题有新的发现，并因此寻找到新颖而更有效的处理方式。

问题导向警务的概念起源于1979年赫尔曼·戈尔茨坦(Herman Goldstein)发表的论文，他的想法很简单，警务应该是改变那些促使重复犯罪问题发生的状况，而不应该是仅关于犯罪事件发生后的反应而已，应设法通过预防巡逻来阻止它们发生。警员发现，相同的地方一再地发生犯罪或一再处理的问题都是由相同的一小群犯罪者所为。大量的报案电话淹没了警员，他们不断地往返处理案件，却徒劳无功。为提高警务工作质量，戈尔茨坦认为：①警察必须能够明确定义并能全面理解他们所要解决的问题。②警察必须承担分析问题的义务。③必须鼓励警察对每个问题做出最有效的反应。

因此，要脱离这窘境，戈尔茨坦认为，警员必须经由以下四个阶段工作采取一种问题解决的方法。①扫描：问题的性质是什么？②分析：问题的原因是什么？③回应：问题应该如何处理？④评估：问题在处理后，获得解决或改善吗？(见表2-2)至于环境犯罪学所提供的25项情境犯罪预防技术，可作为问题导向警务SARA模式中“R(response)”的具体回应措施。

表2-2 SARA法则之问题解决过程

SARA模式	四个基本纲要	问题解决的过程
S:扫描	1. 问题的本质是什么？	A. 组织架构，如CHEERS的组成要素。 B. 有系统地描述问题类型和已有的证据： ·事件的本质是什么？ ·这些事件有没有相似之处？ ·这些事件多久时间重复发生？ ·这些事件在何时及何地发生？ ·这些事件损害哪些人及情形如何？ ·谁期望警察解决这些问题？ C. 分析结果的意涵以及合作解决问题： ·需要回答的问题。 ·定义和测量问题。 ·需要哪些人协助。 D. 摘要。
A:分析	2. 引起问题的原因？	A. 组织问题的框架，如问题分析三角图。 B. 回答下列问题以便有系统地描述问题： ·犯罪者是谁？ ·标的是谁或是什么？ ·在何时及何地发生？ ·什么原因使得犯罪者及其标的物出现在同一时空？ ·为何其他人不阻止这些聚合？ ·有没有促进或防止的因素？ C. 下列问题之回答所产生的意涵： ·犯罪者进入的渠道； ·被害者/标的物的行为或保护措施； ·该场所的管理方式或进入渠道。 D. 摘要。

续表

SARA 模式	四个基本纲要	问题解决的过程
R：回应	3. 对这个问题应该做什么？	A. 组织回应方案的框架，如情境犯罪预防： · 犯罪者； · 目标物或受害者； · 地点。 B. 有系统地描述回应策略： · 增加风险或者功夫； · 减少回报，借口，或者挑衅； · 谁将执行方案，什么时候，在哪里？ · 需要额外的资源？ C. 意涵和预期结果： · 直接的结果； · 转移； · 利益扩散； · 其他副作用； · 评估应该如何进行？ D. 摘要。
A：评估	4. 回应方案对问题有改善吗？	A. 组织框架，如评估的原则。 B. 评估的系统性描述： · 回应方案如所规划的实施？ · 问题是否有改变？ · 为什么回应方案可能是改善的直接原因？ · 转移、扩散和其他副作用的程度？ C. 对更进一步措施的启发： · 这问题解决完全吗？ · 采取进一步必要行动的内容是什么？ · 需要进行进一步的分析吗？ · 回应方案需要被改变吗？ D. 摘要。

2. 扫描(scanning)：确认问题

(1)CHEERS 的检视

扫描是指确认问题，作为第一个步骤，警察首先应当确认他们辖区的问题，然后寻找一个典型或持续的、反复发生的事件。换言之，扫描的主要目的是确认问题是否存在，以及是否需要进一步分析而做出初步的调查，亦即扫描阶段启动了问题解决程序。

在这个时候可能会有一个问题：什么是“问题”？所谓的“问题”，是指在社区中重复发生，而民众期待警方能予以处理的各类事件。这个定义告诉我们对问题的认定有六个必要的要素：社区性、侵害性、期望、事件、复发，以及相似性。这些要素的第一个字母缩写组合为 CHEERS(见表 2-3)。

(2)犯罪热点的发展

犯罪分析者经常以地理分布来检视犯罪热点，有三种热点，即“犯罪产生地”“犯罪吸引地”及“犯罪促进地”，每一种都有它产生的根本原因，那又该如何处理恶化的热点呢？如表 2-4 所示。

表 2-3 定义问题时用 CHEERS 检视法

社区性(community)	民众必须有侵害事件的经验,包括个人、商店、政府机关或其他团体
侵害性(harm)	1. 民众或机关必须遭受侵害。所谓侵害包括财产上的损害、身体的伤害、心理的创伤,或是减损警方的执法能量(如:不断地谎报)。 2. 是否违法并非界定问题的标准,如噪音投诉事件,即是合法商业行为与周遭居民间的冲突
期望(expectation)	1. 必须有居民期待警方来处理侵害(人数不需要太多)。 2. 期待可通过民众的来电、社区会议、书面报告或是其他方式而得知
事件(events)	1. 必须能够描述构成问题的事件的形势 2. 问题是由个别的事件所构成的,例如一个人攻击了另一个人、两个人进行性交易、歹徒侵入住家等
复发(recurring)	事件必须重复发生
相似性(similarity)	重复发生的事件必须有某些部分是共通的。例如可能是相同的人所犯案、发生在相似形态的受害者、发生在相同条件的地点、使用相同的武器或是其他共同的因素等

表 2-4 如何处理恶化的热点

热点类型	原因	要回答的问题	例子	反应的模式
犯罪产生地(crime generators)	许多未受保护的标的物,吸引许多并无犯罪动机的人至此	在什么样的环境中,标的物是脆弱的?这样的脆弱状态可以改变吗?	购物区、嘉年华、运动赛事、交通枢纽等地	增加保护
犯罪吸引地(crime attractors)	吸引犯罪者到此,乃此地方提供许多犯罪者熟悉的犯罪机会	什么原因吸引了犯罪者?要如何改变?	性交易与毒品区域、酒吧、夜店等	阻止犯罪者前来
犯罪促进地(crime enablers)	控制的衰退,管理规则的缺乏或没有被执行,造成此地缺乏监控	谁能够控制行为?要如何鼓励他们尽力控制?	移除停车场或大厦管理员、家庭对小孩保护的缺乏等	恢复防卫、监督或地区管理

3. 分析:问题解决程序的核心价值

(1)使用问题分析三角图。分析作为第二个步骤,是解决问题的核心步骤。全面分析问题是成功解决问题的关键,除非人们知道引发问题的原因,不然无法提出有效的反应方案。因此,为了确定引发问题的原因,通过分析对问题尽可能进行了解,警察必须从警察局内外收集关于问题的范围、性质和原因的讯息。

犯罪分析被定义为系统性的分析流程,因此有许多方法可以用于分析犯罪,例如问题分析三角图、犯罪地图和犯罪报告、民众报案分析、社区调查等。

问题分析三角图(又称为犯罪三角图)的概念源自环境犯罪学中的日常活动理论,其理论的陈述导致问题分析三角图的三边分别代表犯罪者、标的及场所(参见图 2-7 的内部三角图)。问题分析三角图能够帮助警察把问题具体化,并理解这三者之间的关系,并分析问题,提示哪里需要更多的讯息,也有助于犯罪控制和预防。当我们把注意力扩及问题的三个要素时,内部的三角图就可协助我们确保我们的分析包括全部三个要素。以往警方在思考问题时，大多只考虑到犯罪者的层面，事实上完全可以着重于犯罪嫌疑人和逮捕层面，但在运用问题导向策略时，应更深入、更广泛地从被害标的和场所特性来探究。

问题分析三角图增添了三大要素作为抑制犯罪的控制者，形成内部三角加上外部三角的问题分析三角图，即：(1)被害者标的物，这是日常活动理论中的“有能力防卫者”，“防卫者”除自我保护外，亦包括公设警察和私人保安等。(2)犯罪者，这是指熟悉犯罪者，并能约束其行为之人的“监督者”，包括父母、手足、师长、团体、配偶、观护人等。(3)场所，其控制者是“管理者”，某个场所的所有人或受指定有控制某场所内之人类行为之责任者，如出租车上的驾驶员、校园中的师长、酒馆的老板、出租屋的房东、客机上的空服人员等，都是扮演抑制犯罪发生的管理者的角色，一旦有能力的管理者在场，就能抑制犯罪活动的发生。

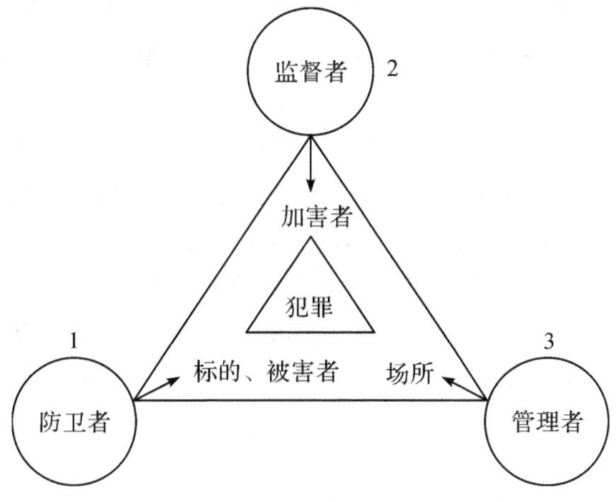

图 2-7 问题分析三角图

(2)诊断犯罪热点。当你要制作犯罪基图时，首要之务是先区别急性与慢性犯罪热点之不同。简单地说，急性的犯罪热点虽然呈现出犯罪率陡升的情势，但是它也会自然而然地下降；慢性的犯罪热点，相较于其他地区持续呈现高犯罪率的情形，除非对其有回应措施，否则期望该犯罪率下降无非是缘木求鱼。慢性的犯罪热点有下列三个基本形式，且每个形式都涉及一个特殊的理论及回应的措施，如表 2-5 所示。

表 2-5 犯罪热点的聚焦、基图及对策

聚焦	热点呈现的形态	对策层次	具体对策
在特定位置、街角或机构	点	定点、街角或机构	停车场装设闭路监视器、改变酒吧提供酒品服务的方式
被害人	点	被害人之地址	标的强化以消除被害人再次受害
街道沿线或街廓	线	街道沿线及高速公路	建立死巷、改变交通形态及停车规则
区域	阴影区	面状的区域	扩大社区参与、发展社区更新

①热点：是指具有高犯罪率的特定地点，即在特定设施或特定的地点，不断重复出现被害人，而且在同一个地点，也有可能出现不同类型犯罪行为的情形，在犯罪基图上以“点”表示之。

②热线：是指犯罪行为集中发生的某一路段。如在某条街上的路边停车位，常发生遭人破窗窃取财物的犯罪，这就是犯罪热线；而在同一条热线上，也有可能出现不同类型犯罪行为的情形，在犯罪基图上以"线"表示之。

③热区：是指犯罪行为集中的区域。其区域特性也许是引起诸多犯罪发生的原因，或者是热区包含许多独立的个别问题。若以犯罪基因的方式呈现，热区将呈现出一片阴影的状态，或由线条所描绘成的明显轮廓，或是显而易见的陡坡图像。

(3)回答5个"W"与1个"H"。当你完成犯罪分析后，你应该检验它是否是一个好的故事。你可通过回答5个W(what、where、when、who、why)及1个H(how)的问题来确认：①发生什么事？②它在哪里发生？③它在什么时候发生？④谁被牵涉在内？⑤为什么他们要这样做？⑥犯罪者怎样进行犯罪？特别是犯罪可视为一种过程，从开始到完成是一个步骤接着一个步骤的，而不是限制在某个时间点的行动。犯罪者在每个步骤都必须自己做决定，也可能需要与其他人合作，并且可能需要利用专业的知识和工具。

犯罪者怎样进行犯罪？这个基本的想法在德里克·科尼什(Cornish)的"剧本"(script)中有提到，科尼什用犯罪剧本的观念进行分析，基本的概念是特定类型的犯罪需要一套标准流程去执行每一个步骤，如同一场表演的剧本，现场是犯罪连续的舞台，演员包括犯罪者、被害者、旁观者；他们使用的工具就是道具。无论使用哪一种方法，试着列出犯罪者为了完成犯罪必须执行的步骤和顺序。表2-6是科尼什对窃车游乐者必须完成的众多步骤之简易说明，它显示犯罪(偷车)之前尚有准备行动，之后则有逃逸及享受犯罪所得等过程。这告诉我们为什么要仔细分析犯罪的步骤，因为它可以帮助我们清楚地了解完成犯罪必需的行为顺序，以便找寻干预的时机。

表2-6 窃车游乐案件的犯罪步骤及相对应的预防对策

阶段	步骤	对策
预备	准备工具(螺丝起子、复制的钥匙、榔头、短钢管)	掌控工具的销售来源，例如扫描器和复制钥匙等工具
进入现场	进入停车场	设置停车场路障；管理员；减少出入口
等待犯案时机	以不引人注目的方式到处游荡	设置闭路电视或加强定时巡逻以吓阻游荡者
选择标的物	不选择安装有警报系统的车辆，而选择合适的车辆	对易引人注目的车辆加强戒护
完成偷窃	进入车内(使用复制的钥匙、螺丝起子)，破坏点火开关(使用钢管或榔头)，启动点火装置，发动车子	使用监视器查看可疑的行为；改善自然监控；车辆加装警报防护系统及使车辆无法发动之装置
离开现场	离开停车场	雇用停车场管理员或增设其他出口路障
犯案后行为	弃车在荒郊，烧车，驾驶偷窃的车辆游乐	使用车辆追踪系统；车辆临检；检查弃车地点

4. 回应:详细陈述量身定制的策略

问题经过明确定义和分析后,警察面对问题导向警务的首要挑战,便是寻找最有效的处理问题的方法并做出回应。在进入该阶段之前,警察局必须克服仓促做出回应的诱惑,并且要确定已经全面分析问题了,快速处理问题的方法往往不能长期有效。为了提出量身定做的回应,解决问题的人员应当反复审查关于问题分析三角图三个边的相关情况——犯罪行为人、受害者和场所,并提出至少处理了三角形两个边的方案。

至于对问题的各种回应包含:①把注意力集中在没有均衡分担问题的个人上;②联系其他政府或私人机构;③使用调解和谈判技巧;④通报信息;[①]⑤动员社区;⑥充分利用现有的社会控制力量;⑦通过传唤或起诉前的人身限制来解决问题;⑧使用民事法规来控制有碍公益的事情;⑨改变物理环境以减少问题重复发生的机会,即可将环境犯罪学所提供的25项情境犯罪预防技术运用到所有问题中。

此外,问题解决途径可分为下列五种。

(1)完全消除问题:其效果便是由该问题而引发的事件不再发生,大多数问题不可能被消除,但少数有此可能。

(2)由问题引发的事件数量减少:此是衡量其效果的一个主要方法。

(3)危害程度减轻:这种解决途径通过减轻危害来体现。

(4)更好地解决问题:提高被害人满意度,减少成本和提高事件的解决效果,都是这种解决途径效果的体现。

(5)脱离警察处理:通过寻找最初由警察处理该问题的原因,以及合理地将解决问题的责任转移给其他部门或他人来体现。

5. 评估:评价所有效果

最后有关评估的问题,其首要关键步骤就是过程评估,它回答干预措施是否如规划般被执行,执行上有何改变。如图2-8所示,过程评估的重点只是在回应措施所使用的关系(输入),以及利用这些实际所完成的活动(输出),但是它不探讨回应方案是否能有效解决问题(结果),这方面是属于影响或结果评估,它告诉你问题是否已改变。影响或结果评估,其焦点放在政策、干预和方案介入后所引起的变化(犯罪率与犯罪恐惧感是两个最主要的影响变项)上。在犯罪预防研究领域中,典型例子有矫正处遇方案对降低累再犯或毒犯再犯的影响,或巡逻对犯罪率与犯罪恐惧感所造成的效果等。传统警察评估特别重视影响或结果评估,其主要因素有二:首先是当局领导人物或民众想要知道短期内警察方案能否有效降低犯罪率或犯罪恐惧感;其次是警察方案本身适合做结果评估,如扫毒打黑等方案,自然会以何等的犯罪率作为结果评估的指标。

(五)环境犯罪学的成效

1. 加害者、标的与场所综合治理

纵使环境犯罪学遭受批评,仍不可否认其在犯罪预防上的功能,特别是环境犯罪学并非能解决所有犯罪预防的万灵药,其不过是犯罪预防论中的一个学派罢了。其强调处理形成

---

① 通报信息有助于:(1)减少忧虑和恐惧;(2)使居民们能够解决自己的问题;(3)引导对不了解的人遵守法规;(4)警惕潜在被害人自我保护;(5)证明人们是如何不知不觉地促成问题;(6)寻求解决问题的支持;(7)使社区熟知政府机构的缺陷,并明确对哪些机构可以有哪些期待。

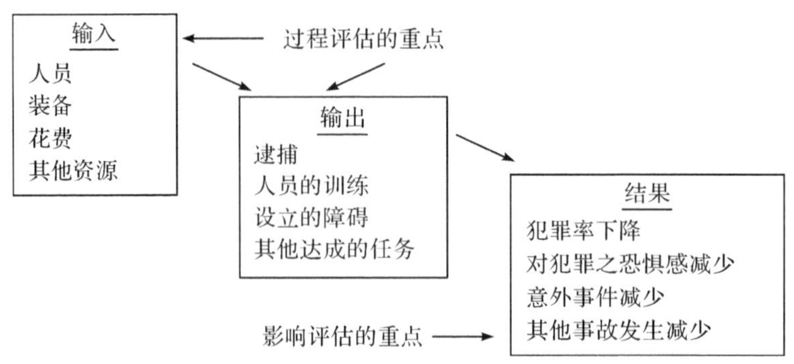

图 2-8 过程与结果是评估的重点

犯罪事件的情境因素，并提醒我们犯罪预防须将犯罪者、被害人及犯罪情境统合起来研究，不可只重视犯罪者，而忽视被害人及犯罪情境因素。如同克拉克及艾克(Eck)所著的"犯罪分析 60 步骤"，便提出问题分析三角图，确实可方便实务界运用六大面向以发展出合适的防治对策，亦即可通过强化监控者角色来抑制潜在加害者再犯罪，保护潜在被害者以降低其成为合适标的物的可能性，以及管理改善场所的弱点因素以降低犯罪发生率，以避免慢性加害者在犯罪热点去寻找重复被害人或合适标的物的问题发生(见图 2-7)。

以我国为例，目前依据环境犯罪学理念，在实务上有如下措施：推动社区警务建设，推行守望相助组织，辅导装设安保系统(如"家户联防""警民连线""录影监控"等安全设施系统)，建设微服务群(微信公众号中设置微服务、微互动、微传播模块，开展集信息提供、警情举报、警务通报、防范宣传等于一体的活动)，开展金融机构安全检测，设立防范犯罪环境评估检测专案，设立"辨识累犯，预防犯罪"系统(以达到化暗为明，使累犯产生草木皆兵的心理压力)，实施鹰眼计划(掌握重点目标以提升犯罪预防和虞犯监控)，成立反诈骗中心专线，推动出租屋安全认证，等等。这些均是环境犯罪学上的具体运用，并获得一定的成效，值得采信。

2. 可进行量化评价

对于政策制定者和实施者而言，环境犯罪学除了其措施在减少犯罪方面取得切实的成效，还可对其进行量化的评价，并能对其所发挥的效用进行客观的观察。例如 1975 年在伦敦地铁所有 19 个站台中，其中 4 个安装监视录影系统，结果显示，同安装前的 12 个月相比，此 4 个站台的窃盗发生率降低 27%。同时，其他几个没有安装的站台，其犯罪率也有明显的下降，此现象或许是因"月晕效应"，而产生了威慑的效果所致。再者，根据环境犯罪学之设计，公众可以依靠自身力量来对自己的住宅实施有效的保护措施，亦即借社会责任的分担，对犯罪进行其他更加直接的预防。此乃因无论是在对犯罪行为进行监控，或是对犯罪对象进行强化的过程中，"公众"都被视为至关重要的角色，如同警民合作对案件破获率之提高，即被认为具有关键性之作用。

3. 产生利益扩散效果

也有学者指出环境犯罪学会产生另一项好处，即所谓"利益扩散"，亦即预防一种犯罪产生预防另一种犯罪的结果；或是预防一地区犯罪产生预防另一地区犯罪的结果。前者如对于毒品犯罪加强取缔查缉，可能会降低盗窃、抢劫甚至杀人、妨害风化等犯罪发生率的非预期效果；后者如在某一地区执行扫荡毒品犯罪交易的任务，由于执行扫荡任务显示出该类犯罪不再被容忍，因而也抑止其他地区许多人的犯罪动机。

4. 推动情境式问题导向警务

确实，犯罪预防对策目前已逐渐浸透至我们的日常生活之中，纵使现行的犯罪预防对策并非完全按照环境犯罪学的方案，唯今后以有实证研究为基础而所提出的各式各样犯罪预防对策应是可期待的。特别是当前警务的新观点认为，仅仰赖增加一般执法所运用的资源而非聚焦于特定地点的“标准警务模式”，如增加更多警力、强力扫荡、加强巡逻、强调更短的反应时间，均无法有效减少犯罪。但精细地计划，并置重点于“问题导向警务”，亦即运用SARA模式来分析和解决犯罪问题的方法，能成功地降低犯罪与失序行为。

此外，布拉加(Braga)与维斯博德(Weisburd)将“犯罪热点警务策略”区分为“执行式的”及“情境式的”问题导向警务方案。执行式的问题导向警务方案，就是采取传统策略面对高犯罪发生风险的时间与空间，这些策略包括目的性的巡逻、高强度的交通执法、在公共地点采取攻势执法作为管制违序行为等；此种执行式的途径，本质上是通过增加热点上被侦查及被逮捕的实质风险和感知风险，来改变热点上导致犯罪发生的日常活动。潜在犯罪者原本企图在某特定地点进行犯罪，可能因为出警率或警察行动的增加而遭阻止，亦即在犯罪高发生地点增加巡逻密度应是最简易的犯罪预防作为，而通过管制违序行为、盘查可疑之人，执行临检，把大量执法资源投入特定地点，让资源短暂停留在该地点，增加警察与可能犯罪之人接触，以扩大巡逻密度增加后的犯罪预防功能，这些执行方式确实可以产生犯罪控制的效果。然若采取情境式的问题导向警务，因其聚焦在犯罪热点中引发犯罪发生的情境或原因上，那么防治的功能就愈佳。换言之，调整巡逻勤务以增加监控强度是一种控制犯罪的方法，但是改变地点的特征、设施及管理方式（例如增加街头照明、拆除废弃建筑、动员居民等），可以产生更深远的犯罪控制效果（见图2-9）。

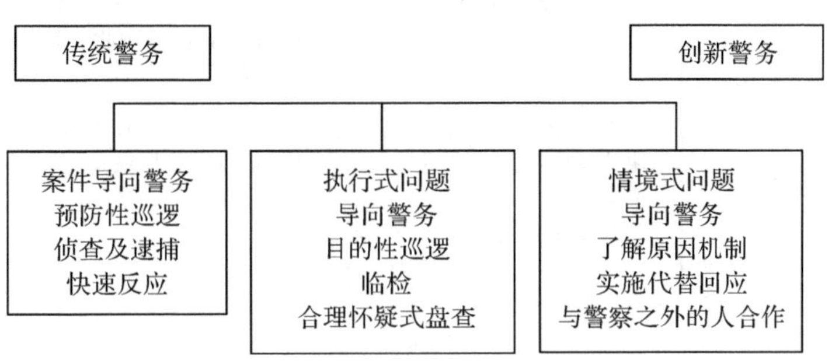

图2-9　犯罪热点与警察犯罪预防连续构面

5. 采用多元、聚焦的途径

问题导向警务强调具有预防性质的新策略，同时不依赖刑事司法系统，而更多地依赖其他公共机关、社区及私人部门的参与，能够降低问题的严重性。亦即，问题导向警务同时应用两个元素的结合、多元化的方法和聚焦的行动。大量的实证显示，在集中执法未能对犯罪产生长期持续的作用之后，许多解决问题的方法被运用了，如位于弗吉尼亚州的纽波特纽斯市，警员在盗窃率格外高的新的街道或公寓区全力以赴，但从各式各样的执行方法中，只获得了一些短期成果；而每次警员从新的街道或公寓区调走后，住宅盗窃率就激增了。之后在运用一种问题导向警务之后，包括公民、公共住宅、消防队、城市法规部门、住房和城市发展部门，盗窃案大量减少。而相同事件如果采用传统法律执行随机化的实验方式策略与热点问题解决策略进行比较，可以发现，问题解决策略有更大的影响，因而聚焦的执法实较非聚焦的执法有效。

因此，有效的犯罪预防须对犯罪及失序采取多元化的途径，且须聚焦，特别是对社区（见图 2-10）。此一新典范包含几个对犯罪政策的基本操作原则。

（1）没有单一的犯罪政策能够全盘降低犯罪率，将多个政策结合起来实施才能有效地预防和控制犯罪；

（2）有多数新方案聚焦在犯罪与失序的热点区，特别需要重视邻里或社区的地理环境；

（3）在不同机关（包括刑事司法和非刑事司法机构）之间需建立伙伴关系，这观念源自社区警务之作为，因为警察不能独自控制犯罪，需要市民和邻里团体的合作；

（4）许多新的政策利用非刑事司法的作为，例如问题导向警务运用，包括更好的街头照明和公共卫生服务，增进邻里生活品质，改善与其他机关的伙伴关系等；

（5）新的方案焦点在以证据为基础的活动和经由实证研究证明有效的政策上。

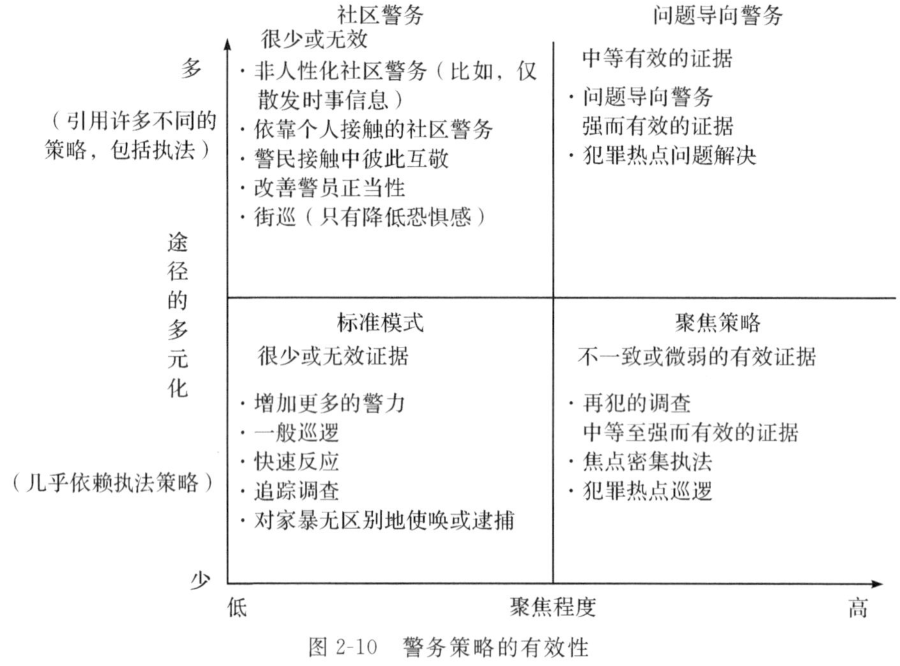

图 2-10 警务策略的有效性

如同东南沿海几个大城市近年来犯罪率持续下降引起世人的关心，警察机关宣称其主要原因有如下三个方面。

（1）警力的增加。包括特警和协警人员的增多。

（2）采取零容忍态度。警务将重心放在最基层社区和各个村级单位违反日常生活规律者上。

（3）采用了比较数据系统（COMPSTAT）。其作为一种管理工具，提供即时的犯罪资料，并通过定期的会议来掌握及分析辖内的犯罪数据，同时以此有关数据来衡量警务管理人员的表现，由他们担当问责的角色。社会经济的发展让城市闲置空间减少，再配合空间的改造强化领域感与监控力度（如图 2-11 所示于地铁入口强化环境设计的监控力度），计算机技术的运用并精细地计划致力于问题导向的警务革新，以及吸食可卡因人数的减少，应是大城市犯罪率下降的主要因素,而非单一政策便可达到犯罪率持续下降的效果。

因此,发展以证据为基础并设计多策略的新方案,且以社区为基础,建立不同单位之间的伙伴关系,并致力于环境的改造及发展情境犯罪预防,确实是值得我们去推行的犯罪预防策略。

图 2-11 城市地铁入口强化环境设计的监控力度

(六)批评与未来课题

环境犯罪学研究观察身边环境的状况,以及其对犯罪者选择犯罪行为的影响,以便减少其犯罪机会来实现犯罪预防的目的。从 20 世纪 80 年代后期至今,其亦遭受下列严厉的批评。

(1)从冲突犯罪学派观之,其只不过是表面上改善环境,并没有解决社会不公平所导致的犯罪成因。

(2)从标签理论观之,倘若太过重视环境犯罪学,可能会侵害到公民的自由权及隐私权。

(3)从传统犯罪学的立场观之,其成效尚未获得明确的证实,该理论是否有效仍有待观察。

此外,克拉克及艾克在其所提出的"犯罪分析 60 步骤"中,针对 7 个情境犯罪预防进行了批评以及反驳,如表 2-7 所示。

表 2-7 7 个情境犯罪预防的批评以及反驳

批评	反驳
1. 过于简化及非理论性	1. 是基于 3 个犯罪机会理论:日常活动、犯罪形态及理性选择理论,也引用社会心理学
2. 没有成效,转移犯罪只是让它更糟	2. 许多案例显示可以降低犯罪,通常只有少数被转移
3. 转移对犯罪根本原因的注意力	3. 达到立即见效以及容许更多时间寻找长期的犯罪解决之道
4. 对犯罪问题采取保守、管理式的方法	4. 他不会做超过他所能做的,要求解决方案是经济的且被社会所接受的
5. 促成自私、排他的社会	5. 对富人及穷人提供相同的保护
6. 促成政府的权力扩张及限制个人自由	6. 民主的程序让社会免除于这些危险,人民会愿意忍受不便及对权利的小侵害,因为这都会保护他们免于犯罪被害
7. 归责于被害人	7. 提供被害人犯罪风险以及如何避免的资讯

确实，在一个国家中犯罪预防政策须受到下列三项原则的支配：①犯罪预防的成果须为全民所享；②须尊重每一个人的权利；③犯罪预防的责任须由社会各部门来共同负担。从而可知，如何避免环境犯罪学的缺失，并能兼顾市民的自由及犯罪预防所需，仍是我们今后所须努力的重点。因此，环境犯罪学仍遗留下列课题，值得注意。

1. 导致犯罪转移的问题

检视环境犯罪学的文献，"犯罪转移"常为热烈探讨的主题之一，因其为预防犯罪成败的关键所在。换言之，虽然某些犯罪类型可在特定的时间、地点下被阻绝，但也可能转移至其他地区，造成第三者被害。[①] 学者更进一步指出，转移现象可能以下列多样的形式呈现：①地区转移——犯罪从一个地方转移至另一个地方，如甲地实施社区守望相助使窃贼转移至邻近无社区守望之乙地区，以减少被逮捕的风险；②时间转移——犯罪时间的改变，如社区于晚上实施巡守，使得窃贼改为早晨行窃；③手法转移——犯罪手法的改变，如加强门锁的设备，窃贼改由窗户而入；④标的转移——在相同地区却选择不同的犯罪标的，如窃贼因机车的烙码而改偷自行车；⑤类型转移——犯罪从一类型转变成另一类型，如住宅窃盗越困难，窃贼可能由偷变抢；⑥加害人转移——原有的潜在加害人停止活动，新的潜在加害人起而代之，如某项犯罪预防活动使原有的潜在加害人停止活动，但他人起而代之。

至于犯罪转移的基本假设，可归纳为潜在犯罪人及犯罪标的因素如下：①犯罪是无弹性的，如果犯罪是无弹性、不可避免的，那犯罪将难以被犯罪预防作为所消除，如此更会导致犯罪转移的发生；②潜在犯罪人具可移动性，潜在犯罪人的移动性取自其自身能力及物理环境的影响，进而导致了犯罪转移的发生；③潜在犯罪人会理性选择，当潜在犯罪人在经过不断的监视、探查、评估等作为后，若认为犯罪带来的利益大于需付出的成本，就可能会犯罪；④犯罪标的及犯罪机会是可以被替代的，因犯罪预防策略不可能完全执行且通常只针对特定地区或特定犯罪，因而当着重在某一犯罪后，另一个疏于看护的群体就可能成为潜在犯罪人犯罪的替代品。

纵使如此，时至今日，环境犯罪学所导致的"犯罪转移现象"仍是众说纷纭。情境犯罪预防的倡导者则认为情境犯罪预防策略显著影响了许多潜在犯罪者的犯罪决定，即使犯罪转移现象不幸发生，也只有少数的犯罪人可能再次从事其他犯罪。换言之，情境犯罪预防措施阻断了大部分可能在某一时间、地点出现之潜在犯罪者，而这些犯罪人并不必然转移至其他区域犯罪。尽管发生了，其他情境犯罪预防措施仍可阻绝或使犯罪的损失降至最低。

2. 侵害市民自由的问题

环境犯罪学的手法，难免或多或少侵害到一般市民的自由。之所以如此，乃因环境犯罪学的手法不同于一般的刑事司法制度，只针对事后特定的犯罪人强调目标强化及增强监视，难免会侵害到一般市民的人权。例如现行广泛设置的监视录影系统，虽然对于犯罪的侦防发挥一定的功能，但也导致一般市民隐私权被侵害。此外，亦不能低估对一个"零犯罪率"城市空间允诺所带来的危险，因其不只造成对公民自由之侵害，也会导致私有空间共享之损失。

---

① 相对于"犯罪转移"的现象，另有"效应消失"现象，即犯罪预防计划或可产生短期的正面效应，但当犯人逐渐适应新的情况后，其效应则逐渐减退。

3. 忽视催生犯罪社会条件的问题

在政府政策性鼓励之下，情境犯罪预防理论非常重视目标强化及增强监视的问题，却忽视了催生犯罪的社会条件，导致干预手段的失衡。特别是其忽视了犯罪的社会结构根源，如失业及居住不正义等问题，而这些社会问题常会引发犯罪。

4. 丧失信赖感的问题

环境犯罪学认为“善良的百姓”，若有适当的机会便可能成为犯罪者。换言之，“善良的百姓”并不存在，大家都有可能成为潜在的犯罪者。因此，个人为了保护自己，降低犯罪恐惧感，可能会产生对他人的不信赖感，导致丧失社会所赖以维持的信赖感。特别是现今环境犯罪学所采取的预防策略，与建立市民的信赖感往往成为二律背反的现象。因而如何调和两者的矛盾，仍须加强研究。

5. 来自民众的抗拒问题

情境犯罪预防的另一个阻碍，可能来自民众对该技术的轻视与抗拒。首先，以机关团体为例，若要彻底实施情境犯罪预防技术，很可能造成出入不便或是加装监视电眼装备导致成本的增加。其次，民众对犯罪预防的观念始终存有侥幸的心态，如“这么倒霉的事不可能发生在我身上”。再者，以邻里守望相助工作在人口众多、杂居区的推动情形来看，是非常不容易的。诚如较悲观的学者指出，“最需要邻里守望相助的区域反倒是最难进一步组织、动员民众的地区”。尽管如此，情境犯罪预防的倡导者并不如此悲观，克拉克即指出情境犯罪预防措施并不必然具有此类副作用，甚至不影响个人之自由或降低生活品质，反而有助于邻里社区守望相助的凝聚意识提升。

6. 缺乏一些十分具体研究对象的问题

目前环境犯罪学的研究对象，集中于街头犯罪或公共场所犯罪，其他犯罪类型如家庭暴力、儿童虐待或白领犯罪则较少着墨，仍须加强研究。再者，环境犯罪学的具体措施虽对机会犯有效，但对于家内犯、常习犯及白领犯似乎起不了作用。纵使提倡环境犯罪学的学者认为其措施对其有效，然而对应于各类型犯罪的具体犯罪预防对策，仍为今后应加强之处。

7. 归责于被害人的问题

环境犯罪学理解犯罪被害之关键在于被害人个体、社区或环境对犯罪行为的“促成”，因而有学者提出“被害人促成”此一术语来解释此现象。导致环境犯罪学受到“被害人责难”理论的广泛之非难，原因是该理论将犯罪被害之责任归结于被害人，如于深夜被抢，却归责于被害人独自于深夜行走，造成被害人的再次被伤害。

8. 产生社会排除的问题

对于秩序与安全的维护，为近代国家的主要任务之一。因而现代警察的出现，即将维持秩序视为警察受权力的核心，它基于事实上的需要，通过巡逻或对人群的控制，来实现维护社会秩序与预防犯罪的功能。[①] 然而，随着 20 世纪 70 年代后高犯罪率被视为一项常态的社会事实，民众犯罪恐惧感逐渐增高，再加上体认到刑事司法体系对于犯罪控制的局限性，以及世界性新保守主义的倾向，个人对于安全维护的责任逐渐受到重视，渐将犯罪之控制视为“超越国家之外”，于是针对刑事司法体系之局限性问题的解决方向，便朝向将犯罪控制的

---

① 就此观点而言，警务可定义为：那些关于维护特定社会秩序与安全的活动。参见：[英]韦克菲尔德. 社会发展与警务变革——公共领域的社会化警务[M]. 郭太生，译. 北京：中国人民公安大学出版社，2009。

工作“回归社区”或结合私人保安的赋予责任策略来达到犯罪之治理目的。换言之，为了有效排除危害，以确保安全舒适的生活，不能完全依赖公秩序，而逐渐建构起私秩序，带来从统治到治理的转变，亦即并非政府或公安机关权威的支配，而是混入非政府、非公安机关的自我统治、地区自治的观念，以及安全的商品化如保安业的发达。典型例子，如近年欧美国家如雨后春笋般地成立所谓“堡垒型社区”，此堡垒内住着同样阶级的人，以确保安全；又如某些大型的购物中心排除某些人进入，以确保一般善良人可在内安心购物，如此会加速社区隔离趋势的发展，难免会产生“社会排除”现象，从而造成公共环境私有化的问题。亦即环境犯罪学的手法为了预防犯罪，有将公共财产变更为私有财产之内在矛盾存在，促使社会分化的产生，从而不利于社会的和谐。

结　语

以自由意志为基础的古典犯罪理论，整体脉络系从 18 世纪中叶欧洲兴起的“古典犯罪学派”以来，迄拿破仑大法典(1791 年制定，1810 年和 1819 年先后修正)为排除法律执行障碍所衍生之“新古典犯罪学派”，嗣于 20 世纪 70 年代后对实证主义的反思所倡导的理性选择理论及环境犯罪学之“现代新古典犯罪学派”，如图 2-12 所示。

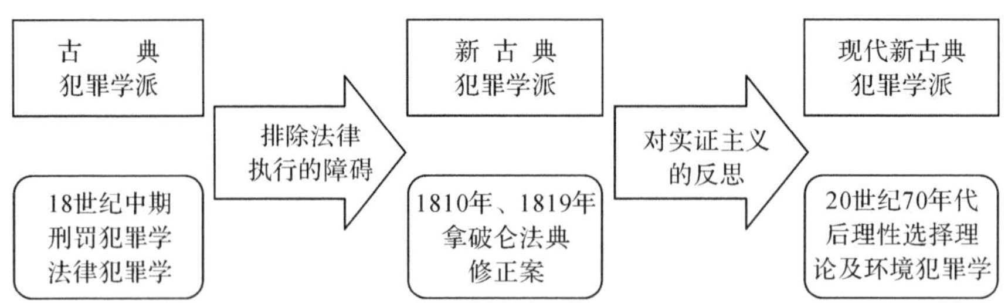

图 2-12　古典犯罪学派理论的演进

古典主义犯罪学派认为，犯罪是个人基于自由意志理性选择的结果。其基本假设为若不受惩罚恐惧的制衡，人均有犯罪的可能性与潜能，因而强调以威吓主义作为一种犯罪预防理念；且认为刑罚不应当被视为一种道德强制或一个绝对的国家职权，而应当被理解为一种为“达到特定理想目的的社会控制工具”。这种统治型社会控制计划在 19 世纪的英国得到发展，其中最重要的是现代警察制度的建立，以及 19 世纪早期现代监狱制度的建立。这些机制作为一种专业性、垄断性的力量，而具有犯罪控制，更确切地说是维持公共秩序的功能，更是威吓主义的犯罪预防理论的实践。

然而随着 19 世纪末实证犯罪学派的兴起，古典犯罪学派渐趋没落，但是 70 年代后随着医疗模式之衰退，以及犯罪计量经济学之出现，现代新古典犯罪学派再次受到重视，其中最重要的为理性选择理论。理性选择理论基于“经济人”假设，认为人是收益和风险的去道德化的计算者，亦即犯罪行为是犯罪人在权衡犯罪之利益及损失后，所选择的有目的及自觉之行为，其对刑事政策之影响系提倡强硬犯罪镇压模式以及环境犯罪学的犯罪预防模式。

由于刑罚的严厉性、确定性、迅速性是彼此相互影响的，迅速的逮捕确实会有些效果，但提升被逮捕率并非那么乐观，况且刑罚镇压的效果很难得到证明，且易招致保留死刑及长期监禁的负面效果，于是刑事政策的典范逐渐由“犯罪实施后通过刑事司法机关的事后处理系统”转移至“以社区为基础事前防止犯罪实行的防治系统”。此外，对于犯罪发生的“环境”及“场所”的分析，以达到增加实施犯罪的困难程度和风险、减少犯罪收益的效果，造成环境犯罪学的抬头。环境犯罪学研究的重点，则从“原因论的理解转移至情境的理解”，将犯罪当作社会的事件，因而提出通过防卫环境的设计管理，以达到减少犯罪机会的目的。特别是在我们不能等待社会的彻底变革时，就刑事政策的领域内，寻求此时此地确实可行的、能够做到的、有意义有效的新措施，是我们共同的职责。因此，发展以证据为基础并设计多策略的新方案，且以社区为基础，建立不同单位之间的伙伴关系，并致力于环境的改造及发展情境犯罪预防，确实是值得我们去推行的犯罪预防策略。

第三章　实证犯罪学与犯罪预防

第一节　实证犯罪学派

一、历史背景

19 世纪后半叶，由于资本主义之发达，且因急速都市化与工业化现象，失业率泛滥，以致累犯、少年犯罪等与日激增。新的犯罪统计清楚地显示古典惩罚政策的失败，同时也显示出其他的社会因素可能会影响到社会上的犯罪情形，因而促发了新的犯罪学派的出现，最后演变成日后的实证犯罪学派。实证学派的诞生，是受到 19 世纪末自然科学发展的影响，他们认为犯罪行为与自然界的现象应无差别，都可以经由科学方法，探求犯罪或自然现象发生的客观因素，强调知识的可验证性、人类社会的演化观。换言之，实证学派最重要的要义，乃在于使用科学方法，来研究犯罪人以及周围环境，以便发现犯罪的原因，同时相信人类的行为（包括犯罪行为）是由外在力量或内在心理因素所决定，而非个人可自由选择，并采取犯罪定义价值观的假设，而忽视了犯罪人是被统治阶级所定义的可能性。

二、主要论点

（1）认为人类的行为是由超越本身力量以外的生物或文化的因素所决定的。也就是说，实证学派含有某种程度的决定论，他们认为犯罪行为的发生，是受人所生存的环境及个人的生理特质所影响，而无法由个人的自由意志加以支配。如同伯爵（Comte）所言：人类行为是被超越个人控制能力的力量所决定的。

（2）实证学派乃寻找犯罪的原因，而非其他行为的原因。因而，实证学派在某种程度上，必须假设犯罪行为发生的原因与其他行为的发生原因不同，不犯罪的人是正常的，犯罪者不仅是不正常的，甚至可能是劣等的。

（3）在研究犯罪原因时，事实上存在着个人层次（即素质论）及社会层次（即环境论）的两种不同方法，因而便有犯罪生物学、犯罪心理学、犯罪社会学。

三、实证学派的代表人物

（一）龙勃罗梭（Cesare Lombroso）

1. 个人背景

龙勃罗梭出生于意大利威尼斯的一个犹太人家庭，早年学医，并获医学和外科医学学位，曾在军队作为军医服役，以后长期任意大利都灵大学精神病学、法医学教授及精神病院院长，1905 年建立了犯罪人类学博物馆。龙勃罗梭的教育经历和职业背景使他对犯罪问题产生了浓厚的兴趣，并且为其对犯罪问题进行研究提供了便利条件。1876 年，龙勃罗梭的著作《犯罪人论》首次出版。此后他不倦地为这部著作进行了多次再版修订。该书第一版时只有 252 页，到 1896 年至 1897 年间出版第 5 版时，总共已有 3 卷 1903 页。①

2. 主要主张

龙勃罗梭的《犯罪人论》一书中主张从生物学的原理分析犯罪人。借用达尔文"进化论"的理论，认为犯罪人比起其他同时期的非犯罪人，乃为较为退化、原始和野蛮的人类，他称这种现象为隔代遗传或天生返祖类型再现。这是龙勃罗梭最著名的观点。龙氏这一理论的基础和出发点，得利于他的经历和所从事的职业。他经常遇到一些身体感觉迟钝的犯罪人。后来，他在对一个盗贼的头颅进行解剖时，发现他的头像脊椎动物那么狭窄。他在后来的狱医实践中也积累了这种经验。他感到犯罪人之所以进行犯罪，是由于其大脑退化到人类进化以前的水平。他在监狱最先考察了 100 多个犯人的头，后来又对大量犯罪人进行了人类学的测量和外貌观察，从而形成了他的天生返祖类型犯罪人的观点，即所谓的"天生犯罪人论"。②

龙勃罗梭的主要观点包含：(1)一直坚持且强调要使用人类学、社会学和经济学的统计方法，来直接地研究犯罪人；(2)其理论假设是人类行为和个性有其生物上的基础；(3)经过多年不断的研究、讨论及与批评者的接触，他修正其理论和方法，以便包括更多社会、经济和环境因素。在这过程中，他经常都是：①使用统计学，在方法上力求"客观"；②"实证性的"，即犯罪乃"决定性的"；③认为原因乃是一连串有关事件联结起来的结果。

至于对犯罪人类型的观点，龙勃罗梭利用人类学研究方法，将犯罪人的特征归纳为：头部较小，头盖骨较厚，袋状面颊，下额后缩，大耳朵，异常齿列，鹰钩鼻，手臂过长，皱纹多，等等。并且将犯罪人分为五种类型：(1)生来犯罪人，即犯罪人乃前代祖型重现和较退化低等的人类；(2)含有犯罪因子的人；(3)心神丧失的犯罪人；(4)激情犯罪人；(5)偶发性犯罪人等。

(二)恩里科·菲利(Enrico Ferri)

1. 个人背景

在犯罪学实证主义理论形成和发展过程中，犯罪社会学派也产生了。它把犯罪看作一种社会现象，从社会本身去研究犯罪发生的原因、发展变化的特点及其预防和处罚的措施。它同犯罪人类学一道为犯罪学的创立和发展做出了重要的贡献。③ 可以说，犯罪社会学的观点是直接地从犯罪学实证主义理论的发展中产生出来的，而其主要的创始人也正是犯罪人类学的创始人龙勃罗梭的学生、意大利犯罪学家恩里科·菲利。菲利师承龙勃罗梭，曾受过龙氏很大影响，但他没有完全继承老师的观点，他在坚持犯罪的生物因素和其他因素影响的同时，强调犯罪的社会原因。1884 年他发表了《犯罪社会学》，论述自己犯罪社会学的主要观点，在犯罪原因问题上，提出了著名的个体因素、社会因素和地理环境因素的"三元素论"。

---

① 杨燮蛟. 现代犯罪学[M]. 杭州：浙江大学出版社，2010：46.

② 杨燮蛟. 当代犯罪学的重构及展开[M]. 北京：法律出版社，2010：12.

③ 康树华. 比较犯罪学[M]. 北京：北京大学出版社，1994：30.

2. 主要主张

(1)犯罪原因论：菲利1884年发表的《犯罪社会学》一书，认为犯罪乃为各种生理、心理、遗传等个人原因，结合物质及社会环境等因素，所产生的必然结果。因而提出“犯罪饱和原则”，认为在特定的社会环境中，会有一定的犯罪率，只会社会环境发生变化，犯罪数量才会随之变化。这原则恰如置一定量的糖于水中，糖的溶解度只会随着水中温度而发生变化。

(2)犯罪对策论：菲利的犯罪对策论，主要包含三点。①相对于犯罪人分类的对策：其将犯罪人分为五种类型，其分别采取的对策如表3-1所示。②改造社会环境：为达犯罪预防目的，提出社会改革方案，如生育控制、自由移民、改变税收制度(对于民生必需品课低税，对于酒类课高税)、充分供应就业机会、兴建平价劳工住宅、增设街灯并提高其亮度、改进婚姻法律、妥善规范娼妓制度、控制武器的制造与其持有贩卖等。③改造刑罚制度：排除以道义为基础的应报刑观念，强调贯彻对危险犯罪人实施保安处分的一元主义，并统一以“制裁”用语称之，因而提出“没有责任与刑罚之刑法典草案”。

表3-1 菲利之犯罪人类型与对策

犯罪人类型	对策
生来犯罪人	无期隔离
精神障碍犯罪人	收容于精神病院
激情犯	损害赔偿命令、迁移命令
偶发犯	收容农场监所、损害赔偿命令、迁移命令
常习性犯罪人	改善可能者：收容农场监所、损害赔偿命令、迁移命令。改善不可能者：无期流刑

(三)加洛法罗(Raffele Garofalo)

1. 个人背景

加洛法罗是意大利法学家、犯罪学家，龙勃罗梭的学生，实证犯罪学派的代表人物之一。加洛法罗出身于意大利那不勒斯市一个贵族家庭，早年在大学主修法律，后在政府供职，曾任法官和地方议员，并在大学讲授过刑法学，其代表作是1885年出版的《犯罪学》。①

与龙勃罗梭和菲利一样，加洛法罗在犯罪原因上否定了古典犯罪学派的自由意志说，主张犯罪原因的决定论。他继承了龙勃罗梭的犯罪人论，但也进行了某些修正。在具体解释导致犯罪行为产生的因素时，他与龙勃罗梭和菲利均有所区别。龙勃罗梭强调生理因素对犯罪的影响，而菲利强调社会因素对犯罪的作用，加洛法罗则偏重从心理学方面解释犯罪。他宣称，只有在犯罪心理学成为犯罪人类学中最重要的一部分的情况下，自己才属于犯罪人类学中的一员。

2. 主要主张

(1)犯罪原因论：加洛法罗是一个实证主义学家，否定自由意志说，主张犯罪应以科学的方法加以研究和了解。因科学所追求的是共通性原则，因而他认为犯罪行为应有共通性，即“犯罪行为不应为任何文明社会所容忍，同时又不得不以惩罚的手段加以镇压”。他称这种行为为“自然犯罪”，亦即违反人类所具有最基本利他情操的“怜悯”与“正直”的行为。他认为法律上的犯罪定义，只不过是立法者在制订法律时，为求分类之权宜之计，此种分类无助于我们对犯罪概念的彻底了解。为求对犯罪的本质有较清楚的认识，加洛法罗从心理学的观点提出“自然犯罪”的概念，其认为凡人皆具有“怜悯”与“正直”这两种情操，但亦有人生来

① 杨士隆. 现代犯罪学[M]. 杭州：浙江大学出版社，2010：51.

即欠缺现代社会生活中必要的利他情操，这种人即为真正的犯罪者。这种缺陷是基于生来的素质异常，并非社会环境可增减，故将犯罪区别为“自然犯罪”与“法定犯罪”两类。没有怜悯与正直之行为者为自然犯罪，即不待法律规定而可认定为犯罪之行为，例如杀人、放火、强盗、强奸、窃盗，这类自然犯罪是超越时间与空间的犯罪概念，无法见容于任何文明社会与任何政治体制。至于国家为贯彻某项意旨，以增益社会生活，而以法律规定某项行为为犯罪者，倘有违背此项规定的行为，即为法定犯罪。法定犯罪未必为没有道德情绪的行为，故政治因素、社会变迁，均足以影响法定犯罪的成立。(2)犯罪对策论：加洛法罗的犯罪人观感是人类退化的结果，欠缺怜悯与正直的情操，因而其对策论具有强烈的社会淘汰论观点，如此亦可知其深受达尔文思想的影响，而其犯罪人类型与对策如表 3-2 所示。

表 3-2　加洛法罗之犯罪人类型与对策

犯罪人类型	对策
杀人者	乃最欠缺怜悯情操者：若无社会适应的可能性处以死刑
暴力犯罪者	乃典型欠缺怜悯情操者：原则上适用无期流刑，若是青少年则收容于农场
盗窃犯罪者	乃典型欠缺正直情操者：原则上适用无期流刑，若是青少年则收容于农场
性犯罪者	许多场合与暴力犯罪者相似：不定期流刑
其他	欠缺怜悯情操程度较低者(将来犯罪危险性较少者)：损害赔偿命令

四、古典犯罪学派与实证犯罪学派的区别

古典犯罪学派代表人物如贝卡利亚及边沁，以启蒙运动之理性思维为出发点，而以一般人具有自由意志为前提，强调非决定论，注重研究犯罪行为，认为犯罪行为是犯罪人自由选择的结果，并以此犯罪人表现于外部之客观行为为刑罚裁量之依据，对于犯罪人之犯罪意思予以道义非难而论其道义责任。刑罚的目的是对犯罪人科处报应刑以及借此达到威吓社会大众之一般预防主义，况且与以犯人危险性为前提的保安处分其本质不同而否定不定期刑，故主张刑罚与保安处分二元主义。

实证犯罪学派代表人物如龙勃罗梭、菲利及加洛法罗，以自然科学实证为出发点，否定行为人之自由意思，而强调犯罪原因系受到素质与环境所决定，以此行为人主观之危险性为刑罚裁量之依据，对于行为人之反社会性格而论其社会责任。刑罚目的是对行为人施以矫正、改善其反社会性或危险性，使其复归社会或重视社会防卫之特别预防主义，况且与以犯人危险性为前提的保安处分其本质相同而采用不定期刑，故主张刑罚与保安处分一元主义。

由于古典犯罪学派与实证犯罪学派之理论大相径庭，兹将两者之相异点整理如表 3-3 所示。

表 3-3　古典犯罪学派与实证犯罪学派的区别

项目	古典犯罪学派	实证犯罪学派
代表人物	贝卡利亚、边沁及费尔巴哈	龙勃罗梭、菲利及加洛法罗
历史背景与研究方法	启蒙运动、理性思维	自然科学实证
犯罪原因论	自由意志	决定论
刑事责任论	道义责任	社会责任
刑罚裁量依据	行为客观主义	行为人主观主义
刑罚目的	应报理论、一般预防	特别预防
刑罚与保安处分关系	二元主义、否定不定期刑	一元主义、不定期刑

第二节　犯罪生物学理论

一、基本理念

19世纪以来，犯罪学家就有生物或心理特征可影响人类行为的看法，他们相信犯罪及偏差行为者具有某些不同于常人的生物与心理特征，而使他们易于犯罪，因而描绘犯罪及偏差行为者之生物与心理特征，亦有统称之为“特征理论”者。特征理论具有下列三个基本理念：(1)生物或心理的特征理论并不认为单一的生物或心理特性适合解释所有的犯罪行为；(2)生物或心理的特征理论学者并不重视犯罪的法律定义；(3)生物或心理的特征理论学者并不认为特征本身，如智商、人格或基因等会使一个人犯罪，而是特征和环境因素互动后，才会使犯罪发生。换而言之，生物或心理的特征只是解释犯罪的众多因素中的一种而已。

至于犯罪生物学派乃基于“结构决定功能”的假设，亦即身体结构如何，就应有如何的功能和行为表现。其主要分支包括：(1)传统犯罪生物学之身体外表的特征决定了犯罪倾向及基因与遗传缺陷说；(2)现代社会生物学之生化与神经生理因素。

二、传统犯罪生物学派

(一)身体外表的特征

1. 人相学及骨相学之研究

早期的犯罪生物学者着重于探讨犯罪人的脑部和身体是否有特殊的构造，他们相信邪恶者和令人憎恶者必定有异于常人的身体构造。因而有人相学从脸部的构造来判断一个人的个性与犯罪的关系；另有骨相学则认为头部的形状和个人的行为有密切的关系，发现犯罪者拥有一些返祖的特征。纵使如此，骨相学仍遭受如下批评：(1)不能观察其生理学上的器官；(2)若采此观点则人类的命运将由解剖学及生理学决定，而否决人类是具有自由意志的主体。

2. 龙勃罗梭及其同代人之研究

龙勃罗梭受到达尔文的影响，引用进化论来解释犯罪人之所以较其同代人退化，乃因隔代遗传或天生返祖类型重现的一种结果，而发现犯罪者的特征类似原始人类含有犯罪因子。[①] 然而龙勃罗梭的研究方法与结果受到诸多的批评，其中批评最严厉者首推英国医生哥林(Charles Goring)。哥林等的研究发现受刑人仅是遗传较为劣等的人，而与身体的外表并无关联，他主张：(1)理论不能以偏差的调查来呈现；(2)犯罪须反映在法律的实体上；(3)纵使犯罪者与非犯罪者是不同种类，但不表示犯罪者就是不正常的。纵使支持龙勃罗梭者认为哥林的研究是支持龙勃罗梭的，但目前通说仍是赞同哥林所言：“并无所谓的犯罪体型存在。”

3. 体型与犯罪

体型论者的基本观念乃认为体型和个性、性情有密切关系，进而影响犯罪。例如：(1)德

---

① 杨燮蛟.现代犯罪学[M].杭州：浙江大学出版社，2010：46.

国精神医学家克言池姆(Ernst Kretschmer)将体型分为四类,分别为肥胖型、瘦长型、健壮型、障碍型。肥胖型则多犯诈欺或少数暴力犯罪;瘦长型则多犯盗窃及诈欺;健壮型则多犯暴力犯罪;障碍型则多犯性犯罪。(2)美国人类学家薛尔顿(William Sheldon)将体型分为三类,分别为矮小粗壮型、斗士型、瘦弱型,并且使用三个数字来描写任何一种体型。而每个数字均介于1至7,如7-1-1者将是极端矮小粗壮型者,而1-7-1则是极端的斗士型,薛尔顿于1939—1949年间的研究,发现波士顿感化院的小孩体型是3.5-4.6-2.7,而大学生为3.2-3.8-3.4。(3)格鲁克夫妇(Glueck & Glueck)在比较500名非行少年与500名正常少年之后,发现60.1%的非行少年具斗士型倾向,而正常少年中具此倾向者仅为30.7%。纵使格鲁克夫妇的研究基本上支持了薛尔顿的理论,但其仍被批评缺乏控制引起青少年体型的快速改变要素。(4)科特斯(Cortes)为了改善格鲁克夫妇的研究缺点,乃采对照组方式加以研究,发现非非行者为3.9-3.5-3.5,非行者为3.5-4.4-3.1,犯罪者为2.8-5.4-3.1;然而其研究亦被批评,主要原因为样本太少、不同的骨肉可能源于社会经济地位而非犯罪性、并无测量不同体型之气质。①

(二)基因和遗传缺陷说

主张犯罪乃是导因于基因和遗传缺陷的人,基本上认为有其父必有其子,父母亲若是有犯罪或退化的倾向,将会有可能将此"缺陷基因"遗传给子女。因此,运用犯罪家庭的研究、双胞胎和领养者的研究、XYY染色体的研究、内分泌腺失衡和犯罪行为关系的研究以及学习障碍和犯罪行为关系的研究,均可发现其在犯罪行为中扮演一定的角色。然而至今为止,仍不能确定基因和遗传缺陷与犯罪之间的因果关系。②

(三)智商与犯罪关系

自从智力测验被发明后,智商与犯罪关系便成为犯罪学家注意的焦点。研究智商和犯罪关系的主要争论有:(1)智商测量某些抽象推理或问题解答能力,而这些大多是天生的;(2)智商没有测量天生能力,而是测量与主文化有关的品质;(3)智商测量一般能力,但这些能力大多是由个人环境所决定。因此,可得知智商与犯罪之关系为:(1)犯罪者与非犯罪者智商的整体差异,可能是反映环境因素而非遗传因素;(2)考量智商因素可能具有种族优越感因素;(3)纵使如此,智力测验仍是预测犯罪的良好因子,测验分数较低的年轻人较有可能成为少年犯。

(四)传统犯罪生物学派的问题点

传统犯罪生物学派之问题点,可约略归纳为以下三点。(1)理论上之问题:太强调遗传上之宿命论,而忽视犯罪的多样化、群体犯罪率差异及犯罪的社会文化因素,并不能充分说明现实的犯罪现象,且忽视人之成长及不同地点所导致犯罪率之变化。(2)方法论上之问题:研究方法不够严谨,如取样的缺失或缺乏控制组。(3)政治上之问题:具有种族歧视或种族优越感之优生学思想,容易被政治所滥用。

---

① 有学者认为体型与犯罪的研究,在刑事政策上,尤其是罪犯的处遇上,可说毫无应用价值。此外,对于体型论,有学者认为有三点值得批评:(1)个人的体型可能随环境与年龄而改变;(2)虽然某一体型与某些人格特质有关,但其间的因果关联则难以确定;(3)一个人之所以犯罪,除犯罪人自身的生物因素之外,也不能忽视外在的社会环境因素。

② 杨燮蛟.现代犯罪学[M].杭州:浙江大学出版社,2010:72.

三、现代犯罪生物学派

（一）基本观点

20 世纪 80 年代后登场之现代犯罪生物学派，与传统犯罪生物学派并不相同，在充分了解传统犯罪生物学派的问题点之后，试图去克服此问题点，而采取如下观点：(1)认为人类的行为并非完全由遗传所控制，而是由遗传及环境相互作用而成；(2)现代犯罪生物学派目前的研究手法，并不强调遗传学的方法，而强调生化因素及神经生理因素之方法；(3)认为人生而不平等，人具有不同的学习本能，犯罪行为是学习而来，学习并不受社会互动所限制，而是受分子和生化作用所控制，只有在大脑产生生化作用或结构上的变化后，学习才可能发生。

（二）兴起的背景因素

20 世纪 80 年代后现代犯罪生物学派的兴起，主要与下列因素有关。(1)犯罪之增加与犯罪学的混乱：1960 年后半期欧美各国犯罪率急速增加，犯罪社会学相关理论并不能有效防治犯罪，导致 70 年代后半期成为犯罪学的迷乱期，特别是宏观的犯罪社会学观点并不足以说明犯罪原因，亦须考量微观的生物因素。(2)社会生物学的兴起：70 年代后半期，生物学研究新领域社会生物学逐渐受到重视，特别是 1975 年美国哈佛大学的生物学家 E. O. 威尔逊出版《社会生物学》一书，强调生物与基因因素会影响社会行为的学习，犯罪生物学又受到重视。社会生物学者认为，基因是人类生命的最终单位，从而控制人类的命运，环境和经验对个人的行为当然有所影响，但是行为仍受一个人的"生物机器"所控制，更重要的是，人乃受到内在需求所控制，以便使与其有共同基因的人存活和控制他人。因此，人们的所作所为乃为确保其个人和与其有共同基因者能存活下来。

（三）重要研究成果

相对于传统犯罪生物学着重于遗传学的影响，现代犯罪生物学则重视后天生物学的要素。其重要研究成果包含如下三项。(1)自主神经系统和犯罪：英国心理学家艾森克(H. J. Eysenck)认为每个人的"自主神经系统"结构不同，接受奖励和惩罚而为外在超我制约的程度和形成守法行为的程度亦不同。因此他认为内向型的自主神经系统拥有较高层次的兴奋，是外来刺激的避免者，同时行为容易为奖励和惩罚所制约而被社会化。故一般而言，内向人格者易形成守法行为而犯罪率较低，外向人格者刚好相反。(2)生化因素与犯罪：现代犯罪生物学派发现，生物组织的某些生化因素与犯罪有关，例如维生素和矿物质的缺乏、低血糖症、睾丸酮数量多、大脑或神经敏感、环境污染物等均与犯罪有关。(3)神经生理因素与犯罪：现代犯罪生物学派亦探讨神经生理学或脑的活动与犯罪的关系，发现如轻微脑功能失常(MBD)、脑波异常(EEG)、其他脑功能异常等和犯罪有关。

四、对犯罪生物学派的评价

尽管犯罪生物学派受到忽视犯罪的社会文化因素、研究方法不够严谨以及具有种族歧视或种族优越感的优生学思想等批判，但其对犯罪学仍具有如下贡献：(1)犯罪学始于犯罪生物学派对犯罪人的研究；(2)坚持使用科学的方法以研究犯罪现象，奠定了犯罪学的科学地位；(3)使人们了解到，犯罪问题的错综复杂非单一观点可解决。我们由许多犯罪生物学论点的探讨，得知有些生物上的变项可能有助于某些犯罪形态的解释，但迄今尚无强有力及充分的证据来证明其为导致犯罪的直接因素。犯罪为错综复杂的社会现象，自非犯罪生物学单一因素或单一学科所能解释或单独研究。因此，必须从“犯罪多元性”及“科际整合”的整体观，配合运用其他相关学科来探讨复杂的犯罪问题，才能了解其症结所在。

第三节　犯罪心理学理论

一、犯罪心理学家所追求的最基本问题

最早的“犯罪心理学”认为犯罪及心神丧失，乃是着了魔，而采取灵异说。目前犯罪心理学家所追求的最基本问题，乃是何人会从事暴力与攻击行为，是否有所谓的犯罪人格，幼时的经验是否会影响成年时期的犯罪行为，等等。因而有些心理学家从心理分析观点来看犯罪行为，认为幼儿早期的生活经验影响其犯罪行为及人格；从认知理论来解释犯罪，认为人的认知与道德发展层次是了解其犯罪行为的关键；用社会学习或行为模仿来解释犯罪行为，认为其是观察学习的结果；而生理心理学家则探讨生理活动、人格与犯罪之间的关系。因此，犯罪心理学主要不同观点可分为：心理分析论、认知论、社会学习论及人格论等。

二、心理分析理论与犯罪行为

(一)弗洛伊德(Sigmund Freud)的观点

心理分析理论乃是由内在看外在，即要了解外在行为应从内在生命经验开始分析，因而心理分析理论主要是探讨早期生活经验对偏差与犯罪行为之影响，认为偏差与犯罪行为缘于个人在幼童时期亲子问题所带来的内部发展紊乱。现以弗洛伊德之概念说明如下。[①]

1. 解说人类行为的形成

心理分析理论乃是维也纳医生弗洛伊德所创，弗洛伊德利用下列三种人格动力的概念来解说人类行为的形成。(1)意识：每个人均可能体会到的，如饥饿、口渴；(2)下意识：是过去的经验现在无法警觉，但可在任何时期浮出而成为意识，如记忆、经验；(3)潜意识：是生理的驱动力和欲望，如性、仇恨，人们借着“压抑”而使其潜藏在意识底下，影响人们的行为。潜意识的来源，乃是由意识压抑而来，在意识力薄弱时，酒精、毒品、精神疾病、催眠等作祟而支配行为。许多犯罪行为，可由潜意识来了解其原因，因而防治上需给行为人适当“舒泄”，放开心胸，而让行为人说出来。

2. 人格的结构与发展

弗洛伊德将人格的结构分为下列三者。(1)本我：人格中最原始的部分，出生时即存在，它是人类最原始、野蛮和邪恶的冲动，并依“快乐原则”而运作。(2)自我：人格中更为理性的部分，当婴儿在生活中渐渐学习到基本欲望并不能即刻获得满足，自我即开始发展，自我受到“现实原则”的指引。(3)超我：代表社会道德准则的内在化，即所谓的个人良心，反映外在社会的道德规范及父母的价值观念，防止本我的随意表现。犯罪的原因乃是薄弱的超我(道

---

① 杨燮蛟.现代犯罪学[M].杭州：浙江大学出版社，2010：68.

德意识)，因此须有适当的超我。至于超我之获得包含：(1)受外在亲近的人影响；(2)亲近的人本身超我如何；(3)传递技术及是非观念；(4)内化程度(有些人心理生理因素难内化)。此外，人格的发展阶段则包含：(1)0～1岁口腔期，新生之婴儿经常以食用、吸吮、咀嚼等行为获得满足；(2)2～3岁肛门期，婴儿以大小便之排泄为获取快乐之主要来源，此时期对小孩之大小便训练，为促使其遵循社会规范之压力；(3)4～6岁性器期，小孩以玩弄自己之性器官获得满足，此时男性儿童对其母亲发展恋母情结之潜意识感情，女孩则对父亲产生恋父情结，可使用情感转移来解决此问题；(4)7～12岁潜伏期；(5)13～18岁两性期。

3. 导致不健全社会化及犯罪行为的主要途径

由于弗洛伊德相信每个人均有从事犯罪及偏差行为的本能，虽然他并未明确指出犯罪及偏差行为所可能产生的途径，但其后继者描述出几种导致不健全社会化及犯罪行为的主要途径：(1)偏差行为是一种减轻罪恶感的神经性行为；(2)偏差行为是缺陷超我的结果；(3)偏差行为乃是寻找替代性满足的一种象征；(4)以人格成长过程预测人类行为；(5)以人类潜意识心理活动说明犯罪原因；(6)以人格结构解释犯罪。

(二)对于心理分析理论的评价

心理分析理论认为，具有攻击性且受到挫折的犯罪人，是受到早期不愉快的生活经验所控制，而人格偏差或不成熟，会产生犯罪行为，此乃因人格发展过程中心理上与社会环境互动的需求，未能获得适当的满足。因而预防犯罪应该提供儿童青少年人格发展所需要的适当满足，换而言之，儿童福利不仅是社会救济，更是预防犯罪的策略，而在犯罪防治的策略上，应从家庭亲子教育着手。然而，心理分析理论遭受如下之批评：(1)心理分析理论整体而言是未经检验的；(2)太主观而缺客观的测量设计；(3)许多犯罪似乎是理性选择而非潜意识的冲突；(4)治疗方法太耗时，不实用。

三、认知理论与犯罪行为

认知心理学剖析犯罪者的心智发展过程，其如何认知外在世界，以及这种认知如何发展，他们研究的重点是概念的形成及如何解决问题，其主要观点包含如下几种。

(一)“犯罪思考形态”

研究指出许多犯罪人具有“犯罪思考形态”，为认知与犯罪的联结关系提供更为重要的佐证。如学者沃尔特斯(Walters)将认知与思考相联结，建构出犯罪者有下列八种特定思考形态：避重就轻、走捷径、自恃特权、权力取向、虚情假意、过度乐观、漫不经心、半途而废。

(二)理性选择理论

从认知的观点来解释犯罪，强调犯罪之决意在于获取快乐、避免痛苦，故犯罪经常是对行动与事件做成本效益分析之理性人，可溯源至贝卡里亚、边沁之功利主义。另外克拉克及科尼什等人所提出的理性选择理念[①]，区分了犯罪行为特征与犯罪人特征，认为某种具体的犯罪是这两种特征相结合的产物。这种相互作用被称为“选择建构”，亦即犯罪人计算犯罪行为的得失，从而决定是否以及如何实施犯罪行为的权衡过程。

---

① 杨燮蛟.现代犯罪学[M].杭州：浙江大学出版社，2010：60.

（三）道德发展理论

（1）自皮亚杰开始，心理学家便对儿童的精神及道德发展感兴趣。皮亚杰认为道德判断的发展，经过了下列三个发展阶段：（1）无律时期，约在 4～5 岁以前，行为以单纯之神经感应为主，以自我为中心；（2）他律时期，约在 6～8 岁，此时儿童系以服从权威、避免惩罚为主；（3）自律时期，约在 8 岁以后，此时小孩对事理之判断较具独立性，道德判断更富弹性。因此，道德之成长未能循序发展或停留在早期之无律阶段，皆可能因违反社会规范而形成犯罪或偏差行为。

（2）追随皮亚杰的脚步，寇柏尔也提出了道德发展理论，即将个人道德发展分成三个阶段六个时期，每个阶段两个时期，依序发展不可倒置。依序为：第一阶段道德成规前期（第一期避罚服从导向时期、第二期相对功利主义）；第二阶段道德成规期（第三期人际和谐的取向、第四期权威服从与维持社会秩序导向）；第三阶段道德成规后期或自律期（第五期社会规约与法律导向、第六期普遍性伦理原则导向）。因此，根据寇柏尔之看法，许多攻击行为与个人之道德认知能力发展停滞于第一阶段密切相关，因为其促使个人无法自我控制并抗拒诱惑。然而寇柏尔的道德发展理论，也引出我们所熟悉的"鸡生蛋还是蛋生鸡"问题。换而言之，即使犯罪者确实比非犯罪者道德水平低，但究竟是犯罪行为影响了他们的道德水平，还是同侪压力或父母偏差等原因触发后其调整了道德水平，以适应其违法行为来降低羞耻感？

（四）母爱剥夺理论

心理学有一项很有名的母爱需求实验，证明舒适、安全是幼猴所需求的，胜过对生理的需求——牛奶。哺乳动物出生后有了社会发展，婴儿与母亲间建立了感情键，感情键的强弱可以决定小孩未来形成附着键的能力，而为了成功地建构附着键，小孩需要温暖、有爱心，同时能与之互动的照顾者。而习惯犯就是典型不具形成附着键能力之人，这些犯罪人的幼儿时期较一般人往往有更多的家人死亡、父母离婚或分居，或其他意外事故经历。

四、学习理论与犯罪行为

一般而言，学习理论包含行为主义及社会学习论两大类。

（一）行为主义与犯罪行为

行为主义（或称制约学习论）的代表人物如桑代克、巴甫洛夫、斯金纳等，认为人类的行为乃通过学习而来，是环境或刺激下的产物，因而就犯罪行为而言，行为主义认为犯罪尤其是暴力犯罪行为，是对生活环境的一种直接学习反映，即所谓"近朱者赤、近墨者黑"，亦即个体的犯罪行为是靠直接经验及奖惩学习而来。

当个体从接触的人事物中学习到一些行为并受到奖赏后，其就会塑化其行为模式。换而言之，个体行为塑化的过程，可通过奖赏增强或惩罚减少，如盗窃犯在窃取财物成功后没被警方查获，在食髓知味[①]下获得"正面增强"而继续犯之直到被警方查获；另药物滥用者为

① 食髓知味是一个汉语成语，原义为骨髓的味道很好，吃下去很美味，之后还想再次尝试。它指经历过一次之后，还想要再次尝试。这个词含贬义，常用来形容盗贼或偷情的男女等，意思是干一次没被抓到就想干第二次；也可以解释为偶做某事本来是为了满足一时的贪心或新鲜感，但做完此事后感到满足或刺激，以后还想继续做，甚至可能会演变成习惯、嗜好，人欲无穷，食髓知味。

减轻其压力而使用药物后，便会一而再再而三地重复为之，可谓“反面增强”。

（二）社会学习理论与犯罪行为

社会学习理论的代表人物如班杜拉（Babdura）等，认为凭直接经验的学习固然重要，但许多行为的发生都是个人观察他人行为的结果，从而产生替代性学习，并造成犯罪。因此，社会学习论者认为学习可以是观察而来，不一定如行为主义学派所言要有直接的接触和刺激，可通过观察学习或行为模仿而完成，尤其是暴力攻击行为，更是生活经验学习的结果①。至于在现代社会，行为模仿的主要来源包含：(1)家庭成员（最为重要）；(2)密切联系的生活环境；(3)大众传媒。

班杜拉指出，许多研究显示暴力电视节目对观众至少产生下列四项影响：(1)电视中的暴力镜头直接传授攻击行为的类型；(2)改变了人们对攻击行为方面的抑制；(3)使人们对暴力行为失去敏感的反应并习以为常；(4)为观众塑造一种暴力是生活常态的错误现实。然而希克（Hick）的研究显示，暴力行为是否会受到模仿，尚需视其是否获得奖赏或惩罚而定。

五、人格与犯罪行为

（一）人格特质与犯罪

人格由个人的认知结构、动机结构、兴趣、态度与价值观、自我观、品格、情感等方面的基础，情绪经验和对刺激联结的习惯反应等各结构的混合调配，经过统整而形成。亦即人格乃指稳定的行为形态，一个人的人格反映了他适应生活要求和问题的特殊方式。至于犯罪的原因与人格是否有关，一般心理学家支持人格特质理论，认为病态的人格特质易导致犯罪行为的发生。因为少年的病态人格，会引发其高度侵害攻击性，缺乏良心，且易倾向于反社会行为，犯罪心理学家认为这些犯罪人均具有社会病态人格。

1950年格鲁克夫妇的研究发现，犯罪少年具有自我主张、违抗、外向、矛盾、冲动、自我崇拜、猜疑心、破坏、虐待狂、对他人缺乏关心、不会感激他人、对权威不信任、人际关系不佳、敌意、仇恨等特质。其他的研究亦发现犯罪人具有独特之人格特质，包括不成熟、缺乏自制等人格特性。1977年约克尔森与萨梅洛宣称发现所谓的“犯罪人格”，认为犯罪人格在出生即几乎已烙印上，而不受父母的影响，其具有“经常寻找违反法律的兴奋，依自己的方式与犯罪团体交朋友、利用机会自我获利”的思考特征。② 约克尔森与萨梅洛的研究，引起相当大的争论，因为犯罪人格不仅是其他犯罪心理学和社会学理论的根基，也说明了犯罪人与非犯罪人在本质上有所不同。

然而目前所显现的犯罪者与非犯罪者人格测验上的差异，并不具有任何理论上的关联性，这并不足以说明犯罪行为产生的原因。况且犯罪仍有其他社会环境的影响因素，不能忽视人格和环境互动的因素。

（二）反社会人格与犯罪

尽管有些学者不同意用人格特质来区分犯罪人与非犯罪人，但具有“反社会人格”特质与犯罪行为有密切关联，已为学者所公认。反社会人格之特质包含：(1)没有道德良心；

---

① 杨燮蛟.现代犯罪学[M].杭州：浙江大学出版社，2010：52.

② 罗大华，何为民.犯罪心理学[M].杭州：浙江教育出版社，2002：307-309.

(2)没有罪恶感;(3)高度的攻击性、冲动性与爆发性;(4)低挫折容忍力;(5)无法爱别人,也无法接受(感受)别人的爱;(6)个性外向,善于伪装,但是无法长期维持良好的人际关系。而其成因,可由体质、心理、家庭及社会等方面加以观察,由于少部分的犯罪是由此类反社会人格者所犯(即慢性犯罪者),因而矫治非常不易,一般需至 40 岁以后,生理机能衰退之后,犯罪率才有可能下降,甚至有学者认为毫无矫治的可能,因此一些精神医学家建议对反社会人格者施以长期监禁。

然而,有学者研究认为,并未证实前科累犯从监狱出狱后,其未来有较高的再犯率。因而莫理斯(Morris)指出,以未来的犯罪危险性为处罚标准,而非以过去的犯罪行为为处罚标准,可能会侵害到人权,所以莫纳罕(Monahan)使用下列程序来评估其再犯的可能性:(1)比较最近未来犯人所遭受的情况与过去暴力犯罪的情况;(2)过去犯行的严厉性及频率;(3)针对个人基本背景及社会经济地位统计其从事暴力犯罪的可能性。近年心理学家已渐放弃预测特定犯罪人未来犯罪的可能性,而从事确认犯人未来可能会增加或降低犯罪因子的研究,以及集中于早期的预测研究。

(三)冲动性与犯罪

研究指出,冲动性是与反社会人格相联结的主要人格特征,冲动性是显著的高层次的行为,易于变成焦虑而寻求立即的快乐,属于一种典型心理学的犯罪解释。并且假设此特质乃是与生俱来,其缺乏内在限制,任何人均会触犯,而此内在限制乃是一般所言的"良知",此良知发展于儿童早期,犯罪行为乃是未能有效学习此内在限制。因而威尔逊和伯恩斯坦指出易于从事犯罪行为者,与下列五种因素相关联:家庭生活、次文化、大众传媒、经济制度、学校教育。另外,莫菲特(Moffitt)指出冲动性是一种"生命过程的持久性",在生命的每个阶段,一小部分人均会有一种反社会行为类型,其可能是源于早期神经心理问题。

(四)人格理论适用的问题

一般人均认为某些人易于犯罪乃是因其具有某种人格特质,唯研究者在此遭遇方法论上的问题,其问题诸如:(1)对于其他会影响犯罪之变项并未加以控制;(2)抽样方面并未采用随机抽样;(3)并未界定什么是人格测验所要衡量的;(4)少年犯之间的差异并未测量;(5)并未对犯罪行为与人格特质进行配对,也未指出具体人格特质与犯罪经验之间是否存在因果关系,导致其研究出来的东西是无价值的,此乃因研究者常指出犯罪者与非犯罪者最主要不同乃是其攻击特质。换而言之,目前的研究尚不知人格在犯罪的解释上占多少比重。

六、特质理论与刑事政策

特质理论对刑事政策的发展影响很大,其假设犯罪是由犯罪者个人生理的缺陷造成的,则犯罪现象仅是个人的一种"病态"而已,因而自 20 世纪 20 年代以后发展出一套"医疗模式"或"矫治哲学"作为处理违法者的依据。医疗模式以人道观点考量受刑人之再度回归社会,主张排除不合理的应报感情,而理性与科学地确立犯罪人回归社会的矫正制度,亦即将医学上治疗病人之技术,转移至处遇(对待、治疗)犯罪人,对之施以诊断及分类,强调犯罪人即病患,他们所需要的是矫正而非刑罚,促使犯罪人改变其反社会行为而达到回归社会矫正处遇。换而言之,此模式认为只要使用医学或药物治疗或使用社会治疗等手段,而无须经受刑人同意,即可收到刑罚治疗之功效。而其治疗处遇之期应依行为人之治疗需要而决定,因而应建立不定期刑社会矫正制度，且经由不具法官身份之社会矫正人员及专家呈报司法部门，决定何时解除矫正回归社会。

然而美国在20世纪70年代以后，犯罪率持续上升，导致监狱过度拥挤而频频发生暴动；且1973年的石油危机，导致经济衰退，致使处遇经费短缺；受刑人在不自由的机构中接受治疗，成效不明显，且未经受刑人同意之强制治疗有伤人性尊严等影响。故上述犯罪矫正模式，无论在运作的公正（即美国刑事司法是否真正"公正"地被运用）还是效率（即就处遇机能性而言，是否真正有"效率"地被运用）等方面，均遭受许多严厉批评，因而造成反社会回归思想逐渐兴起。因此，1975年联邦矫正局逐渐放弃医疗模式，转向正义模式，亦即"从医疗模式转移至正义模式"。然而有此动向之主要原因，在于犯罪之激增令人们虑及市民战争再发，因而朝着应报、吓阻及隔离之"严格刑事政策"而行。

第四节　犯罪社会学理论

一、犯罪社会学理论导论

（一）犯罪社会学的起源

以个人为中心的犯罪学理论，虽可解释同样环境之下，有的人会犯罪，有的人不会犯罪，但无法正确预测具有相同因素者未来是否都有犯罪行为，也无法说明多数少年犯随着年龄的增长（其个人生理的及心理的因素并未变更）而不再犯罪，犯罪社会学由之兴起，用以探讨犯罪行为与社会环境的关系，以社会学理论来解释犯罪行为发生的原因。总之，犯罪社会学之探讨是以"团体"为主，而犯罪生物学、犯罪心理学及古典理论之探讨均以"个体"为主，前后的分析单位不同。

追溯犯罪社会学之起源，可归功于下列之研究：(1)意大利犯罪学家菲利于1881年提出的"犯罪社会学"，指出有一定量的个人因素、物理因素及社会因素等三种要素的社会里，必然会发生一定量的犯罪，即所谓"犯罪饱和之原理"；(2)比利时统计学家奎特略（Adolphe Quctelet）利用统计学方法分析犯罪原因和犯罪案件的地理分布情形，如季节、气候、性别及年龄等对犯罪之影响，而称之为"统计地图犯罪学派"；(3)法国社会学家涂尔干（Emile Durkheim）认为，人类的本性主要是自私的，个人毫无节制的"渴望"一旦失去了节制，必将导致失序状态，因而需通过社会化及社会联结，才能限制个人冲动与防止失序。据此提出社会迷乱概念，认为迷乱是社会或团体一种无规范或规范丧失的状态，强烈迷乱与低度社会整合导致高自杀率，所以强化集体意识以牢固社会联结是必需的。至于其与犯罪的关联如图3-1所示。此外，涂尔干认为犯罪是社会正常的现象（因其乃社会上不可避免的现象），并且认为犯罪对社会而言具有四项功能：决定并划分道德的界线，强化团体的凝聚力，提供社会革新的原动力，降低社会内部的紧张；(4)法国社会学家塔尔德认为犯罪行为是人与人之间模仿产生的，而提出模仿理论。模仿理论共有三大法则：距离法则、上行下效法则、取代法则；(5)美国犯罪社会学学者们的研究方法着重于：①犯罪问题的生态学研究；②犯罪人的生命史研究。

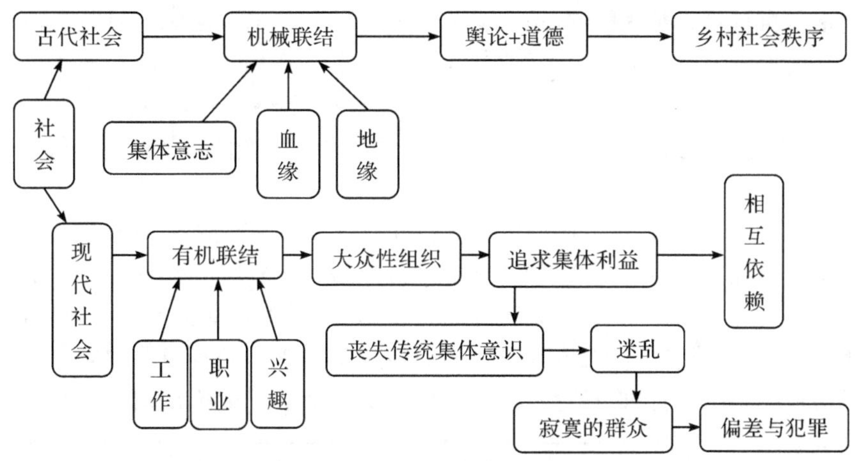

图 3-1　涂尔干的社会迷乱理论

20 世纪以后，犯罪社会学成为犯罪学主流，主要原因为：(1)对犯罪生态学上分布的兴趣，引起犯罪社会学的研究；(2)为了解社会变迁及分化对犯罪的影响，亦有赖于犯罪社会学；(3)为探讨社会团体之间的关系对犯罪的影响，犯罪社会学兴起。

(二)犯罪社会学的分类

1.社会结构理论、社会过程理论、社会回应或冲突理论三大学派分析模式

这三大学派主要以宏观角度，从社会制度、结构、过程、互动的观点，来解释犯罪行为发生的原因。

(1)社会结构理论①：强调犯罪行为与社会环境间的关系，以官方犯罪统计资料为基础，解释在社会中所呈现的文化差异对犯罪之影响。总之，社会结构理论强调，低社会经济地位、邻里、社区独特之文化、风俗及规范等影响会促使少年违反法律，产生偏差与犯罪行为。主要有：①社会解组理论，包含犯罪区位学研究（芝加哥学派）与社会生态学；②紧张理论，包含墨尔顿之社会结构与迷乱、梅斯纳与罗森菲尔之制度性迷乱理论、安格纽之一般化紧张理论；③文化冲突理论，包含雪林的文化冲突理论、柯恩的帮派副文化理论、米勒的低阶层文化冲突理论、克劳渥和奥林的差别机会理论、渥夫干与费洛库提的暴力副文化理论。

(2)社会过程理论②：强调少年犯罪发生的原因，在于不良社会化的结果，或未能与社会上重要的机构联结。因而社会过程理论尝试从社会团体中找出促使少年从事偏差行为之原因或者维持守法形态之因素。主要有：①社会学习理论，包含苏哲兰的差别接触理论、艾克斯的差别强化理论、玛札和西克斯的中立化技术理论（漂浮理论）、杰弗利的社会疏离理论；②社会控制理论，包含早期控制理论、雷克利斯的抑制理论、赫胥（Hirschi）之社会控制理论、赫胥和盖佛森（Gottfredson）的一般性犯罪理论、蒂特尔的控制平衡理论、科尔文与卡伦的强制性控制与社会支持理论。

(3)社会回应或冲突理论：强调社会上的强权者控制了社会经济地位较低者，并决定其行为为合法或非法。因而其着重于探讨社会各类机构在制造犯罪和偏差行为上之角色，以

① 杨燮蛟.现代犯罪学[M].浙江大学出版社，2010：53.

② 杨燮蛟.现代犯罪学[M].杭州：浙江大学出版社，2010：57.

及法律之制定与执行对犯罪的影响，采取反传统实证研究与思考路线，持刑法价值冲突观，认为冲突是社会现象的一个本质。主要有标签理论、冲突理论、马克斯犯罪理论。

2. 犯罪副文化理论、紧张犯罪理论、社会控制理论三大支派分析模式

(1)犯罪副文化理论：犯罪副文化理论解释的重心在于低产阶级者的犯罪行为。该理论亦主要受到对大都会中低产阶级生活状况研究的影响，其认为贫民区的居民之所以违反法律，是因为他们信奉一套存在于低阶层区域的特殊而独立的价值体系，而这一套价值体系使他们与中上阶层的规范相冲突。这套低阶层价值体系赞赏强硬和冷酷的行为，从不表现畏惧，也不尊重权威，只为今日而活，不为明日而担忧，蔑视正规教育。更重要的是，这套体系一代又一代地传下去，使得生活在该区域的居民很少不受影响而有犯罪的倾向。该理论可说是承继了塔德(Tarde)的模仿理论及犯罪区位学研究而逐渐发展出来的(见图 3-2)。

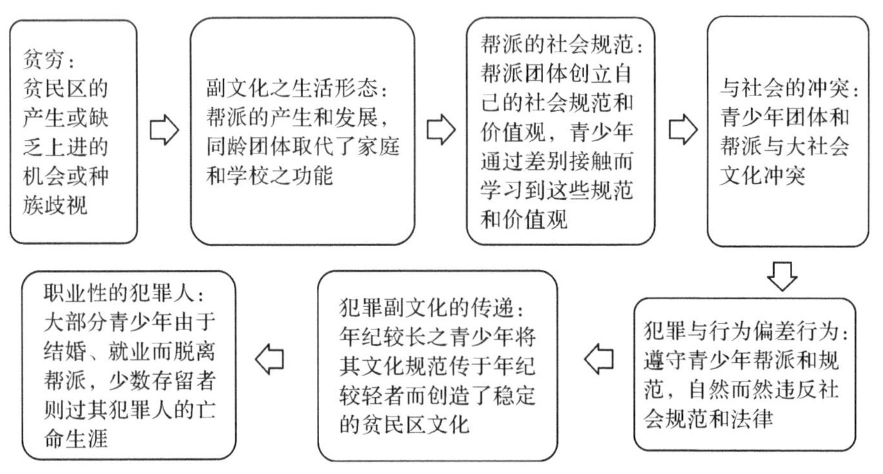

图 3-2 犯罪副文化理论模型

(2)紧张犯罪理论(见图 3-3)：偏差行为者具备与常人相同的能力、价值观念及文化目标，但由于缺乏达到这些文化目标的手段，且不断地受到挫折、嘲笑或被剥夺机会，在缺乏合法成功的途径的情况下，个人为求减缓这些焦虑与挫折，只好诉诸非法之手段来达成目标，或否定该项目标，如此即可能在手段上背离社会所认可的范围而形成偏差。紧张犯罪理论非实证而来，乃是通过理论性的思考而成，具有不同分支。

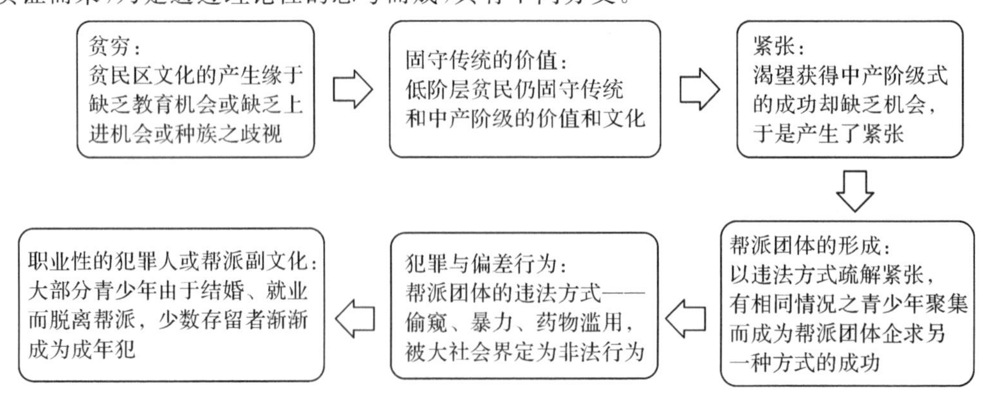

图 3-3 紧张犯罪理论模型

(3)社会控制理论[①]:社会控制理论认为,社会由于急剧的变迁和分化乃使社会结构不断解组,同时文化目标及规范不能有效地升华人性而产生迷乱现象,犯罪率因而升高。或者是在社会变迁下,个人未能通过附着、参与、奉献及信仰等键与社会建立情感的联结,道德心无法发展,个人行为常以自我利益为考量重心,犯罪与偏差行为成为可能。自我控制论则认为,由于社会化缺陷或不完整,个人形成低自我控制,其犯罪倾向较高,当与适合的标的物及缺乏监控之外在环境互动后,易发生犯罪。

(三)本书的理论分类

本书采取社会结构理论(宏观)、社会过程理论(微观)、社会冲突理论(互动)三大学派分类体系。

二、社会结构理论

(一)社会解组理论[②]

1. 犯罪区位学研究(芝加哥学派)

(1)起源:1892 年美国芝加哥大学成立了第一个社会学系,成为 20 世纪中期美国社会学思想的主力,各个与此学系有关的学者被总称为社会学和犯罪学中的"芝加哥学派"。20 世纪 20 年代芝加哥大学教授派克(R. E. Park)和伯吉斯(E. W. Burgess)等领导芝加哥学派,从事生态学方面之研究,从而提出少年犯罪地带的理论。

(2)论点:他们用环境学(生态学)的观点来分析犯罪,亦即运用社会学方法,分析社区环境生态,特别注意人与社区环境的相关性,以及人们对于社区环境的反应。

(3)派克的人文区位学:派克从研究动植物的生态学而提出人文区位学。其主要观点为:①注意到生态学家所提出的动植物有"共生"关系,发现城市不只有地理现象,亦属于一种"超级有机体",而在超级有机体中,发现许多自然地区有许多不同类型的人居住其中,如同植物的自然区域,而有其自己的组织单位;②植物生态中有所谓侵入、支配、延续等现象,人类社会亦同样会发生。

(4)伯吉斯之都市发展的同心圆地带理论:派克的观念后由伯吉斯加以延伸,伯吉斯等教授以芝加哥市为例,将该城市构想为圆形,其发展结果形成了五个界限分明的同心圆地带。第一圈是中心商业区,第二圈是过渡区,第三圈是工人住宅区,第四圈是中上级住宅区,第五圈是郊区及通勤区,彼此间亦会有侵入、支配、延续等现象(见图 3-4)。

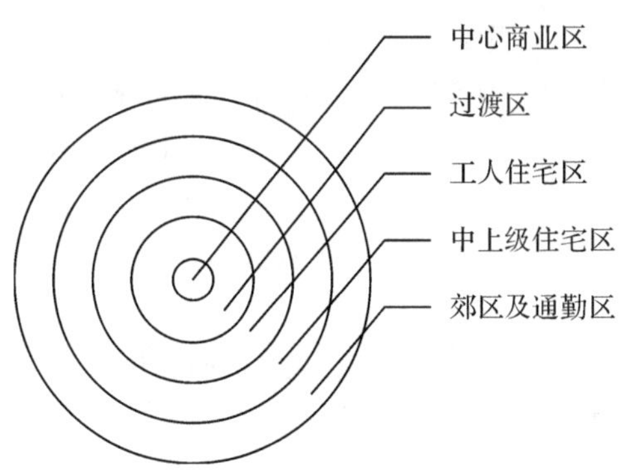

图 3-4 伯吉斯的都市发展的同心圆地带理论

(5)克利福德·肖与亨利·麦凯的研究:克利福德·肖(Clifford Shaw)与亨利·麦凯(Henry Mckay)引用伯吉斯等的都市发展的同心圆地带

① 杨燮蛟.当代犯罪学的重构及展开[M].北京:法律出版社,2010:34.

② 杨燮蛟.现代犯罪学[M].杭州:浙江大学出版社,2010:61.

理论，来说明芝加哥的少年犯罪率，发现少年犯罪问题有集中在市中心的趋势，往郊区犯罪率逐渐降低，因此区临近工商业区，环境恶劣，再加上邻居关系颓废而使其不能再发挥社会控制之功能，因而引起较高的犯罪率。换而言之，与高犯罪区域相关的因素包含：①物理因素，大多是位于或邻近重工业区或商业区；②经济因素，与低经济条件有关；③人口组合，与外国移民及黑人高集中有密切的关系。此外，在所谓的"空隙区"即被许多社会问题困扰，原来存在于此地区的正式社会组织被分化，因而认为，这种"转型区域"的"社会解组"，是造成青少年犯罪的主要原因。肖之后出版了一系列非行生命史的研究，指出非行（即恶行）大体上不受生理的影响，而非行区域较不具有整合现象，且此区域有较多非行机会，非行活动开始于幼年街头活动，这些活动由年长者传递至年幼者。官方的社会控制无法制止这些行动，只有长时间后，非行活动才被确认为犯罪。

（6）犯罪区位学的贡献与批判：①此理论认为都市的区位环境影响犯罪行为最大，渐渐取代以个人为主的犯罪生物学派及犯罪心理学派。②发展区域性的少年犯罪防治计划，如"芝加哥区域计划"，以唤起社区意识及共同参与社区防治犯罪活动，此区域计划在芝加哥六个区域中，建立了22个邻里中心，其主要的功能乃是结合社区资源资助各种活动。此方案持续25年，直至1957年肖过世，虽然其成效仍未经精密的评估，但亦遭受如下批判：①米勒评估了在波士顿实施的方案，认为这样的方案对犯罪非行的防范是无关紧要的，如此是否意味着"芝加哥区域计划"亦未能有效预防少年犯罪；②对于犯罪行为之形成原因的说明过于简单；③对于部分生长于犯罪地带却不犯罪者，以及生长于非犯罪地带者陷入犯罪，无法解释。

2. 社会生态学①

20世纪80年代后，社会学家重新发现社会解组理论，并认为它是解释不同群体与地点犯罪及被害变化的有力工具。

（1）纵使芝加哥区域计划未能有效预防少年犯罪，犯罪学家仍肯定地区是引起犯罪的重要原因，计划仍适合作为犯罪预防方案的目标。

（2）塞克和韦伯（Bursik and Webb）使用1940年至1950年的资料，证实肖和麦凯所提居住的延续性；后来的研究发现，非行率在最近经历居住改变的黑人区是增加的，然而在已有一段很稳定时间的黑人区是降低的。

（3）斯塔克（Stark）提出都市地区的下列五种结构，提供更多的机会去从事犯罪：①居住密度高；②贫民区；③混合区；④转运区；⑤毁坏区。

（4）有研究指出，下列特征的社区犯罪与被害概率较高：①志愿组织参与率低；②少有朋友联结网络；③"集体效能"或青少年社区监督及其他非正式社会控制低；④高度的居民流动、人口密度、单亲家庭、破损房屋及贫穷；⑤犯罪与失序都根源于社区特性，特别是集中贫穷；⑥穷人变得愤怒与挫折的原因之一是他们可能认识到社会中其他人拥有更多财富，导致他们体验到"相对剥夺感"。

（5）康豪瑟（Kornhauser）重新检视肖和麦凯的研究，认为犯罪社会学应仅有下列两个甚为互斥的分析模式：①社会解组理论，明确规范的丧失，文化与社会结构的失调，导致犯罪。②犯罪副文化理论，个人受到犯罪有利副文化或甚而鼓励犯罪之副文化的社会化，不知不觉从事犯罪及偏差行为。由于两派的基本假设互不相容，其比较如表3-4所示。在社会解组

① 杨燮蛟.当代犯罪学的重构及展开[M].北京：法律出版社，2010：26.

部分,认为青少年偏差行为的产生,是因为邻里的依附关系与社区机构(例如教会)的崩溃,以致无法提供有效的控制力量干预或预防青少年犯罪,导致社区邻里形成解组的形态。

表 3-4 社会解组理论与犯罪副文化理论的比较

理论	社会解组理论	犯罪副文化理论
犯罪之定义	一致观	无所谓犯罪
人之本性	追求快乐避免痛苦的功利本性	无本性只有社会性
社会化	社会化永不能完全	社会化是完全的副文化团体亦是无限的
社会秩序的来源	交换、规范	冲突、压迫

(6)桑普森(Sampson)发现贫民区有较高犯罪率。然而并非贫穷本身与犯罪有关,而是贫穷结合了居住的移动,而与高暴力犯罪有关,此外亦与家庭破碎、黑人比率、人口密度有关,此等均与社会解组有关。桑普森定义社会解组乃是社区没有能力去了解其本身的共同价值,其中因素之一乃是缺乏科尔曼(Coleman)所称的"社会资本",亦即居民们无法有效地运用非正式的控制力量,控制邻里的公共区域。低社会资本地区,无法有效控制公共区域,如街道或停车场,这给犯罪者较大自由空间。因此,桑普森提出不同的政策建议,而其焦点则在"改变地区而非改变人",包括集中目标于"犯罪热点"、停止"腐败的上升",并落实"集体效能"(邻里具有维持公共场所如街道、人行道、公园井然有序的能力)。即社区居民彼此间存在着"凝聚且相互信任"及"建立共识支持邻里社会控制以抵抗外来侵入"两种认知态度时,这个社区就不存在社会解组或社会失序的状态。

(二)紧张理论

1. 墨尔顿的社会结构与迷乱

(1)基本观点:各阶层人们会渴望达到一个理想的目标,此目标若与实现目标之手段产生冲突或矛盾,将造成社会行为规范或制度的薄弱,导致偏差行为的发生。换而言之,条件较差者,容易以非法的手段去获取文化目标,从而产生犯罪。因而,其重点在社会目标与手段间有无冲突,即墨尔顿理论里的犯罪是手段迷乱的结果,此不同于涂尔干之目标迷乱。

(2)墨尔顿的五种不同社会适应类型:墨尔顿根据文化目标和手段间不同的组成,而提出五种不同的社会适应类型,如表 3-5 所示。

表 3-5 墨尔顿的五种不同社会适应类型

适应类型		文化目标	文化手段	适应方式
Ⅰ	顺从型	+	+	正常守法者
Ⅱ	革新型	+		以非法手段达到文化目标
Ⅲ	仪式型		+	降低放弃文化目标固守文化手段
Ⅳ	退缩型			否定了目标与手段而隐世遁居
Ⅴ	反叛型	−	−	企图推翻原有目标手段建立新的文化目标

(3)理论的优点与批判:该理论虽可解释社会上不同阶层犯罪率的差异,但亦遭受如下批判:①并不能解释为何特殊的个人会成为犯罪者,仅能解释社会上不同阶层犯罪率的差异,亦无法解释为何在同一阶层的人,却会选择不同的适应模式;②理论亦缺乏内部的一致性,无法充分解释何以某些具有合法竞争机会的人反而会去从事违法的行为,而某些缺乏公平机会的人反而遵守法律;③对犯罪行为亦没有明确的定义,并没有说明是所有的还是只有部分的犯罪行为是由迷乱所引起的,亦未说明哪一种适应方式会犯什么样的罪;④无法解释

为何在同一区域的人会选择不同的适应模式。

2. 梅斯纳与罗森菲尔的制度性迷乱理论

(1)基本观点:梅斯纳与罗森菲尔支持墨尔顿之社会结构与迷乱理论,认为文化目标与追求此目标手段出现差距时,迷乱便会产生。但是,社会原有的文化机构,如家庭、学校、宗教及政治机构等原应协助弱势团体,并提供机会与途径通往文化目标的本质,但都失去其功能,而服务经济,造成当前社会呈现制度性迷乱的现象。

(2)理论的优点与批判:该理论将紧张的最佳测量集中在他们现在对于金钱的欲求上,导致此紧张的类型可以预测犯罪。但实证调查的结果显示,那些想要比他们实际得到的钱更多的,与那些满足于他们已经拥有的人之间没有差异之问题。

3. 安格纽的一般化紧张理论

(1)紧张理论的没落与复兴:紧张理论招致许多批评。如康豪瑟(Kornhauser)认为:①紧张公平分布于社会各阶层;②想要经济成功的希望是自然生成而不受文化的支配;③有些人由于期望不高因而没有受到什么挫折。伯纳德认为紧张并非分布于社会各阶层,而是集中在下阶层,许多人经历不同失败,并各自编造虚构故事以保护自己,以免失败曝光,其他人也支持别人编造故事,况且每个人的期望均不同,因而均会有挫折存在。

(2)关心焦点:由于古典紧张理论无法解释中产阶级的偏差行为,忽略除财富和身份以外之目标,忽略除了社会阶级以外其他阻碍成功之原因,无法充分解释为何只有一部分紧张的青少年从事偏差行为,从而促使许多犯罪学家对紧张理论重新修正,以期增加其概化能力及实证效度,因而有安格纽一般化紧张理论的提出,试图解释为何社会上各阶层的人经历压力与紧张后会犯罪。在安格纽的一般紧张理论中,将犯罪行为视为对紧张来源的许多反应之一,采用遵守模式或是违反模式视许多内在和外在的限制而定,例如同侪团体的联结、信仰等都会影响个人的选择。

(3)核心观念:所谓的"负面反应",是指由个人负面或有破坏性的社会人际关系而产生的愤怒、挫折、沮丧及恐惧等负面的情绪,并进而影响一个人反社会行为的可能性。"负面反应"的来源可以有下列四种情况:①由于未能达到正面评价的目标而产生的压力;②由于期望和个人成就之差距而产生的压力;③由于个人正面评价的刺激之移除而产生的压力;④由于负面刺激之出现而产生的压力(见图 3-5)。

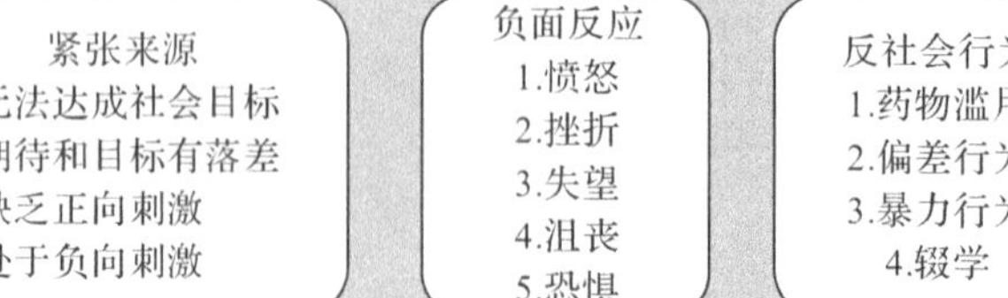

图 3-5　安格纽的一般化紧张理论

(4)理论的贡献：安格纽的修正带给紧张理论生命力，比起以往的紧张理论，其理论对犯罪和偏差行为有较好的解释力。一般化紧张理论关注负面压力对犯罪行为的影响，认为紧张的来源不止一种，故不再只注重种族或阶级的影响，而能解释较广的层面。

4.紧张理论政策实行的困境

紧张理论的政策在现实社会很难达成，因为既得利益者会利用各种方法阻碍社会的改变，以确保自身的利益。政府政策原则上以经济成长为导向，不太可能为了促进整体利益而危及经济成长。研究显示许多犯罪者均为较无才能者，这些人是否有权要求和有才华者相同待遇，仍值得深思。

(三)文化冲突理论

1.雪林的文化冲突理论

(1)基本观点：雪林的文化冲突理论认为，在社会成长的过程中，由于规范制度的接受与价值判断标准的冲突，下阶层文化面对中上阶层优势文化的冲击时，造成了规范混淆的情况，偏差行为甚至犯罪行为因而产生。法律可能因时空的变迁而有不同的定义，所以分析犯罪现象时，应避免用法律的定义。被认为犯罪者，本身在自己文化下，并不知本身的行为为犯罪，而仅在遵循其原文化的规范而已。

(2)文化冲突的两种形态：①赴国外居住的上一代移民(本国文化与被移民国文化的冲突)；②国内乡村人士移往都市社会间的文化冲突。

(3)理论的优点与批判：适合于外籍劳工、原住民等偏差行为的说明。但亦遭受如下批判：①自然犯罪概念乃各个社会所共同禁止，不因文化不同而有所差异；②下阶层的大多数人仍是守法者。

2.柯恩的帮派副文化理论

(1)基本观点：柯恩将墨尔顿的紧张理论扩展至非经济行为。他在《非行男孩》一书中，提出一种犯罪次文化的观点，他认为低阶层青少年的犯罪行为，事实上是对中上阶层文化和价值观的一种反抗。因为低阶层小孩常感受到文化冲突而产生“身份挫折”，他们聚集在一起，不能符合中上阶层的衡量尺度或获得社会承认，从而产生内心冲突和挫折。通常以三种不同的方式来解决：①街角小孩的角色(只是偶然违反规范)；②大学小孩的角色(英雄不问出生地)；③偏差小孩的角色(对社会价值观采取对立的态度，柯恩称之为“反应形式”)。

(2)犯罪副文化特征：非功利性、邪恶性、负面性、多样性、即时享乐主义、团体自主性。

(3)理论的贡献与批判：说明了犯罪副文化的形成因素及其得以维系的主要原因。通过对街角小孩、大学小孩及偏差小孩等的介绍，使人了解为何有些低阶层小孩不会进入犯罪副文化。但亦遭受如下批判：①缺乏实证的支持；②“反应形式”难以衡量；③偏差行为是否完全为非功利性、邪恶性亦值得研究；④理论的内部一致性也受到质疑，如某些地方声称犯罪青少年尊崇中上阶层的规范意念，但在某些地方又表示犯罪青少年根本就无视中上阶层的价值观。

3.米勒的低阶层文化冲突理论

(1)基本观点：在柯恩的著作出版三年后，米勒提出低阶层文化冲突理论。他认为犯罪乃是低阶层文化对环境自然反应的结果，低阶层文化本身可能为偏差行为的代名词。换而言之，犯罪行为乃是价值观的反应，而非对社会规范的反应。

(2)焦点关心：米勒把低阶层次文化的价值称为“焦点关心”，并认为它们与主流价值冲突,男孩在低阶级长大并习得这些“焦点关心”,合起来导致犯罪。而其“焦点关心”主要项目包括:①常惹麻烦而又想避开麻烦;②强硬的态度(否则被嘲笑);③诡诈、要小聪明;④寻找兴奋刺激;⑤宿命论;⑥不喜他人干预,喜好自主。

(3)理论的批判:该理论忽视了中产阶级文化对低产阶级文化的冲击和影响,低产阶级少年仍敬佩及追求中产阶级的价值观念及行为,且忽视经济剥夺的可怕文化效应和女性犯罪,陷入死循环。通过观察他们行为来说明“焦点关心”,然后又用“焦点关心”来解释他们的行为。

4. 克劳渥和奥林的差别机会理论

(1)基本观点:克劳渥和奥林将墨尔顿的紧张理论和苏哲兰的差别联系理论结合。其虽认同墨尔顿和柯恩对青少年犯罪的论点,认为低阶层青少年的犯罪是因为不能通过合法的手段,达到中上阶层的价值水平,而对其挫折反应的一种结果。但与柯恩不同,克劳渥和奥林加进了差别机会和不同副文化的概念(犯罪是有专业性的),使其理论更具说服力。故亦又称柯恩、克劳渥和奥林的理论为紧张副文化理论,即“无法以正常手段获得成功”+“机会”(与犯罪有关的机会)。

(2)三种不同犯罪副文化。①犯罪副文化:犯罪集团,表现犯罪行为;②冲突犯罪副文化:冲突暴力集团,表现暴力行为;③退缩犯罪副文化:逃避集团,使用药物逃避。

(3)理论的优点与批判。承认有不同帮派副文化的存在,但亦遭受如下批判:三个犯罪副文化并无实证资料支持,因为在某一个特定地区内,并不只限于一种类型的帮派存在,况且有研究否定专业帮派副文化的存在。犯罪帮派会有很多非行,并非奥林和克劳渥所说的只有其中一种,如大部分的帮派都有用药的问题,并不是只有退缩者才有滥用药物的问题。理论缺乏实证资料支持。

(4)理论的影响:肯尼迪(R. Kennedy)担任美国检察总长时,于 1961 年通过一项法案,名为“少年犯罪预防及控制法”。该法案即以克劳渥及奥林的基本理论为依据,内容包括教育改善,创造就业机会,组织下阶层的社区,对下阶层的个人、帮派与家庭提供服务。约翰森(L. Johnson)主政时,这些措施变成他的对抗贫穷政策的主要基础,可是数十亿美元投入后,并未得到良好效果,后来尼克松(R. M. Nixon)主政时将这些措施取消。

(5)政策失败的原因:①可能是过分乐观地看待人性,以为犯罪人是被迫从事犯罪,只要给他们机会,他们就会成为守法的公民。②解决犯罪和贫穷问题系针对社会结构的改革,而未能改变个人。③任何一个现实社会中,不可能只有一套价值体系(追求财富或身份地位),而且个人的价值观亦会随着年龄的成长、经验的累积、他人的影响,在每一个生命时期有不同之价值观存在。④计划发展结果成为保护官僚之利益,而未能真正替穷人负责。

5. 渥夫干与费洛库提的暴力副文化理论

(1)基本观点:渥夫干与费洛库提的实证研究发现种族乃是解释青少年犯罪的最重要因素,因此认为由种族而衍生出来的文化应可解释不同种族间的犯罪率差异。而在对美国以外的数种文化加以研究后,确认在某些文化系统里,暴力是其价值体系的一部分。

(2)利用七个定理来说明所谓的“暴力副文化理论”:①没有一个副文化和主文化完全不同或冲突;②暴力副文化的存在,并非意味着组成分子在所有情况下均以暴力为解决问题的手段;③但是暴力副文化组成分子经常(同时愿意)以暴力来解决多种问题;④暴力副文化可能存在于社会各个角落里,但以青少年至中年团体最为显著;⑤暴力副文化之反文化为非暴力副文化;⑥一个人是经由差别学习、联系或认同的过程而发展出对暴力副文化有利的态度;⑦在暴力副文化里使用暴力并不被认为是一种非法行为,因此暴力使用者并不会有罪恶感。

(3)理论的批评:某些地区或许民风剽悍,有崇尚暴力的风俗习惯,但在一般社会,低阶层男性的暴力犯罪行为较为频繁,应有社会结构因素的存在。因为社会地位低落,低阶层男性无法达到中上阶层衡量成就的尺度,故有着男性地位焦虑感,为挽回自尊,即夸大男性特质,使用暴力,以减少其自卑感。

三、社会过程理论

(一)社会学习理论

1. 苏哲兰的差别接触理论

(1)基本观点:苏哲兰由于从事白领犯罪、职业盗窃及智商与犯罪等之研究,认为犯罪乃是对于犯罪价值观(或犯罪副文化)学习的一种结果,尤其是社会流动、社会竞争及社会冲突的结果。也会造成社会的解组,社会的解组亦会造成文化冲突,产生不同的接触,个人接触到不同的价值观,亦会产生不同的行为形态。而其中常与犯罪者接触者,就较容易从事犯罪行为,接触的频率越高、强度越大、时间越持久者,越容易犯罪,故称为差别接触。

(2)差别接触包括下列九项叙述:①犯罪行为是学习而来;②是与他人沟通过程中交互作用学习得来;③主要发生于亲密团体;④学习内容包括技巧、动机、内驱力、合理化技巧及态度;⑤从犯罪的法律定义去考虑犯罪对他有利还是不利;⑥之所以犯罪乃认为犯罪比不犯罪有利;⑦差别接触因频率、时间、先后顺序及强度等之不同而异;⑧学习动机与其他行为相同;⑨不能用一般需要与价值来解释犯罪行为,因为非犯罪行为亦是为了一般需要及价值而为。

(3)理论的贡献与批判:该理论全面性地解释犯罪行为,不再局限于下阶层的犯罪,可解释中产阶级,甚至白领犯罪的现象。在苏哲兰提出该理论之前,当时犯罪学主要是由犯罪生物学及犯罪心理学所主导。而苏哲兰的理论使人们转而注意到,"犯罪行为是发生在生理和心理正常的人身上",是受到环境所影响的结果,犯罪行为是正常的学习行为。但亦遭受如下批判:①第一个犯罪导师如何学习到犯罪技巧;②存在与犯罪者常接触者亦不会犯罪如警察,而不与犯罪者常接触者亦会犯罪;③许多犯罪行为均是在突发的状态下发生;④概念不明确,不易操作。

2. 艾克斯的差别强化理论

(1)基本观点:艾克斯的差别强化理论认为,人们学习社会行为乃受其结果所影响(称之为操作性制约),或模仿他人的行为,行为因获得奖赏和避免惩罚而受到强化,也因受到惩罚和奖赏的丧失而减弱。偏差或犯罪行为的开始及持续乃视该行为受到奖赏或惩罚的程度而定,以及其他可能的替代行为。

(2)理论的贡献与批判:将社会变项与心理变项联结使用来解释犯罪行为。运用古典学派之犯罪理论(犯罪行为即为快乐与痛苦所控制)于其社会学理论上,以建议使用适当的刑罚来惩罚犯罪行为,可达到减少犯罪行为之目的。但亦受到如下批判:忽视犯罪的本质乃是犯罪行为本身即可得到立即利益和快乐,奖赏刺激并非必要。

3. 玛札和西克斯的中立化技术理论(漂浮理论)

(1)基本观点:玛札和西克斯的中立化技术指出传统非行太强调抑制与差别接触对非行的影响,因而无法解释青少年晚期以及成年早期为何会放弃非行而遵守法律。因此提出自由及相似以取代抑制及差别接触,而将其想象为"漂浮"(Drift),非行者保有传统价值理论,并没有拒绝传统价值观,只是学到一些技巧,中立其价值观,以至于漂浮于合法与非法之间,所以又称为"漂浮理论"。

(2)中立化技巧。①责任的否定:这不是我的错。②损害的否定:我没有伤害任何人。③被害者的否定:是他们自己惹的。④责备侵害者:社会上每个人都是坏人。⑤诉诸较高权威人士:我做了但不是为了我自己。

(3)理论之优点与批判:未否定中产阶级态度、信仰、价值观;可解释大部分青少年未演变为成年犯。但其缺点为无法解释中立化何时发生,且对偶发犯或机会犯、初犯之解释未尽合宜。

4. 杰弗利的社会疏离理论

(1)基本观点:杰弗利的社会疏离理论认为社会中如果人际关系越疏离,越没有守望相助,越没有社会规范,则其犯罪发生率越高。此理论进一步说明少年犯大都缺乏良好人际关系。

(2)社会疏离。可分为下列三种形态:①个人疏离,指个人无法与他人建立良好人际关系,并且无法接受社会价值规范;②团体疏离,指某些成员所属之团体与社会发生疏离现象,导致有文化偏差与社会障碍之现象与行为;③法律疏离,指因种族、社会经济地位不同,而体验到差别立法与差别执法之情形后,对于法律发生不信任现象。

(3)理论的优点:本理论企图整合犯罪心理学派与犯罪社会学派有关人际疏离的论点,与犯罪心理学相结合,另强调的初级团体互动关系又与苏哲兰理论相结合。为此,要防治犯罪,应培养良好人际关系,加强推进社区守望相助,强化社区意识,并主张法律面前人人平等。

(二)社会控制理论

1. 早期控制理论的研究

(1)1951 年瑞斯(Reiss)观察少年犯缓刑撤销的情形,提出了"个人的控制"概念,即能抑制与规范冲突的能力;此外,他亦发现少年犯与学校上课出席率有关,但瑞斯未能预测出少年犯缓刑撤销率与家庭及社区有关。

(2)1957 年托比(Toby)提出"遵循的一致性"概念,例如成绩差的同学违反规定,只不过遭受到一点处罚而已,对未来的前途影响不大,并且提出学校的表现应是基于家庭及社区。(3)1958 年奈(Nye)提出家庭是对于青少年社会控制的最主要单一来源,且主张大部分的非行源于未充分的社会控制。奈提出社会控制理论,并以实证资料检验支持其理论,但该理论出现下列问题。①定义问题:如同托比对其的批评,指出其所称的非行,许多犯罪学家并不认为是非行。②样本的问题。③其假设更严重的非行亦有相同的因果历程,然而其他的研究并没有支持此假设。④回答者本身的偏见。因而托比指出,对奈的研究结果,解释上需很小心。

2. 雷克利斯的抑制理论

(1)基本观点:雷克利斯以参与观察的方式探讨,为何某些居住在贫民区或解组社区内的民众并不参与犯罪,亦即何种个人特性使一个人隔绝于外在足以导致犯罪的不良社会因素。他认为，忽略个人特性的社会学理论并不足以解释个人和团体的犯罪现象。因而，他根据内在抑制与外在抑制相互作用而提出抑制理论。

（2）抑制：虽然社会解组的过程使许多人从旧有的规范束缚中获得解放，甚至犯罪，但许多人并不因此从事犯罪或偏差行为，这是因为社会解组的力量为个人特性或周遭立即环境之力量调和的结果。雷克利斯称这些力量为抑制，其包含：内在抑制（如自我控制，良好的自我概念和超我，高度之挫折容忍力和责任感，目标导向，有寻找代替满足的能力，有降低紧张和压力的能力等）和外在抑制（如一致的道德价值观，明确的社会角色、规范和责任，有效的监督和训练，精力及活力发泄的途径，提供接受、认同和附属感的机会，社会规范、目标及期待之强化等）。同时，外在的抑制也是犯罪或偏差行为的缓冲器。当这些外在抑制强时，可强化个人的内在抑制，强而有力的内在抑制亦可强化微弱的外在抑制，而使个人不易犯罪。

（3）牵引：①外在拉力，通过社会化而形成的内在抑制隔绝于促使其犯罪的外在拉力（如犯罪朋友，不良之大众传播内容等）；②外在压力（如贫穷与失业、少数民族的身份、不公平等）因素；③内在推力（如不满、仇恨、反抗、内在冲突、焦虑，永无静止的精力，不平和立即获得满足的需要等）可推使一个人去犯罪，唯内外在抑制的力量方可中和这种犯罪的内在推力。

（4）理论的优点与批判：犯罪和偏差行为的研究要经常考虑内在和外在抑制的互相影响，当两者均强时，个人最不易犯罪，而当两者均弱时，个人则最易于犯罪（见图 3-6）。然而该理论也存在问题，有犯罪记录的青少年可能有较低的自我概念，这可能是他们犯罪行为的官方标签所致。

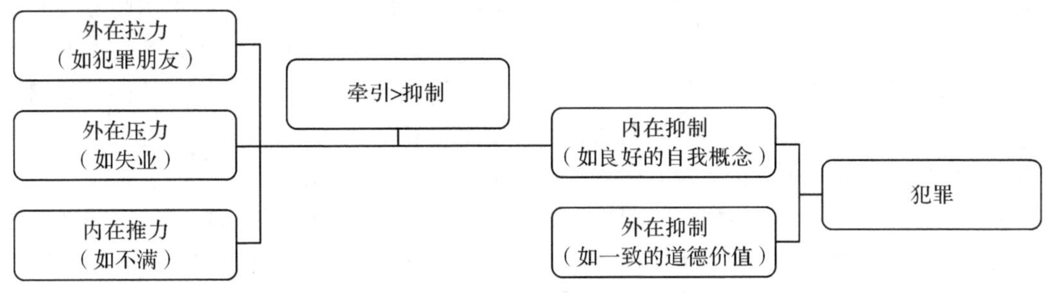

图 3-6　雷克利斯的抑制理论模型

3. 赫胥的社会控制理论[①]

（1）基本观点：赫胥在其《犯罪之原因》一书中，接受了英国哲学家霍布士的说法，认为人性本为没有道德的动物，都有犯罪的自然倾向，从而认为犯罪不需要解释，而不犯罪或守法的行为才需要解释。在阐明人类何以不犯罪或养成守法的行为时，赫胥认为人类要是不受外在法律的控制和环境的陶冶与教养，便会自然倾向于犯罪，而这些外在的影响力量，如家庭、学校、职业、朋友、宗教及社会信仰甚至于法律及警察等即是所谓的“社会控制”。因此，人类之所以不犯罪，乃为这种外在环境之教养、陶冶和控制的结果。在这种社会化的过程中，人和社会建立起强度大小不同的社会键而防止一个人去犯罪。他认为社会键的要素有四：附着（attachment）、信仰（belief）、奉献（commitment）、参与（involvement）（简称 ABCI）。

---

① 杨燮蛟.当代犯罪学的重构及展开[M].北京：法律出版社，2010：34.

他认为青少年若与社会建立强有力的键，除非很强的犯罪动机将键打断，否则他便不轻易犯罪；反之，若有很薄弱的键，即便有很弱的犯罪动机，亦可能导致犯罪的发生(见图 3-7)。

(2)附着：一个孩子若不附着于父母亲、学校和同辈团体，则可能漂浮于社会控制之外，不易接受社会团体规范的约束，一遇到有利的犯罪情境因素，即从事犯罪行为。①附着父母：一个孩子越附着于父母，越不容易从事非法行为，由于越附着于父母，孩子越习惯于分享父母亲的精神生活，他越向父母征求对他有关活动的意见，也越认为父母是他们社会与心理活动的一部分。因而当他考虑从事违反法律的行为时，他不会忽视(亦即珍惜)父母对他的感情，连带地也降低了犯罪的可能性。②附着学校：学校乃介于家庭与社会之间的社会机构，负有重要的教育及社会控制功能。赫胥的社会控制理论认为：孩子越附着于(或喜欢)学校，孩子越不可能从事非行。个人对学校附着或喜欢的程度，取决于个人在学校的表现、能力和智商。因此赫胥认为智商和学术能力与犯罪有某种程度的负相关关系。③附着于同辈团体：孩子越附着于其同辈团体，越尊敬或崇拜朋友的言行和谈吐，孩子也越可能附着于父母，因而越不可能从事非法行为。因为孩子越附着于其同辈团体，他越不愿丧失可能敬佩的朋友，也越会考虑朋友对他行为的意见，也因此越不可能从事违反法律的行为。实证资料显示，孩子之所以成群结队来从事非法行为，乃由于他们已经丧失了个人奋斗和努力的目标，而且脱离了家庭和学校的控制，成为一群在外头游荡的青少年。所谓物以类聚，在未聚之前，必须先成为同类。

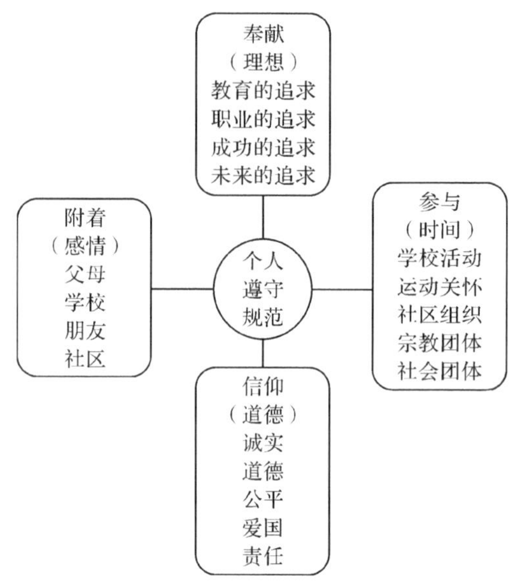

图 3-7 赫胥的社会控制理论

(3)奉献于传统的活动(或称为理性评估利害得失)：一个孩子若投入相当的时间和精力于追求较高的教育和事业，则当他要从事偏差行为时，他必须考虑偏差行为可能为他带来的不利代价。

(4)参与传统的活动：有参与正常活动就不至于懒惰，也较无时间思考从事偏差行为。

(5)信仰：一个人若是对社会的道德规范或法律不尊重，他便有陷于犯罪的危机。尤其是当一个人若不尊重或信仰警察的权力，同时亦汲汲营营于法律的漏洞，则迷乱的状态已在其个人产生(因为他所考虑的均是权宜之计)，其离犯罪已不远矣！一个青少年若是对法律或社会上的道德规范没有强烈的正义感，或者模棱两可，那么他怎么会承认法律或执法机构对其有约束的力量呢？

(6)理论的优点与批评：该理论广泛而影响深远，可应用至各阶层的偏差行为，概念清晰容易验证，且获得大量实证证实。但亦遭受如下批评：①集中于微小的攻击事件上；②将犯罪行为归因于人类的兽性与本质上的攻击性。然而人性如何，尚无定论。

4. 赫胥和盖佛森的一般性犯罪理论

(1)基本观点：赫胥和盖佛森在 1990 年提出一般性犯罪理论(亦可称之为犯罪的一般化理论或犯罪的共通理论)，是社会控制理论的延伸。实证研究不断发现，犯罪“行为”在少年中期(约 15～17 岁)达到高峰,然后急剧下降,但在同一时期犯罪“倾向”的差异却保持相当稳定,因而其理论将“行为”和“人”加以区分。“行为”以“犯罪”一词为代表(古典犯罪理论的重心);“人”以“犯罪性”一词为代表(实证犯罪理论的重心)。

(2)犯罪:“行为”以“犯罪”一词代表的(古典犯罪理论的重心),犯罪是以力量或诈欺追寻个人自我利益的行为。“犯罪”为一事件,犯罪理论应可告诉我们在何种情况下犯罪倾向较有可能转化为犯罪。犯罪并非如大众传媒对特殊、不寻常犯罪事件的报道。事实上,大部分的犯罪都是轻微的事件,损失少,犯罪人所获利益亦不多,不需要太多的准备,没有太长远的利益,也没有产生犯罪者所企求的结果。犯罪的时间和空间分布类似于青少年的休闲形态,而与成年人的职业生活形态大相径庭。况且犯罪并无专门化趋向,类型与类型间可互换,因为它们均提供相同性质的结果——立即享乐。因而刑事司法体系的作为对此影响甚小。犯罪固然是行为者“犯罪性”的产物,亦需环境条件的配合。因而可利用晚近以来阐释犯罪发生条件的“日常活动理论”“机会理论”和“生活形态理论”,来说明各主要犯罪类型(如抢劫、盗窃、杀人、强奸、毒品滥用等)发生之条件及结构。

(3)犯罪性或犯罪的倾向:“人”以“犯罪性”一词代表的(实证犯罪理论的重心)。犯罪性被界定为行为者追寻短暂、立即的享乐,而无视长远后果之倾向,是不同的个人在从事犯罪行为(或其他类似行为)上的差异。“犯罪性”为一个人的特性,犯罪性理论应告诉我们哪些人较有可能犯罪。在纯粹古典犯罪理论里,犯罪的人并无特殊的倾向,只是遵循“提升快乐,避免痛苦”的行为规律而已。他们若与非犯罪人有任何的差异,在于他们对惩罚体系的认知不同。因而,赫胥和盖佛森认为,古典犯罪理论事实上可说是未加以发展的社会控制理论。赫胥和盖佛森认为“犯罪性”的最大特征在于“低自我控制”。在他们的理论下,人性并无所谓的善恶,只是追寻自我的利益,或不损害自我利益,而与其在社会控制理论之假设“人本非道德的动物”,是相符合的。事实上,根据他们的说法,人性仍倾向于守法。但人性在幼年,尤其是在儿童时期若未受到良好的社会化,则易产生“低自我控制”。低自我控制之主要特征为冲动性格,包含暴力取向、漠视他人意见,而且其特质会维持一生不变。

(4)自我控制相关概念:1994 年赫胥和盖佛森界定自我控制为一个人避免犯下长期代价会超过其立即利益之行为的倾向。2004 年赫胥又认为要了解自我控制,必须回到人类行为的认知与理性选择,因而又将自我控制再定义为“考虑一项特定行为总体可能代价的倾向”。如此,自我控制不仅是认知、抑制不良行为“长远”后果的能力,亦是抑制不良行为“立即”后果之能力。

低自我控制可解释与许多非行的关联性,且低自我控制于 8 岁后保持恒定,唯机会因素导致犯罪发生的不同。认为组织犯罪并非真正的组织,且许多组织均只有短暂的生命,且是暂时不稳定的组合。低自我控制不仅导致犯罪和偏差行为的可能性较高,其他与犯罪行为相类似的各种意外事故亦较高,这种犯罪行为和意外事故行为及各种的问题行为高度关联的现象,学者称之为“问题行为症候群”(简称 PBS)。问题行为可包括犯罪行为、偏差行为、抽烟、酗酒、未成年性行为及毒品滥用等。

(5)理论重点:根据赫胥和盖佛森的看法,“自我控制”是个人自出生至约 8 岁时,个人受到父母亲社会化的一种结果,其后逐渐由同侪取代父母亲成为社会化者。当父母未能有效监督孩子的行为、认知及辅导孩子的偏差行为时,不良的社会化即会发生。不良社会化的小孩较易追求个人欲望的立即满足,追求简单而非耐心的活动,以暴力而非言语或认知说服的方式解决问题，追寻立即回报的关系，而非需长久投资的稳定婚姻、人际关系或教育、事业等之追求；较有可能受雇于低技能，而非需学术努力的工作；较自我中心，不顾及他人的感觉等。而不良的社会化又与其社会联结有关，若少年未能与社会建立强有力的社会键，便较易犯罪。因此，拥有低自我控制的犯罪行为人有犯罪机会（武力及诈欺最易达成的情境聚合，如参与帮派、疏于监督、疏于防卫及合适标的），则会形成犯罪行为（以力量或诈欺追求个人自我利益的立即满足，如偏差行为等）（见表3-6）。

表3-6 赫胥和盖佛森的一般犯罪理论模式

犯罪行为人			犯罪机会	犯罪行为
冲动性格	低自我控制	弱的社会联结		
1. 暴力取向 2. 漠视他人意见 3. 冒险 4. 短视近利 5. 不善于沟通	1. 育儿技术差 2. 偏差父母 3. 缺乏监督 4. 好动 5. 自我为中心	1. 附着 2. 奉献 3. 参与 4. 信仰	1. 参与帮派 2. 疏于监督 3. 疏于防卫 4. 合适标的	1. 偏差行为 2. 抽烟 3. 酗酒 4. 性泛滥 5. 毒品滥用

(6)自我控制与犯罪预防：自我控制的形成与家庭的教养和训练有关。不合适的儿童教养方式或措施是少年偏差行为的重要指标。家庭的负面客观环境（如贫穷、流动或离婚等）而产生的不良影响，可因良好的内部互动或过程及专注而获得补偿。家庭中的某些层面对偏差行为有其影响，尤其是在"儿童教养"或"社会化"技术方面，对孩子未来的偏差行为影响更大。所谓"社会化"，就是教导分析，让孩子了解行为的长期后果的经过。而所谓"儿童教养"就是要关心小孩、监督小孩的认知不良或偏差行为，矫正不良或偏差行为。因此本理论的核心为"预防犯罪或偏差行为的发生，应将一切预防的重心摆在儿童早期的家庭社会化过程"。首先，家庭的训练和功能的品质，可说是一切犯罪问题的重心；其次，学校亦是一个有效的社会化机构，无论如何，受教育本身对孩子的自我控制都是有正面影响的。

(7)一般犯罪理论的优点与批判：一般犯罪理论以很简约的概念来解释犯罪，与自陈报告相联结，是可检验的理论，而获得诸多证实。唯其理论遭受如下批判：①艾克斯批评一般犯罪理论是"套套逻辑"，唯赫胥反驳批评艾克斯误解低自我控制，因为自我控制是行为者从事犯罪行为的障碍。②学者批评此理论是否真能解释所有的犯罪，如白领犯罪。③未能明确说明不同机会与低自我控制如何交互影响。④许多实证已验证此理论，唯育儿技术与低自我控制的关联性尚未得到验证。⑤批判者认为犯罪行为太复杂了，以至于很难使用一个简单的理论来加以论述。⑥使用自陈报告，以获得只能提供解释一种犯罪类型，特别是青少年非行的理论，因而一般犯罪理论乃需时间加以检验。

5. 蒂特尔的控制平衡理论(control balance theory)

(1)基本观点：蒂特尔使用"控制比"（即某人控制别人的程度与受控诉程度的比率）一词，来说明影响他的行为，当人们处于纯粹的控制方或是被控制方时，更易产生偏差或犯罪行为。为何控制比会影响偏差或犯罪行为？蒂特尔假设人们想要尽可能地自主，如果他们有控制失衡的话，他们将会违反法律，从而在生活中获得更多控制，并释放控制失衡所引发的羞辱与自卑感。

(2)理论之优点：本理论的长处是解释如何控制环境的本能是一项主要特质，且聚焦在测量控制的平衡与不平衡。实证的结果证实相对于那些有控制平衡的学生，有强控制权或控制失衡的学生较可能卷入偏差或犯罪活动。

6. 科尔文与卡伦的强制性控制与社会支持理论(coercive control and social support theory)

(1)基本观点:科尔文与卡伦的强制性控制与社会支持理论,是两位作者分别有关强制性控制与社会支持理论的一个结合版。强制定义为“一种使个体感受到恐惧或焦虑,由此促使或是胁迫其从事某事的力量”。强制性可以是微观的,如威胁或羞辱,也可以是宏观的,如贫穷。社会支持则被定义为“从社区、社会网络和可信赖的伙伴中获得满足个体工具性与情感性需求的帮助”。因此,该结合理论基本观点是:强制带来犯罪,而社会支持会减少或预防犯罪。

(2)理论之优点:该理论告诉我们应该加强社会支持的合法性来源,并减少强制的来源以减少或预防犯罪。然因该理论太新,而没有得到充分的验证。

第五节 发展性犯罪理论

一、起源

早期犯罪学领域中,学者认为“反社会行为”是起源于个人的特质,如智商过低、冲动性格等,这些特质被解释为与生俱来的,或是后天环境培养的。然而,这样的观点也引发了不少疑问,如果个人犯罪的起源可以用智商过低、人格不健全来解释的话,为何有些人成年后就不再参与犯罪?为何有些人在犯罪的历程当中,一开始只是顺手牵羊,之后则进入抢劫、盗窃等严重犯罪?由于传统理论的解释忽视儿童时期发生了什么,且他们很少关注青少年成年后发生了什么,因而便有发展性犯罪理论的提出。尽管不同理论有不同的关注点,但它们通常都聚焦于生命历程的不同阶段:婴儿期、儿童期、青春期、成年期及其后反社会行为与犯罪的开始与终止。

发展性犯罪理论主张,反社会及犯罪行为是逐步发展而成,并非某种最初始或稳定特性的外在表现,而且个人的生活经验能影响其生命趋向或转折,生活中的某种经验有可能会增加或减少其未来犯罪的可能性。犯罪就是在这样的生命事件中不断地发展、变化,犯罪者亦无固定特性可言。但发展犯罪理论亦认为,个人拥有某些特质,未来倾向犯罪之可能性大增。况且,早期家庭生活的品质对于一个人反社会行为的发展是很重要的,他们主张早期家庭的缺陷教养或忽略是犯罪的主要因素。而过去几十年的研究也指出,家庭社会化功能不彰是慢性犯罪者形成的主要影响因素。家庭的大小、对小孩的监督和情爱、父母的情绪控制及是否犯罪或偏差或精神疾病等家庭风险因素,均是孩子未来严重犯行的重要指标因素。

发展性犯罪理论最早可溯及格鲁克夫妇在20世纪30年代的实证研究,格鲁克夫妇研究发现早期幼年越有不正当的行为,成年后越难矫正。换而言之,小孩子越早有不正当行为,成年后持续犯罪的概率就越高。格鲁克夫妇同时也注意到,在许多与持续犯罪有关的因素中,“家庭”因素是最重要的,很多问题青少年往往来自单亲、不健全的家庭;之后格鲁克夫妇的分析研究也不再只限于社会变项,加入了生理、心理的特征,例如智商、身体结构、人格特质等因素也影响了一个人的犯罪行为。然而,由于其分析方法包含了生物、心理及社会因素等,是如此的广泛,而遭受诸多批评,之后未再受到学术界的重视。直到桑普森(Robert Sampson)和劳伯(John Laub)于20世纪90年代采用新的统计技术,再次分析格鲁克夫妇的资料，并发表一系列学术著作，才使发展性理论再次受到注意与重视。此外，沃尔夫冈（Wolfgang）的研究主题亦聚焦在犯罪历程上。沃尔夫冈研究发现很多犯罪行为人一开始会固定从事某种犯罪行为，不过经历一段时间后，他们能控制自己不再犯罪，少数犯罪行为人在他们的生涯中不断、持续、重复地参与犯罪。因此，当代犯罪学者便建议应该多花点时间了解犯罪历程的演进，例如为什么有人会开始参与反社会行为？别人继续犯罪时，为什么有人会终止犯罪？为什么有人会一直提高犯罪频率，有些人却降低犯罪频率？为什么有人固定某种犯罪行为，有人却没有？这些问题无非是要使大家清楚犯罪历程是如何开始、如何构成、如何结束的，因而有研究便集中在生命周期理论及潜在特质理论两大主轴而加以探讨。

二、生命周期理论

（一）逐级年龄非正式社会控制理论

对于慢性习惯犯的研究显示，在孩童及少年时期亦有其变化的可能性。因此，犯罪学上的发展性理论认为生命是发展的、变化的。他们并未忽略个人特性或犯罪倾向的差异，但是他们认为，行为是可变的，也会受当时环境脉络所影响。如同桑普森和劳伯的逐级年龄非正式社会控制理论所言，犯罪发展的过程，在整个生命历程中，均可能转变发展方向，即使是最活跃的犯罪者，也会随着生命过程而逐渐停止犯罪。纵使儿童早期的生活经验和个人在自我控制上的差异可解释偏差行为的变化，日后的人生经验对个人自我控制的影响仍是很大的。该理论重点为：(1)结构变项（性别、年龄、种族等）通过家庭和学校控制的中介作用，而解释儿童和少年时期的偏差行为。(2)儿童时期的反社会行为可以不同形态（如酗酒、精神疾病、意外事故、犯罪或偏差行为等）而延续至成人时期。(3)无论早期犯罪倾向如何，成人时期的家庭和就业状况都可以解释成人犯罪状况的改变（见图3-8）。

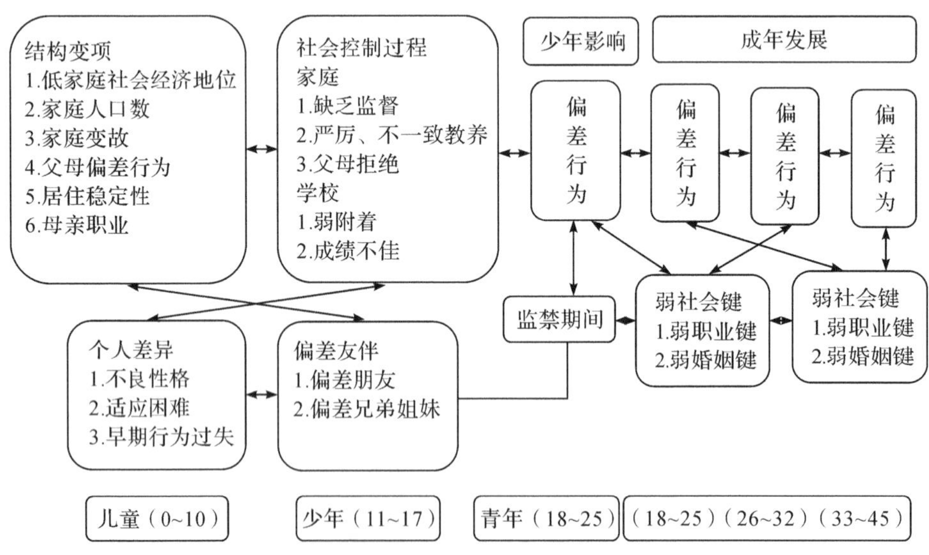

图3-8 桑普森和劳伯的逐级年龄非正式社会控制理论

基本上，桑普森和劳伯同意其他犯罪学者的意见，正式或非正式的社会控制会限制犯罪，越早犯罪，犯罪行为越可能一直持续。不过桑普森和劳伯对于没有事情可以改变犯罪行为人的生命历程，提出不同的看法，认为人的成熟会影响到他犯罪倾向的改变。孩童时期，家庭因素具有关键性的影响；少年时期，偏差伴友因素具有关键性的影响；成年时期，婚姻与职业因素成为主要变项。如果有好工作或者事业成功，人通常会回归正常生活；结婚后，会得到另一半的支持、相助，会常常花时间在家庭上，可以减少和其他犯罪行为人的相处时间。另外，从经济学的角度而言，有自己的财物资本，有助于个人增加成功的机会，同样，累积社会资本一样有助于正常的行为，使人不易误入歧途；显然，一段成功的婚姻可以累积社会资本，不但能改善一个人的特质，而且会使人产生自我价值感，开始信任别人。另外，拥有成功的事业，不禁令人自问：有良好的工作表现，为什么还要去从事犯罪行为？因而桑普森和劳伯认为，在人生经验的各个阶段里，非正式社会控制，如家庭、学校、职业、婚姻等之附着，他们称之为“社会资本”，对个人是否会从事犯罪行为的影响是很重要的。如此，犯罪人的生命历程是可以改变的。特别是在生命历程中，扮演转折点的关键事件（如职业及婚姻），有助于个人远离犯罪。

（二）整合认知反社会潜能理论

法林顿（Farrington）的整合认知反社会潜能理论（intergrated cognitive antisocial potential theory，简称 ICAP），认为人们身陷反社会潜能，便可能会从事反社会行为，而反社会潜能可以在长期与短期两者的迹象当中被检视。有长期反社会潜能者在其生命历程中有较高风险会从事犯罪，且反社会潜能会持续很长时间，除非遇到一些人生事件如结婚，其反社会潜能才可能降低。其理论整合了学习、社会控制、紧张、标签理论及理性选择理论等概念，以解释幼年成长的经历和成年后的人生事件及冲动会影响个体长期反社会性的可能，并利用日常活动理论和短期的激励因子及自身短期的反社会可能性，来解释在选择犯罪行为前的认知过程，会决定个体是否选择犯罪。符合 ICAP 模型并不代表犯罪必然发生，只是其发生的可能性较大；另外，该理论也显示有许多介入手段可以应用在犯罪行为的终止上，它的目标在于通过早期干涉，来减缓个体实施犯罪行为的倾向（见图 3-9）。

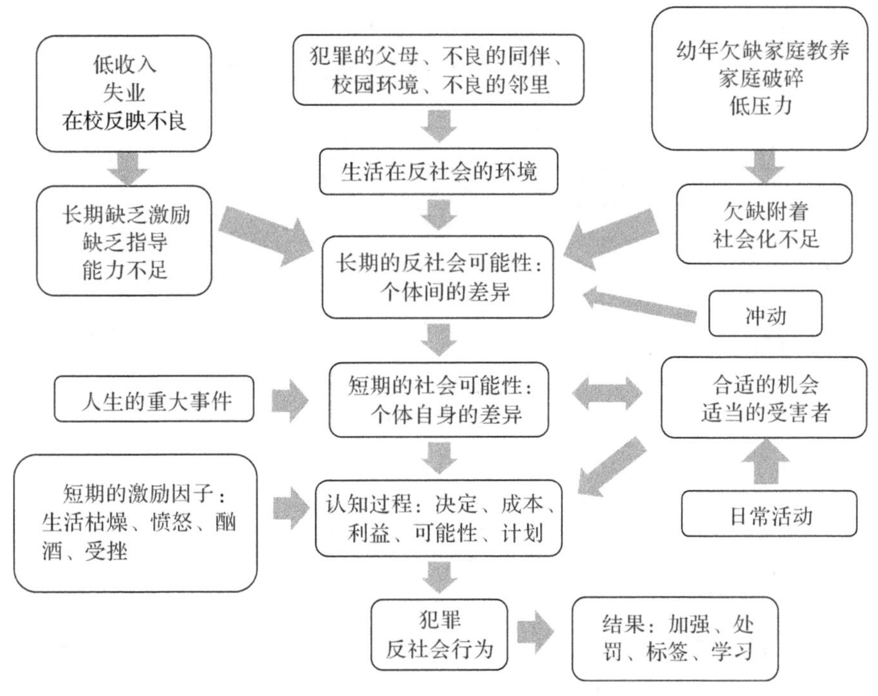

图 3-9 整合认知反社会潜能理论

(三)洛贝尔的犯罪路径理论

部分生命周期的学者认为进入犯罪生涯可能存有不同的路径,而非单一的路径。有些人可能专精于暴力、敲诈,有些人可能牵涉窃盗、诈欺;有些人可能开始于生命早期,有些人可能较晚才犯罪且大部分人会终止犯罪。因而洛贝尔(Lober)及其同事们分析匹兹堡同生群少年的追踪研究资料时,发现以下三类少年朝向犯罪的路径(见图 3-10)。

1. 权威冲突路径

此路径在少年或年少时即伴随顽固行为出现,进而发展至藐视他人(以自己之方式做事,拒绝别人的要求,不服从),逃避权威(很晚回家、逃学、离家出走)。对父母不在意及逃避权威的结果,导致更严重的犯罪,包括药物滥用等。

2. 内部路径

此路径从较轻微的行为开始(如说谎、顺手牵羊),进而导致对财物之损害(纵火、破坏财物),而最终提升至更严重的少年犯罪形态,如偷窃、支票/信用卡诈欺、偷车、买卖毒品及非法入侵等。

3. 外部路径

此路径系从骚扰、欺凌他人等行为开始提升,进而导引至具暴力性质(包括对个人的攻击、刀械武装)的肢体冲突(如打架、帮派斗殴)。

洛贝尔指出前述任一路径均将促使少年持续犯罪行为形态,许多甚至进入二重以上之路径,这些多重路径少年非常顽固,经常对老师及父母说谎,并且欺凌他人,屡有偷窃行为,进而走向更严重的犯罪行为形态。

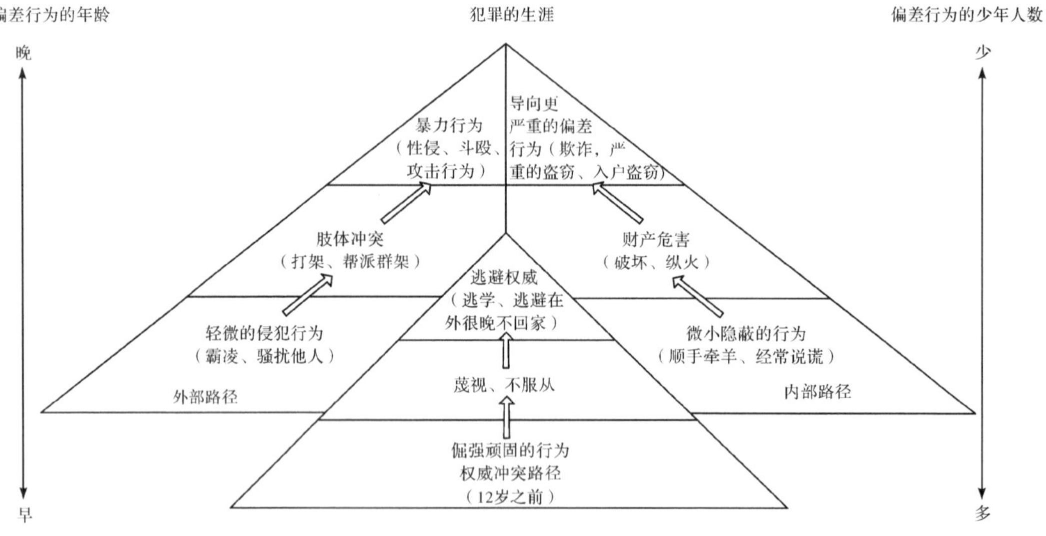

图 3-10 洛贝尔的犯罪路径理论

三、潜在特质理论

慢性习惯犯研究亦显示,一个人越早显现出严重的反社会行为,越有可能成为严重的慢性犯罪者;此外这些人在早期即开始各种不同的偏差行为或犯罪,且延续至成年时期,而其犯罪行为仍是多样化而非专精化，因而便有了潜在特质或犯罪倾向之稳定性概念。犯罪学上潜在特质或犯罪倾向理论认为，慢性犯罪者乃自幼即有某种缺陷或不良特性，不断出现的犯罪与问题行为是个人内在一种病态特征的外在表现。如同艾赫洪（Aichorn）在研究偏差行为少年后所指出的，仅环境因素并无法精准地诠释犯罪现象。相反地，他发现个体具有某些潜在特质，称之为“潜伏性偏差行为”，为促使少年走向未来犯罪生涯的关键。再者，科文（Mark Colvin）的差别压迫理论指出，当个体在经历反复无常地暴露在压迫的环境下，且这种经验从幼年到成年，发展了不足的社会心理状态，并因此增强了其对于犯罪行为的诱惑可能性。而压迫的内容包含人际压迫以及个人压迫。

此外，赫胥和盖佛森于 1990 年发表的“一般化犯罪”理论称，“犯罪性”的最大不良特征在于“低自我控制”，倘若在儿童时期未受到良好的社会化，则易产生“低自我控制”，且其特质会维持一生不变。因此，“低自我控制”任何时候都能解释所有的犯罪，减少犯罪唯一的希望是改善儿童的教养方式。

朱利安・莫里斯（Julien Morizot）和马克・勒布朗（Marc Le Blanc）追踪犯罪者与非犯罪者 25 年，评估其人格发展轨迹，发现了支持发展理论与倾向理论的证据：“稳定和改变”或“不可塑和可塑”的对立观点似乎并不合适，他们观察到“稳定和改变”并存。一方面，个人人格至成年时期的差异性是相当稳定的，说明人格有其稳定性，支持特征理论；另一方面，从少年至中年，个人的心理调适有不可忽略的成熟，且朝较好的方向发展，因此个人特征亦非稳定不变的。

最后，比较社会控制理论、一般化犯罪理论及逐级年龄非正式社会控制理论之差异，如表 3-7 所示。

表 3-7　社会控制理论、一般化犯罪理论及逐级年龄非正式社会控制理论的比较

理论主张	社会控制理论	一般化犯罪理论	逐级年龄非正式社会控制理论
研究者	赫希（1969）	盖佛森（1990）	桑普森（2003）
犯罪成因	社会、自我、情境等控制机制之缺陷，就个人而言学校、家庭，传统道德附着等社会键缺陷： 1.附着； 2.奉献； 3.参与； 4.信仰	1.犯罪定义：以“暴力”“诈欺”追求个人利益的行为； 2.犯罪的发生＝犯罪机会＋低自我控制且具有动机之犯罪者； 3.犯罪机会＝合适被害标的物＋缺少有能力监控者＋有动机犯罪者； 4.负向的生命事件仅是低自我控制不同形态的表现，并不能排除于犯罪、偏差的讨论领域之外； 5.转折点是一种自我选择的结果，即决定先于行为	1.重视个人与社会键（附着、奉献、参与、信仰）的联结； 2.以个人少年时期的社会控制程度（社会键强弱），解释少年的偏差行为肇因； 3.“低自我控制”程度差异仍是个体少年时期从事偏差行为的主因之一。成年时期的“婚姻”“职业”等两个社会键，主导个人成年后是否从事偏差行为； 4.个体少年时期的“自我控制”特质并不会持续、稳定到成年时期

续表

理论主张	社会控制理论	一般化犯罪理论	逐级年龄非正式社会控制理论
年龄效应	三个理论均认同“年龄”与“犯罪”相关，于少年中期达到高峰，然后成年人步入家庭、投身职场等两个因子使犯罪再犯情形急剧下降		
	“社会控制理论”与“自我控制理论”均认为“个人犯罪倾向如低自我控制特质一旦形成，终生难以改变”		1. 纵贯式研究，年龄与犯罪原因变项彼此有联系； 2. 不同犯罪类型与族群所产生的再犯情形不同； 3. 以犯罪学传统早期风险指标，并无法准确预测成年后再犯情况
机构参与之看法（工作、婚姻、服役）	终止犯罪的途径：婚姻/配偶、军队/服役、矫正机构、邻里改变。 这四个转折点产生的机制： 1. 切断过去不良的影响； 2. 提供监督/控制及社会支持与成长的机会； 3. 改变日常活动的结构或形态； 4. 提供自我认同的改变		
理论间整合与应用	1. 儿童、青少年时期：社会控制对偏差/犯罪行为影响巨大； 2. 少年、青年时期：自我控制的影响逐渐取代“社会控制”的力量； 3. 成年以后时期：非正式社会控制与“婚姻”“职业”等社会键的影响力不容忽视		

四、犯罪的持续与终止

虽然犯罪学研究的发展常常以犯罪人持续犯罪为取向，但“年龄与犯罪”的关系也让犯罪学开始注意到犯罪人有“终止犯罪”的现象，无论是慢性习惯犯还是偶发犯罪者，终止犯罪才是人生的进展，因而逐渐地发展出终止犯罪的概念。终止犯罪乃是一个过程，是一个犯罪及偏差行为频率与严重度递减的历程，最后将产生真正终止的结果，并且能长期地避免回到过去从事持续性犯罪的生活模式。

对慢性习惯犯的研究指出，少部分犯罪人犯了大部分的罪，且这些人一旦进入了慢性习惯犯的行列，其矫治将横跨整个生命周期，不只需付出庞大人力、物力与经费，且矫治成效亦不显著。因而研究犯罪终止之重要性，可让人们在这些犯罪人成为慢性习惯犯之前，便导入执行犯罪终止的概念，以大幅降低慢性习惯犯的产生。

桑普森和劳伯此后的研究指出，犯罪终止的理论也应该是犯罪持续的理论。某些元素或机制使某些人终止了犯罪，但缺乏了这些元素，他们也将持续犯罪。他们发现，终止或持续犯罪虽有诸多途径，但却有共同的机制或过程，而其四个主要途径为：婚姻/配偶、军队服役、矫正学校及邻里的改变。这四个转折点均会创造新的情境而产生以下机制：(1)切断过去不良的影响；(2)提供监督或监控以及社会支持和成长的机会；(3)改变日常活动的结构或形态；(4)提供自我认同的改变。他们也发现，当有了上述四个机制后，终止犯罪会通过一个过程而自然发生，无须刻意地去终止犯罪。与此同时，持续犯罪者除了缺乏以上机制外，其最大的特征为个人缺乏意志力以抗拒犯罪的诱惑，以及酒精或毒品的长期滥用。基于上面的重要发现，桑普森和劳伯提出下列几点重要结论：(1)支持一般化犯罪理论之观点，即不同犯罪群体的犯罪率均随年龄而下降，只是其犯罪曲线不太一致，但对于该理论将原因聚焦在低自我控制有不同的看法；(2)不可过分强调儿童少年时期的个人特性，而忽略了成年生活对犯罪影响的重要性；(3)不可忽视机构参与在改变一个人犯罪路径上的重要性，即我们只要努力促成个人生活结构和情境的改变，便能协助终止犯罪；(4)要以动态的眼光来看待生命各阶段犯罪的转折，即生命是动态的，未来的改变仍是有可能的；(5)不可忽视人类意志即情境选择，选择改变命运的力量；(6)持续犯的最大特征是边缘化及不联结性，相对地，终止犯罪是一种不断的努力和展现，而不只是早期的社会化历程。

此外，桑普森和劳伯的中止/持续犯罪，可说是原有逐级年龄非正式社会控制理论的修正。修正的理论仍维持原有的"社会键"解释犯罪之持续与中止的架构(无论个人的先前倾向如何)，但也加进去了几项影响因素。在修正的理论里，社会控制、有结构性的日常活动及有目标的个人意志是解释成年时期犯罪中止与持续的主要因素。微弱的非正式社会控制、日常活动的结构性不强及个人意志不足解释了犯罪的连续性，无论早期犯罪情况如何。相反地，坚强的非正式社会控制、相当具结构性的日常活动及明确的个人意志等则解释了成年犯罪的中止，无论其早年犯罪经验如何。

总之，逐级年龄非正式社会控制理论主张，犯罪的多寡是与生命历程中的社会键互为影响的。但在修正的理论中，也注意到社会键与年龄及生命经验的互动，即年龄增加，社会资本增加，犯罪代价高。结构性的日常活动会受社会约束，进而影响犯罪的效果。持续犯终其一生均显著缺乏结构性日常活动。相反地，不断增加的结构性日常活动可促进犯罪的终止，无论其早年犯罪经验如何。最后，所谓有目标的个人意志是指，在结构约束内(如在贫穷的状态下)个人努力寻求改变或往前的要素，桑普森和劳伯以"情境选择"称之。修正后的桑普森和劳伯之逐级年龄非正式社会控制理论犯罪中止/持续犯罪如图 3-11 所示。

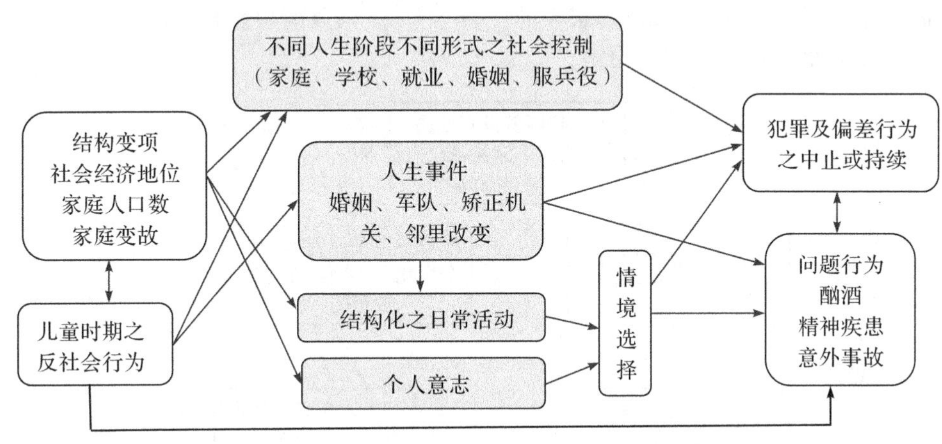

图 3-11　桑普森和劳伯之逐级年龄非正式社会控制理论犯罪中止/持续犯罪

第六节　实证主义犯罪学派的犯罪预防理念

一、矫治犯罪预防的理念

按实证主义犯罪学派的思想，不论是守法者还是犯罪者，他们的行为均由内在的素质与外在的环境所决定。因而实证主义犯罪学派认为人类的行为可以通过科学的手段进行有效的控制。此时，教育、矫正取代应报、惩罚以预防其再犯，至于那些无法被矫治的人，就应隔离。因此,实证主义犯罪学派自19世纪末期,就被加兰(Garland)描述为"龙勃罗梭计划",它的目标是建构一个犯罪原因论的科学体系,从而将犯罪人和非犯罪人明显地区分开来,亦即对犯罪人的个体进行研究,进而推动关于犯罪预防与犯罪矫治的科学制度体系,而排除了古典犯罪理论关注于自由意志论与理性选择论的看法。如此的理念,确实有别于加兰所称的另一种"政府控制"模式,即对刑事司法机构的司法实践活动进行监控,以提高司法机构的工作效率。换而言之,实证主义犯罪学派放弃了对刑事司法的关注,以社会工作、社会保护和社会管理等方法来预防犯罪;因而对犯罪人的制裁,不需要通过审判,也不需要律师的代理,也不涉及正当的诉讼程序,需要的是由社会科学家组成的委员会进行听证。如此可知,在19世纪末期所出现的新犯罪预防模式,在逻辑上便会对个体进行矫治,从而使这些"问题行为人"正常化,以预防犯罪。

特别是自19世纪末至第二次世界大战期间,发展于欧美的实证主义犯罪学派,主要采用了医学、心理学的方法进行研究,它关注的是犯罪人或违法者个体,并与加兰所称之"刑罚-福利"模式的行为矫正主义紧密联系。"刑罚-福利"模式发源于19世纪90年代,在20世纪50—60年代发展最为蓬勃,而在1970年已成为英美两国确立的政策。它的基本原理,即刑罚措施必须尽可能是复归式的介入,而非负面、应报的惩罚。这种理念促成了一套全新的原则与实务网络:容许不确定量刑、提早释放与假释后监督的量刑法律、儿童福利哲学的少年法庭、社会调查与精神病报告的使用、基于专家鉴定与分类的个别化处遇、针对病因与处遇效率的犯罪学研究、纳入犯人及其家人的社会工作、强调监禁再教育目的与被释放后复归支援之重要性的监禁制度(见图3-12)。

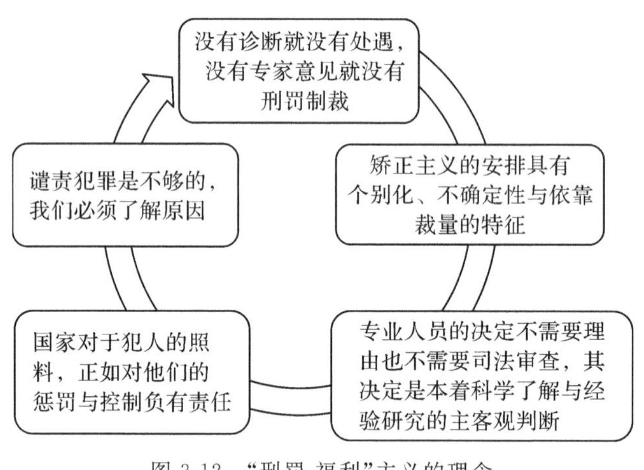

图3-12 "刑罚-福利"主义的理念

这种模式不仅以决定论和病理学的思想为基础,而且以个人主义的基本假设为前提;这一理论还假定了一种核心角色的存在,它表现为经过国家授权而对社会生活领域干预的不断扩大,它一方面强而有力,另一方面却又表现为仁慈的家长式角色。犯罪人是弱势或社会化不良的人,是需要治疗的个体。因此,国家有责任通过社会和刑罚政策采取积极的治疗行动,使偏差者再回归社会。这一模式上的转变,不只影响到监狱内对在监人犯的矫治,甚至影响到整个社会控制体系中的犯罪预防效果。在此情况下,医疗、福利型专业化犯罪预防机构不断增加,并且将这一犯罪预防机制分为下列三个不同的部分:(1)正常化机制,所针对的是社会危险性较轻的犯罪人,目的是要按照一个善良公民所应具备的条件来改变其个性,并树立其品格;(2)行为矫正机制,专门针对那些通过正常化机制所无法改善的犯罪人,而设计出这样的机构,如针对少年犯而设计的教育感化院,提供一系列的矫正训练措施;(3)犯罪人隔离机制,也就是监狱,是专门针对那些拒绝接受矫治或者无法矫治的人所设置,此时监狱便扮演从“行为矫治”到“人身隔离”的角色。

然而,矫治理论在20世纪70年代,由于其公平性与有效性的问题,而走向没落。但20世纪90年代末期开始,出现了一些有利于该理论的情况。有证据显示,这一时期实证主义关于犯罪预防的理论,仍然表现出持久的吸引力。人们还重新燃起用医学方法处理犯罪行为的兴趣。另外以生物学和社会心理学决定论的研究取向,仍是目前研究青少年犯罪的热门方法,提出了“犯罪前兆”的概念。所谓犯罪前兆,是指行为人在做出任何违反法律规定的行为之前,其违法犯罪动机已经形成,某种征兆的出现则表明某个青少年将无可避免地走向违法,甚至很可能走向犯罪。因而在这一科学发现的基础上,实证主义犯罪学家声称,能够辨识、预测甚至可能控制影响未来犯罪的心理因素和社会因素,这亦是我们常常说到的“危险因素”和“保护因素”。特别是在后现代性阶段,可以被称之为“实证主义再生”的两个相互关联的路径,一个是“犯罪基因学说”,另一个是“发展式犯罪预防”。

犯罪的新基因理论的主要倡导者为梅德尼克(Mednick),他声称在犯罪者体内发现了一种物质,即遗传“自主神经系统”(ANS),并且发现具备这类物质的人对周围环境的刺激缺乏敏感性。这种缓慢矫治的刺激,不太可能遏制其反社会行为。如此解释便也充分表现其在政策上的含义:如果隔离监禁可彻底消除对自主神经系统的影响,那么对于屡教不改和危害性极大的犯罪人,隔离监禁就明显优于犯罪矫治。这一研究似乎也告诉我们,为何美国的监禁计划仍存在着深厚的民意基础。此外,犯罪基因理论把基因视为决定人类各种感受和行为的第一要素,并假定人类的社会活动均是由遗传基因造成的。对于少数带有有害基因的暴力青少年,如果这种暴力倾向是可以预知的,那么在他们还是孩童的时候,就可以在特定场景之下,在特定的时间,通过特定的方法,用药物对他们进行医学上的治疗,以预防其犯罪。

二、社区犯罪预防的理念

伴随着心理学的持续发展,实证主义犯罪预防理论另一主要关注的焦点,是犯罪背后的社会病理因素或群体病理因素,尤其是引起犯罪和失序的社会解体因素。所以,社会学实证主义理论强调社区发展,并为弱势群体和无组织群体提供各种机会,以此消除社会病理因素,以有效地预防犯罪,其中以美国芝加哥社会学派最具代表性。芝加哥学派的调查研究显示,在美国的大城市中,犯罪者往往集中居住在城市中生活设施较差的地区,而这些地区通常被称为“过渡区”。此外,过渡区还存在人口流动迅速的特点,这无形中导致社会解体的病理因素。由于这种社会病理因素的存在,儿童不能受到良好的教育和管教以得到社会化,所以养成违法的习惯,且有可能持续发展下去。因此,芝加哥学派制定的政策认为犯罪预防的目标是要治疗和改变社区,而不是针对个体。如同发起于1932年的“芝加哥社区计划”,一直都是现有的社区行动和社区发展的模式渊源,在这一计划当中,设计出儿童娱乐计划、社区环境改善运动、打击违法团体运动等项目,主要目的就是要为青年人提供一个机会,使其成为社区中一名成熟的、符合社会需求的成年人。

另外,社会生态学的研究发现低社会资本地区无法有效控制公共区域,如街道或停车场，从而给予犯罪有较大自由空间，而提出应将焦点聚焦在“改变地区而非改变人”，包括集中目标于“犯罪热点”、停止“腐败的上升”，并落实在“集体效能”上。

因此，社区犯罪预防，意指改变影响犯罪的社区环境和机构，目的在于重组社区及强化非正式社会控制，其方式包括改进社区的物理环境、生活休闲形态以及自组守望相助组织或社区巡守队等，种种措施都是以提升社区意识和归属感为方向，以共同维护社区的安全来达到预防犯罪的目标。其理论则受到社会解组理论及破窗理论之影响，且为“修补破窗”，需要执法者尽早识别及采取适当行动，既保护守法的人，也要促进居民参与维持公共治安，还应进行社区协调，共同处理治安问题。

社区预防犯罪除改变改进社区的物理环境外，更企图通过社会凝聚力来预防犯罪与降低犯罪恐惧感，比起传统物理环境设计有更多的应用形式，包括社区守望、邻里宣传、社区巡守与物理设计。社区预防犯罪的概念框架如图 3-13 所示。

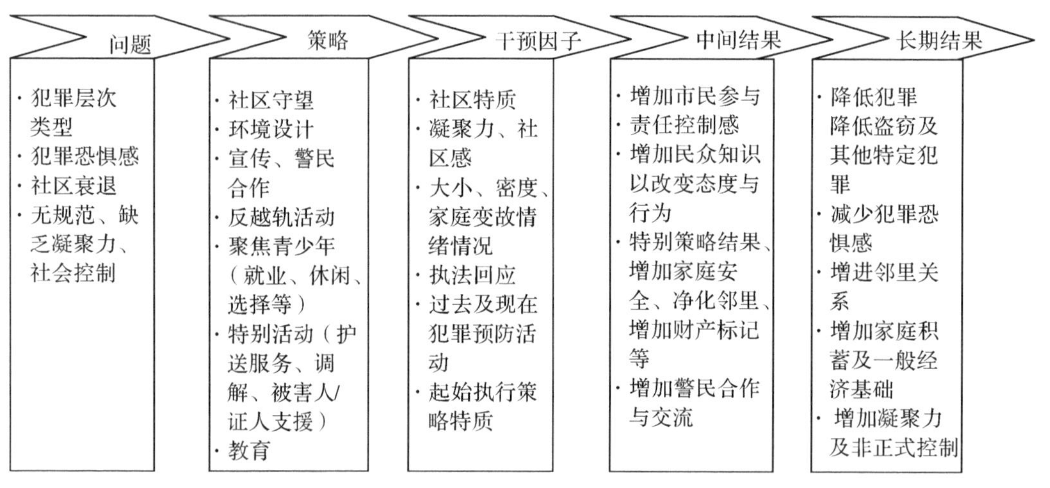

图 3-13　社区预防犯罪概念框架

另外，在社区犯罪预防的活动中，假如居民参与和执法行动两者间能相互配合，共同致力于改变社会与物理的环境，便可有效减少犯罪机会。而在发展居民参与之准备阶段中，最主要的准备工作包括：(1)发展适当的犯罪预防组织；(2)纳入决策者的参与；(3)与居民有清楚的沟通。再者，要让居民参与犯罪预防活动，就应提供适当的知识、合理的说辞、参与的机会，去除恐惧感与不信任感。至于发展居民参与的策略，主要有下列三种：(1)居民觉醒与知识的策略；(2)团体活动的策略；(3)非正式社会控制的策略。而其具体措施，如我国现行所推动的社区治安的犯罪预防议题，包含：(1)召开社区治安会议；(2)成立守望相助队；(3)设置录影监视系统；(4)划设校园安心走廊；(5)社区治安区块认养；(6)发行社区治安报道；(7)提供防窃咨询服务；(8)提升社区自我防卫能力。

三、发展性犯罪预防的理念

发展性犯罪预防理念的主要倡导者为法林顿(Farrington)，其认为违法行为是在儿童时期出现的，并可能持续到成年时期的一种反社会行为综合征。此外，违法行为在某一个体身上的早期表现，意味着他漫长和严重的犯罪生涯的开始，因为在其体内存在着被法林顿称为“犯罪人潜能”的因素。若能针对这些少数的慢性习惯犯进行早期辨识，并对此特征从事早期的预防，虽然实施起来很困难，但却是可能的。因此，托尼和法林顿认为，发展式犯罪预防是犯罪预防的一个新领域，从事理论研究的学者们应该将更多的注意力投入违法者之间的个体差异中。作为实证主义犯罪学的一个新兴的分支，犯罪预防策略的设计应该建立在广泛的理论研究基础之上，特别是关于个体犯罪潜能的发展变化，以及存在于犯罪机会情境中潜在犯罪人和潜在被害人之间的相互作用。如同社会控制理论的倡导者，将家庭视为实施有效干预的关键场所；或如心理学家提倡早期干预治疗计划，如强化与家庭规约及通过实施家庭教育计划，以达到矫正并减少盗窃和攻击行为的目的，确实均有其科学基础。并在此科学的基础上建构了一种新型的犯罪预防模式，通过心理辅导和社会环境的稳定化，来调整犯罪人所面临的心理上和社会中的困境，从而实现犯罪预防，而不应仅仅基于应报心理而进行刑罚惩罚。

20 世纪 60 年代，英国掀起了一场关于犯罪矫治的除犯罪化运动，倡导把青少年法庭有效地改成家庭治疗诊所。之所以如此，是因为当时的英国社会认为犯罪问题的根源是某些问题家庭的发展史，违法行为被看作在社会民主繁荣背后，存在于特定工人阶级家庭中的问题。它表现为一种基因式人格缺陷，这一人格缺陷在家庭中从上一代传递至下一代。因而，国家福利机构所从事的专业化服务，如健康调查和社会工作等，被认为是解决这一问题极为重要的关键。它们的任务就是教育家庭如何养育孩子，并矫正那些沦为社会边缘的青少年。换而言之，欲解决犯罪问题，首先必须改变家庭，因而对于高风险家庭的支援与服务，成为犯罪预防的新模式。

进行早期辨识并对此特征从事早期的预防，虽然实施起来很困难，但却是可能的，确实值得我们投入更多的注意力到发展式犯罪预防的新领域。因此，发展性犯罪预防如果从个体层面上看，则将犯罪可能之辨识提早至个体生命前期就开始加以处理，将有害于个体成长之危险因子予以去除而提升保护因素，如设计各种计划，避免过动或冲动及智商或学业成就等发展性风险因素的产生(见表 3-8)。发展性犯罪预防即是要提升保护因素，并去除导致犯罪或偏差行为之危险因子。如此，对于那些高风险的家庭及小孩，应建立支持体系，主动提供预防性服务方案，以减少儿童日后不良行为的发生。目前我国所实施的“儿童及少年高风险家庭关怀辅导处遇实施计划”，即为及早筛查发现遭遇困难或有需求之儿童少年高风险家庭，联系社区单位提供预防性服务，降低家庭风险因子，协助家庭发挥功能，确保儿童少年获适当照顾，预防儿童少年虐待、家庭暴力及性侵害事件发生。

表 3-8　与反社会行为及犯罪行为有关的危险与保护因素

项目	危险因素	保护因素
儿童时期的因素	1. 出生时的受伤 2. 残障 3. 脾气不好/易冲动 4. 不安定的附着 5. 缺乏社交技巧 6. 较低的自尊 7. 高度的活动力/破坏的行为	1. 良好的社交技巧 2. 同情心 3. 良好的应对技巧 4. 性情温和 5. 内在的自我控制 6. 家庭的附着 7. 解决问题的能力

续表

项目	危险因素	保护因素
家庭的因素	1. 单亲家庭(特别是无父) 2. 未成年的妈妈 3. 药物或毒品滥用 4. 缺乏父母的监督与管教 5. 家庭暴力与不和谐 6. 虐待/忽视 7. 父母的长期失业 8. 对儿童的拒绝接纳	1. 父母能支持照顾小孩 2. 家庭和谐 3. 对家事能负责任或协助家事 4. 坚强的家庭规范与道德 5. 成人的支持关系 6. 安全与稳固的家庭
学校的因素	1. 学校表现差 2. 具有信仰攻击行为的规范 3. 偏差的同侪团体 4. 欺侮弱小 5. 同侪的拒绝接受 6. 缺乏学校的附着 7. 不合适的行为管理	1. 积极的学校气氛 2. 亲社会的同侪团体 3. 能负责任与提供需要的帮助 4. 归属感 5. 认同在学校内的成就的机会和学业成绩 6. 反暴力的学校规范
生活的因素	1. 离婚与家庭破裂 2. 战争或天然灾害 3. 家庭成员的死亡	1. 遇到正面影响他的人 2. 搬迁到新的地区 3. 重要转折点的机会或生活的主要变迁
社区与文化的因素	1. 低收入与房屋设施简陋 2. 人口密集 3. 邻近暴力与犯罪的区域 4. 缺乏支持服务 5. 社会或文化的歧视 6. 媒体对暴力之描绘	1. 有支持服务的门径 2. 社区的网络工作 3. 社区的附着 4. 参与教会或其他的社区团体 5. 较强的文化认同与种族尊严

最后,我们可以发现,无论实证主义犯罪学派所关注的焦点是生物学的、心理学的还是社会学的,其影响力仍然非常巨大。之所以能维持这样大的影响力,其原因在于他们超越了现代主义者对犯罪问题的关注范围,将对犯罪问题的研究用一些可以量化的、客观的标准来分析和解释,并且坚持认为某些人是因为同时受到一系列素质与环境的决定性因素所驱使而实施犯罪,因而矫治和遏阻这些根本性因素是有可能的。可见实证主义犯罪学派在犯罪预防上的运用,仍会持续发展下去。

结　语

19 世纪后半叶,因急速都市化与工业化,失业率飙升,以致累犯、少年犯罪等与日俱增。新的犯罪统计清楚地显示古典惩罚政策的失败,同时也显示出其他社会因素可能会影响到社会上的犯罪情形,因而促发了新的犯罪学派的出现。以龙勃罗梭、菲利及加洛法罗为代表的人物开启了犯罪实证学派。此学派主要使用科学方法研究犯罪的原因,同时相信人类的行为是受到外在力量(环境)或个人(素质)所决定,而非个人可自由选择,其分别提出犯罪生物学理论、犯罪心理学理论、犯罪社会学理论,之后又有提出发展性犯罪理论。

犯罪生物学理论乃基于结构决定功能的假设,区分为传统犯罪生物学及现代犯罪生物学两大类。整体而言，犯罪生物学之贡献在于开创了犯罪学成为一门独立研究学科，了解犯罪问题非单一观点可解决，并以科学方法研究犯罪，奠定犯罪学的科学地位。其缺失则在于研究方法不够严谨，忽略了环境因素对犯罪所造成之影响，以及具有种族优越感容易被政治所滥用。犯罪心理学则从心理分析观点来看犯罪行为，认为幼儿早期的生活经验影响其犯罪行为及人格；从认知理论来解释犯罪，认为人的认知与道德发展层次是了解其犯罪行为的关键；从社会学习或行为模仿解释犯罪行为是观察学习的结果；而生理心理学家则探讨生理活动、人格与犯罪之间的关系。20 世纪以后，犯罪社会学逐渐成为犯罪学主流，主要对犯罪生态学分布进行探讨，分析社会变迁及分化对犯罪的影响，以及探讨社会团体之间的关系对犯罪的影响。犯罪社会学的主要架构分为社会结构理论（宏观）、社会过程理论（微观）、社会冲突理论（互动）三大支派。发展性犯罪理论主张反社会及犯罪行为是逐步发展而成的，而且个人的生活经验能影响其生命趋向或转折，犯罪就是在这样的生命事件中不断地发展与变化，那么社会预防就起到了至关重要的作用。此外，素质与环境论认为人类的行为可以通过科学的手段进行有效的控制。此时，教育、矫正取代应报、惩罚以预防犯罪，至于那些无法被矫治的人，就应以隔离。总之，以上四个理论从犯罪与犯罪人本身出发，朝向客观与辩证之方向发展，社会预防和刑罚预防将成为预防犯罪的主要手段。

第四章　批判犯罪学与明耻整合及修复式司法

第一节　批判犯罪学导论

一、起源

批判性的思想弥漫于美国20世纪60年代及70年代的各种科学中，其源于“批判实证犯罪学的谬误及对犯罪控制之失败”。此处所言的“批判”，与“实证”的概念是一致的，用以描述这些理论之反传统实证研究及思考路线，强调观念与制度对犯罪行为和犯罪者的反应。因此这些观点也常被称为“社会反应理论”。批判犯罪学派并不像实证犯罪学派那样强调寻找犯罪人的犯罪原因，而是提出“权力”的概念，并指出基于权力差异产生的不平等的事实。批判犯罪学派关注的问题包括犯罪行为本身为何被视为犯罪、行为人是如何被挑选出来的、刑事司法体系该如何运作以及犯罪行为未来是否存在除罪化的可能等。这样的犯罪学，在英国被称为新犯罪学，美国则称之为批判犯罪学，亦有学者冠之以激进犯罪学，而现在则将其标榜为左派现实主义，因之主张从观念论转变为现实主义。

批判犯罪学的诞生可以追溯至1968年的英国。当时一些年轻的犯罪学者批判主流的实证犯罪学不过是借科学之名以维持保守体制，为此他们还设立了全国偏差研讨会，以抗衡传统的犯罪学。也正因如此，他们借鉴了当时标签理论的方法论，建立了一种前所未见的犯罪学观点。1973年，英国学者泰勒(Ian Tayor)、沃尔顿(Paul Walton)、扬格(Younger)出版了《新犯罪学》(*The New Criminology*)一书。此书对当时主流的犯罪观点进行了广泛的批评，并借此向学术界推广了这种全新的犯罪学研究方法。

这本书对后世的学者，尤其是20世纪70年代的英美犯罪学家产生了重大的影响。以美国为例，美国批判犯罪学的产生得益于其特有的社会背景，主要可归纳为两点：(1)60年代至70年代遍布全美的社会运动，为美国批判犯罪学思想的诞生提供了优质的环境；(2)由于当时美国对马克思主义思想的研究尚浅，故倡导以批判性眼光看事物的批判犯罪学引发了学术界的热烈讨论。事实上，纵使美国批判犯罪学的发源地——加州大学伯克利分校的犯罪学院于1975年出于政治原因被关闭，该学说本身的影响依旧广泛深远。值得一提的是，相较于英国批判犯罪学家对理论的过分看重，美国的批判犯罪学家更强调实践的必要性，鼓励人们以积极的行动去改变现状，改造社会。

二、目前发展趋势

批判犯罪学初期的基本观点可大致归纳如下：(1)刑法及刑事司法是资产阶级用来压迫

劳动阶级的工具；(2)犯罪是社会弱势群体对政府权力的反抗；(3)真正需加以非难的犯罪应当是战争、种族歧视、环境破坏、公司犯罪(包括知识产权犯罪)、贪污犯罪等；(4)犯罪增加导致犯罪恐惧感增高的幻觉，正是"正当化'法与秩序'政策"的诡计；(5)犯罪学的最终目的是实现"没有国家及刑罚的社会"。

由于批判犯罪学长期无法形成完整的理论体系，传统犯罪学者认为批判犯罪学不过是一种幻想，而不会对现行刑事政策产生任何实质影响。再加上支持批判犯罪学的学者们因批评现有体制而得不到研究经费的赞助，故必要的调查研究也无从开展。而且一系列的实证调查研究表明，20 世纪 80 年代民众的犯罪恐惧感有增无减，犯罪也不被认为是政府对社会弱势者的压迫手段，这一切都使批判犯罪学显得四分五裂甚至谬误百出。直到 80 年代后期，支持批判犯罪学的学者们不得不改变原有的观点，针对向来批判犯罪学的"左派观念主义"，提出了"左派现实主义"的犯罪学，其代表人物有罗杰·马特乌斯(Roger Mattews)和奥恩·利亚(Ohn Lea)。左派现实主义犯罪学的发展，受东欧剧变及苏联解体的冲击较大，许多人因此意识到建立一个"没有国家及刑罚的社会"几乎是不可能的。兼之赶上女权运动、人权运动等一系列社会运动的热潮，学者们尝试通过新的学说以突破原有观点的局限与樊篱。左派现实主义犯罪学的基本主张可归纳如下。(1)研究方法：从抽象理论的论述转向实证的调查研究。(2)研究对象：将关注点从国家权力的运用扩展至民间的犯罪现象。(3)犯罪者观：承认犯罪者犯罪并不仅仅是对政府权力的反抗，亦有出于自利而犯罪的情形。(4)犯罪对策论：从主张废除刑事司法体制转换至提倡警察民主化及监所之改革，并强调对犯罪的根源——社会经济条件的改善，例如加强社区治安，合理化被害人赔偿，节制使用监禁等手段。

三、标签理论

(一)历史发展

标签理论诞生于 20 世纪 50 年代，以莱默特(Edwin Lement)出版《社会病理学》(*Social Pathology*)一书为标志，而后又经过贝克尔(Howard Becker)在《圈外人》(*The Outsiders*)中的系统阐述而广为人知。标签理论认为，每一个人都存在"初级越轨"的行为，但只有被贴上"标签"的人才会走上"越轨生涯"，成为危险的偏差行为者或罪犯。

(二)基本观点

1. 犯罪是社会互动的产物

标签理论反驳了实证犯罪学派的观点(即犯罪主要受"体制"与"环境"影响)，提出犯罪是建立在互动理论之上，而属于社会互动之产物的观点。当某一个体的行为被有意义的他人(如教师、警察、邻居、父母、朋友等)贴上标签，描述为偏差行为或犯罪时，他将逐渐成为偏差行为者或犯罪者。①

2. 法律是被差别制定及差别执行的

这一观点强调"差别化"这一特质是法律从制定到执行自始至终存在的，具体表现在三个方面。(1)对犯罪的定义。"偏差行为并非某种行为的本质，而是直接或间接之观察者加

① 杨燮蛟. 现代犯罪学[M]. 杭州：浙江大学出版社，2010：64.

诸该行为者。”在互动理论的语境下，并无所谓“本质上为犯罪”的行为，行为的性质取决于行为之外的评判。(2)差别制定。偏差或犯罪行为的定性，根源于社会大众对该行为及行为者的负面反应，而与行为本身的道德内涵无关。如贝克教授所言：“偏差行为并非一个人的行为本质，而是他人很成功地将规范和惩罚引用至‘违法者’的结果。”(3)差别执法：法律被有差别地执行和适用于不同的团体，使得当事人受到法律追诉和制裁的可能性与性别、种族、社会地位等诸多因素紧密关联。综上所述，我们可以得知个人的特性及与社会的互动，将直接决定其是否会成为罪犯或受到何种惩处，而这与传统观念上的是否违反刑事法并无太大关联。值得一提的是，标签理论认为法律存在的“差别化”恰恰证明法律是利于强势团体而不利于弱势团体的，而这也会使得弱势团体更容易被贴上犯罪者或偏差行为者的标签。

3. 第二次偏差行为

第一次偏差行为在全人类中是广泛存在的，但若在第一次偏差行为后被贴上“标签”，便如同被施以一种“身份贬低仪式”，留下的“犯罪者”的烙印将会对个人日后的社会生活产生难以估量的负面影响。不仅使个人终身难以摆脱，而且会迫使其内心逐渐接受负面的角色而去修正自我形象，从而更大可能地再次参与犯罪活动中。

4. 邪恶的戏剧化(dramatization of evil)

当外在的标签力量逐渐强化时，犯罪人内心会重新评估自身的身份。他也许并不理解自己的处境，也不明白为何他人会给自己贴上这样的标签，甚至会产生反叛的念头：“假如所有人认定我是恶人，那我便做个恶人吧。”由此可见，偏差行为有可能会在后续被逐步放大，这一过程被田那邦(Frank Tannenbaum)称为“邪恶的戏剧化”。标签理论的模型如图4-1所示。

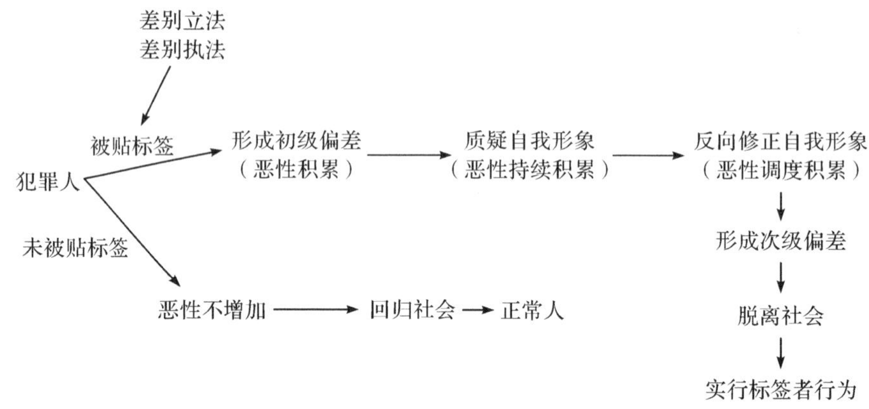

图4-1　标签理论之模型

(三)理论影响

1. 学术界

标签理论对当时犯罪学的影响是显著的，具体表现在：(1)促成自陈报告研究的活络化；(2)论证了犯罪并非特殊素质或特殊环境的产物，每一个人都有可能成为犯罪者；(3)促成实际犯罪与犯罪统计之间相互关系的调查，揭露了犯罪恐惧感受犯罪率影响的论调纯属媒体与警方的无稽之谈；(4)批判了媒体与警方存在选择性公开犯罪情报的现象，这也是造成对某些偏差行为过度反应的原因；(5)指出刑事司法机关拥有的裁量权过于宽泛，极易产生恣意决断、滥用权力、选择性执法等恶果。

2.社会政策

如标签理论所言,犯罪者犯罪乃是受刑事司法机关之标签所害,越是“强化社会统制”则越容易产生偏差。一个人被贴上标签后,便会陷入烙印效应,反向自我修正为犯罪者形象,最终恶性加重甚至脱离社会,成为更加危险的犯罪者。出于应对,标签理论提出了“不干涉原则”——尽可能地将刑罚作为最后的手段,并以不干涉刑事政策为优先考量。美国曾发布“4D政策”,即以非犯罪化(decriminalization)、非机构化(deinstitutionalization)、转向处分(diversion)及适正程序(due Process)为标准对待犯罪人。而且“4D政策”的影响远不止于美国本土,在20世纪70年代也相当程度地影响了欧洲各国的刑事司法,鼓励现代法治国家慎重使用刑罚,对未曾受刑罚制裁之人则扩大运用转向处分。

然而,这类政策也招致不少学者尤其是吓阻理论支持者的批评,他们认为这只会适得其反,“最坚定的结论是正式制裁本身并没有很强的吓阻或标签效果”。

(四)卡茨(Katz)“犯罪的诱惑”

尽管对标签理论有许多质疑的声音,但坚持以“犯罪之于犯罪者的意义为何”为解释架构的大有人在,其中便包括美国社会学家卡茨及其“犯罪的诱惑”(seduction of crime)理论。卡茨认为,犯罪行为是当事人在面对特定环境时,极力摆脱某种道德约束的企图,亦即在犯罪的瞬间,行为者受到了外力的推进、挤压从而克服了道德上的两难。因此,卡茨主张,对犯罪者而言,犯罪的最根本意义在于逃脱别人的控制而强加控制于他人。

(五)学说评价

20世纪60年代初期的美国盛行以社会批判为主要内涵的标签理论,对当时的犯罪学理论与犯罪对策论影响显著。标签理论试图颠覆“犯罪者=恶,非犯罪者=善”的传统观念,并将犯罪学的关注点转移至刑事司法体系,这一前卫而独特的着眼点为学术界提供了一种全新的思路。当然,标签理论也遭到了不少批判,抨击者的主要论调有:(1)标签理论根本算不上一种理论,而不过是一种单纯的观点转换罢了;(2)标签理论难以体系化;(3)标签理论完全无视犯罪的素质成因,纯属一场空论;(4)理论以轻微犯罪为研究对象,未必适用于重大犯罪;(5)“标签”也有正面作用,可以使当事人自我反省,从而达到预防效果;(6)无法解释初级偏差行为的来源,又坚称不存在本质上即为邪恶之行为的犯罪,可谓自相矛盾;(7)无法解释为何同一时空下,不同个体存在不同的犯罪可能性;(8)无法解释犯罪率的变化,况且执法者常以犯罪之严重性为取缔标准,人口变项影响并不大,且自我形象影响亦相当小;(9)所谓“强化社会统制而生成偏差”,实际上并无实证支撑;(10)近年的调查研究表明存在犯罪集中于特定人种及社会阶层的现象。至于70年代后期,随着激进犯罪学的兴起,标签理论更像是新旧犯罪学理论过渡时期的产物。

第二节　冲突犯罪学理论

一、理论诞生

英国工业革命的兴起,在极大提高了社会生产力的同时,也暴露了资本主义制度的弊病，尤其是工人阶级队伍的迅速壮大，使控制生产工具的资产阶级与提供劳动力的无产阶级产生了利益上的根本冲突。马克思与恩格斯对此提出了著名的阶级理论，而冲突理论便是以阶级理论为基础诞生的。不过马克思和恩格斯的理论很少涉及对犯罪问题的看法。恩格斯仅在著作中提及犯罪是社会非道德化的结果，寓示人性的崩溃与瓦解。在资本主义社会非道德化的影响下，工人群体更易于从事犯罪与暴力行为。马克思也曾指出资本主义社会经济关系与犯罪存在的联系，以隐喻“无犯罪社会”的可能性。

冲突理论虽然历史悠久，在社会思想史上也有广泛深刻的影响，但用以解释犯罪现象仍是晚近以来的事。究其原因：(1)自陈报告研究显示，犯罪及偏差行为与社会阶级并无必然联系，但官方统计认为低产阶级的孩童更易于被逮捕或定罪，这表明刑事司法体系存在明显的偏见与歧视现象；(2)受标签理论的影响，刑事司法体系被认为在犯罪成因中扮演着重要角色；(3)20 世纪 60 年代末期至 70 年代初期的美国时局动荡，反战示威及各类民权运动层出不穷，为冲突理论提供了有利的发展环境。

二、基本观点

冲突理论存在多种不同的表述形式，但都基于一个共同的假设：冲突是社会的本质。根据取向的不同，我们通常将冲突理论分为保守的冲突理论与激进的冲突理论。

(一)保守的冲突理论

保守的冲突理论关注点在于权力及其使用。理论假设冲突的发生源于不同团体间对某些现象或事件的控制权争夺，兼之法律本身内化的立法者价值观，故法律会将特定团体的特定行为定义为犯罪。如渥尔德(George Vold)所言，借社会冲突来解释犯罪现象，法律为寻求政府之协助以维护其权力和利益之政治团体所创制，故犯罪行为乃不同社会力量互相冲突之结果。特克(T. Turk)也提到，除非社会结构、价值体系及社会关系得到全面性的改造，规制人们的行为并迫使人们成为“好人”，否则违反规范之行为，如青少年的偏差行为、家庭解组、人格失常、缺乏工作技术等问题将永远无法解决。保守冲突理论对某些刑事法律起源和犯罪类型的解释有一定借鉴意义，如吸毒或赌博等无被害人犯罪，但与传统的杀人、强盗、盗窃等犯罪确实关联性不大。

(二)激进的冲突理论

激进的冲突理论向来有诸多解读方式，从无政府主义、马克思主义到经济物质论再到多元价值论，但追本溯源都将回归到马克思的观点——社会冲突源于资源的有限和资源分配的不公，特别是权力分配的不公造成了有权者与无权者的利益冲突。因此激进的犯罪学家假设阶级斗争会以三种方式影响犯罪：(1)法律本质上属于领导阶级的工具，法律规定的犯罪行为代表着领导阶级的利益，并烙印着现存资本主义赖以发展的财产观；(2)一切犯罪皆阶级斗争之结果，进而造成个人主义与竞争；(3)剩余劳动力必须通过压低工人薪水取得，但剩余劳动力过多会伤害特定群体的利益，除非这些群体保持缄默，不对领导阶级产生立即的威胁，否则就需要消耗有限的资源加以控制。如昆尼(Quinney)所言，人们对犯罪之概念是受有权者之控制的，而刑事司法体系的运作同样以保障有权者之利益和需求为第一宗旨。[1]

---

① 理查德·昆尼.新犯罪学[M].北京：中国国际广播出版社，1988.它对传统的保守的犯罪学提出了挑战。

当某些人发展出与有权者之利益或需求相冲突的行为时，有权阶级及富有阶级的代理者——刑事司法体系便将之界定为犯罪行为。所以昆尼认为犯罪是一个持续反映社会结构变迁的概念，权力和利益的冲突在定义犯罪的过程中扮演着至关重要的角色。法律并非象征着绝对道德的抽象规范，而不过是社会规范的一部分，属于一种行为方式或处事原则。

很多激进冲突学派的犯罪学家都谴责资本主义，认为犯罪源于资本主义带来的经济剥夺以及伴随资本主义出现的个人主义。如果这些犯罪学家的推论是正确的，那么正向资本主义经济转型的共产主义国家的各类型犯罪应该会增加。俄罗斯的经验便支持这个预测。

（三）威廉姆斯三世（Frank P. WilliamsⅢ）与马克萧（Marily D. McShane）的归纳

威廉姆斯三世与马克萧合著的犯罪学理论将冲突理论的要点归纳如下：(1)冲突是生活事实，也是描述社会最好的形式；(2)社会资源的稀缺性与每个人对资源的控制欲导致了社会的大部分冲突；(3)控制资源便创造了权力，而权力又被用来维持自身的资源并夺取别人的资源；(4)领导团体一旦形成，就会利用有效的社会制度稳固自己的领导地位，进而谋取更多利益；(5)法律是社会制度的一部分，乃当权者控制无权者的强力工具；(6)法律代表了当权者的价值观和利益，并禁止无权者从事类似的行为；(7)无权者的行为成为法律适用和执行的对象，导致了无权者高且不成比例的“犯罪”率。

三、理论评价

冲突理论的正面价值不容忽视，它引导人们去思考法律与刑事司法机关的关系，并开始关注白领犯罪和政府腐败问题，以及街头犯罪与白领犯罪在司法待遇上不平等的现象。但冲突理论也遭到了如下批评：(1)许多犯罪行为尚无法用冲突理论解释；(2)研究指出大部分暴力犯罪的受害人皆是低阶层者，且低阶层者所犯罪行往往较为严重；(3)冲突理论只解释了犯罪“应”是如何发生的，而忽略了犯罪“实际上”是如何发生的，而且理论本身也缺少实证材料的支撑；(4)理论提出的通过全面性社会改造以改变犯罪现状的设想是不切实际的；(5)忽视了个人的社会危险性；(6)改善犯罪者不仅仅利于预防再犯罪，而且会促进刑罚的人道化、合理化改良。

第三节　女性主义犯罪学

一、女性主义犯罪学介绍

（一）共通的问题意识

20 世纪 70 年代以来随着女权运动的高涨，女性主义犯罪学登上了犯罪学的历史舞台。女性主义犯罪学的主张多而广，唯其共通的问题意识可归纳为如下三点：(1)传统犯罪学理论未能给予女性等同男性的重视；(2)传统犯罪学对女性犯罪者存在偏见；(3)传统刑事司法过程缺乏女性观点。

（二）女性主义犯罪学的基本立场

女性主义犯罪学存在多种视野，其最主要的关键特征为：(1)如果没有认识到性别在犯罪中所扮演的重要角色，那么我们将无法从根本上理解和解释犯罪；(2)女性主义理论可以且应当用来减少在犯罪以及刑事司法体系乃至整个社会中存在的性别不平等现象。

因此我们可以将女性主义犯罪学划分为下列几种立场。(1)自由派女性主义：将犯罪率在性别上的差异归因于社会化过程中的性别差异，同时开始关注刑事司法体系中存在的性别歧视。(2)马克思主义女性主义：认为女性的从属地位是资本主义发展的结果，性别的不平等使男性控制了社会的经济生产工具，同时也提升了女性被性侵害及遭受暴力的可能性。(3)激进派女性主义：认为父权思想的影响程度超过资本主义制度本身，而性别关系也比阶级关系更为重要，针对女性的暴力是社会中所有男性用来维持与发展他们对妇女的控制的首要方式。(4)社会主义女性主义：认为资本主义与父权思想同等重要，阶级和性别关系的交互作用会影响人们可获取的机会，也会影响从事犯罪活动及成为受害者的可能性。(5)多元文化女性主义：关注有色人种中的妇女所参与的犯罪或者被害的情境，认为只有通过思考性别、种族和族群及阶级之间的交互作用才可能真正解释犯罪。

二、女性主义犯罪学的研究范围

无论基于何种立场，女性主义犯罪学的学者们及著作都会涉及以下四大领域。

(一)女性的被害

在20世纪70年代，女性主义最早的研究主要着眼于妇女所遭受的性侵害与家庭暴力，其研究成果也引起了社会大众对妇女受害的关注与热议。另外，研究发现女孩相较男孩更有可能遭受性虐待，而在经历了性虐待之后也更容易离家出走、脱离社会甚至吸毒、卖淫。调查研究表明的卖淫活动中受过性虐待的女孩居多的事实也佐证了这一结论。这一结论也将矛头直指父权思想价值观中将女性定义为性目标的特点。

(二)犯罪中存在的性别差异

女性主义研究的另一焦点议题即“性别比”，并试图借此找出女性参与严重犯罪的比例远低于男性的原因。“性别比”可谓是超越传统理论视角的议题，它强调了“男子气概”这一特质的重要性。议题认为要想减少犯罪，男性社会化过程以及对于“男子气概”的观念必须改变，男性支配地位也必须削弱。这一理论不仅可以应用于性侵及家暴等对女性的犯罪，也可用来解释街头犯罪与白领犯罪。

(三)对女性犯罪行为的解释

传统犯罪学理论可“概化”女性犯罪，但一些研究则超越了此“概化”议题的范畴。它们试图做出下列理解：(1)犯罪行为的性别本质或犯罪网络的性别分层对犯罪发生有着重要影响，如女性与男性犯罪者都存在“表现性别”，即男性通常被视为强壮的，而女性被视为软弱的，因此女性帮派成员相对于男性，较少参与械斗和其他危险活动；(2)探寻家庭生活中的性别机制对青少年犯罪的影响，如黑根(Hagan)等人提出的权力控制理论所认为的，在“父权制”的家庭中，父亲在外工作，母亲在家照顾小孩，父母们均同意传统的性别角色观念并将之灌输给小孩，男孩会倾向于养成更容易导致犯罪的“男子气概”，而女孩则会接受反犯罪的价值观，从而造成青少年犯罪中存在的性别差异。与之形成鲜明对照的是，在“平权主义”家庭中，父母均在外工作或担任相当职位，故儿女均较少接受父母管教，心理上均较为独立，这也增加了女儿从事青少年犯罪活动的可能性，但“平权主义”家庭的青少年犯罪的性别差异远不如“父权制”家庭明显。

(四)刑事司法系统视角下的女性

对于刑事司法实践中的女性经历以及其可能遭受的性别歧视,学者有过下列三种假设。(1)骑士假设:相比男性,女性可能会受到更宽容的待遇。(2)罪恶女性假设:女性犯罪是如此的少见,以至于一个有前科的女性看起来会更加令人恐惧,再考虑到女性的从属地位,冲突与标签理论也认为这样的女性会更具应罚性。(3)平等待遇假设:性别根本不会影响司法过程。事实上,目前的实证显示各路学者观点莫衷一是,各有各的说法。但我们认为性别似乎会以很特别的方式影响司法过程,尽管可能十分复杂隐秘,例如人们在对待女性犯罪者时,会考量其抚养孩子的责任,因此会倾向于表现得较为仁慈。

三、女性主义犯罪学对刑事法学的影响

近年来,女性主义犯罪学虽然不止一次批评过犯罪学的观点,但实际上也对刑事法学产生了不容忽视的影响。

(一)强奸罪的改革

美国强奸犯罪改革运动始于20世纪70年代早期,最早是为了回应学者对于传统强奸犯罪法律规定的批评,兼之60年代末期至70年代初期的美国强奸犯罪率显著增长,引起社会各界的关注,因此强奸犯罪法律的改革成为女权运动者的主要诉求。由全国妇女组织的强奸犯罪委员会所主导的妇女团体,到处游说各州立法者,修正或废弃传统强奸法律规定,以改变妇女同胞在美国法律上的地位。她们联合民间维权团体及刑事司法人员,意图革除传统强奸犯罪法律对被害人之不公,以及刑事司法体系中存在的不公待遇。女权运动者鼓励被害人勇于报案,积极与刑事司法人员合作,以提高强奸犯罪的起诉率及定罪率。及至80年代中叶,几乎全美各州均开展了不同程度的强奸犯罪立法改革,以达到下述几个目标:(1)修正传统强奸犯罪法律定义及证据法则之适用;(2)改善传统立法上基于父权文化思想造成的刑事司法体系中强奸受害者所受的不公平待遇,以增加报案率、起诉率、定罪率;(3)在法律上给予强奸罪足够的重视,使处理强奸犯罪的力度与处理其他暴力犯罪的相同,并将强奸犯罪视为一种暴力犯罪;(4)禁止对强制的性行为的各类型定义的广泛采纳,而确定单一连续分级化的强制的性行为定义;(5)扩充原有法律保护的对象。

当时的女权运动者及民间法律秩序维护者都希望可以全面而切实地修正强奸法律规定,而非沉溺于虚无的形式改革。[①] 纵使成功引领了改革潮流,其间依旧遭受了不小的阻碍,特别是民间律师团体主张如此改革将有损于加害人的辩护权利,甚至是迫使各州立法者做了某些程度的修正。尽管各州立法改革范围不尽一致,但基本都遵循着相同的理念与方向:(1)重新定义强奸罪(修正传统强奸之用语、扩充性犯罪行为概念、将强奸行为分级化、修订同意标准);(2)重新确定加害人的范围(改采性别中立立法、改变传统上“配偶免责”之观念);(3)证据法之完善(废除确认要求、制订强奸保护法);(4)法定强奸罪之改变及对应刑罚之改变等。

---

① [美]萨瑟兰.犯罪学原理[M].11版.吴宗宪,译.北京:中国人民大学出版社,2009:194.

（二）堕胎罪的改革

20世纪70年代的美国，随着对人工流产规范合宪性的质疑，堕胎罪的规定也成为公众热议的焦点。法制改革则主要集中于下列两个方面：(1)扩大妇女对于堕胎的自我决定权；(2)删除婚姻存续中已婚妇女之堕胎须经“夫之同意”的规定。然而，由于堕胎罪之设立重在胎儿法益的保护，况且堕胎又牵涉复杂的政治宗教因素，因此要妇女完全自主决定实施人工流产似乎不太现实，但也不能因此否认女权运动的主张对于堕胎罪的影响。

（三）卖淫的管制

有关卖淫的问题，在女性主义内部亦存在分歧：一方面认为管制卖淫是对女性行动自由的限制，另一方面则认为这是对女性的轻视而应当禁止性权利的商品化。虽然女性主义对卖淫管制采取双重标准，但女权运动者依旧认为卖淫是将女性及其性权利商品化，通过轻视女性以实现男人的自大，故提倡杜绝卖淫。

四、女性主义犯罪学的评价

女性主义犯罪学尖锐地批判了传统犯罪学及刑事司法机关缺乏女性之观点，以及存在针对女性犯罪者之偏见的现象，引起了学术界与社会各阶层的注意。然而，女性主义犯罪学终归是批判有余而创新不足，理论本身并没有提出任何新的议论，因此也不足以形成一个犯罪学派。从历史的角度来看，直到20世纪70年代后，犯罪学才开始正式考虑妇女的议题。所以，与其说女性主义犯罪学是一个理论，毋宁说只是一个观点罢了。纵使如此，女性主义犯罪学依然为犯罪学的理论化提供了不少值得借鉴的观点，这些观点利于改善群体的境遇，不仅包括妇女，也及于男性。女性主义犯罪学对于性别方面的刑事法学产生了重要影响，并提出刑事司法机关对犯罪被害人特别是女性被害人的考虑与保护的欠缺所产生的“第二次被害”问题，对犯罪学的发展和刑事司法机关的改革都有着不可磨灭的贡献。

第四节　明耻整合理论

一、犯罪理论整合的发展

（一）犯罪理论整合的回顾

在理论研究中采用整合方法，是20世纪后半叶各类科学研究的普遍趋势。科学的发展需要经历“综合—分析—整合”的过程，古代的思想家、哲学家都曾试图建立各自足以包罗万象的知识体系。但随着人类知识的发展，各个领域的知识越来越丰富，将之简单糅合在一起是不可能的事。当科学的发展进入分析时期后，新的学科不断诞生，学科分化也越来越细。但是，这种分析方法纯粹是主观地将原本完整的现象加以分割，而缺少对客观现象的正确认识。因此，20世纪后半叶，在系统论等学说的影响下，科学发展进入整合时期，反映在社会科学理论研究中，就是将不同的学科、理论及观点加以整合，试图借此更全面更准确地认识客观现象。

同样地，犯罪学的发展亦试图从自由意志论、素质环境论及批判学派等角度来探寻犯罪原因。但是时至今日许多犯罪学家发现，一元性层面的理论很难将复杂的犯罪现象解释清楚。于是，有不少犯罪学家尝试将不同层面的犯罪理论加以整合，以期待对复杂的犯罪现象有更周详的解释能力，取代理论间的相互竞争。特别是 1987 年美国纽约州立大学奥本尼分校刑事司法研究所在奥本尼举办的犯罪理论整合研讨会，掀起了美国犯罪学界对犯罪理论整合的热烈讨论。

（二）犯罪理论整合的意涵

理论通常由一组概念及说明其关系的命题构成，整合则是将分散的部分组合在一起形成较为完整的构成体。因此，所谓理论整合，依据美国学者方沃丝（Farmworth）之见解，是指以理论间共通相似之部分为基础，组合两种或两种以上的先前存在之理论。另外，宋贝利（Thornberry）认为整合理论是指将两组或两组以上具逻辑相关之命题予以组合，形成较大型之相关命题，以便对独特现象提供较为周详之解释。宋贝利给出的定义可以说是当今犯罪学文献上较完整的一个，其尤为强调各理论命题之组合，而非概念上之整合，同时以达成对某一特殊现象较周详之解释为目的。

（三）犯罪理论整合的类型

犯罪理论整合可以多种形式呈现，本文在此分别以赫胥及李斯卡（Liska）的观点[①]做如下说明。

1. 赫胥的观点

赫胥指出理论整合有如下几种类型。(1)上下整合：是指找出某一较具类推型之主要理论而将另一理论概念加以吸收、整合（可形象理解为大吃小）。(2)重点抽离：指找出理论间共通之部分（如人口基本特征、解释目的），加以适当的分类，并予以抽离，形成目的一致之整合。(3)前加后：是指找出各理论之关键变项，并适当安置其因果次序，以作整合之诠释。

2. 李斯卡的观点

李斯卡指出理论整合有如下几种类型。(1)概念上之整合：是指整合各犯罪理论间具共通内涵或概念之关键变项，将类似概念之变项予以吸收，而整合到较宽泛的概念中去，例如社会学习论对犯罪存在利于或不利于之定义，吸收控制理论之信仰变项即是如此。(2)命题之整合：是指把不同犯罪理论中可以验证出相同结果的命题加以整合，例如将均可预测中下阶层之高犯罪率的无规范理论及冲突理论予以整合。此外，命题之整合亦可将各理论间之重要解释变项以因果之形式予以安置排列，从社会解组理论出发，诠释家庭附着力之丧失进而影响犯罪行为之发生即为一例。

（四）犯罪理论整合的争论

犯罪理论不仅要弄清一个人为什么在他年轻时会去犯罪，而且也要研究为什么当他年纪渐长时会不再想犯罪。近年来，虽然理论整合在犯罪学领域逐渐居于主流的地位，但反对的声音也从未间断，其中以赫胥和盖佛森最甚。赫胥认为有些从事犯罪理论整合的学者经常忽略被整合理论之间的差异性，甚至把各理论中对立的命题完全抹杀，而增加了理论检验的困难度。赫胥的看法也得到了艾克斯（Akers）的同意。纵观各派见解，犯罪理论整合正面临着五个亟须解决的议题：(1)解释能力的差异；(2)命题代表性的选择；(3)统计技术的瓶

① 杨燮蛟. 现代犯罪学[M]. 杭州：浙江大学出版社，2010：65.

颈;(4)理论涵盖性的不足;(5)命题相容性的冲突。

(五)犯罪理论整合的发展方向

尽管犯罪理论整合遭受了部分质疑的声音,仍有许多学者认为理论整合拥有诸多无法替代的优点,并认为理论整合可继续向着下列方向发展。(1)概念上之整合:由于命题之整合存在不小的困难,故部分学者认为理论整合可从概念之整合开始。(2)理论之精心叙述与发展:部分学者强调以理论精心叙述与发展为策略,即对现存犯罪理论加以充实完善、充分发展,以取代整合理论。(3)小型或中型层级整合:犯罪理论之整合仍可选择适切变项进行小型或中型层级之整合工作。

犯罪理论整合发展至今,虽然背负不少争议,但也在犯罪学家的努力下,涵盖了不少有关犯罪理论整合的形态,如艾略特(Elliott)之紧张、控制及学习理论整合,卡尔文(Colvin)之马克思少年犯罪理论整合,黑根(Hagan)等之权力控制理论以及布雷斯韦特(Braithwaite)之明耻整合理论等。本书在此以布雷斯韦特之明耻整合理论为例加以阐释。

二、明耻整合理论的基本观点

(1)明耻整合理论整合了标签理论、犯罪副文化理论、控制理论、机会理论、学习理论等诸多理论中互补而共存的部分。换言之,明耻整合理论以控制理论探讨初级偏差行为的产生,以标签理论了解次级偏差行为何以形成,并以犯罪副文化理论解释次级偏差行为何以持续,并在此基础上以其他理论加以补充说明与润饰。

(2)明耻整合理论中"羞耻"的概念居于核心地位。羞耻是一种对犯罪行为表达非难的社会过程,而这种过程是指所有意欲或影响使被羞耻者感到悔悟,或是让其他知道该羞耻的人发出谴责的过程。

(3)羞耻可分为"黥印羞辱"(缺乏尊敬的非难羞耻将特定个人标记为邪恶之人)和"明耻整合"(非难羞耻的同时因依旧维系尊敬的关系而具有复归之作用)两种重要观念及形式。

(4)"互赖"是指"个体在所处的生存网络中,其依赖别人以达成有价值的目标,及他人因相同目的而依赖此一个体的程度"。研究表明犯罪现象的分布并不均一,犯罪通常出现在年龄15~25岁、男性、未婚、无业、低教育、低职业抱负的群体之中。究其原因,这些有着较一般人更低的"互赖"程度,更不易受"明耻整合"影响,故更有可能从事犯罪活动。相对地,若个体特质有较高程度的"互赖",则不容易踏上犯罪之途。

(5)"共信"是一种社会状态。在共信社会里,由于分子间有着高度的互助与互信,故个体"互赖"程度较高。影响"共信"程度的因素,除了与"互赖"概念的互动外,也包括来自社会、社区、特质的影响。都市化和居住流动性愈高,人际关系愈疏离,共信程度自然愈低。而共信程度愈低的社会,使用"黥印羞辱"的机会就愈多,犯罪率也愈有可能增加。

(6)"共信"是宏观现象,而"互赖"则是微观特质。"明耻整合理论"是一个能够解释宏观因素和微观因素分别是如何影响个体选择参与各种有目的社会活动,以及这些选择又是如何导致个体其他的微观选择的理论。故明耻整合理论属前加后整合形式,亦属命题整合的一种(见图4-2)。

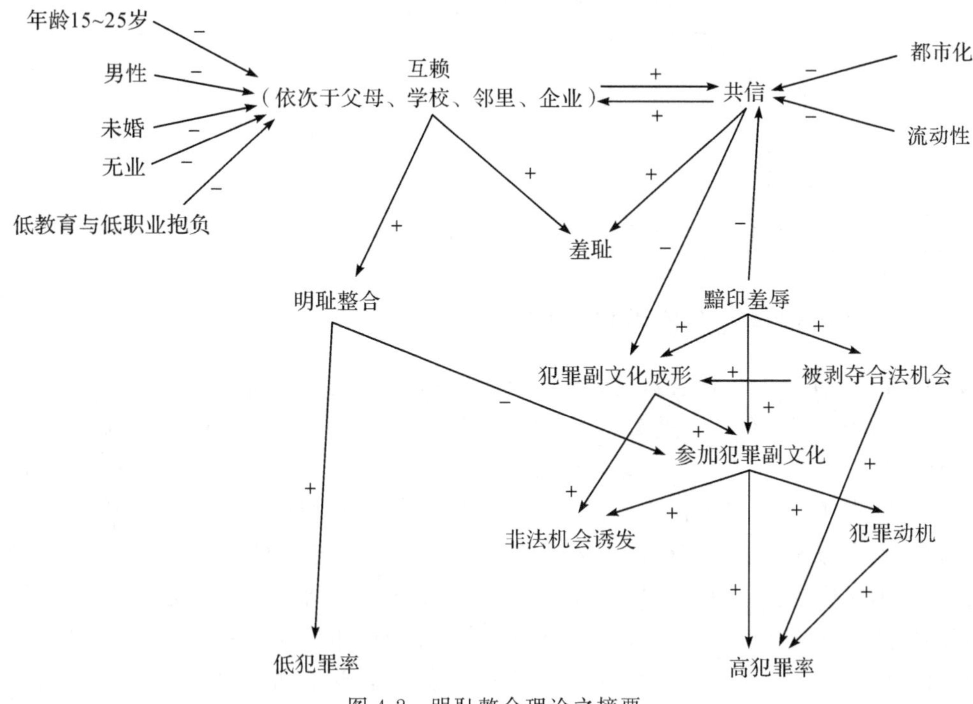

图 4-2　明耻整合理论之摘要

三、明耻整合理论的争议

明耻整合理论之发展背景，可简单归结为：(1)犯罪学家对一元性理论的质疑；(2)犯罪学家对犯罪学理论概化能力的不满；(3)日本刑事司法的影响。平心而论，明耻整合理论将犯罪人集中在 15～25 岁、男性、未婚、无业、低教育、低职业抱负群体中，将犯罪事实融成低"互赖"的概念，也将犯罪频发于高流动性、都市化区域的犯罪共相融成"共信"的概念，更将犯罪率低和犯罪率高的事实概念化成"明耻"和"羞辱"的概念，然后整合其他既存理论最终创造出该理论。明耻整合理论的优势是明显的：(1)好的概化能力或解释力；(2)与实证事实高度相符；(3)高可测性；(4)理论命题与架构的统一；(5)社会教育性；(6)全球性。

明耻整合理论也引起了下列争论：(1)未能调和各理论间的不同基础假设，如机会理论对于人性的基本假设是"善"，而承续涂尔干的控制理论认定人性为"恶"，如此截然不同的理论基础假设，是否适宜整合的确是一大疑问，况且人性本恶或本善目前并无定论(参照表 4-1)；(2)若以准实验设计方式，将受试者区分为"黥印羞辱组"和"明耻整合组"，则"黥印羞辱组"可能会出现标签理论所强调的问题，违背"重视人权"的研究伦理，不甚可取；(3)由于羞耻是一种强而有力的社会控制形式，因而它可以变成压迫性的社会控制。若羞耻会降低自由(在一种共和方式中感受到的自由)，那么这种羞耻便是错误的，相对地，若某羞耻行为能增加自由，那么该行为就是正确的羞耻，即当被羞耻。

表 4-1 主要犯罪理论模式与主张

	紧张理论	控制理论	学习理论
人性主张	人性本善	人性自利	人性非善非恶
犯罪原因	社会结构功能失调所产生之挫折与愤怒	缺乏自我控制或个人与社会之系带转弱，致使个人由非法渠道满足欲求	次级文化之社会化与学习，致其误以为违反社会规范是正确的
问题	为何人们会偏离社会规范	为何人们遵循社会规范不犯罪	社会规范如何学习而来

四、明耻整合理论的犯罪控制政策

(1)共信社区主义——社会运动政治：主张运用社会运动的力量，对应当犯罪化而未被犯罪化的行为予以犯罪化。这是来自下层的组织影响，通过民众的社会运动降低犯罪率。

(2)微式共信社区主义——社区责任会议：源自中国民间纠纷多元化解决机制与新西兰毛利人的社区责任会议，可以作为多元文化社会中凝聚道德力量以及降低犯罪的有效机制。这是一种以个人为中心的共信社区主义，可以将社区建构在把关怀联结导向特殊个人的基础之上。中国枫桥经验与新西兰社区责任会议在处理少年犯罪行为时，便充分发挥了这种精神，其通过“家庭团体会议”(family group conference)而非少年法庭来对待少年罪犯。会议通常由一位少年司法协调员召集，被邀与会的人包括犯罪者、犯罪者家人、在犯罪者的生活中扮演重要角色的人、被害人的支持者(通常是其家人)、警察等。这种设计正是明耻整合理论的应用，将羞耻建构于会议之中，邀请与犯罪者关系最密切的人与会，则是为了把“尊严”与“复归”的精神建构于会议中。这一制度实施以来，效果良好，不少少年犯罪者都在亲人鼓励与被害人的原谅下，真正悔悟。

(3)修复式司法：以“社会”而非“法律”观点来看犯罪问题，认为犯罪是一种对个人及社区关系的伤害，而非违反社会的抽象法律定义的行为。故修复式司法是社会或社区要恢复、加害人要恢复、被害人也要恢复的三赢策略。它有三个主要原则：①社区拥有解决冲突(包括犯罪)的主权；②对于被害人和社区要有物质或其他象征性的补偿；③加害人的整合与复健。

第五节 修复式司法

一、基本观点

倘若漠视加害人需求，可能会导致过分地“严惩犯罪人”，所以“修复式司法”(Restorative Justice，简称 RJ，又称修复式正义)试图启动良性循环，以满足加害人、被害人及社区三方之需求。在“修复式司法”学者的视角下，犯罪学的主要目的是建构一个和平公正的社会，因此他们不依赖实证资料，而从宗教和哲学思想里摘取理论基础。他们认为在一个充满冲突的社会中，惩罚和矫治是无效的，而彼此间的互助而非强制，才是和谐社会的基石。该理论认为在我们的日常生活中，最难处理的一项情绪就是由他人对我们造成伤害带来的情绪性痛苦，譬如以暴制暴，以牙还牙。这并不会使我们的日常生活变得安全、平和或幸福，相反地，甚至可能带来更多的猜忌、不信任和逃避。因此，他们提倡以社区为机制，通过会议、调解、道歉、宽恕、赔偿、服务、社区处理等方式恢复犯罪所造成的伤害，和平解决犯罪与冲突，而非通过惩罚或监狱。故我们也称之为和平建构犯罪学(peacemaking criminology)。

和平建构犯罪学将犯罪视为人类所必然遭受的一种苦难，为了减少这种苦难，人们必须寻求内在和平，同时学会用非暴力方式来解决冲突，因而提倡使用赔偿或社区服务等方式来替代惩罚性措施。

修复式司法具有下列要素：(1)处理犯罪的场域在社区；(2)修复式司法需要加害人、被害人及社区共同参与修复及治疗；(3)提倡以"社会""冲突"而非"法律"的观点看待犯罪事件；(4)修复式司法是一种恢复损害的"关系式正义"；(5)修复式司法主张发现问题、恢复损害、治疗创伤，进行广泛而有意义的社会革新，从而为社会创建更多更好的"和平"及"福利"。

修复式司法具有上述共通的要素，但在定义上有争议，近时则有下列两种说法。

(一)纯粹模式

纯粹模式将修复式司法定义为："与该犯罪有关的所有当事人集合在一起，共同解决如何处理犯罪的影响与其对将来关系的程序"，如中国的多元化纠纷解决机制与新西兰的"家族团体会议"等。纯粹模式是加害人与被害人、社区所属人员齐聚一堂，对犯罪与影响加以讨论，希望借此解决问题。相比损害赔偿或赔罪等损害修复，修复式司法更加重视程序上当事人聚在一起讨论的要件。当然，在此模式下，若无法得出关系人所能共同接受的结论，最终又将恢复到刑事司法程序上，故修复式司法并非刑事司法整体，仅能说是部分罢了。

(二)最大化模式

最大化模式将修复式司法定义为："为修复因犯罪所生伤害，而实现司法正义为目标之一切活动。"这样的定义并非否定纯粹模式，而是一种涵盖了纯粹模式的扩大形态。例如在支援被害人的情形中，支援被害人固然必需，修复加害人与社区的关系也同样重要。如此将整体纳入考量修复损害的范畴的过程，被称为最大化。如英美的损害赔偿命令与社会服务命令等即是如此，又如能让加害人从药物滥用中重新恢复的体系，亦属修复式司法之范围。再者，犯罪造成的社区人际关系的破坏与群众的不安，也都是修复的对象。

至于我们应当支持哪一种模式，在笔者看来，就结论而言还是以最大化模式为前提，再逐渐扩大其范围会比较好。若从被害人援助纯化的观点来看，则应采纯粹模式较妥，况且采最大化模式，程序进行上可能会出现快餐式的速食现象。凡此种种都是采取最大化模式所必须注意之处。另外应当注意的是，据此概念固然可以采最大化模式，然而对个别措施进行评估时，宜采纯粹模式。

综上所述，笔者认为修复式司法之意义乃指："在处理犯罪的过程中，能纳入各方参与，重新界定需求与义务，以鼓励犯罪人发展负罪感与责任感的方式来弥补犯罪造成的伤害，并借此过程发挥恢复损害、治疗创伤及重新界定社会界限之作用，以达成重建社会和谐与修复的目的。"

此外，支持修复式司法的理论不少，但最能阐释其要义者，应属标签理论及明耻整合理论。标签理论主张通过传统之正式刑事司法处理犯罪人，非但增加孤立犯罪人之窘境，同时也使之形成污名烙印。明耻整合理论强调"明耻"对犯罪人回归社会的积极意义，表达不赞同犯罪行为的同时，也宽恕那些从过去错误经验中吸取教训且愿意为被害人与社区付诸修补行动的犯罪人，其理论关键为"耻感重建再整合"而非"羞辱烙印"。

二、兴起背景

在当今国际刑事司法的思潮下，修复式司法被重新审视，究其原因可归纳为如下几点。

(1)对应报式司法的不满与反省：应报式司法下的累犯再犯数量高居不下，及其自由刑监禁的本质造成了许多负面影响。因而人们期望能有一种新的建设性司法，以加害人的忏悔、被害人的宽恕、社区的谅解、社会的支持来恢复犯罪所造成的伤害，进而消弭潜在犯罪出现的可能(应报式司法与修复性司法的比较见表 4-2)。

表 4-2 应报式司法与修复式司法的比较

项目	应报式司法	修复式司法
街头犯罪性质	违反国家法律	伤害具体个人
裁判权归属	刑事司法机关和执法人员	社区成员
目标	出于报复、威吓和禁止的目的来判决和刑罚	修复被害人、矫正罪犯、重建和谐
方法	对抗制，依据严格的证据法则来定罪	调停、协商、坦诚讨论、意见一致、赔偿
被害人角色	仅限于报案和出庭作证	中心人物、直接参与者
罪犯角色	必须接受谴责，承担后果	必须承担责任，做出修复
导向	以往的犯罪行为，通过威吓预防犯罪	以往的伤害和未来的修复、矫正

(2)对被害人权益的重视。20 世纪 70 年代之后，女权运动与被害人权利运动引起了巨大的社会反响，其倡导司法改革，主张法律承认以被害人群体为首的被压迫团体的权利，并开始重视彼等在诉讼程序方面的权利。修复式司法主张弥补与修复犯罪造成的伤害，并强调被害人拥有是否进行调解的自主决定权，因此获得了女权运动与被害人权利运动的广泛支持。

(3)对私人处理犯罪的支持。20 世纪 80 年代，由于犯罪率的增高，而刑事司法并不能高效地处理犯罪问题，修复式司法的学者产生了对现行刑事司法的悲观论，进而提出废除主义否定向来的刑事司法制度，主张减少刑法的功能而以损害赔偿等私人方式来处理犯罪问题。

(4)刑法目的的重新思考。相较于以往刑法目的所强调的应报与改善主义，现行理论则认为刑法的目的须从"法平和的回归"观点出发，强调刑法在"法益保护"须朝着"从抽象的法益保护到具体的被害人保护""从满足被害人的应报感情到实质的利益保护"的方向推进，以此调和加害人与被害人之利益冲突，解决其纷争。

(5)实务上对实践结果的重视。修复式司法之实践目前在世界各地收获了一定成果，特别是少年刑事司法领域中有关"被害人与加害人的和解"方案，已在世界各地得到了广泛的实践。

三、实践形态

目前实践修复式司法之实务形态主要有下列四种。

(一)被害人—加害人调解

被害人—加害人调解，是指被害人及其利害关系人与加害人在安全的环境中会面，并进行与犯罪事件有关之结构性讨论的过程。这种讨论往往是由一位经验丰富的促进者来协助进行，被害人能借此机会告诉加害人犯罪所造成的有关身体、精神及财物的损害，也可直接参与讨论有关加害人赔偿的协议，故亦又称这种过程为被害人—加害人之间的"对话"。

(二)家庭团体会议

家庭团体会议,是将受到犯罪事件影响的所有人员,包括被害人、加害人及各自的支持者、家庭人员聚在一起,共同讨论该事件的解决方式的过程。通常这种会议是由受过训练的专业人员召集,而加害人首先必须承认罪行并且是自愿参与。会议一般从加害人描述事件开始,然后由每一个参与人叙述其所受的伤害,通过每个人的发言叙述,彼此可深入了解犯罪事件对每个人生活的影响。经过周详的讨论,被害人可提出自己所期望得到的协助,而其他人也可以提出看法,以决定加害人应当如何补偿其所造成的损害。在所有的参与人签署共同同意的协议后,会议即可结束。

(三)审判圈

审判圈亦称"和平圈",它是运用传统的族长、乡贤调处仪式将被害人及其支持者、加害人及其支持者、法官、检察官、辩护人、警察及社区相关人士聚集在一起,以诚恳的态度对事件深入了解并寻求达成共识,然后探讨治疗伤员与预防犯罪的必要步骤。审判圈的主要目的是希望借此会议对各方当事人的态度、行为乃至生活形态均产生积极的影响,也对受到犯罪影响的社区、人文环境等有所裨益。

(四)社区修复委员会

社区修复委员会是由一个地方之小型居民群体组成,经过专业训练,能与加害人进行面对面的公开讨论。在委员会与加害人讨论过此次事件的不良后果后,他们会与加害人共同拟定一套修复补偿计划,而加害人则须承诺在特定时限内完成此计划。经过特定时限后,委员会会向法院做出报告,说明加害人的执行状况。这就是委员会任务的全部内容。

四、类型等级

McCold 和 Wachtel 依照"赔偿被害人""加害人负责任"及"社区关怀性的协商"三个元素,将修复实务分为完全的修复、关键的修复及部分的修复(见图 4-3)。

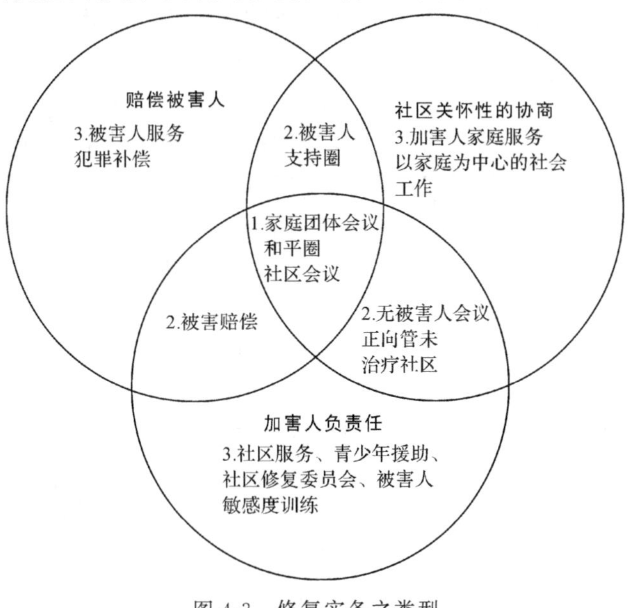

图 4-3 修复实务之类型

(1)完全的修复实务,必须同时满足全部三个要素,其形态为:①和平圈,②家族会议,③社区会议等。

(2)关键的修复实务,则可能会缺少其中一个要素,其形态为:①被害人扶持圈;②被害人赔偿;③被害人—加害人调解;④无被害人会议;⑤正向管束;⑥治疗社区。

(3)部分的修复实务,可能只满足其中一个要素,其形态如:①被害人修复,包含被害人服务、犯罪补偿;②关怀和好社区,包含加害人家庭服务、以家庭为中心之社会工作;③加害人责任,包含相关之社区服务、修复委员会、青少年援助小组讨论会、被害人敏感度训练等。

五、方案形式与刑事司法关系

我们将修复式实务分为上述四种形态,但没有特别指出方案形式与刑事司法的关系、被害人参与不同阶段的方案的意义何在。依据《联合国修复式司法手册》的分类,修复式司法方案可以在不同的处理阶段进行,包括起诉前(警察、检察)、起诉后判决前(检察、司法)、判决后量刑前(司法)、量刑后出矫治机构前(矫治)以及出矫治机构之后(观察)。在刑事司法不同阶段导入修复实务对被害人产生的影响可能大不相同。有学者研究,依修复方案和刑事司法机构间的关系,可将方案分为以下三种。(1)融合方案:真正以修复式司法为内涵的刑事司法制度,由刑事司法人员依修复式司法的精神在系统内依法令进行正式程序,具有一定的效力。如警察对非行少年的告诫、法院的损害赔偿命令、法官调解、原住民量刑圈、量刑前被害影响陈述、法官判决命令以及假释委员会内的被害人影响陈述等。(2)转向方案:由刑事司法人员担任主要转介者的角色,转介当事人到其他机构或民间资源进行修复方案,以取代或避免进入下一个阶段,形式涵盖了会议、多元化的处遇和防止再犯计划等,如家庭团体会议、少年或成人的修复会议等。但若会议不成功或有其他疑虑,仍可能回到正式系统处理。(3)补充方案:大多由刑事司法人员转向到其他机构或是由民间自主性的机构提供修复方案,目的是补充刑事司法程序的不足或是提升刑事司法决定的品质。但案件仍须进行到下一阶段,故和正式系统间的联结较弱,而且修复的结果可以作为刑事司法人员的参考或仅是供以有需要的当事人修复的机会,而不一定提供给刑事司法人员做参考。

六、修复式程序

实践修复式司法并无特定的模式,因文化背景的不同而有所差异,但基本的要件是相似的。修复式司法既然为一种关系式的修复,故当原有的社会平等关系遭受破坏后,受到影响的各方当事人均应参与,其中包含加害人、被害人及社区等。修复式程序基本上呈现出下列次序:事实的呈现—情感的抒发—修补行为的发生。因此,修复程序可总结如下:(1)事件的利害关系人均能面对面参与解决冲突,被害人、加害人及社区均能全程参与;(2)寻求了解事件造成的损害,损害不仅限于被害人,加害人及社区亦均有可能因该事件而经历损害;(3)遵循自愿性,不可以强迫、恐惧、威胁或操纵被/加害人来达到参与的目的;(4)坦诚是对话的前提,加害人对所发生之事件承认其所应负之责任是修复式程序的先决条件,各方当事人应以真诚的方式叙述自己的经历与感受;(5)被害人、加害人及社区间要有面对面的沟通和经验分享;(6)保障被/加害人的权利;(7)须有"促进者"或召集人的参与,以确保广阔的社会角度;(8)整个过程是针对加/被害人整合至社区而发动的;(9)经过沟通和协调,要提出一套针对未来之解决(补偿)方案或计划;(10)不应掺杂惩罚性的方案;(11)以整合、修复的结果为标准评估修复式司法的完成程度。

七、追求目标与执行成效

哈里斯(Harris)提出了一套评估修复司法实务的模式,除了可以评估该制度之执行成效,亦可从中寻得修复司法制度之六大目标。依序为:(1)程序正义,运作过程必须尊重所有参与者的权利,所有人应一律平等地视为适法的意愿;(2)圆满结果,所有团体都要同意会议决议的解决方案,并且愿意遵守行动计划之规定;(3)赋权充能,充分反映所有参与者之需求,亦即提供被害人与犯罪人以适法之感受;(4)再整合,被害人与加害人寻求回归社区的再整合机会,而不对犯罪人加诸污名烙印;(5)修复,恢复对所有参与者受到的伤害,同时以拒斥报应刑作为对该行为合法回应的方式;(6)充分显示制度运作的结果,达成情绪与社会损害的复原。

至于执行成效,可以通过如下标准评判。(1)满意度:除极少数个例外,针对接受该处理的犯罪被害人的调查研究指出,当事人普遍表达了极高的满意度。(2)执行力:对于各相关团体执行该程序最后会议的决议事项之能力的感受,调查结果与上述满意度之研究一致。(3)再犯率:参与修复式司法程序处理的犯罪人,其本身的顺从性、执行力以及自愿参与方案等因素均有利于其复归社会,行为矫正成功率高而不再犯乃必然结果。修复式司法确实具有有效降低后续犯行的正向效果。

八、面临之挑战

修复式司法面临之挑战包含:(1)以修复式司法解决复杂之社会问题似乎落入了华而不实之俗套;(2)修复式司法仅适用于轻微的财产犯罪类型,至于是否适用于较为严重之暴力犯罪之司法处理尚有较大争议;(3)如何保证当事人的参与都是出于自愿的;(4)社区的界定与社区代表的遴选如何统一规范;(5)三方权力失衡的问题;(6)法网扩张问题,即一项新制度或新政策的发布,其社会控制伞将会涵盖更多人;(7)最大的挑战在于,损害发生后如何调和加害人与被害人之间的需要以及社会正义感,以降低彼此的冲突及对社会的影响。如过度倾向被害人的需求往往会带来过于严厉的处罚及对加害人的漠视,而增加了再犯的可能性;过度关注加害人的需求,则可能会忽视被害人的需求,而不利于被害人的复原。这亦是被害人团体持续关注修复式司法议题的原因。

诚如布雷斯韦特所说,将“具惩罚性的”刑事司法系统完全转变为“修复式的”刑事司法是不实际的,也难以为社会大众所接受。因此,为了调和彼此的利益,布雷斯韦特以各种不同正义模式对人性的假设,提出了双重系统的修复式司法(见图 4-4)。图 4-4 中间是各种不同正义模式对人性的假设:(1)修复式司法认为人是有品德且能自我改善的行为人;(2)威吓式司法认为人是理性的行为人,精于计算,不会做出于己不利的事;(3)隔离式司法认为人是非理性的行为人,缺少改过迁善的能力,只有通过长期监禁的政策,方可保障社会大众的安全。因此,我们应该尝试以修复式司法为处理犯罪的首要策略,因为它成本较低且不易有负面反应。当修复式司法失败后,再使用威吓式司法,而当威吓式司法也失败时,再进入隔离式司法模式。

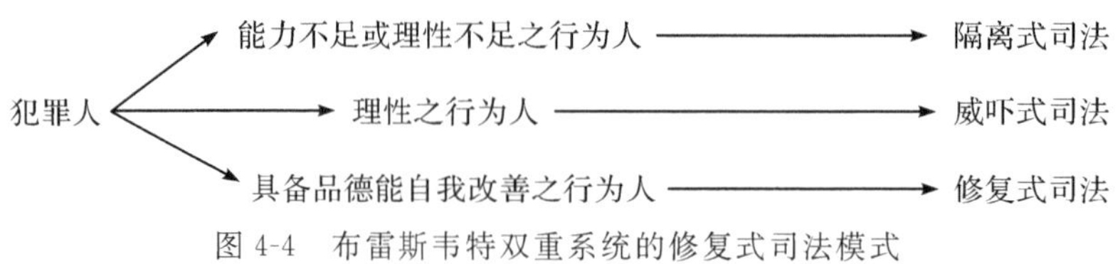

图 4-4 布雷斯韦特双重系统的修复式司法模式

九、警察在修复式司法中的职能

(一)修复式司法中的警察活动

修复式司法强调通过会议讨论、沟通等方式来修复加害人、被害人及社区间的关系，有别于正式司法系统对于加害人科处刑罚之方式。依照这样的理念，警察活动必须由现今的以加害人关系为中心的警察活动，转移到以被害人关系及社区关系为中心的警察活动，进而完善针对犯罪被害人之对策并强化警民关系。

(二)从社区警务导向转向修复式问题解决的警察预防模式

社区警务强调与社区居民保持密切良好的关系，便于开展犯罪预防。确实，修复式司法并非只是在犯罪发生后进行事后的修复，修复式司法也存在于犯罪预防之中，形成修复式犯罪预防。即使是在完全没有犯罪发生之情形下，也可能进行修复，或者是些微小事件也同样适用修复式司法。以这样的方式来预防重大案件的发生也是极有益处的。不过社区警务着重在于多元而缺乏聚焦，在警务之创新模式中发展出问题导向警务之警察预防活动，其提倡的是"问题解决型警务"着眼于解决有关社区安全的各项问题而非针对单一案件，从而进行更加有效的犯罪预防。社区警务与问题导向警务是个别出现，但亦有主张将两者加以统合，形成所谓的"社区关系问题解决型警务"(community oriented policing and problem solving, COPPS)。这一机制希望能事先采取适宜方式以解决犯罪、不安或影响生活品质的社区问题等，能通过事先察觉、分析进而得出应对策略，并活用各项资源，同时强化警察与社区间的联结。

上述警务创新模式均属于修复式司法的思考方式，此乃基于与犯罪或失序相关的所有人能共同思考应对之策的前提。而在社区内，以市民、"潜在的"加害人、"潜在的"被害人、警察以及其他利害关系者为主要角色，这正是纯粹模式的修复式司法。此外，针对如何在修复式司法中安置警察的位置，有学者提出了"修复式问题解决的警察预防模式"(restorative problem solving police prevention model)。此模式将警察包含到加害人、被害人与社区三者之内，而形成四者的模式。由于警察的介入，社区变得更安全，犯罪不安等级下降，社区内的生活品质提高，警察与市民的关系得到改善。

(三)警察在修复式司法上应有的作为

首先，有人认为警察不应该去实践修复式司法，主要理由是警察并非处遇机关，唯修复式司法亦非以处遇为目的而是应当以解决问题为目的，即使有着产生事实上处遇的效果，但这一定是由此而引发的问题。其次，对犯罪预防而言，修复式司法是有效的，而实践它的国家机关是警察，现阶段重要的是警察该如何实践修复式司法，而非将警察排除在修复式司法范围外，特别是在纯粹模式的家庭团体会议上，警察应被赋予参加的资格和恰当的位置。再次，在修复式司法中置入警察，代表警察成为社区的内构成员，警察作为市民的朋友或援助者进行活动，这有助于提高社区群体的生活品质。最后，明确警察的双面角色是众所希望的，即警察应当伴随着信赖感而能强有力地去解决社区内的问题，并做好市民的援助者与朋友的服务者角色。换言之，只有警察同时扮演好执行者与服务者这两种角色，才可能实现修复式问题解决的警察预防模式。

如一些学者研究发现，目前许多国家的警察都在修复式司法中扮演着多元且重要的角色，包括协助与主导修复式司法的进行。而修复式司法可发挥的成效包括避免对微罪者的标签效应、减少再犯率、减轻刑事司法中后段机关的负担、提高犯罪者与被害人的满意度、保护被害人、增进警察机关与社区的互动以及增强社区犯罪预防能力等。若在计划时衡量不同形式修复式司法途径实施的可行性，提高警察的参与意愿，慎选可能适用的犯罪类型与对象以及配合相关措施的推动以防范执行落差，同样对整体刑事案件减量、民众满意度的提高以及问题导向或社区警务的推行有正面的效果。

笔者建议警察机关近期可推动：(1)加强对被害人的重视与协助；(2)加强与乡镇市调解委员会的联系；(3)在警察教育中融入修复式司法理念并加强相关训练。关于未来的改进方向，除了从事各项研究以推广现今警察与乡镇市调解委员会合作的成功经验、针对调解人员开展专业训练并发放证照等，也需要推动警察在处理特定犯行(非告诉乃论当中属过失与轻微案件)时主导修复式司法的进行，修改《刑事诉讼法》以明文赋予司法警察机关微罪处分权，并建立一套明确清晰的处理规范。

结　语

批判犯罪学派源于“批判实证犯罪学的谬误及对犯罪控制之失败”。相较实证犯罪学派强调寻找犯罪人的犯罪原因，批判犯罪学派更关注行为本身为何会成为犯罪、行为人是如何被挑选出来的、刑事司法体系该如何运作以及随着社会价值观的多元化，某些行为可否除罪化。批判犯罪学派的主要观点有冲突犯罪理论、女性主义犯罪学及标签理论。冲突犯罪理论兴起之原因，除受标签理论影响外，亦因自陈报告之研究发现。冲突犯罪理论的价值在于其拓展思考层面至法律与刑事司法机关之关系，并开始关注白领犯罪和政府腐败问题，这是具有进步意义的。女性主义犯罪学则是伴随着20世纪70年代女权运动浪潮的高涨而登上历史舞台的。女性主义犯罪学推动了刑事法学对强奸罪与堕胎罪之改革，以及卖淫之管制的开展，并深刻影响了刑事司法机关关于减少被害人“第二次被害”的改革活动。至于标签理论，强调犯罪乃社会互动之产物，揭露法律乃差别制订及执行之事实，指出第一次偏差行为所产生“犯罪者”的烙印如同一种“身份贬低仪式”，而对个人社会生活产生负面影响，并应对性地提出了“不干涉原则”——以刑罚为最后手段，以不干涉为优先考量。

纵观犯罪学史，先后涌现了自由意志论、素质环境论以及批判学派等学说以解释犯罪原因。但当代的犯罪学界普遍认为一元性层面的理论是难以说明复杂的犯罪现象的。因此，不少犯罪学家尝试将不同层面的犯罪理论加以整合，以期达到对复杂犯罪现象更强的解释力，并借此取代理论间的相互竞争。现以布雷斯韦特之“明耻整合理论”为例，理论的主体正是对标签理论、犯罪副文化理论、控制理论、机会理论、学习理论等诸多理论中互补而共存的部分加以整合之产物。这样的理论拥有相当强的概化能力与解释力，能与实证事实高度相符，兼具高度可测性，其理论命题与架构的统一整合也有着相当的社会教育性及全球普适性。但遗憾的是，这一理论尚无法调和各理论间不同假设存在的矛盾。其中，黥印羞辱违背“重视人权”的研究伦理，而羞耻是一种强有力的社会控制形式，可以变成压迫性的社会控制。以标签理论及明耻整合理论建构为理论基础，诞生了修复式司法，又称和平建构犯罪学。修复式司法的基本要点在于利用会议、调解、道歉、宽恕、赔偿、服务、社区处遇等方式恢复犯罪所造成的伤害，以期和平解决犯罪与冲突。因此，修复式司法可概括为“社会或社区要恢复、加害人要恢复、被害人也要恢复”的三赢模式。

第五章　犯罪预防的模式

第一节　犯罪预防的基本观念

一、犯罪预防的基础理论

犯罪预防历来是犯罪学研究的核心领域，是国家进行犯罪治理的重要组成部分。社会治安综合治理的任务是抓好“打击、防范、教育、管理、建设、改造”六个环节的工作，其中防范、教育、管理、建设、改造都是以预防犯罪或预防再犯罪为目的，说明“打防结合、标本兼治、重在治本”是犯罪治理的基本原则。犯罪预防的模式是一个国家推行犯罪预防的标准化、制度化的基本实践形式。在相同的社会资源条件下，犯罪预防模式不一样则实际的预防效果不同。其实，任何国家在犯罪预防模式上都有自己的特点，当犯罪预防模式与本国的社会经济发展相适应时，就表现为刑事案件发案少、治安好、社会稳定；反之，则表现为犯罪率上升，公众安全感降低。虽然我国犯罪学理论研究中很少提及犯罪预防模式问题，但在犯罪预防实践中还是遵循一定模式的，这就是社会治安综合治理模式。此外，犯罪预防的效率还取决于当前社会治安综合治理模式在运用于解决实际问题时能否与时俱进、创新发展。所以，笔者认为，在犯罪预防方面包括知识产权犯罪在内的预防可能性与现实性构成了犯罪预防的理论基础。

（一）犯罪预防具有可能性

(1)犯罪是阶级社会特有的一种社会现象，虽然极其复杂多样，但是犯罪的客观规律还是可以被认识的，可以对症下药，进行有效防范。

(2)犯罪现象及其具体原因是可以被认识的，并且在此认识基础上，犯罪是可以被逐步控制和消除的。

(3)犯罪行为是犯罪心理的外在表现形式，这一外在表现形式存在于一个由量变到质变的过程之中。在针对犯罪心理的变化过程中，及时发现、预测犯罪，矫正不良心理和行为等措施，为预防犯罪提供了可能。

(4)合法行为与非法行为是相互作用的，犯罪行为必然与其他行为相联系，应以此为线索，及时采取防范措施，遏制犯罪的发生和转化。

（二）预防犯罪具有现实性

(1)社会经济制度为预防犯罪提供了物质保证；

(2)社会政治制度为预防犯罪提供了政权基础；

(3)现代科学技术的飞速发展为预防犯罪创造了技术条件；

(4)广泛深入的犯罪学研究和犯罪防控实践为预防犯罪提供了现实的方法和途径。[①]

二、犯罪预防的概念

犯罪预防是指基于犯罪包括知识产权犯罪原因的揭示，由国家、社会乃至个人采取各种方略与措施，致力于减少、消除犯罪形成的致罪因素，对个体犯罪现象以及社会犯罪现象，予以预先防范的一系列活动。

三、犯罪预防的特征

(一)主体特征：国家、社会、个人

犯罪预防的主体，包括国家机构、社会各界乃至公民个人。具体地说，着眼于主体特征，包括：官方组织预防与民间团体预防；专门机关工作与群众工作；组织预防与个人预防；家庭预防、学校预防、社区预防、社会预防；全国犯罪预防与地区犯罪预防；国际社会组织预防[②]与国内社会组织预防等。

(二)对象特征：犯罪现象

犯罪预防的对象，包括个体犯罪现象与社会犯罪现象。

1.个体犯罪现象

对于个体犯罪现象的预防，主要表现为初犯预防与再犯预防，或者一般预防与特殊预防。

2.社会犯罪现象

对于社会犯罪现象的预防，主要表现为从根本上遏制犯罪率的增长。此外，犯罪预防的对象还可以表述为各种犯罪行为类型的预防与各种犯罪人的类型的预防等。[③]

(1)犯罪后被处以刑罚并正在服刑改造的罪犯，防止他们释放后重新犯罪，成为犯罪的策划者和教唆犯。

(2)已经实施了犯罪或刑满释放人员，防止他们从偶犯变为累犯，从轻犯变为重犯，从个体犯变为团体犯，从单一类型犯罪变为犯多种罪的罪犯。

(3)有轻微违法行为和劣迹的人，防止他们走向严重的犯罪道路；刑事犯罪被害人及其亲人，防止他们因激愤发生报复性犯罪。

(4)目前尚处于守法状态的普通公民也应属此列，今天的守法者并不能证明与保证他们永远守法而不犯罪。

(三)基础特征：形成机制

犯罪预防的基础，表现为对于犯罪原因(犯罪形成)的揭示。对犯罪原因的研究成果，为

---

① 阴家宝.新中国犯罪学研究综述(1949—1995)[M].北京：中国民主法制出版社，1997：333.

② 例如，联合国预防犯罪和刑事司法处(联合国常设办事机构，隶属于联合国社会发展与人道主义事务中心)、联合国预防犯罪和刑事司法委员会(联合国犯罪预防与刑事司法的决策机构，联合国经济与社会理事会下属的专门委员会，由联合国40个成员组成，每届任期3年。每年召开一届会议)、联合国预防犯罪和罪犯处遇大会(联合国预防犯罪和刑事司法委员会负责筹备，5年召开一届，由各国选派代表若干参加)等。

③ 张小虎.犯罪预防与犯罪控制的基本理念[J].河南省政法管理干部学院学报，2008(1)：65-70.

犯罪预防的原则与方法的制定与实施提供了专业知识背景；其所揭示的关键性致罪因素及其在犯罪形成中的作用关系，是犯罪预防方略的重要理论依据。

（四）措施特征：综合多样

犯罪预防的措施，表现为通过法律的、行政的、经济的等各种途径，综合运用宏观的、微观的等各种手段，对犯罪的形成予以全方位的阻断。具体包括整合意识价值（思想观念预防）、完善社会结构（社会环境预防）、调整社会政策（制度规范预防），合理惩罚犯罪（惩罚性预防）、教育矫治犯罪人（矫正性预防），立法预防、司法预防等。

（五）阶段特征：预先防范

犯罪预防的现阶段表现为在犯罪形成之前将犯罪予以阻断。对于个体犯罪来说，即遏制个体犯罪心理的形成或者通过再社会化使个体犯罪心理得以矫正；对于社会犯罪来说，就是从犯罪形成的源头上，削减或消除犯罪的各种致罪因素，改善社会环境，铲除社会犯罪形成的不良土壤。①

笔者在上文从犯罪预防的基本概念及其特征出发，论证了犯罪预防具有可能性与现实性，这为犯罪预防的理论提供了一个基础以及思考方向。

（六）工作特征：标本兼治

犯罪预防的工作特征表现为打防并举，标本兼治，重在预防。其包括六方面工作：打击、防范、教育、管理、建设、改造。

1.“打”

打击是综合治理的首要环节，是落实综合治理其他措施的前提条件。

2.“防”

只有预防工作做好了，犯罪行为少发生，才有利于我们拿出更多的警力、精力去对付更严重的犯罪。否则，只能是打不胜打，防不胜防，处处被动。

(1)加强调解工作，防止矛盾激化；

(2)发动组织群众，实行群防群治，全民预防胜过事后严打，建立治保组织、人民调解、社会帮教、群众联防等制度，能起到很好的预防犯罪的作用；

(3)加强安保和人防、物防、技防相结合的措施。

在犯罪预防中把对全体社会成员的预防与采用先进的科学技术预防和利用物质装置进行预防有效结合起来，充分发挥整体预防的效能。

3.“教”

法制教育与道德教育相结合。

(1)法制教育：指在全体公民中持续深入、扎扎实实地开展普法教育和各种形式的法制宣传教育。

(2)道德教育：指对社会公众进行道德规范的宣传与灌输，使其形成自觉的道德意识，并自觉遵守道德行为规范。

它是法律之前的一道社会控制阀。除非是存在精神病态或者智力发育障碍，否则每个人都可以感知到道德规范的存在。即使是再凶恶的犯罪人在内心深处也残存着对道德规范

---

① 张小虎.犯罪预防与犯罪控制的基本理念[J].河南省政法管理干部学院学报，2008(1)：65-70.

的认识。

4.“管”

加强社会管理,堵塞各种漏洞。

(1)谁主管谁负责。

(2)属地管理,条块结合,以块为主。

条:按不同工作性质划分的,隶属不同系统的各行业、部门、单位。

块:按地域划分的行政管辖区,如市、县。应注意消除条块分割、脱节现象。

(3)外来人口、流动人口管理。

(4)旧货业管理。

(5)文化市场管理,消除精神污染。

(6)银行金融部门管理,减少被盗案件发生。

5.“建”

搞好基层组织建设和制度建设。如联防队的巡逻制度、居委会的公寓式管理制度、企事业单位的内部治安保卫制度。

6.“改”

做好对违法犯罪人员的改造工作。改造工作是教育人、挽救人、防止重新犯罪的特殊预防工作。

7.三个延伸

向前延伸——罪犯改造工作要体现在公检法办案、起诉和审判的有关工作中;

向外延伸——运用家属、亲友、原工作单位、街道居委会等力量参与罪犯改造工作;

向后延伸——将罪犯的改造情况在其刑满释放时介绍到所在街道、工作单位及派出所等单位,进行接茬帮教。

第二节 犯罪预防模式的理论表述

一、犯罪原因的揭示与社会治安综合治理的宗旨,是犯罪预防的知识平台

多维主体、对象、措施的犯罪预防,就是建立在这个平台之上的。这就是说,基于犯罪预防的基本特征,犯罪预防模式可以多角度地考察。从这个意义上说,犯罪预防模式是以犯罪原因的揭示为基础的,是全方位、综合性地针对犯罪包括知识产权犯罪的综合治理模式。模式(pattern)是指从生活经验中经过抽象和升华提炼出来的核心知识体系,模式其实就是解决某一类问题的方法论,把解决某类问题的方法总结归纳到理论高度。① 所以模式是一种指导。一个良好的指导有助于我们完成任务,有助于我们做出一个优良的设计方案,不仅能达到事半功倍的效果,而且会得到解决问题的最佳办法。因此,犯罪预防模式乃是犯罪预防的指导方法,有助于我们设计那些可预防、控制、排除及降低实际发生犯罪与犯罪恐惧感所有活动的方案,最终达到预防犯罪的最佳办法。

---

① http://www.baike.com/wiki/%E6%A8%A1%E5%BC%8F&prd=button_doc_entry,2018-11-04.

二、犯罪预防模式既然是犯罪预防的指导方法，便有其理论依据

犯罪学上最古老的一种分类法则，就是把理论分为古典犯罪学派和实证犯罪学派两种。古典犯罪学派着重于个人自由意志理性选择、法律条文、政府结构及人权；实证犯罪学派理论则着重于犯罪行为的生物、生理及社会成因、治疗及矫正。因此，从古典犯罪学派便可导出刑事司法模式（或法律惩罚模式或威慑模式）及情境预防模式（或机械物理环境模式）；从实证犯罪学派便可导出发展性预防模式（或生物、心理矫治预防模式）及社区预防模式（或社会学预防模式或肃清病源预防模式）。此外也可以用公共卫生的三级预防模式或意识形态或犯罪的决意过程来分类，另亦可用风险社会的犯罪预防模式来划分。如果着眼于主体，犯罪预防分为官方组织预防与民间团体预防等；着眼于对象，犯罪预防分为个体犯罪预防与社会犯罪预防等；着眼于措施，犯罪预防分为思想观念预防、社会环境预防、制度规范预防等。①

三、我国的社会治安综合治理的基本模式，就是古典犯罪学派和实证犯罪学派的衍生和演变的结果

随着社会经济的发展，综合治理的理念、制度和措施也需要与时俱进。要吸收在犯罪预防实践中创造的新制度、新手段和新方法，使犯罪治理体系适应时代的新要求，实现犯罪预防理念和制度创新，才能达到我国社会治安综合治理的目标。我国犯罪治理预防模式的完善包括以下三个方面。

（一）加强公共服务，创建和谐稳定的社会秩序

在计划经济时期，公共安全如同民生用品一样都是由政府进行管理的，政府提出管理目标要求公众遵守，在多数情况下政府提出的管理目标都可以实现。政府与公众之间的关系比较密切，公众在就业、商品需求、福利保障（主要是城市居民）等方面对政府依赖性很强，政府通过公众所隶属的单位或基层组织实现对公众的管理，双方的利益、责任和义务互相认可，行动一致。但是，在市场经济发展起来以后，政府对社会的管理职能发生了很大变化，其中就业的分配和民生用品的供给逐渐被市场取代，公众与市场的关系逐渐增强，与政府的关系趋于松散，原来在计划经济时期建立起来的社会治安管理渠道和方法逐渐失去作用。公众虽然与市场的关系更加密切，但是，市场经济只能调节供求关系而不能调节公众的治安行为，治安仍然需要政府组织管理。因此，政府就面临着如何在市场经济条件下创建新的犯罪预防模式问题。这个新模式的切入点就是要把政府的治安管理目标与满足公众需求结合起来，通过加强政府为公众服务的方式建立政府与公众的密切联系，提高政府在公众中的公信力，从而促进政府的治安管理目标的实现。进一步说，这就要求政府的犯罪防控新模式建立在政府与公众之间互信互助的基础上，把政府的管理目标与满足公众的需求统一起来，建立覆盖面更广、保障更为有效的体系。政府服务体系主要包括建立健全基本保障体系、居民应急救助体系、公益性医疗卫生服务体系、农民工权益保障与公民待遇体系、教育与就业机会平等体系等。从我国犯罪增长的社会问题来看，因基本需求不能满足或担忧基本需求不能满足而激发的犯罪呈现上升趋势。一些极端的反社会的特大案件并非完全由于生活所需物

---

① 在“犯罪预防的概念特征”中有详细说明。

质的缺乏,而是由对未来生活保障不足的心理预期引起的,这个问题可能预示未来犯罪增长的新特点。提高政府公共服务水平,健全社会保障制度有利于提振公众信心,提高弱势群体的生存能力,增加他们的发展机会,从而减少因危机感而产生的反社会的犯罪行为。加强对农民工的管理与更好地为农民工服务并举,加强对弱势群体的引导与改善他们的生存条件并举,才是经济社会协调发展,确保社会长治久安的良策。

(二)加强现代科学技术在犯罪预防中的作用

1991 年中共中央做出社会治安综合治理决定时,提出了运用政治、经济、行政、法律、文化、教育等多种手段,整治社会治安,打击和预防犯罪。长期以来,我国在运用传统手段预防犯罪方面取得了比较成功的经验。但是,传统的犯罪增长因素与现代的犯罪增长因素出现了显著的差别。现代科学技术包括计算机信息网络技术、通信技术、视听技术等对公众的影响日益深刻,利用现代科学技术实施危害公共安全和他人利益的犯罪也有增多的趋势。传统的犯罪预防手段技术含量较低,难以发挥防控新型犯罪的作用。现代科学技术的发展为我们提供了颇有前景的高效、可靠的新手段,如监控技术、物联网技术、GPS 技术、通信技术等,可以广泛地运用于社区安全防范、重要场所安保、被害预防定位、110 报警系统等方面。

加强现代科学技术在犯罪预防中的作用还需要解决两个问题:一是要建立安全防范的技术标准。目前我国不少社区、企业和重要场所都已将科技装备作为犯罪预防的重要手段。但是由于国家没有统一的技术标准,各单位采用的硬件技术参数不尽相同以致不能形成共享网络,难以发挥应有的作用。2004 年福建省泉州市曾经发生一起抢劫金银首饰店案件,由于该店位于路口,而且有一个治安监控电子眼正对店门口,案发当天的视频监视器本应能够记录现场并为警方侦查提供线索,但是,当警方提取该监视器存盘资料时,却发现监视器因为长期没有维护,早已不能进行监视录像,这种安防设备不能发挥作用就与管理制度缺失有关。有些地方,安全防范技术设备的施工单位、使用单位、维护单位各不相同,施工单位不使用,使用单位不维护,这样,政府投入的公共安防设施很难发挥应有的作用。因此,在大力推广安防技术过程中应当首先做好管理制度建设,才能有效提高安防技术在犯罪预防中的作用。

(三)建立结构合理、功能完善的犯罪预防体系

长期以来,我国社会治安综合治理主要依靠政府治安力量,民间和非政府治安力量动员不足,社会治安综合治理的协作机制没有发挥预期作用。社会治安从综合治理变成主要是政法机关,尤其是公安机关的社会治安治理。我国有 14 多亿人口,社情复杂,民情多样,矛盾多变,在这样的背景下,现行的社会治安综合治理的结构显得过于简单,在功能上也比较局限于行政管理和执法方面。预防犯罪不仅要靠执法和行政的手段,最基础的工作是公民教育、社会保障体系建设和提高政府的公共管理水平。充分发挥政治、经济、行政、法律、文化、教育和科技等多种手段的作用,建立一个结构合理、功能全面的立体预防体系。这个立体预防体系可以分为基础预防、重点预防和专门预防三类。

1. 基础预防

基础预防的对象是全体民众,主要是充分发挥学校教育、公共媒体、社区在犯罪预防中的作用,提高公民对法律道德的认识水平,学习应对挫折,掌握处理矛盾的途径和技巧。多年来,我国学校教育被应试教育绑架,学校教育成为应对升学考试的应试教育,公民守法及

品德教育、公民责任感教育在学校课程中占比少，地位低，师资训练不足，品德教育实践更是难以保证。承担基础教育的学校是公民成长的主要环境，也是公民认识社会的主要途径，学校教育的功利化给新一代公民的人格塑造和知识经验的构成留下缺陷，这是一些社会问题包括犯罪率上升的一个重要原因。因此，基础预防首先要着眼于改进学校教育，在课程、师资和教学计划等方面进行必要的改革，加强青少年的思想品德素质教育，培养品德素质、心理素质、文化素质、身体素质全面发展的新一代社会主义建设者。此外，改革分配不公，缩小贫富差距，提高低收入群体的工资待遇，加强和完善社会保障体系建设，加强对媒体舆论的引导和网络管理，加大非政府治安组织、机构的培育和管理等都是当前基础预防的重要任务。

2. 重点预防

重点预防从传统上来看，其主要任务是加强对重点人口和重点场所的管理，防范犯罪的发生。重点预防首先是要做好基础工作，使重点人口摸排全部到位，登记在册，并由公安机关进行管理。但是，有些人具有犯罪动机又不具备被列入重点人口的条件，对这一类潜在的重点人口的管理就容易疏漏，这也暴露了当前我国重点预防机制的缺陷。例如，2010 年福建省南平市发生的“3·23”小学校园惨案以及广西、广东、江苏、山东、陕西等地发生的杀害学生的校园案件都不是有前科的人员作案，这些人都没有列入公安机关的重点人口的防范视线中。显然，重点预防的旧模式已经不能适应新情况。重点预防需要构建社会联防机制，用人单位、社区应当发挥应有的作用。社区民警、心理卫生工作人员和社工人员应当共同参与到重点预防的工作系统中来，按照各自的分工，各司其职，各尽其能。党委政府要把这项工作作为社会治安管理创新工程来抓，在经费、人员训练、编制以及装备上予以落实，建立起与新时期犯罪预防要求相适应的运行制度。

3. 专门预防

专门预防主要是指公安机关进行的犯罪预防。公安机关在担任犯罪预防的角色中被社会寄予了厚望。政府和公众都希望通过公安机关的努力使社会治安得以好转，犯罪率下降。目前制约公安机关工作效率的两个主要问题，一是破案率不高，二是出警率偏低。破案率不高主要是由于侵财型的犯罪侦破率较低。侵财型的犯罪通常占到刑事案件总数的 70%以上，在多数公安机关，盗窃案件破案率只有 10%～20%，虚假短信诈骗案件破案率只有 5%左右，犯罪人进行犯罪活动的风险很低，不利于抑制犯罪动机的形成，这也是盗窃案件居高不下、虚假短信诈骗案件迅猛增长的一个重要原因。出警率是防范犯罪的一个有效措施，所以许多国家对社区出警率和道路出警率都有具体要求。我国目前还没有关于出警率的规范制度，各地公安机关执行的规则和依据不一样，这种不规范的操作很难评价这项制度的效果。一个社区、街道需要多少巡警，安排在什么地点巡逻都是现代警察勤务的重要内容，也是一个需要科学研究和论证的问题。因此，我国公安机关要改革、完善现行的警务制度。要提高出警率，一是增加警力，目前这条途径潜力比较有限；二是提高警务工作效率，使警察有更多时间到社区；三是进行治安管理改革、创新，挖掘非政府的治安资源。治安管理任务要实行分级管理和协同管理。要培育非政府的治安组织并使之承担一部分治安管理的任务。例如设立校园警察（协警）使之承担起校园治安管理的任务，校园警察不具有行政警察的全部权力，但可以对发生在校园内的现行犯罪予以应急处置，减少犯罪危害；负责师生的安全教育，组织校园内的巡逻，对校园内的可疑人员进行盘查；对校园的安防技术监控进行管理；

协助地方公安机关开展案件调查。还要积极培育规范的保安服务公司，使之承担一部分大型活动的保卫任务。创建新型治安组织需要相应的配套法律制度和工作制度，有关部门应进行探索研究。创新总是比较困难的，但是不进行制度创新、措施创新，犯罪防范的僵局就很难突破。类似这样，在公安机关指导下把新型的非政府治安组织培育起来，成为协助公安机关侦查办案、街区巡逻、为民服务的有力帮手，也是公安机关解决警力不足的一条途径。所以，专门预防主要是创新制度建设，把社会潜在的治安管理资源挖掘出来，对新生的治安组织和机构加以培训、引导，使之为社会治安管理服务，公安机关则集中精力开展案件侦查和重大犯罪预防，更好地发挥专门机关的作用。

犯罪预防模式是社会治安综合治理基本方针的应用，包含犯罪预防策略、措施的综合配置、效果评价机制和实践形式等方面的结构体系，有关犯罪预防模式的更多理论与实践问题尚待理论界继续探讨。

第三节 犯罪预防模式的分类

一、从犯罪学理论划分的犯罪预防模式

（一）技术取向的犯罪预防模式

20 世纪 60 年代，学者 Peter Lejins 根据各类犯罪预防活动所采用的不同技术，将犯罪预防活动区分为三种，如表 5-1 所示。

表 5-1 技术取向的犯罪预防模式

模式	策略
惩罚预防模式	·威慑 ·隔离 ·死刑
机械环境预防模式	·目标物强化 ·出入口管制
矫治改善预防模式	·个人情况改善 ·家庭情况改善 ·学校情况改善 ·社会情况改善 ·经济情况改善

1. 惩罚预防模式

以报应主义为理论根基，注重初犯预防、一般预防，较为典型的理论形态是立法威吓主义与积极一般预防，如强调刑罚的报应、威吓、隔离等功能。报应主义，又称报应刑主义、绝对理论，强调刑罚的施加在于报应。恶有恶报、善有善报是人之常情，犯罪是一种恶，对于犯罪之恶，应以刑罚应对之。刑罚是犯罪之报应，着眼于已然之罪，犯罪事实即社会危害性不仅为刑罚之条件，而且为刑罚之唯一原因。

(1)立法威吓主义:立法威吓是通过法律明文规定刑罚的方式,来遏制社会一般人的犯罪欲望,从而达到预防犯罪的效果。费尔巴哈(Paul Johann Anselm Feuerbach,1775—1833)竭力主张立法威吓,提出了"用法律进行威吓"的名言。与执行威吓不同,立法威吓强调的不是刑罚执行的血腥场面,而是刑罚的明确性和确定性。费尔巴哈创立了心理强制说来解释立法威吓。他认为,人都具有追求快乐、逃避痛苦的本能。因而人在可能获得较大的快乐时,就会断绝较小快乐的意念;而在可能避免较大的痛苦时,就会忍耐较小的不快乐。行为人之所以犯罪,就在于其追求在犯罪时能获得快乐的感性冲动;为了防止犯罪,就必须抑制行为人的感性冲动。具体地说,对于一定的犯罪,以刑法事先规定明确、肯定的刑罚,使人们预先知道因犯罪而受到刑罚的痛苦,大于因犯罪所能得到的快乐。由此,按趋利避害行事,人就会把抑制犯罪发生的小的不快和受到刑罚产生的大的不快比较,宁肯避开大的不快而选择小的不快,从而抑制心理上萌生犯罪的意念,以避免犯罪。

(2)积极一般预防:执行威吓与立法威吓均以威吓为基底,此可谓消极一般预防。相反,超越于威慑意义来理解一般预防,是积极一般预防。其通过刑法的评价机能和决定意思的机能,使公民对刑法产生依赖,由此达到预防犯罪的效果。所谓刑法的评价机能,是刑法把一定的行为当作犯罪并科以一定的刑罚,由此为一般人提供了一个行为价值的判断标准。德国学者雅科布斯(Gunther Jakobs)力主积极一般预防。他强调刑法规范的标准性,指出要把行为看成与规范相冲突的宣告,把刑罚看成为确证规范做出的回答。犯罪应被视为一种有缺陷的交往,并且这种缺陷要作为其罪责归于行为人,而社会坚持这些规范,而且拒绝自己被重新理解。刑罚不只是一种维持社会同一性的工具,而且已经是这种维持本身。刑罚意味着一种自我确认。由此,期待具有足够的法的忠诚,更确切地说在期待为实现足够的法的忠诚而履行其义务。雅科布斯从责任的角度,提出了积极的一般预防是维持公民对刑法规范的信赖。他认为,只要一个国家不是暂时性地存在,对规范正确性的信赖就不是由情绪性的遵循来维持的。一般预防目的所确定的责任界限,不是根据作为责任和责任刑罚的接受者的"好的市民"的想法所确定的,而是为维持对规范的信赖所必须确定的。它与根据一般人的想法无关,而是关系到为维持信赖、维持秩序所必需的东西。①

2.矫治改善预防模式

矫治改善预防模式又称教育刑主义,以目的主义为理论根基,注重再犯预防、积极的特殊预防,如改善个人状况、家庭状况、学校状况、社会状况及经济状况等方式。德国刑法学家李斯特(Franz von Liszt)与日本刑法学家木村亀二,是矫正性预防的重要代表。目的主义,又称目的刑主义、相对理论,强调刑罚的施加在于目的。刑罚的目的并不在于对犯罪的报应,刑罚只是一种手段,通过这一手段以达到预防犯罪、保护社会的目的。刑罚针对未然之罪而发动,目的是刑罚施加的出发点与归宿。②

(1)李斯特:李斯特倡导矫正改善主义。他认为,刑罚的目的在于改造和教育犯人,消除其危险性,使之重返一般市民生活之中。个别预防的重点不是预防不特定的可能犯罪的人,而是预防已受到处罚的人再次犯罪。刑罚的分量以为了消除犯罪人的危险性(犯罪性),使

---

① [德]格吕恩特·雅科布斯.行为 责任 刑法——机能性描述[M].冯军,译.北京:中国政法大学出版社,1997:103,132,35.

② 张小虎.报应主义与目的主义之对峙及调和[J].社会科学,2003(2):58-63.

之重返社会所需的处理期间为标准(处罚的不是行为而是行为人)。与其说刑罚的目的是威吓、警诫一般人,莫如说是使犯罪人自身得到改造、预防犯罪更为重要一些。

(2)木村龟二:日本刑法学家木村龟二是一个狂热的教育刑论者。他主张:教育是刑罚的本质;教育刑的教育是以犯罪人为对象的特殊教育,是“再教育”,这与对正常人的普通教育是不同的;科处刑罚不是因为行为人犯了罪,而是为了使行为人不犯罪;刑罚要依据犯罪人的个性,采取相应的方法使之回归社会;只要与犯人的特性相应并有助于其成为社会人,教育刑方法就没有限制;教育刑的刑罚个别化是对相同的犯罪人平等处理、对不同的犯罪人不同处理,因此教育刑包含了平均正义,并进一步体现了分配正义。①

3. 机械环境预防模式

机械环境预防模式是指基于硬体环境对于犯罪的影响,增强对硬体环境的安全维护,诸如房屋建筑、都市环境设计、工商业安全维护、门锁防盗设施等机械式安全维护②,如目标物强化及出入口管制等方式。这项基于技术的分类一直被学界和实务界所使用,持续至20世纪70年代初期左右,犯罪学者杰弗利所著的《通过环境设计预防犯罪》和建筑师纽曼(Newman)所著的《防御空间:通过城市设计预防犯罪》二书出版后,这项分类才开始被取代。此二位学者强调犯罪的空间分布和犯罪的启动因素,也因此预防犯罪活动转变为以目标为导向的分类。而美国学者提出的致力于消除越轨行为发生机会的自然因素和社会因素的第一层次预防,其中的通过自然环境设计的犯罪预防以及包括邻里照看、邻里支持、居民巡逻队等的邻里犯罪预防,也具有犯罪控制的意义。③

(二)法律制裁、机械物理、生物心理与社会学四个层面的犯罪预防模式

根据学者 Naud'e 的见解,犯罪预防模式根据犯罪研究策略区分成生物心理模式、社会学模式、机械物理环境模式和法律制裁模式四大类(见表5-2)。

(1)法律制裁模式是以18世纪犯罪古典学派的论点为基础,认为犯罪是经过犯罪危险的衡量,通过经济效益的评估所理性选择而采取的行为,因此主张用刑罚的确定性与严厉性惩罚措施来威慑潜在犯罪者,进而达到预防犯罪的目的。

(2)机械物理环境模式认为犯罪的发生根据犯罪机会而定,并且强调大部分的犯罪集中在少数的特定地点和可预测的时间内,所以预防方式以减少犯罪机会为目标,通过适当的都市环境设计、建筑物规划加以预防,重要措施包括物理环境及安全改善,以减少犯罪者侵害的方式来达成犯罪预防的目的。

(3)生物心理模式的论点着重在促成个体犯罪的内在病态因素,预防措施大多在行为发生后,预防措施可以是个人或团体导向的辅导,并且可以在机构内或机构外进行。

(4)社会学模式则较注重改善影响潜在犯罪者从事犯罪行为的社会环境,包括贫穷、失业、家庭解组、父母管教态度失常、居住环境恶劣、娱乐设备不足、学校教育体系失常、种族冲突、社会体系欠缺公平等。这些社会环境的负面因素导致了人格发展不良、社会化欠当、价值规范观念无法内化、文化的冲突,进而促使了犯罪。

---

① 张小虎.报应主义与目的主义之对峙及调和[J].社会科学,2003(2):58-63.

② 邓煌发.犯罪预防[M].桃园:台湾警察大学出版社,2000:368-371.

③ [美]史蒂文·拉布.美国犯罪预防的理论实践与评价[M].张国昭,等译.北京:中国人民大学出版社,1993:19-59.

如所谓的“盗窃4D防范原则”是指在防范盗窃犯罪时，须采用软硬兼施的防范口诀，使用各种方式打消(Deny)犯罪者犯罪的动机；使用各种方式阻挡(Deter)犯罪者犯罪的动作；使用各种设备，延迟(Delay)犯罪者犯罪的时间；使用各种设备，侦查(Detect)和记录犯罪者的犯罪行为。

表5-2　法律制裁、机械物理、生物心理与社会学四个层面的犯罪预防模式

分类	重点	目标	缺失
法律制裁模式	1. 理性选择犯罪：若犯罪所得利益大于犯罪风险，便会犯罪 2. 以此刑罚的迅速性、确定性与严厉性来劝阻犯罪	1. 强调威吓及隔离，如要求使用死刑，主张大量使用监禁刑，否定矫正效果、报应符合正义等 2. 提高逮捕率，如增加警察员额及预算、强化警察巡逻 3. 实施重罚政策，如实施基于公正报应的量刑、导入量刑指南、强化监狱的运作	1. 刑罚威吓的效果很难证明 2. 易招致死刑及长期拘禁刑的负面效果
机械物理环境模式	减少犯罪机会	1. 设计安全场所 2. 安排有效程序 3. 研究安全产品	1. 犯罪转移的问题 2. 侵害市民自由的问题 3. 忽视催生犯罪社会条件的问题 4. 丧失信赖感的问题 5. 来自民众的抗拒问题 6. 缺乏一些十分具体研究对象的问题 7. 归责于被害人的问题 8. 产生社会排除的问题
生物心理模式	个体内在病态因素	个人或团体导向的辅导治疗	1. 对象仅局限于个人 2. 未及于犯罪发生的外在环境 3. 成本甚高且费时 4. 矫正成效有限
社会学模式	改善影响潜在犯罪的社会环境	1. 改善贫穷 2. 改善失业 3. 改善家庭解组 4. 改善父母管教态度 5. 改善居住环境 6. 改善娱乐设备不足 7. 改善学校教育 8. 改善种族冲突 9. 改善社会体系不公平	1. 只要给他们机会就会成为守法的公民是过分乐观地看待人性 2. 只是社会结构的改革而未能改变个人 3. 任何一个现实社会中不可能只有一套价值体系 4. 计划发展结果常成为保护官僚的利益而未能真正替穷人负责

(三)威慑、情境、矫正与肃清病源四个层面的犯罪预防模式

学者克拉克指出在过去一百年当中的犯罪预防策略主要包括威慑、矫治处遇及肃清社会病源策略，但并未具有令人满意的成效。于是提出犯罪预防的另一可行方向——情境犯罪预防策略，以弥补前三种传统犯罪预防策略的不足和缺陷。情境犯罪预防策略的分类预防模式如表5-3所示。

(1)威慑犯罪预防模式，是指采取各类报应、威吓及隔离手段来预防犯罪。威慑犯罪预防模式可分为一般和特别威慑，前者是指用惩罚威吓效果，使社会一般人能知所畏惧而避免

犯罪;后者则是用对犯罪人的惩罚,使其惧怕进而影响其未来可能衍生的犯罪行为。

(2)情境犯罪预防模式,是指用环境的设计以减少犯罪机会和增加犯罪的困难度或风险。

(3)矫治犯罪预防模式,是指对判决确定有罪的各类收容人进行矫治以达成预防犯罪的效果。此项预防模式又可分为"机构性"矫治处遇和"社区性"矫治处遇两大类。前者是指在具有封闭性和强制结构本质的犯罪矫治机构中,对各类收容人通过教育、职业训练生活指导、宗教教诲以及其他心理辅导、精神疾病的矫治以改变其偏差和犯罪行为,进而促使其再回归社会后,避免再犯;后者则是将犯罪人置于社区、家庭或机构中,运用社区资源和各类辅导处遇技术,并促犯罪人参加各项方案以增强社会适应能力而达到犯罪矫治的目标。

(4)肃清社会病源犯罪预防模式,是指犯罪的产生受到许多不良社会因素的影响,因而强调应该对这些社会病态加以纠正、改善,减少犯罪的发生。具体做法如提升家庭功能、落实学校教育、净化大众传播媒体、就业辅导及休闲活动规划等方式。

表 5-3 威慑、情境、矫治与肃清病源四个层面的犯罪预防模式

模式	内容
威慑预防	・一般威慑 ・特殊威慑
情境预防	・犯罪地域分析 ・环境设计 ・目标物强化 ・社区犯罪预防 ・疏导或转移犯罪人远离被害标的的措施
矫治预防	・机构式矫治处遇 ・社区犯罪矫治
肃清病源预防	・提升家庭功能 ・落实学校教育 ・大众传播媒体犯罪预防 ・就业辅导 ・休闲活动规划

(四)刑事司法、情境、发展性和社区四个层面的犯罪预防模式

依据学者们的观点归纳整理分析,犯罪预防可归纳出下列四种基本途径。

(1)刑事司法的预防:指传统警务和刑事司法机构的威慑、长期隔离及矫治策略。有些学者认为刑事司法存在的目的是预防犯罪,故通过刑事立法、刑事司法和刑罚执行等三个阶段对犯罪者的规范和刑罚的执行,希望能对犯罪人的再犯行为及一般潜在犯罪人的犯罪予以威吓进而达到预防犯罪的效果,因而贬抑其他种犯罪预防方法。但是许多研究者指出刑事司法对于犯罪现象的影响力有其局限性,还需要开发刑事司法以外的预防犯罪政策。

(2)情境犯罪预防:是指用环境的设计以减少犯罪机会和增加犯罪的困难或风险。

(3)发展性预防:指防止个人犯罪倾向的产生,将有害个人成长的因素去除,改进父母亲的教养功能,促进儿童的身心健康及学业表现,减少儿童虐待,可降低长大后的儿童犯罪的可能性。因此发展性犯罪预防是犯罪预防的新领域,其成功有赖于政府的支持和长久的努力。

(4)社区犯罪预防:指改变影响犯罪的社区环境和机构。目的在于重组社区和强化非正式社会控制,其方式包括改进社区的物理环境、生活休闲形态以及社区巡逻队等。在城市中最常见的是物业,其种种措施都是以提升社区意识和归属感为方向,以共同维护社区的安全来达到预防犯罪的目标。社区犯罪预防与刑事司法体系两种策略的比较,如表5-4所示。

表5-4　刑事司法体系与社区犯罪预防模式的比较

	刑事司法体系	社区犯罪预防模式
犯罪问题(对象)	指犯罪依据传统评量标准,愈严重的犯罪,刑事司法机构应付出愈多精力去处理	失序、恐惧、严重犯罪,由背景条件、邻里优先顺序,以及问题造成社区和邻里不安的程度,决定其严重性
犯罪控制的优先顺序(功能)	逮捕和处理违法者	预防和控制犯罪,恢复和维持秩序,降低民众恐惧
组织设计	国家化组织	分权机构,允许灵活地回应地方问题和需求
方法	处理个别案件:当犯罪发生后	问题解决方法:确认和解决个别案件所属的更大问题
裁量	不鼓励、不认同,假设执法过程中不需要指导方针;在被要求后,订出清楚和明确的规范;试图用强制逮捕和起诉政策、确定判刑等方式,限制/取消自由裁量	基本且重要的犯罪控制手段:通过立法意向的说明建立控制;用谨慎的立法解决此问题的复杂性;参考民众与第一线警员的意见,建立相关指导方针、程序和规范
秩序与自由	个人利益优先:在个人利益维持下,多数非暴力的异常行为皆可容忍	平衡:个人利益非绝对,需与维护邻里和社区运作的基本秩序需求达成平衡
民众角色	协助警方,因为犯罪控制最好留给刑事司法人员处理,民众可以用报警、扮演称职的目击者,以及出庭指认犯人等方式,协助司法人员;此外,就是保持警戒	民众是关键:控制失序、恐惧和犯罪,源自邻里生活的,民众要为邻里生活的秩序设定标准,警察和其他刑事司法机关支持并协助民众,尤其是紧急状况的处理
警民关系	警察保持中立和疏离,尽可能不要涉入社区生活	警察代表社区行动:警察深刻融入地方生活,但也依据既有法律原则,公正、公平地行动

(五)控制及预防两个层面的犯罪预防模式

此项预防模式的分类是从控制和预防两个层面提出被害预防策略及社会问题策略的分类。前者通过增加犯罪的风险,以增加犯罪困难及降低被害风险,可归类为古典犯罪学派的策略;后者着重于社会及经济情况的改善,以减少犯罪,可归类为实证犯罪学派的策略(见表5-5)。

(1)被害预防策略可分为保护行为策略、监控策略、刑事司法取向策略等三个部分。保护行为策略包含个人人身和财产的各项保护措施,使得犯罪更不易达成。监控策略分为结构监控和非结构监控,前者是指通过正式组织的监控,如巡逻,达成预防犯罪的目标;后者则是指通过非正式的监控,如邻里守望相助或各类告示,以阻止、预防犯罪的发生。刑事司法取向的策略是指通过社区团体的力量以督促警察、法院、检察官加强追诉犯罪,或由社区团体担负起部分警察的功能以迫使犯罪者无所遁形。

(2)社会问题策略又可分为青少年导正策略和邻里环境策略两类。前者是指通过各类方案和活动以妥善转移青少年的犯罪和非行活动,并且强化其对规范的遵循;后者则是指改善可能影响民众从事偏差行为的物理环境、社会、经济等因素,以减少犯罪的发生。

表 5-5 控制及预防两个层面的犯罪预防模式

模式	策略	方式	内容
控制	被害预防策略	刑事司法取向策略	·警察功能 ·法院功能
		监控策略	·结构监控 ·非结构的监控
		保护行为策略	·人身保护 ·财产保护
预防	社会问题策略	邻里环境策略	·物理环境 ·社会环境 ·经济环境
		青少年导正策略	·康乐活动 ·就业 ·咨询 ·教育

二、等级层次预防模式

美国学者史蒂文·拉布(Steven P. Lab)认为,犯罪预防类似于公共卫生机构的疾病预防模式,可以分为三个层次,各个层次分别解决不同发展阶段的犯罪问题。

公共卫生疾病预防的观点在第一层次(初级)预防,是针对整体民众提供避免疾病的发生,如对一般民众施打预防针和公共卫生教育。也就是致力于消除为越轨行为的发生提供机会的一般自然因素和社会因素,包括环境设计、邻里照看、一般威慑、私人保安以及有关预防犯罪的教育。

第二层次(次级)预防的焦点则是那些风险较高的个体,如对贫民区居民实施身体检查,以早期发现症状给予治疗,也就是早期预测犯罪,并且对潜在的犯罪形成因素予以干预,包括以进行普遍社会变革为内容的芝加哥区域计划,以替代方法处理在正常情况下将受刑事处罚的转处,以完善以学校管理、教师素质以及社会结构为内容的学校预防。

第三层次(三级)预防则是对于那些已经患病的病患予以立即的治疗,避免其进一步恶化。也就是指消除促成犯罪人再犯行为的一些因素,强调预防惯犯进一步危害社会,属于正式司法系统的职能范围,包括特殊威慑、剥夺犯罪能力与矫正罪犯。①

应当说.在美国学者所提出的这三个层次的预防中,第一层次预防属于犯罪控制的范畴。犯罪学家康树华教授从宏观与微观的角度提出了犯罪预防的层次。其中,宏观预防包括社会预防、心理预防、治安预防、刑罚预防;微观预防包括家庭预防、学校预防和社区预防。② 因此,运用公共卫生疾病预防概念,在预防犯罪工作上亦可依适用对象的不同而分为

① [美]史蒂文·拉布.美国犯罪预防的理论实践与评价[M].北京:中国人民大学出版社,1993:13-184.

② 康树华.犯罪学:历史·现状·未来[M].北京:群众出版社,1998:191-196.

下列三个层次(见表5-6)。

(1)第一层次(初级)犯罪预防是指针对一般民众,着重在鉴定出提供犯罪机会及促使犯罪发生的物理与社会环境因素,并予以规划、设计和改善,以减少犯罪的发生。

(2)第二层次(次级)犯罪预防是指对潜在犯罪人予以早期辨识,并在其从事非法活动前加以干预。

(3)第三层次(三级)犯罪预防是指对真正的犯罪予以干预,进行矫治与辅导以避免其再犯,刑事司法体系的逮捕、起诉、监禁、矫治处遇,皆属于此一层次的范围。

分成三个层次的犯罪预防对于防治犯罪具有关键的影响。一是通过环境设计以减少犯罪的聚合,二是对那些可能产生偏差和犯罪的虞犯加以预测、鉴定和干预来防止其进一步恶化,而对于那些已经发生犯罪的行为人则是加强辅导、矫治来避免再犯。

表5-6　目标导向的公共卫生犯罪预防模式

	对象	目标	具体作为
第一层次(初级)犯罪预防	一般民众	规划、设计与改善环境因素以减少犯罪机会及诱因	1.环境设计:建筑设计、灯光改善、钥匙改进、通道控制、财产识别 2.邻里守望相助:市民参与巡逻、监控 3.一般威吓:增加警力、加重刑罚 4.公共教育:预防犯罪教育与训练内涵 5.私人警卫:村镇、住宅小区型社区保安
第二层次(次级)犯罪预防	潜在高风险犯罪者	问题行为及地区之早期识别与预测	1.识别与预测:个人问题早期识别与预测 2.犯罪区域分析:高犯罪区域之锁定、邻里争议调解 3.转向运动:社区及刑事司法体系转向 4.学校早期发现与预防 5.潜在问题学生辅导
第三层次(三级)犯罪预防	犯罪者	针对罪犯予以干预、矫正与辅导,避免再犯	1.特别威吓 2.隔离 3.矫治处遇

此外,犯罪预防的对象有针对加害人的,亦有针对被害人和整个社区的,因而三级预防的策略针对此三种不同对象亦应有所区隔,如表5-7所示。

表5-7　针对三种不同对象的三级预防策略

	加害人导向	被害人导向	社区导向
初级预防(一般大众)	强化亲职教育	犯罪预防宣导	社区巡守
次级预防(风险团体/个人)	虞犯/中辍少年辅导	重复被害者筛选与预防	KTV/酒吧内的暴力预防
三级预防(已发生者)	犯罪者处遇计划	被害康复	治安死角的环境改善

三、从犯罪过程划分的犯罪预防模式

根据学者布兰丁汉姆的见解,犯罪预防的活动可通过犯罪发生过程进行了解。犯罪过程可分为犯罪决意阶段、犯罪搜寻阶段和实际犯罪行为等三个阶段,而每一个阶段都有可以加以干预的机会和可能产生预防的效果(见表5-8)。

(1)犯罪决意阶段的犯罪预防,是指个人或团体决定犯罪时,可能是在理性、故意或非理性、情绪化状态中决定的,因而可使用如法律的制定、社会预防活动及教育等方式以预防犯罪。

(2)犯罪搜寻阶段的犯罪预防,指在特定的时间地点锁定潜在被害者以进行犯罪活动,此搜寻时间可能极短,也可能很长,根据犯罪的各项条件而定,因而可使用如邻里守望相助、财产注册登记、市民参与巡逻及环境规划与建议等方式以预防犯罪。

(3)实际犯罪行为阶段的犯罪预防,是指行为人一旦锁定犯罪标的后,实际从事犯罪行为以获取目标的这一段时间一般而言甚短,因而可使用目标物强化及电子监控警报装置等方式以预防犯罪。

表 5-8 犯罪过程三个阶段的犯罪预防模式

犯罪决意阶段	犯罪搜寻阶段	实际犯罪行为阶段
·法律的制定 ·社会预防活动 ·教育	·邻里守望相助 ·财产注册登记 ·市民参与巡逻 ·环境规划与建议	·目标物强化 ·电子监控警报装置

四、从意识形态划分的犯罪预防模式

依据处理犯罪问题的三种意识形态,即保守派、自由派和激进派,可衍生出保守派预防模式、自由派预防模式和激进派预防模式。

(1)保守派学者认为犯罪破坏社会秩序的稳定。所以强调要打击犯罪,特别是对传统犯罪的加强追诉和惩罚,强调威吓主义、隔离主义、报应主义和依赖刑事司法体系对犯罪者施予明确、迅速、严厉的处罚。

(2)自由派学者认为这些犯罪形态是低下阶层的贫穷、被压迫和被歧视的结果,所以认为应该以强化教育、职业训练、社会福利制度、增加工作机会、反对阶级歧视等方式来降低犯罪率,非仅止于镇压犯罪。

(3)激进派学者认为只有资本主义体制得到彻底的改变,并且走向没有阶级和资本家剥削的社会主义体制才可以预防犯罪。因为不同团体的犯罪率差异是刑事司法体系对不同团体的差别待遇和处理所致,并不是因为犯罪行为的真正差异,也就是说激进派学者认为只有根本地改变体制,才能真正解决犯罪问题和预防犯罪的发生。

五、从犯罪学理论与风险社会划分的犯罪预防模式

依据英国学者戈登休斯(Gordon Hughes)教授的归纳整理分析,犯罪预防的基本途径可归纳为下列六种。

(1)刑罚威吓预防:古典主义犯罪学派认为犯罪是个人自由意志及理性选择的结果,其基本假设认为不受惩罚恐惧的制衡,人均有犯罪的可能性与潜能。因而强调以威吓主义作为一种犯罪预防理念,揭示了理性、自我本位的个体通过计算利益得失而放弃犯罪动机的原因,并且强调有犯罪必有惩罚。

(2)矫治犯罪预防:实证主义犯罪学派认为人类的行为是可以通过科学的手段进行有效控制的,此时教育、矫正取代报应、惩罚以预防其再犯,至于那些无法被矫治的人,就应予以隔离。因而在 19 世纪末期出现的矫治犯罪预防模式,在逻辑上便会对个体进行矫治,而使这些“问题行为人”正常化,以预防犯罪。

(3)情境犯罪预防:以学者克拉克所提出的情境犯罪预防为主,认为致力于犯罪原因论的探索是徒劳无功的,引发犯罪的机会因素才是可以控制的,使得犯罪学所关注的焦点从对犯罪人个体矫正转向对犯罪行为所产生的直接环境的改善。

(4)多机构伙伴关系犯罪预防:指由主要的社会机构(国家)进行有计划、相互协调配合处理犯罪和社会不良问题的模式。其乃是一种由上而下的中央政府与地方政府结合的新型合作计划,同时将管理主义的概念导入警察部门和其他刑事司法机构的组织运作中,并将犯罪问题重新界定并提出管理上的解决方法。英国 1991 年的 Morgan 报告指出犯罪预防必须被设定为公共政策中所不可缺少的目标,强调预防犯罪是全社会的任务,也指出刑事司法体系内部各机构间缺乏沟通、协调不顺的问题。其亦将社区安全作为一个指导性的思想,认为地方政府应加强与警察机构的合作,地方政府负有法定职责来整合相关资源,并协调辖区内的犯罪预防和社区安全策略。也就是使警察部门与地方政府形成法定的关系,以创建更安全的居住环境作为目标与期望。特别是该报告指出:“犯罪预防”一词通常被狭义解释,这强化了其只是警察责任的观念。相反地,对“社区安全”一词的解释范围却非常广泛,能够调整社区各个部门的社会力量参与打击犯罪的活动。

(5)社群主义犯罪预防:则是源自多元性和复合性的社群主义思想,认为这是社会犯罪预防的回归。犯罪是社区的瓦解所致,因此通过社群主义的思想,而主张要以社区为单位的相互依赖而凝聚社区意识,将集体与社会正义看成比个人的自由更具有价值。社区就是建立在道德的基础上,民众所肩负的道德义务和社会责任比个人的自由和权利更为重要。所以社会规范力量主要建立在社会日常关系的非正式文化约束中,意即社群主义犯罪预防是一种非正式的社会控制。

(6)风险社会犯罪预防:在后现代性风险社会中,主要变化是信任与风险环境的更替以及本体不安全感的增加,因而后现代社会发展的推动力,似乎不是为了达到好的目标,而是为了避免坏的事情发生。为了避免坏的事情发生,于是风险和犯罪预防产生了联系。因此,休斯(Hughes)提出风险社会,并提出下列三种犯罪预防模式。

①从个人主义和社会排斥所主导的“堡垒城市”模式:亦即有钱人的家庭逃离市中心,搬到保安措施严密的社区居住。他们的安全来自他们自己选择的“世外桃源”,此地区住着同样阶级的人,采取严格的出入管制措施,以确保当地住民的安全,中国各大城市部分地方即呈现此现象。

②社会与专制社群主义的“高度信任”模式:此模式是建立在国家推动的基础上的一种保守的道德文化,其旨在促成人民的集体遵从意识,从而有效地抵抗个人主义的风险和变数,如日本便具有此特色。

③包容的、公民的“安全城市”模式:在此群防群治的模式下,进一步使国家和社会让位于社区、个人和合伙人,大家成为伙伴关系,以包容性和多元性的新网络来共同防治犯罪。

确实,在此风险社会下,市民为自身的安全包括公司、企业而立于风险管理的位置上,这种状况被欧美学者称为市民的责任化现象。休斯认为可把“犯罪预防”的典范转移成“风险管理模式”,不再将每天层出不穷的犯罪问题和知识产权被侵害问题视为“不正常”,而可将其当作“像空气污染和交通堵塞一样的日常风险”。面对此现象,已经出现下列新的犯罪控制模式:(1)私人因素的广泛涉入(尤其是将警察和安全作为商品贩卖);(2)将犯罪和知识产权被侵害作为一种风险因素进行评估,对道德异化问题需要给予特别的解释;(3)寻求日常生活程序的修正;(4)使公民包括公司、企业为犯罪负责的策略;(5)“绩效指标”作为判断刑事司法机关的评估标准根本无法降低犯罪。

六、犯罪预防基本模式的进一步展示

上述犯罪预防基本模式多角度、多层次地提出了犯罪预防的具体方略与措施。社会预防、心理预防、治安预防、刑罚预防,体现了预防社会犯罪现象、预防个体犯罪现象以及专门机关预防的思路。美国学者所指出的三个层次的犯罪预防,更为契合犯罪形成至犯罪发生的不同阶段;基于对应关系的犯罪预防,具体展开了犯罪预防相关的各个侧面。上述诸多见解,大多自觉或不自觉地将犯罪控制纳入犯罪预防的框架。应当说,犯罪控制并不同于犯罪预防,犯罪控制遏制犯罪的发生机制,而犯罪预防阻断犯罪的孕育机制。①

(一)官方组织预防与民间团体预防

官方组织预防,是指国家各级机关所组织、实施的犯罪预防。官方组织预防,在犯罪预防方略的决策、犯罪预防工作的组织领导与贯彻实施中,起着举足轻重的作用。官方组织预防,应当注意科学民主决策、依靠社会各界力量、整合协调各种关系,形成犯罪预防工作的整体效应。在官方组织预防中,中央以及各级地方社会治安综合治理委员会、各级公安司法机关,尤其是公安司法的基层组织,更具突出地位。民间团体预防,与官方组织预防相对应,是指群众性的自治团体、有关社会研究机构等非官方组织机构对于犯罪预防的具体工作。民间团体预防,是官方组织预防的重要补充与依靠力量,其不仅可以为官方组织预防的决策提供创新思路与经验依据,而且在犯罪预防工作的组织实施中更表现出灵活性、多样性与针对性。在民间团体预防中,基层的治保调解组织处在预防工作的最前沿,要强化和夯实基层组织。

(二)家庭预防、学校预防、社区预防和社会预防

家庭、学校、社区以及有关社会组织(诸如工作单位、大众传媒等),是个体社会化的重要执行机构;②家庭预防、学校预防、社区预防和社会预防,就是要充分发挥这些社会化执行机构的功能与作用,优化个体社会化过程,促成个体良好个性的形成。

(1)家庭预防,是指构建合理的家庭生长环境,由此培养家庭成员良好的个性。家庭预防,应当注意提高家庭成员素质,构建稳定的家庭模式③,培育良好的家庭关系,选择合理的教育内容与模式,充分提供成员情感与陪伴,协调与学校预防、社区预防的关系。家庭是个体社会生活的最基本的平台与依托,合理有效的家庭预防可以在很大程度上培养个体良好的个性。

(2)学校预防,是指完善学校培养机制,促使学生德、智、体、美全面发展。学校预防,应

---

① 魏平雄,赵宝成,王顺安.犯罪学教程[M].北京:中国政法大学出版社,1998:345-348.类似的见解还有:(1)将犯罪预防分为四类,即犯罪的社会预防、犯罪的心理预防、犯罪的治安预防、犯罪的刑罚预防。张绍彦.犯罪学[M].北京:法律出版社,2000:340-341.(2)将犯罪预防分为狭义的和广义的两种体系,狭义的犯罪预防体系即家庭预防、学校预防、社会预防三道防线相结合;广义的犯罪预防体系即社会预防、治安预防、刑罚预防三道防线相结合。周密.犯罪学教程[M].北京:中央广播电视大学出版社,1990:236-251.

② 在“犯罪原因”中有详细说明。

③ 现代家庭模式主要有核心家庭、夫妻家庭、主干家庭、联合家庭、隔代家庭、单亲家庭等,各种家庭模式与犯罪形成之间的规律性关系,是值得我们进一步研究的。

当注意：优化学校的制度建设和管理措施，避免不良标签的作用与影响。学校教育几乎是现代社会个体成长的必经之路，生命历程的学校阶段正是个体人格形成的重要时期，因此合理的学校教育对于个体的健康成长至关重要。

(3)社区预防，是指完善社区包括公司、企业的物理环境与社会环境，根治社区的犯罪土壤，遏制社区成员的犯罪倾向。社区预防应当注意：改善社区的生活服务设施，树立社区良好的社会规范与行为准则，形成社区居民之间友爱、互助、和谐的合作关系，加倍关切刑满释放人员、下岗职工等社区弱势群体，建立健全群众性的犯罪预防机制。社区包括公司、企业，是社会的细胞，与居民的社会生活休戚相关，社区预防是犯罪预防的重要中观环节。

(4)社会预防，是指着眼于社会整体系统，构建良好的社会环境，减少各种社会弊端，形成和谐、稳定、有序的社会结构。社会预防应当注意：明确树立具有较大整合意义的思想观念与意识价值，制定、调整、优化各项社会政策，切实有效地治理权力运作中的各种腐败，确立平等、公平、规范、有序的竞争环境，建立健全各种社会福利与保障机制，加倍关切社会弱势群体，竭力构建稳定而充满活力的菱形社会。社会预防属于犯罪预防的宏观环节。①

(三)一般预防与特殊预防

一般预防与特殊预防，是基于刑罚目的主义的两种理论形态。刑罚基于犯罪而发动，然而需要阐明的是发动刑罚的合理根据，即刑罚到底为何而发动。对此，刑法理论存在报应主义与目的主义的对立。其中，目的主义分为一般预防与特殊预防。

一般预防以社会一般人为对象，认为刑罚的目的在于通过刑罚的威慑或者确证规范，预防社会一般人，使之不致犯罪。根据预防方式的不同，一般预防分为执行威吓主义、立法威吓主义、积极一般预防。

(1)执行威吓主义。执行威吓是通过在一般人面前公开执行残酷的刑罚，来防止一般人去犯罪，从而收到预防犯罪的效果。

(2)立法威吓主义。立法威吓是通过法律明文规定刑罚的方式，来遏制社会一般人的犯罪欲望，从而收到预防犯罪的效果。

(3)积极一般预防。执行威吓与立法威吓均以威吓为基底，此可谓消极一般预防。相反，超越于威慑意义来理解一般预防，是积极一般预防，其通过刑法的评价机能②和决定意思的机能，使公民对刑法产生依赖，由此达到预防犯罪的效果。

特殊预防以犯罪人为对象，认为刑罚的目的在于通过刑罚的剥夺或者教育，预防犯罪人，使之不致再次犯罪。特殊预防是刑事近代学派所主张的刑罚理论，根据预防方式的不同，特殊预防分为剥夺犯罪能力主义、矫正改善主义。

(1)剥夺犯罪能力主义。剥夺犯罪能力是以自由刑或者生命刑施加于犯罪人，使犯罪人与社会相隔离或消失于社会，从而排除其再犯的可能性。可见，剥夺犯罪能力是消极的特殊预防，又称排害主义。

(2)矫正改善主义。矫正改善主义将刑罚用作矫治改善犯罪人的手段，通过刑罚对犯罪

---

① 张小虎.犯罪预防与犯罪控制的基本理念[J].河南省政法管理干部学院学报，2008(1)：65-70.

② [日]木村龟二.刑法学词典[M].顾肖荣，等译.上海：上海翻译出版公司，1991：411.所谓刑法的评价机能，是刑法把一定的行为当作犯罪并科以一定的刑罚，由此为一般人提供了一个行为价值的判断标准；刑法的决定意思的机能，是刑法指令一般人按照这种价值判断标准而做出意思决定。

人的教育改造，使其改恶从善，从而排除其再犯的可能性。因此，矫正改善主义是积极的特殊预防，又称教育刑主义。①

（四）综合治理

基于社会治安综合治理的总体思想，提出犯罪预防基本内容的若干关系形态。犯罪预防的总体思路以综合治理思想为基础，具体内容可以体现为如下几个关系：刑事预防与社会预防、总体预防与分类预防、一般预防与特殊预防、犯罪预防与被害预防。

（1）刑事预防，是指国家专门机关通过刑事立法、刑事司法打击犯罪，惩罚、改造犯罪人的活动；

（2）社会预防，是指社会各界共同参与，旨在消除和削弱致罪因素，从而防止、控制犯罪的活动；

（3）总体预防，是指针对各类犯罪和犯罪人产生的一般社会原因而采取的预防；

（4）分类预防，是指针对犯罪实施的主体、手段以及特殊场合与领域而采取的预防；

（5）一般预防，是指以社会一般公众为对象，针对犯罪产生的诸多社会原因而采取的综合性预防措施；

（6）特殊预防，是指运用各种社会资源，旨在减少和消除产生犯罪的个体因素而采取的犯罪预防措施；

（7）犯罪预防，是预防犯罪发生的通称；

（8）被害预防，是指以被害人为视角，通过减少、消除各种易致被害的因素，进而使国家、社会、公民个人免于刑事被害或减少成为被害人机会的各种措施的总称。②

第四节　犯罪预防模式的评析

从上述分类模式可知，从目标导向公共卫生划分的三级犯罪预防模式，将对象区分为一般民众、潜在高风险犯罪人和已经犯罪的人，概念清晰、目标明确，确实是一种可推行的预防模式。

另从犯罪学理论划分的犯罪预防模式，以技术为取向的犯罪预防模式虽对于实务操作能提供具体方向与方法，也较能被理解和操作，但缺乏社会层面的预防策略。至于有些学者的分类模式，似乎包含个体、社会、情境和法律等四大方向。有的学者的生物心理模式强调个体病态因素的治疗辅导处遇，但其有效性一直受到质疑，且机械物理环境又太过于重视物理力而忽视社会力因素。也有学者提出肃清社会病源模式虽是正本清源的道，但理想远大不易达成，况且对于根本原因（远因），即使我们知道如何处理，也只有在相当遥远的未来才可达成，想要快速且持久降低犯罪，只能通过处理情境因素（近因）才可达成。此外控制及预防两个层面的犯罪预防模式，分别提出被害预防的策略及社会问题的策略，虽有其意义，却缺乏情境的预防策略。

---

① 万平．刑罚目的理论之演变及我国的选择［D］．开封：河南大学，2007：23．

② 张旭．犯罪学要论［M］．北京：法律出版社，2003：263．

此外，从犯罪过程划分的犯罪预防模式，根据犯罪者的犯罪过程发展的时间顺序提出应对预防策略，似乎很合理，实际上却不能根本解决犯罪问题。再者，从意识形态划分的犯罪预防模式，只是说明一种意识形态的分类，较不具实务可操作性。另外有学者的分类太过于繁杂，因情境、多机构、社群等预防策略常相互关联，其所提的风险社会的预防模式，仍有参考的价值。

因此，本文依照上面的分类，认为犯罪预防模式可依古典犯罪学派及实证犯罪学派的分类，分为刑事司法犯罪预防、情境犯罪预防、发展性犯罪预防和社区犯罪预防，再加上风险管理模式一共五类（见表5-9）。

表5-9　本文犯罪预防模式的分类

分类	理论依据	层面	策略
刑事司法犯罪预防	古典犯罪学派	法律层面	1.强调传统警务和刑事司法机构的威慑、隔离策略； 2.强调刑罚的迅速性、确定性及严厉性，如提高逮捕率、实施重罚政策、强化监所的运作； 3.刑事司法对于犯罪防治效果有限，且易招致死刑、长期拘禁刑等负面的效果，但不可忽视其来自国家的强制力与公权力威吓的效果
情境犯罪预防	古典犯罪学派	情境层面	1.通过情境设计以减少犯罪机会和增加犯罪的困难度或风险； 2.通过情境设计，来改变犯罪者与被害人互动情境的发生； 3.可强化被害预防
发展性犯罪预防	实证犯罪学派	个体层面	1.防止个人犯罪倾向的产生，去除有害个人成长的危险因子而提升保护因子； 2.进行早期辨识，并对此特征从事早期的预防，虽然实施起来很困难，但却是可能的
社区犯罪预防	实证犯罪学派	社会层面	1.改变影响犯罪的社区环境和机构，目的在于重组社区及强化非正式社会控制； 2.强调公私协力、分权化组织等问题解决模式，以提升社区意识和归属感为方向，共同维护社区安全，以达到全方位处理犯罪问题的目的
风险管理模式	风险社会	市民自身	1.私人因素的广泛涉入； 2.将犯罪作为一种风险因素进行评估； 3.寻求日常生活程序的修正； 4.使公民为犯罪负责

（1）刑事司法是法律层面，强调传统警务和刑事司法机构的威慑、隔离策略，即强调刑罚的迅速性、确定性及严厉性，如提高逮捕率、实施重罚政策、强化监所的运作。虽可发现向来刑事司法体系对于犯罪的防治功能相当有限，且易招致死刑及长期拘禁刑的负面效果，且犯罪发生后，不管是对于犯罪者的处遇还是犯罪被害人的支援，均属于事后的补救措施，往往伤害已经造成，亦很难恢复到原来地步，但不可忽视其来自国家的强制力与公权力的威吓效果。

（2）情境犯罪预防是情境层面，强调事前的犯罪预防，并期望通过环境的设计以减少犯罪机会和增加犯罪的困难或风险，来改变犯罪者与被害人互动情境的发生，以期有效预防犯罪及强化被害预防，已成为当前犯罪预防的主要策略。

(3)发展性犯罪预防是个体层面,将犯罪可能的辨识提早至个体生命前期,将有害于个体成长的危险因子予以去除而提升保护因子,如设计各种计划,避免过动或冲动及智商或学业成就等发展性风险因素的产生;进行早期辨识,并对此特征从事早期的预防,虽然实施起来很困难,但却是可能的,此领域确实值得我们投入更多的注意力。

(4)社区犯罪预防是社会层面,指改变影响犯罪的社区环境和机构包括公司、企业,以重组社区及强化非正式社会控制为目的,强调公私协力、分权化组织等问题解决模式,以提升社区意识和归属感为方向,为共同维护社区的安全,来全方位处理犯罪问题以预防犯罪。

(5)风险管理模式是市民自身层面,特别是在此风险社会下,市民为自身的安全而立于风险管理的位置上,私人因素的广泛涉入,且将犯罪作为一种风险因素进行评估及寻求日常生活程序的修正,促使公民为犯罪负责。

第五节　ADR纠纷争议解决机制

一、有关争议解决机制模式划分的各种学说

除了侵犯知识产权刑事犯罪,社会上还有大量的纠纷和争议有待解决,ADR(alternative dispute resolution,纠纷争议解决机制)是一种不可多得的犯罪预防模式。美国人类学家Laura Nader and Harry F. Todd主张,区分各种争议处理类型——审判、仲裁、调解、交涉、强制、回避、忍受,最关键的变量是第三方是否介入以及第三方介入后所导致的解决结果的类型。因此,按照这个标准,争议过程分为:单向的心怀不满或前冲突阶段、双向的冲突阶段、三向的争议阶段。前冲突阶段指当事人意识到或觉得自己受到不公平待遇或权益受侵害,从而心怀不满,并可能采取某些单向行动(如忍让、回避或提出谴责或问题)的过程。双向冲突阶段指局限在争议当事人之间相互作用的双向过程,这些相互作用往往由双方一系列的对抗或争斗行为组成。这一阶段的争议处理方式主要有征服和交涉。如果有争议外主体介入并充当处理争议的第三者,那么争议过程就从冲突阶段过渡到争议阶段,此时争议解决的方式主要有审判、仲裁和调解。①

美国社会学家布莱克把争议解决或冲突管理机制分为私力救济、回避、交涉、通过第三方解决和忍让。②

美国法学家约翰·格雷认为,社会提供的利益保护方法即争议解决机制大致有五种:自助、请求法院颁发禁令、请求法院判令损害赔偿、请求行政机关保护、刑法惩罚。③

日本学者棚濑孝雄把争议解决过程的类型概括为两条基轴:一是合意性——决定性,并分为根据合意的争议解决(如调解、和解)和根据决定的争议解决(如审判、行政裁决);二是状况性——规范性,并分为状况性争议解决(典型的例子是国家间的争议解决,完全依靠实

① Nader L, Todd H F. The Disputing Process: Law in Ten Societies[M]. Columbia: Columbia University Press, 1978: 14-15.

② [美]布莱克.社会学视野中的司法[M].郭星华,等译,北京:法律出版社,2002:5-6,82.

③ Gray J C. The Nature and Sources of the Law [M]. Columbia: Columbia University Press, 1999: 21.

力对比）和规范性的争议解决（如审判）。[①]

在中国，有学者将民事争议的解决划分为私力救济和公力救济两种，比如，和解、调解、仲裁这些群众性解决办法基本属“自力救济”范畴，不具有法律强制性；而民事诉讼属“公力救济”范畴；[②]有学者将争议解决机制分为私人解决机制、共同体解决机制、社会解决机制和裁判解决机制；[③]还有学者从诉讼法学角度入手，借鉴社会人类学的划分，将争议解决机制分为公力救济、社会型救济和私力救济三种，公力救济包括司法救济和行政救济，社会型救济主要是指调解、仲裁和部分 ADR，私力救济包括强制和交涉。[④]

二、世界主要国家 ADR 机制考察

从理论层面来看，诉讼外解决知识产权争议具有合理性和比较优势，并且诉讼外解决机制与知识产权法律制度之间还存在内在的一致性。那么，下面我们需要从实践层面来考察世界上主要国家诉讼外解决知识产权争议机制的现状。

（一）美国

1. 概述

在诉讼率居高不下的美国，ADR 发展最为迅速并且完善。有关 ADR 的立法相对成熟，包括 1990 年的《民事司法改革法》，以联邦议会立法的形式对改革民事诉讼程序和推广 ADR 做出了明确规定；1998 年颁布的《ADR 法》（*Alternative Dispute Resolution Act of* 1998），确认了 ADR 的含义、法律地位和管辖等问题；美国各州也都分别制定了相当系统的 ADR 法。在美国，各种类型以及按照行业或者地域划分的 ADR 形式多样，这得益于美国社会包括美国政府、法院、企业及其个人对于 ADR 的推崇和支持。事实上，在美国，90％的争议都是通过 ADR 以及和解方式得到解决。ADR 在美国的发展势不可当，欣欣向荣，到目前为止，美国有数十种类型的 ADR 程序，包括：调解、仲裁、中立案件评估、和解会议、小型审判、简易陪审团、中立专家事实认定、私人裁判等。就知识产权争议解决而言，这些 ADR 机制的适用都较为广泛。

2. 各类诉讼外的知识产权 ADR 机制

美国有关知识产权的立法中也可以看到利用 ADR 处理相关知识产权民事争议的规定。比如，1984 年通过的《半导体晶片保护法》第九百零七条规定：“善意侵害关于第 a 项(2)款有关使用费之数额，除非双方以磋商、调解或仲裁方式解决，否则在民事诉讼程序中由法院来解决。”另外，《美国联邦法典》[35 USC135(d)]明确规定了专利争议可以通过仲裁的方式解决。2011 年生效的《美国发明法》（*American Invents Act*）完善了上述规定，明确承认有关专利的仲裁裁决具有法律效力和可执行性。[⑤]

美国仲裁协会（AAA）在 ADR 领域一直处于领先地位，受案范围十分广泛，包括国际经贸争议、劳动争议、消费者争议、证券争议、知识产权争议（其中包括专利有效性、侵权等争

---

① ［日］棚濑孝雄．争议的解决与审判制度［M］．王亚新，译，北京：中国政法大学出版社，2004．7-10．

② 杨荣新．民事诉讼法学［M］．北京：中国政法大学出版社，1997：4．

③ 刘荣军．程序保障的理论视角［M］．北京：法律出版社，1999：2-16．

④ 徐昕．私力救济的性质［J］．河北法学，2007(7)：14．

⑤ Leahy-Smith American Invents Act (H. R. 1249) ，2011．

议)等。它解决争端的途径主要包括调解、仲裁以及其他诉讼外和解措施。值得注意的是,AAA 对专利争议的解决,除了适用一般的商事仲裁规则与程序,还适用《专利争议解决补充规则》。① 最常见的通过仲裁和调解方式解决的知识产权争议类型集中在侵权、商业秘密、不公平竞争、合同不履行、滥用知识产权等。② 近年来,美国通过民间团体以非诉讼方式处理知识产权争议的情况逐渐增多。美国的民间非诉讼团体既有著名的美国仲裁协会,也有以处理争议为业务的公司,其中最引人注目的是美国司法仲裁调解服务有限公司(Judicial Arbitration and Mediation Services,Inc. 简称 JAMS),其主要由退休法官和律师、大学教授、各界的专家组成,他们对知识产权案件的熟悉程度甚至超过一般的法官,但收取费用仅相当于诉讼费用的 20%～25%。③ 此外,JAMS 仲裁规则当中的临时措施规定较为灵活,相较于 AAA 规则更适于解决知识产权相关争议。④ 事实上,在美国,使用 ADR 方式解决知识产权争议得到了社会各界,包括律师、有关知识产权协会、仲裁协会甚至立法者的支持。

3. 法院附设 ADR

在美国,知识产权争议通过法庭内非诉讼方式解决途径有多种,包括法院附设调解、法院附设仲裁、简易陪审团审理和早期中立评估等。大量的知识产权争议,特别是涉及著作权、专利和商标侵权的争议几乎都是在进入正式审判程序前得到解决。美国各州法院也运用不同形式的诉讼 ADR 来解决知识产权争议,尤其是针对专利侵权争议。比如,在加利福尼亚州北区地方法院(美国西岸硅谷一带),知识产权诉讼 ADR 方案包括仲裁、早期中立评估、调解、争议解决会议、简易法庭审理、非强制性的陪审团审理以及专业人士处理等;在伊利诺伊州北区地方法院(芝加哥),知识产权诉讼 ADR 类型则包括调解、非强制性仲裁或者双方同意具有强制效力的仲裁、专业人士处理、由法官出席的争议解决会议;特拉华州法院的知识产权诉讼 ADR 计划包括仲裁、早期中立评估、法官参加的调解会议、简易陪审团审理等。有学者通过对加利福尼亚州北区地方法院利用诉讼 ADR 解决知识产权争议的调研指出,在各类知识产权诉讼 ADR 中,早期中立评估程序适用的效果最好,特别是争议涉及技术性或者专业性问题时;其次适用效果较好的是诉讼调解,调解适用于那些当事人希望获得双赢的商业性争议或者希望维持长期商业关系的争议;就争议解决会议的适用而言,该类型特别适用于那些当事人希望有正式裁判者出面并且看重争议解决程序的情形;仲裁则一般能够成功解决那些寻求金钱救济的案件,包括人身损害、财产损失或者违约等。⑤

---

① Resolution of Patent Disputes Supplementary Rules of AAA[EB/OL]. http://www. Adr. org/aaa/faces/aoe/commercial/intellectualpropertylicensing,2012-01-03.

② Shampnoi E. Alternative Dispute Resolution for Copyright and Trademark Matters [M]. New York: Portfolio Media Inc,2006:360.

③ 曾彤. 知识产权争议的诉讼外处理[J]. 中华商标,2002(2):31.

④ JAMS Comprehensive Arbitration Rules & Procedures,Art 24(e) :The Arbitrator may grant whatever interim measures are deemed necessary,including injunctive relief and measures for the protection or conservation of property and disposition of disposable goods. Such interim measures may take the form of an interim Award,and the Arbitrator may require security for the costs of such measures. Any recourse by a Party to a court for interim or provisional relief shall not be deemed incompatible with the agreement to arbitrate or a waiver of the right to arbitrate.

⑤ Kenyon M J L,Kenyon L L P. Patent Alternate Dispute Resolution Issues and Choices in the US[J]. Intellectual Asset Management,2006(10-11):56.

另外,美国法院还存在附设的仲裁程序,也可以解决部分知识产权争议。该程序设立的目的不是提供建议性的裁决或者促使当事人达成和解,而是作为法院分流案件并且尽快解决争议、提高工作效率的手段。1951 年,美国宾夕法尼亚州通过立法决定法院可以将一定数额范围内的案件强制性交由法院附设的仲裁机构处理,由此开创了法院附设仲裁制度的先河。法院附设仲裁作为诉讼的前置程序,并不是终局性的,法官可以依据职权取消,而且并不是所有案件都适用法院附设的仲裁程序,尤其是对知识产权争议而言,只有具有可仲裁性的争议才能适用该程序。法院附设仲裁一般组成三人仲裁庭开庭审理,经过审理后即做出裁决,不服裁决的当事人可以在一定期限内要求进入诉讼程序。如果期满当事人不提出申请,仲裁裁决则会具有与法院判决一样的效力。当然,为了避免当事人恶意拖延争议解决,法院要求拒绝执行仲裁裁决的一方缴纳一定数额的保证金,如果经过正式审判,该当事人并非获得更有利判决的一方,或者当事人存在不诚信的其他原因,所缴纳的保证金将会被没收。

(二)英国

在英国,ADR 的发展虽然不如美国那么迅速和猛烈,但是也处于平稳发展之中。1998 年,在英国司法大臣沃尔夫勋爵的牵头负责下,英国颁布了新的《民事诉讼规则》(Civil Procedure Rules 1998),该规则鼓励当事人使用 ADR 的方式解决争议。新规则实施以后,ADR 方式有了一定的发展,使用 ADR 解决的争议数量呈上升趋势,当事人更乐意采用 ADR 方式解决争议。[①] 同时,在英国也出现了许多比较完善的 ADR 组织,比如,劳动咨询调解仲裁机构(Advisory Conciliation and Arbitration Service,简称 ACAS)、全国律师 ADR 网络(National Network of Solicitors in Alternative Dispute Resolution,简称 ADR Net, Ltd.)以及争议解决中心(Centre for Dispute Resolution,简称 CEDR)等。英国政府鼓励当事人运用 ADR 公平、快捷、合理地解决知识产权争端。ADR 在解决知识产权争议中的优越性得到了英国法官、律师以及争议当事人的普遍认可。

(三)德国

德国的 ADR 在 20 世纪 70 年代以前发展很是缓慢,这与德国的国情有很大关系。"德国人比其他西方国家的人更依赖国家的统治作用,对国家的干预相当重视,国家权威在国人心目中是相当神圣的。"[②]在这种思想的熏陶下,德国民众普遍认为,为权利而斗争是神圣的,是解决争议的唯一方式,只有将争议诉诸法院,让法官进行裁判才能真正实现自己的权利。但是随着德国的统一,一系列问题层出不穷。随之案件增多,法院负担加重,德国人不得不把目光转向高效率的 ADR。70 年代以后,德国采取了一系列措施推动 ADR 发展。首先,利用利益机制刺激庭外和解。德国制定各类政策,包括规定律师参与庭外和解可以收取较高的费用以及当事人在庭外达成的和解协议具有强制执行效力等鼓励当事人在诉讼前达成和解。其次,大力发展民间调解机构,主要是行业组织的仲裁所或调解所,包括手工业者工会、建筑业协会、工商协会以及医师协会等。最后,制定了《司法简便化法》和《司法负担减轻法》,并不断修改《民事诉讼法》,从而推动和解、调解、仲裁等诉讼外的争议解决机制的发

---

① 齐树洁. 程序正义与司法改革[M]. 厦门:厦门大学出版社,2004:394-395.

② 王阁. 论多元争议解决机制下的民事审判权力配置——以德国为视角的考察[J]. 西部法学评论,2012(5):115.

展。德国《民事诉讼法》中可以明显体现出调解的理念贯穿于审判程序的始终。① 德国《民事诉讼法》第二百七十九条明确要求法官应当在诉讼的各个阶段努力在当事人之间进行调解。不论诉讼进行到何种程度，法官都应当注意让诉讼或者案件各个争议点得到很好的解决。这就要求法官在处理案件时有促进调解的义务。2000 年 1 月，德国政府通过《联邦德国民事诉讼法试行法》，允许在全国范围内引入强制性法院附属调解程序，以解决特定的争议。2011 年 1 月 12 日通过的《促进调解及其他诉讼外冲突解决机制法》则标志着德国 ADR 进入一个新的发展阶段。②

（四）法国

法国的 ADR（MARC，诉讼外的争议解决机制）是指法院判决或仲裁裁决之外的解决争议的各种方法的总称。③ 随着法国民事案件数量增长，法国没有足够多的司法资源（法官数量、政府财政支撑、法院数量等）可以应付源源不断的民事案件。法国政府不得不改革民事司法制度，鼓励民众选择 ADR 来解决争议。④ 各国关于调解的条款都规定在民事诉讼法中，法国当然也不例外。法国《民事诉讼法典》第二十一条就明确地规定，调解是法官的基本职能之一。法国的司法调解员制度创设于 1978 年，该制度的创设是为了在司法程序内外促进当事人进行和解。

（五）日本

在亚洲国家中，日本是近现代利用代替性争议解决方式较早而且制度相对完备的国家之一，日本较早建立了调停制度，包括民事调停和家事调停。随着新类型争议的出现，日本不断完善传统调停机制，并且注重多元化争议解决机制的协调发展。在调停制度外，陆续建立了各类行政性的和民间性的争议解决机构。日本知识产权诉讼 ADR 包括：(1)专业委员制度、调查官制度；(2)法院民事调解、和解制度。除了法院是解决知识产权争议的权威机构外，日本知识产权仲裁中心也为社会大众所认同和接纳。该中心通过咨询、调停、仲裁、判定⑤、域名的争议处理等方式解决各类知识产权争议。另外，日本商事仲裁协会以及各地辩护式仲裁中心都可以处理各类知识产权争议。

整体而言，在日本，知识产权争议寻求诉讼外争议处理呈现逐年上升的趋势，诉讼外争议解决方式逐渐为人们所接受。⑥ 事实证明，日本企业在发生专利侵权争议后，通过协商解决的比例高达 90%，解决方式包括支付赔偿金，相互交叉许可，专利权被无效，修改权利要求保护范围等。⑦

---

① 齐玎. 德国 ADR 制度的新发展[N]. 人民法院报，2010-10-29(08).

② 王颜. 德国：为权利而斗争已是过去时——德国《促进调解及其他诉讼外冲突解决机制法》草案介绍[EB/OL]. (2012-12-10)[2010-09-22]. http://wenku.baidu.com/view/10d610eb998fcc22bcd10df0.html.

③ 袁泉，郭玉军. ADR——西方盛行的解决民商事争议的热门制度[J]. 法学评论，1999(1)：89.

④ 周建华. 法国的调解：比较与借鉴[J]. 学习与探索，2012(1)：93.

⑤ 这里的“判定”是指日本知识产权仲裁中心对有关发明专利所属技术范围的判定以及对专利是否存在无效事由进行的无效判定等。

⑥ 刘莹. 日本知识产权争议处理制度研究[D]. 保定：河北大学，2009：32.

⑦ 金永红. 日本企业知识产权战略管理及其对我国的启示[J]. 科技与经济，2008(2)：45-47.

（六）中国

1. 中国知识产权争议解决主要机制

目前，中国知识产权争议解决的主要方式有谈判、调解、仲裁、行政处理以及诉讼等，我们认为可以划分为公力解决机制、社会型解决机制和自力解决机制三大类型（见图 5-1）。

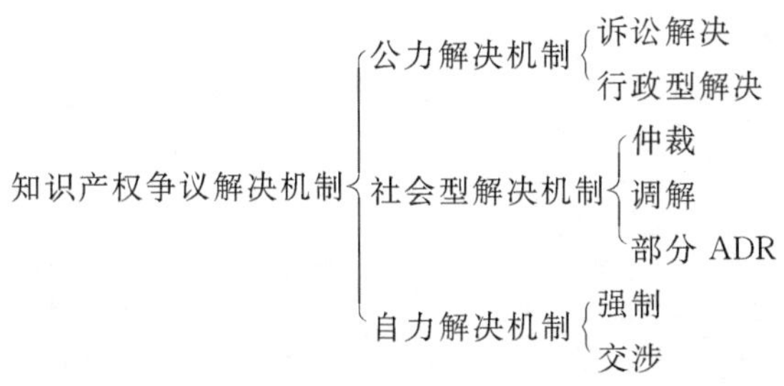

图 5-1 我国知识产权争议解决机制类型

公力解决机制是指在社会主体合法利益受到侵害时请求国家机关利用国家公权力来解决争议，评判是非，救济权利。这类机制主要包括诉讼解决和行政型解决等模式。诉讼解决主要是通过法院的正式途径消弭冲突，实现权利救济。虽然法院除了裁判案件外，还可以在各诉讼环节采取调解等其他方式促成争议解决，但应当都是在法院主导之下进行的。诉讼解决模式是所有争议解决方式中最权威和最规范的方式，也是权利的最终救济方式。行政型解决模式则是指权利主体通过行政机关解决争议、维护权利的活动。行政型争议解决模式具有行政性和司法性双重属性，一方面具有规范性、程序性和权威性，另一方面也体现出主动性、灵活性和专业性的特征，具体形式包括行政调解、行政仲裁、行政裁决等。

社会型争议解决模式是指由非官方组织提供的非正式的争议解决途径，主要包括仲裁、民间调解以及部分 ADR。仲裁是指双方当事人在争议发生之前或争议发生后达成协议，将争议提交给共同认定的第三方审理，并服从审理结果的争议解决模式，类似于私人化的审判。民间调解则是指在中立第三方的介入下，促成当事人达成争议解决协议的活动。民间调解类型广泛，包括行业协会的调解、商会调解、律师调解以及人民调解等。在民间调解和仲裁之外，还存在着多种形式的 ADR 可以用于解决知识产权争议，包括指导性评估、小型审判、调解—仲裁以及仲裁—调解等各类基本 ADR 形式的重复、交叉适用或者局部改变的争议解决方式。

自力救济是指在没有第三方介入的情形下，权利受到侵害的当事人依靠自身或私人力量解决争议，主要是指强制和交涉两种方式。强制方式是指争议主体一方凭借自己的力量使对方服从；交涉则是指争议双方相互妥协和让步以解决争议。交涉也可以称为“协商”，是单纯的双边沟通活动，其中包含了信息的交换，最终指向一种理解和联合的决定。争议双方不通过第三方的干预，试图通过交换信息和探讨修正双方的期望和目的，最终形成一个双方都可以接受的利益分配机制，关键之一在于协商结果的控制权掌握在争议双方当事人手中。“它是一个程序，当事人保持着对它的控制，并在同一个意思层面上进行交流，从而确保了在直接的协商过程中取得结果。”①

2. 中国各类知识产权争议解决模式比较考察

目前，中国知识产权争议解决模式包括协商、谈判、调解、仲裁、行政处理（主要是行政调解和行政裁决）和诉讼，各类争议解决模式都有其特点和利弊，下面从自愿性、约束力、第三方、正式程度、程序性质、结果以及公开性几个方面来展示各个争议解决模式之间的差异性（见表5-10）。

表5-10 各类知识产权争议解决模式特征比较

特征	诉讼/行政裁决	仲裁	民间调解/行政调解	谈判
自愿性	非自愿	自愿	自愿	自愿
约束力	有约束力，可以上诉或者司法复审	有约束力，在有限情形下的司法复审	如果达成协议，具有合同的效力	如果达成协议，具有合同的效力
第三方	强制的，中立的第三方裁决者	当事人选择的第三方裁决者	当事人选择的第三方协调者	无第三方协调者
正式程度	正式的、高度形式化的严格规则	非正式的，程序规则和实体法律均由当事人决定	通常非正式的，没有既定规则	通常非正式的，没有既定规则
程序性质	各方当事人有机会提出证据并且进行辩论	各方当事人有机会提出证据并且进行辩论	在提出证据及进行辩论方面没有限制	在提出证据及进行辩论方面没有限制
结果	有正当理由支持的裁决	有时是有正当理由支持的裁决，有时是没有理由的协议	相互接受的协议	相互接受的协议
公开性	公开	保密，除非受到司法审查	保密	保密

系统研究各类知识产权争议解决机制不仅可以实现定分止争，缓解诉讼负担和压力，而且可以为社会大众在选择和利用知识产权争议解决方式时提供指引和帮助。而只有知识产权争议得到了恰当有效的解决，才能更有效地预防犯罪的发生，才能将知识产权实体法律制度落到实处，才能实现知识产权法律秩序的和谐。

结　语

犯罪预防模式乃是犯罪预防的指导方法，有助于我们设计那些可预防、控制、排除及降低实际发生犯罪与犯罪恐惧感所有活动的方案，以达到预防犯罪的最佳效果。此外，犯罪预防模式既然是犯罪预防的指导方法，便有其理论依据，现若从古典犯罪学派便可导出刑事司法模式（或法律惩罚模式或威慑模式）及情境预防模式（或机械物理环境模式）。从实证犯罪学派可导出发展性预防模式（或生物、心理矫治预防模式）及社区预防模式（或社会学预防模式或肃清病源预防模式），此外也可以用公共卫生的三级预防模式或是以意识形态或以犯罪

① ［英］西蒙·罗伯茨，彭文浩. 争议解决过程：ADR与形成决定的主要形式［M］. 刘哲纬，李佳佳，等译. 北京：北京大学出版社，2011：152.

的决意过程来分类，另亦可用风险社会的犯罪预防模式来划分。最后，本文赞成将犯罪预防模式依古典犯罪学派及实证犯罪学派的分类，分为刑事司法的预防、情境犯罪预防、发展性犯罪预防和社区犯罪预防，再加上风险管理模式。另外，目标导向的公共卫生三级犯罪预防模式，将对象区分为一般民众、潜在高风险犯罪人和已经犯罪的人，概念清晰、目标明确，确实是可推行的预防模式。除此之外，我们还需要研究各国对知识产权犯罪之外的纠纷争议ADR解决机制，因为世界上80%～90%的侵犯知识产权案件均由犯罪以外的方法加以处理，且有效地预防了犯罪的发生。

第六章　犯罪被害人保护与犯罪预防

第一节　被害人与被害者学的发展演变

一、被害人与被害者学的意义

被害人一词，原初具有宗教性意义，意指被杀后供祈祷仪式上的人或物。随着时间的推进，被害人这一概念的含义不断丰富。如今所言的被害人通常指因为各种原因而遭受伤害、损失或困苦的人。各种事故的受害者、自然灾害的受害者、种族或性别歧视的受害者以及犯罪受害者等都可以被称为“被害人”。[①]

根据联合国1985年通过的《犯罪被害人及权利滥用被害人司法基本原则宣言》(下文简称《宣言》)，其所称犯罪被害人，是指个别或集体因违反会员国现行刑法或禁止滥用职权犯罪之法律之作为或不作为，而遭受生理上或心理上之伤害或经济之损失或基本权利上之重大损害之人。此外，本宣言关于犯罪被害人的认定，既不受加害人是否被发觉、逮捕、起诉或判罪的影响，也不受加害人与被害人间有无亲属关系的限制，同时犯罪被害人一词还包括直接被害人的近亲属或其所扶养之人以及为救助危难中之被害人而遭受损害的人。

至于本书在此所指“犯罪被害人”，意为因他人的犯罪行为(一般也包括尚不构成犯罪的违反刑事法律的行为)，而受到心理生理损害或基本权利遭受重大损害(包括经济上的损失)的个人或遗族。“犯罪被害人”为本书讨论之重点所在，故在书中所用的“被害人”一词，专指“犯罪被害人”。

此外，犯罪学主要聚焦于犯罪者，进而从事犯罪现象与犯罪原因之研究。然而，仅根据对犯罪加害者单方面的研究，仍然不足以正确揭示犯罪发生原因的真相。于是除了对犯罪加害者之研究外，便兴起了对被害者的研究，特别是1947年以色列法学家、律师孟德逊(Benjamin Mendelsohn)首创被害者学(victimology)一词，而被尊称为“被害者学之父”。[②]所谓被害者学，即通过科学的方法，研究被害现象与原因及其危险情境，进而提供被害补偿、被害保护以及被害预防对策的学问。

二、被害人角色的变迁

犯罪被害人于刑事政策上的地位，依照美国学者 Stephan Schafer 之看法，将其沿革分

---

① 马传生. 刑事被害人国家补偿制度的法理思考[M]. 北京：中共中央党校出版社，2006：62.

② 杨燮蛟. 现代犯罪学[M]. 杭州：浙江大学出版社，2010：179.

为下列三个时期。

（一）第一期“被害人黄金时期”

从古代至中世纪为止，此时国家司法尚属幼稚，正处于加害者与被害人直接联结的所谓“直接司法”时代。此时期正盛行以眼还眼、以牙还牙的对等式复仇观念，被害人及其遗族有权直接追究犯罪者的责任，而直接向加害人采取报复手段或请求损害赔偿。因此此时的犯罪者并不能从被害人处获取利益，同时被害人扮演审判中的主要角色，居于刑事司法中的核心地位，故称此时期为“被害人黄金时期”。

（二）第二期“被害人衰退期”

从中世纪至近代为止，由于本时期的刑事司法制度已基本建立完成，且民刑法分离以及国家独占刑罚权，导致被害人之地位逐渐降低，因而进入了“被害人衰退期”。在此期间，随着相关学说的发展与完善，刑事司法体系逐渐着眼于犯罪者的改善更生，而忽略了犯罪被害人的存在。

纵使如此，此时期并非全无研究犯罪被害人的学说，乃有主张对犯罪被害人之支援的学说，其主要代表人物如古典犯罪学派之杰里米·边沁及实证犯罪学派之菲利(Ferri)。英国功利主义哲学家杰里米·边沁于19世纪40年代提出国家科处犯罪行为人刑罚对于无法得到救济的被害人并无实质利益，甚至有害，可谓仅有满足被害人情感的功能；同时边沁进一步提出社会应承担保护被害人的义务，为确保保护效果，应对被害人予以补偿。此外，实证犯罪学派学者菲利认为基于公共安全确保目的之费用应由全体国民负担，犯罪被害人乃因国家未尽其防止犯罪职务所致的放任状态，为防止个人寻仇及防止社会正义崩溃，应由国家以税金或罚金支应犯罪被害人的金钱救济。菲利等自1876年起多次于国际监狱会议上提倡对被害人应采行公法上的救济模式，即采用强化民事责任的损害赔偿命令制度。此后，墨西哥1929年的补偿法及古巴1936年的社会防卫法等乃依循前期会议提案而实施的立法，唯实施后均因经费不足而废止。

（三）第三期“被害人复活期”

两次世界大战之后，随着被害者学的发展，新的被害者研究浪潮到来了。由于初期被害者学的研究着重于探讨犯罪原因、被害人所占的功能与地位，未必能够和谋求被害人补偿保护等被害者权利的运动相结合。20世纪60年代前后，随着人权观念的高涨、犯罪被害人实证调查的兴起，以及国际协会的鼓吹，“被害人”正式迈进了第三期“被害人复活期”。进入“被害人复活期”之后，刑事政策所关心的客体，从犯罪被害人补偿制度及设立犯罪被害人支援组织，逐渐发展至刑事司法程序上对被害人权益的保护，并且于犯罪者处遇阶段导入被害人的观点，强调犯罪被害预防及权利保障，以便促进合理有效地保护支援被害人。

三、初期被害者学的发展与评价

（一）初期被害者学的发展

孟德逊于1947年发表《新的生物、心理、社会领域：被害者学》演讲时，首创“被害者学”一词，且提出“被害人有责任”理论。之后亨梯(Hans von Hentig)于1948年发表《犯罪者及其被害人》，认为被害人本身即为许多犯罪原因之一，在某种场合，犯罪者及犯罪行为是被害人所促成的。艾连伯格(Henri Ellenberger)于1954年发表《犯罪者与被害人之间心理学上的关系》，提出“潜在性被害人”。沃尔夫岗（Marvin Wolfgang）于1958年经过对“杀人犯罪的类型”的研究，提出“被害人诱发理论”（Victim Precipitation Theory），认为被害人引发争端，而最后导致自己受到伤亡或死亡。

（二）初期被害者学的评价

从上可知，初期被害者学确实帮助我们进一步了解了犯罪原因；毕竟，缺乏被害人方面的考虑，是无法正确把握真正的犯罪原因的。再者，初期被害者学的学者还提出“犯罪事件是双方当事人相互作用过程的结果”，在具体实践中不能仅仅关注犯罪者单方面的动机与行为，因而产生了“被害人责任”的问题。① 这种认为被害人在犯罪事件中起促成作用的观念，在刑事司法各阶段对犯罪者处遇均具有重要意义。② 另外，从犯罪预防的角度来看，仅靠国家采取预防犯罪的措施是不够的，从个人被害预防角度预防犯罪一样重要。

然而，如前所述，初期被害者学的提出，乃是着重于探讨犯罪原因、被害人所占的功能与地位，未必能够和谋求被害人补偿保护等被害人权利的运动相结合，它可能导致下列之缺失：(1)探讨犯罪原因时，寻求被害人于犯罪行为中的责任与地位，可能导致过度非难被害人，而合理化犯罪者的行为；(2)过于强调被害人遗传或生理上的影响因素，可能会不自觉地产生对被害人的潜在歧视；(3)简单武断地将加害人与被害人置于完全对立的地位，以此来把握犯罪的各种现象。事实上，被害人与犯罪者有时很难截然划分，两者具有某些相同的特质。

四、犯罪被害人调查的实际情况

（一）犯罪被害人调查

犯罪被害人调查源自20世纪60年代的美国。根据美国总统执法与司法行政委员会建议，展开对犯罪被害人调查，旨在找出一种犯罪衡量方法，以测定美国社会实际之犯罪现象，弥补官方犯罪统计之不足；并且通过研究被害行为与被害过程，为被害预防提供建议，同时能检验警方的工作效率，成为了解民众安全感的有效工具。

自1973年起，美国逐渐建立了具有系统性、持久性和代表性的“全国犯罪翻查（national crime survey，NCS）”[从1990年起改称为“全国犯罪被害人调查（national crime victimization survey，NCVS）”]。它旨在反映下列三个方面的数据：(1)犯罪行为对居民的侵害达到了何种程度；(2)犯罪事件和被害人具有哪些特性；(3)犯罪行为对居民造成的各种影响。美国的全国犯罪被害人调查每年进行一次，样本为6万户。调查分两个阶段进行，前6个月为第一阶段，在这期间对以随机抽样得到的6万户进行调查。具体做法是与这些家庭中所有年龄在12岁以上的成员进行面对面访谈，询问他们是否曾经是某个犯罪行为的被害人；询问户主有关其家庭及其成员以及本人的被害情形。询问的主题主要包括：性犯罪、抢劫、针对个人的盗窃以及信息产权的窃取等。第二阶段是6个月后，对前度被调查人再进行一次调查。近年扩大的调查对象至每年10万人左右。受到美国的影响，英国于1983年之后，也

---

① 刘作凌. 国际法视野下的被害人保护机制研究[J]. 湖南商学院学报，2010，17(1)：108.

② 例如孟德逊根据犯罪成立过程中，被害人的有责性及过错之大小，将被害人分为下列五种类型：(1)完全无责任之被害人；(2)责任较加害者小之被害人；(3)责任与加害者同等程度之被害人；(4)责任较加害者大之被害人；(5)责任最大或负完全责任之被害人。

进行了定期性的“英国犯罪调查(british crime survey,BCS)”。调查对象为16岁以上约1万的居民,调查方法也是个别访谈法。英美的全国性犯罪被害人调查,在对犯罪被害的实际状况的掌握中扮演了重要的角色,并对英美刑事政策思潮产生巨大的影响。

(二)现实的被害人实况

英美全国性犯罪被害人调查的目的,刚开始着重于犯罪黑数的调查,后来慢慢地将重点转向了解被害的实际状况。换句话说,即从量的调查转变为质的调查。而其有关性别、年龄、社经地位及人种的具体被害特征,引起了相当程度的注意。

(1)性别:依据美国的NCVS调查资料,可发现抢劫及伤害的被害人,男性约为女性的两倍;再者,强奸的被害人大部分为女性,美国每年也约有7500人的男性强奸被害人。

(2)年龄:依据被害人调查结果,年轻者较年长者具有较高的被害概率。根据美国的NCVS调查资料,可发现16～19岁的被害风险最高,超过25岁后被害概率便急速下降。如此现象,似乎显示出现实犯罪与少年的日常生活形态有关。

(3)社经地位:依据被害人调查结果,社经地位较低者具有较高的被害概率。另外,未婚者较已婚者,具有较高的被害概率。

(4)人种:依据被害人调查结果,发觉人种不同,被害概率亦不同。根据美国的NCVS调查资料,可发现黑人较其他的人种,成为暴力犯罪被害人的概率较高。人种论(racial theory)是当代新犯罪人类学的犯罪派原因论之一,是以人的种族属性来说明犯罪原因的理论。例如奎·约翰逊认为黑人的存在是犯罪率高的真正原因。

(三)犯罪被害人调查的冲击

1973年之后于美国所实施的全国犯罪被害人调查,以及1983年之后于英国所实施的英国犯罪调查,都发觉一般较易成为被害人的要素为:(1)“男性”;(2)“30岁未满”;(3)“单身”;(4)“夜间常外出”;(5)“酗酒者”,而非一般社会大众所认知的“年长者”“女性”以及“社会上的弱势者”。这些迫使我们不得不重新修正犯罪被害人的实况,也导致20世纪80年代有许多新的被害者学理论涌现。

五、20世纪80年代新的被害者学理论

犯罪学家在被害人学研究中,对于犯罪被害人有过许多种不同的分类。

法学家本杰明·门德尔松按被害人对于犯罪行为有无责任和责任大小将犯罪被害人分为五类:(1)完全无辜的被害人;(2)罪责轻于加害者的被害人;(3)罪责与加害者相等的被害人;(4)罪责大于加害者的被害人;(5)负完全责任的被害人。

阿尔德尔·法塔修正门德尔松的观点,将犯罪被害人分为五大类十一小类。其五大类是:(1)未参与型;(2)潜在型;(3)挑衅型;(4)参与型;(5)虚假型。

加拉韦和赫德森将犯罪被害人分为七大类:(1)无关型;(2)挑衅型;(3)催化型;(4)弱生型;(5)弱社型;(6)自害型;(7)政治型。

我国学者许章润在其主编的《犯罪学》第四章中从不同的角度分类并分别讨论了:(1)无责性被害人与有责性被害人;(2)被害人与潜在的被害人;(3)自愿性被害人与被迫性被害人;(4)状态性被害人与机会性被害人;(5)真实的被害人与虚假的被害人;(6)暴君型被害人、抑郁的被害人和生物生理的被害人;(7)共同被害人与独立被害人;(8)复合被害人与单

一被害人;(9)老年被害人与女性被害人;(10)有形的被害人与无名的被害人;(11)环境的被害人、技术环境的被害人和社会环境的被害人,以及其他一些类型的被害人。

犯罪被害者学理论是由犯罪人的行为特征,该行为所侵害的客体的性质而演绎出来的。20 世纪 80 年代国际社会有许多新的被害者学理论涌现,主要有以下几种。

(一)“第二次被害人化”“第三次被害人化”理论

初期被害者学“被害人”的对象,只限于系因犯罪或不法行为,仅直接被害(第一次被害)而言。然而,若从被害者学的观点来看“被害人”,不只限于直接被害,而且包含间接的被害。因此,20 世纪 80 年代后,便有人相继提出“第二次被害人化”“第三次被害人化”理论,引起了一股新的研究热潮。

(1)第二次被害人化:指刑事司法机关等在处理刑事诉讼过程中,由于欠缺考虑而致使被害人的损害进一步加深。如对于性犯罪的诉讼,为了发现真实,常常导致侵害被害人的隐私。因此,近年欧美各国都特别强调刑事诉讼程序上对被害人人权的保障。

(2)第三次被害人化:由于第一次与第二次被害而致使身心均受伤的被害人,如不予适当照顾而放任不管,可能会导致被害人自暴自弃,甚而有自毁或犯罪的行为。

(二)生活形态暴露理论(life-style exposure theory)

生活形态暴露理论是由美国学者辛德朗、盖佛森及加洛法罗等于 1978 年提出的。此理论旨在说明一个人之所以可能招致被害,与其“生活形态”的某些特色有关。根据辛德朗等之见解,“生活形态”是指日常生活之各项活动,包括职业活动及娱乐休闲活动等,个人因这些“生活形态”之不同,而影响其被害之风险。换言之,生活形态暴露理论告诉我们,犯罪并非随机分布,犯罪者与被害人的活动形态似有关联。亦即基本资料背景不同之个人,因角色期望、社会结构及生活调适之不同,而形成不同之生活形态,蕴含着不同的被害风险,常与具有犯罪特性之人接触交往者,其暴露于危险情境的机会愈多,被害的可能性也愈大。例如抢劫犯罪被害最高风险群是男性、21～40 岁、高中毕业以下、工商或自由业者,而他们在家庭中的生活时间可能比较少,反而较常于深夜出入特殊的公共或不良场所。

根据此理论,辛德朗等提出八个命题,以此说明暴露被害与特殊生活形态间的连带关系。

命题一:个人被害概率与其暴露在公共场所的时间多寡成正比,尤其是夜晚的公共场所。

命题二:个人置身公共场所的被害可能性随其生活形态之不同而有所差异,尤其是在夜晚时较为明显。

命题三:类似生活方式者,其彼此接触互动之机会较多。

命题四:个人被害之可能性,端视其是否具有与加害者类似之基本资料。

命题五:个人与其家人以外成员接触时间之多寡,随其生活形态之不同而异。

命题六:个人被害之可能性,随其与非家人接触时间之多寡而定,尤其是盗窃罪。

命题七:生活形态之不同与个人阻绝和具有犯罪特性之人接触能力之差异有关,即个人愈常与有犯罪特性之人接触,其被害可能性也就愈大。

命题八:生活形态之差异与一个人成为被害之方便性、诱发性及易于侵害性之差异有关。

(三)日常活动理论(routine activity theory)

此乃由美国犯罪学家劳伦斯·科恩和马库斯·菲尔逊于1979年首先提出,企图将生活形态理论具体化。他们主张,直接接触类型的暴力性犯罪(如抢劫、盗窃、绑架勒索等)的总数和分布与被害人和犯罪人的日常活动及生活形态有关。[①] 亦即,日常活动可以反映在下列三个变项的互动上:(1)合适标的物;(2)有能力之监控者;(3)有动机之犯罪者。三者如能在时空中聚合,犯罪即很有可能发生。换言之,日常活动理论,不只考虑被害人的生活形态,且亦加入犯罪者的生活形态,以探讨犯罪原因,而以被害人和犯罪者双方共通生活形态的增高,来说明犯罪的增加。因此,依据科恩和菲尔逊的见解,犯罪预防对策必须通过改善市民的日常生活形态以减少犯罪机会。

(四)等价团体理论(equivalent group theory)

等价团体理论,是由生活形态暴露理论所派生的理论之一。等价团体理论认为加害者与被害人具有相同的特性,因而在实际上,他们是难以区别的团体,两者有相似的生活形态或人格特性。采取一种较偏差的生活形态,也使一个人成为高风险的被害人,而许多的研究也显示出,犯罪被害人本身有相当多的犯罪或偏差行为。例如,实证研究发现,暴力犯罪被害人也易成为犯罪者;再者,自陈偏差行为和抢劫、伤害被害有关。此外,盖瑞·詹森(Gary Jensen)和戴维·布朗菲尔德(David Brownfield)认为:"对于个人被害而言,最可能成为被害人的是曾犯过罪的人;两者的特性存在许多共通之处。"因此,犯罪者与被害人应常是同一团体,两者或有相似的生活形态或人格特性。然而,其间的关系、本质或过程比我们想象的要复杂。

(五)被害倾向(victim proneness)

史帕克斯(Sparks)曾对某些人何以重复被害的因素加以研究,他认为个人或团体之所以会重复遭受被害,其间必然有诸多被害倾向,亦即有许多导致被害的相关因素,这些因素出现的频率越高,犯罪被害的概率越高。他认为这种因素包括个人特征、社会情势、居住环境及被害人与加害者间的关系。史帕克斯进一步将这些因素概念化,而归纳成下列八个影响因素。

(1)鼓动或挑衅因素(precipitation):即被害人之言行,引起加害者之情绪而发动攻击,如猜拳脱衣。

(2)煽动或恶行因素(instigation):即被害人积极主动地诱使加害者从事犯罪行为,或被害人从事对某人不利的犯罪行为,致使加害者实行加害行为,如抛媚眼。

(3)促进因素(facilitation):即被害人因某些故意或疏忽行为而陷入被害情境,如窗帘没拉起。

(4)弱点因素(vulnerability):即被害人因其属性或身体、行为态度或社会环境(如社会地位)具有劣势,所以其某些弱点极易陷入被害的危险情境,从而成为各种犯罪被害的对象,如老弱妇孺、心智缺陷者、新移民者等。

(5)合作因素(cooperation):即被害人系经由两相情愿的犯罪而成为共犯,如赌博、嫖妓等。

---

① 杨燮蛟.现代犯罪学[M].杭州:浙江大学出版社,2010:59.

(6)机会因素(opportunity):即被害人不幸陷于某种有利于加害者从事犯罪行为的情境,该情境使加害者具有可乘之机,如孤男寡女。

(7)吸引因素(attractiveness):即被害人本身,有足以导致加害者犯罪的明显标的,如暴露。

(8)免罚因素(impunity):即被害人不愿报案,或因破案率低,抑或很难满足立案条件,使加害者认为无刑事追诉处分的压力,进而肆无忌惮地对被害人施以恐吓等暴力。

(六)暴力循环理论

此理论认为犯罪行为与日常生活压力息息相关,而且其产生必然有其阶段性,且一而再地循环出现,除非犯罪加害者接受各种治疗,学习如何因应生理及心理上之压力,否则该行为必然会重复出现。此理论常被用来解释家庭暴力行为。暴力行为的发生可以分为三个阶段。

(1)第一阶段:此阶段属引发阶段,由于情绪上之紧张程度增加,加害者与被害人间可能潜伏各式之争吵因子,加害者开始饮酒,对彼此之冲突反应更加消极及无奈,甚至讨厌对方,兼有工作压力、人际关系压力及财物上之压力等。

(2)第二阶段:此阶段为暴力行为发生阶段,加害者为了降低压力或控制情境,将对被害人施以殴打,此时如果加害者酗酒及滥用药物,可能使情形更加恶化。

(3)第三阶段:此阶段为后悔、和解及蜜月阶段,当加害者压力转移或减轻时,生理及情绪上也较为缓和,加害者开始后悔并表示惭愧,且表现出道歉、温柔及关爱特质,以此求取被害人原谅,并保证类似情形不再发生,甚至购买礼物、鲜花或卡片表示忏悔。此时被害人如果没有做适当之调适或寻求协助服务,暴力情况会循环发生,且时间愈来愈短,频率也会逐渐增加。

第二节 被害人保护政策的发展

一、犯罪被害人保护制度的理论基础

在社会生活中所发生的犯罪行为往往会给犯罪被害人带来严重伤害,这种伤害包含物质财产的损害、精神及生理健康的损害。而被害人往往会因此产生"复仇"情绪。而在现实当中,由于公检法机关替被害人完成了"复仇"这一诉求,被害人则相对地会把目光聚焦到"求偿"上,但是相当一部分犯罪人无法满足被害人的"求偿"期望,被害人的失衡心态无疑会加剧,这就容易滋生二次犯罪。而这也正是现代刑事司法体系的一个缺陷,司法机关及学界大多将犯罪人的权益保护作为中心,从而投入大量精力与成本进行制度设计,为犯罪人回归社会提供条件,并且保障其基本生活。但是被害人及其近亲属的情况遭到忽视,他们被害后的心理无法得到慰藉,并且陷入不良的生活状况,这明显违背了公平正义的原则。从这一角度上来说,犯罪被害人保护制度的建立是推进刑事司法体系更进一步的重要环节。

此外,从人权保护的角度来看,国家有义务保障公民的基本生活与尊严,而犯罪被害人通常是其中的弱势群体,更应该受到国家的救济与保护。因此,在惩罚犯罪人之外再对被害人进行物质上、精神上的救济与安慰能够平复被害人的失衡心理,帮助其走出困境,而这也

是建立犯罪被害人保护制度的价值所在。①

二、犯罪被害人补偿措施

所谓犯罪被害人补偿制度，指国家机关代替犯罪人，对于因犯罪而遭受损害的被害人或其遗族，根据其受损害的程度给予相当的经济补偿。早在公元前1900年，汉谟拉比（Hammurabi）法典即承认有被害人补偿的法制，当时民事、刑事尚未分离，部落可对因犯罪所生的损害行使求偿权。然而，随着国家制度的出现，民刑事分离，国家享有独自刑罚权，被害人不能私自行使求偿权。两次世界大战后，英美法系国家积极投入资源促成被害人补偿制度。特别是英国刑罚改革家马杰里·弗莱（Margery Fry）女士，于1957年在《观察者》报纸发表《为受害者伸张正义》一文，她主张对于遭受生命身体伤害的被害人，应采取国家补偿制度。受此影响，1959年英国犯罪白皮书亦发表"再思考犯罪被害人之地位"的必要性，相关的犯罪被害补偿法案提案也相继问世。受英国此动向的影响，新西兰于1963年率先通过《犯罪被害补偿法》，英国则于1964年引进"犯罪被害补偿制度"，制定了第一部关于被害人国家赔偿制度的法案——《犯罪损害补偿法》，1965年美国各州也相继制定犯罪被害人补偿法。到了70年代，"犯罪被害补偿制度"又为瑞典、德国、荷兰、法国等国采用，并得到各种国际会议的支持，日本亦于1980年制定了《犯罪被害人等补偿金给付法》。因此，有人称此时期（20世纪60—70年代）为"被害人复活期"第一阶段的导入犯罪被害人补偿措施。此后被害人补偿制度仍然不断进步。自1984年起美国相继出台《犯罪被害人法》《司法援助法》，并于1988年再次修订《犯罪被害人法》，到了1986年底，已经有37个州建立了被害人补偿制度，直到1992年缅因州通过犯罪被害补偿法案，于次年开始实施，美国境内50个州包括两个行政特区都已建立了犯罪被害补偿制度。英国国会也于1995年通过《犯罪损害补偿法》，并在2001年对《犯罪损害补偿法》进一步修改。而日本自1980年制定相关补偿法律后，弊端不断暴露，其间经过两次大规模修订，亦于2008年将原来的给付法更名为《犯罪被害人等给付金支给与支援措施法》。

三、设立犯罪被害人的支援组织

20世纪70年代在欧美与犯罪被害人补偿制度平行发展的，则是民间犯罪被害人支援组织志工活动，它从各种角度来支援被害人。例如英国于1974年在布里斯托尔（Bristol）成立第一个被害人扶助组织（Victim Support Scheme VSS），它不仅从事对于犯罪被害人经济的支援，并且实施精神上的支持。VSS于1979年在伦敦设立总部，之后获得财政的大量支持而财团法人化，从而急速发展而遍及全国各地。其于1988年将名称改为VS（victim support），使其从事的支援工作更加积极化，不仅扮演整合全英网络资源的角色，并且从事被害人调查研究，提出被害人政策，制作被害人支援具体的工作手册及培训各地领导干部与志工，对于被害人保护服务发挥相当功能。此外，对于性侵害及家暴事件被害人的援助，亦成为女权运动所强力关心的议题，因此于20世纪70年代间亦设置强奸被害人支援中心（rape crisis center），从事强奸被害人的支援工作。再者，德国于1976年实行暴力犯罪被害补偿法后，除了政府通过立法对被害人给予经济上的具体援助外，民间对于犯罪被害人长期受到

---

① 莫洪宪.刑事被害救济理论与实务[M].武汉：武汉大学出版社，2004：10.

忽视的问题亦开始投入相当多的关注，其中最重要的便是“白环”(Weisser Ring)组织。“白”字是指无责任无罪的受害人，“环”字则系着眼于由许多人携手轮流支援被害人。该组织在1976年设立，纯粹由民间发起，财政自筹，到了1998年全国已有18个分处及400个活动地点，自1976年至1995年共有10万以上被害人接受援助，其援助金额高达1.56亿马克。该组织除了提供被害人具体的经济、精神协助、唤起社会对犯罪被害人权益的关注外，亦直接或间接促成被害人权利保护的法制化。目前除了德国有“白环”组织外，奥地利、卢森堡、瑞士、匈牙利、捷克等国均有“白环”组织的设立，以从事被害人的保护支援工作。

四、保障犯罪被害人在刑事诉讼上的权益

早期的整个刑事诉讼程序，完全以保障犯罪者权益为中心，而忽视对犯罪被害人权益的保障[①]。然而随着20世纪70年代女权运动之高涨，以及80年代英美实施犯罪被害人调查的研究，学界逐渐发觉犯罪被害与其日常生活有关。况且犯罪被害人除因犯罪或不法行为而直接遭受“第一次被害”外，尚包含刑事司法机关在处理诉讼过程中所造成的“二次伤害”。更严重的是，第一次与第二次被害极易导致被害人自暴自弃的“第三次被害”。由于这种原因，诸先进国家于80年代之后，从70年代的犯罪被害补偿扩大至刑事诉讼程序上的对犯罪被害人的保护，并且着眼于确立其法律地位。例如保护被害人诉讼程序之参与权与受协助权、资讯取得权、隐私权、安全维护、救援与扶助、被害回归等。特别是在联合国通过《宣言》之后，《宣言》要求对被害人“应给予同情与尊重他们的尊严”，大大提升了对犯罪被害人人权的保障。

例如，德国在1986年12月18日制定、1987年4月1日生效的《被害人保护法》中，大幅提升被害人在刑事程序中之地位，(1)扩大被害人诉讼参与权(资讯取得权、选任律师或由信任者在场协助之权、书类阅览权、放宽被害人参加诉讼权、扩大参加诉讼人之权限)；(2)强化被害人之保护(限制法庭公开原则、保护证人免于接触到被告、对被害人私生活领域之保护)；(3)强化被害人损害赔偿权(提升加害人承担损害赔偿之可能性、扩大附带诉讼之适用范围、促进行为人与被害人之和解)等。并以诉讼参与制度之强化，作为被害人保护法之核心，而全面且独立地提供了被害人在诉讼上行使权利的空间。通过诉讼参与制度，德国刑事程序中之被害人不再只是依附于检察官职权下的被动角色，可以主动积极参与诉讼程序之进行。美国中央政府则于1982年制定《被害人及证人综合保护法》，作为各州政府制订犯罪被害人法案的蓝本，该法案中明确规定：(1)刑事审判中应该提供被害人适当的协助及公平的待遇；(2)刑事审判中提供被害人的参与，法案特别指出在审判过程中法官应听取被害人影响陈述作为量刑的参考，以及在做出保释决定时应尊重被害人的意见；(3)导入被害赔偿作为主刑之一。[②]

另外日本于2007年施行的“为保护犯罪被害人等的权利利益而部分修改刑事诉讼法的法律”，创造了所谓被害人参与刑事诉讼制度，此乃认为犯罪被害人是案件的当事人，须令其

① 犯罪被害人长期在刑事司法中遭受漠视的最主要原因：(1)认为犯罪是侵犯社会整体利益而不只是个人利益的观念。(2)刑事司法过程要抛弃个人私欲情绪及去除报复的成分，因而由政府官员处理比较不会对犯罪者无端生气或加诸个人仇恨。(3)法律把保护个人权利免于遭受国家侵害置于更高的优先地位，似乎强调要体现对被告权益保障之功能。

② 刘作凌.国际法视野下的被害人保护机制研究[J].湖南商学院学报，2010，17(1)：109.

有条件适当地参与与其被害有关的刑事诉讼。因而杀人及伤害致死等重大犯罪的被害人，得到法院的许可之后，可以参加刑事审判，出席公判庭。同时在一定的要件下，能够诘问证人或被告以及就事实和法律的适用表达自己的意见。日本于2008年便建立了对于经济困难的被害人参加人，法院从日本司法援助中心提供的候选人当中选任律师加以协助，其费用则由国家负担的制度。

五、强调犯罪被害人损害回归的刑事司法改革

20世纪70年代之前，刑事司法的中心乃是强调犯罪行为关系及犯罪者关系。相对于此，刑罚的目的则是把应报或犯罪预防作为争论的焦点。彼时因刑事司法之长期忽视被害人，不只常带来对被害人的二次伤害，同时也丧失了作为潜在被害人的一般人对于刑事司法的信赖感。然而，随着80年代之后一系列的被者害者调查，国家以及学界逐渐了解了被害人的困境，从而带动了刑事政策上对于被害人之重视。特别是在90年代之后，强调对于犯罪者的处遇，须考虑被害人及其遗族之感情，以此调和加害者与被害人之利益，而解决其纷争，以达到"法平和的回归"。换言之，刑法在"法益保护"方面，须向"从抽象的法益保护到具体的被害人保护""从满足被害人的应报感情到实质的利益保护"推进。一方面以刑罚处罚加害人，满足被害人情感，另一方面要求加害人赔偿被害人之损害，以达到实质保护被害人利益的目的。因此，目前刑事司法的发展趋势，乃通过加害人与被害人和解，加害人对被害人赔偿之形式，采取诸如微罪不举、起诉犹豫(缓起诉)、执行犹豫(缓刑)、易刑处分、作为量刑事由及假释事由等措施，使"行为人对被害人损害之回归"问题，实质上影响到刑罚权之发动及行使，使其成为刑事法学上重要的一环。在此"被害人的再发现"思潮的带动下，"刑事司法的私人化"再生，并促成以"行为者与被害人的和解"或"损害回归"来解决刑事案件的国际潮流。

"行为者与被害人的和解"或"损害回归"，作为解决社会纠纷的一种手段，旨在避免国家行使刑罚权，希望通过私人间的纠纷解决机制，进而对加害者采取非刑罚方式，使被害人获得损害补偿，并且强化对社会的积极规范，期望达到加害者、被害人乃至全社会的"法平和的回归"，以此解决纠纷。换言之，"损害回归"或"刑事和解"认为犯罪是一种"对人与人之间关系的侵害"，或是"对被害人及社会的侵害"，因而便产生令其回归或进行损害补偿的义务，不同于以往认为犯罪乃是一种法秩序的违法，其立足于应报性司法的思想。刑事司法最主要的目的，乃是解决加害者、被害人及社会三面构造间的纠纷，以促进彼此间关系的回归。

例如德国1990年《少年法院法》修改时，便引入被害人与加害人的和解制度以停止刑事追诉，以明文作为教育性处置的指示之法律效果。再者，1994年《犯罪防治法》，亦规定对于成人事件若为损害回归，可为刑之减轻及免除。1998年更通过《证人保护与被害人保护促进法》，简称《证人保护法》，进一步要求扩大被害人之阅卷权及受律师辅佐权，并订定对证人人身保护之视讯询问等措施。至于美国1990年国会制定的《被害人权利及损害回归法》，明确规定犯罪被害人具有以下权利：(1)受公平对待及人格尊重与隐私权；(2)享有免受他人侵害的合理保护；(3)法庭程序受通知权；(4)除因在场亲自听取他人证词足以影响其证词的真实性外，被害人在本案的公开审判中有在场的权利；(5)向承办检察官咨询的权利；(6)损害

回归请求权；(7)被通知判决结果的权利。[①]

六、制定犯罪被害人的基本法

任何人均可能在任何时间与地点成为犯罪被害人，犯罪被害人问题是社会全体不得不去重视的重要问题。政府对于犯罪被害人所为的种种保护与支援措施，并非一种例外的存在，亦非为恩惠之给予，犯罪被害人作为社会的一员，本应受到政府的照顾，并谋求其于犯罪被害后应得的权利与保护。有鉴于此，日本于2004年制定了犯罪被害人等基本法，明确表示其制定的目的乃是："为制订有关犯罪被害人等施策之基本理念，并明示中央、地方行政机关及国民等义务，以及犯罪被害人等施策之基本事项，据以有计划、统合地推进犯罪被害人等计划，以保护犯罪被害人等利益。"[②]充分表示犯罪被害人等应受到符合其尊严的待遇，且此符合其尊严之待遇，属于基本权利之一环。亦即日本政府系以全面性、社会性以及持续性之观点，在确立政府整体施政的高度及观点上，规划犯罪被害人在社会上应当受到的整体保护与协助其回归生活的措施，并且从犯罪被害人的观点出发，落实各种具体的配套措施，亦通过积极的立法活动，赋予犯罪被害人应有的地位与权利。

七、特殊被害人的保护

特殊被害人属于被害人，但其也有自身的特殊性。故而在面对特殊被害人之保护时，需要考虑更加复杂的情况。而准确定位特殊被害人之范围则是至关重要的先决条件。确立特殊被害人保护制度不仅能有效预防被害人犯罪，更能防止特殊被害人群体的二次伤害。

(一)特殊被害人的概念与特征

特殊被害人是指遭受刑法明文规定的犯罪行为所直接侵害的特殊人群。特殊被害人，主要包括未成年人、性犯罪被害妇女和老年人群体，身体原本有残疾、精神障碍的被害人，无法求得真凶的被害人或其近亲属。[③] 特殊被害人一般属于社会弱势群体，他们通常具有以下特征。(1)缺乏社会资源。社会资源的缺少是特殊被害人群体的先天弱点，他们往往缺乏一定的社会关系与社会支持，且对法律知识了解不深或生活阅历不足，故对危险辨别能力较弱且不容易获得救助。(2)易遭受二次伤害。不同类型的被害人遭受二次伤害的可能性与程度也随之相异，根据国内学者研究，性侵被害人在所有被害人中遭受二次被害的可能性最

---

① 刘作凌.国际法视野下的被害人保护机制研究[J].湖南商学院学报，2010，17(1)：109.

② 促成日本犯罪被害人等基本法大致上有下列三个背景因素。(1)来自犯罪被害人的诉求：2003年7月，日本全国犯罪被害人协会的代表冈村勋氏，与小泉首相进行会面，并告知目前犯罪被害人被轻视的情况，同时提出确立犯罪被害人权利的请求。这种来自被害人本身真实的声音，确实是促成基本法成立的重要因素。(2)自民党小委员会发起的检讨：接收到来自犯罪被害人直接且悲痛的诉求，小泉首相以此为契机做出了进行犯罪被害人对策检讨的指示，并组成小委员会而于2004年6月15日提出了建议。建议的内容提到除了要做到对犯罪被害人的支援，甚至还要对过去没有补偿到的被害人给予支援，这个综合的施策必须背负政治责任，因此必须先制定基本法，基本法需要规范施策的全貌以做出犯罪被害人等基本计划，然后根据基本计划来确定施策。建议中也提到必须写明有关施策理念中的"尊重犯罪被害人个人的尊严，以此作为权利的基础，应当给予被害人对于被害的内容、程度、状况等合理记录的地位"等对于权利的叙述。(3)基本法制定的方向：根据前述的建议，自民党起草了基本的法案，通过朝野两党的调整与协力，从保护犯罪被害人的权利及给予充分的支援观点出发，于2004年12月1日制定了犯罪被害人等基本法。

③ 于鹏.浅议对特殊群体被害人的保护——以性犯罪被害人为主要切入点[J].中国政法大学学报，2017(4)：88-89.

大，程度最深。[①] 而特殊被害人群体中诸如妇女、儿童等，则会遭受长期的精神创伤，这种创伤极可能持续一生。(3)易衍生新的犯罪。由于特殊被害人遭受加害人侵害，两者间关系剑拔弩张，如果国家懈于追究犯罪，疏于救济或支援被害人，被害人则易滋生抗拒、仇视社会的情绪，从而铤而走险，采取偏激的违反刑法规定的方式。(4)消极寻求法律救济。由于对于法律知识的陌生以及生活阅历的不足，加之对于复杂社会情况的种种顾虑，特殊被害人群体很可能无法积极寻求法律救济，而是逆来顺受。

(二)特殊被害人保护制度的价值

第一，确立特殊被害人保护制度，是特殊保护在刑法领域的体现。特殊被害人往往缺少社会资源，受教育程度较低，缺乏对法律知识的了解，从而与其他被害人或诉讼参与人存在显著差异，这就致使不同条件的被害人在实际生活中获取法律救济的机会不平等，进而使得实际享有权利存在差异。面对这种情况，特殊被害人必须通过特殊被害人保护制度的确立来保障自己的权利。

第二，特殊被害人保护制度的确立能够推动被害人保护制度的完善。以目前的中国刑法规定为例，对于妇女、未成年人、经济困难或没有独立生活能力的犯罪被害人的特殊保护粗具规模，但具体对于上述群体中的性犯罪被害者的保护仍然未达到“特殊”重视的程度。

第三，能够有效预防特殊被害人群体犯罪。德国犯罪学家亨梯指出，被害人经济状况的不平等，会致使其对犯罪人及其亲属和社会产生敌对和不满情绪，可能会实施犯罪行为，导致逆变的发生即从被害者向犯罪者方向的转化。[②] 适当地关怀特殊被害人，在很大程度上能避免被害人采取报复性犯罪活动，从而实现预防犯罪的目的。

第四，能够有效防止特殊被害人群体的二次伤害。以家庭暴力案件与性犯罪案件为例，在家庭暴力案件中，被害人为了寻求法律救济，往往要回忆其被殴打的痛苦经历；在性犯罪案件中，被害人则被要求像普通证人一样作证，而这一过程会给其带来巨大的心理压力。因此，有必要建立相应的保护制度使被害人免受二次伤害。

综上所述，特殊被害人保护制度的建立有其必要性，为了预防被害人犯罪以及防止二次伤害，相关保护援助制度的建立势在必行。

第三节 警察对犯罪被害人的保护政策

一、犯罪被害的影响与需求

一般而言，犯罪发生后对犯罪被害人带来诸多损失与痛苦，且易造成犯罪被害人复归正常生活之困难，更进一步带来诸多后遗症，诸如：(1)在经济上生活品质下降、物质损失、生产力损失与医疗支出等；(2)在身体上直接导致伤害，在精神上可能导致创伤后压力症候群，如羞耻、自责、无主见、对加害人的病态憎恶、反讽的感谢、自感污秽性压抑、绝望、二次受伤、社会经济等；(3)在情感上有负向的自我、低自尊、人格分裂、人格扭曲、价值观错乱、失去对人

---

① 莫洪宪. 刑事被害救济理论与实务[M]. 武汉：武汉大学出版社，2004：128.

② 韩轶. 被害人量刑建议权的建构与被害人转化为犯罪人[J]. 山东警察学院学报，2012(6)：36-37.

性的信任等；(4)在行为上有吸毒、酗酒、自残、自杀、社交退缩或侵略、反社会行为、失去工作生产性、注意力不集中等；(5)在人际关系上存在功能失调等诸多不良影响，影响可谓相当重大。

犯罪被害后造成被害人如此大的影响，那么被害人究竟对警察有什么需求？依据1999年国际警察首长协会(International Association of Chiefs of Police，IACP)所撰写的《加强执法回应被害人》(*Enhancing Police Response to Victims*)，执法单位必须明确犯罪被害人的关键需求，包括安全、持续性、资讯、通道、支援、发言、正义等(见表6-1)。当执法单位无法独自满足被害人的所有需求时，执法单位应担任一个主要的领导角色，确保被害人的需求广泛地被了解与持续地被完成。

表6-1 IACP所列的犯罪被害人关键需求定义

犯罪被害人需求	定义
安全(safety)	防止来自加害人威胁的保护与避免再度被害的协助
支援(support)	协助被害人有能力参与司法系统程序及伤害的修复
资讯(information)	简要且有用的关于司法程序与被害人服务的资讯
通道(access)	参与司法程序的机会和获得资讯与服务
持续性(continuity)	刑事司法体系各单位能提供持续性的服务
发言(voice)	让被害人能够对案件程序议题及大方向的策略提出意见
正义(justice)	接受必要的治疗支援并确认加害人已为自我行为负责

换言之，当犯罪被害人在追求正义过程中，无论是为了惩罚或矫治犯罪人，还是为了自己得到损害回归，根据上述IACP的报告，均可归纳犯罪被害人对警察的需求如下：(1)"安全维护"，乃指犯罪被害人担心再度遭遇加害人之威胁及避免再次被害，执法单位须提供必要保护及协助的措施。(2)"持续资讯"，乃指犯罪被害人对于持续性提供资讯具有强烈的需求，以便能迅速掌握实际真相与流程，从而能即时应对、掌握状况。其资讯则包含医疗补助、紧急资金、法律扶助、生活重建、诉讼途径、程序与权益以及有关加害人的行踪及状态。(3)"支援参与"，乃指犯罪被害人乃是犯罪案件的当事人，理应让其有通道可参与司法程序，且应协助其参与诉讼，并让其有发言机会以表达意见，进而发现真相以修复其伤害。(4)"回归正义"，乃指犯罪被害人希望警察能够伸张正义、复原真相，并使其能得到应有的损害回归。特别是犯罪被害人报案后，希望警察能立即行动，以获得救援、逮捕犯罪人、返还财产、搜集证据、找到目击证人等。

二、犯罪被害人对警察工作的重要性

由于大多数警方所知的案件，均来自被害人及其家属的报案，只有少部分是警察自己发现的，因而警察不仅需仰赖被害人及其家属的报案，也需获得其合作方能有效进行侦办；况且就被害人及其家属而言，也急需警察之支持，以使其能回归正义，甚至避免再次被害；再者，若警察能耐心处理被害人被害事件，亦较能获得正向的警民关系。因而就犯罪被害事件发生后，犯罪被害人对警察工作之重要性说明如下。

(一)获得被害人的报案讯息

警察机关在刑事司法体系的角色地位，无非是调查犯罪事实、搜集证据、发现犯罪嫌疑人之犯罪侦查，并掌握当年有多少犯罪案件进入刑事司法体系。至于警察侦查的机制，不外乎是报案被动反映及主动出击两种模式，其中又以报案被动反映为主。大部分的犯罪行为，也都是经由被害人告诉、民众检举告发或犯罪嫌疑人自首，以电话、书面、亲自到案或其他方式向警察单位报案后，才唤起警察的注意及处理，少部分的案件才是由警察主动侦办。警察主动侦办的案件，部分是由线人或卧底警察提供情报后，再派员侦办。有些案件，则是巡逻警察执勤时发现可疑人、事、物，认为有犯罪状况而主动实施侦查作为，另有部分案件，则是由相关执法单位调查后发现的（如行政机关、纪委监察部门、海关及其他政府机关）。

学者们研究发现，96.3%的民众表示是因为自己或家人报案，警察才获知该犯罪。而在个人被害部分，有61.3%的个人被害者表示是因为自己（受访人）报案，警察才获知此案件。另有11.0%的个人被害者表示，警察获知该案是因为家人报案。因此，警察确实需要民众报案指认罪犯与提供证据，特别是犯罪乃发生于加害人与被害人之间，若无被害人及其家属的报案，警察是无法知晓犯罪的发生并进而有效侦办，因而被害人及其家属的勇于报案，将有助于警察的破案以及社会秩序之维护。

（二）获取民众对警察的支持

被害人是警察的主要服务对象，他们对警察的认识是以直接接触的经验为基础的，而其感受也会直接影响到警民关系。以性犯罪案件为例，根据日本所做实证调查，性犯罪被害人有超过半数的比例对于警察、检察官等的犯罪侦查感到不舒服，同时认为此感觉是被害的一部分。如同美国司法部“犯罪被害人对策局（简称OVC）[①]”，其认为在对被害人的保护中，警察占有很重要的地位，因为警察是第一个赶赴现场的执法人员，倘若警察对于犯罪现场的被害人能够多一些用心，则被害人往后对于刑事司法体系的观感将会有所不同。由于美国的重大犯罪，约有21%的比率是在现场将加害人逮捕，逮捕后经由检察机关起诉时，被害人通常会受到地检署的照护，但仍有约80%的犯罪，由于未经检察机关，故其照护只能依赖警察。这些犯罪有杀人、家庭暴力、强制性交、性骚扰，甚至醉酒驾车，这些犯罪的被害人都需仰赖警察于第一时间给予帮助，例如救护车的呼叫、咨询人员的中介、经济的援助、资讯的提供、法庭应对技巧的指导、社区被害人支援协会的介绍等。倘若被害人能够在第一时间得到这些帮助，则其不但对警察的观感会改变，同时也较愿协助侦查该案。

确实，警察受理报案的回应情形，与被害人对警察处理案件的满意度有显著关联。有关学者研究发现，警察受理报案时没有耐心询问与倾听，被害人对警察处理案件表示不满意度为83.87%，显然高于有耐心询问与倾听的24.82%。因而警察受理报案时若能耐心询问与倾听将有较高满意度，也可增加民众对警察的信赖感，有助于警民合作之推动。在对警察的素质培养方面，不仅要加强其业务水平培训，还要加强他们全心全意为人民服务的思想道德素质，树立履行法定义务的观念。

---

① 美国联邦对犯罪被害人的保护，统筹于司法部OVC之下。OVC的设立，乃源于1982年里根总统时代“犯罪被害人总统特别委员会”的调查报告，该报告共提出了68个改善被害人处遇措施的建议，根据这些建议，联邦乃于1984年通过《犯罪被害人及证人保护法》，并于同年成立OVC。OVC的主要任务有二：一为提升国家对于犯罪被害人的保护能力，另一则为主导国家对于被害人的观点、政策及实务措施的变革，以便能够维护被害人的正义并使其获得救济。为达成上述任务，OVC除分配基金给各州，以支援被害人的保护外，还对联邦甚至世界各国国家级的有关被害人权利与需求的研究计划或事业提供各种奖助。OVC对于被害人及支援者的意见十分重视，经常在收集到这些人所表达的意见后，转而制作成供执法者阅读的各种手册。例如，1982年《犯罪被害人及证人保护法》制定后，OVC即制作有关被害人权利及支援的手册，供各联邦执法机关遵循。OVC更曾配合老布什总统的企图，而在国会作证，意欲说服国会在联邦宪法中加入保护犯罪被害人的条款。此外，OVC亦经常举办全国各地被害人团体的“犯罪被害人圆桌会议”，倾听被害人的痛苦经验、恐惧感、需求及各种不满，并以此为基础，制作各类VCD，以训练执法人员及支援被害人的专家等。

(三)预防重复被害

重复被害亦称为多重被害,是指某种特殊类型标的物在特定时间内不断被害的现象,此标的物可以是人也可以是地方。个人的下列三项特征是预测重复被害的因子:(1)标的弱点因素(如身体瘦弱、心理忧伤),(2)标的满足因素(如具有加害者所需的某些物质),(3)标的憎恶因素(如引起加害者的愤怒、嫉妒等)。且个人因素与社会的互动,更能提升重复被害。

解释重复被害,通常可以分为下列两种方式。(1)标识解释(flag explanation),或称风险异质性(risk heterogeneity),意味着先前的被害经验或其他因素,能够辨别可能再次被害的适当被害人或地点,因为这些标的有明显的弱点或某些被害特征,可能吸引不同的罪犯。用社会上有些人在酒吧反复斗殴为例,酒吧作为标识解释的解释指标,具有制造冲突的盛名,而吸引寻求打架或对危险情况感兴趣的人,这些地点与员工再次被害的风险就更高了。(2)促进解释(boost explanation),或称事件依赖性(event dependency),是指通常同一犯罪者会犯下另一种罪行,是根据过去与该被害人或地点接触的经验而为之。过去的成功犯罪经验,导致对同一目标的再犯,在这种情况下,由于罪犯间相互分享讯息,可能导致新的罪犯进而跟进犯案,以这类案件来说,前案的具体目标资讯是后续行动的关键所在。

确实,犯罪学的研究指出,少数的被害人解释相当大比例的被害事件,亦即前次的被害经验是预测未来被害的良好指标,如此也可知被害人是警察机关实施犯罪预防措施的良好对象。有研究指出,约有 50%至 60%的被害人重复是发生在前次被害后 3 个月内,另约有 15%至 25%的被害人重复是发生在前次被害后第 6 个月,显示前次被害后 3 个月内以及前次被害后第 6 个月,是重复被害风险较高的时段。因而重复被害的间隔时间,确实可作为警察机关选择实施犯罪预防措施最佳时机的参考,有必要针对这些被害人加强被害预防,以减少重复被害,降低犯罪的发生。

(四)扩及被害预防

1973 年之后于英美等国所实施的犯罪被害人调查(NCVS),均发觉未满 30 岁的单身男性、夜间常外出者及酗酒者较易成为被害人。这样的调查结果指出,犯罪并不是随机发生的事件,且每个人被害概率也不同,迫使我们不得不重新修正犯罪被害人的实况,并导致 20 世纪 80 年代之后许多新的被害人学理论提出,如生活形态暴露理论、日常活动理论及等价团体理论等。从上述的调查及理论依据可发现,在犯罪事件的发生过程中,被害人及情境确实着扮演相当重要的角色地位。因而今后警察犯罪预防策略,即须分别从犯罪人、被害人及犯罪情境因素统一来思考,不可只重视加害人,而忽视被害人及犯罪情境因素,亦即往后警察犯罪预防工作须从传统的"加害人预防作为"扩及至"被害预防"。被害人权利的实现是一个"线性过程",其关键的环节包括强大法律的通过、有关被害人权利的培训、实施法律的资源、提高执法的积极性等。[①] 法律制度的完善固然应当予以关注,但仅靠法律规定的完善是不够的,还应当考虑法律的实施,而以警察为代表的司法机构在这过程中则扮演着重要角色。

三、警察如何回应犯罪被害人需求

经过前文所述,警察对犯罪被害人之回应的重要性不言自明。而 IACP 所研拟的回应

---

① Malsch M. Crime, Victims and Justice : Essays on Principles and Practice[M]. London:Ashgate,2004:188.

策略具有其科学性与合理性，加之研究日本警察之回应策略，可以作为警察之回应策略之先例，为我国警察回应策略提供参考。

（一）IACP 的回应策略

IACP 针对执法单位必须明确的犯罪被害人七项关键需求以及犯罪被害人对警察工作的重要性，更进一步研究执法人员的回应策略，如表 6-2 所示。

表 6-2　执法人员回应被害人的七项关键需求策略

犯罪被害人需求	执法人员的回应策略
安全（safety）	警察要了解被害人所处的危险状态并知道如何回应现场需求； 保护被害人避免未来遭受恐吓及伤害，以确保被害人的安全感
支援（support）	警察应该要对被害人的情绪状况非常有感知，而且要让他们愿意说出被害过程；要让被害人在讨论案情时感到非常舒适，让他们感受到警察关心他们的需求；建立回应政策让机关能够确保警察用心对待被害人，并给予警员行政支援
资讯（information）	提供被害人有关获得支援的资讯手册、联络电话，而且要符合被害人所处社区状态的需求
通道（access）	警察与被害人接触调查案件时，要让被害人感到舒适，而且要适时提供案件的讯息，不要让被害人有种被蒙在鼓里的感觉
持续性（continuity）	警察在做完笔录后，应该协调地方被害保护机构或检察官以提供被害人持续性的服务。有很多案件并未侦破，因此被害人可能不需要法庭系统的协助，但是如果被害人后续有需要，应该要能够获得咨询及其他协助的资讯
发言（voice）	警察机关应该要调查被害人的需求及警察需要改善之处，让被害人表达需求并关心被害人需要警察回应的作为
正义（justice）	正义的实践在于让被害人、警察、检察官、保护机构等皆能满意，但是达到此目标并非通过逮捕、判刑、执法，而是通过整体流程的合作、沟通及支持

资料来源：IACP. Enhancing Police Response to Victims[R]. Summit Repost，2008.

在被害人从接触警察开始至案件结束的过程中，为了维护被害人的权利并符合其基本需求，IACP 制订出 13 项基本的原则供实务工作者参照，其内容详如表 6-3 所示。

表 6-3　警察回应被害人权利需求的基本原则

1. 公平、尊敬和同情地回应被害人
2. 保护被害人避免再次被害
3. 尽可能提供被害人协助
4. 提供被害人无缝接轨的服务与协助
5. 告知被害人权利及司法流程的安排
6. 让被害人有能力参与案件流程
7. 让被害人便于了解调查日程、法庭和判决流程
8. 确保各项服务流程的持续接轨
9. 聚焦于被害人伤害的修复
10. 告知被害人犯罪人的状况
11. 鼓励被害人说明被害过程并细心地聆听
12. 提供有被害经验的过来人协助其他被害人参与刑事司法系统服务的机会
13. 广纳被害人参与政策与规范的研究成果

（二）日本的回应策略

传统的日本警察，即与被害人有着密切的关系，因此在1981年初次制定犯罪被害人补偿法时，即由警察承办被害人的补偿业务；此外，警察亦于同年在警察团体内部募得一亿日元，成立“犯罪被害救援基金”，以协助被害人家属中的儿童，其后因有各方捐款，基金规模甚至高达四十亿日元。1996年警察又制定“被害人对策纲要”，通告全国各地警察，开始实施有组织的被害支援工作，以达成保护被害人对策原本即为警察业务的立场，确保被害人协助侦查活动以及在侦查过程中对被害人人权的尊重。而其重点则包含如下。

(1)对被害人感受与需求之理解，如以“敬意与同理”对待被害人，勿伤其自尊而造成“二次伤害”，并随时站在被害人之立场而挂念着被害人之需求。

(2)提供系统化服务，如设置担任被害人对策之组织、发放“被害人手册”提供资讯、实施被害人联络制度、强化对警务人员的教育、整建能顾虑到被害人内心的设施等，以强化被害人服务及减少二次伤害。

(3)提供网络化支援，如完备咨询的体制、推展被害少年对策、再次被害的防止、实施“指定被害人支援要员制度”①、强化与其他机构和民间团体协力等，强化网络化提供被害人精神与实际的支援。

(4)刑事程序上提供流程化的对应措施，能清楚列出每个阶段与被害人所欲知之警察对应措施，而使每个处理段落都能无缝接轨，一案服务到底，直到延续至由检察署接手为止。

四、我国警察的具体作为与未来发展

目前我国警察针对上述被害人之需求，大致做法如下。(1)安全维护面上：代表性做法如设置紧急报案系统，配合高风险家庭通报，加强人身安全维护，联合访视被害人、重点部位，定期查访治安顾虑人口等。(2)持续性资讯提供面上：代表性做法如提供犯罪预防资讯、提供受理警察联络基本资料及咨询专线、告知被害人权利与救济途径，提供“交通事故当事人须知”等案件进度之信息查询渠道等。(3)支援与参与面上：代表性做法如将受理报案程序纳入网络化管理，政府希望和要求建构紧密之倾听人民声音的渠道，建造温馨、开放、迅速的服务环境，通过简讯、卡片、拜访方式慰问被害人(能否做到另当别论)。(4)回归正义方面上：代表性做法如运用群防群治力量协助报案，推动“案件发生到警察服务一次到位”的人性化报案服务等。

然而，相关学者研究指出，目前犯罪被害人保护与过去相比，虽有很大的进展，但整体状况尚有结构、执行以及网络整合三大面向的问题，整理如表6-4所示。

---

① 对被害人支援的活动，如精神的照顾或实际的支援等，均需于被害后即时实施，但若一方面从事案件侦查，另一方面一并进行被害人支援活动的话，则事实上有其困难。因而，在出现必须特别支援被害人的案件时，乃导入由非侦查人员的受指定警务人员，来展开各种支援被害人活动的“指定被害人支援要员制度”。

表 6-4　被害人保护结构、执行以及网络整合问题分析

一、结构面	1. 欠缺以司法改革为主体的被害人保护服务 2. 被害人整合性组织定位不明以及自主性低 3. 人力不足与流动性高 4. 欠缺资金保障
二、执行面	1. 各单位未将被害人保护服务视为分内之事 2. 以协警和社工为服务的主力 3. 专业不足且欠缺有系统的教育训练 4. 欠缺符合被害人所需的司法扶助 5. 司法机关对犯罪被害人保护业务重视不足
三、网络整合面	1. 欠缺网络整合的核心服务 2. 联系整合机制不足 3. 欠缺以被害人为中心的整合性服务方案 4. 各部门欠缺专业以及联系转介的服务人力与窗口

此外，有关学者综合目前警察机关推动妇女儿童的人身安全防治工作所面临的问题，将其概括为以下 6 项：(1)角色定位模糊的困境，(2)人力资源短缺的困境，(3)专业训练方面的困境，(4)实际受理妇女儿童的人身安全案件人员流动性高与无法专责处理的困境，(5)有些警察仍不重视妇女儿童的人身安全防治工作的困境，(6)和网络其他单位联系与合作尚待加强的困境。另外，警察在对犯罪被害人实行保护的过程中，发觉如下 10 个问题：(1)警力无法 24 小时维护安全，(2)部分创新报案方式配套不足，(3)案数压力导致吃案，(4)部分不敬业的警员与相关人员互利而难以防范泄密，(5)警察对转介[①]资源欠缺，(6)答非所问时警察情绪可能失控，(7)偶有家属对问案过度干扰，(8)案件量太多而人力不足且侦办耗时，(9)被害人不一定被安抚，(10)透露嫌犯姓名，妨碍侦查秘密等。

面临这些问题与困境，警察应对被害人感受与需求有所理解，应建构“以被害人为中心”的社会安全网络重点，制定被害人援助计划；制定防止重复被害计划；研究以犯罪被害人为中心的刑案标准处理程序；强化警察的法律教育训练；强化警察为人民服务的观念教育训练；参考 IACP 及日本的做法，以作为未来改进的参考。

(一)制定被害人援助纲要

为了符合被害人的各类需求，有必要制定“被害人援助纲要”，通告全国各地警察，实施有组织的被害援助工作，以达成保护被害人对策原本即为警察业务的立场，以“敬意与同理”对待被害人，勿伤其自尊而造成“二次伤害”，并随时站在被害人的立场而挂念着被害人的需求。并以更标准化、系统化与网络化地服务被害人，满足犯罪被害人“安全维护”“持续性资讯”“支援与参与”及“回归正义”等需求。而其具体的回应对策有设置担任被害人对策室、发放“被害人手册”提供资讯、实施被害人联络制度、强化与其他机构和民间团体的协力等。

特别是设置担任被害人对策的组织方面，我国以往只因妇幼安全法制定的要求，在妇幼保护方面的组织较为完备，而其他案类如侵害知识产权犯罪被害人保护的组织则较欠缺，以至于未能以全面性、整体性角度思考各类犯罪被害人保护。唯近来，针对命案、重大伤害等

① 在咨询时，咨询师如发现自己与求助者有明显不适宜之处，或发现自己确实不善处理时，就应以高度的责任感和良好的职业道德，尽快将求助者转介给其他更加合适的咨询师，或及时中止咨询，推荐其去寻找更有效的帮助。

刑事案件，设立了“重案组”制度，以便能掌握被害关怀慰问进度，及适切联系通报相关单位予以援助，以落实系统化、网络化的服务协助。如此的设置，确实有助于被害人的援助。但是，为了能从更全面、整体的角度来推动各类犯罪被害人保护，确实有必要逐步扩大设置其他犯罪类型的被害人对策的组织。

（二）制定防止重复被害计划

犯罪被害人有很大可能会因加害人的再犯而再次遭受生命或身体侵害，因而有必要采取有组织且持续的防止重复被害措施，指定为防止重复被害的对象，实施防止重复被害体制及防止加害人再犯措施的“防止重复被害计划”。如对防止重复被害对象实施防范指导或警戒措施；同时在必要的情况下，向其告知加害人释放等信息；在和加害人的关系上，采取掌握其动向，必要时实施警告指导等措施。

（三）拟定以犯罪被害人为中心的刑案标准处理程序

日本警察对犯罪被害人在刑事程序上的作为，能清楚列出每个阶段与被害人所欲知的警察对应措施，亦即提供流程化的对应措施，使每个处理阶段都能无缝接轨，服务一案到底，直到延续至由检察署接手为止，以满足被害人的需求（见表 6-5）。

表 6-5 日本刑事程序与被害人所欲知的警察对应措施

流程	与犯罪被害人的关系	警察对应措施	侦查过程对被害人负担之减轻
案件的发生		各种咨询窗口之设置	
（1）受理报案	①联络警察； ②为了处罚犯人，被害人必须进一步提出告诉		1. 倾听及真诚受理报案，减少犯罪被害人的不安； 2. 说明告诉主案之条件与时效； 3. 确保犯罪被害人之安全，防止再度被害； 4. 于警察本部设置“商谈窗口”，提供犯罪被害人商谈资源，并设置全国统一之商谈电话，部分亦采用报案处结合商谈所
侦查的开始		确保被害人之安全	
（2）抵达现场	①警察出动至案件现场； ②犯罪被害人表明身份，说明大致情况	发放被害人手册	1. 识别犯罪被害人等关系人； 2. 出示证件，表明身份； 3. 确认犯罪被害人安危； 4. 救助医疗； 5. 维护犯罪被害人隐私； 6. 若为性犯罪被害，警察着便服并搭乘不显眼车辆前往
（3）通知被害人到场	通知到场为了听取整体事件经过，犯罪被害人有被警察局通知到场的情况		1. 考量对犯罪被害人有利之联络地点、方法； 2. 通知到场书须确实传达侦查人员的姓名、传唤时间、地点及目的； 3. 在刑案处理时效内，尽可能选择犯罪被害人方便之时间（夜间、假日），并事先通知，以获得其充足协力； 4. 若犯罪被害人因伤住院，警察须前往其住处或警察署以外之场所询问

续表

流程	与犯罪被害人的关系	警察之对应	侦查过程对被害人负担之减轻
(4)事件听取(制作笔录)	事件听取	二次伤害之防止与减轻	1.应充分说明详细听取事件之必要性,减少犯罪被害人的抗拒; 2.若犯罪被害人不愿回想,应尊重其意愿; 3.若事件过程太复杂,经过长时间之听取,应尽量照顾犯罪被害人关于饮食、休憩等之需要; 4.若询问受伤之犯罪被害人,应先询问医生与其本人是否可行,采取影响病情之最小限度做法; 5.犯罪被害人支援要员协助做成调查书、陪同事件听取(辅助侦查); 6.营造温馨之环境设施
(5)探听(询问犯罪被害人亲朋)	对犯罪被害人周边关系人的侦查		1.询问被害人、加害人以外之关系人,仅能透露必要事件之最少部分; 2.关于性犯罪,询问关系人时,运用迂回法、伪装成别种事件或无法辨别犯罪被害人之说法,避免他人将案件与犯罪被害人串联,以维护其名誉、隐私
(6)证据收集、财物返还与处分	①犯罪被害人协力维持现场原状; ②提出证据		1.请犯罪被害人维持现场原状,若发生于自宅,而有限制进出必要,则应安排等待场所; 2.保管之证据,若为犯罪被害人之财产无保管必要时,应尽速归还。若犯罪被害人请求一时归还,在不破坏证据的状况下,可一时归还,此称为暂时归还。若犯罪被害人不希望归还,警察可做废弃处分
(7)分辨真相(被害人到现场陪同说明)	犯罪被害人须到场陪同说明		1.警察应对被害人充分说明其重要性和必要性,努力得到其理解和协力; 2.以尽可能尊重犯罪被害人之情况设定日程和时间; 3.在现场时,为了守护犯罪被害人之隐私权,即使在建筑物外头,也应做好周围无法看见之措施; 4.犯罪被害人援助要员陪同到场听取
犯人之逮捕			联系犯罪被害人
(8)犯人之逮捕与指认	①犯罪被害人知悉有嫌犯被逮捕; ②指认犯人		1.逮捕犯人时,应通知犯罪被害人; 2.指认时,为了避免犯罪被害人与犯人直接面对面,应采用照片确认,或在有单面镜的房间进行确认
(9)案件移送与起诉			对于重大伤害罪、交通死亡事故、肇事逃逸等案件,警察须提供犯人移送至哪个检察署、哪个法院起诉等资讯
(10)以保障隐私方式回应媒体			为了减轻被害人的负担,警察要谨慎考量向媒体建议的取材形式、侦查概要之说明、关于被害人报道应有的态度、所需要的社会支援,并尽力维护被害人之隐私
(11)防止再次被害			被害人可能再次被害,须采取一般防范及警戒行动,以确保被害人安全的组织对应

基于此理念，我们的警察机关为落实犯罪被害保护，需要整合警察机关现行相关作业程序，参照国内外相关研究论文及犯罪被害人保护措施，针对命案、重伤害等重大刑案，研订以保护犯罪被害人为中心的“刑案处理程序”，并设立“犯罪被害保护官”制度，以符合被害人的实际需求。(1)刑案现场处理包含：①快速反应，控管危害；②逮捕追缉犯罪嫌疑人，协助护送就医；③现场封锁，证物保全；④案件调查，勘察采证；⑤提高巡逻密度，主动处理新闻。(2)被害人伤亡处置及关怀慰问包含：①护送就医，戒护取证；②封锁遮蔽，通报相验；③同理对待，保护被害人及家属；④关怀慰问，告知进度；⑤侦破移送，主动告知；⑥便利案件查询，回应家属期盼；⑦律定专责管理，强化教育训练；⑧追踪回访，检讨策进。(3)后续协助服务包含：①提供犯罪被害人关怀协助资讯卡片；②即时资讯传递，保障被害权益；③协请被害救助，纾解生活困境；④协请法律扶助，社区协警陪侦。

(四)强化专责人力及教育训练

我国警察目前的状况是在教育训练方面，尚欠缺独立专属之犯罪被害人保护养成教育课程及在职训练，只是依附于“为人民服务”理念，且仅聚焦于“妇幼保护”等议题。但被害人案类繁杂，若无添加保护犯罪被害人的课程，是无法应付此需求的；再加上人力、财力及政府相关部门仍未能全力支持等问题，导致欠缺专业及联系转介的服务人力与窗口，使得保护、服务等成效并不彰。因而增加专责人力与窗口，并推动强化犯罪被害人保护专业知识之教育训练，确实有必要。如此不仅可缓和社会的应报情感，促进民众对警察的信赖感，亦可安定社会秩序，值得推行。

(五)对警察的自由裁量权进行限制

我国现存的犯罪侦查体系在对待被害人方面经受了许多不满的冲击。虽然刑事司法过程会有与此体系相关的价值产生，但被害人什么也没有得到。除了履行某种含糊不清的“公民义务”外，被害人对于侦查体系的参与没有任何所得，更多的是损失。更为严重的是，许多被害人甚至在侦查当中从未得到过知悉案件结果的满足。在这种情况下，赋予被害人更大的话语权无疑是使犯罪侦查体系更具有合理正当性并引领被害人回到这一体系之中的一种方式。①

一般来说，公安机关对犯罪嫌疑人的拘留、释放，对其财产的查封及冻结等强制措施都是由其自主判断的。犯罪被害人通常很难对这些强制措施诉求争议救济。且被害人对这一切的了解也并无法律规定予以明确认可。虽然英美法系国家的诉讼结构与我国的侦查模式天差地别，但是就目前的趋势来看，将被害人排除在侦查权力运行程序之外或者将其置于侦查活动之边缘已经不合时宜了。故应当在侦查活动中逐步接纳被害人，将被害人吸纳进侦查活动决策中，这无疑将提高侦查质量，促进程序公正。

结 语

历来的犯罪学都将研究聚焦于加害者，致使多少个世纪以来的学者们都无法全面地把握犯罪学的真谛。但是被害者学的天空并非总是黑夜，被害者学在历经一波三折的多年发

---

① Willian G D, Steven P L. Victimology[M]. Cincinnati, Ohio: Anderson Publishing Co., 1998:255.

展后(特别是自近代至两次世界大战后)，终于得到了学界的重视与垂青。其中初期被害者学真可谓是功不可没。

随着量化统计方法论的兴起以及科学技术的进步，犯罪被害人调查的研究方兴未艾。在量化统计的方法下，我们不仅逐渐揭开犯罪被害之实际情况的神秘面纱，还发现了与我们惯常思维几乎完全相反的犯罪被害实际情况，进而深切影响了之后的被害者学思潮，从而令各种新的被害者学学说不断涌现，诸如第二次被害人化理论、第三次被害人化理论等。这些理论关注第一次司法潜在地对被害人的后续损害，还注意到犯罪被害与被害人的生活形态之间存在密切的联系，进而将这些联系概念化、分子化，进一步发现了被害人与加害者往往或多或少具有共通性。随着更深的挖掘，它们还提出某些犯罪之所以会循环往复地发生，与被害人的被害倾向有关联。总之，它们为学界增添了活力，让被害者学这棵大树枝繁叶茂。

而思想总是能够推动现实的进步，随着被害者学的发展，其影响愈来愈大。西方先进国家诸如英美，皆先后导入被害人补偿制度，努力设立被害人的援助组织，并开始重视被害人在刑事诉讼上的权益保护，同时也不断追求司法程序方面的改革以及相关方面的立法。在一般被害人群体之外，还存在特殊被害人群体，他们相较于一般被害人处于劣势，在寻求法律保护上存在较大困难，故也需要相对特殊的被害人保护制度。这些均期待整个被害人保护援助制度的推进与完善。举目世界各国的被害人保护制度，虽然各有建树，但仍存有不尽如人意的弊端或缺陷，理论研究与实践操作进步必须同时推进。一言以蔽之，历史的经验反复证明，理论上很完美的制度并不一定可以付诸实践，而行之有效的制度却未必是事先设计好的。我们在谨慎的同时也必须勇敢地进行尝试，毕竟广阔的前途在于勇闯新世界。

此外，犯罪发生后，警察是犯罪被害人首先接触的刑事司法机构代表，当被害人报案后便希望警察能快速反应，能诚心对待被害人以及被害人对案情的描述，调查与侦破犯罪并进而逮捕嫌犯获得证据，最后能返还被害人财产损失而回归正义。因而警察在现场的处理、事后的侦查工作、被害人被害后状况的减轻回归以及再次被害中，扮演着相当重要的角色；亦即对于被害人的支援，特别是警察的支援，当然是非常迫切需要的，亦是警察本来的工作之一，而非只是单纯的服务而已，不容任意推诿。基于此理念，警察应对被害人感受与需求有所理解，而提供系统化、网络化及流程化之支援与服务。

第七章　风险社会与犯罪治理

全球风险并不必然酿成灾难，反而可以成为创造性的来源，为制度转型提供契机。也就是说，风险社会并非预示一个“危险性增大的世界”，而是一个越来越关注未来安全的世界。那么，中国该如何与国际社会携手应对目前的全球风险呢？

第一节　风险社会与犯罪恐惧感

一、风险与风险社会的概念

风险的概念发展于16—17世纪，最初为早期西方探险家所创造的新词，意指地图上未标明的水域航行，因而风险原本带有空间的意涵。之后商业与贸易也开始使用此词，而使得风险与时间的关系逐渐密切，并使此字眼之后更广泛地被用来指代不确定的情势。[①]

德国社会学家贝克(U. Beck)是在“风险”这个研究领域最具影响力的研究者。贝克于1986年发表了《风险社会——通往另一种现代之路》[②]，指出从切尔诺比利核电厂外泄开始，高度先进工业国因科学技术的发达带来生产力的激增，同时也导致潜在未知危险的可能性增加，促使人民不安全感增加，而为了确保安全性，风险成为社会问题的重要课题。“风险”本身并不是“危险”或“灾难”，而是一种危险和灾难的可能性，它主要的影响表现在其未来的成分里。风险可以作为一种臆测、未来危险、对预防性回路的推测，且拥有其开展出的诸多相关的行为可能性，风险意识的核心并不是在当下，而是在未来。

贝克认为，风险不同于危险，人类在危险面前常常被动无助，而风险则在很大程度上取决于人的认识和决断。只有当人们有意识地探索未来并试图对不可预见的后果加以控制或避免时，才谈得上风险。风险也不同于灾难，不是已发生的损害，而是代表一种可能性和潜在性。与这两者不同，风险还具有积极意义，它在附带危险与可能导致灾难的同时，还意味着机会和希望。

“风险社会”的概念则常常被混淆，事实上，风险社会是对人类所生存的一个时代的特征性描绘，而不是从历史角度审视下的某个具体社会或者国家发展的阶段。德国社会学家贝克在他的研究中表明，从广义的角度看，风险社会可以说存在于人类发展历史上的各个阶段，毕竟风险本质上是一直存在的，从洪水野兽到机器人犯罪，但凡有主体意识的生命都对

---

① 刘跃挺.论信赖原则的法社会学根基[J].天府新论，2015(4)：71.

② 宫毅.警务平民化运动与社会治理创新——中国一流警局的责任担当与文化自觉[J].公安学刊(浙江警察学院学报)，2014(5)：32.

死亡和危险有所认识。的确，风险是与人类共存的，但现代意义上的风险和风险社会的概念都是在近代之后慢慢形成的，在这个阶段，风险的结构和特征都与此前大不相同，有着根本性的差异，人类成为风险的主要生产者。这体现在两方面。一是风险的“人化”。随着人类活动的增多、活动范围的扩大，其决策和行动对自然和人类社会本身的影响力也大大增强，从而使风险结构从自然风险占主导逐渐演变成人为的不确定性占主导。二是风险的“制度化”和“制度化”的风险。人类具有冒险的天性，但也有寻求安全的本能，而近代以来一系列制度的创建为这两种矛盾的取向提供了实现的环境以及规范性的框架。与市场有关的诸多制度（典型的是知识产权的各类产品）为冒险行为提供了激励，而现代国家建立的各种制度则为人类的安全提供了保护。但是无论是冒险取向还是安全取向的制度，其自身带来了另外一种风险，即运转失灵的风险，从而使风险的“制度化”转变成“制度化”风险。①

随着社会经济变化的更加深入，近代以来的现代风险出现了一系列的新特点。

（1）人类的干预范围加大、干预深度增加。风险的主要来源是人类的决策和行为，人为的风险已远远超过以往的自然风险。

（2）新类型的风险产生。人类为了提升风险处理能力而制定了现代治理机制，随之而来的却是新类型的风险——制度化风险和技术性风险。

（3）后果严重，具有潜在的全球性影响。现代风险具有低频高破坏性的特点，在特定条件下甚至会产生全球性威胁，其时间影响也是持续的，可以影响到后代，例如原油泄漏、核爆炸等，这类风险的后果是波及全球的，需要全人类共同承担。

如吉登斯、贝克等人所说，风险社会的秩序并不是等级式的、垂直的，而是网络性的、平面扩展的，因为风险社会中的风险是“平等主义者”，不放过任何人。风险社会的结构不是由阶级、阶层等要素组成的，而是由个人作为主体组成的，有明确地理边界的民族国家不再是这种秩序的唯一治理主体，风险的跨边界特征要求更多的治理主体出现并达成合作关系。②当下所讲的“人类处于风险社会时代”是富有全局观和实践性的，风险社会中无人能免于未知的威胁，风险超越区际，超越时间，国家概念、种族概念等传统意义上的分类都被渐渐淡化，例如希腊发生了金融危机，中美两方等均伸出援手，这是因为在当今的社会经济体系下，各国逐渐趋向“命运共同体”，避免风险的不良后果扩张也是各国关注的要点。因此，不难理解，风险社会中通行的是一套公共的秩序，人类应形成共同面对现代风险社会挑战的共识。

随着风险社会的现代化程度越来越高，普通公众对于现有制度规则、学术理论、日常实践等的思考越来越丰富，这不是一件坏事，但是伴随这个现象的是，公众对于专家预测风险的能力渐渐持怀疑态度，而这样的怀疑主义直接导致大众不安全感的增加。此种公众对于真理及其相应权利持怀疑、不确定性态度的现象，在吉登斯教授的理论中，被认为是风险社会高度现代化的重要特征。简单概括，风险社会的不确定因素增加，公众的个性觉悟增加，对专家预测风险能力的怀疑也增加，最终导致自身的不安全感增加。概括来讲，风险的特殊内涵决定了风险社会具有以下主要基本特征：多样性、关联性、全球性、不确定性和难以预测性。

多样性：风险的多样性决定了风险社会的多样性，随着“人化”的程度加深，人类多种多

---

① https://baike.baidu.com/item/风险社会/17160? fr=aladdin,2018-12-31.

② 同上.

样的决策均可能引发不同的社会风险。

关联性:基于风险的全球化特点,风险社会的关联性越来越强,高风险的人身犯罪可能同经济犯罪联系在一起,经济犯罪又可能同环境污染的风险关联。总之,各类风险之间的关联性加强,风险社会呈现网状关联。

全球性:风险社会的全球性主要体现在风险的影响和后果方面,一方面,全球性犯罪数量增加,另一方面,某处的高危风险可能导致持续的、波及全球的恶果,风险社会的结构已转向跨国界、跨种族。

不确定性:不确定性是风险的本质特点,也是风险社会无法摆脱的一大特征,无论人类的认识水平提高到何种程度,都不可能彻底消除对未来的不确定性。

难以预测性:这是对不确定性的衍生特征,风险社会中的风险是未知的,人们不可确切知晓它于何时、何地、以何强度降临。

几乎与贝克提出"风险社会"的概念同步,从20世纪80年代开始,一股全球化的力量迅猛发展并不断形塑着我们生活的这个世界。越来越多的事件和事实似乎表明:我们正在进入一个贝克所预设的"风险社会"。全球化不仅是经济全球化、金融全球化、文化全球化、知识产权技术全球化,同时也是一种风险的全球化。在全球化的大背景下,人类社会面临着比以往任何时候都更多的风险,如大规模失业的风险、贫富分化加剧的风险、长臂管辖的风险、弱肉强食的风险、生态风险等。由此引发出新的、影响更大的风险,如极权主义增长、种族歧视、贫富分化、民族性缺失等,以及某些局部的或突发的事件导致或引发潜在的社会灾难,比如核危机、金融危机等。

诚然,中国也不可避免地进入了现代化的风险社会,无论是生活在风险社会之中的个人还是社会整体作为一个主体,各方都毋庸置疑地面对着多种多样的风险。先看个人,我国公民面临的风险和他国公民有相同之处,也有特别之处,每个社会个体的生活轨迹是有所不同的,那么他将面临的生活风险将是独特的。例如新冠肺炎疫情风险、中美贸易战风险、蝗虫灾害的风险……这些风险与个人的职业选择、生活区域、生活状态有很密切的联系,具有个人性、独特性的特点。而社会性风险就不一样了,它是整个社会作为主体要面临的风险,社会中的公民都逃不过,诸如流感和肺炎病毒暴发、蝗灾扩散、恐怖活动袭击、社会性冲突、侵害知识产权等问题,与整个社会的利益息息相关,处理不好社会性风险,可能会造成社会冲突加剧、社会秩序崩塌等严重的后果。

二、风险社会的潜在危害

在经济全球化背景下,持续存在的各种社会风险或将导致现实世界出现混乱局面。结合2019年的情况来看,未来风险社会的危害主要表现在以下五个方面。

经济:拖缓全球经济和贸易增长,干扰国际经济秩序,加大金融市场风险。民粹主义对于大众意愿的绝对顺从可能导致国家做出从长远来看不利于国民经济和社会发展的决定。英国脱欧之后,国际评级机构均下调了全球经济增速,虽然短期对英国和欧盟经济的负面影响低于预期,但从中长期来看,贸易投资的不确定性增加。

政治:引发政治动荡,加剧紧张局势,阻碍国际合作。为应对全球风险,英、美等一些国家正在逐步退出某些区域或国际机制,国际合作趋势将有所减弱。由于对集体安全丧失信心,部分国家可能加强制造常规武器、大规模杀伤性武器甚至核武器的能力,国家间、地区性冲突的可能性增加。比如，俄罗斯与北约的军事对抗将升级，美国或将加大对朝鲜的制裁力度，巴以之间亦有可能因美国对中东政策的转变而再度恶化。

社会：加重两极分化，加深社会撕裂，助长极端民族主义。国际劳工组织预计2017年全球失业人口将超2亿。未来10年收入不平等的现象将更为严峻，贫富差距将进一步拉大，草根民众与社会精英的价值对立将更加尖锐。当民粹主义遭遇全球风险，特别是受难民危机和恐怖袭击影响，极端排外情绪容易高涨，欧洲多国极端右翼政党节节攀升的支持率着实令人担忧，而情感及个人信念塑造民意的作用超过客观事实则预示社会已经步入所谓的"后真相"时代。

环境：威胁人类生存，危害公众生命财产安全，造成大规模人口被迫迁移。极端天气、自然灾害、环境污染、水资源短缺等问题都将严重威胁人类的生存环境，致使工农业生产蒙受巨大损失，危及公众健康和人身财产安全。环境风险还可能造就大批环境难民和环境移民，从而诱发社会危机和地区冲突。2016年在世界的共同努力下多国批准了《巴黎协定》，但美国政局的变化使业已取得的成果进一步受挫。

科技：技术变革大大超前于社会发展。第四次工业革命在促进生产力的同时可能给现代社会带来前所未有的挑战。例如，科技发展过快可能导致工业衰退并恶化劳动力市场前景。知识产权技术，包括人工智能和机器人技术不但可能引发巨大的社会伦理争议，更可怕的是它们可能被恐怖分子所利用，对国际安全构成威胁。

三、不安全感下的道德恐慌

研究文献指出，社会在历经长期的不安全感与不确定性风险后，便产生"道德恐慌"。"道德恐慌"产生的主要关键要素，包含疑虑、敌意、舆论、不对称与反复无常。① 简单地说，道德恐慌是以媒体核心力量的多种传播方式对因环境、事件或人为造成的一些不良事件的传播与宣传，形成一种社会舆论效应，导致不完全了解事实真相的相关公众对这些不相当或夸大的社会反应感到不安、焦虑和恐慌。

道德恐慌之形成有三种模式：

(1)利益团体模式，亦即利益团体经由道德恐慌打压特定团体或个人活动；

(2)精英模式，亦即道德恐慌是刻意由精英团体塑造(通常是政府)，目的是掩饰真正的社会问题或危机；

(3)草根模式，亦即道德恐慌的根源来自社会大众的不安全感与不确定性。

而三种模式的共同点就是均承认了媒体在其中所扮演的角色。②

确实，媒体为了争取高收视率，喜欢夸大报道暴力事件，详细刻画犯罪手法、被害人惨状，这种情形除了可能诱发"犯罪模仿"效应外，更可能引发社会大众的犯罪被害恐惧感。因而传播学者便提出"涵化理论"(又称"培养理论")，认为长期暴露在扭曲的讯息中，会影响观众对真实社会的看法，也就是看电视的时间愈长，对社会实况的感知会愈接近电视所呈现的景象，从而感受到社会充斥暴力。

因此，媒体及现代资讯技术在风险认知的建构以及风险管理的决策过程中，扮演关键的

---

① 刘艳红.象征性立法对刑法功能的损害[J].社会科学文摘，2017(7)：74.

② 邵博文.晚近我国刑事立法趋向评析——由《刑法修正案(九)》展开[J].法制与社会发展，2016(5)：139.

角色，很容易将风险和灾难所导致的恐惧感和不信任感传播至全社会乃至全世界，引发社会的动荡不安，从而使得社会和谐面临严峻挑战。因此，在这种社会性风险及个人性风险与日俱增的情况下，纵使许多人认知此风险的存在，但仍无法接受此结果的发生，从而促使逐渐倾向对加害者采取严厉的措施，以此回避风险，因而亦可称为风险嫌恶社会。

四、犯罪风险与事先预警

20 世纪 90 年代开始，犯罪学也注意到风险社会概念的发展，开展了一系列相关探讨，其中从风险概念发展出来的最有渗透力的公共政策是对"性与暴力犯罪者"和侵犯知识产权的管理，目前各国对于性与暴力犯罪者和侵犯知识产权的管理政策，思考的重点乃是"该如何预防此类犯罪"，于是产生了事先预警的机制，对被定位成"危险"的人和事采取某些预防措施，以提供妇女幼童和技术产品更安全的保护。[①] 目前对于此类危险的犯罪者采取的事先预警措施，乃是利用如埃里克森(Ericson)所言的反法(counter law)观念。简言之，这种反法的基本观念，主张必须违反法治程序以拯救社会秩序，其主要策略如下。

(1)制定有利于预防犯罪的法律对抗既有法律。目前的法律制度对于犯罪嫌疑人在程序上的保护还是比较到位的，这对警务人员的侦查工作造成了一定困扰。因此可以采用法律对抗法律的态度，以减少或规避在预防犯罪程序上所遇到的阻碍，如减少正当法律程序上的要求，让警方对犯罪嫌疑人拥有更大的侦查权。

(2)运用高科技手段，加强监视措施。过多的监视措施可能破坏法律的规范，比如侵害公民的隐私权等，但是不可否认充分利用电子监控等措施，可以高效地确定伤害源，也可以及时监控风险，从而进行预防，对可能会危害社会公共安全的人，可以通过暂时性的监禁或监控来实现预警。

此外，事先预警的逻辑，是面对越来越多的不确定性，每个人都要有事先处理风险的意识，增加安全措施，尽量采取有效的危机处理方式来事先做好应对风险的准备，从避免风险发生到建立安全机制的过程中采取事先防治措施，即事先预警原则。恐怖活动的破坏性使各国意识到对犯罪行为已经无法进行有效预测，因而在充斥恐怖活动的不确定性风险的社会中，如何合理有效地进行犯罪预防，已成为犯罪学者研究的重点，于是便导入了保险数理的精算分析概念，以事先预防风险。

保险数理精算分析的犯罪控制方式，将犯罪视为正常现象，其并不关心个别犯罪者的确认，而是考量到谁都有可能成为一个犯罪者，倘若某些人符合统计上高犯罪风险者的条件，便把他归属于高犯罪风险族群。统计上并不是以发现犯罪者犯罪原因或病理因素为考量，只是表示危险的要因及分配的直接知识，因而对于犯罪的管制并非考量犯罪原因，而是以降低管控风险为主要目标，因此，保险数理的精算概念、风险管理在当前犯罪管控中占有重要地位。

当然，单纯的统计分析层面的精算仍是不足以信任的，因为它只是提供了一定期间某些人群成为再犯者或者未再犯者的预测，不排除背离参考组的可能性。此外，我们同时面临统计上的谬误，团体中的特征并不能完全作为推断个案之所需，会有所谓在统计资料上的边际

---

① 宫毅. 警务平民化运动与社会治理创新——中国一流警局的责任担当与文化自觉[J]. 公安学刊(浙江警察学院学报)，2014(5)：32.

错误，即特定人口中的罕见行为，因而很难做出准确的预测。如此，在事先预警的逻辑上，边际错误不论是“误假为真”（即判断预测犯罪者会再犯但事实上并没有发生），还是“误真为假”（即判断预测犯罪者不会再犯但事实上已再犯），在道德性问题与人权保障上都被视为一种潜在的灾难。[①]

五、风险社会下的犯罪恐惧感

基于犯罪学的视角，关于犯罪恐惧感的研究对于风险社会问题的掌握具有重要的意义，也就是说，掌握犯罪恐惧感的产生与规律，对于掌握犯罪问题有着关键作用。犯罪恐惧感是否合理，与现实的风险有关，但与客观的统计数字往往成为不对称现象，亦即犯罪率的变化与民众对犯罪恐惧感与赞同重刑化之间，未必有因果关系存在。正如美国几项大型民意调查所显示的，民众觉得治安越来越坏，对犯罪的恐惧日益增加，然而官方的犯罪统计却显现整体犯罪率渐趋平稳，且有下降趋势。[②] 这样的现象，亦充分表现在我国近年有关死刑存废的争论中，纵使在人权当道及国际趋势朝向废止死刑的潮流中，民调仍有74%主张维持死刑。与其说死刑具有威吓作用，不如说赞成死刑反映的是对犯罪恐惧的一种主观心态，既是主观心态，那么就难以用理性的思维来判断，把恐惧当作一种情感就不难接受其结果的不可预测性。贝克于1986年出版的《风险社会》一书中指出现在社会的本质特征之一就是风险无处不在。这里的风险有两层重要的内涵：一是指物理风险，对于身体的控制与潜在危险无处不在；二是指非可视的风险，主要是指人类实践活动带来的制度性的缺失，如信任的难以建立、怀疑的持续性，社会联结等的断裂等。这两种风险是相互交织的，非可视风险增强了物理风险的发生率，而物理风险进一步增进非可视风险的程度。

六、犯罪问题的政治化及民粹化

犯罪的恐惧感属于主观的、心理的范畴，犯罪率的变化无法说明民众对犯罪恐惧与否，其与客观的整体数据关联性相当低。道理很简单，如果当下发生了一件惊世骇俗的刑事案件，犯罪嫌疑人身份不明，处于逃窜状态，警方出动大量警力仍然迟迟未能将犯罪嫌疑人缉拿归案。此时新闻媒体上必然出现大量的报道，民众的恐慌情绪将大大加强。“现行治安已恶化到极点”，一定数量的民众将产生类似的想法，正是民众集体对于社会安全的强烈关注，政治人物、政府将迫于民意对此类重大犯罪者采取严格措施，从而造成更加严格的刑事政策的出现。

---

① 这些问题起源于一个事实，就是暴力犯罪是一种很少见的犯罪形态，而案件越是稀少，就越有可能倾向于过度预测犯罪的发生。除此之外，如果企图减少所谓“误真为假”的问题，就会增加“误假为真”的问题，反之亦然。参照托马斯·马蒂森.受审判的监狱[M].许华孚，译.台北：洪叶文化事业有限公司，2005：116.

② 依据美国联邦调查局所公布的指标犯罪，纵使从1990年至1995年间减少了9.3%，同期的暴力犯罪减少了6.5%，但是民众对于犯罪的恐惧感仍日益增加。这表明无法以犯罪率的变化来说明其对犯罪恐惧感的影响。同样，民众对于重刑化的支持，虽受到犯罪率上升的影响，但亦无法完全以犯罪率的变化加以说明。例如美国自1969年以来，不管犯罪率如何变化，至少均有75%的国民支持对犯罪者采取严厉的对策。这种现象，诚如犯罪在政治学者眼中，则以“价值共识议题”称之，即若具有一般的合意，便能聚集相当多数的支持存在之性格。民意调查不只一致地显示犯罪乃为重要的问题，亦一致显示对于犯罪的对策，应对犯罪者采取严厉的措施。这样的观点，亦反映在民众对死刑的支持上。因而选举时，若有候选人公然反对死刑，便成为选举的致命伤。

如此现象，似乎显现犯罪问题已有政治化趋势。[①] 然而，学术界对此问题，基本上是采取否定的态度。特别是向来主张从严处罚的民粹主义，一直无法渗透至立法、行政、司法等各专业领域。随着70年代后社会、政治、经济的变动，特别是“复归社会”理念的衰退，民众逐渐对刑事司法专业领域失去信任，再加上民众对于犯罪的恐惧感，促使民众的感情已能逐渐渗入刑事司法的决策，而导致刑事政策典范之变迁。换言之，以往以刑罚为中心的刑事政策，强调的是“国家与个人的关系”以及“加害者与被害者的关系”，但目前的典范则逐渐转移至强调庶民的功能，强调今后的关系应是“个人与国家的关系”以及“被害者与加害者的关系”。[②] 刑事政策典范转移至考量庶民情感的“庶民典范”，为了应对民众的犯罪恐惧感及重视被害者与社会情感，[③]“刑罚的民粹主义”成为不可避免的现象，导致现行刑事政策朝向管理、监控、隔离的趋势而行。

第二节 风险社会下的犯罪治理

一、从犯罪者处遇到犯罪者风险管理

(一)风险管理的概念

随着20世纪70年代以后反对复归社会思想的逐渐抬头，再加上石油危机造成经济的衰退，政治上便提出新自由主义，即尊重市场机制，减少政府介入，要求个人为自己的福祉或行为负责。就在这样的思维下，对于犯罪的防治策略重心逐渐从既有的刑罚—福利的矫治模式转向以统计与精算的风险管理上，即一方面发展复杂的知识系统来计算风险，并形成风险的论述；另一方面则以行政手段来管理、控制可预见的风险，尽量将损害降低。[④]

刑罚—福利的矫治模式，从犯罪人出发，寻求犯罪的原因以及去除该不安的因素。这完全符合犯罪预防的核心定义：通过预测风险并分析此风险的具体情况，从而展开相应的措施以降低或预防风险，最理想的是避免此风险，回归原始状态。换言之，防患于未然的预警机制是风险管理的要领，只要建立完备的预防机制，例如“风险舒缓机制”，就可以在风险降临之时起到阻隔或者减少损害的效果。当然，风险的管理不只在于降低成本和损失，还须将成本与损失转为利益，因而犯罪预防实务人员在设计犯罪风险管理系统时，不只着重于尝试降低损失，更要通过安全措施方法的施行来尝试赢得更多利益。故一个犯罪风险管理系统，是以系统化的运作去掌控所有犯罪相关的风险，并维持一个平衡的水准与状态，而要达到这样的目的，就必须运用所谓系统化预防损害的“风险循环圈”。其包含以下四个方面：风险分析，用以确认及评估风险发生频率及范围；政策形成，决定安全水平，分配现有资源，获取更多资源任务分派编列预算；防护策略，排除风险的预防，限制损害范围和确认损失协调与管

---

① 如我国近年朝着犯罪化及重刑化的立法动向而行，其立法背景可归纳如下：(1)人民不安全感的显著化；(2)社会变迁导致共有价值观的沦丧；(3)社会的变化不得不依赖刑罚；(4)从国际社会而来的压力成为不可避免的现象。

② 李怀胜．域外刑罚民粹主义的模式、危害与启示[J]．国家检察官学院学报，2015(4)：151.

③ 刘炯．法益过度精神化的批判与反思——以安全感法益化为中心[J]．政治与法律，2015(6)：78.

④ 刘炯．科技风险的管理与公共安全的刑法保障[D]．北京：北京师范大学，2012.

理;追踪调查,求得风险与投资之间的平衡,具体如图7-1所示。而在进行风险分析时,需要将以下三个重要的因素纳入考量。(1)弱点:即确认威胁的来源是什么,例如哪里可能发生损失,可能以什么形式发生,该威胁的频率如何及持续时间如何。(2)可能性:即分析可能导致损失的因素。(3)临界点:指当发生损害时,决定结果严重性的程度。

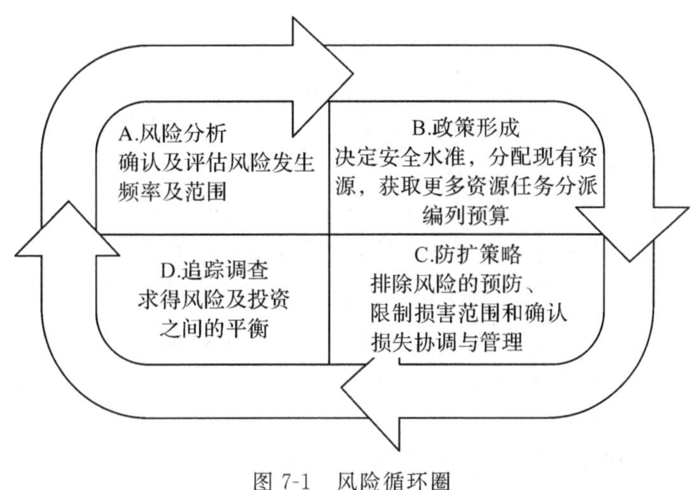

图7-1　风险循环圈

另外,为了提供有效的犯罪风险预防服务,犯罪预防实务人员必须从事下列事项。

(1)犯罪形态分析:了解时下最流行的普遍的犯罪形态。可从下列几个方面着手了解与考量:①犯罪发生率(某犯罪类型的当地受害者人数÷当地居民总人数);②犯罪方法分析;③犯罪时间分析;④嫌犯特征分析;⑤报案情景分析;⑥损失类型与数量分析。

(2)实施安全调查研究:安全调查的主要目的在于促使犯罪预防实务人员经由了解被害人的硬体安全设备、出入程序、活动、可能遭受犯罪攻击的目标、犯罪形态等资讯,分析出被害人目前可能面临哪些特殊的犯罪风险。

(3)系统设计:当犯罪预防通过安全调查辨识出被害人所有的及可能的最大损失之犯罪风险后,便可试着利用下列五个风险管理原则,进行犯罪风险管理系统的设计:①避免风险;②降低风险;③分散风险;④转移风险;⑤接受风险。

(4)成本分析:成本效益分析是风险管理的基础。总而言之,犯罪风险管理系统的设计目的,是关心那些对固定领域能负责,且在与自己的利益、生活形态一致的情况下,愿意去维护安全的个人被害者,同时也要求犯罪预防实务人员能有系统地找出可能遭受犯罪攻击的目标、可能的攻击模式,并充分利用现有的安全设备。再者,即使成功地降低了单一被害人的可能风险,也不是犯罪风险管理系统努力与设计的终点。犯罪预防实务人员更应该持续关心可能遭受攻击的目标并扩大安全范围,由个人被害者转为团体、公共犯罪预防政策等,建立起区域性防守,以因应转而攻击其他目标的潜在犯罪者,亦即扩大防守区域与种类以减少犯罪转移效应。

(二)犯罪者风险管理的运用

犯罪者风险管理之运用的相关资源应优先投注在辨认高危险的犯罪者、被害者类型、高犯罪发生率的时间与地点,以及犯罪者容易利用的工具上,而刑事政策的趋势便是密集监控或保护这些高危险类型，以阻断犯罪机会的方式预防犯罪，增进社会的安全。以风险为核心的犯罪控制技术中，犯罪者与被害人的个别性并不重要，重要的是通过统计与精算的方式，辨认何为高危险的犯罪者与被害者、何为经常发生犯罪的时间与地点，以及何为可能被利用之工具。[①] 而犯罪控制的重点便是对这些统计上高危险类型、地点、行为与工具进行监控与干预，使风险降低或使风险重新分配，通过各种风险管理措施，最终目的在于增进社会大众的安全感。[②]

在这种风险管理的思维下，典型例子如中国对于社区犯罪的监督处遇态度，则视之为对于犯罪人的风险管理，同时注重风险评估及如何有效运用社区的资源。以个案管理为例，中国枫桥经验将犯罪人依其"严重伤害风险"程度，区分为四个等级，并施以不同的处遇方式，具体如下：第一级，处罚；第二级，处罚＋协助；第三级，处罚＋协助＋改变；第四级，处罚＋协助＋改变＋控制。也就是说，在"严重伤害风险"程度最轻微的第一级个案，只要给予处罚即可产生阻断犯罪的效果；对于第二级个案，则需提供社会资源给予协助，方可使其自力更生、独立生活；对于第三级个案，则须在处罚与协助外，另外安排辅导、治疗课程，方可协助其改变而不致再犯；对于第四级个案，则需另对其加强控制，以各式各样的监控措施或司法强制性作为，来掌握其行踪，以维护社会大众安全。

此外，我国社会治安综合治理，亦在此风险管理的思维下不断完善之中。如社区监控制度以及登记与查阅制度，特别是正式引进科技设备监控于我国犯罪预防上，以强化监控高风险的罪犯。我国充分运用科技设备进行监控，将其作为一种独立的处遇方式，避免行为监控的中断，改变了宵禁或指定住所居住的模式，利用科技手段让实务操作更易获得社会的认同。畅通防治网络联系与交流，建构社会安全防护网，加强外控及提升支持系统力量，并保障妇幼人身安全，防止侵害再犯等，均是用来管理高风险犯罪者的策略。此外，亦通过各种教育宣导途径来强化妇女被害预防意识；或成立社区巡守队或广设监视录影系统，以强化妇女人身安全；甚至个人主动购买保安系统或相关保安产品，以强化被害人的自我风险管理。如此作为，均充分表现出这种风险管理的思维。

二、从公共部门的犯罪压制到公共和民众协力的犯罪治理

（一）社区治安的兴起

从历史的角度来看，人类在任何时代都非常关心自身安全与犯罪预防，也投入相当多的资源来从事安全防卫与犯罪预防，例如早期社会通过建立庄园来巩固防卫，或成立地方乡勇组织负责巡守村落安全，建构各种具有监控与阻绝犯罪功能的哨岗、护城河等。随着现代国家体制的建立，有关于公共安全的保障与犯罪的预防，成为国家的重要任务之一，此时国家通过公权力的行使设立法规范，并以建构良善的刑事司法体系与强化刑事司法体系功能以预防犯罪。

特别是19世纪国家日益加强了对刑事司法制度的控制，就在此时也创立了警察制度。我们知道法律是强化社会秩序的工具，警察则是"维护社会秩序事业的先锋"，秩序是这一事业的主要目标，而国家是这一事业必要的执行人，至今警察仍是国家权力最强有力的象征。

---

① 周少华．社会治理视野下的刑事政策［J］．法学论坛，2013(6)：70.

② 刘跃挺．对风险社会中刑罚价值立场的整体性反思［J］．西南科技大学学报(哲学社会科学版)，2013(6)：163.

换言之，对于秩序与安全的维护是近代国家的主要任务之一，因而现代警察的出现是将维持秩序视为警察授权的核心。它基于事实上的需要，通过巡逻或对人群的控制，来发挥维护社会秩序与预防犯罪的功能。就此观点而言，警务可定义为：那些维护特定社会秩序与安全的活动。

然而，如同大卫·加兰在2001年所出版的《控制的文化——当代社会的犯罪与社会秩序》一书中提到的那样，回顾过去30年英美犯罪控制与刑事司法的文献，最重要的变迁潮流如下。

(1)社会复归理想的没落：社会复归式方案在刑罚政策上之重要性已逐渐降低，而刑事司法措施也以应报、隔离无害化与风险管理等刑罚目标为优先。

(2)严刑峻法与表达式正义的重现：正当报应在英美二国成为普遍的政策目标后，政客与立法者也因此更易公开表达主张严罚心态，并制定严酷法律。

(3)犯罪政策之情绪语调的转变：犯罪恐惧以往被认为是局部性的且只困扰处境最差的个人与社区，如今成为新的重要社会问题和当代文化特征。

(4)被害者的重返：实际的被害人、被害者家属、潜在被害者，现今经常被援引来支持严罚性隔离措施。

(5)无论如何大众必须受到保护：保护大众成了刑罚政策中首要的主题，而观护与假释在社会工作功能上的重要性已降低，转而着重于控制与风险监控的功能。

(6)政治化与新民粹主义：政治利益与民意的重要性，已凌驾于专家观点与研究发现，犯罪政策上的强势声音不再来自专家甚至实务工作者，而是来自被害者以及恐惧与焦虑的大众。①

(7)监狱的再发明：目前得势的假定是“监狱有效”，不是因为监狱能作为一种改造或矫正的机构，而是作为隔离无害化与惩罚的手段，以此满足大众对公众安全与严厉应报的政策要求。

(8)犯罪学思想的转变：20世纪60年代，犯罪被视为身心缺陷或适应不良之个人与家庭的问题，亦称“社会剥夺”，个人之所以走向偏差，是因为他们被剥夺了适当教育、家庭社会化、工作机会，或其异常心态缺乏适当治疗，因而解决方案强调矫正处遇、加强福利的社会改革。但从70年代起，塑造官方形象的思维和行动的是各式的控制理论的基础。要认识到犯罪与偏差不是剥夺的问题，而是控制不充分。并视犯罪是由意图和目的所引发的，正常的人也能犯下各类罪行，从而引申出日常生活的犯罪学，包含理性选择、日常活动、机会犯罪及情境犯罪预防等理论。

(9)扩张中的犯罪防治与社区安全之基础建设：全新的基础建设在地方层级建立起来，在英国是由内政部主导的，美国则主要由私人企业与地方政府推动，设计出伙伴关系与跨政府部门工作协议的网络，目标在于建立邻里的内部控制及鼓励社区维持本身治安。

(10)公民社会与犯罪控制的商业化：政府启动个别公民、社区、商业利益及公民社会其他成分的犯罪防治活动，警务已成为一项同时包含公共与私人供给的混合经济活动。

(11)新的管理形态与工作实务：警察倾向于将社区居民的感受纳入考量，监狱则确保犯人在监，以保护大众。观护和假释机关则减少社会工作信念，转而认为所为是提供花费低廉

---

① 宣刚.策略和逻辑：被害人行为的刑事政策场域分析[J].湖北社会科学，2017(9)：165.

的社区惩罚，旨在监控犯人及管理风险。量刑则从个别化的裁量转变为更严格且机械的运用量刑指南与强制量刑。

（二）社区治安

社区起源甚早，几千年前，我国以宗族为体系的人口迁移形成的村落是早期的社区雏形。19世纪初国际社会也有类似社区单位出现，但无统一名称，直至第二次世界大战期间，许多难民流亡异地，聚集共同生活，联合国为解决问题方便关怀难民，称此聚居的地方为社区。社区一词以国内目前环境来说，仅为一个概念名词，是指其不以地理环境为明确区隔，而是强调居住在某一地理空间内，彼此因为共同的利益、信仰、目标、理念、生活密切相关，由社群分子以改善、服务与发展等为前提，为社区共同打拼，形成所谓生命共同体，具有部分共识的概括性地域单位。其强调的是社区治理，意指社区公共事务系由社群分子带同社区居民共同参与处理，政府部门不宜主动介入，仅作经费支援与专业咨询。社区事务包括产业、文化、景观人文、环境、卫生、安全等工作，因而社区安全是社区治理的重要一环，能够调整社区各个部门的社会力量参与打击犯罪的活动。[①] 而维护社区安全之警察行政措施，即系“社区警务”。[②]

至于“社区治安”的含义，是指以营造安全的社区环境和凝聚社区安全意识为前提与目标，且从治安议题角度切入，建立基层社区的共同体意识，激发社区自主及自发性，并通过社区居民参与地方的公共事务，凝聚社区预防犯罪的共识，而针对影响社区治安的问题，利用社区营造的策略模式，提出解决方案，以落实社区安全网络建构，重建温馨有情的社区生活环境，确保社区安全与安宁。而其具体构想则包含如下：(1)落实社区主义，鼓励自发参与社区营造，推动由下而上的提案机制，整合多元资源，建立自主运作且永续管理的模式。(2)鼓励绘制安全检测地图，通过社区治安会议讨论，实施治安问题诊断及分析，建立社区安全维护体系。(3)规划办理防灾宣导，辅导建立防灾观念，培育社区民力组织灾害紧急应变能力，落实社区防灾工作。(4)倡导防范家暴及少儿虐待的观念，宣导社区多元通报机制，畅通防处渠道，建立家暴防范系统。(5)采取中央政策引导，县、市自我评鉴，专业分工辅导等方式，构成伙伴关系，协力治理。

相对于“社区治安”之含义，所谓“治安社区化”，系以“社区为中心”的治安思维，以更宽广的角度，将整个社区居民纳入治安工作的防卫体系之中，社区的每一分子，不但享有免于

---

① 英国1991年的Morgan报告中，指出犯罪预防必须被设定为公共政策中所不可缺少的目标，强调预防犯罪是全社会的任务，也注重解决刑事司法体系内部各机构间缺乏沟通、协调不顺的问题；亦将社区安全作为一个指导性的思想，认为地方政府应加强与警察机构的合作，地方政府负有法定职责来整合相关资源，并协调辖区内的犯罪预防和社区安全策略，也就是使警察部门与地方政府形成法定的关系，以创建更安全的居住环境作为目标与期望。特别是该报告指出：“犯罪预防”一词通常被狭义解释，这强化了只是警察责任的观念；相反地，对“社区安全”一词的解释范围非常广泛，能够调整社区各个部门的社会力量参与打击犯罪的活动。

② 社区警务如前所述，目前已成为各国新兴之警务策略，并成为各国警察之代名词。其产生背景系美国在20世纪70年代起，由于反越战的风潮，再加上1973年的石油危机使经济衰退，失业人口众多，导致犯罪率持续上升，治安日益恶化，致使许多犯罪学者发觉预防重于治疗。唯警察虽担负治安的维护者，肩负治安的重责大任，然依赖政府之正式社会控制力量来抗制犯罪的成效并不理想，正是警力有限，民力无穷，须结合民众力量，运用社区资源，共同维护社会治安，从而促使社区警务思维产生。换言之，社区警务可说是新警务哲学，提议警察主动和社区内的居民紧密合作，一起探索出创新的方法，以共同解决现代社区的犯罪现象、犯罪恐惧、环境和社会失序等问题，并以主动先发的伙伴关系和市民来共同确认及解决社区问题以提升生活品质。

犯罪恐惧的生活环境，同时也肩负着治安维护的责任。因而在"治安社区化"概念下，社区将直接参与相关的治安维护工作，与政府协力改善治安环境，以建立起真正长期的合作伙伴关系，营造"永续发展、成果共享、责任分担"的社会环境，一起为治安来打拼。[①]

（三）社区警务

从 20 世纪 70 年代起，面临高犯罪率被视为一项常态的社会事实[②]，以及刑事司法国家的局限等新的困境[③]，政策的适应上便采取如下措施：(1)专业化以及正义的理性化，如使用资讯科技、营运模式、电脑资料处理与提升跨机关合作；(2)正义的商业化，如以往由国家垄断的权力如今愈来愈转移到私有的、营利的包商；(3)淡化偏差，如把部分控诉和案件过滤在体系之外或降低特定行为被视为犯罪和应处刑罚的程度；(4)重新定义成功，如新的绩效指标以组织"做了"什么，而非"达成了"什么作为目标；(5)注重结果，如着重于处理犯罪造成的后果而非造成犯罪的原因；(6)责任的重新分配与重新定义，如将犯罪控制的工作"回归社区"。

换言之，随着 20 世纪 70 年代后犯罪率的持续走高及高居不下，其被当作社会常态，这是非常恶劣的，但是事实上司法体系对于犯罪控制确实存在局限性，民众的道德恐慌加之以保守的态度，公众逐渐重视个人对于安全维护的责任，因此不再将所有希望寄托在国家刑事司法体系上。于是针对刑事司法体系之局限性问题的解决方向，便朝向将犯罪控制的工作"回归社区"或结合"民间组织"的赋予责任策略来达到犯罪之治理的目的[④]。就在此责任的重新分配下，70 年代起欧美学习中国的群防群治方略，推出了一系列以社区为基础的犯罪控制策略，如社区警务（片警）、社区处遇、社区治安等，"社区"似乎成了解决所有刑事司法问题的灵丹妙药。而这些新策略的关键词包含了"伙伴关系"[⑤]"公/私部门协力""跨机构合作""协助自助"及"合力创造安全"等，其基本理念无非在表达国家不该也不可能独自担负起防治犯罪的重大责任[⑥]，正如现行宣导常言：警力有限、民力无穷，维护治安、人人有责。

至于社区警务（片警）的出现，主要是由于警察预防犯罪的传统策略效果不够显著。特别是：(1)若无民众的协助，警察无法单独解决社会中的犯罪问题；(2)若仅靠犯罪事件发生后的被动式反应，无法达到犯罪预防的目的；(3)警察的积极性不够，亦即通过提高出警率以吓阻犯罪，无法使民众获得安全感。因此，根据美国学者 Skogan 的看法，社区警务不是一

---

① 范时杰. 幸福村居建设的实质和路径[N]. 珠海特区报，2013-04-07.

② 大卫·加兰(David Garland)指出，晚期现代的犯罪情结之特征包含：(1)高犯罪率被视为一项常态的社会事实；(2)对于犯罪问题投入的情感普遍而强烈，包含了着迷、恐惧、愤怒与怨恨等成分；(3)犯罪议题被政治化，并常以情绪性的方式表达；(4)对于被害者与公众安全的关切主导了公共政策；(5)刑事司法国家被视为不足或无效；(6)私人的日常防卫措施普及，私人保安市场广大；(7)犯罪意识在媒体、流行文化及建造的环境中都已制度化。

③ 由于体系中专业社群的专业能力已逐渐丧失地位，人们对刑事司法的信心流失愈来愈严重，政治人物也愈来愈不愿将决策权委由犯罪学专家或刑事司法人员，从政治的观点来看，刑事司法体系已成为一个危险地带、一个风险与丑闻不断且花费节节升高的地方，专业人员不该再被赋予自主权力与裁量空间，因而被大卫·加兰称为"永恒的危机感"。

④ 治理有别于统治，乃指政府统合各行政机关的力量，并联结非政府组织的力量，建构一个资源整合的网络，以有效解决公共问题的一种政府运作模式。因此，犯罪治理一词，意指政府设法与民间组织通力合作，建构社会治安网络，以有效维护治安之谓。

⑤ 依据 Lab 的观点，成功的伙伴关系要件包含：(1)领导者必须聚焦于伙伴关系且积极热忱；(2)对问题与干预措施能达成协议；(3)招募合格职员；(4)研究问题并对伙伴关系的各种参与者进行培训和教育；(5)建立基层的支持；(6)确立充足的资源与资金；(7)对昼夜提供良好的监管；(8)致力于评估。

⑥ 刘涛. 犯罪人真的是不理性的吗——与陈和华教授商榷[J]. 犯罪研究，2014(2)：37.

组特定计划，而是包括变化决策程序，以及创造警察机关内的新文化，它是一种组织策略，设定优先目标以及邻里想要警察服务事项的达成方法。社区警务是一个程序而不是产品，包含下列三个核心要素。(1)市民参与：努力发展与社区成员及其代表组织的伙伴关系，而与市民互动来设定优先目标与发展他们的策略，有效的社区警务必须回应市民表达有关社区的需要及警察协助达成这些需要的最佳方法。(2)分权：分权是一种组织策略，与社区警务之执行紧密联结。而分权又分为两个层次，典型的是将更多认定与回应慢性习惯犯与失序问题的责任，授权给负责辖区治安的片区警官；另外则是鼓励基层警员采取更积极主动的方法，去处理其所辖社区的广泛特定的问题。(3)问题解决：从依赖反应式巡逻与犯罪侦查，转变到一种问题解决导向。而问题导向警务是一种发展减少犯罪策略的途径，问题解决包含训练警员认定与分析问题的方法，它突显发现情境的重要性，即要求警察协助、认定问题背后的原因，以及设计处理这些原因的策略。[①]

此外，美国学者贝利(Bayley)认为社区警务最主要的内涵可以概括为咨询、调适、动员以及解决问题等。(1)咨询：意指定期且系统性地咨询社区民众，以了解他们对治安的需求，以及警察如何更有效地满足社区的需求。(2)调适：意指将权力下放，以使基层管理者能够决定满足社区需求因应作为。(3)动员：意指积极招募非警务人员及非警察机构的协助，以资源整合的模式解决社区的治安问题。(4)解决问题：意指矫正或去除引发犯罪或失序行为的原因。

(四)特警、特勤、辅警和协警

社区警务虽强调社区经营及警民合作协力，共同投入维护社会治安工作，但对不配合之相关民众、机构或团体亦无法责备，如果违犯治安处罚法，要依法处置。除此之外，中国还有特警、特勤、辅警和协警之分，参照现行社区警民合作的模式赋予法律依据，运用刑法、民法、地方政府单行法规等法令明文规范，行使执法权。同时赋予市民及相关机关(构)、团体等第三者共同维护社会安宁及秩序的责任，以强化社区参与、凝聚社区邻里之间的向心力，进而增进警察、社区及其他政府机关间之互动关系，扩大犯罪控制与预防之实质效率。

中国的特警、特勤、辅警和协警的区别如下。

(1)特警，是警察的一种，分为武警特警和公安特警，武警特警是专门应对一些重大暴力案件时出动的特勤警务人员，受过专门的武器训练。一般出现持枪的劫持和抢劫一类案件的时候就会出动特警来应对。公安特警属于公安部管辖，一般处置较小的突发事件，几乎和普通警察无异。而公安特警是需要通过招警考试、面试、政治审查和体能测试的，所以一般情况下，都是公务员编制或者事业编制。

(2)特勤则代表特殊勤务，虽然现在很多保安使用特勤，但特勤并不一定就是保安，武警部队里的特种力量也称特勤，因为在德国不能存在军队，所以他们的准军事力量里的特种部队也称为特勤队。说到保安，大家想到的大概就是酒店停车场小哥，这也是狭义的，希望不要截一副有色眼镜去看待这几个职业，无论是正式还是临时都是维护秩序稳定和我们安全

---

① 问题导向的警务是一种警务工作的方法，企图将零散的警察工作对象(如可能是警察处理的犯罪或失序行为)，通过仔细的检验(以犯罪分析技术或实务人员所累积的经验)，发现新的问题，并因而导致新且更有效的处理方式。其强调具有预防性质的新策略，同时也不依赖刑事司法系统的使用，而可以运用其他公共机关、社区及私人部门的参与，能够有意义地降低问题的严重性。

的人。

（3）辅警（辅助警察）是指由政府出资，公安机关统一通过笔试、面试、政审、体检招录并与其建立劳动关系的人，是一支在公安机关直接指挥、管理和监督下从事警务辅助工作的队伍。主要用于社会联防巡逻，功能与配备介于现在的保安与正规警察之间，其被赋予基本的执法权，会配备基本的警械如警棍等。一种辅警主要来源于本地市民，是义务辅警，是市民利用业余时间参与社会治安防控工作；另一种是半专业的辅警，采用合同制的形式。目前关于辅警没有国家层面的立法，但多数地方法规和规章将辅警权限和职责归纳为：

①治安巡逻检查、卡口值守、接出警、维持大型公共活动以及突发案（事）件现场秩序、现行违法犯罪嫌疑人的扭送、纠纷调解、治安宣传教育等警务活动；

②疏导交通，劝阻、查纠交通安全违法行为，维护交通事故现场秩序，开展交通安全宣传教育等警务活动；

③社区管理、特种行业管理、养犬管理等公安行政管理活动；

④信息采集、数据统计、文字记录等警务活动；

⑤专业技术、后勤等警务保障活动；

⑥公安机关确认的其他辅助性警务活动。[①]

（4）协警的定位是"辅助"警力，属于专业的群防群治队伍，不具有行政执法权。在机构性质上，虽然协警队伍属于财政补助性事业单位，但它不是一级授权联防队。协警必须在在编民警的带领下开展各项工作。在涉及需依法定职权才能完成的任务时，只能由在编民警完成，协警仅起辅助作用。从法理上讲，协警拥有的只是权利而非权力，此权利与一般公民所享有的没有差别。在执法权限的规定上，协警制度并没有突破联防队（工纠队）的规定。辅警和协警从编制上面来说，都是临时工，也就是所谓的合同工，是不占用编制的。

特警、特勤、辅警和协警的出现，旨在要求他们须负起一些预防犯罪或降低犯罪问题之责任。在警察对违法犯罪监控不足或失效的情况下，特警、特勤、辅警和协警的警务机制通过与社区成员、家长和管理者之合作，能创造更多或加强犯罪控制的节点，以承担更多犯罪控制与犯罪预防之责任。特警、特勤、辅警和协警的警务机制最重要的内涵是让他们使用许多民事、刑事及行政法规来管理社会治安秩序，也正是这些行政与法规范的要求，规定了他们介入维护社会治安秩序之过程。

特警、特勤、辅警和协警的警务机制的扩散，事实上是一种当代社会犯罪治理的转变，这种政治、经济及社会转变，影响了政府及公民社会制度，也改变了我们对于犯罪的思考、预防及控制。特别是晚期西方民主对治理的转型，已有远离国家主权控制，转移至网络力量的倾向，这些转变也影响了当代警务运作，并且引导社会推进特警、特勤、辅警和协警的协同警务机制，而其最主要的转机，乃是来自风险的概念。风险可促使自我负责体制产生，亦即风险管理的责任将从政府转移到民间群体和个体身上，合理谨慎的民间群体和个体可获得保障及降低风险，并能管理自我安全。而犯罪控制和警察实务的发展趋势，已使得国家关注的焦点从负责犯罪预防和矫正犯罪行为，转变到建立一个管理与控制犯罪体系的网络；该网络负责风险确认和管理，警察成为这个网络的节点之一，私人保镖、保安公司、管理机构、社区、学校和家长则是其他节点，而这些网络彼此存在于法制结构内，但常常是相互不连贯的。特

① https://baike.baidu.com/item/辅警/713266? fr=aladdin,2018-12-31.

警、特勤、辅警和协警的警务机制的出现促使国家政策上远离惩治，转而关注威吓与改善预防、减少伤害和风险管理。社区安全成为首要考量，而执法只是达到该目的的手段，本身不是目的。减少恐惧、伤害与损失以及成本控制成了最重要的事。而当这些新机构联结了原有的警务与刑罚部门，尤其是警察与保安机构，这些预防考量就在整个社会面上都广受重视了，真正做到了群防群治。

典型例子如日本。近年来，从保护社区安全的角度出发，日本都道府县和市町村都在制定明确地方自治团体、业者和居民个人有关防治犯罪的责任，以及支持居民自主防范活动、促进防范环境建设等的“生活安全条例”。2003 年施行的东京都“建设安全、安心城市条例”，其立法目的便明确地表明：“本条例乃在于防止东京都内个人生命、身体或财产遭受危害，除明确化东京都、都民及业者之责任外，并寄望能推展及实现安全、安心的社区及生活环境。”因此，为推进都民防止犯罪而进行的自主活动，以及为完善防止犯罪的环境，明确地规定了都、都民以及各个业者的责任，以促进都、警察、区市町村、都民等的连带合作，来推动建设安全、安心的城市。此外，在本条例的基础上，建设了安全、安心城市协会、地方自治团体、企业主以及社区居民之间的相互合作，让各个社区团体之间进行资讯交换、推动自主防范活动，促进营造防止犯罪的环境，以保障居民不受犯罪干扰的安全、安心生活环境。

（五）我国社区的治安发展

我国社区（村落）发展工作在原始社会和奴隶社会就已经开始了，近百年来，经济上快速发展，都市化的发展更解构了传统家庭的价值体系，贫富差距的拉大也撼动了社会安定的基础，社区功能的需求与时俱变，过去以政府主导的社区发展政策，显然已不符合客观环境的需求。近年推动的“社区总体营造”运动，虽然强调结合行政、专业与社区居民之自发性，实践由下而上的居民参与和规划，采取跨部门的综合型发展模式，然而在实际的运作上，与此理想仍相距甚远，由下而上的社群主义①一直无法深入发展。

近年将“社区守望相助”列为犯罪预防对策之一，并做出“积极推行社区守望相助”，“普遍推广家户联防警报连线系统”的结论，大力鼓励推动社区守望相助巡守队的成立。将“社区治安”正式纳入社区总体营造面向，提出以产业发展、社福医疗、社区治安、人文教育、环境景观、环保生态等六大面向，作为整体社区营造的发展目标。我国政府是以“社区治安”为施政主轴，全力推动警务、社区、民政、消防等单位一起来抓治安，以期使我国的社会生活和居家生活更加安全，并善用农村及社区人力资源，共同推动社区治安工作，强化社区自我防卫能力，以建构优质的治安社区，落实“全民抓治安”的理念，以“治安社区化”为理论核心，强化民间力量之投入，提升社区对社区事务之参与意识，警察则居于辅助、服务的立场，尊重社区公民自主经营的空间，让社区自发提升与营造，自我构筑初级犯罪预防的第一道防线。

至于社区治安的具体内容涵盖社区犯罪预防、社区防灾、妇幼安全三大议题，而在犯罪预防议题方面，最主要是“建立社区治安的支援体系”，其执行要领包含如下内容。

（1）召开社区治安会议：政府推动社区治安工作，主要采取由下而上的操作模式。社区

---

① 社群主义的思想，主张要以社区为单位的相互依赖而凝聚社区意识，将集体与社会正义看成比个人和资本主义的自由更具价值，社区就是建立在道德基础之上，民众所肩负的道德义务和社会责任比个人的自由和权利更为重要，所以社会规范力量主要建立在社会日常关系的非正式文化约束中。因而社群主义可以被视为人类高度社会化观点的表现，他们的道德定位只有通过其社会关系才能得到理解。

组织参与治安营造，应邀集辖内机关、团体、学校、公司企业、乡贤、妇女组织及居民等，举行社区治安会议，实施治安诊断与分析讨论，找出治安死角，并因地制宜提出适当的对策，解决社区的治安问题。

(2)成立守望相助队：由社区组织邀集热心民众，成立守望相助队，设置巡守、家暴防治及减灾等分组，以巡逻、守望或其他方式，协助社区安全维护工作。

(3)设置录影监视系统：由社区组织调查分析容易发生治安、交通事故的场所或路段，自行规划或建议政府相关单位设置录影监视器。

(4)划设校园安心走廊：由社区组织调查学生上下学路径，结合校园周边住家、商家、金融机构等处所，建构安全网络，维护学生上下学安全。

(5)社区治安区块认养：由社区组织调查社区所在地机关、学校、公司、商行等现有警卫、保安等安全人力，统合划设治安区块，协调相关部门扩大执勤范围。

(6)发行社区治安报道：由社区组织搜集各项治安状况，适时编撰情况在微信和 QQ 上报道，提供社区学童及民众治安讯息，防止被害事件发生。其报道内容可包含：自我保护技术、通报犯罪的方法、警方或保护资源的地点、地区犯罪问题、危险地区、犯罪者地址等。

(7)提供防窃咨询服务：社区遭窃住户得向警察机关申请指派专业防窃顾问实地勘查，实施防窃咨询服务，检测被害环境，强化空间设计，以减少重复被害。

(8)提升社区自我防卫能力：社区组织要运用警察机关的团队资源，实施预防犯罪宣传，强化社区自我防卫能力。

本书以 SWOT 分析法来分析我国推动社区治安之问题(见表 7-1)。

1. SWOT 分析社区治安问题

(1)优势因素

①建立协调联系机制。自从中央综治委推动社区治安工作以来，各县、市政府除照中央综治委编组成立社区治安联合推动小组外，还结合警务、社区与消防单位成立辅导团队，主动前往社区实施辅导，而在这几年的执行下，警务、消防与社区单位已能主动与社区联结，建立协调联系机制。

②警员深入社区提供一大助力。警员为第一线，是直接面对民众的公务人员，可通过家户访查工作而深入了解社区，并适度提供必要资讯以保护居民，其作为公共部门与社区组织间最好的沟通渠道，已成为政府推动社区治安工作的一大助力。

(2)劣势因素

①过分倚重警察机关而相关机关执行力尚显不足。社区治安虽涵盖社区犯罪预防、社区防灾、家暴防治三大议题，但整个社区治安工作之推动，仍过重依赖警察机关，其他机关只是消极地配合执行，未能将其视为机关职责业务推动之重点，执行力尚显不足。

②警员尚未能全面参与且专业素养仍待提升。警员在参与社区治安工作时，其实具有“参与者”及“辅导者”之角色功能，特别是现阶段警员参与社区治安工作者，多为辖区内受补助、辅导之社区，基层警员尚未能全面参与，且专业素养仍有待提升。

(3)机会因素

①抓治安已成为全民的共识。近年来国内治安问题呈现平稳且下降趋势，但民调显示，民众对治安仍是不满意者居多，民众对于改善治安之要求从未间断，全民望治，抓治安已成为全民的共识。

②社会资源已渐导入“治理”理念。从抓群防群治工作以来，我国已将“全民治安”“民间协力”“综合治理”的理念纳入警务治安策略中。这说明警察不该也不可能独自担负起治安的重任，只有民众的参与并结合社区民间力量，才能真正改善治安。而这样的理念，配合民间团体的蓬勃发展，有利于“合力创造安全”社会资源之联结与运用。

③治安社区化已逐渐成形。社区治安工作经过这些年的努力与推动，曾参与社区治安营造之社区，普遍已有自我安全维护的概念，且能依其社区之治安特性，推出自我的具体创新作为，治安社区化已逐渐成形。

(4)威胁因素

①社区治安营造未能全面普及化。依据社区工作性质，没有专职人员分管社会治安工作，严重影响了社区参与治安营造之机会，亦造成社区治安营造未能全面普及化。

②太仰赖关键人物且有政治力介入。从以往社区工作中，可发现社区负责人可谓是社区之关键性人物，其愿花精力去经营其社区，并能有效带领社区工作伙伴们朝规划目标前进，如果原社区负责人离开或退出，常造成后继无人等问题，因此社区负责人是否起成功带领作用成为社区能否永续经营之关键因素。且部分社区组织或因资源取得所需，常与政治牵连在一起，如村或街道负责人常任守望相助队或社区发展协会负责人，当其村长选举失利后，即停止组织运作，产生严重影响社区正常发展的不利后果。

③缺乏自主运作且永续经营之模式。除少数社区能自筹经费外，大多数社区均有经费不足之困扰，需依赖政府经费，方能维持运作。而社区组织过于依赖政府经费补助，突显出社区在结合社区资源能力上的不足与欠缺，无法有效建立自主运作且永续经营之模式。

表 7-1　我国推动社区治安“SWOT”分析

	对达成目标有帮助的	对达成目标有害的
内部(组织)	优势： 1.建立协调联系机制 2.警员深入社区提供一大助力	劣势： 1.过分倚重警察机关而相关机关执行力尚显不足 2.警员尚未能全面参与且专业素养仍待提升
外部(环境)	机会： 1.抓治安已成为全民的共识 2.社会资源已渐导入“治理”理念 3.治安社区化已逐渐成形	威胁： 1.社区治安营造未能全面普及化 2.过分仰赖关键人物且有政治力介入 3.缺乏自主运作且永续经营之模式

因此，从上述我国推动社区治安之 SWOT 分析可知，为能有效推动社区治安，抓治安已成为全民的共识，且社会资源已逐渐导入“治理”理念，在治安社区化已逐渐成形的情况下，除了善于利用已建立之协调联系机制及警员之助力外，内部有必要继续强化多机构伙伴关系，以及强化警员专业素养并扩大全面参与。外部方面应能创造永续发展的支持力量，以强化普及化自主性而避免政治力的过度介入，具体做法如补助之普及化以及强化连携有成效的社区治安活动，应广泛提供各类讲习及训练机会，并提供必要的做法，普及任何人均可实践的社区治安活动，甚至提供必要咨询，解决居民各种社区治安相关问题。

在面对高犯罪率、高恐惧感及国家所能提供的安全保障又不足的情况下，民间就迸发出丰富的能量与创造力，自发自主地发展出较为完备的私人安全措施，以提供一系列新的犯罪控制方法，其中最具特色的是如雨后春笋般成立的“堡垒型社区”，以及快速扩张的民间私人保安产业。

2. 堡垒型社区

在此“堡垒型社区”内，一般住着同样阶层的人，采取严格的出入口管制措施，以确保当地住民的安全。比如富有的家庭逃离市中心，搬到保安措施严密的社区居住，他们的安全来自他们自己选择的“世外桃源”。典型例子如美国加州的“堡垒型社区”，有的禁区带有消极攻击性，有的区域故意把自己隐藏起来，还有的区域用喷泉、假长凳和隐秘性装置摆出一副明显不好客的样子。

3. 私人保安

私人保安可说是一种以营利为导向的事业，专门收集资讯，以提供专业人员、器材或秩序，以便预防因天灾、人祸、紧急状况或犯罪行为所造成的损失。一般而言，私人保安具有下列特性。(1)非专职化角色，这是相对于刑事司法体系之人员而言的，刑事司法体系内的警察、检察官、法官及矫治人员均是专职化的，但相对地，无论是内部保安还是契约保安均统整至企业或公司的一部分功能，特别是内部保安更为明显，公司的每一个员工均对预防损失或安全问题负有责任。(2)顾客或雇主导向，私人保安是以顾客的利益和雇主的目标为考量，无论是内部保安还是契约保安，其主要顾客或雇主以工业或商业机构为主，尤其是契约保安，主要是以减少顾客损失提高其利润为广告号召，因而私人保安可说是“收费警察”，即其保安服务在于获取利润或适合顾客的经营目标。(3)经济导向之制裁，私人保安虽强调预防损失而非报复，但并不愿意没有任何形式的制裁方法，当制裁被引用时，则常依据公司的权力，而非政府权力，如拒绝对方进入私有财产、革职等，甚至于提起诉讼或要求警方协助。

私人保安之所以兴起，可以用集体安全理论和大众化私人财产理论来加以说明。集体安全理论认为，社会中的个体在国家强制力无法解决现存的急迫的社会风险及犯罪问题时，就会产生不安感、焦虑感，同时也会产生依靠自己的力量来保护自己的急切愿望。通常他们放弃制度化的渠道，寻求通过各种个人的方法来保护自己，而私人保安便是委托方式之一。大众化私人财产理论认为，私人财产与财产支配权的概念是私人保安兴起的最大力量，私人保安主要的任务便是为客户保护其财产。

再者，就集体安全理论而言，对警察信心度越高，越肯定法院阻吓犯罪之功能，人们越倾向于以制度化的渠道保护自己；相反地，对警察越缺少信心，越无法肯定法院阻吓犯罪之功能，人们越倾向于采取自力救济(购买保安服务)的方式保护自己。就大众化私人财产理论而言，公司越大，雇佣人员越多，盈余及公司财产越多，越愿意用自己的力量保护公司财产；反之，公司小，员工少，盈余少，以自己的财力购买保安服务以保护自己的意愿较低。故研究结果支持集体安全理论及大众化私人财产理论。

因此，在此风险社会下，可以发现，用私人安全措施补充政府在治安维护工作上的不足，仍为将来不可避免的选择。这样的现象，诚如韦克菲尔德(Alison Wakefield)所言：通过社会转型而产生的不安全性，也可以被看作当代城市发展所带来变化的组成部分，因为不安全感是不可避免的。

三、社会控制方式的分化

(一)日常生活犯罪学与他者犯罪学

在犯罪与刑事政策研究领域,18 世纪的古典学派着重于犯罪行为之研究,认为犯罪是个人自由意志及理性选择的结果,其基本假设认为人若不受惩罚恐惧的制衡,均有犯罪的可能性与潜能,因而强调以威吓主义作为一种犯罪预防理念。发展至 19 世纪后半叶,实证学派着重于犯罪人之研究,而从行为之研究转移至行为人之研究,强调以科学方法探求犯罪原因,同时亦主张建立科学的犯罪防止对策,并且提倡以科学的方法来处遇改善犯罪人,并通过行刑学派对于改善效果之研究,正式确立了改善主义之犯罪者处遇理念。以犯罪人为研究中心之犯罪学,必然会导致依犯罪者个人特质之不同,而采取不同之个别处遇,这样的处遇模式,甚至在美国发展出一套监禁教化更生的"医疗模式"。而 20 世纪 60 年代又受到标签理论之影响,研究领域扩大至刑事司法机关及刑事司法系统,70 年代后因被害者学的抬头,研究领域又扩大至犯罪被害者。

实证学派的犯罪学倾向假设人的可完善性,把犯罪视为不完全社会化过程的象征。直到 20 世纪 70 年代后因"社会复归思想的后退",导致 80 年代"正义模式"的兴起,仅仅根据"正义模式"仍无法解决日益增多的犯罪现象,促使人们逐渐体认到刑事司法体系对于有效减少犯罪有其极限存在,甚至有人主张刑事司法体系根本不能防止犯罪。这样的状况持续至 80 年代后半期,刑事政策研究的典范逐渐由"犯罪实施后通过刑事司法机关的事后处理系统",转移至"以社区为基础事前防止犯罪实行的防治系统",而促成犯罪预防论的抬头。

换言之,从 20 世纪 70 年代起,另一套颇为不同的犯罪学理念开始出现并影响政策,该犯罪学理念不认为犯罪与偏差是剥夺的问题,而是控制不充分的问题,因而提出各式各样的控制理论,主张严密控制与执行纪律。亦即当代犯罪学越来越视犯罪为现代社会中一个正常规律的现象,且视一般正常人均会犯罪,因而在刑罚上便会强化应报与威吓的策略,在犯罪预防上则会将焦点集中在犯罪机会与引起犯罪的情境上,以减少犯罪机会的供给,增加情境与犯罪控制,并调整例行日常活动,以达到以预防取代治疗的目的。如此现象,正是学者大卫·加兰提出的,当代犯罪学控制理论的其中一类型或可称为"日常生活犯罪学"(或称"自我犯罪学"),其包含了理性选择、日常活动、机会犯罪及情境犯罪预防等理论。而这一途径的一项重要特征在于:它督促政府将焦点由犯罪性与罪犯个人转移到犯罪事件上。晚近以来,犯罪学者发现机会与情境因素在犯罪的发生中扮演重要角色,因而若能改变导致犯罪发生的机会与情境因素,或许可以减少犯罪。

"日常生活犯罪学"理论,或称"自我犯罪学"理论,认为一般正常人均会犯罪。大卫·加兰指出另一类型的理论——"他者犯罪学",该理论将犯罪人视为危险的边缘人,对社会充满怨恨,且将犯人妖魔化,以此宣泄社会大众的恐惧与愤慨,进而提倡支持国家的惩罚性隔离策略。而此策略具有下列三个特点:(1)为处罚而处罚,传达大众情绪,强调严罚或指责的目的;(2)民粹与政治化,政策的形成过程中,民意的地位凌驾刑事司法专家与专业精英的观点;(3)官员习惯援引"被害者"的感受,作为支持与正当性的来源(其发展演变见图 7-2)。

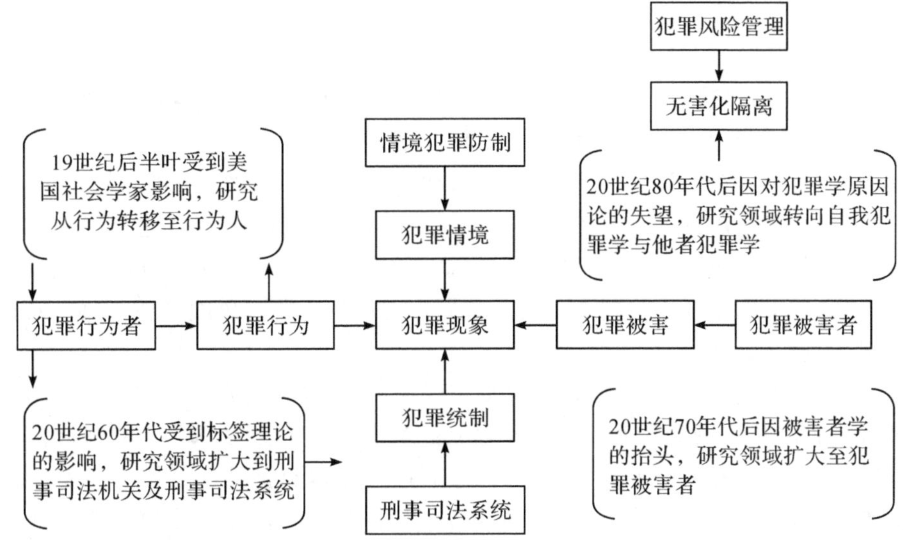

图 7-2 犯罪与刑事政策研究领域的变迁

（二）主权国家策略与适应策略

针对“他者犯罪学”及“自我犯罪学”，在犯罪控制领域便会出现下列两种截然不同的新模式。

（1）主权国家策略，着重加强控制与表达式的惩罚，强调隔离无害化监禁。典型例子如提出“监狱有效”“三振出局”“忠于判决”“零容忍”“强硬对付犯罪、强硬对付犯罪原因”等响亮口号，显示晚期现代化的特殊现象——“监禁率上升、犯罪率下降”，而“监狱有效”并不是因为监狱能作为一种改善矫治的机构，而是作为隔离无害化与惩罚的手段，以此满足社会大众对安全与严厉应报的政治要求。

（2）适应的策略，着重预防与伙伴关系，通过公私协力发动社区、企业与公民的犯罪预防行动，并建立犯罪预防与社区警务的基础。如此现象，也充分表现出现行官方犯罪学的矛盾所在：一方面将犯罪人视为一般正常人，另一方面又将少数犯罪人妖魔化，以此宣泄社会大众的恐惧感。

确实，“日常生活犯罪学”的提出，让我们感受到社会控制新策略的出现，既有的国家维护治安，除可使用情境犯罪预防策略外，也可使用社群主义、多机构参与及有私部门的参与。这种现象被博顿斯（Bottoms）和怀尔斯（Wiles）描述为“社会控制之分裂”。其变化的结果是：维护我们日常生活中秩序的力量不仅有警察，而且包含志愿服务者和非公共组织。因而埃里克森（Ericson）认为这些志愿服务者及非公共组织，不仅体现他们所拥有的知识和服务，更重要的是为公众提供一张完整的“安全被”。

换言之，以往处理犯罪问题乃是警察的专责，然而在此风险社会下，警察维持社会秩序的功能逐渐转移至市民身上，市民为自身的安全而立于风险管理的位置上，这种状况被欧美学者称为市民的责任化现象。如此亦可看出现行有关秩序与安全不能完全依赖刑事司法机关，反而需依赖非正式的社会控制方可支撑社会秩序。这样的结果，也说明官方对于私有化及个人承担安全的责任越来越重视，而私人安全措施在社会生活中所扮演的角色也越来越重要。

四、未来展望

首先,刑事政策是反映一个国家防范犯罪情况的一面镜子,其受到政治、经济及社会变迁的影响很大。特别是欧美于20世纪70年代后,随着高犯罪率被视为一种常态的社会事实,犯罪问题便成为民众日常生活关心的重点,而犯罪问题不断加剧,再加上全球化的相互影响及媒体效应,普遍形成民众对犯罪的恐惧感,导致犯罪问题之政治化及民粹化。因而,在此风险社会下,为了回避风险而形成的风险嫌恶社会,便导入了保险数理的精算概念,以事先预防风险,对于犯罪者之治理表现为从犯罪者处遇到犯罪者风险管理,促使现行刑事政策朝向管理、监控、隔离的趋势而行。

其次,由于受到新自由主义倾向(即尊重市场机制、减少政府介入、要求个人为自己的行为负责)的影响,以及认识到刑事司法体系对于犯罪控制的有限性,为了有效排除危害,以确保安全舒适的生活,不能完全依赖公共部门,从而逐渐建构起公私部门协力的概念,私人安全措施形始兴起,不只带来从统治演变到治理,亦即并非政府机关权威的支配,而是混入非政府组织的自我治理、地区自治的观念,以及安全的商品化如保安业的发达或"堡垒型社区"的兴起,表现出从公共部门的罪犯惩罚到公私协力的犯罪治理。

公私部门的协力伙伴关系,充分显示犯罪问题的控制,国家不该也不可能独自担负起防治犯罪的重任,呈现社会控制之分化。但就现行社区治安来看,其所能提供的犯罪预防能力是有限的,毕竟在个人主义的民主社会里,百姓不仅不愿接受政府制约,亦不愿受到太多的社会制约,社会所强调的是个人发展。至于私人安全措施的兴起,是政府维护良好社会治安能力的减弱及社会大众对社会治安的关心,催生的一种自力救济方式。私人保安强调的是找出风险,然后采取适当的作为以预防犯罪而确保安全,有别于刑事司法机构以事后压制方式防止犯罪而实现正义,对于维护安全、降低犯罪恐惧感有其相当重大的功能。因此,面对此私人保安的兴起,政府机构不应再以猜疑及矛盾的心理管理保安业,而应以积极合作伙伴关系甚至是平等伙伴关系来看待保安业,以促使保安业的良善发展。

特别是在此市场导向的多元犯罪预防下,难免会造成安全保障的贫富差距,而呈现越来越不均衡的分配;同样地,"堡垒型社区"的兴起,难免会使部分人产生社会排除问题,而存在将公共财产变更为私有财产的内在矛盾。面对此现象,出于平等及人权的考量,政府有必要投入更多资源来协助弱势团体及个人,特别是此弱势团体及个人往往具有较高的犯罪恐惧感,需要更多的保护与协助,如此才能有效降低治安之不满意度及实现公平正义。

再次,媒体及现在资讯技术在风险认知的建构以及风险管理的决策过程中,确实扮演相当关键的角色。因而我们也可通过大众媒体进行多元化犯罪预防宣导,而达成下列几点目的(见图7-3):(1)增加犯罪者的犯罪风险;(2)增加犯罪者的感知风险;(3)鼓励公众安全措施的实践;(4)让公众安心。通过媒体的宣传与使用,公众更积极地提供犯罪者信息,犯罪者通过媒体感知到犯罪的风险;宣传安全防范措施等,让公众更加了解犯罪信息,减少不确定性从而更加安心,最终达到减少犯罪和减少犯罪恐慌感的效果。

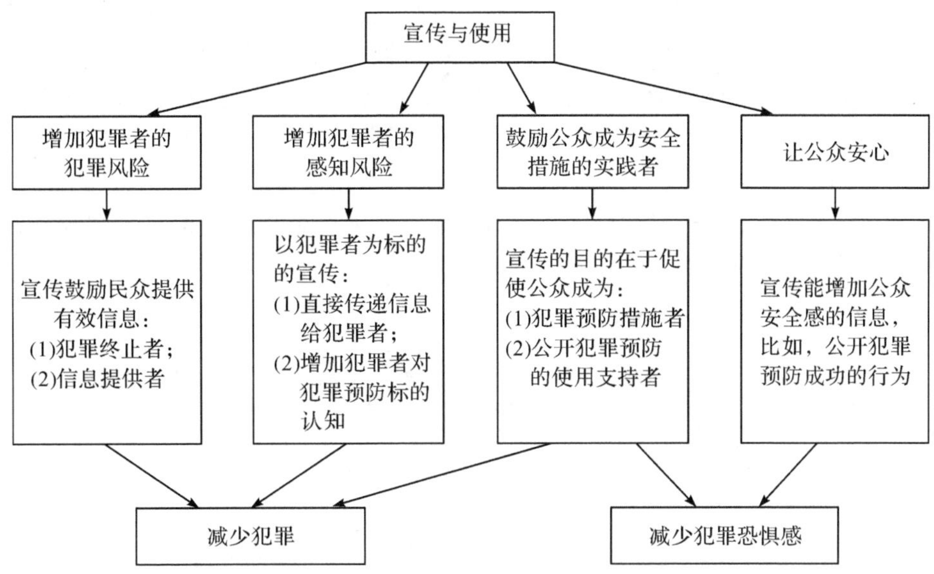

图 7-3　通过大众传媒进行犯罪预防理论

最后，不管我们对于犯罪控制如何采取赋予责任策略，我们仍不能忽视犯罪者处遇的功能，以及犯罪被害者保护的重要性，毕竟在社区内不论如何监控、管理、排斥犯罪者，其再犯的可行性仍是很高，因而应强调的是社会的包容而非社会的排斥，以达到一个“善治”的社会目的。[①]

结　语

随着社会经济的迅猛发展，人类进入风险社会，而风险社会的最主要特征则是不确定性的与日俱增以及社会结构制度更趋复杂化。在风险社会中，民众对专家预测风险的推论持怀疑态度，不安全感也随之日渐增加。风险社会滋生了不安全感和道德恐慌。20 世纪 90 年代开始，犯罪学展开了对风险社会概念的一系列相关探讨，并对犯罪风险做出现实预警，同时犯罪问题显现出政治化及民粹化的特征。至此，风险社会下的犯罪治理受到广泛关注。

风险社会下的犯罪治理经历了从犯罪者处遇到犯罪者风险管理，从公共部门的犯罪压制到公私协力的犯罪治理的过程，自 20 世纪 60 年代起，随着犯罪与刑事政策研究领域之变迁，社会控制方式相应地出现了分化。风险管理者从犯罪形态分析、安全调查研究、成本分析等途径进行风险管理，亦通过各种教育宣导途径来强化妇女被害预防意识；成立社区巡守队或广设监视录影系统，以强化对妇女人身安全的保障；甚至个人主动购买保安系统或相关保安产品，以强化被害人的自我风险管理。如此作为，均充分表现出这种风险管理的思维。在社区治安完善和发展的过程中，社区警务以及中国的特警、特勤、辅警和协警运用刑法、民

① 余超文.基于善治取向的政府回应力：逻辑、环境与成长[J].岭南学刊，2013(4)：51.

法、地方政府单行法规等法令明文规范，行使执法权。鉴于政府等权威机关无法单独担起社会治安的重任，在高犯罪率、高恐惧感及国家能提供的安全保障又不足的情况下，民间的能量与创造力被激发出来，公权力与个人、社会团体共同维护社会安宁及秩序，以加强犯罪控制与预防之实质效率。这一转变突出呈现为从公共部门的犯罪惩罚到公私协力的犯罪治理。此外，在我国要推动社区治安问题的解决，还应考虑优势因素、劣势因素、机会因素和威胁因素。最后，社会控制方式分化生发出日常生活犯罪学与他者犯罪学，在犯罪控制领域产生了两种截然不同的新模式，也值得我们的关注。

第八章　知识产权犯罪的现状和特点

第一节　知识产权犯罪概况

一、知识产权犯罪现状

知识产权又称为“知识所属权”，即“intellectual property”，它是人类文明发展到一定历史阶段后出现的、基于人的思维而产生的一种较为复杂的劳动成果，是人们经过长期的经验总结、技术训练和反复劳动而获得并享有的一种财产性权利。通常情况下，国际社会将知识产权分为工业产权和版权两类。第一类：工业产权，又叫工业所有权，一般包括发明专利、实用新型、外观设计、商标所有权这些权利，另外，有些国家的法律和国际条约还包括服务标记、厂商名称、产地标记、原产地名称及制止不正当竞争的权利。第二类：版权，包括了著作权和邻接权（又称著作相关权/传播者权）两类。由于各国在政治、经济、文化、法律、科技水平等各个方面存在着诸多差异，因此，各国在知识产权的定义和各种相关制度设计上也就各不相同。笔者认为，可将知识产权概况定义为：在一定期限内有效的，公民、法人或其他组织依照法律的规定，对其一切智力创作活动产生的劳动成果所享有的信息中的所有权（如图 8-1 所示）。

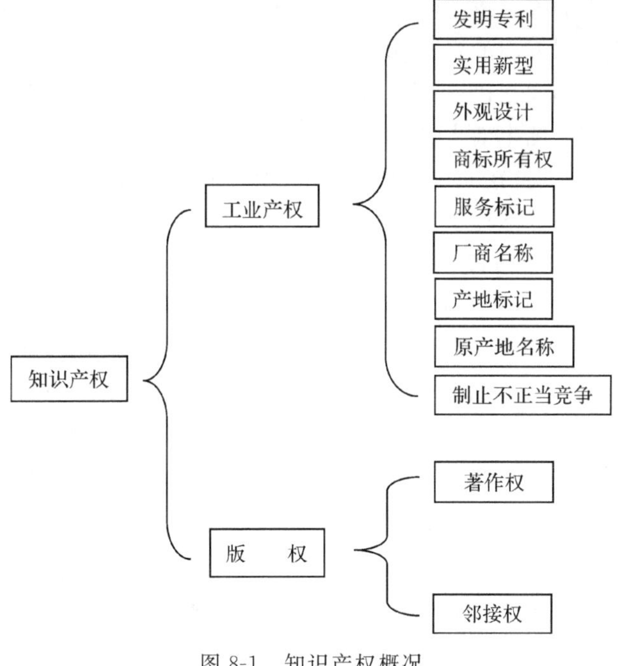

图 8-1　知识产权概况

随着经济的发展，个人和组织的信息产品中的智力成果越来越成为一项经济效益极高的重要财产权利，全社会也愈加重视对信息产品的开发、利用、保护，但与此同时也催生了愈加严重的针对信息产品的违法犯罪。当前学界在认定知识产权犯罪的概念问题上各有不同，但总体争议不大。明确界定知识产权犯罪概念是厘清该罪的犯罪本质、特征、覆盖范围、罪与非罪的重要前提及基础。陈兴良教授认为：知识产权犯罪，是指行为人以营利为目的，违反知识产权管理法规，故意侵犯他人知识产权，销售数额或违法所得数额较大或者有其他严重情节的行为。① 高铭暄教授将侵害知识产权权利人的权益及国家知识产权秩序的法益作为定义的基础，这与陈兴良教授大有不同。② 陈兴良教授更着重强调知识产权犯罪要求行为人必须具备"以营利为目的"，且"违法数额较大"等条件，这一认定标准更贴近我国刑事立法中对知识产权犯罪的相关规定。笔者认为，我国知识产权犯罪一般是指违反知识产权保护相关法规，未经知识产权所有人许可，非法利用其知识产权，侵犯国家对知识产权的管理秩序和知识产权所有人的合法权益，违法所得数额较大或者情节严重的行为。当下，我国虽然已经在《中华人民共和国刑法》第二编之第三章第七节中对知识产权加以规定和保护，但范围过于狭小，造成很多重要的知识产权依旧得不到有效保护。另外，法律的滞后性和经济社会发展快速性的固有矛盾，使得《刑法》难以及时应对类型日渐增多的知识产权犯罪。同时，知识产权保护的相关法律条文、法律常识普及范围小、力度低，以及社会传统观念对于犯罪社会危害性的认识不高，使得在许多知识产权犯罪案件中，不仅侵权者对其侵权行为的违法性缺乏必要的认识，而且权利人的自我保护意识也相对淡薄，甚至普通社会公众很难在道德上对这些行为产生谴责。这些问题的存在，不仅容易诱发侵权甚至犯罪行为，而且造成了打击难的现状。近几年来，知识产权问题和知识产权犯罪在我国呈现多发态势，严重损害了社会的市场秩序、知识产权人的权利以及广大消费者的生命、财产权益乃至我国的国际形象。③

我国对信息产品中的智力成果的保护，是与不同的历史时期相适应的，受到当时立法的政治、经济、思想文化等多方面的影响。回顾历史，我国对知识产权的立法保护，是一个从无到有的曲折历程。新中国成立以后，由于在立法初期，且当时全社会以经济建设为目标，着力点在如何发展和提高人民生活水平上，故更多考虑的是对社会公权的保护，对于作为智力成果私权的知识产权，并没有在立法上做到很好的保护。从宏观的角度看，我国对知识产权的刑法保护可以大致分为以下几个阶段。

1949—1979 年是第一个阶段。这一时期，我国没有颁布过系统的著作权法，而只是在相关的行政法规和政策性文件中列举规定，这是由于我国当时推行计划经济体制，注重经济基础公有，并且在意识形态领域树立"大公无私"的奉献精神。再者，我国当时并没有知识产权的概念，且相关的意识也很薄弱。如 1978 年发布的《发明奖励条例》第二十三条规定："发明属于国家所有，任何个人或单位都不得垄断。全国各单位(包括集体所有制单位)都可利用它所必需的发明。"这种规定既否定了人力资本的天然私有性，又否定了知识产权的私有性质(《与贸易有关的知识产权协定》序言就明确规定"承认知识产权是私有权")，国家为此

① 陈兴良. 刑法全书[M]. 北京：中国人民公安大学出版社，1997：739.

② 李昱良. 我国知识产权犯罪法律问题研究[J]. 法制与社会，2018(24)：215-216.

③ 舒洪水，贾宇. 全球化时代的知识产权犯罪及其防治[J]. 法学家，2009(1)：85.

付出了惨重的代价，那就是科技创新能力严重衰退，经济增长乏力。

1979—1997 年是第二阶段。这是确立知识产权刑法保护并取得重大成就的阶段。随着改革开放的不断深入和商品经济的蓬勃发展，我国市场经济迅速发展，国家政治、经济、社会生活各方面发生了深刻变化，知识经济逐渐取得主导地位，知识产权的巨大价值很快为国家、企事业单位和社会成员所认识。由于知识产权犯罪成本低，获益高，相关侵权犯罪如假冒伪劣商品犯罪和侵犯著作权犯罪也从无到有，并开始泛滥。为了及时严厉打击侵犯知识产权的各类犯罪，加强对知识产权合法权益的保护，切实维护正常的市场经济秩序，我国在 1979 年刑法中加入了一条“假冒注册商标罪”的规定，全国人大常委会先后于 1984 年、1993 年和 1994 年颁布了《专利法》第六十三条、《关于惩治假冒注册商标犯罪的补充规定》、《关于惩治侵犯著作权的犯罪的决定》等刑事法律规范，形成惩治知识产权犯罪的基本法律框架，为之后知识产权的刑法保护提供了有力根据。

1997 年以后是第三阶段。以 1997 年刑法典颁布为标志，我国知识产权刑法保护体系不断健全完善。1997 年《刑法典》在分则第三章第七节中规定了“侵犯知识产权罪”，这样新刑法和我国知识产权专门法（如著作权法、商标法、专利法）中的刑事法律规范，初步形成了较为完善的知识产权刑法保护体系。可见，知识产权犯罪催生了我国知识产权的刑事法律规范，确立了知识产权刑事法律制度。

二、侵犯知识产权罪的特征

侵犯知识产权罪，是指严重侵犯信息产品中权利人的所有权，危害国家对知识产权的管理秩序，应受刑法制裁或者处罚的行为。知识产权犯罪具有以下几大特征。

（一）知识产权犯罪的同类客体是国家的知识产权管理制度①

根据有关的国际公约和理论通说，知识产权包括著作权、专利权、商标权、商业标记权（包括商品装潢权、商号即厂商名称权、原产地名称即地理标记权）、商业秘密权等，上述各种知识产权都有可能因受到犯罪行为的侵犯而成为犯罪客体。但是，我国刑法对于侵犯商业标记权等知识产权的行为，没有规定相应的刑事罚则。据此，我国刑法保护的知识产权仅指商标权、专利权、著作权和商业秘密权，损害权利人的合法权益并严重侵犯国家知识产权管理制度，应受刑罚处罚的行为。知识产权管理制度的核心内容是一系列保护知识产权的法律制度，国家制定知识产权规章制度的本质目的是更好地开发、保护和利用知识产权。笔者在此强调知识产权犯罪的同类客体是国家的知识产权管理制度，是基于以下几点考虑。

第一，放眼全球，并非所有的知识产权犯罪都侵犯作为私权的知识产权。例如，英国专利法和美国专利法都规定了相关的知识产权犯罪，这些犯罪都没有对作为私权的专利权构成侵犯。其行为恰恰都只损害国家知识产权管理制度的权威性和严肃性，动摇社会公众对知识产权的信赖，从而侵犯了国家的知识产权管理制度。

第二，侵犯知识产权的行为，必然会侵犯国家的知识产权管理制度。保护信息产品中的所有权，防止其被不法侵犯，是国家知识产权管理制度的重要作用之一，对维护市场经济稳定，激发市场参与者的活力和创造力具有重要的作用，知识产权犯罪行为降低了市场活力，

---

① 姜海霞.论知识产权的刑法保护[D].济南：山东师范大学，2008：11.

损害了市场追求的公平正义，也从实质上挑战了国家知识产权管理制度的权威性。

第三，我国《刑法》第二编“分则”第三章“破坏社会主义市场经济秩序罪”中，规定了一系列侵犯知识产权罪，而不是在侵犯财产罪这一章中。其原因在于，该类犯罪不仅单纯侵犯了权利人的权益，更是对国家知识产权管理制度的严重侵害。从某种层面上讲，这类侵权行为也是对我国以公正、平等、诚实信用等社会主义核心价值观为核心的社会主义市场经济的强大冲击。因此立法者从市场经济管理制度的层面出发，将大部分严重侵犯知识产权的侵权行为规定为犯罪。

总之，本文认为知识产权犯罪的同类客体是国家的知识产权管理制度，主要是基于该种认定能涵盖一切类型的信息产品中的所有权犯罪，而以单一的知识产权作为知识产权犯罪的同类客体，过于片面，不能涵盖所有类型的知识产权犯罪。[①]

（二）知识产权犯罪的客观方面要件

表现为行为人实施了违反国家知识产权管理制度，侵犯他人的信息产品中的所有权或者假冒享有信息产品中的智力成果，情节严重的行为。

首先，知识产权犯罪成立的前提条件是行为人的行为必须违反知识产权相关的法律法规。这里所谓的知识产权法律法规，是指国家制定的有关商标权、专利权、著作权、商业秘密权等的法律法规。我国制定了主要包括《中华人民共和国商标法》《中华人民共和国专利法》《中华人民共和国反不正当竞争法》《中华人民共和国著作权法》等相关法律法规。根据上述相关法律法规的规定对商标、专利和商业秘密构成侵权需要满足一定的条件，并非一旦使用就构成侵权。一般情况下，未经权利人许可而擅自使用权利人的创造性智力成果的，对知识产权权利人的专有权构成侵权。以下两种情况下的使用，是被法律所允许的，不构成侵权。一是被权利人授权，因为在民事法律关系中权利人可以自由处置其民事权利，知识产权作为其一项专有权利，权利人既可以自己独享使用，也可以有偿授予他人使用。比如，转让商标、专利使用权、商业秘密等。行为人使用被授予后的他人知识产权当然合法，不构成侵权。二是根据法律法规的其他规定，权利人对自己所享有的权利并不都是绝对的。例如，商标的在先使用权，专利的合理使用，通过反向工程、独立开发获得的他人的商业秘密。

侵犯他人的知识产权，亦称为知识产权侵权行为，是指行为人未经许可，且没有法律根据，擅自使用信息产品权利人的独创性智力成果或经营性标识，或者实施妨碍知识产权人行使其合法权利的行为。从而我们可以得出，构成知识产权侵权或者知识产权犯罪需要满足双重前提，即法律的禁止性规定以及他人的知识产权合法有效。但是，我们在这里探讨的仅仅是不构成知识产权类的犯罪，行为人仍要对其出版非法出版物的行为而承担相应的行政、刑事责任。再如，知识产权的特征之一是时间性，如果一项本受保护的知识产权超过了保护期，则不存在侵权的问题，行为人的相关行为也更不可能构成犯罪了。

其次，行为人实施了侵犯他人知识产权的行为，并且行为必须在法律规定之内。随着知识经济的发展，信息产品中的智力成果带来的经济效益愈加丰厚，出现了种类繁多的知识产权侵权行为，但是，并不是所有的侵权行为都构成犯罪。关于何种侵犯知识产权的行为才构成犯罪，各国具体的法律规定多有不同。比如，日本、德国、法国把专利侵权行为，即未经专

---

① 姜海霞．论知识产权的刑法保护[D]．济南：山东师范大学，2008：11-12.

利权人许可，非法使用他人专利的行为规定为犯罪，而我国刑法却没有将此种行为纳入其中；再比如，有的国家把假冒注册商标的以下行为，即未经注册商标所有人许可，在同一种商品或者类似商品上使用与其注册商标相同或者近似的商标的行为都规定为犯罪行为，而我国刑法仅规定了一种假冒注册商标的行为，即未经注册所有人许可，在同一种商品上使用与其注册商标相同的商标的行为。[①] 因此，在认定某种侵犯知识产权行为是否构成犯罪时，必须严格按照刑法的具体规定，这也是罪刑法定原则的基本要求。

最后，侵权的行为必须达到一定的程度，通常情况下要求达到情节严重的程度。知识产权犯罪不是行为犯，而是结果犯或者情节犯[②]。要构成犯罪，以下情节之一必不可少——情节严重、销售金额较大或者给权利人造成重大损失。如果行为人实施的刑法规定的侵犯知识产权行为没有达到情节严重的程度，那么犯罪就不成立，或者是犯罪未遂。

（三）知识产权犯罪的主体包括自然人和单位

这是世界上大多数国家的共识。成立自然人犯罪，只要达到刑事责任年龄（根据我国刑法总则的规定，知识产权犯罪的刑事责任年龄为 16 周岁），具有刑事责任能力即可，既包括中国公民，也包括具有外国国籍的人和无国籍人。成立单位犯罪，只要符合我国刑法规定即可。《中华人民共和国刑法》中规定了七种知识产权犯罪，根据《刑法》第二百二十条的规定，单位犯本节第二百一十三条至第二百一十九条规定之罪的，对单位判处罚金，并对其直接负责的主管人员和其他直接责任人员，依照本节各该条的规定处罚。即这七种知识产权犯罪均可成立单位犯罪。

（四）知识产权犯罪的主观方面要件是故意

既包括直接故意，也包括间接故意。即行为人明知其侵犯他人的知识产权或者假冒他人享有知识产权的智力成果的行为会发生危害社会的结果，但仍旧希望或放任该种结果发生的主观心理态度。其中，大多数为目的犯，一般为以营利为目的，有些可能出于其他目的，如恶意泄露他人商业秘密致使他人遭到经济损失[③]。但是，根据我国刑法分则第二百一十九条第二款的规定，过失也可以构成侵犯商业秘密罪。这里的过失不仅包括疏忽大意的过失，而且包括过于自信的过失。

信息产品中的智力成果的无形和可复制性特点决定了，一方面权利人很难以一种事实行为来保护自己的权利，另一方面他人很容易过失地侵犯知识产权人的权利。如果不对知识产权犯罪的主观方面要件作严格限制，就会导致刑法的打击面太宽。

以上所述，是对知识产权犯罪构成特征的宏观把握。犯罪构成在不同的知识产权领域表现不同，各有特点，但无论何种知识产权犯罪，都无法逃脱根本框架，即主体都包括自然人和单位。其中，自然人犯罪主体为一般主体；主观方面要件都是故意；都实施了侵权行为，且都发展成为违法犯罪；都从不同的方面侵犯了相同的法益——国家的知识产权制度。

从理论上而言，知识产权刑事案件一般为结果犯，严重触犯了刑律，其行为基础与民事侵权无本质的不同。根据知识产权司法实践的特点，本书主要研究我国刑法规定的知识产权犯罪行为，以及我国刑法虽未规定但待犯罪化的侵犯知识产权及其制度的准犯罪行为。

---

① 朱军平. 论我国注册商标权的刑法保护——以假冒注册商标罪为视角[D]. 上海：上海大学，2008.

② 王晓峰. 知识产权犯罪侦查研究[D]. 郑州：郑州大学，2007：6.

③ 丁先发. 大数据时代侵犯知识产权犯罪的侦查研究[D]. 广州：华南理工大学，2017：7.

因此，除特别指明刑法规定以外，本书所讲的知识产权犯罪是指发生在知识产权领域，侵犯他人知识产权或者相关知识产权制度，应受处罚的违法犯罪行为。本书的研究，是以我国刑法对侵犯知识产权罪的专门规定和分类为依据的，但并不局限于我国刑法的规定，而是以犯罪学的基本理论为指导，对知识产权犯罪行为进行全面阐述。

三、知识产权犯罪控制现状

知识产权犯罪案件与日俱增，促使国家加大了对知识产权犯罪的打击和控制力度，这在一定程度上控制了知识产权犯罪案件的数量，有效遏制该类犯罪的发展势头，但是纵观全国，我国在知识产权犯罪控制问题上仍有不足，使控制效果大大降低。

（一）对知识产权犯罪的打击和控制意识淡薄

知识产权是一种智力和创造力结合而产生的价值巨大但是相对比较虚拟的事物，所以在现实生活当中，一方面，公民对信息产品的内容还不了解，对信息产品的重要性了解较少；另一方面，由于知识产权犯罪是一种相对比较隐形的犯罪，其在当时造成的影响远没有像盗窃等其他犯罪行为那样严重，所以许多公民对知识产权犯罪没有足够的认识，这就造成了知识产权犯罪在全国大范围迅速发展。同时由于知识产权犯罪对大众造成的影响相对比较隐蔽，而且涉及人员相对较少，所以部分执法人员对其缺乏足够的重视，在执法中对知识产权犯罪的打击力度相对较小，对知识产权犯罪案件的审理过于缓慢。[①] 从本质上来看，执法中存在的一个个问题最终会产生质变的后果，即纵容知识产权犯罪，使该类犯罪的犯罪率逐年攀升。从全国司法机关的法律调查中可以看出我国知识产权犯罪案件居高不下的一个重要原因在于公民和执法部门对知识产权重要性和该类犯罪造成危害的认识不足。所以我国知识产权犯罪控制的一个现状就是执法部门认识薄弱、执法力度不足。

（二）对知识产权犯罪缺乏有效的治理方法

我国在知识产权犯罪的治理当中，对一些性质严重、影响范围较大的案件进行了及时的司法审理，但是对一些影响较小的知识产权犯罪案件却没有有效的治理方法。这就造成像贩卖盗版光碟和书籍的行为在城市中到处可见，但是缺乏有效治理的现象。这说明我国在知识产权犯罪控制当中对一般知识产权犯罪缺乏有效的惩治方法。对一般知识产权犯罪行为进行有效的惩治是我国知识产权犯罪控制的重要内容。

（三）知识产权犯罪案件查处难度加大

知识产权犯罪有着高科技的特点，而且信息产品中犯罪涉及的内容专业性强、范围广泛，这些都造成了办案人员对信息产品中犯罪的调查取证相当困难。由于缺乏足够的证据，信息产品犯罪案件的办理难以顺利进行，最终导致了调查缓慢甚至被搁置的现状。[②]

总之，在市场经济迅速发展的今天，知识产权犯罪数量增多，涉及范围越来越广，犯罪的高科技性越来越明显。知识产权犯罪对我国的高新技术产业的发展有着严重的不良影响，

---

① 冯红.我国知识产权犯罪控制现状[J].法制与经济(中旬刊),2014(2):27.

② 同时我国的知识产权立法不完善，不同地区的许多知识产权侵权案件没有统一的审查惩处方法，从而造成了许多案件在审判中的不规范。除此之外，被侵权人对执法机关的调查不配合，许多受害人只是想以最简单、最快速的方法使侵权行为终止并取得相应的经济补偿，所以许多被侵权人不希望进入长期的调查审判过程，这就使警方的调查取证相当困难。知识产权犯罪案件查处难度的增大是现在我国知识产权犯罪控制的一个难题。

严重制约了我国创新型国家的建设。我们要立足当下，充分认识到我国对知识产权犯罪的打击和控制意识淡薄、对一般知识产权犯罪缺乏有效的惩处方法、知识产权立法不完善等问题，并从我国知识产权犯罪控制现状中存在的问题出发，完善我国知识产权犯罪的控制和打击体系。①

第二节 知识产权犯罪的犯罪现象

所谓犯罪现象，是指在一定地区和一定时期内发生的、应受到制裁或处置的严重危害社会行为的总和。知识产权犯罪是一种新型的犯罪现象，其不同于以往的犯罪，也与其他类型的经济犯罪有一定区别，表现出来的犯罪行为方式也不一样。我国的知识产权犯罪在20世纪80年代中期才刚刚出现，随着我国入世后市场经济的进一步发展，统一、开放、透明的市场机制的建立，全球科技浪潮的影响，知识产权犯罪案件日益增多。

研究某类犯罪的基本情况，最直观的就是从数据出发。本文在整理由最高人民法院发布的2010—2017年《中国法院知识产权司法保护状况》白皮书（以下简称《白皮书》）的基础上，分析我国当下的知识产权犯罪现象，以此得出当下我国知识产权犯罪与其他犯罪的不同之处。

一、犯罪总量逐年增长

图8-2是根据表8-1“2010—2017年全国法院新收一审知识产权刑事案件数量”绘制而成，图中折线是对2010—2017年全国知识产权犯罪数量变化情况的最好反映。从图表可知：我国知识产权刑事案件数量自2010年以后虽时有回落，但总体仍旧持续增长。这表明随着知识经济在市场竞争中所占的比重越来越大，知识产权犯罪的数量也不断增多。至于2017年全国知识产权刑事犯罪案件为何会落至2010年之下，笔者将在下文进行系统阐述。

表8-1 2010—2017年全国法院新收一审知识产权刑事案件数量

年份	案件数量/件
2010	3992
2011	5707
2012	13104
2013	9331
2014	11088
2015	10975
2016	8352
2017	3621

① 只有这样，我国的市场经济才能健康、有序地发展，才能使我国的创新能力有更大的提高。只有我国的知识产权犯罪得到有效的控制，才能使我国的信息产品中的智力成果得到更好的保护，才能维护广大人民的利益。

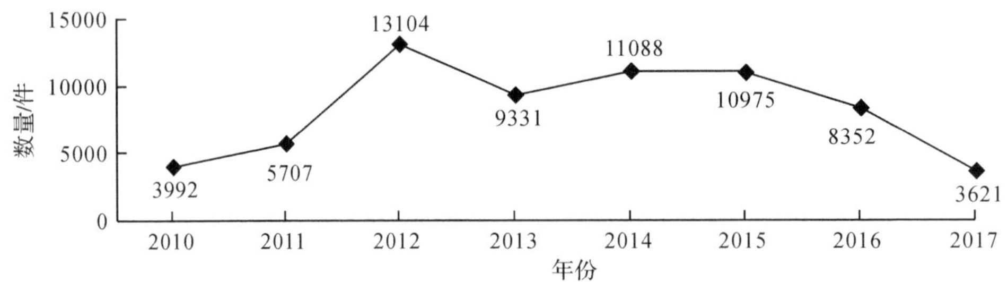

图 8-2　2010—2017 年全国法院新收一审知识产权刑事案件数量

在该增长曲线中，可以看到，一共有两个波峰，一是 2012 年的 13104 件，一是 2014 年的 11088 件。自 2010 年开始，知识产权犯罪案件逐年攀升，2010 年全国法院新收一审知识产权刑事案件 3992 件，2011 年为 5707 件，到 2012 年迅速破万件，增长为 13104 件，出现第一个且至今无任何年份超越的高度，但紧接着 2013 年陡然出现负增长，形成了第一个波谷，为 9331 件，而后又迅速增长至 2014 年的 11088 件，出现近年的第二个波峰，但该峰与 2012 年相比略小，自 2014 年后，全国法院新收一审知识产权刑事案件就出现了连续负增长的状况，持续到 2017 年，出现了新收知识产权一审案件数量低于 2010 年的 3621 件的情况。

上述两个波峰的出现，与国务院办公厅两次部署全国性的打击侵犯知识产权和制售假冒伪劣商品专项行动具有直接的关联性。第一次是 2010 年 10 月 27 日国务院办公厅印发《关于印发打击侵犯知识产权和制售假冒伪劣商品专项行动方案的通知》(国办发〔2010〕50 号)，第二次是 2013 年 5 月 17 日国务院办公厅印发《2013 年全国打击侵犯知识产权和制售假冒伪劣商品工作要点》(国办发〔2013〕36 号)。这两次的专项打击行动都是针对全国范围内的知识产权犯罪，且为期半年至一年的时间，在这样的背景下，全国法院新收知识产权一审刑事案件总数迅速增长。由于刑事诉讼需要按照相应的法律程序进行，故波峰的出现存在滞后性，即波峰直至 2012 年和 2014 年才出现。这种增长是建立在间歇性的政府专项行动之上，而没形成经常性、规模性的知识产权犯罪刑事长效打击制度，故而造成了全国法院新收知识产权一审案件数量的剧烈波动，这是波峰的时效性和知识产权犯罪的长期性之间的矛盾，专项行动结束后的年度，案件数量出现了负增长及增长放缓的势头。

值得注意的是，自 2014 年之后，案件数量呈现持续负增长的态势，直至 2017 年，案件数量只有 3621 件，已然低于 2010 年的 3992 件。笔者认为，该趋势与政府政策的贯彻落实有着十分密切的联系。2008 年，我国公布了《国家知识产权战略纲要》，其中第四十五条规定："完善知识产权审判体制，优化审判资源配置，简化救济程序。研究设置统一受理知识产权民事、行政和刑事案件的专门知识产权法庭。研究适当集中专利等技术，以较强案件的审理管辖权问题，探索建立知识产权上诉法院。进一步健全知识产权审判机构，充实知识产权司法队伍，提高审判和执行能力。"由此"三审合一"模式成为知识产权司法改革的重要环节。① 知识产权"三审合一"审判模式又称知识产权"立体"审判模式，是指将知识产权民事、刑事、行政案件统一归由知识产权庭审理或由知识产权法官和刑事、民事或行政法官共同组成合议庭进行审理的审判模式。② 2014 年全国人大常委会出台关于在北上广设立知识产权法院

① 高家伟. 知识产权三审合一审判模式的法律监督[J]. 广西政法管理干部学院学报，2017，32(3)：30.

② 沈春梅. 知识产权"三审合一"审判机制研究[D]. 南京：南京师范大学，2016：1-2.

的决定，明确了特定案件的知识产权法院的专属管辖：一是涉及专业技术性较强的有关专利、植物新品种、集成电路布图设计、技术秘密等一审知识产权民刑案件；二是知识产权法院所在市的基层人民法院所管辖的一审著作权、商标权等所涉知识产权民刑判决、裁定上诉案件。新生事物被真正接受和贯彻需要时间，2008 年确立的“三审合一”知识产权司法改革模式需要在长期的实践中实现，也需要其他相应制度的配合以促进“三审合一”改革的成功，故而 2008—2014 年的数据并未突显改革成效。2014 年设立知识产权专门法院的决定正是一剂良药，给“三审合一”知识产权司改提供了专门的环境和配套的人才，促进了改革的实现。自 2014 年起，改革成效就清楚地体现在图 8-2 的折线上，即全国法院新收一审知识产权刑事案件数量从 2014 年的 11088 件降至 2017 年的 3621 件，但这并不意味着我国知识产权犯罪数量的减少(大多数知识产权侵权行为以民事或行政的方式处理，较少刑事立案)，相反，数量一直保持高位，总量一直在增长。笔者根据最高法公布的 2010—2017 年《中国法院知识产权司法保护状况》白皮书，整理了自 2010 年至 2017 年，全国地方法院共新收知识产权民事、行政、刑事一审案件数(见图 8-3)，并计算了总和，具体见图 8-4。折线图中的虚线为总体趋势线，从虚线的角度，我们可以看出我国知识产权侵权数量从 2010 年始一直不断攀升，从 49513 件直至 2017 年的 213480 件，增长率高达 331.15%，说明我国知识产权侵权犯罪总量不断攀升，形势持续严峻。

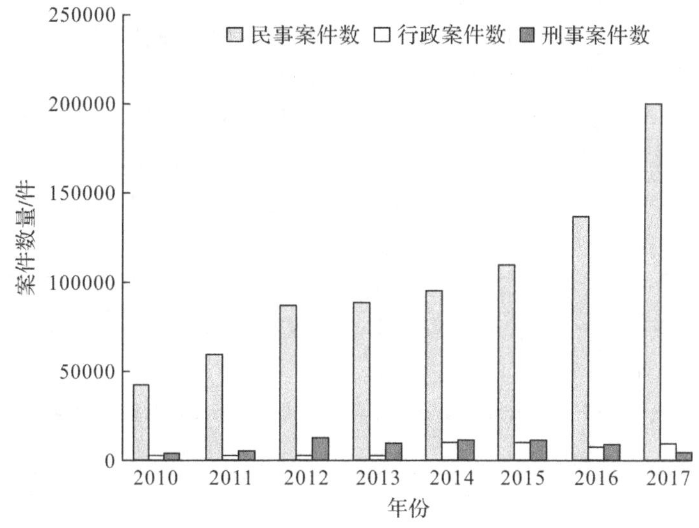

图 8-3　2010—2017 年全国地方法院共新收知识产权民事、行政、刑事一审案件构成数量

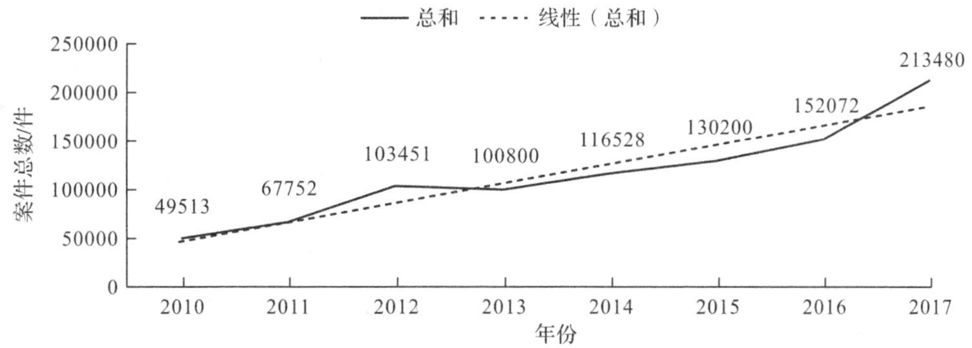

图 8-4　2010—2017 年全国地方法院共新收知识产权民事、行政、刑事一审案件总和

二、犯罪涉及领域广，涉案金额大，主要针对畅销品牌商品

侵犯信息产品中的智力成果犯罪涉及领域广泛，犯罪对象也远远超过传统知识产权的范围，而且随着知识经济的普及，侵犯信息产品中的智力成果犯罪所涉及的领域呈逐渐扩大之势，科学、教育、文化、卫生、体育等领域无处不在。从传统行业、部门，如机关、高校、科研院所、制造业、信息业等，渗透到新型市场经济领域，如技术市场、电子商务、网络科技等。高新科技成果如数据库、集成电路布图设计、计算机技术及软件等，也成为知识产权犯罪侵犯的主要对象。各类即使略带有经济价值的商品或服务，都极有可能成为假冒的对象，例如，钢材、化肥、家用电器、食品服装等，无所不包。不仅有名牌产品，而且有一般产品。从宏观方面分析，知识产权犯罪侵犯的对象往往是那些经济效益或利润大的商品或产业，如知名商标、畅销作品等。在浙江省司法部门办理的各类知识产权犯罪案件中，案件种类层出不穷，既有假冒日常生活用品的案件，也有假冒高科技类产品的案件。通用、微软、沃尔玛、可口可乐等美国品牌，丰田、松下、日立等日本品牌，以及西门子等欧洲品牌都能在中国市场上看到被假冒的身影。而这些名牌的培育往往花了一个企业、一个地区几十年甚至上百年的心血。从查获的假冒商标的商品看，主要集中在国内外利润高、社会需求大、销路好的较有名气的商品上，其假冒的商品种类多样，主要集中在名烟、名酒等。

有关资料显示，知识产权犯罪案件个案造成的损失越来越大，涉案金额呈直线上升趋势。其中，侵犯商标专用权案件最为突出。1998 年至 2003 年，全国公安机关立案的侵犯商标权犯罪刑事案件，涉案金额超过 12 亿元，占知识产权犯罪涉案总额的 64%。而且，在侵犯商标权刑事案件中，通过假冒驰名商标获取暴利成为一个显著特点。商标犯罪案件遍地开花，凡是著名商标几乎无一幸免，假冒名牌产品比比皆是。如表 8-2 和图 8-5 所示，自 2010 年以来全国范围内侵犯注册商标犯罪占知识产权刑事案件总量的比例虽有升有降，但均超过 50%，最高可达 94.59%，这表明我国知识产权犯罪案件中，侵犯注册商标犯罪案件繁多。1998 年至 2003 年，全国公安机关立案的侵犯商业秘密案件，涉案金额 6 亿元，占知识产权犯罪涉案总额的 32%。

表 8-2　2010—2017 年全国法院新收一审知识产权、侵犯注册商标犯罪刑事案件数量

（单位：件）

年份	全国法院新收一审 知识产权刑事案件数量	全国法院新收一审 侵犯注册商标犯罪案件数量
2010	1294	1153
2011	3134	2417
2012	7840	4664
2013	5021	3473
2014	5242	4447
2015	4913	4358
2016	3799	3565
2017	3621	3425

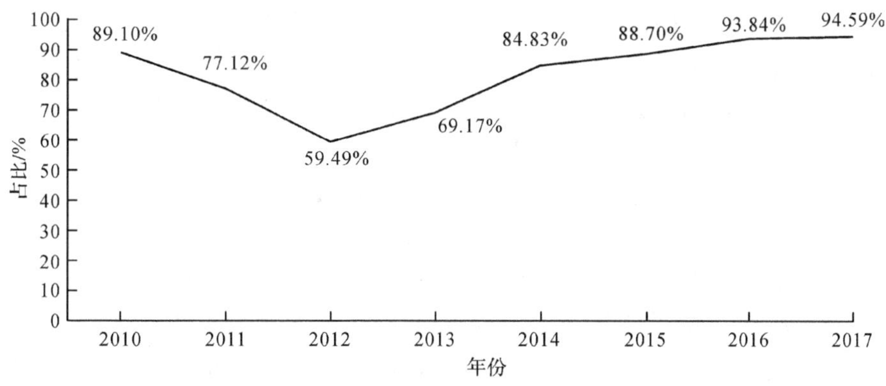

图 8-5 2010—2017 年侵犯注册商标犯罪占侵犯知识产权刑事案件总量的比例

自党的十八大以来，全国公安机关先后发起“打假行动”“网上打假行动”“云端 2017”等专项行动，共破获侵权假冒犯罪案件 13.57 万起，涉案总价值逾 930 亿元，抓获犯罪嫌疑人 14.9 万名。[①]

三、犯罪类型集中，结构特征明显

目前，知识产权犯罪案件所涉犯罪类型相对集中。一是知识产权民事侵权案件主要以著作权侵权案件为主体。二是知识产权刑事犯罪案件主要集中在侵犯商标权犯罪。党的十八大以来，全国公安机关共破获侵权假冒犯罪案件 13.57 万起，涉案总价值逾 930 亿元，抓获犯罪嫌疑人 14.9 万名。被假冒商标的商品品种多，数量巨大。其原因在于，此类案件往往多涉及驰名商标和著名商标，具有广泛的社会影响力和社会关注度，相对于其他知识产权案件来说，假冒注册商标犯罪技术门槛比较低，犯罪分子容易掌握相应的造假技术。三是侵犯商业秘密类犯罪案件数量上升迅速。知识经济的迅猛发展使得商业秘密所带来的经济效益越来越高，商业秘密也成为商业竞争不可或缺的要件之一，随之而来的是相关侵权案件的快速增多。其中最主要的原因在于：(1)有些企业员工非法出售自己掌握的原单位的商业秘密给新单位；(2)有些企业以重金非法购买他人商业秘密；(3)不法分子以应聘方式进入高科技公司内部，窃取秘密后另起炉灶。值得一提的是，以侵犯著作权罪和销售侵权复制品罪追究刑事责任的案件较少，这其实是与当前盗版猖獗的现实不相称的。知识产权犯罪的结构特征是确定知识产权犯罪重点治理对象的基本依据。

四、犯罪空间分布失衡，经济发达地区案发量居高不下

研究犯罪的空间分布规律，可以找到特定的空间条件与某类犯罪之间的关系，但个别案种连续性犯罪和跨地区犯罪现象较突出。我国有 960 万平方公里的土地，地域辽阔，人口众多，经济发展不平衡，东西不均，南北不平，知识产权犯罪也随之呈现出明显的不均衡态势。知识产权犯罪的地域性特征表现为犯罪行为一般以城市为中心，且多发生在一些经济较发达地区。纵观全国，东部沿海地区知识产权犯罪发生率比中西部地区高；从局部来看，也是

① 公安部.公安部部署开展打击侵犯知识产权犯罪“春雷行动”五年来共破获侵权假冒犯罪案件 13.57 万起，抓获犯罪嫌疑人 14.9 万名[EB/OL].(2017-12-17)[2019-06-01]. http://www.mps.gov.cn/n2254314/n2254487/c6291904/content.html.

经济发达地区比经济欠发达地区严重。其中,案件主要集中在北京、浙江、江苏、上海、山东等经济和科技发达地区,并且有向这些地区进一步集中的趋势。从浙江省公安机关、检察机关办理的侵犯知识产权案件数量来看,浙江省的知识产权犯罪案件主要集中在杭州、宁波、台州、温州、湖州、嘉兴几个经济和科技核心区。2013—2017年,江苏省全省法院共审理知识产权民事案件57401件,其中一审51302件,二审6099件;审理一审知识产权刑事案件1773件,审结1415件;审理一审知识产权行政案件111件,审结84件。① 经济欠发达地区此类案件的总量和所占比例则明显偏少,如青海省等。之所以出现以城市为中心的局面,主要有以下三个原因:一是城市是现代化生产的核心,可以便利地购买到又便于运输进行知识产权犯罪所需要的科技设备、原材料,如制版、印刷设备等;二是城市具备大量犯罪所需的技术工人,且城市信息网络发达,交通便利,十分便于犯罪活动开展;三是城市作为侵犯知识产权产品的最佳销售地,不仅市场需求大,而且可以最大限度地缩短犯罪所需的时间,从而减少被国家发现和追究的概率。但是,随着公安机关在打击制假售假侵权违法犯罪活动方面不断加大力度,犯罪分子为躲避法律的惩处,开始了跨地区、跨省市流窜作案,打破了原本的区域和地域界限,将制假售假窝点由城市转向打击力量相对薄弱的农村、偏远地区或城乡接合部。为逃避打击,犯罪人开始将制作和销售拆分为不同的阶段,并将每个阶段安排在不同的地区。如假冒商品的"出笼"过程往往会被拆分成多个环节:甲地负责非法制造商标标识,乙地负责生产假冒注册商标的商品,丙地负责销售假冒注册商标的商品,违法犯罪嫌疑人之间一般单线联系,大大降低了制成品与行为人被"连锅端"的可能性。如上述"手法"的典型代表——"销售假冒三箭注册商标弹子门锁"案。该案发生于2001年4月5日,由浙江省兰溪市公安局经侦大队破获,该案犯罪嫌疑人余某某原是兰溪市锁厂职工,1999年5月发现"三箭"牌弹子门锁在市场上比较畅销,就萌发了生产假冒"三箭"牌弹子门锁进行销售,以牟取暴利的念头。于是就委托江苏省宜兴市一家制锁厂生产假冒"三箭"牌弹子门锁,并伙同社会闲散人员丁某某在永康、义乌、武义以及衢州等地低价销售假冒"三箭"牌弹子门锁。②

应该说,知识产权犯罪的空间分布特征是确定重点防控区域的重要依据。

五、国有企业被害严重,犯罪人与被害人关系具有"密切性"③

信息产品中犯罪的被害人往往由两部分组成,一是单位,二是自然人。通常情况下,两者被侵害的概率相差不大。从被害单位的性质上看,国有企业占73%;其次是合资、外资企业,占20%;私营企业与乡镇企业被害的概率非常小,仅仅只有6%。④ 其原因在于前两类企业规模大,资金足,拥有高科技产品和技术,而后两类企业往往规模小,产品和技术水平一般,因此出现了概率的不同。

从犯罪主体来看,主体范围具有相对确定性,多表现为同一行业、同一专业知识领域的机构或个人。信息产品自身的专业性和专门性,使得侵权主体一般集中在同行业之中,且多

① 江苏省高级人民法院.2017年江苏法院知识产权司法保护状况[EB/OL].(2018-04-17)[2019-06-01].http://www.jsfy.gov.cn/art/2018/04/17/25_93816.html.

② 马克.侵犯知识产权犯罪案件的侦查[D].重庆:西南政法大学,2007.

③ 对知识产权犯罪人和被害人状况及其相互关系的分析,是我们确定防控此类犯罪的重点目标和被害预防的重点对象的关键条件之一,有利于我们有针对性地制定犯罪对策和被害预防措施。

④ 李春雷,刘南男.我国知识产权犯罪现状及其防控研究[J].知识产权,2007(3):21.

表现为受害人的同行、竞争对手，甚至是客户。知识产权犯罪人和被害人之间存在着一定的互动关系，其中最突出的表现为知识产权犯罪人和被害人关系密切。在对 137 个典型知识产权刑事案件的分析中得出，知识产权犯罪人和被害人同属一个行业的比例最大，而相比之下，两者属同行、雇佣、相关关系的比重一共占到了总数的 2/3 以上，所以我们可以得出这样的结论——大多数知识产权犯罪人和被害人之间存在着非常密切的联系。

六、新型犯罪形式不断出现，犯罪手段科技化、智能化

信息产品中的犯罪与知识经济密切相关，知识经济表现为高科技、智能化的特点，而知识产权犯罪也同样表现出知识经济的科技化和智能化的特点。随着科技和经济的发展，知识产权犯罪的手段也发生了重大变化，犯罪由以前主要集中于生活消费方面，向生产、服务领域蔓延。犯罪手段进一步向科技化、智能化发展，内外勾结犯罪的趋势明显。知识产权犯罪的智能化主要体现在以下两个方面。

第一，犯罪主体趋向知识化。目前，虽然我国知识产权犯罪行为人呈多元化现状，各阶层人员都有参与，但随着我国知识产权保护工作的加强，全社会对知识产权产品或技术的保护程度越来越高，相关高科技等领域准入门槛提高，犯罪门槛提升，通常情况下，只有那些具有较高专业技术水平和较为丰富的科技知识的犯罪分子才有能力实施犯罪，绝大多数知识产权，非专业人士根本无法接触，如侵犯技术秘密的行为。专业的侵权者还会通过有意扩大社会交往、提高社会地位加强对自身和组织的保护。

第二，知识产权犯罪的手段体现出更多的专业性和技术性。随着科学技术的迅猛发展和进步，知识产权犯罪手段已经不再局限于传统手段，而是更多地体现出专业性和技术性。当下，随着该类犯罪不断地向电信、电子商务等新兴市场经济领域渗透，越来越多的罪犯开始使用新技术，比如高科技的生产设备、更先进的生产技术等，使得制假水平提高，犯罪手段和对象日益呈现专业化、科技化。

综上可见，当下信息产品的犯罪所使用的生产设备和生产技术越来越先进，制假水平越来越高，犯罪手段和对象呈专业化、科技化的趋势。尤其是在当下互联网全面普及的时代背景下，使用网络这一媒介实施知识产权犯罪的行为日益增多，犯罪分子往往通过自己掌握的网络技术，侵入企业数据库以窃取企业的商业秘密或管理运作的秘密，通过网络跟踪等，伺机获取他人浏览记录以得到他们所需的信息，非法复制、下载他人作品，通过互联网的信息平台，秘密克隆软件、非法使用别人的域名等，实施侵犯他人知识产权的行为。实践中，已经出现侵犯新型科技产品假冒液晶屏、仿冒激光全息标识这样的科技化水平较高的犯罪案例，这表明知识产权犯罪正在向专业程度深、科技含量高的犯罪形态发展。被列入 2004 年侵犯知识产权“十大案件”黑名单的美国人顾然地组织国际犯罪团伙兜售盗版制品案就是犯罪行为网络化的典型案例。2003 年 11 月至 2004 年 7 月间，在没有取得《音像制品经营许可证》的情况下，顾然地在其上海住所内，通过网络以每片 3 美元的价格向境外销售 DVD 光盘，其客户遍布全球 20 多个国家和地区，如美、英、澳、加、法、南非等，“生意”如火如荼，获利巨大。

为了避免他人的假冒行为，权利人往往会采取防伪手段，但犯罪分子也能在很短的时间

内生产出防伪标识，贴在假冒产品上，以假乱真。[①] 浙江警方组织开展打击侵权假冒犯罪的“2017—云剑行动”和集中打击知识产权犯罪的“春雷”行动中一举破获2011年绍兴地区最大一起销售假酒案件，抓获涉案嫌疑人郑某、金某等9人，一共查扣假冒茅台五粮液酒1300多瓶，初步查明案值500多万元，被列为公安部督办案件。通过对比发现，假冒五粮液的外观与正宗产品几乎完全一样，除仪器外一般人肉眼极难辨别。[②] 有些犯罪采用计算机、激光等新型的工具来实施，如广东顺德个体户生产的假冒宝洁公司的“潘婷”“海飞丝”系列洗发水塑料包装瓶，采用激光技术，伪造的模具和丝网板与原版几乎一样。

七、犯罪手法隐蔽，犯罪黑数大[③]

侵犯信息产品中的智力成果犯罪分子一般文化素质较高，具有较高的专业水平、体面的伪装、较为丰富的科技知识，表现出很强的智能性和组织性。犯罪嫌疑人具有较强的反侦查能力，作案手法隐蔽。主要表现有：(1)化整为零。在人赃并获时，犯罪嫌疑人往往谎称该案的犯罪嫌疑人并不仅仅只有一个，而是很多人，且相互之间并没有通谋，不存在共同犯罪，企图使个人非法经营数额达不到追诉标准，以此逃脱制裁。(2)流动生产。假冒产品的生产制造过程往往被拆分成若干个环节、异地生产、组装、成型、加印缝制，实现制假、售假过程分离。如在甲地生产商品，在乙地非法制造注册商标标识，然后在丙地进行粘贴，并当即拉走，不留存货。(3)遥控指挥。许多策划制假的首犯并不露面，只与生产假冒商品的工厂主管人员单线联系。(4)管理严密。一些假冒工厂时常更换厂址，并且威胁工人不得打探、询问、泄露任何有关工厂的信息。有的则以家庭为单位，进行小规模经营，并对雇工实行封闭式管理，白天休息，夜间工作。例如，上海市闵行区人民法院2004年受理的11件涉烟案中，有6件涉及制假卷烟窝点，作案方式、手法都十分隐蔽。涉案的主犯往往租赁郊区不起眼的民房作为犯罪窝点，不显露自己，仅躲在幕后，通过单线联系的方式遥控指挥窝点管理人员，并雇用外来民工对烟草原料进行加工，制成散支香烟后仿冒他人品牌包装成条，并派专人负责运输、销售。行为人一般不与不熟悉的下线交易，例如深圳市公安局治安巡逻大队2008年查获“5·20”批发盗版光碟案件，犯罪嫌疑人从2008年2月5日到7月15日，进货总金额超过2040万元，按照每张平均1.5元的进货价格计算，累计进货超过一千多万张盗版光碟，而他们在大量批发光碟时，根本不与陌生人打交道。(5)手段高明。吉林省公安厅曾发现，犯罪分子在制假时尽最大可能地拉近假货和真品的距离，例如当地假冒品牌香烟所用的烟丝与正品同一等级的烟丝相同，并按不同品牌卷烟的配料方法，由专业技师调配而成，烟草专卖部门的专业人员根本无法鉴定其真伪。(6)装备精良。知识产权犯罪行为人利用雄厚的经济实力购置价格昂贵的先进仪器，如光盘生产线、刻录仪、彩色复印机等，运用较强的专业技能和丰富的非法经营管理经验，与权利人和监控部门“斗智斗勇”。(7)内外勾结犯罪趋势

---

① 如在以侵犯商标权形式进行的制假售假违法犯罪活动中，违法犯罪分子利用高科技设备和手段，制造假冒商标和假冒商品，且仿真程度越来越高，让一般消费者难以识别。

② 2000年12月26日，浙江省义乌市公安局经侦大队在义乌稠城工业区查获了一起特大假冒国外知名品牌电池案件，当场缴获假冒“松下”“金霸王”“柯达”“索尼”等知名品牌电池600余箱。通过比对，发现假冒产品的外观与正宗产品几乎完全一样，仿真程度之高非仪器难以识别。

③ 实践中存在着大量的知识产权刑事案件受理立案情况与实际犯罪的发生情况不协调的状况，侵犯知识产权的实际发生数量要远远高于被查处的数量。

明显。(8)不法分子反侦查意识越来越强。这些都使得整个知识产权犯罪的过程更加隐蔽。

信息产品"流而不失"的特性也决定了信息产品犯罪隐蔽性和高黑数的犯罪特征。信息产品科技化、智能化的特点决定了信息产品的基本属性包括无形性、流动性、非消耗性等,这些属性决定了信息产品产生后,其所有者对其控制往往会遭受很多障碍。智力成果、作品等一经产生便可以脱离所有者而存在,作为一种无形信息,它可以同时为多个主体所使用,犯罪行为人对信息产品的侵犯并不造成信息本身的毁损或者灭失。从表面看,犯罪行为似乎并不造成有害结果。犯罪分子侵犯信息产品后,不会破坏信息产品的载体,甚至不会对具体的内容做丝毫改变,作案之后也不留痕迹,这使得整个侵权过程十分隐秘,可以做到无迹可寻。并且,我们可以看到当下信息产品犯罪越来越跨地域,作案过程空间跳跃度大,犯罪行为和危害结果之间的因果关系往往会被割裂。再者,高科技和智能化的犯罪特性以及执法人员、被害人等对信息产品的保护意识不强等,使得调查取证成为难题,信息产品案件发案数也随之变得有限。

八、犯罪涉外因素增多,有国际化趋势,跨国(境)犯罪突出

随着我国改革开放的深入开展,国际贸易迅速发展,科技合作与交流日益广泛。在参与国际贸易过程中,无形商品(专利权、商标权、著作权等)的价值在日渐频繁的技术转让和许可证贸易中,超过了有形商品的价值,但随之而来的问题是仿制和假冒出现,企业因此遭受巨大损失。例如,一些境内外不法分子相互勾结,突破地域甚至国境限制,实行跨地区甚至跨国(境)作案,从国外向国内传入盗版母版,在国内想方设法设立地下生产线,或直接向国内大量走私侵权复制品,使得盗版假冒行为越来越呈现出国际化趋势。

自从我国2001年正式加入世贸组织后,出口商品侵犯知识产权案件迅速增长。主要表现为,一些专业的外贸公司与国内侵权制假违法犯罪分子相勾结,利用自身拥有相对正规的采购、生产、销售渠道,为获暴利,不惜干出侵犯知识产权的犯罪行为,使生产名牌产品的企业蒙受巨大经济损失,丧失了在国际市场上的声誉。

在国内市场上,外国著名品牌Adidas、Nike等的仿冒品随处可见。在审结的案件中,涉外、涉港澳台知识产权案件占有一定比例,且这一比例明显上升。在北京市第一中级人民法院1998年至2000年审理的案件中,侵犯知识产权案件一方为港、澳、台的占3.7%;2002年至2006年,北京市第一中级人民法院受理的知识产权行政案件中,涉外案件为670多件,占案件总数的31.8%。据统计,2004年,全国地方各级人民法院一审审结知识产权民事案件中,涉外、涉港澳案件共计365件,占4.38%,同比上升88.14%。其中涉外案件151件,上升60.64%;涉港案件107件,上升84.48%;涉澳案件4件(2003年无涉澳案件)。另外,在2004年一审审结的不正当竞争案件中,涉外案件16件、涉港案件8件、涉台案件4件。有的地区的涉外、涉港澳台知识产权案件增幅十分明显。2004年江苏省新收一审涉外、涉港澳台知识产权案件28件,虽然绝对数不大,但增幅近400%。浙江省各级法院受理的知识产权案件约有10%为涉外案件。在华外商投资企业在法律上属于中国法人,涉及这些企业的案件在司法统计上是作为国内案件而不是涉外案件。① 2014年,全国地方各级人民法院一审审结的知识产权行政案件共计4887件,比2013年上升68.46%。审结涉外、涉港澳台

---

① 田力普.知识产权年鉴[M],北京:知识产权出版社,2004:96

案件共计 2237 件，占知识产权行政一审结案数的 45.77%，同比上升 70.5%。其中，涉外案件 1927 件，涉港案件 150 件，涉澳案件 5 件，涉台案件 155 件。[①] 2016 年全年共审结涉外知识产权民事一审案件 1667 件，同比上升 25.62%；审结涉港澳台知识产权民事一审案件 1130 件，同比上升 291.99%；全年共审结一审知识产权行政一审案件 6250 件，其中，涉外、涉港澳台案件 2394 件，占 38.30%。[②]

江苏省高级人民法院在 2008 年 4 月 24 日公布的《2007 年江苏法院知识产权司法保护状况》中提到，2007 年涉外知识产权案件继续保持增长态势，全省全年新收一审涉外民事案件 44 件，同比增长 16%。随着中国对外开放的深化和对外经贸关系的发展，涉外知识产权纠纷数量持续大幅增长。[③]

目前，有关组织的统计数据已把知识产权犯罪列为跨国（境）犯罪的主要形式之一。正如国际犯罪学家赫尔哈特·米勒教授指出的，知识产权犯罪已经成为联合国规定的 17 类跨国犯罪中最为严重的犯罪之一。这一犯罪包括侵犯版权以及非法使用版权的标识和商标等，带来巨大的难以估计的财产损失。

信息产品犯罪的跨国（境）性主要表现为：其一，知识产权犯罪行为人的跨国性。知识产权犯罪行为人往往分布在不同的地区、国家，依靠互联网等高科技手段相互勾结，甚至组成一个共同犯罪团伙，利用不同国家间对知识产权保护的差异或冲突，大肆实行侵权犯罪。其二，知识产权行为的跨国性。由于我国具备庞大的生产加工规模优势，在吸引外资的同时，也受到了国外造假者的青睐，逐渐形成了内外勾结、跨国犯罪的现象。这种价格低廉的假冒商品在海外有着巨大的市场，不法外商正是通过这种方式获取巨额利润的。浙江省义乌市人民检察院移送审查起诉的洪某涉嫌假冒金霸王注册商标电池犯罪就属于典型的内外勾结、共同侵犯知识产权案件。2006 年 6 月，洪某根据外商提供的金霸王商标电池样品，双方商量由洪某负责加工生产 500 件假冒金霸王电池，洪某将 298 件（960 支/件）假冒金霸王注册商标的 7 号电池销售给该外商，非法经营额达 14 万余元。当然也存在某些国内来料、来样加工的企业为了招揽生意，无暇顾及其“贴牌”是否合法，更不具备知识产权保护意识，无意中造成侵权的情况发生。其三，知识产权犯罪对象的跨国性。经济全球化时代下，商品、资本等在全球范围内流动，知识产权自然也具有跨国性和流动性，知识产权犯罪行为人也往往使犯罪收益通过跨国洗钱的方式进行流通。

知识产权的跨国性和流动性也导致了全世界知识产权犯罪的泛滥。涉外案件呈现增长趋势，给侦查工作带来挑战。我们应当积极探索涉外案件的查证途径、方式、策略，从而更好地完成侦查任务。尤其是入关后我国知识产权的保护如何适应世界规则，对公安机关侦查工作提出了挑战。在审理涉外知识产权案件时，要始终坚持依法公正审判和平等保护原则，正确处理本国利益与他国利益的关系，站在国家利益的角度思考，做到既不片面夸大国家利益，搞狭隘的民族保护主义，又要坚定立场，防止因国内外各方面的各种压力而影响公正审

① 人民法院新闻传媒总社.中国法院知识产权司法保护状况（2014）[EB/OL].（2015-05-26）[2019-06-01]. http://zscq.court.gov.cn/bhcg/201505/t20150526_204766.html.

② 人民法院新闻传媒总社.中国法院知识产权司法保护状况（2016）[EB/OL].（2017-04-27）[2020-06-01]. http://www.court.gov.cn/zixun-xiangqing-42362.html.

③ 2001—2007 年，中国地方法院共审结涉外知识产权民事一审案件 1634 件，年均增长 57.96%，增幅高于整体知识产权案件一倍多。

判和平等保护。要正确处理对外关系与具体案件审理的关系，无论普通涉外案件还是引起国际关注的敏感性案件，都要严格依法办案，不能为盲目迎合片面的外部舆论而牺牲公正司法。要正确处理好本国当事人与外国当事人的利益关系，遵循国民待遇原则，信守国际条约，严格依法保障中外当事人的诉讼权利，平等保护其实体权益，确保知识产权审判的独立性和中立性，维护中国司法良好的国际形象。

九、犯罪呈现复杂化的特点

传统的暴力犯罪和财产犯罪，结构简单，违法判断也较容易，但知识产权犯罪作为一种新型经济犯罪，具有复杂化的特点。

首先，知识产权犯罪行为往往与一般违法行为界限不明。现代经济活动范围广阔且复杂多变，涉及诸多领域的经济知识和经济规则。知识产权犯罪更是会涉及很多专业知识和知识产权法律、法规，导致民事侵权与经济犯罪的界限不容易区分。再加上知识产权犯罪涉及的领域都比较专业，别说是一般社会公众，就是一些法律专业人士对于很多侵犯知识产权行为的罪与非罪也拿捏不定。具体表现为行为是否正当合法的界限难以确定；行为如果是违法的，是构成刑事犯罪，还是仅仅为行政违法的界限难以确定；行为如果构成犯罪，构成何种犯罪也往往难以界定等。因此，在我国计划经济体制向市场经济体制过渡过程中，面对复杂的经济环境与经济形势，在判断知识产权纠纷合法与违法、罪与非罪时常常面临困难。

其次，知识产权犯罪行为往往与正当合法的经济活动相交错。在司法实践中，犯罪分子为规避法律制裁，常常挖空心思以合法正当的经济活动来掩盖其犯罪行为，具有很大的欺骗性。例如，一些犯罪分子常常以“改革”“开放”“搞活”为旗号，以形式上合法的“公司”为据点，以“承包”“联营”“合作”为幌子，制造假象或鱼目混珠，暗地里侵犯他人的知识产权。这种以合法表象掩盖非法目的的行为，为案件的处理增加了难度。

最后，知识产权犯罪行为往往表现为数罪俱发、多重处罚的现象。很多是数种知识产权犯罪并犯，且往往与其他种类犯罪的罪种交织。从司法实践上看，知识产权犯罪行为人在实施一种犯罪行为的同时往往又侵害了其他类别的知识产权。例如，实施盗版行为时，可能既侵犯作者、出版商的著作权，又同时侵犯出版商的商标权；在侵犯他人商标权的同时，可能还窃取了商标专用权人的商业秘密，又构成侵犯商业秘密罪等。而知识产权犯罪体系中的罪种交织最突出体现在，实施知识产权犯罪行为同时进行了其他不属于知识产权犯罪的经济犯罪或者非经济犯罪，如走私犯罪，制作、复制、出版、贩卖、传播淫秽物品牟利的犯罪。从实践看，大多数知识产权犯罪行为人，在实施知识产权犯罪时，并不只是实施一种犯罪行为，而是为了达到其捞钱的目的，采用各种非法手段，如行贿、欺行霸市，甚至危及公民的生命健康以及社会的公共安全等违法犯罪行为。例如，假冒注册商标行为、销售假冒注册商标的商品的行为往往与生产、销售伪劣产品的违法犯罪行为交织在一起。犯罪分子为了能够顺利地销售伪劣产品，往往冒用名牌产品的注册商标；而假冒注册商标的行为人往往是将自己生产的低等级、低档次产品冒充高等级、高档次的产品，其实质是以次充好。

假冒专利的犯罪与其他犯罪，如虚假广告罪、诈骗罪、假冒商标罪大多有一定的联系。如广告经营者发布广告时，谎称自己的产品或技术是某种专利产品或者某项专利技术，此时，假冒专利是虚假广告的内容，而制作、发布的虚假广告又是假冒专利的实现方式。与此同时，知识产权犯罪中还存在多重处罚并存现象，这既表现在同一犯罪人因多次实施侵权行为，先后受到行政、民事、刑事处罚，也表现在因同一犯罪行为同时承担刑事、民事以及行政责任。

第三节 我国惩治知识产权犯罪的困境

我国现行《刑法》在分则第三章第七节侵犯知识产权罪(《刑法》第二百一十三至二百二十条)中规定了七种侵犯知识产权的具体犯罪。同修订前的刑法分则相比较，现行《刑法》在条文数量方面，从一条(第一百二十七条)增至八条。罪名相应增至七个；在犯罪主体方面，增设了单位犯罪的规定；在刑罚结构上，法定最高刑由三年提高至七年，并广泛适用罚金刑；在刑法分则结构设置上，由设专条改设专节规定知识产权犯罪。凡此种种，都昭示着建立在《著作权法》《专利法》《商标法》以及《反不正当竞争法》等法律法规基础之上的我国惩治知识产权犯罪的刑事立法得到进一步的完善。

然而，在司法实践中，知识产权的刑法保护存在诸多亟待解决的司法困境，刑事法保护不力的现状严重掣肘着知识产权的发展，进而影响经济社会的发展及和谐社会的构建。具体而言，表现在实体法和程序法两个方面。

一、刑事实体法方面存在的困境

首先，刑法规定过于粗糙导致司法实践中可操作性差。法律文本是正义的表达，法的目标应以实现正义为终极价值，而粗线条勾勒的规定知识产权犯罪的刑法条文却难以满足实践中对知识产权保护的现实而又迫切的需求。以《刑法》第二百一十九条(侵犯商业秘密罪)为例，主要存在以下问题。(1)按照司法解释的规定，50 万元是区别商业秘密民事侵权与刑事犯罪的唯一界限，其弊端在于：一是惩处不力，如以盗窃、利诱、胁迫等不正当手段获取他人商业秘密给权利人造成的损失在 50 万元以下的，对其可不追究刑事责任；二是以数额划分导致我国商业秘密民事侵权与刑事犯罪界限不清，如何界分民刑交叉案件则成为司法实践中的难题。此外，如何计算数额并没有明确规定，通常是将被告人的产品一律视为侵权产品，即使有的产品只有部分使用了商业秘密，这显然是不公正的。(2)我国商业秘密刑事案件中的 60%与人才跳槽有关，这也是制度缺陷造成的，表现为对以不正当手段获取商业秘密的刑事制裁不足。(3)法院知识产权审判部门总结出，以“被告产品与原告产品实质相似，被告接触过原告的商业秘密，被告没有其他合法技术来源”即“相似＋接触＝合法来源”的构成，来确认是否有民事侵权行为，这是可行的。但问题是，这种简单挪用民事证据规则的做法，错误地把证明无罪的义务推给了被告人，如果举证不利，则因此有罪，这违反了刑事诉讼疑罪从无的基本原则。同时减少了公安机关、检察机关应当提供的证明项目——犯罪嫌疑人在什么时间、什么地点，以什么手段，怎样实施商业秘密犯罪，才导致产品、技术相同、近似等相关证据。①

其次，在全球化的今天，网络与社会生活各个领域的联系日益紧密，渐次产生的许多网络问题也对现有知识产权法律体系及其适用提出了极大的挑战。互联网在为信息传递提供便利的同时，也为网络环境下保护知识产权带来了前所未有的考验。法律的规制和适用应

---

① 李立.中国商业秘密刑事保护亟待解惑[N].法制日报，2006-10-23.

该帮助那种更有理性基础且更值得保护的利益，网络与知识产权问题主要与信息传播有关，就目前看，排在第一位的是网络传播作品，这是当前世界各国在知识产权保护中最为普遍关注的问题，也是最突出、最困难的问题。如“因网络传播电影引起的著作权纠纷案”，北京市海淀区人民法院一审判决中广亚广播信息网络有限公司立即停止对电影《可可西里》的在线播放和下载服务，同时赔偿北京华谊兄弟影业投资有限公司经济损失及诉讼合理支出 11 万元。[①] 此外，网络中知识产权犯罪如何定罪量刑，虚拟财产是否应当得到法律保护等问题还未被明确规定在法律条文中。

当然，在刑事实体法层面上，尚有很多需要认真思考，亟须解决的问题。因为现实生活是充满生机、丰富多彩的，法律不能穷尽也不可能穷尽一切社会现象。

二、刑事程序法方面存在的困境

首先，证据是整个刑事诉讼活动的基础和核心，也是刑事诉讼实务中最实际的问题。证据是正确进行刑事诉讼活动的事实根据，其在刑事诉讼中具有重要的意义。[②] 在侵犯知识产权刑事案件中，证据的收集、审查、判断以及运用同样显得重要。第一，侵犯知识产权案件要将证据如何固定并形成证据链条以证明案件。第二，知识产权犯罪具有“智能性”，诉讼的难度往往比一般刑事案件更大。第三，知识产权犯罪中的电子证据如何采信和鉴定，也是司法实践中面临的重大技术挑战。

其次，鉴定结论的科学性有待提升。在知识产权犯罪中，鉴定结论对案件的认定至关重要。然而，在司法实践中，由于我国尚未制定统一的、专门的司法鉴定法，导致鉴定机构良莠不齐，鉴定结论自然值得商榷。如“郑某、陶某侵犯著作权案”，法院对深圳市物价局价格认证中心做出的价格鉴证结论书不予采信，因为该鉴定结论没有明确鉴定的具体依据和评估估算过程，甚至出现“多次鉴定、多次结论”的鉴定结果，加之救济渠道不畅，这些都损害了司法鉴定的公正性与权威性，流弊甚多。同样，刑事程序法也有诸多亟待完善的方面，以更好地实现其程序价值，推进程序正义。

最后，在全球化的背景下，特别是中国作为 WTO 成员之一，信守条约是基本义务，需要在《与贸易有关的知识产权协定》(TRIPS 协定)等系列条约及公约框架下履行成员义务。例如，TRIPS 协定第六十一条规定：“缔约方应规定，至少在商业规模蓄意地假冒商标或剽窃著作权的案件中适用刑事诉讼程序和刑事处罚。适用的法律补救措施应包括足以起到威慑作用的监禁和(或)罚款，其处罚程序应与对具有相应严重性的罪行法律补救措施的处罚程序相一致，在适当的案件中，可采用的措施还应包括充公、没收或销毁侵权物品以及任何其主要用途是用来进行上述犯罪行为的材料和设备。缔约方可以规定将刑事诉讼法程序和刑事处罚应用于其他侵犯知识产权的案件，特别是当侵权行为是蓄意地和以商业规模来进行时。”如何将国际条约规定的内容转化为国内立法的规定，如何使国内法在最大限度内与其契合，这都是各缔约方共同面临的任务。

---

① 李京华. 可可西里网络传播著作权纠纷案一审判决[ED/OL]. (2008-01-31)[2020-06-01]. http://tech qq_com/a/20061027/000286. htm.

② 陈光中. 刑事诉讼法[M]. 北京：北京大学出版社，高等教育出版社，2002：132.

三、我国惩治知识产权犯罪的路径

社会的发展促使新的犯罪形式、手段等的出现，因此，刑法如何做出应对和适时性调整则是一个重大的理论与实践问题。知识产权的刑法保护存在诸多困境与无奈。“法的理念作为真正的正义的最终的和永恒的形态，人在这个世界上既未彻底认识也未充分实现，但是，人的一切立法的行为都以这个理念为取向，法的理念的宏伟景象从未抛弃人们；哪怕在最苍白无力的节日讲话的腔调，谈论责无旁贷的法的理念，也还总是余音绕梁，继续发挥影响。”[①]按照亚里士多德的观点，正义是一种社会美德。刑事立法与司法都应符合这一美德，即实现正义，对知识产权的刑法保护也要在正义理念的指导下进行。因此，下文着眼于刑法典的成熟程度及社会对刑法适用效应的宽容限度，为解决当下知识产权刑法困境和展望未来知识产权刑法保护的发展方向，渐次提出以下路径，以期达致刑法对知识产权的全面保护。

(一)路径之一：通过司法解释，增强惩治知识产权犯罪的司法操作性

社会飞速发展和法律的滞后性之间存在矛盾，这也就导致了法官们在适用法律法规时，时常面临在原始法规始终不变的含义和暗地里加以修改使之符合时代需要之间的选择。这也就是人们时常所假定的陈旧法规会出现的进退两难的局面，即在已经死亡但仍合法的过去势力与显然非法的进步的魅力之间，法官们必须做出选择。[②] 我国是成文法国家，不存在法官造法，法律解释则成为解决法律滞后性问题的利器，这也形成了法律解释在具有成文法传统的大陆法系国家十分发达的现状。“目光在事实与法律规范间‘来回穿梭’是法律适用的普遍特征。法律适用由根据规范标准对生活事实所进行的比较性观察和评价组成。”[③]然而，法律是高度概括和抽象的现实，需要司法解释对法律、法规做补充与说明，所以，实现刑法的明确性是立法者和解释者共同的任务。“通晓正义的诸方面，或者如果人们愿意……是解释法律的一个必要的基础；解释犹如法律本身一样，也服务于正义，正义的各种原则表现在实在法的解释里。”[④]

司法解释是指由司法机关对刑法条文含义所做的解释。有权进行司法解释的机关是最高人民法院和最高人民检察院，司法解释通常表现为解释、通知、批复、规定、意见的形式。刑事立法规定的概括性、立法语言的歧义性、立法规定的漏洞性等特征造成了成文刑法的局限性，决定了司法解释存在的必然性。刑法的司法解释在审判实践中是大量存在的，其作用也是有目共睹和不容忽视的。我们认为，现阶段可以首先以司法解释的方式实现刑法对知识产权的保护。实际中，最高人民法院与最高人民检察院已经分别于 2004 年和 2007 年公布并实施《关于办理侵犯知识产权刑事案件具体应用法律若干问题的解释(一)》《关于办理侵犯知识产权刑事案件具体应用法律若干问题的解释(二)》等司法解释，进一步明确了司法实践中审理侵犯知识产权刑事案件的标准，推动了刑事司法的发展。但是，刑法中关于商业秘密的判断标准、数额的计算方法、网络知识产权刑法保护等问题尚需司法解释予以完善；在刑事程序法方面，知识产权案件的证据审查、认定以及鉴定结论等问题亦需明确。

---

① [德]H.科殷.法哲学[M]. 林荣远，译，北京：华夏出版社，2002：10.

② [美]德沃金.法律帝国[M].李常青，译，徐宗英，校.北京：中国大百科全书出版社，1996：310.

③ [德]魏德士.法理学[M].丁晓春，吴越，译，北京：法律出版社，2005：288.

④ [德]H.科殷.法哲学[M].林荣远，译.北京：华夏出版社.2002：213.

当然，司法解释并不是一劳永逸的方法，司法实践中惩治知识产权犯罪的困境即是明证。其原因在于："不存在任何纯粹理性的刑法，也不存在任何纯粹理性的刑法解释，刑法解释的合理路径是在接近理性的刑法基础上产生接近理性的刑法解释。而接近理性的刑法的标志是刑法关怀的倡行。刑法关怀的最大价值在于刑法必须以维护人的自由、尊严和社会安全为自己的终极目标。人是全部刑法制度的出发点和归宿，我国应以此构架以刑法的立法解释的普适性、司法解释的具体性和判例制度的针对性为模式的刑法解释体系。"①

（二）路径之二：通过立法解释，提升惩治知识产权犯罪的刑法解释体系的缜密性

立法解释是指最高立法机关对法律条文和法律事实做出的有权解释，作为刑法解释的重要分支之一，极具中国特色。其法律依据是《中华人民共和国宪法》第六十七条第四项的规定，解释法律是属于全国人大常委会行使的职权之一。立法解释一直活跃于应然的刑法理论研究之中而逊于实然的刑法实践，"刑法的立法解释权则是对立法机关所形成的法律文本的一种阐释和说明，目的在于刑法规范的正确适用，重心在于关注共性的法律与事实间的互动关系，相对法律文本而言，刑法的立法解释是一种事后行为。所以，不能抹杀刑法的立法解释的独立性，而将其归入立法权。刑法的立法解释的独立性不仅仅是与刑法的立法权相比较的结果，而且是法律规范自身和社会境况赋予了其独立性。我们可以从成文法不能自足、立法语言的空缺性和模糊性及法律依据等方面论证刑法的立法解释存在的法理基础"。"刑法的立法解释必须遵循合目的性原则，刑法的立法解释者一定弘扬合目的性原则。合目的性原则从宏观上讲就是符合刑法所保护的法益，从微观上讲，就是对立法文义射程的追问"。② 基于此种解释原则与解释方法，我们认为，也可以对"知识产权"进行单独的立法解释从而实现刑法保护。例如，关于商业秘密的范围等问题就可以通过立法解释的形式予以明确。从法的效力位阶上来看，立法解释的效力要高于司法解释的效力。单独对"知识产权"进行立法解释有利于在司法实践中较好的贯彻与执行，有利于法益的刑法保护，更有利于实现法律的人文关怀。

（三）路径之三：通过刑法修正案，提高惩治知识产权犯罪的明确性和稳定性

《刑法》的司法解释与立法解释或许只是一种权宜之计，要想从根本上解决问题，还得从刑事立法方面着手。也就是说，适时修订刑法。"法的客观现实性，一方面对意识而存在，总之是被知道的；另一方面具有现实性所拥有的力量，并具有效力，从而也是被知道为普遍有效的东西"。③ 就目前的立法技术而言，修订《刑法》应采用刑法修正案的方式进行。

1997 年《刑法》修订时，社会还处在转型时期，即建立社会主义市场经济的初期，我国刑法中关于知识产权犯罪的规定是与当时的社会环境、犯罪态势以及思想观念相适应的；而今科学技术的进步日新月异，社会主义市场经济稳步发展，诸多观念需要随着社会的发展进步而变革或者更新。刑法观念也是如此，法律的生命离不开生活的滋养，一旦离开，法律就失去生存的空间及价值。当今刑法也可称为变动中的刑法，如果不适时做出调整与应对，则不能充分地保护法益与保障人权，损害刑法社会控制、法益保护以及人权保障机能④的实现，

① 徐岱．刑法关怀与刑法解释[J]．当代法学，2004(1)．

② 徐岱．刑法的立法解释论[J]．吉林大学社会科学学报，2003(6)．

③ [德]黑格尔．法哲学原理[M]．范扬，张企泰，译．北京：商务印书馆，1961：218．

④ [日]曾根威彦．刑法学基础[M]黎宏译．北京：法律出版社，2005：5－7．

活生生的正义也就不能被具体化、实证化。

法律适用是实现法之价值的重要路径之一。随着“生活事实”的开放,“这些原则需要进行某种具体化,才能应用于某些特定的生活情景。这种必要的改造由实证化(positivierung)来完成,实证化把那些原则变为具体的、切实可行的法的规则。这是一种至关重要的、创造性的贡献”。[①] 对知识产权犯罪而言,应以刑事立法的方式细化罪名以及个罪的行为方式,并降低入罪标准,设置“禁止从业”资格刑,以提升法律适用的可操作性,提高惩治知识产权犯罪的明确性和稳定性。例如,日本刑法典关于侵犯秘密罪中规定了“泄露秘密”,《日本改正刑法草案》中增加了“泄露企业秘密”的规定,而且该章之罪属于亲告罪。[②] 以成文法的明确规定来规避司法实践中出现的诸多困境,是罪刑法定主义的必然要求,是实现刑法关怀的有效途径,也是实现法律正义的必然选择,还是在全球化背景下与世界知识产权法律保护接轨的必然结果。当然,在侵犯知识产权的过程中,往往伴随着其他的犯罪行为,对其应按照刑法的有关规定定罪处罚。

在全球化的大背景下,刑法对知识产权的保护已是一个十分迫切的问题,刑法不能回避;同时,只有正视刑法对知识产权保护的困境,才能厘清刑法对知识产权保护的合法和合理的路径,实现法律正义以及法律适用的法律效果与社会效果的统一。总之,刑法应及时回应社会生活对其提出的挑战。

结　语

知识经济的到来,使得信息产品中的智力成果越来越成为一项经济效益极高的重要财产权利,也越来越成为个人、企业乃至国家等在经济竞争中的有力武器,与此同时,催生了愈加严重的针对知识产权的违法犯罪行为。回顾历史,我国对信息产品中的智力成果的立法保护,是一个从无到有的曲折历程,现今,我国在《中华人民共和国刑法》第二编之第三章第七节中对知识产权加以规定和保护,表明我国对信息产品中的智力成果愈加重视,也说明了知识产权违法犯罪问题愈加严重。将知识产权犯罪归入破坏社会主义市场经济秩序罪一章而不是侵犯财产罪一章,这是因为该类犯罪不仅单纯侵犯了权利人的权益,更是对我国以公正、平等、诚实信用等社会主义核心价值观为中心的社会主义市场经济的强大冲击。

把握一类罪名,首先需要对该类罪进行宏观把握,不仅需要知道犯罪概念,还需要对构成要件进行梳理,明确知识框架,其中就包括了客体、客观方面和主体、主观方面。只有这样才能清晰理解并最终运用它。该类罪不仅具有经济类犯罪的共性特征,还有其自身的特点,如犯罪总量逐年增长、犯罪行为涉及领域广,犯罪类型集中,具有较为独特的空间分布规律、国有企业“被害”严重,犯罪涉外因素增多、国际化趋势明显以及科技化智能化的犯罪手段等,这些也需要我们加以关注和分析。只有这样,才能正确掌握某一类犯罪,并达到合理运用的效果。

---

① [德]H.科殷.法哲学[M].林荣远,译.北京:华夏出版社 2002:172.

② 日本刑法典[M].张明楷,译.北京:法律出版社,1998:44,189～190.

第九章　知识产权犯罪比较研究

出于对知识产权犯罪研究价值的考量，本文研究的财产类犯罪和经济类犯罪选取了与知识产权犯罪关系较为紧密的侵犯私人财产权的犯罪[①]和非法竞争类的经济犯罪[②]进行研究。

第一节　知识产权犯罪与一般财产型犯罪比较

一、知识产权犯罪与一般财产型犯罪的相同点比较

知识产权犯罪是严重侵犯他人信息产品中的智力成果的行为，该类成果即便具有无形的特征，也是一种财产权，同样具有能够给权利人带来经济利益的作用。既然知识产权犯罪与一般财产犯罪一样，都是针对财产权的犯罪，那么，在防控策略上必然具备一定的共性，下文主要对两者之间最显著的共性，即贪利性和竞合性进行研究，以期通过借鉴财产型犯罪的防控经验使知识产权犯罪防控体系得到完善。

（一）犯罪动机的贪利性

财产型犯罪涉及面很广，行为方式呈现出多样性的特征，但主观方面一般表现出贪利性的特征[③]。知识产权犯罪贯穿在市场经济活动中的生产、交换、分配、消费等各个环节中，通常的表现形式为：故意使用他人商标、销售假冒注册商标的商品、伪造或擅自制造他人注册商标标识、销售伪造或擅自制造的注册商标标识、假冒他人专利、侵犯著作权、销售侵权复制品、侵犯商业秘密等，并通过这些行为获得巨大的经济利益，进而侵犯权利人的权益和国家对知识产权的管理制度，破坏市场经济活动的正常秩序。因此，知识产权犯罪人一般也以营利为目的。[④]

犯罪是在犯罪动机的引导下实施的，犯罪动机也是矫正犯罪人和预防犯罪时应当重点

---

① 本文的财产类犯罪，是指《中华人民共和国刑法》分则第五章规定的侵犯财产罪中的侵犯私人财产的犯罪。具体包括：抢劫罪、盗窃罪、诈骗罪、抢夺罪、聚众哄抢罪、侵占罪、敲诈勒索罪、故意毁坏财物罪和破坏生产经营罪、拒不支付劳动报酬罪，另外，还包括以其他行为方式实施的所有严重侵犯他人财产权益，应受刑罚处置的行为。

② 本文的非法竞争类的经济犯罪，是指规定在《中华人民共和国刑法》分则第三章中第一节"生产、销售伪劣商品罪"、第七节"侵犯知识产权罪"、第八节"扰乱市场秩序罪"中的犯罪行为，以及规定在《中华人民共和国反不正当竞争法》《中华人民共和国反垄断法》《中华人民共和国知识产权法》中的具有严重危害性的引发刑事责任或可能引发刑事责任的竞争行为。

③ 少数财产类犯罪不以非法占有为主观意图，如故意毁坏他人财物的行为等，本文只讨论一般情形。

④ 同样不排除存在一部分非以营利为目的的知识产权犯罪行为。

关注的，研究知识产权犯罪与一般财产型犯罪在动机上的共性，可以通过借鉴防控财产型犯罪的已有经验找到防控知识产权犯罪的新途径。

（二）犯罪之间的竞合性

知识产权犯罪体系内部之间、知识产权犯罪与其他财产型犯罪之间都具有竞合性，例如：在刑法侵犯知识产权罪体系的内部，假冒专利罪往往与销售假冒注册商标的商品罪相互交织；在侵犯知识产权罪体系的外部，生产销售伪劣产品罪往往也与某一种知识产权犯罪相互交织。

犯罪的竞合性是一把双刃剑。一方面，竞合性导致了知识产权犯罪的复杂性与防控手段的多元化；另一方面，竞合性也为知识产权犯罪的防控开辟了一片新天地——能否将目光投向知识产权法律体系之外，利用防控一般财产型犯罪的方法来规制知识产权犯罪？答案是肯定的。

二、知识产权犯罪与一般财产型犯罪的不同点比较

知识产权犯罪虽然属于财产型犯罪，但其与一般财产型犯罪在犯罪对象、犯罪行为、犯罪隐蔽程度、犯罪防控要求、法律保护力度这五个方面各具个性。五方面互相联系，层次递进，并最终促进知识产权犯罪特殊防控体系的完善。下文通过对比知识产权犯罪与一般财产型犯罪的对象、犯罪行为表现，刻画出知识产权犯罪行为的外廓，并由此推出知识产权犯罪具有的隐蔽性和难以控制的特点。实践中，这两方面的特征带来了防控上的高要求，但是"高要求"不意味着"严打击"，在防控中要重视宽严相济的刑事政策的应用。

（一）犯罪行为的对象不同

一般财产权的界定清晰明确，故受侵害时的侵害范围也较容易识别。知识产权犯罪对象通常表现为信息，但正是由于信息的无形性和可复制性的特点，在知识产权遭到侵害时，犯罪破坏范围变得难以预测，受害人的损失额更是不可估量，而受害人还往往对此后知后觉。①

（二）犯罪行为的表现不同

对财产权的侵犯行为一般作用于该财产本身，如对某物的盗窃、抢夺、诈骗行为等，法律对非法获得该财产利益的行为持否定态度并加以规制。然而，知识产权除商业秘密之外，一般权利本身是公开的，典型的如专利权：专利经过公开的程序后，被授予专利权，而公众通过向专利权人付费的形式获得该创新成果的使用权，如此则一方面保护了专利权人的经济利益，另一方面促进了创新成果的广泛应用。因此，仅就获得并知晓知识产权的内容来看，这一事实的成立是完全合法的，只有未经权利人同意的违法使用行为是被法律禁止的。由于商业秘密的保密性特征，商业秘密的侵权行为与专利权的侵权行为构罪条件不同，因此窃取商业秘密行为受到法律的规制。

（三）犯罪隐蔽程度的不同

一般财产型犯罪直接作用于权利人的财产，被害人即使不能在行为发生过程中便已知

① 赵国玲．知识产权犯罪调查与研究[M]．北京：中国检察出版社，2002：265．

晓，也能在事后轻易察觉。而知识产权犯罪具有一定的隐蔽性特征。一是由于知识产权客体往往是某种信息化的智力创新成果，因而易传不易控，犯罪行为随即具备了隐蔽程度高、犯罪黑数大的特点。二是由于知识产权犯罪呈现出一定的跨地区特征，以假冒商标犯罪活动为例，侵权商品的生产地已呈现出由城镇向农村转移的趋势，即由防控网络较严密的地区向防控力量薄弱、检测能力低下的地区转移，而假冒伪劣产品的销售则依然集中在大中城市；再以侵犯商业秘密犯罪为例，犯罪地也往往涉及多处，即在某处实施了窃取商业秘密的行为后，转移到另一地加以使用以获得经济利益。[①] 因此，知识产权犯罪具有的隐蔽性高于一般财产型犯罪。

（四）防控要求上的不同

对比大部分财产犯罪，[②]知识产权犯罪的技术性特征更为突出，也更具有普遍性，以侵犯著作权为例，如该著作权的载体是软件、光盘等，则通常需要高精度的现代设备和技术才可以制造，而有些侵权产品本身也往往达到了以假乱真的效果，必须通过产品质量检验机构的技术鉴定才能得出是否属于侵权商品的确切结论。因此，相比一般财产型犯罪的防控，知识产权犯罪的防控力量也有较高的技术性要求。

（五）法律保护力度上的不同

鉴于物权的绝对性，对于一般财产权的保护是排他性的。与之相反，考虑到知识产权的公益性，以及对于知识产权的滥用可能造成的垄断结果，法律对于知识产权保护做了诸如“合理使用”“法定许可使用”“强制许可使用”“有效期”等限制。因此，对于知识产权的保护力度小于对一般财产权的保护力度。

第二节　知识产权犯罪与财产型经济类犯罪比较

知识产权犯罪是一种经济犯罪，知识产权立法在经济法的体系中占有一席之地。然而，侵犯信息产品中的智力成果的行为仅是非法财产型经济类竞争行为的冰山一角，知识产权犯罪与其他财产型经济类犯罪又有相当关联。

一、知识产权犯罪与财产型经济类犯罪的相同点比较

财产型经济类犯罪的立法体系，一般将知识产权犯罪囊括在内。两者之间的种属关系是显而易见的，两者之间重合的关系意味着知识产权犯罪防控体系的完善可以借鉴防控财产型经济类犯罪的经验；而除知识产权犯罪之外的其他财产型经济类犯罪的防控手段又可以对知识产权犯罪防控体系进行补充。因此，本部分主要从种属关系和补充关系这两个关系的角度阐述知识产权犯罪与财产型经济类犯罪在表现和防控中的共性。

（一）表现上的种属关系

知识产权犯罪是发生在市场竞争中，通过复制、发行等方式侵犯他人知识产权来获得高

---

① 李梁．侵犯知识产权犯罪案件的现状分析[J]．中共乐山市委党校学报，2009(1)：92-93．

② 不排除一部分财产型犯罪也表现出技术性的特征，如制假售假等犯罪行为。

利润经济利益的行为。因此，从根本上来看知识产权犯罪是经济犯罪，也是财产型经济类犯罪。本文所指的财产型经济类犯罪包括制假售假行为、侵犯信息产品中的智力成果行为、以严重不正当竞争行为为典型的破坏市场秩序行为以及严重的垄断行为。知识产权犯罪作为财产型经济类犯罪的组成部分，与其他财产型经济类犯罪具有发生领域、犯罪人、被害人、犯罪心理等方面的共性因素，即都是发生在市场运行过程中的，行为人一般出于营利性目的实施的损害其他竞争者利益的行为。

(二)防控中的补充关系

在经济法领域，《中华人民共和国反不正当竞争法》《中华人民共和国反垄断法》中的许多条款明确了严重侵权行为的刑事责任；而在刑法领域，《中华人民共和国刑法》分则第三章也对其他破坏市场经济秩序的行为做出规制，这些法律对知识产权犯罪行为的防控起到了补充的作用。原因如上所述，知识产权犯罪与其他财产型经济类犯罪，典型的如制假售假行为具有一定的竞合性，因此，可以借规制来弥补知识产权法律保护上的缺陷，当知识产权立法因滞后性无法对某些客体加以保护或无法保护暂未授予权利、权利期限已经届满但尚在保护期内①的客体时，如行为人实施的行为确属财产型经济类非法竞争行为，则可以借规制不正当竞争行为来保护知识产权人的利益。

(三)综合治理中的共同性

知识产权犯罪属于财产型经济类犯罪的一种，在社会治安综合治理方面也具有财产型经济类犯罪防控的特征，如社会治安综合治理中的技防、人防、物防的系统防控方略的实施，在应对这两种犯罪时都显得至关重要：技防是通过实现防控力量的技术化来应对高科技型犯罪泛滥；人防可以借助民众力量对有限的司法资源起到补充作用，这对防控市场媒介中的犯罪尤其见效；物防是防控犯罪的物质基础，具体包括资金的投入，设备的引入等，这是任何犯罪的防控体系都不可或缺的。对知识产权犯罪，亦须采取综合治理。

二、知识产权犯罪与财产型经济类犯罪的不同点比较

知识产权犯罪是财产型经济类犯罪的一种，因此，本部分主要将知识产权犯罪与其他非法破坏市场秩序的竞争类犯罪做比较。犯罪表现不仅构成了犯罪防控的基础，也造就了知识产权犯罪防控体系的特殊性，所以犯罪防控是分析和研究犯罪的目的和归宿。

(一)犯罪表现的差异

犯罪表现包括犯罪人、犯罪心理、犯罪行为、被害人及其活动情况等要素。两类犯罪在四个方面有诸多的共性，但也不乏个性特征。首先，侵犯对象的差异。知识产权犯罪侵犯的对象是专利权、著作权、商标权和商业秘密，而其他财产型经济类犯罪的对象较为广泛，所有受法律规制的竞争利益都可以成为客体。其次，犯罪心理的差异。传统的知识产权是以营利为目的的，但随着电脑网络技术的发展，也出现了诸多以非营利为目的的侵犯著作权行为，其他财产型经济类犯罪是以获取非法竞争利益为目的的，具有明显的贪利倾向性。

---

① 如《中华人民共和国商标法》第四十条规定：注册商标有效期满，需要继续使用的，应当在期满前 12 个月内按照规定办理续展手续；在此期间未能办理的，可以给予 6 个月的宽展期。每次续展注册的有效期为 10 年，自该商标上一届有效期满次日起计算。期满未办手续的，注销其注册商标。

(二)犯罪防控的差异

知识产权犯罪对比其他财产型经济类犯罪时,其公益性特征突出,因此,在对知识产权犯罪防控时要更多地从普通公众的利益角度出发。如应防范知识产权滥用行为,防止出现垄断行为导致的价格奇高现象,使普通公众也能以正常价格获得知识产权产品。又如,最大限度地完善知识产权犯罪防控不能依靠"严打",而应当依靠公众道德意识的增强来减少侵权产品的交易量。

第三节 知识产权犯罪体系内部比较

知识产权犯罪体系主要包括商标权犯罪、著作权犯罪、专利权犯罪、商业秘密犯罪这四种,下文对这四种犯罪的表现、防控特点进行比较,进而得出完善知识产权犯罪体系的措施。犯罪防控体系的运行是否有针对性和有效性,与对知识产权犯罪表现的研究是否深入紧密相关,不同的犯罪需要不同的防控方法,实施不同犯罪的犯罪人也需要采取不同的矫正措施。通过对不同知识产权犯罪的相似性与差异性进行比较,以为各类知识产权犯罪的防控体系的完善打好实证基础。

一、知识产权犯罪表现的相似性

犯罪人、犯罪行为、犯罪心理是构成犯罪的三个重要因素,对这三个"性"的因素进行把握便能基本抓住犯罪的全貌。

(一)犯罪人的比较——犯罪的团体性

知识产权犯罪人以单位犯罪为主,共同犯罪趋势有所增强。在商标权领域中,从表 9-1 可以看出,商标犯罪中的单位犯罪趋势明显,其中单个单位犯罪占 59.5%,单位与自然人共同实施的犯罪占 5.9%,两者共计 65.4%。

表 9-1 知识产权犯罪三性中的犯罪人比较[①]

犯罪人性质	频数/件	占比/%	有效占比/%	累计占比/%
单个单位	50	59.5	59.5	59.5
单个自然人	11	13.1	13.1	72.6
2 个以上单位	14	16.7	16.7	89.3
2 个以上自然人	4	4.8	4.8	94.1
单位和自然人共同	5	5.9	5.9	100.0
总计	84	100.0	100.0	

在专利权领域,专利权犯罪由单位犯罪人所为的占 86.6%,其中,公司企业占到了 77.8%。[②]而且,专利权犯罪共同犯罪比例上升。大多数情况下,专利权以单人犯罪为主,但

① 由赵国玲根据已出版发行的案例书籍,选取了 84 个不同案例作为分析样本得出结论。参见:赵国玲.知识产权犯罪调查与研究[M].北京:中国检察出版社,2002:248.

② 选取北京市第一中级人民法院 1998 年至 2000 年审结的专利侵权案件共 82 例作为样本进行分析。参见:赵国玲.知识产权犯罪调查与研究[M].北京:中国检察出版社,2002:253.

近年来，两个以上自然人合谋以及自然人与单位合谋的案例屡有发生，犯罪情节较个人犯罪严重，对专利权人造成了更大的损害。因此，虽然专利权共同犯罪未成为犯罪的主流表现，但在防控中依然要加强对共同犯罪的关注。①

在著作权领域，由单位实施的侵犯著作权行为占93.5%，而由自然人实施的犯罪仅占6.5%。在实施违法行为的单位中，又以出版社、电视台、报社等媒体为主体。② 其中，被单一犯罪人侵犯著作权的案件占55%，被数个犯罪人侵犯著作权的案件占45.5%。虽同一著作权经常遭到不同侵权人的侵犯，但由于侵权人之间没有共同意思联络，因此，不构成共同侵权。③

(二)犯罪行为的比较——行为竞合性

不同知识产权犯罪之间存在竞合性。一以侵犯商标权犯罪与侵犯著作权犯罪之间的关系为例，著作权需要具备“属于文学、艺术、科学领域内的思想或情感表现”“具有独创性或原创性”“以客观的形式表现”三个特点，如某商标权的客体商标具备此三个条件，那么该商标也由著作权法保护，侵犯商标权的行为同时也侵犯了著作权；二以侵犯著作权犯罪与侵犯专利权的犯罪为例，如某软件同时满足专利的特点与上述著作权的三个特点，那么该商标就将同时受著作权法和专利权法的保护，侵犯著作权法的同时也侵犯了专利权法。另外，商业秘密需具备实用性、秘密性、经权利人保护的特点，如果侵犯知识产权的行为未侵犯专利权法、著作权法及商标法，但具有前述实用性、秘密性、经权利人保护的特点，则是侵犯了商业秘密保护法，如未获得专利授权的信息与同专利权相关的未予以公开的附加信息。

(三)犯罪心理上的比较——贪利性

知识产权犯罪是比较典型的贪利型犯罪。专利权和商业秘密的侵权人窃取其他竞争主体的创新成果，在不耗费自身人力、物力的情况下获取竞争优势，并最终获得经济利益；商标权的侵权人亦是通过以次充好、以假充真的方式获得金钱利益。值得注意的是著作权的侵权人的犯罪心理，传统的侵犯著作权行为需要通过市场交易来实现，通常以“营利”为目的，但随着网络P2P技术的发展，大量发生在网络上的侵犯著作权行为或出于“互帮互助”的目的，或出于亚文化氛围的缘由，行为人心理未表现出贪利性的特征。

二、知识产权犯罪表现的差异性

知识产权犯罪行为表现各异，不一一列举，此处主要列举各种犯罪某些较为显著的特征。

(一)侵犯商标权犯罪寻求保护伞的特征

由于假冒商标标识与假冒商标的商品属于工商行政管理部门的重点打击对象，因而，此类执法部门也成了侵权人的关注对象，并通过对执法部门负责人实行贿赂等手段达到避开

---

① 赵国玲.知识产权犯罪调查与研究[M].北京：中国检察出版社，2002：255.

② 选取北京市第一中级人民法院1998年至2000年审结的侵犯著作权案件共202例作为样本进行分析。参见：赵国玲.知识产权犯罪调查与研究[M].北京：中国检察出版社，2002：257.

③ 选取北京市第一中级人民法院1998年至2000年审结的侵犯著作权案件共202例作为样本进行分析。参见：赵国玲.知识产权犯罪调查与研究[M].北京：中国检察出版社，2002：258-259.

法律追究、少交税款的目的。[①]

（二）专利权单位犯罪的“群体利益性”特征

单位实施的专利权犯罪通常以“群体性利益”为关注点，如侵权行为为了公司发展需要、增加职工福利等。而国家专利管理机构借“社会公共利益”为名进行违法的专利强制许可，也是侵犯专利权人利益的典型。[②]

（三）著作权犯罪的形式多样性特征

刑法规定的著作权犯罪客体具有多样性，包括文字作品、音乐、电影、电视、录像作品、计算机软件及其他作品，行为方式具有多样性，包括复制、发行、制作、销售等。另外，随着知识产权犯罪新型化发展趋势的深化，著作权的载体会越来越多，进而使得著作权犯罪的形式多样性特征更加突出。

第四节　知识产权犯罪防控上的比较

对犯罪防控体系的完善是犯罪学研究的目的，上文已从犯罪的表现方面对各类知识产权犯罪进行了比较，下文将对各类知识产权犯罪的防控体系进行论述。对知识产权犯罪防控体系的完善要建立在现有防控体系的基础上，对各类知识产权犯罪现有的防控体系进行对比，有利于帮助发现现阶段防控体系可能存在的薄弱环节。

一、知识产权犯罪防控上的相似性

知识产权犯罪在防控上普遍难度较大。信息产品中的智力成果虽可能有着不同的物质载体，如电子报表、光盘、文件等，但其实质是信息有，着形式上的无形性、传播上的广泛性和范围上的不可预测性的特点，这就决定了信息产品中的智力成果防控难度大的特点。

各类知识产权犯罪在防控上的共性是由犯罪客体的共性造成的，今后的防控体系的发展也无法摆脱此种共性的牵制。

二、知识产权犯罪防控上的差异性

笔者主要对各类信息产品中的智力成果的立法防控、司法防控、执法防控、舆论防控这四方面进行比较。这四个方面是有机联系的整体，是防控体系的四大支柱，也是构成宏观防控环境的基本要素。在犯罪防控中，立法是司法与执法的前提与保障，司法与执法则是立法实施的目的和结果，社会舆论则无时无刻不对立法、司法与执法发生作用。犯罪的防控要注重公益的保护，不能逆民意而行。

（一）知识产权立法体系上的比较——主观性和客观性

从各国的立法来看，不同国家对商业秘密的定义因社会经济的发展水平、历史传统、公众心理、文化氛围的差异而有不同，从国内的立法看，商业秘密的定义对比其他知识产权的

---

① 赵国玲．知识产权犯罪调查与研究[M]．北京：中国检察出版社，2002：252-253．

② 赵国玲．知识产权犯罪调查与研究[M]．北京：中国检察出版社，2002：256．

定义有着明显的主观性。《中华人民共和国反不正当竞争法》第九条第四款规定:“本法所称的商业私密,是指不为公众所知悉,具有商业价值并经权利人采取相应保密措施的技术信息、经营信息等商业信息。”可见,商业秘密具有实用性、秘密性、经权利人采取保密措施保护的特点。以保密性为例,何种措施是保密措施,何种保密措施才是合理的保护措施,不仅要依赖现有法律法规来判断①,还需要依靠执法人员的裁量权的运用。相比较而言,著作权、商标权、专利权在法律上界定明确,具有客观性。这一界定上的区别也造成了保护范围的差异,商业秘密的保护范围较为广泛,只要符合三个条件都可以作为商业秘密自动获得保护。

(二)知识产权犯罪防控力度上的比较——轻重有别

对商业秘密的知识产权保护较其他类型知识产权弱,原因在于:商业秘密的权利适用自动获得制度,一切符合经济性、实用性、秘密性的信息都可以界定为商业秘密,但由于未及公示,任何合法地持有相同商业秘密的行为都不是法律规制的行为,即商业秘密的法律保护仅限于侵权行为,力度较低。专利权的获得则要经公开、审批等程序,权利人享有排他性的权利,法律保护力度相对较大。另外,对著作权的保护与对商业秘密的保护有重合,从法律规定方面来看,我国法律对著作权保护的规定较商业秘密保护的规定更加详细。

(三)司法防控上的比较——重点突出

2013—2017 年一审民事案件和行政案件数量如表 9-2 和表 9-3 所示。

表 9-2 2013—2017 年一审民事案件数量汇总② (单位:件)

年份	专利权案件	商标权案件	著作权案件	技术合同案件	不正当竞争案件	其他案件	合计
2013	9195	23272	51351	949	1302	2514	88583
2014	9648	21362	59493	1071	1422	2526	95522
2015	11607	24168	66690	1480	2181	3093	109219
2016	12357	27185	86989	2401	2286	5316	136534
2017	16010	37946	137267	2098	2543	5175	201039

① 如国家工商行政管理局《关于禁止侵犯商业秘密行为的若干规定》第二条第四款规定:“本规定所称权利人采取保密措施,包括订立保密协议、建立保密制度及采取其他合理的保密措施。”1995 年 11 月 3 日公布的《深圳经济特区技术秘密保护条例》第四条规定:“本条例所称的保密措施是:(1)合法拥有技术秘密的企业与因业务上必要知悉该秘密的员工或业务相关人员已签有保密协议或者提出书面的保证要求并已经明确告知有关员工及业务相关人;(2)合法拥有技术秘密的企业已经对该秘密的存放、使用转移各环节采取了有效的控制措施。”赵永红. 知识产权犯罪研究[J]. 北京:中国法制出版社,2004:362.

② 国家知识产权局. 2004 年中国知识产权保护状况[EB/OL]. 国家知识产权局官网.
http://www.sipo.gov.cn/sipo2008/zwgs/zscqbps/200804/t20080402_368172.html.
http://www.sipo.gov.cn/sipo2008/zwgs/zscqbps/200804/t20080402_368173.html.
http://www.sipo.gov.cn/sipo2008/zwgs/zscqbps/200804/t20080402_368174.html.
http://www.sipo.gov.cn/sipo2008/zwgs/zscqbps/200805/t20080505_395442.html.
http://www.sipo.gov.cn/sipo2008/zwgs/zscqbps/200904/t20090427_457166.html.

表 9-3　2013—2017 年一审行政案件数量汇总[①]　（单位：件）

年份	专利权案件	商标权案件	著作权案件	其他案件	合计
2013	697	2161	3	25	2886
2014	539	9305	12	62	9918
2015	1721	7477	10	631	9839
2016	1123	5990	37	36	7186
2017	872	7931	17	0	8820

从两个表[②]中可以看出，一方面，近年来，中国对知识产权犯罪的防控力度逐渐增强；另一方面，侵犯知识产权行为的发展势头迅猛。商标权侵权行为数量上升态势猛烈，而著作权的侵权行为依然是知识产权犯罪防控的重点。

（四）执法领域上的比较——各有重点

近年来，盗版书刊、盗版光盘、网络侵权盗版屡见不鲜，防控的重点在盗版产品的生产、流通和消费领域，如盗版产品的生产窝点、公共交通运输渠道、出售盗版产品的摊点等。商标侵权行为的防控主要是对商品交易市场的整治，强调强化行政执法部门的监管职责。

侵犯专利权行为主要以食品药品、农业及高新技术领域为重点，可以从流通环节入手积极打击此类犯罪。

（五）舆论环境上的比较——支持力度不同

就制假售假的行为来说，它不仅损害了权利人的权益，更是对公众安全和财产的极大威胁，因此，防控此类犯罪有着良好的社会舆论环境。然而，就某些侵犯著作权的行为来说，以利用 P2P 网络技术传播侵权影片为例，行为人出于“好东西大家分享”的心态，普通大众也多从自身利益出发，对该行为是褒多过贬，犯罪防控缺少舆论的支持。

第五节　中美知识产权犯罪防控的比较

随着知识经济时代的到来，知识产权成为国与国之间竞争的焦点和核心要素。知识产权纠纷也伴随着国际贸易的开展不断升级，最终导致了国家利益之间的冲突。知识产权保护已经成为各国关注的焦点，也成为衡量各国综合实力的试金石。就目前来看，中国的知识产权实力与西方大国存在一定的差距，但由于中国飞速发展的经济形势，中国的知识产权保

---

① 国家知识产权局. 2004 年中国知识产权保护状况[EB/OL]. 国家知识产权局官网.
http://www.sipo.gov.cn/sipo2008/zwgs/zscqbps/200804/t20080402_368172.html.
http://www.sipo.gov.cn/sipo2008/zwgs/zscqbps/200804/t20080402_368173.html.
http://www.sipo.gov.cn/sipo2008/zwgs/zscqbps/200804/t20080402_368174.html.
http://www.sipo.gov.cn/sipo2008/zwgs/zscqbps/200805/t20080505_395442.html.
http://www.sipo.gov.cn/sipo2008/zwgs/zscqbps/200904/t20090427_457166.html.

② 根据近年的司法实践，由于法条竞合，刑事案件中的一部分知识产权犯罪案件以生产、销售伪劣商品罪或非法经营罪等罪名定罪，故有关知识产权犯罪的刑事案件的数据因不具有精确性而不予以讨论。参见：中国对知识产权的刑事保护[EB/OL].(2002-07-01)[2018-06-01]. http://chinaprlaw.com/html/faguanluntan/zongheleifaguanlunntan/2002/0701/8288.html.

护状况也在世界范围内受到了前所未有的关注。

知识产权犯罪逐渐呈现出的国际化趋势导致我国在知识产权防控体系构建上也越来越考虑国际化的因素，即在构建和完善本国犯罪防控体系时，借鉴国外的知识产权犯罪防控体系构建的经验，以使本国犯罪防控具备前瞻性和包容性，避免诸多国际争端的产生。美国是发达国家也是创新大国，且多次以自身的知识产权保护战略为标准对中国施加影响，如中国企业出口美国的产品屡次遭到“337 条款”调查，美国根据其“特殊 301 条款”对中国知识产权保护状况进行审查多次将中国列入“重点国家”名单，美国还于 2007 年 4 月就知识产权保护问题向 WTO 提出对中国的申诉等。[①] 可见，中美之间的知识产权纠纷在近年来呈多发趋势，原因何在？首先，这与美国知识产权制度的发展和国家的实力密切相关。作为典型的创新型国家，美国大力加大对知识产权权利人的保护力度，并利用政策手段鼓励发明创造。随着越来越多的专利被授予和跨国贸易的深入发展，美国在一些高新技术领域占据了垄断性的地位，其中，尤以商业软件为代表。因此，加大对知识产权权利人利益的保护是美国站在自身利益的需求上提出的。其次，中国知识产权被侵权状况也较为严重。据互联网实验室的调查，中国全行业按市值计算的盗版率，2006 年为 24%，2007 年为 20%；单位用户收费计算机软件套数盗版率，2006 年为 39%，2007 年为 35%；个人用户盗版率，2006 年为 78%，2007 年为 69%。[②] 中国的盗版率虽有下降的趋势，但严峻的现状依然没有得到很大程度的改善。再次，自 20 世纪 80 年代以来，美国即进攻性地推动知识产权国际规则的制定和调整，比较典型的是积极参与并推动了 TRIPS 协议的签署。美国还在双边协议的签署过程中强行推行本国的“知识产权价值观”，开出比 TRIPS 标准更严格的价码。可见，对美国而言，他国对知识产权保护越严格，自身得到的利益就越大，而对相对国来说，在国内设定过于严厉的知识产权保护标准必将对本国利益造成损害。矛盾和冲突便由此产生。那么，中国与美国的知识产权战略究竟谁优谁劣？美国的质疑是否有合理的理由？中国需要依据美国标准来实现防控体系的“国际化”吗？我们将通过对中美知识产权犯罪的立法理念、立法状况、机构设置这三个方面进行比较，以期得出这些问题的答案。

一、中美知识产权犯罪立法理念比较

本节以中美 2007—2018 年知识产权争端中主要涉及的专利法、商标法与著作权为例，说明两国在知识产权犯罪立法理念上的不同。

中国对于此类知识产权犯罪的法律设置有以下几个特点：一是知识产权犯罪虽是针对财产权的犯罪，但由于其侵犯公益性的特征，被列入了“侵犯社会主义市场经济秩序犯罪”的篇章中。二是以“明知”“以营利为目的”为犯罪成立的主观要件。三是大量使用“情节严重”“情节特别严重”“销售金额较大”“销售金额特别巨大”为刑事处罚设定“门槛”。另，根据 2004 年和 2007 年的《最高人民法院、最高人民检察院关于办理侵犯知识产权刑事案件具体应用法律若干问题的解释》，“情节严重”一般以“非法经营数额”“侵权商标标识或侵权复制品的数量”“违法所得数额”为标准。四是在知识产权犯罪的刑罚设置中，同时规定了财产罚

---

① 余翔、武兰芬、姜军. 国家经济安全与知识产权危机预警和管理机制的构建[J]. 科学学与科学技术管理，2004(3).

② 第一财经日报. 互联网实验室：个人用户软件盗版率下降 9%[ED/OL]. (2019-04-09)[2019-06-12]. http://www.cisis.com.cn/news/96/165/3151/newsdis3830.aspx.

和人身罚，财产罚指的是“单处或并处罚金”；人身罚指的是“三年以下有期徒刑”或“三年以上七年以下有期徒刑”。五是既规定了个人犯罪也规定了单位犯罪。

根据《美国法典》第 18 编第 2320 条(18 U. S. C § 2320)[①]、第 17 编第 506 条(17 U. S. C § 506(a))、第 18 编第 2319 条(18 U. S. C § 2319)[②]，以及第 18 编第 2319 条 A(18 U. S. C. § 2319A)的规定[③]，美国商标权和著作权领域的立法有以下特征：一是将“明知某商品或服务使用了伪造的商标或与伪造的商标有联系”“以获得商业利益或个人财产利益为目的故意侵犯他人版权”为犯罪成立的主观要件。二是将权利人受到的经济损失的额度作为衡量该违法行为是否入罪的标准，典型如故意侵犯版权的犯罪中规定的“在 180 天内复制或发行(包括使用电子方法)一件以上他人已经取得版权的作品，其零售价值达到 1000 美元以上的，构成犯罪”。三是在刑罚体系中同时设置了监禁刑和罚金刑。对监禁刑的设置从“5 年以下监禁”到“20 年以下监禁”；对罚金刑的设置从“25 万美元”到“500 万美元”，对于法人或者其他不同于个人形式的累犯，罚金数额甚至可达 1500 万美元。四是既规定了个人犯罪也规定了单位犯罪。

通过中美两国专利权、商标权与著作权立法的比较，可以看出两国在对侵犯专利权、商标权与著作权行为的定性上有大的分歧，双方秉承的价值理念的不同导致了法律设置体系与打击重点的大相径庭。首先，美国立法更关注权利人个人权益的保护，将权利人受到的经济损失的额度作为衡量违法行为是否入罪的标准，也即美国的专利权、商标权与著作权犯罪在刑法体系中属于侵犯财产权的犯罪。而且，将盗版商品的零售价值作为入罪标准使得刑罚门槛相应较低。中国对知识产权犯罪的防控更加侧重于对市场经济秩序的保护，当行为人的非法经营额或违法所得额达到一定的标准致使市场秩序遭到破坏时，刑法才得以介入。因此中国的入罪“门槛”必然高于美国。其次，在美国知识产权保护的法律框架中，只有民事制裁和刑事处罚两种方式。因此，美国刑法中认为的知识产权犯罪仅是“一种可以引起刑事诉讼程序并能导致刑罚的违法行为”，不论社会危害性如何。所以美国对知识产权犯罪的立法基本上不存在定罪标准或虽然存在定罪标准，但标准很低。[④] 中国的知识产权保护体系是刑法、民法、行政法三位一体的保护体系。如果某违法行为不能达到刑法保护的标准，就将进入行政法或民法保护的范畴。而在司法实践中，行政法与民法的保护作用日益扩大，从而在一定程度上弥补了刑事法律“门槛”过高的缺陷。

---

① 该条规定：“明知某商品或服务使用了伪造的商标或与伪造的商标有联系，而出售该商品或提供该服务，构成犯罪。个人犯罪的可处 200 万美元以下的罚金，或 10 年以下的监禁，或者并罚；对法人犯罪或者其他不同于个人形式犯罪的，罚金数额最高可达 500 万美元。对个人累犯，可处 500 万美元以上罚金或 20 年以下监禁或者并罚。对于法人或者其他不同于个人形式的累犯，罚金数额最高可达 1500 万美元。”

② 该条规定：“以获得商业利益或个人财产利益为目的故意侵犯他人版权，在 180 天内复制或发行(包括使用电子方法)一件以上他人已经取得版权的作品，其零售价值达到 1000 美元以上的，构成犯罪。对故意侵犯版权的犯罪，如果犯罪人在 180 天内复制或发行(包括使用电子方法)10 件以上他人已经取得版权的作品，其零售价值达到 2500 美元以上的，处 5 年以下监禁或 25 万美元以下罚金。对其他故意侵犯涉及版权的犯罪，处 1 年以下监禁，并处或单处罚金。”

③ 该条规定：“未经表演者同意，故意或者以获得商业利益或者个人财产利益为目的，进行下列行为的，构成犯罪：(1)现场对音乐表演进行声音或图像录制，或者未经授权对这样的作品进行复制；(2)向公众播放上述非法录制的音像制品；(3)发行、出售、出租或者买卖上述非法录制的音像制品。上述非法录制的行为不管是否发生在美国境内。对这些犯罪，处以罚金，并处或单处 5 年以下监禁；再犯者，处 10 年以下监禁，并处或单处罚金。”

④ 李晓. 中美知识产权刑事保护比较研究[J]. 法律适用，2006(5).

二、中美知识产权法律体系比较

(一)知识产权犯罪的立法概况比较

现行美国知识产权保护立法主要包含于《美国法典》第 17 编(涉及版权法领域)和第 35 编(涉及专利法领域),它们大多在第二次世界大战后经制订或重大修订后确立的,如保护商标领域的《1946 年商标法》(即“兰哈姆法”)、保护专利领域的《1952 年专利法》、保护版权领域的《1976 年版权法》,另外还有《1984 年半导体集成电路保护法》《1992 年音响家庭录制法》《关于音像制品盗版与版权侵权的刑事规定》《1984 年假冒商标法刑事规定》以及《统一商业秘密法》(1985 年修订、现已为 40 多个州采用)等。除了这些重要的知识产权法,美国还有与反不正当竞争相关的法律制度,如《联邦贸易委员会法》等。此外,必须指出的是,在美国对外贸易立法中也有许多重要的知识产权保护条款,如《1930 年关税法》第 337 节(通称“337 条款”);《1974 年贸易法》第 301 节(通称“301 条款”,又称“常规 301”)、第 182 节(通称“特殊 301”条款)和第 310 节(通称“超级 301”条款)。在这些贸易条款中,“337 条款”从进口贸易角度对美国的知识产权施加保护,而各项“301”条款则是从出口贸易的角度对美国的知识产权施加保护。① 在国际保护方面,美国自 20 世纪 80 年代初就开始力促关贸总协定发动第 8 轮多边贸易谈判(乌拉圭回合),并且在该回合中联合欧盟、日本和加拿大等主要发达成员,成功地推动实现了 TRIPS 体制和服务贸易多边体制的建立。②

中国知识产权犯罪法律体系构建得比较晚,1982 年通过的《中华人民共和国商标法》为国内立法的开山之作,1984 年审议通过了《中华人民共和国专利法》,1990 年审议通过了《中华人民共和国著作权法》,1993 年通过了《中华人民共和国反不正当竞争法》,1997 年的《中华人民共和国刑法》亦对知识产权犯罪进行了专章的规定,这 5 部法律的完成标志着中国知识产权国内立法体系主要框架的建立。另外,为确保法律的实施,国务院还以行政法规的形式,如《商标法实施细则》《计算机软件保护条例》《音像制品管理条例》《知识产权海关保护条例》等对国内立法进行了补充规定。在知识产权的国际保护层面,我国先后在 TRIPS、《成立世界知识产权组织公约》《保护工业产权巴黎公约》《商标国际注册马德里协定》《关于集成电路的知识产权条约》《保护文学和艺术作品伯尔尼公约》《世界著作权公约》《保护录音制品制作者防止未经许可复制其制品公约》《专利合作条约》《为商标注册目的而使用的商品与服务国际分类协定》等文件上签字。③

由于历史进程与传统文化的影响,中国国内对于知识产权保护意识的启蒙较晚。但自改革开放以来,中国即通过借鉴先进立法、积极参加国际组织的活动等方式,迅速实现了知识产权立法从无到有,从不完备到趋于完备的巨大飞跃,并最终建立了基本与国际接轨的立法体系。虽然中国的知识产权保护体系在不同性质法律的衔接性、保护力度、覆盖范围上与美国依然存在差距,但是随着实践的深入,立法体系的逐步完善,这些问题势必得到解决。

(二)知识产权犯罪的刑法规制比较

从总体上看,美国对知识产权犯罪规定了严厉的刑罚,我国刑法关于知识产权犯罪规定

---

① 王新奎,刘光溪. WTO 与知识产权争端[M]. 上海:上海人民出版社,2001:467-468.

② 王新奎,刘光溪. WTO 与知识产权争端[M]. 上海:上海人民出版社,2001:469.

③ 赵秉志,田宏杰. 侵犯知识产权犯罪比较研究[M]. 北京:法律出版社,2004:55.

的人身自由刑和罚金刑要轻缓得多；而以德国为代表的欧洲大陆法系国家对知识产权犯罪规定了严密的刑事法网，我国刑法关于知识产权犯罪在犯罪构成的规定方面也比较轻疏，只规定了七个犯罪，而且侵犯企业名称、近似商标、服务商标、集体商标、证明商标、侵犯专利权本身等均未明确入罪。在司法实务中，我国对知识产权犯罪金额的认定以及在缓刑、罚金刑的适用方面也都还存在一些问题，不足以遏制当前知识产权犯罪多发行为。

对于商标权犯罪，美国规定了伪造商标罪与伪造标签、标识罪[①]，即指出售或提供伪造的商标、标签、标识或与伪造的商标有联系的商品或服务的行为。并且在立法上设置了较严厉的刑罚以惩罚商标权犯罪，例如：对个人最高可处 500 万美元以上罚金或 20 年以下监禁或者并罚（伪造商标罪累犯的情形）；对法人最高可处 500 万美元的罚金。中国在打击商标权犯罪领域规定了三个罪名：假冒注册商标罪、销售假冒注册商标的商品罪、非法制造、销售非法制造的注册商标标识罪。中国在立法中强调犯罪对象应为相同的商标，而在刑罚方面，则规定犯罪依情节或销售金额分为两个档次。其中非法制造、销售非法制造的注册商标标识罪的低一档法定刑为 3 年以下有期徒刑、拘役或管制，并处或单处罚金；假冒注册商标罪、销售假冒注册商标的商品罪的低一档法定刑为 3 年以下有期徒刑或者拘役，并处或者单处罚金；三罪的高档法定刑均为处 3 年以上 7 年以下有期徒刑，并处罚金。

美国对扰乱专利管理秩序的有关行为[②]规定了虚假专利标记罪[③]和伪造专利特许证罪[④]，即以欺骗公众目的实施的使用假冒专利标注及伪造、仿造、变造、印制、运输专利许可证的行为。在法定刑方面，美国规定"对虚假专利标记罪应处以不超过 500 美元的罚金，罚金的一半支付给控告人，另一半供美国政府使用"及"对伪造专利特许证的行为人处以 10 年以下的监禁或罚金与监禁并处"[⑤]。中国只规定了假冒专利罪，即违反国家专利管理法规，在专利权的法定有效期内，假冒他人专利的行为，处 3 年以下有期徒刑或拘役，并处或单处罚金。

美国对侵犯商业秘密的行为规定了经济间谍罪和窃取营业秘密罪[⑥]，即为了国外机构人员的利益而实施的窃取、盗用、收受、购买、持有经营秘密的行为与为洲际贸易或为外贸而实施的上述行为。美国对犯经济间谍罪的惩罚表现为：对自然人处 15 年以下有期徒刑，或处或并处 50 万美元以下的罚金；对于任何团体实施上述行为的，应处以 1000 万美元以下的

---

① 《美国法典》第 18 编第 2318 条规定："买卖伪造的用于唱盘、计算机程序、程序包、软件包以及电影或其他音像制品的标签、标识，不管这些标签、标识是已贴附于还是准备贴附于唱盘、计算机程序、程序包、软件包以及电影或者其他音像制品的；或者买卖伪造的计算机程序包、软件包的，处 25 万美元罚金，并处或单处 5 年以下监禁。"

② 美国对于滥用他人专利的行为并未规定刑事责任。赵秉志，田宏杰．侵犯知识产权犯罪比较研究[M]．北京：法律出版社，2004：146.

③ 《美国法典》第 35 编第 292 条规定，未经专利权人同意，在其所制造、使用或出售的物品上，标注、缀附，或者在与该物品有关的广告中使用专利权人的姓名或姓名的仿造、专利号或"专利""专利权人"等类似字样的标记，意图仿造或仿造专利权人的标记，或意图欺骗公众使其相信该物品是经专利权人同意而制造或出售的行为；为了欺骗公众，在未取得专利权的物品上标注、缀附，或者在与该物品有关的广告中使用"专利"字样或任何含有该物品已取得专利权之意的其他字样或号码的行为；为了欺骗公众，在其并未申请专利，或已申请而并非在审查中时，就在物品上标注、缀附，或者在广告中使用"已申请专利""专利在审查中"字样，或任何含有已经申请专利之含义的其他字样的行为。上述情形，每一罪行应处以不超过 500 美元的罚金。任何人都可以提出对冒用者处罚的控告。在该项案件中，罚金的一半付给控告人，另一半供美国政府使用。

④ 赵秉志，田宏杰．侵犯知识产权犯罪比较研究[M]．北京：法律出版社，2004：146.

⑤ 赵秉志，田宏杰．侵犯知识产权犯罪比较研究[M]．北京：法律出版社，2004：146.

⑥ 参见《美国法典》第 18 编第 1831—1839 条。

罚金。对窃取营业秘密的惩罚表现为:对自然人处50万美元以下的罚金,或科或并科10年以下的有期徒刑;对于任何团体实施上述行为的,应处以500万美元以下的罚金。[①] 中国的侵犯商业秘密罪规定了非法窃取商业秘密、滥用非法获取的商业秘密、滥用合法获取的商业秘密、以侵犯商业秘密论的行为(即明知或应知是非法获得的商业秘密而实施的获取、使用、披露行为)。该罪的刑罚分为两个档次,一为处3年以下有期徒刑或拘役,并处或单处罚金;二为处3年以上7年以下有期徒刑,并处罚金。

美国规定了侵犯著作权罪[②],即为了商业利益或私人利益而实施的复制或发行录音作品,或复制件、影片或其他音像作品。对于侵犯著作权犯罪的惩罚,美国在法定刑上做了轻罪和重罪的区分,对于重罪的法定刑为:25万美元以下的罚金或者不超过10年的监禁,或者并罚;而对于轻罪的法定刑的规定则为:25万美元以下罚金或不超过5年的监禁,或者既罚款又监禁。相较之下,我国在著作权领域规定了侵犯著作权罪和销售侵权复制品罪,包括复制(制造)、发行(或者出售)、销售侵权复制品的行为。在侵权对象上,范围比美国法律的规定要大,包括文字作品、音乐、电影、电视、录像作品、计算机软件及其他作品。在法定刑的设定上,一共分为两个档次,一是处3年以下有期徒刑或者拘役,并处或者单处罚金,二是处3年以上7年以下有期徒刑,并处罚金。

通过对比,可以得出以下结论。

一是总体上规制的严厉性。中美知识产权犯罪的刑罚体系均包含了人身罚和财产罚,我国对知识产权犯罪的最高刑度规定为7年,美国则规定为20年,均属非常严厉的刑罚。可见,国际社会在知识产权社会危害性和知识产权防控、犯罪处罚机制上达成共识,严厉处罚知识产权犯罪行为成为时代的需求。

二是知识产权领域的刑事保护力度不均衡。如中国对于专利的刑事保护较弱,只规定了假冒专利罪一个罪名,而对著作权的刑事保护,却从保护对象到行为方式的范围都大于美国法的规定。为何会产生这种差异?各国知识产权犯罪的定罪标准与其经济、科技发展水平差距以及法律观念、历史传统的不同密切相关。知识产权制度通过界定产权来实现对权利人的权益保护。一方面,严格的产权划分可以降低交易的风险性,实现良好的市场秩序,促进市场的稳定发展。另一方面,只有确保权利人获得足够的经济利益,才能激发公众自主创新的意愿,在全社会形成创新的氛围。然而,一味提倡对权利人的保护将对先进技术(以专利权为典型)的流通性造成不利影响,不能最大限度地实现知识产权对经济发展的贡献。因而,知识产权保护力度的设定是公共利益与私人利益的博弈结果,也必须建立在有利于本国经济安全的基础之上。发达国家提出实行"标准化"的制度,实质是在"正义"的旗帜下行方便自己之事,对发展中国家进行大肆掠夺的同时也削弱了各国的主权。在知识产权犯罪领域,笔者认为,目前在司法实践中,刑法保护体系尚不严密,应当对目前的立法模式进行调整,采取法、德等国知识产权单行刑法的立法体例,这样才能把基础民商法关系、概念、范围、

---

① 赵永红.知识产权犯罪研究[M].北京:中国法制出版社,2004:422-426.

② 《美国法典》第17编506条第一款与第18编第2319条规定:"以获得商业利益或个人财产利益为目的故意侵犯他人版权,在180天内复制或发行(包括使用电子方法)一件以上他人已经取得版权的作品,其零售价值达到1000美元以上的,构成犯罪。对故意侵犯版权的犯罪,如果犯罪人在180天内复制、发行(包括使用电子方法)10件以上他人已经取得版权的作品,其零售价值达到2500美元以下,处5年以下监禁或25万美元以下罚金,或者并罚。再犯者,处10年以下监禁,并处或者单处罚金。对其他涉及故意侵犯版权的犯罪,处一年以下监禁,并处或者单处罚金。"

知识产权的权利义务与刑法联结起来。

三、中美知识产权犯罪防控机构设置比较

美国联邦调查局于1996年设立了知识产权专案，2000年司法知识产权中心启动，负责联络其他执法机构，协调州与州之间的执法案件。2002年针对网络上知识产权犯罪猖獗的情况，美国联邦调查局特地设立了网络犯罪部。联邦调查局的探员可以向法院申请调查令，调查嫌疑人的银行账户，要求网络服务商保留涉嫌知识产权犯罪行为的网址、往来电子邮件等。[①] 美国还建立了完备的知识产权保护的实施机制，如设立了美国国际贸易委员会、美国贸易代表、美国海关知识产权保护处和美国国际法院等在内的一系列行政和司法机构，以确保各项条款得到有效执行。

中国知识产权保护行政体系则包括国家知识产权局、国家版权局、国家知识产权局商标局、海关的边境执法部门、公安部经济犯罪侦查局、工业和信息化部电子知识产权中心及其他相关部委和地方行政机构。[②]

第六节　对完善知识产权犯罪防控体系的启示

鉴于知识产权犯罪是针对无形财产的犯罪，也是财产型经济类犯罪中的典型，结合美国知识产权防控体系的优点，对此进行对比研究。一方面进一步认清知识产权犯罪的特征，构建有针对性的防控体系；另一方面通过学习防控其他犯罪的经验来帮助完善知识产权犯罪防控体系，尽可能地减少国际争端，实现国内法律的国际化。该对比研究的重点可以在法律防控体系上下功夫，通过对防控理念、防控政策、立法层面、执法层面、国际合作层面的完善和改进，实现知识产权犯罪防控体系的精进。

一、防控理念上的革新

知识产权犯罪行为一方面消减了权利人的利益，一方面却可能促进公共利益，例如，随着计算机性能的提高和互联网技术的进步，P2P技术的开发为客户带来信息共享、即时通信、电子商务等领域的便捷。但对P2P软件的滥用行为也相当普遍，公众通过肆意复制、传送音乐、电影、软件等获得利益，而这恰恰严重损害了权利人的个人利益。[③] 因此，知识产权犯罪防控的体系完善中要以利益博弈的视角看待某种犯罪现象，必须坚持刑法的谦抑性与宽严相济的刑事政策，充分发挥民法、行政法在防控犯罪时的作用，并将对权利人的经济利益的弥补作为救济的重点。

这就启示我们：重视和强化观念预防是知识产权保护中的关键之一。至于如何做好知识产权犯罪的观念预防，应当注意如下几个具体问题：(1)要正确认识知识产权的本质和特点。首先，知识产权本质上是一种私权。因此，国家当然应该担负起保护知识产权的责任，

---

① 舒洪水，贾宇．全球化时代的知识产权犯罪及其防治[J]．法学家，2009(1)．

② 王新奎，刘光溪．WTO与知识产权争端[M]．上海：上海人民出版社，2001：467-468．

③ 王军明，郭磊，马宁．“全球化时代的知识产权犯罪及其防治”学术研讨会综述[J]．江苏警官学院学报，2008(3)．

如完善立法、严格执法。同时,当发生知识产权侵权时,权利人应当积极主张自己的权利并主动寻求司法救济,而不是单纯期待和依靠国家公权力的介入。其次,要认识到知识产权的易受害性。前面已述,与民法中的物权相比,知识产权的独占性和排他性明显较弱,这是其易受害性的重要原因。(2)要正确认识知识产权犯罪特殊的社会危害性。要认识到,知识产权犯罪危害的不仅是权利人的财产、人身权益以及国家的相关管理制度,同时还深刻毒化国家的正直品格、严重损害一国以知识产权为代表的核心竞争力。(3)要学习关于知识产权方面的基本知识,树立自觉遵守知识产权法律的良好意识。比如,许多发明人、创作者不知道如何运用法律制度保护自己的创作成果,维护自己的合法权益。从社会层面看,自觉遵守国家知识产权法律的良好意识还未完全养成。这些方面的问题,尚待通过宣传、教育等多种方式解决。

中美防控体系对比研究显示,对知识产权犯罪防控必须进行理念上的革新。美国最大限度地维护了知识产权的私有属性,与此同时还兼顾了本国的整体利益。不仅如此,美国保护知识产权的目的在于打压他国科技和经济发展为本国科技和经济社会发展创造最良好的环境,其终极目的是创造财富,这符合"普通法近似于一个自由最大化的法律体系"的特质。

二、防控政策上的革新

目前学术界比较认可的创新型国家大约有 20 个,包括美国、日本、芬兰、韩国等。这些国家的共同特征是:创新综合指数明显高于其他国家,科技进步贡献率在 70%以上,研发投入在 GDP 中占比一般在 2%以上,对外技术依存度指标一般在 30%以下。此外,这些国家在美国、欧洲和日本获得授权的专利数占世界总量的绝大多数。而中国目前的基本情况是年均研发经费 3000 亿元左右,占 GDP 的 1.4%,科技进步对经济增长的贡献率为 39%,对外技术的依存率为 54%,在国外的专利申请只有 2.7%。① 可见,中国知识产权的发展水平仍然较低,对经济增长的贡献率依然较小,这也是制约我国防控体系建设的瓶颈。

提高自主创新能力,建设创新型国家,是全面建设小康社会的迫切需要,是转变经济增长方式、推动科学技术发展的必然要求,也是提高我国国际竞争力的重要举措。只有提升中国的科技创新能力,加大知识产权的保护力度,才能使无形财产权利理念深入人心,使保护知识产权真正成为社会的共识、公众的需要,中国知识产权立法才能逐步达到国际较高水平。

要建设创新型国家,一是要培养创新型人才。必须以国际化的眼光来培养人才、吸引人才、留住人才、使用人才,构建良好的机制、体制,营造良好的社会环境。二是要加快科技体制的改革。要把中国建设成为创新型国家,就必须根据中国国情建设有中国特色的创新体系——加快技术创新、知识创新、国防科技创新、区域创新等创新体系建设。三是要确立企业在技术创新中的主体地位。自主创新要成功地将成果进行转化、落地产业化应用,并不断开拓市场。在市场经济的条件下,企业具有把科技成果转化为产品的先天优势,有直接面向市场并了解市场需求的灵敏机制,有实现持续的技术创新的条件。因此,应建立起以企业为主体的产学研一体化的创新体系。四是要创造有利于自主创新的政策环境。科技与经济、

---

① 用知识产权战略引领经济发展[EB/OL].(2019-06-09)[2020-05-15]. http://www.lawtime.cn/info/zscq/zscqlw/20120209128032.html.

社会发展的良好结合最主要是通过政策的协调，创造一种平等的竞争环境，在税收、投资、贸易等方面，全面促进科技发展。五是要增强知识产权意识，实施国家知识产权战略。通过完善立法和加强执法，扩大宣传教育的广度和深度，把知识产权保护工作落实到各个环节，形成激发创新热情、鼓励创新行为和提高创新回报的社会环境。

相关部门应制定切实可行的政策以加强对知识产权的保护，典型的如国有企业职务发明者的发明人地位，将对职务发明人的保护与对非职务发明人的保护程度等同。但职务发明人应当保障其所在的国有单位的利益不受损害，如允许国有单位享有一部分专利的经济收益、以技术支持的方式允许国有单位使用该专利、在专利转让时给予国有单位优先权等。

三、立法层面上的革新

中国知识产权立法与美国知识产权立法之间差异的本源在于两国对知识产权犯罪的性质认识不同。而知识产权对美国经济的发展做出的巨大贡献不能不说是以较为严苛的知识产权法为保障的。从立法的体例看，美国的知识产权法更易于操作，对侵权行为的某种情况，除民事责任外，对刑事责任也有详细的规定，这十分有利于司法机关对具体违法行为的监督和处理。这无疑是对中国经济发展的重要启示。而《中国法院知识产权司法保护状况(2017 年)》中的数据表明，2017 年，人民法院共新收一审、二审、再审等各类知识产权案件 237242 件，审结 225678 件，比 2016 年分别上升 33.50%和 31.43%。地方各级人民法院共新收和审结知识产权民事一审案件 201039 件和 192938 件，分别比 2016 年上升 47.24%和 46.37%。其中新收专利案件 16010 件，同比上升 29.56%；商标案件 37946 件，同比上升 39.58%；著作权案 137267 件，同比上升 57.8%；技术合同案件 2098 件，同比下降12.62%；竞争类案件 2543 件，同比上升 11.24%；其他知识产权纠纷案件 5175 件，同比下降2.60%。中国刑事性质案件一审的数量在全部知识产权纠纷一审数量中所占比例并不高，绝大多数的纠纷是按照民事性质的案件处理。我国对知识产权的刑法保护已初步建立起一个法律体系，一定程度上打击了知识产权犯罪行为。但是，随着经济的逐步发展，特别是在中国加入世界贸易组织以后，犯罪现象会层出不穷，犯罪手段日新月异，传统刑法在打击知识产权犯罪方面也会显得有些力不从心，存在不少有待改进和完善之处。

(一)实现知识产权法律体系理念的重构

知识产权政策制定者应以维护个人权益为出发点，根据市场发展的现实状况考虑重新划分个人权利与公共权益的界限，从实现知识产权权利人的权益保护，到促进全社会创新氛围的培养，再到总体科技实力的提升，最后达到全方位维护公共权益的良性循环的理想目标。

(二)实现知识产权刑事法律体系的完善

中国有关知识产权保护的条文散布在民法、刑法、经济法、行政法等部门法中，不同法律在立法理念、立法目的方面的不同造成了在对知识产权侵权行为规制时的不同侧重点。民法、行政法、刑法三位一体的法律防控体系相对比较严密，实现三者的有效衔接对于防控犯罪大有裨益。在当前，尤其要重视涉及网络知识产权侵权纠纷适用法律问题的处理。

1.关于商标权刑法保护的立法完善

一是企业要及时在国内申请商标权，知识产权行政管理机关则要做好商标的登记备案工作，重点监控有侵权记录的企业，及时打击和控制商标侵权行为；二是执法机关要重视对商标侵权行为的打击，做到专项活动与日常执法相结合。同时，严厉惩处接受贿赂、为犯罪行为提供保护的机关人员；三是开通公众举报热线，适当奖励提供有效信息的公民；四是商标反向假冒、服务商标假冒、假冒他人产地外部标识等行为均应规定入刑法的犯罪圈，犯罪化擅自在同种或类似商品上使用与他人相同或相似的注册商标的行为。

2.关于专利权刑法保护的立法完善

企业一要重视提高自主创新能力，大力引进人才，加大资金投入力度，力求掌握更多的自主专利技术；二要及时申请专利，以免导致专利技术外泄；三要建立专利数据库，及时更新，以便了解同行业专利开发的现状。这样既能做到利用现有技术提升自我水平，又能避免在相同或类似的“专利”开发中耗费精力；四要拓宽侵犯专利犯罪行为的保护范围，应将非法实施专利以及冒充专利行为犯罪化；五要加强对侵犯专利犯罪的制裁力度。侵犯专利犯罪与侵犯著作权、商标权、商业秘密犯罪同属于知识产权犯罪，其社会危害性程度都类似，刑法也都将它们归于侵犯知识产权罪一节中。但相较而言，在某种程度上，专利权的获得比其他三种权利的获得所需付出的劳动要大得多，但刑法对侵犯商标权、著作权、商业秘密权的犯罪行为按重罪和轻罪规定了二级处罚制，而对侵犯专利权的行为却没有这种区分，仅为一级刑事处罚，即只处3年以下有期徒刑或者拘役。[①] 这违背了罪刑相适应原则，故而有必要修改《刑法》第二百一十六条规定的刑期，与其他知识产权犯罪的刑期相一致。

3.关于著作权刑法保护的立法完善

对著作权的侵权行为要实行重点防控，建立联动机制，加大执法力度。近年来，国外已采取一种通过版权集体行使组织或社团组织(如版权协会等)的方式保护版权，且较为成功。有些国家的版权所有人甚至组成了国际性的社会组织，以形成一种监控保护网，保护自身的权利，这也对打击和制止盗版起到了良好的作用。[②] 中国也有必要以此为借鉴，通过积极参加各种国际组织来巩固、拓宽著作权犯罪的防控渠道。具体分为以下三点：

一是应拓宽刑法规定的侵犯著作权犯罪范围，以适应著作权保护的需要。著作权的刑法保护范围在大多数国家都相对宽松，且具有不断拓展的趋势。从刑法规定的几种侵犯著作权犯罪行为来看，我国刑法保护的主要是著作权中的复制权、发行权及许可他人以这两种方式使用并由此获得报酬的权利、出版者权和音像制作者权，而对表演、播放、展览、摄制电影、电视以及改编、翻译、注释、编辑等方式使用作品并由此获得报酬的权利则未做明确规定，对此应予重视。[③] 随着数字化技术的出现和飞速发展，有关技术措施和权利管理信息的法律保护不仅已被提到著作权国际保护的层次，而且被部分国家纳入著作权刑法保护体系之中。我国应考虑将著作权刑法保护的对象扩展至技术信息权利管理措施，以充分保护网络环境下的著作权人的合法权益。

二是刑法在注重对著作财产权保护的同时，也不能忽视对著作人身权的保护。从《刑法》第二百一十七条规定的四种侵犯著作权的行为可以发现，被刑法保护的财产权种类有复制权、出版权、发行权，而对人身权保护的只有署名权。从各国著作权保护的法益来看，基本

---

① 于邦振.我国知识产权犯罪刑事政策研究[D].上海：华东政法大学，2007.

② 王新奎，刘光溪.WTO与知识产权争端[M].上海：上海人民出版社，2001：491.

③ 赵国玲.论知识产权犯罪被害人及其保护[J].政法论丛，2001(4).

上都对著作权和邻接权、著作人身权和著作财产权给予同等保护。建议以“刑法修正案”的方式增设侵犯著作人身权的犯罪，如增设侵害已亡作品作者的著作人格权罪、不履行注明义务罪等罪名。

三是我国刑法对侵犯著作权犯罪的主观构成要件不应限制过严。对于侵犯著作权犯罪的主观要件，仅要求行为人具有故意，至于是否有营利目的，于犯罪的成立不发生影响，这已成为世界各国惩治侵犯著作权犯罪的发展趋势。如日本、法国、意大利等国的刑法均未将“以营利为目的”作为侵犯著作权犯罪的主观要件。我国《刑法》第二百一十七条和第二百一十八条规定侵犯著作权罪和销售侵权复制品罪必须“以营利为目的”，此种目的犯立法模式，已远远滞后于侵犯著作权犯罪的国际立法发展趋势。事实上，行为人侵犯著作权的行为并非一定是为了营利，也可以是出于其他目的，如以报复毁损他人的名誉为目的。这些出于其他目的的侵权行为给权利人造成的危害后果与出于营利目的的侵权行为造成的后果可能并没有本质区别，仅仅规定“以营利为目的”的侵犯著作权行为为犯罪行为从逻辑上来说是不合适的。因此建议取消侵犯著作权罪、销售侵权复制品罪中“以营利为目的”的限制。

4. 关于商业秘密权刑法保护的立法完善

企业要提高对商业秘密保护的意识，依靠自身采取保护措施，例如可以通过在交易中签订保密合同、采取技术性措施（防拆卸装置、防反向工程等）、商业秘密加专利或加商标或加版权等途径构建多方位的综合保护体系等实现防控力量的升级。[①]

我国《刑法》第二百一十九条对侵犯商业秘密罪做了相关规定，若从以下方面将该条修改补充，则能使刑法对商业秘密权的保护更为完善。

第一，树立对商业秘密刑法保护适度扩张的基本立场。我国当前商业秘密刑法保护制度主要是由我国《刑法》第二百一十九条以及相应的司法解释组成。当前对商业秘密刑法保护制度的变革都是以国家对商业秘密保护所持的基本刑事政策立场为核心，具体而言就是，国家立法与司法机关对于侵犯商业秘密行为的刑罚惩罚与控制应当秉持何种态度。刑法的灵魂在于刑事政策，任何刑法规范的制度与适用均以一定的基本立场为支撑，而不是凭空捏造、任意制定，同时对法律规范的解释、适用乃至修订均是以一定的基本立场做指引。树立正确的立场，才能找到商业秘密刑法保护的更合适的路径，刑法对商业秘密保护的基本立场应当是有限度的扩张。

第二，对犯罪对象与不法类型的适度扩张。刑事政策的立场选择最终需要在刑法规范及其适用中得以实现。我国《刑法》第二百一十九条规定了侵犯商业秘密罪保护对象的范围、特征、可罚行为类型、危害后果等，多方位构建了商业秘密刑法保护的基本架构。在当前国内外商业秘密保护出现新态势、新情况的背景下，如果我们要对商业秘密刑法保护做出适度扩张，则需以现有制度框架为基准，一方面从解释论的角度扩大犯罪对象的范围；另一方面从立法论的角度，修订侵犯商业秘密罪的具体不法行为类型。

第三，对部分犯罪成立要件的适当限缩。考虑到现代刑法在国家法律体系中的位置与地位，基于商业秘密这种保护对象在权利属性上的特殊性，我国《刑法》在商业秘密保护领域既有扩张趋势，又存在限缩的要求。这种限缩可以通过三个具体路径来实现：一是不法行为入罪门槛条件的分类设置；二是违约行为犯罪化条款的限制解释；三是“间接侵犯商业秘密

---

① 王新奎，刘光溪. WTO与知识产权争端[M]. 上海：上海人民出版社，2001：491.

行为”条款的限缩适用。

此外,如将视野放宽到知识产权法律体系的外面,可以看到反不正当竞争法也与知识产权保护有着千丝万缕的联系。发挥反不正当竞争法的作用是否可以优化知识产权犯罪的防控效果?答案是肯定的。一方面,反不正当竞争法与知识产权法具有诸多的相似性:一是目标的一致性。反不正当竞争法与知识产权法都旨在通过维护权利人的合法权益来达到规范市场秩序的目的。二是规范对象的重叠性。知识产权法中规定的商标、专利、商业秘密是常见的反不正当竞争行为针对的对象。另一方面,反不正当竞争法也因与知识产权法的规范角度不同而对后者有弥补和完善的作用。知识产权法的作用首先是确权——解决的是“权利人是谁”“权利人权利义务的内容如何”“侵犯行为有何表现并应处于何种处罚”的问题,即知识产权法规制的视角是静态的、普遍性的,在规范调整的链条中是具有前置性质的。反观反不正当竞争法,它的调整发生在市场竞争的过程中,主要依据诚实守信原则和公序良俗原则来判断行为人是否在某个个案中存在不正当的竞争行为。可见,反不正当竞争法是从动态的、特殊性的、在规范调整的链条中处于后列的角度去达到规制的目的。而且,《中华人民共和国反不正当竞争法》的第二条规定:“经营者在生产经营活动中,应当遵循自愿、平等、公平、诚信的原则,遵守法律和商业道德。”这一原则性的规定可以不受法律稳定性的限制,将市场上的新型不正当竞争行为纳入规制的范围。因此较知识产权法来说,反不正当竞争法具有更大的灵活性。

5.关于知识产权犯罪处罚方式的立法完善

首先,要调整刑罚结构,完善量刑制度,以权利人的经济损失额度以及侵权产品的数量为入罪标准。刑罚的一个主要目的是剥夺犯罪人的犯罪能力。按照我国刑法的规定,处罚知识产权犯罪案件,主要适用自由刑加罚金刑的刑罚模式,而罚金刑的独特地位和作用未能很好体现。考虑到知识产权犯罪是典型的经济犯罪,应当重视罚金刑等财产刑的规定和运用。另外,禁止从事一定职业、担任一定职务的资格刑也没有得到应有重视。因为实践中的知识产权犯罪大多表现为业务犯罪和单位犯罪。但是目前我国刑法规定的资格刑只有剥夺政治权利一种,并不适用于知识产权犯罪,一些犯罪分子在一定刑罚被执行完之后,会很快重操旧业。相比之下,国外立法中规定的适用于知识产权犯罪的资格刑范围较广,包括禁止担任一定职务、禁止从事一定职业、剥夺一定的权利等。建议借鉴国外的立法经验,对知识产权犯罪适用新的资格刑。例如,将资格刑适用于侵犯著作权犯罪中利用特定技术(如部分修改源程序后复制销售盗版软件)或利用特定社会关系(如利用身份取得录音录像制品进行复制发行)进行犯罪的单位或个人,可以防止其利用从业条件再实施同类犯罪。或者在知识产权犯罪的刑罚规范中增加“主刑执行完毕后 5 年内禁止从事相关职业”乃至“终身禁止侵权人进入特定行业”的内容,以消除其再犯的可能性。[①]

目前刑事立法无法规制现实中的部分严重破坏市场秩序的行为,如以极其低廉的价格贩卖 DVD 的行为。侵权行为人不仅严重侵犯了权利人的合法权益,而且对音像市场秩序造成了极大的破坏,但由于其违法所得无法达到入罪的标准而不能对其进行刑法规制。再如,网络上出现的以非营利为目的的侵犯著作权行为。由于其不具备金额方面和目的方面的条件而无法进行规制。面对此种情况,改变入罪的标准不失为一种能很好地将此类具有

① 熊理思.建议在知识产权犯罪中增设资格刑[N].人民法院报,2006-07-18.

严重危害性的行为纳入刑法体系之中的办法。

其次，发挥附属刑法的作用。知识产权犯罪是法定犯，其罪状描述和犯罪认定有赖于相应的知识产权方面的民事、经济和行政性法规。然而，单靠严刑峻法不可能有效惩治与防范所有侵犯知识产权罪。就知识产权犯罪而言，民事、经济和行政性法规中的行为规定比较粗疏、责任条款明显笼统，刑法规定与其他法律的相应规定时有不一致、不协调的地方。这些涉及附属刑法方面的问题需要及时解决。鉴于目前存在的外国滥用知识产权对某些产品定价奇高、中国用户需求量巨大、市场上盗版风行、市场监管不到位等问题，“入罪标准”不宜制定得太过苛刻，这也是对刑法谦抑性要求的体现。而且，相对于刑法而言，著作权法、商标法、专利法等经济、民事法律可以更直接地调节各种具体的知识产权活动，因而对于预防知识产权犯罪具有更直接的意义。[①] 要想有效防治知识产权犯罪的发生，首先应重视与知识产权有关的非刑事法律的立法工作，逐步建立起一套既适合我国国情又能与国际接轨的知识产权法律保护体系，尽量减少新旧体制转换过程中法律上的漏洞，堵塞此类犯罪产生的机会。

(1)建立缴纳知识产权犯罪再犯保证金或者投保信用保证保险制度。在当今，对于重复构成知识产权犯罪二次以上或者有确切证据证明有较大再犯可能性的知识产权犯罪人，强制其缴纳知识产权犯罪再犯保证金或者投保信用保证保险，是个值得尝试且能有效保护和救济知识产权犯罪被害人的方法。这会是一项适应中国国情的剧烈变化和快速发展的很有针对性的举措。在当今传统的监督与控制措施已经越来越难以实现其作用的社会状况下，设立知识产权保证金，以静制动地对付日益增加的知识产权犯罪，不失为一项合理的制度设计。因此，一方面，设立知识产权保证金制度对于保护和救济知识产权犯罪被害人是很有针对意义的一种措施；另一方面，在市场经济条件下，变人身约束为经济控制，也不失为一项与时俱进的监控手段。

(2)设立我国国家知识产权被侵害的补偿、援助制度。当前，设立国家对于知识产权犯罪被害人的补偿制度是一种具有极强现实必要性的，能够进一步强化知识产权犯罪被害人保护和救济的举措。在知识经济时代，以知识产权为代表的知识经济已经成为一个国家经济发展的引擎和助推器。没有技术创新和革新发明，一个国家的经济就很难具有澎湃的活力；没有一批批成熟的商品品牌、专利的涌现，一个国家的经济就只能在初级无序竞争中徘徊。在我国大力建设创新型社会的今天，知识产权已经成为促进经济持续、健康发展的关键因素，完善和加强知识产权制度已经成为我国全面实现现代化的必然选择，因此有必要积极探索设立知识产权犯罪被害人的保护和救济制度。国家知识产权被害人补偿、援助制度的内容应当既包括物质、金钱，也包括技术支持、心理安慰、信息咨询等非物质给付性内容。[②]

同时，我们要根据国内经济发展和改革的需要，不断完善知识产权立法，主要表现在以下几个方面：一是在确立了知识产权保护基本制度后，继续制定相应的配套法规；二是根据形势的发展和我国改革开放的需要，进一步修改、完善原有的知识产权相关法律；三是加强知识产权立法研究。作为知识产权战略研究的重要组成部分，我国在进一步完善国内知识产权立法的同时，应继续加强知识产权保护的国际交流与合作，积极承担作为国际组织成员

---

① 张宪辉.知识产权的刑事法律保护研究[D].长春：吉林大学，2009.

② 赵星.我国知识产权犯罪被害人保护和救济研究[D].北京：北京大学，2007.

的责任，致力于知识产权保护国际规则的调整和完善，使其有利于世界各国共享科技进步带来的成果和利益。不仅如此，在严格履行自身所承担的保护知识产权国际义务的同时，我国还可以考虑加入新的知识产权保护国际公约。此外，我国应积极利用双边或者多边对话机制，解决经贸关系中的知识产权问题。如通过中美知识产权圆桌会议和中美商贸联委会、中欧知识产权对话机制、与外商投资企业定期沟通机制等渠道，听取其他国家、国际组织和外商投资企业在知识产权保护方面的意见和建议，进一步完善知识产权立法。[①]

四、司法层面上的革新

首先，有必要根据 TRIPS 协议的要求进一步改进知识产权执法程序。尤其是对于我国知识产权法中明显不符合协议要求的规定，如行政终局决定不给予司法复审机会的规定等，应当予以改进[②]。其次，建议设立保护知识产权的专门法院。鉴于“先刑后民”的审判方式可能造成的消极后果，部分法院采取“三审合一”的审判方式，且在现阶段已经具有了明显的积极效果，但司法改革应当向着设立知识产权专门法院的方向发展。此举有助于实现审判标准最大限度的统一，遏制地方保护主义，提高司法效率；有助于实现机构运行的精简高效，提高司法水平；还有助于提升我国在保护知识产权中的国际形象。

程序法上要重视自诉模式的运用。一方面，知识产权犯罪是公众利益与权利人利益的博弈，首先体现为对权利人利益的侵犯，如果权利人愿意通过民事手段获得经济赔偿，则应该充分尊重其个人意见，用最小的成本实现双方利益的重新平衡。另外，经济赔偿对于贪利型犯罪的犯罪人来说也是较为有效的制裁方式，高额的赔偿能削弱犯罪人再犯罪的能力。另一方面，知识产权犯罪对象具有无形性、易于复制性的特点。知识产权犯罪也因此具有相当程度的隐蔽性，公权力的介入通常滞后于打击犯罪的需要。因此，权利人的自诉模式的应用既具有经济性，也具有可行性。

五、执法层面上的革新

（一）严格执法，不断提高惩治知识产权犯罪的执法效率

1. 知识产权行政执法方面，在加强日常执法的同时，还开展了专项行动

近年来，我国大力加强知识产权执法，效果良好。例如，公安部、文化部等十部门联合开展了“反盗版天天行动”。版权局和公安、电信等部门连续四次开展了打击网络侵权盗版专项行动。版权局积极推进版权数字监管平台建设，成立了“国家版权局反盗版举报中心”。文化部加强治理销售非法出版物游商地摊及无证照经营行为，部署开展了以网络游戏、网络音乐市场为重点的“净网行动”，确定每年 4 月 26 日为违法音像制品销毁日。商务、工商、知识产权局等部门开展了“蓝天会展行动”。公安机关开展了“山鹰行动”，与美国联邦调查局开展了代号为“夏至”的联合行动。海关总署在全国海关范围内开展了重点针对通过欧美航线出口侵权货物的“保护知识产权龙舟行动”。

---

① 国务院法制办科教文卫司处长金武卫同志在中国公安部、中国保护知识产权工作组办公室联合主办的“2006 中国知识产权刑事保护论坛”上的讲话。

② 王新奎，刘光溪. WTO 与知识产权争端[M]. 上海：上海人民出版社，2001：482.

2. 司法方面，完善了知识产权审判机制，充实了审判力量；并积极探索建立保护知识产权的新模式[①]

2007年1月，最高人民法院下发了《关于全面加强知识产权审判工作，为建设创新型国家提供司法保障的意见》，就全面加强知识产权审判工作提出了一系列工作任务和具体措施。全国各级法院立案数量和审结的知识产权案件数量逐年上升，知识产权案件的审判质量和效率不断提高。

3. 积极推进知识产权行政执法和刑事司法的部门协作

公安部与市场监督管理总局、海关总署、国家质量监督检验检疫总局、知识产权局建立了知识产权执法协作机制，最高人民检察院推动建立"网上衔接、信息共享"机制，督促涉嫌知识产权犯罪案件及时移送。同时，加强了区域间的协作配合。针对知识产权犯罪跨地区流窜作案的特点，牢固树立了"全国公安一盘棋"观念，克服地方和部门保护主义思想，充分发挥公安机关协同作战能力强、传递信息快的优势，加强打击知识产权犯罪信息的交流，在区域间建立良好的打击知识产权犯罪的协作机制。除此，以公安机关为龙头，与企业一起构建了打击知识产权犯罪的信息网络。[②] 在防控理念上，注重"以人为本"，把扭转公众的价值观、提高公众道德意识作为防控体系的重点。

（二）知识产权执法不足之处

考虑到我国已经加入的《TRIPS协定》对强化知识产权保护的规定要求以及借鉴许多国家从严惩治知识产权犯罪的做法和成功经验，可知我国现行查处知识产权犯罪的力度不够、效率偏低，这是司法实践中的一个突出问题，惩罚和预防犯罪工作仍然任重道远。

1. 执法方式——重"运动性执法"，轻"日常性执法"

"运动性执法"又称严打，即开展各类专项活动打击知识产权犯罪。"运动性执法"可以在短时间内达到打击犯罪人的效果，令潜在的犯罪人不敢"顶风作案"，对于一定时间内的社会治安的好转有着积极的作用。中国近年多次运用这种执法方式来打击知识产权犯罪人，并取得了一定的成绩。但可以看到，我国依然存在庞大的侵权产品交易市场得不到有效整治，菜场、小区门口、花鸟市场等都是知识产权违法案件频发的场所，但由于日常执法的不力，这些场所竟成为社会管理的真空地带。比如，行政执法和刑事执法之间的衔接问题还相当严重，不少知识产权行政执法机关如工商、税务、公安等部门由于制度漏洞和部门利益的驱使往往以行政处罚代替刑罚处罚。这些问题需要在完善制度的同时加以切实解决。

2. 执法力度——重行政执法、轻刑事执法

在实践中，重行政执法、轻刑事执法的错误理念仍然存在，以罚代刑的现象严重。比如，执法人员的执法观念还比较滞后，一些执法人员甚至认为严厉查处知识产权犯罪不符合我国国情，不利于我国民族经济的发展，导致大量严重危害社会的应当处以刑罚的行为都被行政机关所"消化"。另外，临时禁令制度在实践中的运用不到位，不仅造成权利人的损失扩大，还导致相关证据的灭失，并最终使得犯罪人逃脱法网。[③]

---

① 最高人民法院院长王胜俊2009年3月10日在第十一届全国人大二次会议第三次全体会议上所做《最高人民法院工作报告》。

② 刘宪权，吴允峰．侵犯知识产权犯罪理论与实务[M]．北京：北京大学出版社，2007：38．

③ 于邦振，杨仉孙．知识产权犯罪成因及对策探析[J]．上海公安高等专科学校学报，2006(1)．

（三）知识产权执法改进措施

当前我们应当进一步加强和完善行政执法机关以及司法机关的职能，充分发挥其在惩治和预防知识产权犯罪方面的作用。

1. 要提高认识，加强领导，把知识产权保护工作作为执法机关的一项重要工作任务来抓

党和国家一贯高度重视知识产权保护，并做了大量卓有成效的工作，初步建立起了知识产权法律法规体系、管理执法体系和司法保护体系。但是，我们也必须看到，我国保护知识产权工作面临的形势仍然很严峻，部分地区和领域的侵权行为相当严重，有法不依、执法不严的现象亟待改善。因此，执法机关要提高对知识产权犯罪社会危害性的认识。在社会公众普遍对知识产权犯罪容忍度较高的现阶段，执法人员必须尽快更新法制观念，澄清对于知识产权犯罪社会危害性的模糊认识，积极同此类犯罪做斗争，树立为我国的改革开放和经济建设保驾护航的观念。

2. 加强执法人员素质与队伍建设，增强打击知识产权犯罪的力量

高质量、高效率办好案件始终是执法工作的中心任务。知识产权涉及诸多专业化知识，因此对于执法人员的业务素质具有非常高的要求。要有效惩罚和防治知识产权犯罪，必须提高相关司法人员的业务素质。要注重对司法机关人员安排专门的知识产权法律知识培训，向专业化、知识化迈进。在这方面，韩国等地的相关做法可借鉴。1993 年，韩国最高检察院成立侵犯知识产权联合调查中心，并与 21 个主要地区检察院成立区域联合调查队，建立检察机关保护知识产权的专门机构。① 我国可以考虑在公安机关的经济侦查总队中组建和进一步强化专门针对知识产权犯罪的、有知识产权法律知识和掌握相关高科技侦查手段的队伍。专职知识产权犯罪侦查的组织应定期召开侵犯知识产权调查指导会议，分析和研究打击知识产权侵权行为的实践效果，制定反侵权行为的有力对策和相关措施。② 要重视对 WTO 人才的引入。加强 WTO 人才培养和储备不仅能在国际争端诉讼中发挥重要作用，也能为国内立法提供宝贵经验，从源头上完善知识产权防控的法律体系，从而减少国际冲突的发生。

3. 破除地方保护主义，加强各部门、各地区的执法合作

首先，建立国内的联动工作机制。应当从纵、横两条线上明确各机关的职能，加强地区合作，破除地方保护主义，统一执法标准，成立常设的协调小组，负责信息沟通交互、工作会议安排，在必要时负责组建跨地区联合执法队伍。各执法部门要统一思想、提高认识，树立科学的发展观和正确的政绩观，排除地方和部门保护主义的干扰，及时依法公正处理各类侵犯知识产权的刑事案件和涉及知识产权的民事、行政案件。建立健全情报通报制度、案件线索移送制度，形成渠道畅通、信息共享、快速高效的协作工作机制，形成打击合力。在与知识产权犯罪保护有关的行政机关的联合执法中，可效仿韩国的工业产权局向检察机关、警察局、海关和地方政府提供有关信息，并在必要时派员到相关机构帮助执法的体制，建立知识产权犯罪指导派员制。③ 意大利著名刑法学家贝卡利亚曾指出："在一个国家的疆域之内，不应当有任何一块土地独立于法律之外。法律的力量应该形影不离地跟踪着每一个公民。

① 潘军. 韩日对知识产权的保护[N]. 检察日报，2001-04-09.

② 杨正鸣. 知识产权犯罪抗制对策论[J]. 犯罪研究，2003(6).

③ 杨正鸣. 知识产权犯罪抗制对策论[J]. 犯罪研究，2003(6).

……庇护往往是提倡犯罪，它使刑罚赶不走犯罪。”

4. 加强司法救济措施，严格执法，依法提高对犯罪行为的制裁力度

当前知识产权犯罪执法领域“以罚代刑”现象比较突出，真正具有社会后盾作用和威慑力的刑罚未发挥其应有的功能。因此，要加大打击知识产权犯罪的力度。要突出重点，加大力度，依法从严惩处知识产权犯罪。在刑事司法实践中，要在司法机关内部建立专门的机构，配备专门的力量。在审判过程中，可以请技术专家陪审或参与咨询，以保证审判的公正、公开、科学。此外，在知识产权被害人救济方面，我国应尽快建立法定赔偿制度。侵权人所负有的经济赔偿责任应以侵权人因侵权获得的非法利润、被害人因侵权所受到的损失或者以不低于合理使用费的数额为计算依据。在这几种方法中，权利人有选择权。对于故意实施侵权行为且侵害后果严重的侵权人，不仅应赔偿因其侵权行为给被害人造成的损失，而且应将其侵权获利赔偿给被害人，以加大对侵权者的制裁力度。在确定赔偿额时应遵守的一个原则是，要让侵权人明白侵权是要付出代价的，是得不偿失的。只有这样才能对侵权人具有惩戒作用。

六、国际合作层面上的革新

数字技术、互联网等科技手段的普及使知识产权侵权更便捷，而各国不法分子的参与则使知识产权犯罪成为国际社会共同面临的问题。当前知识产权犯罪在全球范围内日益严重，呈现出国际化、专业化的趋势，跨国（境）犯罪活动突出，与有组织犯罪存在越来越多的关联，不但严重侵犯了知识产权权利人的合法权益，许多假冒产品甚至威胁到了消费者的健康和安全。而且知识产权犯罪对技术进步、文化传播和国际贸易也产生了负面影响，成为对国家、经济和社会发展构成严重危害的重要问题。中国应当积极与国外有关机关、组织合作，促进信息的共享和交流，建立防控知识产权犯罪的国际网络，强化专业的技术和管理措施，才能有效遏制侵权犯罪特别是跨国犯罪活动的泛滥。应建立各国执法机构之间的联络制度，积极开展协助调查取证、通报犯罪线索、交流信息情报、提供司法协助方面的合作与交流，打击跨国跨境知识产权犯罪。开展各国执法机构之间的沟通交流和教育培训合作，相互了解对方的法律制度、执法体制和侦查模式，增进交流与合作。如国际刑警组织建立的国际知识产权犯罪信息数据库便是获取国际犯罪信息的良好平台。国际刑警组织于 2008 年 2 月 26 日正式建成国际知识产权犯罪信息数据库并投入使用，共有 12 个跨行业代表机构、跨国公司和第三方组织为其提供了文本格式的数据，国际刑警组织中共有 21 个成员提供了近 243 份知识产权犯罪调查记录。目前，该数据库的信息涵盖 5000 多个实体，其中包括 287 个企业和个人。设在法国里昂国际刑警组织总部内的机构会对所有数据进行分析，研究不同工业领域内的知识产权犯罪活动是否存在相互联系，为刑事调查提供帮助，并撰写翔实的知识产权犯罪情况报告。数据库提供的资料对国内外展开良好合作，形成打击犯罪的国际网络十分有利。①

法律研究应该关注社会现实，尤其应该立足于全球化背景下当代中国经济社会发展的现实。我国应建立具有中国特色的保护知识产权的刑事司法体系，推进创新型国家建设，服务于经济社会发展。而且，我们在借鉴美国知识产权刑事法律保护的同时，应考虑其立法理

---

① 舒洪水，贾宇. 全球化时代的知识产权犯罪及其防治[J]. 法学家，2009(1).

念、立法模式以及具体的法律内容，从而有力推进我国知识产权的刑事司法保护体系的建立，为建设创新型国家奠定法治基础。

结 语

知识产权犯罪及其防控，是一个有机的系统。近年来，中国的知识产权犯罪防控取得了令人瞩目的成绩，但依然面临着“内忧外患”——内部的侵权行为频发，外部的国际冲突不断，要在根本上提升防控水平，仅仅研究知识产权犯罪本身是远远不够的，只有将眼光投向防控的“彼”与“此”、“今”与“昔”、“中”与“外”，才能汲取更多养料，结出防控的累累果实。

首先，知识产权防控理念的创新。知识产权的防控要更加关注宽严相济政策的运用。刑法是规制某种行为的最后一道防线，新行为的入罪虽然对加大打击力度有着迅速的效果，但也可能导致公益受损，因此，一方面要实现刑事程序和行政程序的有效衔接，排除人为的“宽”的因素，另一方面，则应当更为谨慎地对待“刑事门槛”的问题，利用现有的法律体系的协调运作和改善社会防控环境来实现更高效地防控犯罪的目的。

其次，知识产权法律防控的革新。在立法方面，一是要从严治理知识产权犯罪，将知识产权犯罪界定为财产犯罪可以在很大程度上解决刑法对新行为打击不力的问题；二是利用不同法律的相互关系实现现有法律体系功效最大限度的发挥；三是规范行政机关在处理涉嫌犯罪的案件中的行为，实现行政程序与刑事程序的有效对接。在司法方面，一是要重视自诉模式的运用，自诉模式是针对知识产权犯罪的特征、犯罪人矫治要求引进的，是对被害人实现有效救济的途径之一；二是要以建立知识产权专门法院为目标解决诉讼管辖冲突和专业人员缺乏的问题。在执法方面，要重视长效机制的建立、技术防控的应用，实现司法力量的更有效的应用。

最后，知识产权综合治理的维新。社会治安综合治理要秉承“以人为本”的理念，坚持预防为主，重点关注社会大环境的改善。

虽然市场经济的发展无法回避知识产权侵权问题，但大力提高一国的创新实力，鼓励创造发明，实现知识产权对生产力的极大促进作用，是一国提升综合国力的必由之路，也是最终完善知识产权犯罪防控体系的保障。因此，国家要创造良好的政策环境支持自主知识产权的研发，这样才能实现创新飞跃。

第十章　知识产权犯罪行为研究

知识产权犯罪是犯罪中的一个类属。知识产权犯罪，从性质上说，是一种典型的法定犯。法定犯，是指行为从性质上来说并没有严重违反社会伦理，却根据法律的规定而被认为是犯罪，也称为行政犯。[①] 法定犯，是与自然犯相对的概念。自然犯，是指即使法律没有规定为犯罪，其行为性质上仍存在明显违反社会伦理道德的特征，如杀人、强奸等传统犯罪。有学者说"自然犯具有自体恶，这种自体恶是指某些不法行为本身即具恶性，此等恶性系与生俱来，不待法律之规定，即已存在于行为之本质中"[②]。从这个意义上说，法定犯具有的恶性来源于法律的禁止性规定，而非行为本身所具有的违反人性本源的恶。

知识产权客体是一种可自由流动的非物质成果（精神产品或知识产品），信息产品中的智力成果作为一种财产权，是公共政策的产物。公共政策在当代社会发展中起到了极大的作用：一方面通过创设知识产权来刺激和鼓励人们投身于科学、技术、文化等知识形态领域的创作和创造活动之中；另一方面只对其进行有限保护，以使社会公众能够合理地利用信息产品中的智力成果，进而推动社会的进步与发展。知识产权犯罪行为不仅侵害了权利人的财产权利，并且对国家治安和社会稳定秩序产生危害，因此将这样的行为划入犯罪圈具有其现实意义。知识产权犯罪的本质是严重侵犯了体现国家治安以及社会稳定秩序的客体——知识产权权利。

广义的知识产权权利是一种由人类创造的无形财产所依法享有的权利。各国法律所规定的信息产品中的智力成果相对应的具体范围，与该国的社会、经济、文化和科学技术发展的实际情况关系密切，因时因地而异。就我国而言，依据现有的知识产权法律体系，知识产权权利主要包括商标权、专利权（包括发明、实用新型及工业品外观设计权）、著作权、商业秘密权等。

知识产权犯罪有其固有的特征。第一，知识产权犯罪的客体为复杂客体，既包括权利人的信息产品中的智力成果，又包括国家对信息产品中的智力成果的管理秩序和信息产品中的智力成果人的合法利益。[③] 侵犯知识产权罪就其侵犯的客体看可被认为是一种财产犯罪，针对其危害性又可被归类为经济犯罪。由此可知其同时兼有两个类型犯罪的特征，因而有别于一般的财产犯罪和经济犯罪。[④] 第二，知识产权犯罪是一种典型的暴利驱动型犯罪。李斯特提出了犯罪是由社会因素和个人因素决定的二元论，并认为在犯罪形成过程中社会因素具有决定性作用。知识产权的创作过程需要高超的人工智力和大量的财力物力支持，

---

① [日]大谷实．刑法讲义总论[M]．黎宏，译．北京：中国人民大学出版社，2008：103．

② 陈兴良．刑法的启蒙[M]．北京：法律出版社 1998：234．

③ 赵秉志．侵犯知识产权犯罪研究[M]．北京：中国方正出版社，1999：64．

④ 李汉军，张文．论知识产权的刑法保护[J]．中国法学，1995(3)．

相较之下，对其成果的复制和模仿投入成本十分之低廉，尤其是对作品和商标的侵权行为几乎是零成本。如拍摄电影需要耗费大量资金和人力，但一张盗版光碟的成本不到一元，犯罪的经济门槛非常低。销售盗版光碟的利润空间可以达到成本的几十倍。《资本论》中形容冒险的资本家们为了100%的利润，敢践踏一切人间的法律，为了300%的利润就敢犯任何罪行，甚至冒绞首的危险。[①] 巨大的利润空间和低廉的“投资”门槛促使人们对知识产权犯罪趋之若鹜。第三，知识产权犯罪均为结果犯。侵犯信息产品中的智力成果的行为必须造成一定后果才能构成犯罪，即刑法中所称的“情节严重”，否则仅构成一般的侵权行为。[②] 并且，知识产权犯罪中的“情节严重”一般是指量化的结果，如违法所得数额巨大或者制造、销售的违法物品达到一定数量等。

在我国，知识产权犯罪最典型的表现形式就是刑法规定的侵犯知识产权罪。因此，即便是从犯罪学角度研究知识产权犯罪，法定知识产权犯罪行为也仍然是主要的研究对象。本章将以刑法对侵犯知识产权罪的相关规定为出发点，且不局限于我国《刑法》分则第三章第七节规定的“侵犯知识产权”，将知识产权犯罪行为分为四类：商标犯罪、专利犯罪、侵犯著作权犯罪、侵犯商业秘密罪。并在每一类别中区分法定犯罪行为和法外准犯罪行为进行全面阐述。只有把法定犯罪行为和法外准犯罪行为放在一起研究，才能发现它们在社会危害性上的异同以及成因上的同源性。其中，所谓法外准犯罪行为，是指刑法没有规定，但侵犯了知识产权或者知识产权制度的行为。这些行为绝大多数表现为我国相关知识产权法律中规定的侵权行为，其中包括一些危害严重的犯罪化的行为。整体而言，我国刑法规定的侵犯知识产权罪亦是世界上绝大多数国家刑法公认的犯罪，故不存在除犯罪化的问题，因此本文也不涉及待除罪化的知识产权犯罪行为。需要说明的是，商标犯罪、专利犯罪的界定，没有沿用我国刑法学研究中惯常使用的“侵犯商标权犯罪”“侵犯专利权犯罪”的名称，主要是考虑在这两类行为中，除了侵犯知识产权行为外，还应包括一些没有侵犯知识产权，但侵犯了信息产品中的智力成果管理制度和秩序的行为，亦有放在知识产权犯罪中进行考察的必要，且国外也有类似的立法例，应予借鉴。

第一节 商标犯罪

商标或商号是企业生存与发展的重要支柱之一。改革开放以来，我国的商标权的违法犯罪行为日益严重，它不仅侵犯了商标权人的专有权和国家商标管理制度，而且危害了消费者的合法权益，严重干扰和冲击了我国的社会主义市场经济秩序。面对产业结构转型，以及大力发展第三产业和实施品牌战略等社会形势的新需要，一些对刑法关于商标权保护立法的拷问重新进入了学者们的视线。

一、法定犯罪行为

各国法律针对商标或商号犯罪有不同的相关成文规定。我国刑法规定的商标犯罪包括

① [德]卡尔·马克思.资本论：第一卷[M].北京：人民出版社，1958：839.

② 聂洪勇.知识产权的刑法保护[M].北京：中国方正出版社，2000：87.

假冒注册商标罪，销售假冒注册商标的商品罪，非法制造、销售非法制造的注册商标标识罪。

英国1938年4月13日通过了商标法。随着国际政治、经济形势的急剧变化，在英国实行了50多年的商标法已经无法适应时代的要求。因此英国于1994年10月制定了一套新的商标法。新商标法对英国的商标制度进行了一些根本性的变革，规定了商标侵权的刑事责任。[①] 该法规定的犯罪均为故意犯罪，其主要包括侵犯注册商标权犯罪、假冒注册商标犯罪、假冒未注册的驰名商标犯罪等。

美国对侵犯商标权的行为只规定了一个罪名，即假冒商标罪。对于其他侵害商标权的行为，依法一般不承担刑事责任，只作民事责任处理。根据1984年的《商标假冒条例》，所谓假冒商标罪，是指使用在商品上和服务交易中，与在这些商品和服务上逐步注册的商标相同或者不能区别的欺骗性的商标的行为。在刑罚适用上，规定了自然人犯罪和法人犯罪。对于个人假冒商标的，应处以25万美元的罚金或者5年监禁或者两者并罚；如果不是个人，应当处以100万美元的罚金。

德国商标法最初制定于1968年，经1979年和1987年两次修改，该法第二十四至第二十六条规定侵害商标权的犯罪。德国商标的取得依照法定是基于注册原则的。根据德国商标法的规定，侵犯商标的犯罪主要有以下几种：非法使用他人姓名、商号或商标罪，非法使用商品的外部标识罪，对商品的虚假说明罪。德国的商标法不仅针对非法使用他人注册商标的行为设定了相关法律法规，而且对于非法使用他人的姓名或商号的行为、非法使用商品的外部标识的行为也规定了刑罚处罚的相关标准。而他人的姓名、商号或商品的外部标识并不一定是其注册商标的组成部分，即使未予注册，也受到刑法的保护。从这一点上来说，其对于商标权的保护较为全面周到。[②]

（一）假冒注册商标罪

根据《刑法》第二百一十三条，假冒注册商标罪，是指违反商标管理法规，未经注册商标所有人许可，在同一种商品上使用与其注册商标相同的商标，情节严重或特别严重的行为。假冒注册商标罪保护的法益是复合型法益，既包含商标权利人的财产性权利，同时包含社会主义市场经济秩序。

1.“未经注册商标所有人许可”的含义

行为人违背注册商标所有人的意志，未经注册商标所有人许可，这是构成假冒注册商标罪的本质特征，也是构成本罪的一个基本前提。但是对于如何理解“未经注册商标所有人许可”，目前学界有两种主张：一是以是否有许可合同作为判断标准，即判断行为人是否取得了注册商标所有人许可的唯一标准是行为人是否同注册商标所有人签订了注册商标使用许可合同。如果行为人同注册商标所有人签订了商标使用许可合同，则推定其取得了所有人的许可；反之，就是未经许可，则推定其构成假冒注册商标的行为。二是以是否取得注册商标所有人同意作为判断标准。这种观点认为，已经取得注册商标所有人的同意，而受让人未按法定程序办理有关手续即使用其注册商标的，只是一般形式上的许可要件不具备。这种行为与未经注册商标所有人的同意而使用其注册商标有本质的不同，其实质上并不构成对注册商标专用权的侵犯。

---

① 赵秉志，田宏杰. 侵犯知识产权犯罪比较研究[M]. 北京：法律出版社，2004：235.

② 赵秉志，田宏杰. 侵犯知识产权犯罪比较研究[M]. 北京：法律出版社，2004：235.

笔者认为，注册商标或商号使用许可是一种要式民事法律行为。尽管《商标法》第四十三条第一款规定：“注册商标人可以通过签订商标使用许可合同，许可他人使用其注册商标。”这似乎表明，受让人可以通过签订商标使用许可合同而获得他人注册商标的使用权，也可以通过其他方式获得他人的商标或商号使用权。但《商标法实施条例》第四十三条同时规定，许可他人使用其注册商标的，许可人应当自商标使用许可合同签订之日起3个月内将合同副本报送商标局备案。据此，只有签订了使用许可合同并报商标局备案后，注册商标许可才具有法律效力。被许可人通过与许可人签订使用许可合同，取得注册商标使用权，不享有商标所有权，商标所有权没有发生转移，仍然归许可人享有。

商标注册人的许可，无论是明示还是暗示，无论是口头还是书面，无论是否经过工商管理部门的核准和备案程序，但凡能够证明使用是在商标所有人的许可下进行的，那么就不构成犯罪，不应被追究刑事责任。即在行为人已经取得注册商标所有人许可的前提下，行为人即获得商标的使用权，因此即使商标注册人和被许可人未按法定程序办理有关手续即使用其注册商标的，也不应推定其构成犯罪。

2.“同一种商品”的含义

同一种商品是商标法中的重要概念。根据现行刑法的规定，“同一种商品”应分为名称相同的商品、名称不同但指同一事物的商品。划分依据有三点。(1)《商标审查标准》中提出“同一种商品”包括名称相同和名称不同但属于同一事物的商品。(2)《刑法》和《商标法》就假冒注册商标行为的规定本质上是一致的，对其中相同的法律概念也应做相同的理解，这将有利于实践中的执法与刑事司法的有效衔接。(3)该“名称”，是指在商标注册工作中商品使用的名称，一般即《类似商品和服务区分表》中规定的商品名称；“名称不同但指同一事物的商品”，是指在功能、用途、主要原料、消费对象、销售渠道等方面相同或基本相同，相关公众一般认为其实质上是同一种事物的商品。我国《刑法》第二百一十三条规定，成立假冒注册商标罪，要求行为人必须是在同一种商品上使用与他人注册商标相同的商标。

认定行为人所假冒的商品与注册商标核定使用的商品是否同一种商品，离不开商品分类表。商品分类表根据商品的原料、用途、性能、制造方式等，按照物以类聚的方式，将成千上万的商品划分类别。这种按照归类方式将商品加以划分的商标注册使用表，就是商标注册用商品分类表。它是商标管理法规中的一个重要文件，具有法律效力，也是判断商品是否相同或相似的重要根据，直接影响到对商标权的保护。我国《商标法》第二十二条规定：“商标注册申请人应当按规定的商品分类表填报使用商标的商品类别和商品名称，提出注册申请。”

为了便于商标检索、审查和管理工作，我国商标局对《商标注册用商品和服务国际分类表》中的同类商品和服务进行了再划分，即在原分类的基础上将每一类商品和服务划分为若干个类似群，从而形成了《类似商品和服务区分表》。《商标注册用商品和服务国际分类表》是商标管理中的重要文件，具有法定效力。而我国商标局制定的《类似商品和服务区分表》又是判断商品或服务是否相同或者类似的主要依据，也是商标审查人员、商标管理人员、商标代理人和商标申请人判断商品或服务是否相同或者类似的主要参考。因为该表不是法规性文件，[①]故不能作为唯一的依据。

---

① 孙影.商标侵权法律问题研究[D].上海：复旦大学，2005.

笔者认为，判断相同商品时，应以《商标注册用商品和服务国际分类表》为基础，以商品的通用名称和用途作为主要标准，同时还应当参考商品的主要原料、消费对象、销售渠道等因素。在判断待认定商品与参照商品是否属于同一种商品时，应当将商品分类表、商品通用名称和用途结合起来综合分析。首先确定参照商品属于商品分类表中的哪一类，其通用名称和用途是什么，然后判断待认定商品是否也属于该类，其通用名称和用途是否也与之相同。如果两种商品均属于商品分类表中的同一类，而且名称、用途也相同，则它们属于同一种商品。

3."相同的商标"的含义

2004年12月22日起施行的最高人民法院、最高人民检察院《关于办理侵犯知识产权刑事案件具体应用法律若干问题的解释》第八条规定："《刑法》第二百一十三条规定的'相同的商标'，是指与被假冒的注册商标完全相同，或者与被假冒的注册商标在视觉上基本无差别、足以对公众产生误导的商标。"但在实践中，许多行为人在注册时，通过一些细微处的改变，例如改变注册商标字母大小写、增删空格、添加注释性词语等，投机取巧，使得商标在视觉上看似有些许差别，以此躲避刑事处罚。据此，"相同的商标"应包括完全相同和基本相同两类。完全相同的含义不言自明，但界定所谓的基本相同的依据仍然有待商榷。如果以不合理限度的扩大，就有可能与"近似商标"混淆。"基本相同"与"近似商标"在商标法中是存在区别的两个概念，在刑法中更涉及罪与非罪的区分。因此，对两者进行合理的区分显得尤为关键。笔者认为，要区分基本相同与近似商标，必须以"基本相同"的构成要件为出发点。两高的《解释》将"基本相同"表述为"与被假冒的注册商标在视觉上基本无差别、足以对公众产生误导"。从该规定可以看出，认定商标的基本相同应包括两个方面的条件。

第一，足以对公众产生误导。所谓足以对公众产生误导，一般是指会使得公众对商品来源产生错误认识，或者促使公众误认当事人与注册商标人之间存在某种特殊联系。①

一般来说，是否误认有两种判断标准：一是专业认识标准，即凭借专家、专业人员的认识水平、实际经验，由他们来进行认定，必要时做出鉴定；二是普通认识标准，即参考大多数普通消费者在通常情况下的识别能力、购物经验，只要足以使大多数公众误认为是相同的商标的，就可以认定其为基本相同的商标。② 笔者认为，第二种标准以普通公众作为误认的主体是比较切合实际的，符合其社会性质。因为商标的基本功能就在于表彰商品，区别不同生产者、经营者的同类商品，便于消费者识别商品的来源和质量，从而选购自己想要的商品。随着工商业的发展，商品的种类越来越多，消费者也越来越需要借助商品的商标来辨认多样化的商品。因此，从某种意义上讲，建立商标制度，对商标权进行法律保护，也就是保护商品生产者、经营者，通过商标，与消费者建立商品销售的诚实沟通关系。生产者、经营者通过商标向消费者介绍、宣传自己商品的质量、信誉，其目的就是让广大的消费者通过商标认识了解自己的商品。消费者则通过商标判断不同质量、信誉的商品是否为自己所需。因而采用消费者标准符合商标的基本作用，是符合实际情况的。

对于普通消费者的外延，应该做狭义理解，不能涵盖专家、专业人员消费者，即商标专业技术人员、商标行政审查人员、商标司法审查人员等。但在实践生活中，由于生活经验及技

---

① 参见《关于执行商标法及其实施细则若干问题的通知》第七条。

② 张明楷.刑法学(下)[M].北京:法律出版社,1997:669.

术知识等条件限制，要求普通消费者对于商标是否相同做出精准的判断，无疑是一种苛求。因此，在司法实践中，在判定是否“足以造成误认”时，还应当把握以下几个标准：(1)以普通消费者的知识经验为标准；(2)以普通消费者的普通注意为标准；(3)以隔离观察(即将两个商标分别观察，而非放在一起对比观察)为标准；(4)以整体观察为标准；(5)以商标显著部分观察为标准。①

第二，视觉上基本无差别。这也是基本相同与近似的关键区分。一般而言，基本相同商标在视觉上基本无差别，主要是指该商标与注册商标相比，在商标整体、细节上，单从视觉上看不易分辨出差异。而近似商标只是在文字的字形、读音、含义或者图形的构图及颜色或者文字与图形的整体结构上有所改动后，易使消费者对商品的来源产生误认，实际上商标本身仍存在着较大程度的差异。正如有学者所指出的：相同商标的比较主要是从“形”上进行，而近似商标除了从“形”上进行比较外，还包括从“义”“音”“色”“比例”等方面进行比较。概言之，“在视觉上基本无差别”，对一般公众而言，是基本上分不清假冒商标和被假冒商标的区别，但就近似商标而言，假冒商标和被假冒商标的区别通过施以“普通注意、通体观察以及比较主要部分”等，其差别是显而易见的。②

针对认定“相同商标”中的疑难问题，《关于办理侵犯知识产权刑事案件适用法律若干问题的意见》(法发〔2011〕3号)将实践中较为常见的容易引起分歧的认定商标是否相同的情况做了如下规定：“具有下列情形之一，可以认定为‘与其注册商标相同的商标：(1)改变注册商标的字体、字母大小写或者文字横竖排列，与注册商标之间仅有细微差别的；(2)改变注册商标的文字、字母、数字等之间的间距，不影响体现注册商标显著特征的；(3)改变注册商标颜色的；(4)其他与注册商标在视觉上基本无差别、足以对公众产生误导的商标。”

该规定比较具体明确，为实践中认定是否构成相同商标提供了一个较为明晰的判别标准。需要注意的是，视觉上基本无差别的商标不等于相似商标。相似商标尽管也会导致消费者误认，但与注册商标本身存在着较大程度的视觉差别，而且这种差别并非仅仅是细节上的。例如，王致和商标是北京市王致和腐乳厂于1985年向国家商标局注册的商标。北京顺义县致和腐乳厂于1987年申请注册“致和”商标未获批准，遂于1989年申请“致”字注册商标并获得批准。但是顺义县致和腐乳厂并未使用已注册的“致”字注册商标，而是擅自使用未获注册的“致和”商标。这一行为后来被认定为在同一种商品上使用与他人注册商标相似的商标的侵权行为。③ 因为“致和”与“王致和”尽管容易使消费者发生混淆并导致误选商品，但是毕竟有一“王”字之差，视觉上差别较大，不属于完全相同或者在视觉上基本无差别的商标，而是两种相似的商标。这种侵权行为尚不构成侵犯注册商标的犯罪。

4.服务商标和商号的含义

服务商标和商号作为知识产权的组成部分，在我国现有法律规定中受到了民法和商标法的保护。除此之外，笔者认为针对严重侵犯服务商标的行为还需要刑法的保护，应当将服务商标和商号纳入刑法保护范畴，给予与商品商标一样强度的保护，具体理由如下。

首先，服务商标与商品商标具有同等法律地位。我国《商标法》第四条规定：本法有关商

---

① 朱孝清.略论惩治假冒商标犯罪的几个问题[J].法学,1994(2).

② 孔祥俊.反不当竞争法的适用与完善[M].北京:法律出版社,1998:168-169.

③ 党建军.侵犯知识产权罪[M].北京:中国人民公安大学出版社,2002:14.

品商标的规定，适用于服务商标。

其次，从立法协调性角度看，《商标法》第五十九条有关于注册商品商标的侵权行为构成犯罪要追究刑事责任的规定，但在刑法中未明确注明如何适用前述规定，没有明确具体定罪处罚措施，因此按照罪刑法定原则，此类侵权行为显然不属于刑法调整的范围。刑法第二百一十三条假冒注册商标罪和第二百一十四条销售假冒注册商标的商品罪仅对商品商标提供刑事保护，侵犯服务商标的行为只能根据第二百一十五条非法制造、销售非法制造的注册商标标识罪进行刑法规制。可见，刑法保护与民法面临同类案件与情形时，两者之间仍然存在空隙，衔接不紧密。

再次，服务商标和商号具有极高的价值。在第三产业飞速发展的今天，其扮演着越来越重要的角色，出于政策考量，大力发展第三产业也应当给予刑法保护。2013 年度商标价值排行榜上，"Google"作为网络服务提供商的注册商标，商标价值高达 521.32 亿美元，位列全球商标价值第三位。[①] 就商标在国民经济中的价值角度来考察，服务商标的价值并不低于商品商标。随着经济的发展，服务商标因其代表的服务业的高附加值，其价值明显高于一般商品，从而获得了相对重要的地位。在我国，一系列为公众所熟知的服务商标已经拥有了良好的声誉，如顺丰快递、Motel168、好乐迪等。它们有统一的商号、商标以及装修风格，极具显著性，在消费者观念中也已经树立了商标与服务的联系。

随着我国经济社会不断进步，第三产业占整个国民经济的比重持续提升，我国法律应给予商品商标和服务商标同等的保护力度。将服务商标纳入刑事保护范畴之列，符合我国当前产业结构调整的现实需要。我国当前正处于产业转型时期，产业结构还不够完善，经济发展倚重第一、第二产业，服务业发展滞后，服务业对我国国民生产总值的贡献率是最低的，成为我国经济增长的瓶颈。这一方面体现出与发达国家的巨大差距，另一方面说明第三产业拥有巨大潜力，是我国未来发展的方向。因此，大力发展第三产业成为优化产业结构的关键一步。而服务业的发展与促进离不开法律上各项保障措施的跟进。

最后，保护服务商标和商号已经成为世界趋势，也是国际公约对缔约方的要求。我国参与经济全球化的范围日益扩大，程度也逐渐加深，其中对外服务贸易占整个对外贸易份额的比重正大幅上升，对于服务商标，如果我国未能采取与国际社会要求相一致的保护措施，那么将对我国的经济增长和国际地位的提升造成严重影响。

《保护工业产权巴黎公约》第一条规定，工业产权的保护对象有专利、实用新型、外观设计、商标、服务标记、厂商名称、货源标记或原产地名称和制止不正当竞争。《TRIPS 协定》中，在涉及商标权问题时，都是将商品与服务相提并论。这两种商标都是刑法保护的对象，并没有将刑事制裁的范围局限于商品商标。如第十五条规定："任何能够将一个企业的商品和服务与另一企业的商品和服务区别开来的标识或标识组合，均应能够构成商标。"

笔者认为，第二百一十三条假冒注册商标罪的罪状设置可略作修改，将商品商标和服务商标置于并列保护地位，并对侵犯服务商标的行为模式进行划分规定。这就是说侵权行为人未获商标权利人同意，在同类商品或服务上使用与该商品商标或服务商标相同商标的，应当受到刑罚处罚。"使用"是服务商标侵权行为发生的最基本、最普遍的形式。"制造"和"销

---

① 2013 年 Brand Finance 全球品牌价值 500 强全榜单[EB/OL].(2018-04-02)[2020-09-01].http://wiki.mbalib.com/wiki.

售”这两种侵权行为在服务商标上发生的可能性远远小于商品商标，因为服务的无形性决定了提供服务者无法将服务商标粘贴于服务的表面。最普遍、最可能实施的侵权行为即是具有严重危害性的行为，将其规定为犯罪既不违背慎刑的理念，又能遏制此类侵权行为的蔓延。

（二）销售假冒注册商标的商品罪

根据《刑法》第二百一十四条，销售假冒注册商标的商品罪是指销售明知是假冒注册商标的商品，且销售金额数额较大的行为。

故意销售假冒注册商标商品的行为人，其本身并不直接生产、制造假冒注册商标的商品，而是通过销售，通过商品流通将假冒注册商标的商品推向市场，从而将假冒注册商标的商品公开销售给社会大众。除其本身获得非法利益外，同时也促使假冒注册商标商品的造假者实现其最终的犯罪目的。因此故意销售假冒注册商标商品的犯罪行为在造假者和销售市场之间起着“桥梁”和“中介”作用。假冒者为“源”，销售者为“流”，其销售行为对假冒行为起到了推波助澜的作用，其社会危害性不容低估。

1.“销售”的含义

在这里，销售应做广义理解，泛指一切将商品有偿卖出的行为，包括零售、批发、推销、代销、贩卖以及为了出售而购买等。销售行为应表现为商业性质的有偿性。从商品流通的环节看，买进卖出这类假冒注册商标的商品，获取非法利益是其行为特点和根本目的。如果只是购进假冒注册商标的商品而不再卖出的，则不能将其推定为有罪，同理，行为人无偿的赠送行为，如促销中的搭送，也不能以本罪论处。

此外，如果行为人存有售出假冒注册商标的商品的行为，即使未收回价款，也应推定其构成本罪。实践中经常遇到这样的情况：销售者已经与购买者签订购销合同或者货已售出，而购方尚未付款即案发。虽然销售行为通常包含卖出产品和收取相应对价两个环节，但销售行为的成立并不以实际收取了对价为必要构成要件。① 如果认为销售未成则缺乏数额要件，不构成犯罪，那么势必造成这样一种状况：尽管犯罪嫌疑人拥有大量的假冒商标商品待售，司法机关只能“望假兴叹”而无法追究其刑事责任，这无疑是在纵容此类犯罪行为的频频发生。因此，行为人明知是假冒注册商标的商品而予以出售，购买人出于各种原因未支付价款，如购买人违反交易规则赖账不付，或者购买人在购买该商品后发现是假冒他人注册商标的商品而要求予以退货或拒付货款的，都不影响行为人销售行为本质上的有偿性，由于行为人未获得货款是出于其意志以外的原因，因此并不影响本罪的成立。

2004年12月22日起施行的两高《关于办理侵犯知识产权刑事案件具体应用法律若干问题的解释》第九条规定：《刑法》第二百一十四条规定的“销售金额”，是指销售假冒注册商标的商品后所得和应得的全部违法收入。相关法理原则在其他类似罪名的处理中亦可得到印证，如2001年4月10日起施行的两高《关于办理生产、销售伪劣商品刑事案件具体应用法律若干问题的解释》第二条规定，生产者、销售者出售伪劣产品或伪劣产品尚未销售，货值金额达到刑法第一百四十条规定的销售金额三倍以上的，以生产、销售伪劣产品罪（未遂）定罪处罚。但从商标侵权的过程看，制假行为是源头，销假行为是末端。制假往往都是犯罪既遂，销假往往是犯罪未遂。源头行为一般定价低，案件查实的犯罪金额较低，而同样的数量

① 赵秉志.刑法案例与学理研究(分则篇二)[M].北京：法律出版社，2001：221.

在销售端查实的犯罪金额则较高。在这种情况下，销假的犯罪未遂比制假的犯罪既遂处罚重以及制假和销假的量刑标准一致，均不尽合理，建议通过修改司法解释进行调整。

2.“明知”的含义

本罪的主观方面只能是故意，即行为人明知是假冒注册商标的商品而予以销售。关于如何界定本罪的“明知”，在学界曾经长期争议颇多。2004 年 12 月 22 日起施行的《关于办理侵犯知识产权刑事案件具体应用法律若干问题的解释》为我们具体认定“明知”提供了具有可操作性的依据，在一定程度上结束了理论界以及实务界对“明知”内涵的争议。其第九条明确了具有下列情形之一的，应当认定为属于《刑法》第二百一十四条规定的“明知”：(1)知道自己销售的商品上的注册商标被涂改、调换或者覆盖的；(2)因销售假冒注册商标的商品受到过行政处罚或者承担过民事责任又销售同一种假冒注册商标的商品的；(3)伪造、涂改商标注册人授权文件或者知道该文件被伪造、涂改的；(4)其他知道或者应当知道是假冒注册商标的商品的情形。

鉴于司法实践中案件的复杂性，且上述解释毕竟采用的还是不充分的列举方式，因此，关于“明知”外延的阐述远未终结。笔者认为，在具体分析判断这种“明知”时还应综合分析以下几点：(1)买卖、交接假冒注册商标的商品的方式与时间、地点。如果运用非正常的方式，在较隐蔽的时间、地点进行交易，行为人就可能明知是假冒注册商标的商品而购进或卖出。(2)买卖双方成交价格。若是成交价格明显低于市场价格，就能认定行为人主观方面为“明知”。(3)进货渠道是否正当，卖方有无正当手续。如果进货渠道、购买手续都不正当，应认定行为人已经预见到了购进的是假冒注册商标的商品。(4)行为人对该种商品的认识程度。如果行为人的认识水平较高，能够分辨出真假，一般应认定为“明知”。这就要求办案人根据行为人的年龄、职业、社会经验、素质等方面来判定行为人是否明知。① 总之，在办理具体案件时，判断行为人是否明知不应仅凭口供，而应根据一切主客观因素综合考察，结合案件的事实，对行为人的心理态度做出正确的判断。

(三)非法制造、销售非法制造的注册商标标识罪

根据《刑法》第二百一十五条，非法制造、销售非法制造的注册商标标识罪是指伪造、擅自制造他人注册商标标识或者销售伪造、擅自制造的他人注册商标标识，情节严重的行为。

本罪为选择性罪名，含有非法制造他人注册商标标识或者销售非法制造的他人注册商标标识是本罪的两种行为方式，只要实施其中之一即可构成本罪，只是在适用罪名时应略去另一未实施行为的名称。例如，仅实施非法制造行为的，就定为非法制造注册商标标识罪；仅实施非法销售行为的，就定为销售非法制造的注册商标标识罪。行为人既实施了非法制造他人注册商标标识的行为，又销售非法制造的注册商标标识的，也指构成本罪中的一罪，而不应数罪并罚。

非法制造包括伪造和擅自制造两种情形。从立法本身的规定上看，对这两种行为的区分似乎意义不大。因为不论是伪造还是擅自制造，在定罪和法定刑上都是一样的。但由于这两种行为的判定在一定程度上可能会影响刑罚的裁量，因此在理论上还是有进一步区分的必要。

---

① 党建军.侵犯知识产权罪[M].北京：中国人民公安大学出版社，1999：36.

立法之所以会区分这两种行为，与我国的印刷业管理制度有关。按照2001年8月2日国务院公布并施行的《印刷业管理条例》之规定，商标标识属于包装装潢印刷品。设立从事包装装潢印刷品印刷经营活动的企业，应当向所在地省、自治区、直辖市人民政府出版行政部门提出申请。申请人经审核批准的，即可取得印刷经营许可证；按照国家有关规定持印刷经营许可证向公安部门提出申请，经核准，取得特种行业许可证后，持印刷经营许可证、特种行业许可证向工商行政管理部门申请登记注册，取得营业执照。个人不得从事包装装潢印刷品印刷经营活动。也就是说，在我国商标标识印制属于特种行业，其资格的取得有严格的法律条件和程序。

该条例第二十四条、第二十七条还规定，印刷企业接受委托印刷注册商标标识的，应当验证商标注册人所在地县级工商行政管理部门签章的《商标注册证》复印件，并核查委托人提供的注册商标图样；接受注册商标被许可使用人委托，印刷注册商标标识的，印刷企业还应当验证注册商标使用许可合同。印刷企业接受委托印刷境外包装装潢印刷品的，必须事先向所在地省、自治区、直辖市人民政府出版行政部门备案。

该条例第三十九条对于从事包装装潢印刷品印刷经营活动的企业擅自制造商标标识行为的法律后果做了规定："有下列行为之一的，由县级以上地方人民政府出版行政部门给予警告，没收违法所得，违法经营额1万元以上的，并处违法经营额5倍以上10倍以下的罚款；违法经营额不足1万元的，并处1万元以上5万元以下的罚款；情节严重的，责令停业整顿或者由原发证机关吊销许可证；构成犯罪的，依法追究刑事责任：(1)接受委托印刷注册商标标识，未依照本条例的规定验证、核查工商行政管理部门签章的《商标注册证》复印件、注册商标图样或者注册商标使用许可合同复印件的……(3)盗印他人包装装潢印刷品的；(4)接受委托印刷境外包装装潢印刷品未依照本条例的规定向出版行政部门备案的。"

综上，笔者认为，所谓擅自制造是指合法的商标印制单位实施的违反相关规定的商标标识印刷行为，具体包括接受委托印刷注册商标标识，未依照《印刷业管理条例》的规定验证、核查工商行政管理部门签章的《商标注册证》复印件、注册商标图样或者注册商标使用许可合同复印件的；盗印他人包装装潢印刷品的；接受委托印刷境外包装装潢印刷品未依照《印刷业管理条例》的规定向出版行政部门备案的行为。

除此之外，其他的非法印制他人注册商标标识的行为，都属于伪造他人注册商标标识。由此可见，两者的最大不同之处在于主体资格不同。

本罪的犯罪对象仅限于他人合法的注册商标标识，而不包括非注册商标标识，即如若商标印制企业印制了非注册商标标识，不属于擅自印制非注册商标标识的行为，不在本罪规制之列。

二、法外准犯罪行为

(一)擅自使用他人注册商标

就个罪而言，我国刑法规定的假冒注册商标罪仅限于在同一种商品上使用与注册商标相同的商标，但是根据我国《商标法》第五十二条的规定，未经注册商标所有人的许可，在同一种商品或者类似商品上使用与其注册商标相同或者近似的商标的行为，同属于侵犯注册商标专用权的行为。具体而言，这类商标侵权行为可以分解为如下四种情况：(1)在同一种商品上使用与他人注册商标相同的商标；(2)在同一种商品上使用与他人注册商标近似的商标;(3)在类似商品上使用与他人注册商标相同的商标;(4)在类似商品上使用与他人注册商标相近似的商标。

我国刑法仅将第一种行为规定为犯罪,而将其余三种视为民事侵权行为,采用民事方法加以救济,而在当今世界许多国家(地区),以上四种行为均被规定为犯罪行为。从实践来看,商标侵权行为往往带有一定的隐蔽性,在同一种商品上使用与他人注册商标相同的商标虽然是最严重的侵权行为,但并不多见。较为常见的一般侵权行为是行为人将别人的注册商标稍作改动,或将他人的注册商标套用在类似商品上等,以此来逃避刑事处罚。但事实上,这些行为都会给权利人造成极大的损害,且造成了市场经济体系的混乱。因此这些行为会对社会产生不良影响,社会危害性较大,因而有必要采用刑罚制裁的方法予以打击。①

(二)反向假冒商标

1.反向假冒的概念及行为方式

反向假冒的概念最早见于1946年美国成文商标法即《兰哈姆法》。② 之后,许多国家和地区对反向假冒行为持否定态度。2001年,我国《商标法》将反向假冒商标的行为明确规定为侵犯商标权的行为。《商标法》第五十七条第五项规定,反向假冒商标是指未经商标注册人同意,更换其注册商标并将该更换商标的商品又投入市场的行为。它表现为行为人在市场上购进他人生产的商品,然后以自己的商标标识替换他人的商标标识,并将该替换后的商品继续投入流通,从而扰乱了市场竞争秩序。③

将反向假冒有关争议带入学者们视野的是北京服装一厂诉同益公司一案,此案是我国第一个反向假冒判例。新加坡鳄鱼公司授权销售其产品的同益公司将北京服装一厂生产的枫叶西裤上的商标撕下来,换上卡帝乐鳄鱼商标高价出售,北京服装一厂因此起诉了同益等公司。④ 对于该案件的审理,学界有两种不同意见:一种认为该案属于商标侵权,准确地说是反向假冒;另一种意见则认为这是一种不正当竞争行为,与商标侵权无关。法院最后根据《民法通则》和《反不正当竞争法》做出判决并撰文指出对同益公司的行为既可以适用《商标法》,也可以适用《反不正当竞争法》。本案中由于原告是以侵犯商业信誉和不正当竞争起诉的,因此法院依照《民事诉讼法》规定的当事人请求原则进行审理。⑤

反向假冒一般有以下几种行为方式:第一种是知名商标所有者一方所采取的反向假冒行为,这类行为的发动者自身拥有著名或驰名的商标,在他人的商品上使用自己的商标,利用该商品较高的品质和低廉的价格来牟取差额利润,可以减少成本。枫叶诉鳄鱼公司案即属此类。第二种是知名商标一方被他人反向假冒,行为人自己的商标是非著名商标,他人的商标是著名或驰名商标。此时表现为在他人的商品上使用自己的商标,目的在于利用该商品值得信赖的质量来培育自己的品牌,提高信誉。第三种行为是为了排挤竞争对手,体现为具有同等知名度的同类商品,一方为了降低对方的市场占有率,为获取竞争优势而采取购入对方商品换上自己的商标再次出售的行为。综上,反向假冒过程终将体现为:他人商品→自

① 叶志宏.知识产权法复习辅导[J].当代电大,2002(7):68.

② 齐文远,唐子艳.反向假冒商标行为之刑法思考[J].现代法学,2011,33(2):108-115.

③ 潘舫.浅析我国侵犯商标权刑法保护范围之不足及完善[J].法制与经济,2009(7):62.

④ 北京市第一中级人民法院民事判决书〔1994〕中经知初字第566号。

⑤ 解琳.反向假冒的刑法归罪及立法建议[J].中华商标,2009(4).

己商标。

2.反向假冒行为之考量

法学界不少学者认为这种行为影响注册商标有效地发挥其功能。因为它不仅侵犯了消费者的知情权,使消费者对商品来源、生产者、提供者产生误认,也损害了他人商品的声誉,亦是对他人商标专用权的侵犯,应当运用刑事手段予以规制。

从行为性质看,商标反向假冒行为对社会、团体及个人的利益具有多重侵害,其危害性比起其他商标犯罪严重许多,其割裂了商标与所标识的商品或服务之间的联系,使两者产生分离。而其行为更具有隐蔽性、欺骗性,加剧了经营者投入巨大人力、物力、智力建立起来的无形资产的丧失,混淆了消费者的选择。这不仅侵犯了注册商标专用权,还违反了国家的商标管理制度,扰乱了公平竞争的市场经济秩序。综合考虑其客观危害程度和预防的难度,商标的反向假冒行为对法益的侵害较之于假冒商标行为更为严重,因此将其犯罪化的依据十分充足。

从实质上看,反向假冒商标行为的社会危害程度并不低于其他商标犯罪行为。从国际惯例看,在商标反向假冒行为社会危害性严重的情况下,将其作为犯罪进行处罚,完全符合保护商标国际公约的精神。根据《TRIPS 协定》第十六条第三款规定《保护工业产权巴黎公约》第六条副则关于商标的禁止性规定原则上应适用于"已获得商标注册的货物或服务,只要该商标在那些货物或服务上的使用会表明那些货物或服务与该注册商标所有人之间存在着联系,且这种使用有可能损害该注册商标所有人的利益"①。在他人商品上使用自己的商标,虽然商标是真实的,但是这种行为显然已经损害了商品生产者的利益,应列入《TRIPS 协定》禁止之列。当前,一些国家将反向假冒行为规定为商标侵权行为,如法国、澳大利亚等。法国《知识产权法典》第 713-2 条明确规定,除注册商标人允许外,禁止去除或改变合法适用的商标。违反这一规定,构成侵犯商标权,侵权人必须承担刑事责任。一些国家将其作为不正当竞争看待,如美国、德国、葡萄牙等。如葡萄牙《工业产权法》第二百六十四条明确规定,销售商、中间商去除、覆盖、改变商品来源说明,在商品状况没有改变的情况下去除、覆盖、改变生产者用于其商品上的注册商标,构成应受刑事处罚的不正当竞争行为。

具体应如何采取刑事措施予以规制,理论界一般有两种观点。第一种观点认为反向假冒行为涵盖在假冒注册商标罪的外延之内,应当以刑法第二百一十三条假冒注册商标罪论处。② 第二种观点认为我国现行刑法中侵犯商标权的罪名无法将反向假冒行为纳入规制范畴,应当增设独立的反向假冒注册商标罪。③

笔者认为,不应当对反向假冒行为适用假冒注册商标罪的相关刑法,理由如下。

(1)反向假冒行为并未涵盖在现有任何一个罪名之下,将反向假冒行为以假冒注册商标罪论处不符合罪刑法定原则。因为这两者的行为表现方式以及目的不同,反向假冒不存在擅自使用他人注册商标构成要素。在侵犯的权益方面,也有很明显的区别之处:反向假冒没有对产品上商标所有权人的权益造成损害。因为一旦行为人将他人产品上的商标更换之后

① 中华人民共和国国家知识产权局.与贸易有关的知识产权协议[EB/OL].(2014-02-01)[2019-06-01].http://www.sipo.gov.cn/zcfg/flfg/qt/gjty/200804/t20080403_369216.html.

② 王作富.刑法分则实务研究[M].北京:中国方正出版社,2001:679.

③ 解琳.反向假冒的刑法归罪及立法建议[J].中华商标,2009(4).

冒充自己的商品，又予以销售，商品到达消费者手中，商标的功能已经实现，商标权也就终止了；而假冒注册商标侵犯了商标所有权人的合法权益。客体上的不同，使得这两种行为不能以一种罪名论处。通俗地说，假冒是“己商品他商标”，反向假冒是“己商标他商品”。[①] 反向假冒行为和假冒注册商标行为有本质区别：假冒注册商标行为是将他人的注册商标添附到自己的商品上，利用了他人的商标权利；反向假冒行为是将自己的商标附于他人的商品之上，利用的是他人商品的良好品质。更不能将反向假冒行为以销售伪劣产品罪或者诈骗罪、非法经营罪论处。有人认为反向假冒符合“以假充真、以次充好”的特征，符合销售伪劣产品罪。但是在实践中，多数时候我们所说的反向假冒的产品不属于假冒伪劣产品，不符合此罪的构成要件。诈骗罪是指以非法占有为目的，用虚构事实或隐瞒真相的方法，骗取数额较大的公司财产的行为。其主观方面有非法占有的目的，客观方面表现为骗取较大公司财产的行为，侵犯的客体是国家、集体或者个人的财物。而反向假冒行为人虽使用了欺骗性手段，甚至也有追求非法经济利益的目的，但因其侵犯的客体和行为的客观方面不符合诈骗罪的构成要件，因而不宜以该罪定罪量刑。反向假冒也不能构成非法经营罪，因为反向假冒虽然也扰乱了市场管理秩序，但它对商标管理制度的侵犯并不属于非法经营罪所要求的非法经营专营、专卖或其他限制买卖的物品的范畴。

（2）反向假冒行为具有一定的社会危害性，但其程度远小于假冒注册商标罪。

①对“受害”企业而言，企业作为经济组织，所追求的终极目的就是经济利益的最大化。假设在枫叶公司诉鳄鱼公司一案中，鳄鱼公司将枫叶公司投入市场的商品悉数买进，更换成鳄鱼商标后再将其投入市场销售。枫叶公司其所追求的利润已经在极短的时间内实现，这未必不是枫叶公司追求的目标。至少很难说这种行为对枫叶公司造成了损害。更何况在市场分工趋于专精的形势下，生产商和销售商分离十分普遍，也符合市场发展规律。定牌生产在我国是合法行为，而定牌生产与反向假冒行为的区别仅在于是否经过生产商同意。反向假冒行为似乎违背了生产者的“意志”，这里所谓的“意志”其实是指生产者反对反向假冒行为人购买其商品后，将所购买商品更换为其他商标再次销售的行为。反向假冒行为人获取商品的渠道是合法的，生产者并无权利控制已售商品的用途。因此，这样的意志是否应当得到法律（尤其是刑法）的保护是有待商榷的。

②对消费者来说，商标的主要功能是区分商品，不同商标代表着不同的商品品质与来源，但这并不意味着商标需要与生产者一一建立联系。市场细分之下要求企业实施多品牌战略，用不同商标来标识不同市场领域的商品，以提升在各级市场的占有率。如全球最大的日用消费品公司之一的宝洁公司，旗下拥有多个品牌，在美容护肤市场同时使用玉兰油和SKII两个品牌来标识针对不同消费群体的两种商品，甚至出于市场营销策略的考虑，宝洁公司有意淡化这两个商标之间的联系，避免让消费者将大众品牌玉兰油与奢侈护肤品SKII相联系。但这样的行为并未对消费者产生任何实质性的影响，实际上，消费者并不会因为不了解两个商标背后的真正拥有者属于同一个公司而对两个产品的品质与选择产生混淆。因此，笔者认为商标所指示的是商品而非其背后的生产者。依然以枫叶公司和鳄鱼公司为假设，其购买时认定的是鳄鱼这一知名品牌，并且产品质量和他们的期望也相符。法律要求对产品来源进行明确标注，其目的是明确产品质量责任，以保护消费者的合法权益，维护市场

---

① 张超．刍议反向假冒及其法律规制[J]．商品与质量，2012(6)．

经济秩序。鳄鱼公司将自己标注为产品的来源，就明确了自己是该产品的一切质量责任的承担者，法律所要求的目的已经达到。如果行为人仅仅实施反向假冒行为并如实标明了自己作为产品质量责任承担者，反向假冒并非必然损害消费者的权益和扰乱市场经济秩序，并非必然构成违法。可见，完全符合反向假冒构成要件的行为并不见得属于立法本意和立法目的所要规制的行为。[①]

③对市场经济秩序而言，反向假冒行为一定程度上会对市场经济秩序产生负面影响，但极其有限。对大多数小微企业而言，反向假冒行为所需成本并不低廉。只有一些拥有雄厚财力的商标拥有者才可能出于抢占市场和驱逐其他企业的目的，通过收购市场上该企业的商品，在未经对方许可的情况下贴上自己的商标出售商品，最终在市场上形成一定的垄断，从而获得价格上的优势。

(3)针对反向假冒行为带来的损害，现存《反不正当竞争法》和《商标法》足以提供保护。《反不正当竞争法》第二条规定：经营者在市场交易中，应当遵循自愿、平等、公平、诚信的原则，遵守法律和商业道德。不正当竞争，是指经营者违反本法规定，损害其他经营者的合法权益，扰乱社会经济秩序的行为。并且该法在第九条列举了与反向假冒有关的行为方式：经营者不得利用广告或者其他方法，对商品的质量、制作成分、性能、用途、生产者、有效期限、产地等作引人误解的虚假宣传。经营者不得以排挤竞争对手为目的，以低于成本的价格销售商品。[②] 如果反向假冒商标行为人利用广告等方法对其反向假冒产品进行宣传，已构成虚假宣传的不正当竞争行为，如果反向假冒商标行为人为排挤竞争对手以低于进价之价格在相同市场上销售竞争对手生产的商品，构成低价竞销的不正当竞争行为，被反向假冒人可援引《反不正当竞争法》来维护自身的合法权益，如果援引《商标法》的条款更为便捷，则无须其他条件。

(三)将他人注册商标作为厂商名称或者商号

商号是企业名称(厂商名称)的核心，它和文字商标具有类似的功能，是不同商品或服务的外在表征，一定程度上是一个企业信誉的体现，也是一种无形资产，具有较高的商业价值。

由于商号本身所具有的与商标相类似的区分商品、服务来源、质量等的特殊功用，因此，一些不法商家就极力“傍名牌”。现实中，非常常用的一种傍法，就是将著名的商标注册为企业的字号。譬如使用著名商标“华伦天奴”作为商号注册法国华伦天奴服饰实业发展有限公司等，迷惑消费者，使他们误认为此公司即是著名商标之商品的生产商。

产生这种状况的原因主要有二。(1)缺乏明确的法律规制是产生这种现象的重要原因。我国《企业名称登记管理规定》以及《企业名称登记管理实施办法》并没有明确规定禁止使用他人注册商标的名称注册为企业字号。《商标法》及其实施条例也未将其列为侵犯商标专用权的行为，《反不正当竞争法》对此也无具体规定，存有法律的漏洞。(2)确权主体的差异和确权环节的制度缺陷使商标权与商号权的冲突成为现实。我国《商标法》规定，国务院工商行政管理部门商标局主管全国商标注册和管理工作。而根据《企业名称登记管理实施办法》，企业名称登记主管部门是各级工商行政管理部门。因我国企业名称登记前既不与商标

---

① 张超. 刍议反向假冒及其法律规制[J]. 商品与质量，2012(6).

② 中华人民共和国中央人民政府. 中华人民共和国反不正当竞争法[EB/OL]. (2018-02-02)[2019-06-01]. http://www.gov.cn/banshi/2005-08/31/content_68766.htm.

实行联检，同时在确权过程中又无公示、异议程序，因而恶意或善意地将他人注册商标作为商号登记的情况，也就借此漏洞“合法”地产生和存在了。这种情况得到遏制始于1996年8月14日。国家工商行政管理局发布并开始实施《驰名商标认定和管理暂行规定》，其第十条规定，自驰名商标认定之日起，他人将与该驰名商标相同或者近似的文字作为企业名称一部分使用，且可能引起公众误认的，工商行政管理机关不予核准登记；已经登记的，驰名商标注册人可以自知道之日起两年内，请求工商行政管理机关就此行为予以撤销。据此，各地工商局内部的一些文件开始将驰名商标列为重点保护对象，对于和这些驰名商标相同或者相近的企业商号一律不予核准注册。①

但是，驰名商标的认定条件颇高，并需经过权威机关严格的认定程序。在整个商品市场和服务市场生产经营者使用的商标中，驰名商标所占比重小之又小，非驰名商标在市场中占绝对多数。在这部分商标中，有许多在大浪淘沙的市场竞争中已享有了较高的社会声誉，具有了较强的市场竞争力，但尚不完全具备驰名商标的内在条件，或出于种种原因未能被认定为驰名商标。对于此类商标，如果其他企业可以随意将与其相同或者近似的文字用作商号，披着合法外衣欺骗消费者，侵害商标权人的利益，显然有失公允。有鉴于此，1999年4月5日国家工商行政管理局发布了《关于解决商标与企业商号中若干问题的意见》，其第四条规定：“商标中的文字和企业商号中的字号相同或者近似，使他人对市场主体及其商品或者服务的来源产生混淆（包括混淆的可能性），从而构成不正当竞争的，应当依法予以制止。”第五条明确指出：“前条所指混淆主要包括：……将与他人注册商标相同或者近似的文字登记为企业商号中的字号，引起相关公众对商标注册人与企业商号所有人的误认或者误解的。”2002年10月12日最高人民法院通过的《关于审理商标民事纠纷案件适用法律若干问题的解释》第一条明确规定，将与他人注册商标相同或者相近似的文字作为企业的字号在相同或者类似商品上突出使用，容易使相关公众产生误认的行为，属于《商标法》第五十二条第五项规定的给他人注册商标专用权造成其他损害的行为。相信随着立法的进一步完善，这种现象将会进一步得到遏制。

（四）驰名商标淡化

商标淡化理论源自欧洲，在美国得到进一步发展。在美国《联邦商标反淡化法》中，驰名商标淡化是指不以驰名商标所有人与他人之间必须存在竞争关系以及存在混淆、误解的可能为必要要件，只要该行为减少、削弱了驰名商标对其商品竞争的识别性和显著性，那么这种行为就应该认定为商标淡化。

我国对驰名商标的保护起始于1985年加入《保护工业产权巴黎公约》，经过20多年的发展，我国驰名商标的认定经历了从无到有，从主动、批量认定到被动、个案认定，从行政认定单轨制到行政认定与司法认定双轨制的发展过程。我国《商标法》第十三条第二款规定：“就不相同或者不相类似商品申请注册的商标是复制、模仿或者翻译他人已经在中国注册的驰名商标，误导公众，致使该驰名商标注册人的利益可能受到损害的，不予注册并禁止使用。”②从措辞上看，我国并未引入驰名商标淡化理论，但最高人民法院在2009年颁布的《关

① 王仁富．商号与商标冲突的解决机制探析[J]．商业时代，2007(10)．

② 中华人民共和国国家知识产权局．中华人民共和国商标法[ED/OL]．(2017-01-10)[2019-09-01]．http://www.sipo.gov.cn/zcfg/flfg/sb/fljxzfg/201309/t20130903_816432.html.

于审理涉及驰名商标保护的民事纠纷案件应用法律若干问题的解释》第九条第二款规定：足以使相关公众认为被诉商标与驰名商标具有相当程度的联系，而减弱驰名商标的显著性、贬损驰名商标的市场声誉，或者不正当利用驰名商标的市场声誉的，属于《商标法》第十三条第二款规定的“误导公众，致使该驰名商标注册人的利益可能受到损害”[①]。这一司法解释扩大了“误导公众”的字面含义，从而使不可能导致相关公众混淆和误认的“弱化”（减弱驰名商标的显著性）和“丑化”（贬损驰名商标的市场声誉）也被纳入“误导公众”的范围。这项规定实际上是以司法解释的方式引入了用于保护驰名商标的淡化理论。[②]

我国刑法并没有对驰名商标的保护做出特别规定，更没有明确的条文规制淡化行为。第二百一十三条假冒注册商标罪的立法基础是混淆理论，现实中一般有四种混淆行为，在同一种商品上使用与他人注册商标相同的商标；在同一种商品上使用与他人注册商标近似的商标；在类似商品上使用与他人注册商标相同的商标；在类似商品上使用与他人注册商标近似的商标。但刑法仅对其中的一种进行规制，即“在同一种商品上使用与其注册商标相同的商标”。并且保护对象仅限于已注册的驰名商品商标。

驰名商标因其特殊的市场效应是商标权侵权行为的主要目标，也无疑是我国刑法所保护的对象。而且随着侵权行为模式的不断“进化”，淡化已经成为泛滥的侵权行为。笔者认为，刑法应当对驰名商标淡化行为予以规制。

首先，驰名商标应当得到更高规格的特殊保护。第一，驰名商标的知名度高、信誉好，所承载的良好商誉与经济价值要远大于一般商标。驰名商标不仅发挥着标识作用，更具有表彰消费者身份和品位的功能，其在市场占有率高，而且在当今社会其表彰功能不断凸显，使拥有驰名商标的商品在市场上具有强有力的竞争力。如果仅仅根据混淆理论把对驰名商标的保护限定在相同或类似商品或服务上，则无法防止他人恶意利用驰名商标的商誉搭便车的行为，而且不利于鼓励商品或服务提供商努力提高商品或服务的品质。淡化行为弱化了驰名商标的显著性，丑化了驰名商标的形象，严重损害了商标权人的利益。第二，我国《商标法》第十三条给驰名商标提供了特殊保护，具体表现为对未注册的驰名商标禁止同类混淆，对已注册的驰名商标禁止跨类混淆，并且通过司法解释的形式在实践中引入了淡化理论。

其次，应符合国际公约要求。有关知识产权的国际公约高度重视对驰名商标的保护，《TRIPS 协定》甚至明确要求成员对驰名商标予以特别保护。《保护工业产权巴黎公约》第六条之二款特别就驰名商标的保护做出规定，在本国法律允许的情况下，“应依职权，或依有关当事人的请求，对商标注册或使用国主管机关认为在该国已经属于有权享受本公约利益的人所有而驰名并且用于相同或类似商品的商标构成复制、仿制或翻译，易于产生混淆的商标，拒绝或取消注册，并禁止使用”[③]。《TRIPS 协议》对驰名商标的保护与《保护工业产权巴黎公约》相比更是前进了一大步，主要表现在，将驰名服务商标也纳入了保护范围；在不相类似的商品或服务上，商标权人也被赋予了禁止他人使用的权利。此外，还对驰名商标的认定标准做出原则性规定。世界知识产权组织（以下简称“WIPO”）为适应工业产权的发展需要

---

① 中国法院网.关于审理涉及驰名商标保护的民事纠纷案件应用法律若干问题的解释[ED/OL].(2017-01-10)[2020-06-01].http://www.chinacourt.org/law/detail/2009/04/id/134208.shtml.

② 王迁.知识产权法教程[M].3版.北京:中国人民大学出版社,2011:462.

③ 法律图书馆.保护工业产权巴黎公约[EB/OL].(2018-02-24)[2020-06-01].http://www.law-lib.com/law/law_view.asp?id=15253.

也确立了国际社会保护驰名商标的共同标准。1999年在日内瓦召开的系列会议上，WIPO通过了“保护驰名商标联合建议”。该建议详细规定了驰名商标的认定、驰名商标的保护范围等。对驰名商标进行更广泛的保护是国际惯例，各国法律对于驰名商标给予了更为全面、细致、严格的保护。

最后，淡化行为的危害性大。商标淡化这个概念是针对驰名商标而言的，淡化行为直接危害了驰名商标权利人的相关利益。淡化行为有弱化和丑化两种行为方式，但无论采取哪一种方式都必将对驰名商标所蕴含的社会声誉和潜在价值造成损害。淡化行为虽未引起消费者对商标和商品来源的混淆，但究其本质，弱化行为的确破坏了驰名商标权利人享有的良好信誉和形象，进而影响消费者的选择，一定程度上损害了消费者的利益。具体来说，弱化方式由于容易导致公众对特定商标与特定产品的关联性产生淡漠效应进而将直接损害商标的经济价值，丑化行为则通过公众可能的厌恶心理而间接地损害了驰名商标所蕴含的经济价值，而商标的经济价值是商标权人最大的利益所在。[①]

论及对驰名商标的刑法保护，有学者提出将侵犯对象为驰名商标视作一个严重情节。笔者不同意上述观点。若把侵犯驰名商标直接视为情节严重，从而构成犯罪，会将知识产权犯罪从结果犯变为行为犯。对商标及驰名商标的刑法保护应形成互相配合、层层递进的统一体系，应当杜绝只着眼于细微而忽视立法整体协调性的片面观点。笔者认为，应当将刑法第二百一十三条扩充，增设关于假冒驰名商标刑事责任的规定，原有条款作为第一款，专门用于对普通非驰名商标的规制，增设第二款表述为：将通过复制、临摹或者翻译等手段获得的驰名商标标识用于相同或类似的商品或服务，足以引起混淆，情节严重的应当承担刑事责任。对于未在我国注册的驰名商标，刑法施以混淆理论基础上的同类保护。增设第三款表述为：使用的商标标识与已注册驰名商标或商品、服务有一定程度的联系，从而减弱驰名商标的显著性，或者贬损驰名商标的市场形象，或者不正当利用驰名商标的市场声誉，致使该商标权利人的利益可能受到损害的，应当承担刑事责任。这样既体现出刑法对驰名商标的特殊保护，又与《商标法》的立法层次相协调，以体现各种法律制裁手段之间的递进性、刑法的最后手段性和保障性。

第二节 专利犯罪

由于我国外观设计专利审查实行初审制，当前我国外观设计侵权现状较为严峻。其中较为常见的情况是，当某种已申请外观设计专利的产品一旦在市场上畅销，就会出现大量低成本的仿制行为，尤其是在电子产品领域，如手机、数码照相机等。

山寨现象在我国迅速崛起，主要表现形式为通过小作坊起步，快速模仿成名品牌。山寨产品往往在核心技术、材质、做工上都不及原创产品，其中，外观设计成为最容易模仿且模仿得最像的一个方面。山寨已经形成了产业，形成了经济链条，更成为一种文化现象，这与我国建设创新型国家的战略可谓背道而驰，不符合我国建立创新科技强国的目标。当某个侵权现象已经在全国范围内普及，就不能简单依靠私法来保障权利，适当应用公法来规范整个

---

① 管彦杰，李晨光，严雪峰．商标权犯罪若干问题的思考[J]．经济研究参考，2009(64)．

社会的行为模式是较为有效且必要的。而我国刑法在专利权保护上，仅设置了一个罪名，且这个罪名无法涵盖包括侵犯外观设计专利在内的专利侵权行为。显然，立法上对诸如外观设计侵权之类的侵权行为仍然缺少有效的规范手段，存有法律漏洞。

一、法定犯罪行为

我国刑法规定的专利犯罪只有假冒专利罪一个罪名。根据《刑法》第二百一十六条，假冒专利罪是指违反国家专利管理法规，在专利有效期限内，假冒他人专利，情节严重的行为。

我国立法对于假冒专利行为可以追究刑事责任的规定，最早可以追溯到1984年3月2日通过的《专利法》。其第六十三条规定，“假冒他人专利，情节严重，对直接责任人员比照《刑法》第一百二十七条的规定追究刑事责任”。司法实践中，1985年2月16日，最高人民法院《关于开展专利审判工作的几个问题的通知》规定“假冒他人专利，情节严重的，对直接责任人员比照《刑法》第一百二十七条的规定，以假冒他人专利罪处罚”。这被认为是我国首次确立了假冒专利罪的罪名。但是，此后很长时间，假冒专利罪还是停留在完善知识产权刑事保护体系的立法规定上，实践中很少有此种判例。究其原因，笔者认为，该罪的立法规定过于笼统，细节不够完善，且在实践中缺乏相应的司法解释以作为指导，从而导致了罪状不明。学界关于“假冒他人专利”含义的理解，可谓众说纷纭，这种情况直到2004年12月8日两高通过《关于办理侵犯知识产权刑事案件具体应用法律若干问题的解释》才告一段落。根据上述解释第十条的规定，实施下列行为之一的，属于《刑法》第二百一十六条规定的“假冒他人专利”的行为：(1)未经许可，在其制造或者销售的产品、产品的包装上标注他人专利号的；(2)未经许可，在广告或者其他宣传材料中使用他人的专利号，使人将所涉及的技术误认为是他人专利技术的；(3)未经许可，在合同中使用他人的专利号，使人将合同涉及的技术误认为是他人专利技术的；(4)伪造或者变造他人的专利证书、专利文件或者专利申请文件的。

由此可见，假冒专利罪的犯罪对象包括两类：一类是专利号，一类是专利证书、专利文件或者专利申请文件。构成假冒专利罪的行为，必须发生在专利权的保护期限内。专利权的法律保护具有一定的期限限制。保护专利权是为了鼓励发明人、设计人的发明创造，促进科学技术的发展进步；期限性则是为了防止专利权人无限期地垄断其发明创造，妨碍科学技术的传播与进步。因此，一旦超过有效保护期限，专利权就不复存在，原来的专利技术、方法就自动并入公知公有领域，任何个人或者单位对这些技术、方法的使用，均不构成专利侵权。由于假冒专利罪的犯罪对象是专利权人的有效专利，因此，当专利超过法定保护期限而成为公有技术时，假冒这种公有技术的行为也不能构成法律意义上的假冒专利行为。根据我国《专利法》第四十二条的规定，发明专利权的期限为20年，实用新型专利权和外观设计专利权的期限为10年。假冒他人专利，必须是情节严重的，才能构成犯罪。根据上述解释第四条，假冒他人专利，具有下列情形之一的，属于《刑法》第二百一十六条规定的“情节严重”，应当以假冒专利罪判处3年以下有期徒刑或者拘役，并处或者单处罚金：(1)非法经营数额在20万元以上或者违法所得数额在10万元以上的；(2)给专利权人造成直接经济损失50万元以上的；(3)假冒两项以上他人专利，非法经营数额在10万元以上或者违法所得数额在5万元以上的；(4)其他情节严重的情形。[①]

---

① 高晓莹.假冒专利罪探微[J].人民检察，2002(1).

强制许可又称为非自愿许可，是指国务院专利行政部门依照法律规定，不经专利权人的同意，直接许可具备实施条件的申请者实施发明或实用新型专利的一种行政措施。其目的是促进获得专利的发明创造得以实施，防止专利权人滥用专利权，维护国家利益和社会公共利益。我国《专利法》将强制许可分为三类。

(1)不实施时的强制许可。具备实施条件的单位以合理的条件请求发明或者实用新型专利权人许可实施其专利，而未能在合理长的时间内获得这种许可时，国务院专利行政部门根据该单位的申请，可以给予实施该发明专利或者实用新型专利的强制许可。请求国务院专利行政部门给予强制许可的，只有在专利权被授予之日起满3年后才可以申请。这种强制许可，应当限定其实施主要是为供应国内市场的需要；强制许可涉及的发明创造是半导体技术的，强制许可实施仅限于公共的非商业性使用，或者经司法程序或者行政程序确定为反竞争行为而给予救济的使用。

(2)根据公共利益需要的强制许可。在国家出现紧急状态或者非常情况时，或者为了公共利益的目的，国务院专利行政部门可以给予实施发明专利或者实用新型专利的强制许可。

(3)从属专利的强制许可。一项取得专利权的发明或者实用新型比以前已经取得专利权的发明或者实用新型具有显著经济意义的重大技术进步，其实施又有赖于前一发明或者实用新型的实施的，国务院专利行政部门根据后一专利权人的申请，可以给予实施前一发明或者实用新型的强制许可。在依照前述规定给予实施强制许可的情形下，国务院专利行政部门根据前一专利权人的申请，也可以给予实施后一发明或者实用新型的强制许可。

不视为侵犯专利权的行为有：

(1)专利权人制造、进口或者经专利权人许可而制造、进口的专利产品或者依照专利方法直接获得的产品售出后，使用、许诺销售或者销售该产品的。

(2)在专利申请日前已经制造相同产品、使用相同方法或者已经做好制造、使用的必要准备，并且仅在原有范围内继续制造、使用的。

(3)临时通过中国领陆、领水、领空的外国运输工具，依照其所属国和中国签订的协议或者共同参加的国际条约，或者依照互惠原则，为运输工具自身需要而在其装置和设备中使用有关专利的。

(4)专为科学研究和实验而使用有关专利的。

二、法外准犯罪行为

(一)以欺骗手段在专利局登记，骗取专利权

本罪实质上是一种非法侵夺他人发明创造的行为，但是在行为人实施该行为时，该发明创造尚不享有专利权。因此，本罪并没有直接侵犯专利权，只是在制度上造成了混乱，对专利管理秩序造成了破坏。

有些国家将此种行为规定为立法上的犯罪行为。比如《日本专利法》第一百九十七条规定，通过欺诈行为获得专利或者专利权存续期间延长注册或者审决的，处以3年以下有期徒刑或者20万日元以下的罚款。《泰国专利法》第八十七条规定，任何人为获得专利，在申请发明专利或外观设计专利时，提供给主管人员虚伪的或者不真实的陈述或者材料，处6个月以下拘役或者5000铢以下的罚金，或者两者并罚。

（二）非法实施他人专利

专利可以分为发明专利、实用新型专利和外观设计专利。其中发明专利又分为产品发明专利和方法发明专利。不同类型的专利，其实施方式亦不同，所以未经专利权人许可实施其专利的行为内容也不同。

我国《专利法》第十一条规定："发明和实用新型专利权被授予后，除法律另有规定的以外，任何单位或者个人未经专利权人许可，都不得实施其专利，即不得为生产经营目的制造、使用、许诺销售、销售、进口其专利产品，或者使用其专利方法以及使用、许诺销售、销售、进口依照该专利方法直接获得的产品。外观设计专利权被授予后，任何单位或者个人未经专利权人许可，都不得实施其专利，即不得为生产经营目的制造、许诺销售、销售、进口其外观设计专利产品。"

据此，非法实施他人专利包括三种情形。(1)未经专利权人许可实施其产品发明专利或者实用新型专利。由于实用新型专利和产品发明专利的对象都是产品，所以两者的实施方式完全相同。因此，未经专利权人许可实施其实用新型专利的行为与未经专利权人许可实施其发明专利的行为内容完全相同，即均表现为未经专利权人许可，为生产经营目的制造、使用、许诺销售、销售、进口其专利产品。(2)未经专利权人许可实施其方法发明专利。即未经专利权人许可，为生产经营目的使用其专利方法以及使用、许诺销售、销售、进口依照该专利方法直接获得的产品。(3)未经专利权人许可实施其外观设计专利。即未经专利权人许可，为生产经营目的制造、许诺销售、销售、进口其外观设计专利产品。

专利权是专利制度的重要组成部分，因而非法实施他人专利的行为，所危害的已不仅仅是专利权人的合法权益，其还必然对国家的专利制度和正常的专利管理秩序构成侵害。另外，此种行为的泛滥，还会严重损害大部分人（包括投资者和发明人、设计人）发明创造的积极性，从而阻碍社会经济和科学技术的发展与进步。因此，将情节特别严重的专利侵权行为规定为犯罪并给予刑罚处罚是必要的。① 考虑到我国专利权的保护现状，为增强公民的专利权意识，有效抑制专利侵权行为，充分保护专利权人的合法权益，发挥专利制度在推动科技进步中的巨大作用，有必要通过立法，完善我国现行的专利犯罪罪名体系，将专利侵权行为纳入刑法的调整范围，增设侵犯专利权罪。

（三）冒充专利

单纯从字面意义上看，冒充专利行为与假冒专利行为似乎区别不大。但事实上，在我国有关专利法律法规中，冒充专利行为是有特定含义的，与假冒专利行为内涵不同。2010 年 2 月 1 日实施的《中华人民共和国专利法实施细则》第八十四条对于冒充专利行为做了规定，即下列行为属于《专利法》第六十三条规定的假冒专利的行为：(1)在未被授予专利权的产品或者其包装上标注专利标识，专利权被宣告无效后或者终止后继续在产品或者其包装上标注专利标识，或者未经许可在产品或者产品包装上标注他人的专利号；(2)销售第(1)项所述产品；(3)在产品说明书等材料中将未被授予专利权的技术或者设计称为专利技术或者专利设计，将专利申请称为专利，或者未经许可使用他人的专利号，使公众将所涉及的技术或者设计误认为是专利技术或者专利设计；(4)伪造或者变造专利证书、专利文件或者专利申请

---

① 周详，郦长策. 专利犯罪研究[M]//唐广良. 知识产权研究(第 11 卷). 北京：中国方正出版社，1999：155.

文件;(5)其他使公众混淆,将未被授予专利权的技术或者设计误认为是专利技术或者专利设计的行为。专利权终止前依法在专利产品、依照专利方法直接获得的产品或者其包装上标注专利标识,在专利权终止后许诺销售、销售该产品的,不属于假冒专利行为。销售不知道是假冒专利的产品,并且能够证明该产品合法来源的,由管理专利工作的部门责令停止销售,但免除罚款的处罚。

假冒专利行为与冒充专利行为的内涵差别具体表现为以下几个方面。

其一,两者侵犯的对象不同。冒充专利行为通常并未涉及任何专利权人的专利权,所冒充的专利事实上是根本不存在的,而只是冒用了专利的名义,即行为人将非专利产品冒充为他人享有专利权的专利产品,或者将非专利方法冒充为他人享有专利权的专利方法。而假冒专利行为则指在一项特定、有效的专利权存在的情况下,限定在未经授权,使用他人合法登记过的专利标识。

其二,两者损害的被害人不同。由于冒充专利行为与假冒专利行为侵犯的对象不同,因此两者损害的被害人不尽相同。冒充专利行为不仅破坏了国家对专利的管理制度,而且侵害了消费者的利益,受害人通常是非特定的。而假冒专利行为除侵犯国家对专利的管理制度外,主要是直接侵犯了专利权人的专利权,其被害人通常是特定的。

此外,在我国现行法律中,两者的制裁方式也不尽相同。对于冒充专利行为,通常由相关部门依法予以相应的行政处罚,而假冒他人专利行为构成犯罪的,除了受行政处罚以外,还可以通过司法程序追究刑事责任。

笔者认为,就当下立法现状而言,对于冒充专利行为也有犯罪化的必要。

首先,从社会危害性角度看,冒充专利行为的社会危害性可能并不小于假冒他人专利行为的社会危害性。因为这不仅侵害了消费者的利益,更是破坏了国家对专利的管理制度。两者同样是作假行为,都能达到一定的社会危害程度,对情节严重的,都应追究刑事责任。

其次,从立法例上看,美国、英国等地均将此种行为规定为犯罪。英国专利法规定的冒充专利罪,是指在有偿处理的物品上标有、刻有、印有或者以其他方式附有“专利”或“获准专利”等字样或任何其他事物以表示或暗示物品为专利产品的行为。另外,英国还规定了冒充专利已申请罪,是指声称已为其有偿处理的物品申请专利而并未做过此类申请或此类申请已被拒绝或撤销的行为。美国专利法第二百九十二条规定的虚假专利标识罪的第二种和第三种行为,属于冒充专利的行为,即为了欺骗公众,在未取得专利权的物品上标注、缀附,或者在与该物品有关的广告中使用“专利”字样或任何含有该物品已取得专利之意的其他字样或号码的行为;为了欺骗公众,在其并未申请专利,或已申请而并非在审查中时,就在物品上标注、缀附,或者在与该物品有关的广告中使用“已申请专利”“专利在审查中”字样,或任何含有已经申请专利之意的其他字样的行为。我国规定,专利权人在登载的广告中逾越了申请专利之范围,或者非专利人在非专利物品或非专利方法所制物品中附加了获准专利字样或足以使人误认为获准专利之标识的行为。[①] 在强调对知识产权刑法保护全球化的今天,我国要进一步借鉴先进的立法经验。

最后,将冒充专利行为规定为犯罪,有利于防止行为人钻法律空子,有效保护消费者、专利权人的利益。实践中,行为人在自己的非专利产品上标注专利标识或虚假的专利号,该虚

① 杜国强,廖梅,王明星.侵犯知识产权罪比较研究[M].北京:中国人民公安大学出版社,2005:242.

假的专利号与他人的专利号十分近似。从严格意义上讲，这是一种冒充专利的行为。但这种冒充行为与假冒专利行为对消费者造成的影响是一样的。因此，如果不将冒充专利行为予以犯罪化，从一个理性人趋利避害的本能出发，侵权人宁愿虚构专利标记或者专利号，或者标上与他人近似的专利标识或号码，也不会假冒他人专利。①

关于罪名的设计，笔者认为，由于冒充专利行为的外延比假冒他人专利行为宽泛，因而冒充专利行为完全可以将假冒他人专利行为囊括在内。实际上，无论是英国、美国等英美法系国家，还是德国、法国等大陆法系国家，其专利法也均未对两者做严格区分。因此，无须增设冒充专利罪，只需将现有假冒专利罪中的"假冒他人专利"中的"他人"二字取消，即可在继续使用假冒专利罪这一现有罪名的同时，实现冒充专利行为犯罪化的目的。这样一来，假冒他人专利行为与冒充专利行为作为假冒专利罪的两种行为样态，均可受到刑法的规制。这样做既全面保护了我国的专利制度，又有利于我国假冒专利罪的刑事立法规定与国际接轨。②

第三节 侵犯著作权犯罪

著作权体现了相关产业的核心价值，著作权相关产业的发展水平是衡量一个国家或地区创新能力和核心竞争力的基本标尺。随着数字技术和内容经济的发展，著作权相关产业的发展模式已经从传统的新闻出版、广播影视、广告宣传延伸到软件开发、网络传播、创意设计、数据服务等新的领域，对经济社会的全面发展发挥着越来越重要的作用。在现代社会，维护著作权权利人的权益，保障公众参加经济文化生活、享受智力创作成果的权利，促进科技进步和社会发展这三项著作权保护意旨与著作权相关产业或者产业化运行越来越密不可分。在传统的著作权保护和著作权利用之外，随着科技的发展，著作权保护领域也不断出现新的情况，面临新的挑战。就作品传播的新载体和新方式而言，信息网络的兴盛使网络成为著作权保护的新兴领域。

一、法定犯罪行为

（一）侵犯著作权罪

根据《刑法》第二百一十七条，侵犯著作权罪是指以营利为目的，未经著作权人许可，复制发行其文字、音像、计算机软件等作品，出版他人享有专有出版权的图书，未经制作者许可，复制发行其制作的音像制品，制作、出售假冒他人署名的美术作品，违法所得数额较大或者有其他严重情节的行为。

1. 复制发行他人作品行为

未经著作权人许可，复制发行其文字作品、音乐、电影、电视、录像作品、计算机软件及其他作品，是侵犯著作权罪客观行为之一。

未经著作权人许可即指未经过著作权人的授权，即商业性地使用其作品。我国《著作权

---

① 刘宪权，吴允峰. 侵犯知识产权犯罪理论与实务[M]. 北京：北京大学出版社，2007：268.

② 赵秉志，田宏杰. 侵犯知识产权犯罪比较研究[M]. 北京：法律出版社，2004：164.

法》第二十六条规定，使用他人作品应当同著作权人订立许可使用合同，本法规定可以不经许可的除外。据此，除法律规定可以不经许可的情形外，著作权许可使用的重要标识是与著作权人订立了使用许可合同。

著作权人一般指作者，也可能是其他依法享有著作权的公民、法人或非法人单位。根据《著作权法》规定，由法人或非法人单位主持，代表法人或非法人单位意志创作，并由法人或非法人单位承担责任的作品，法人或非法人单位视为作者，享有著作权。演绎作品著作权由演绎人享有。合作作品著作权由合作作者共同享有，其中，如合作作品无法分割使用的著作权，适用财产共同共有原则，由合作者共同共有，对著作权的行使，有规定的按规定，有约定的从约定，约定不得违反著作权法，既无规定又无约定的，按财产共有原则处理；如合作作品可单独或分割使用的，其作者对自己创作的部分可以单独行使著作权，但行使该著作权时不得构成对合作作品整体著作权的侵害。电影作品和以类似摄制电影的方法创作的作品的编剧、导演、摄影、作词、作曲等作者享有署名权，并有权按照与制片者签订的合同获得报酬，著作权的其他权利归制片者所有。如果剧本、音乐等可以单独使用的，其作者有权单独行使其著作权。未经上述人员同意而使用上述作品的均属未经著作权人许可的行为。

根据《著作权法》第十条第五项和第六项规定，复制是指以印刷、复印、拓印、录音、录像、翻录、翻拍等方式将作品制作一份或多份的行为；发行是指以出售或者赠与方式向公众提供作品的原件或者复制件的行为。《著作权法》第四十八条明确提出侵犯信息网络传播权构成犯罪的，依法追究刑事责任。《信息网络传播权保护条例》也做了类似的规定，将刑法视为最后的保障措施。而刑法关于侵犯著作权犯罪的规定中，只列举了四种行为方式，分别是“复制发行”“出版”“制作”和“销售”，并未针对网络传播行为做出专门规定。于是，最高人民法院、最高人民检察院联合发布 2004 年《解释》，其中第十一条第三款规定，通过信息网络向公众传播他人文字作品、音乐、电影、电视、录像作品、计算机软件及其他作品的行为，应当视为《刑法》第二百一十七条规定的“复制发行”行为。[①] 通过这些方式将互联网资源共享中侵犯著作权的行为纳入刑法规制的范畴。另根据 2005 年 10 月 18 日起施行的最高人民法院、最高人民检察院《关于办理侵犯著作权刑事案件中涉及录音录像制品有关问题的批复》，未经录音录像制作者许可，通过信息网络传播其制作的录音录像制品的行为，应当视为“复制发行”。为了更好地适用刑法条文，2011 年最高人民法院、最高人民检察院、公安部、司法部发布的 2011 年《意见》中进一步对网络传播行为的定罪处罚标准做了细致补充。其中第十三条规定：以营利为目的，未经著作权人许可，通过信息网络向公众传播他人文字作品、音乐、电影、电视、美术、摄影、录像作品、录音录像制品、计算机软件及其他作品，非法经营数额在五万元以上的；传播他人作品的数量合计在五百件(部)以上的；传播他人作品的实际被点击数达到五万次以上的；以会员制方式传播他人作品，注册会员达到一千人以上的；数额或者数量虽未达到上述标准，但分别达到其中两项以上标准一半以上的属于《刑法》第二百一十七条规定的“其他严重情节”。[②]

---

① 中华人民共和国最高人民检察院.关于办理侵犯知识产权刑事案件具体应用法律若干问题的解释[EB/OL].(2018-01-05)[2020-06-01].http://www.spp.gov.cn/site2006/2006-02-22/00024-338.html.

② 网络违法犯罪举报网站.关于办理侵犯知识产权刑事案件适用法律若干问题的意见[EB/OL].(2018-01-05)[2020-06-01].http://www.cyberpolice.cn/wfjb/html/flfg/20111227/595.shtml.

复制发行是此类犯罪行为的实行行为。在著作权法中，复制与发行是两种不同类别的行使著作权的行为。根据2007年4月5日起施行的最高人民法院、最高人民检察院《关于办理侵犯知识产权刑事案件具体应用法律若干问题的解释（二）》第二条的规定，复制发行包括复制、发行或者既复制又发行的行为。根据这个解释，此类犯罪行为包括三种方式：一是复制行为，二是发行行为，三是既复制又发行行为。行为人主观方面以营利为目的，未经著作权人许可，一旦实施了其中一种行为，即可能构成侵犯著作权罪。根据2020年9月14日起施行的最高人民法院和最高人民检察院《关于办理侵犯知识产权刑事案件具体应用法律若干问题解释（三）》第二条规定，以通常方式署名的自然人、法人或非法人组织存在相应权利，非法出版发行者不能提供相关证据材料的，可以认定"未经著作权人许可""未经录音制作者许可"。第三条规定，未经授权或超截止授权使用计算机信息系统方式窃取商业秘密的应认定为盗窃。以贿赂、欺诈、电子侵入等方式获取权利人的商业秘密的应认定为"其他不正当手段"。①

对于以营利为目的，未经著作权人许可而既复制又发行其作品构成犯罪的，比较容易理解。但对于复制或发行是否可以单独成立本罪则有不同看法。比如，有的学者认为，只有发行行为不能单独成立本罪。因为，发行单独成立本罪就意味着行为人没有复制他人的作品，发行的只能是他人复制的侵权作品。根据《著作权法》的规定，发行是指以出售或者赠与方式向公众提供作品的原件或者复制件的行为。但是出售他人制作的侵权复制品，如果违法所得数额巨大的，应构成销售侵权复制品罪，而不能构成本罪。而赠与他人制作的侵权复制品则不可能达到营利的目的，行为显然就不具备营利的目的。②

笔者认为，此种观点值得商榷。侵犯著作权罪所规制的发行与销售侵权复制品罪所规制的销售并非同种行为。根据立法原意，此处发行应作缩小解释，是指首次向公众提供作品的原件或者复制件的行为。销售是指作品发行后，行为人以营利为目的，向公众提供作品的原件或者复制件的行为。当然，如果由不同的行为人事先通谋而分别实施复制、发行的，属于共同犯罪，仍可构成本罪。

利用现有网络传播技术的复制行为是现实中较为突出的问题，值得探讨。笔者认为，当前刑法对网络传播行为的规制存在以下弊病。

其一，刑民规定不相协调。根据《著作权法》的规定，复制发行与信息网络传播是截然不同的权利行使方式，相互之间无法包含，更不存在交叉。"复制"是指以印刷、拓印、复印、录音、录像、翻拍、翻录等方式将作品制作一份或者多份的行为；"发行"是指以赠与或出售的方式向公众提供作品的原件或者复制件的行为；"信息网络传播"是以有线或者无线方式向公众提供作品，使得公众可以在其个人选定的时间和地点获得作品的行为。而2004年《解释》将"复制发行"行为解释为包括网络传播行为，在概念规制上，刑民衔接存有明显的冲突和矛盾。

其二，"以营利为目的"作为犯罪的主观要件无法有力遏制侵犯著作权的网络传播行为。与传统侵犯著作权犯罪均以营利为目的不同，网络传播行为的目的具有多样性，存在大量出于共享等非营利性目的而上传、分享他人作品的现象。在互联网如此普及，甚至每个互联网

① 参见《最高人民法院、最高人民检察院关于办理侵犯知识产权刑事案件具体应用法律若干问题的解释（三）》。

② 赵永红．知识产权犯罪研究[M]．北京：中国法制出版社，2004：298．

用户都可能成为侵权传播行为主体的社会，即使不具有营利目的依然可以产生严重的危害后果。因为网络具有放大倍增的效果，作品一旦在网络上传播，其危害后果便无法预料或者控制。很多行为人在上传作品之初根本不曾料及该行为可能产生的危害后果，只是出于简单的娱乐、分享目的。因此。仅以立法上规定的“以营利为目的”并不能精确判定其复制行为是否侵害合法权益、是否违法，不能发挥打击犯罪的功能。

其三，网络服务提供者构成犯罪的门槛过高，只有在构成共同犯罪的情形下才得以追究其刑事责任。2011 年《意见》第十五条规定：明知他人实施知识产权犯罪，而为其提供生产、制造上的帮助，或者提供互联网接入、服务器托管、网络存储空间、通信传输通道、代收费、费用结算等服务的，以知识产权犯罪的共犯论处。[①] 实施知识产权犯罪的主体与实施帮助行为的网络服务提供者构成共同犯罪意味着只有当主要行为人实施的知识产权侵权行为足够严重从而达到刑事处罚标准时，实施帮助行为的网络服务提供者才可能与之构成共同犯罪。在实践中，网络服务提供者在网络传播行为中起着放大危害性的关键作用，其危害性并不低于上传作品行为，有时甚至危害性更大。但此类帮助行为在刑法中没有独立的成罪标准，而是依附于侵犯知识产权行为而存在，这样的制度设置不尽合理。

笔者认为，为了有效应对目前网络传播侵权行为泛滥的现实问题，刑法的保护方式应当进行有针对性的改进。

第一，单独对网络著作权犯罪进行规制。网络环境中的著作权犯罪和传统的著作权犯罪在行为特征和危害后果上有显著差异。传统的复制行为具有需要借助大量物质条件，犯罪过程较烦琐，危害后果可控，传播范围小等特点；而网络传播行为则兼具便利性和快捷性。针对网络著作权犯罪和传统著作权犯罪分别独立立法顺应了犯罪行为各自固有的特性，可以使入罪标准、犯罪构成要件更加科学，更加利于实际应用。“以营利为目的”这一主观要件的存废问题也便迎刃而解，即在传统著作权领域应当保留这一要件，而在网络著作权犯罪领域废除这一条件。这样的立法符合不同环境中犯罪行为的特有模式，使打击犯罪更有针对性。

第二，网络服务提供者构成间接侵权并且其行为具有严重后果时应当独立追究其刑事责任。根据《信息网络传播权保护条例》的规定，搜索与链接服务提供者虽未直接上传作品，但若其在提供链接等服务过程中应知被链接的内容侵权时，应当承担侵权责任。刑事立法可以充分借鉴侵权责任的认定标准，设置一个新的罪名来规范网络服务提供者的行为。虽然网络服务提供者处于帮助地位，但当其帮助的行为具有相当社会危害性时可以独立成罪。刑法的立法体制中已经有过这样的先例，如协助组织卖淫罪。

综上所述，我国可以增设一个新罪名置于侵犯著作权罪之后，具体条文设计如下：网络服务提供者以大规模地利用侵权内容营利为其核心商业模式的，违法所得数额较大或者有其他严重情节的；网络服务提供者虽未利用上述营利模式为其经营核心，但在服务提供过程中引诱他人实施侵权行为、为他人实施侵权行为提供帮助或者未尽到合理注意义务，从而导致严重后果的，处三年以下有期徒刑或者拘役，并处或者单处罚金。该罪主体为特定主体，即提供链接、搜索服务的网络服务提供者。他们并不上传侵权视频、音乐或文字作品，因而

---

① 关于办理侵犯知识产权刑事案件适用法律若干问题的意见[EB/OL].(2018-01-05)[2020-06-01]. http://www.cyberpolice.cn/wfjb/html/flfg/20111227/595.shtml.

不能成为侵犯信息网络传播权犯罪的主体，但是他们的行为同样具有严重的社会危害性，因此需要应用刑法予以规制。本罪的主观要件为故意，包括直接故意和间接故意。直接故意表现为网络服务提供者为获取利益而促成侵权行为发生；间接故意则表现为有合理理由应当知道内容侵权，但因未尽到合理的注意义务而忽略侵权事实。

2.出版他人享有专有出版权的图书

出版即指将作品编辑加工后，经过复制向公众发行，它实际上是一种特殊的复制发行行为。图书出版者享有专有出版权。专有出版权是指出版者对著作权人交付的作品在合同规定的时间、地点以原版、修订版方式制作成图书并发行的独占权利。它是出版者经著作权人授权而取得的一种重要的依附于著作权的合法权益，同样具有排他性，他人不得擅自行使，否则构成侵权。同时，原著作权人也不得在合同有效期内和合同约定的地区内，授权其他出版社以同种文字的原版、修订版和缩编本的方式出版同一种图书。我国《著作权法》第三十三条规定："图书出版者对著作权人交付出版的作品，按照合同约定享有的专有出版权受法律保护，他人不得出版该作品。"①

3.未经录音录像制作者许可，复制发行其制作的录音录像

这也是一种侵犯录音录像制作者著作邻接权的行为。录音录像制作者即制作录音录像制品的人，由于其投入了独创性劳动、资金等，因而对其制作的音像制品享有许可他人复制发行并获得报酬的权利，他人未经许可复制发行的则是对其权利的侵犯。

4.制作、出售假冒他人署名的美术作品

该行为包括三种方式，一是临摹他人的美术作品，然后署上其姓名，假冒出售；二是以自己创造的美术作品，署他人姓名后，出售牟利；三是在他人的美术作品上，署上第三人姓名后出售。这里的美术作品，主要指绘画，也包括书法、雕塑、建筑、工艺美术等艺术作品，即既包括纯美术性作品，也包括应用美术作品。这是一种借他人之名非法牟利的行为。它不仅侵犯了他人的人身权（主要是署名权），而且必然会影响他人作品的出售，从而间接侵犯他人的财产权。同时，这种行为欺骗了社会公众，对文化市场秩序具有相当的危害性，因此，应予以惩治。②

本项行为中制作、出售行为自不难理解，值得探讨的是，本条把"制作"与"出售"以顿号分开作并列规定是否意味着只要存有其中一种行为就构成被罪？对于制作与出售行为的关系是复合关系还是并列关系的问题，理论上也存在着以下几种观点：有人认为，制作与出售这两种行为必须相互联系构成一个整体，才能够符合本项所列犯罪行为的客观构成要件。制作与出售行为本来是两个完全独立的行为，但在该罪的构成中，这两个行为必须相互联系才能构成一个整体，才能符合构成要件。因为制作行为如果不与出售行为相联系，就不可能具有营利目的，而如果只是出售而未参与制作，则属于《刑法》第二百一十八条所规定的"销售侵权复制品罪"。③ 有人进一步指出，此处应理解为制作并出售或为出售而制作才构成本罪，从主观上看，也只有既制作并出售或为出售而制作才能表明行为人具有营利的目的。④

① 刘远山.论我国著作权犯罪的定罪和处罚及其刑法完善[J].河北法学，2006(4)：19-27.

② 刘远山.论我国著作权犯罪的定罪和处罚及其刑法完善[J].河北法学，2006(4)：19-27.

③ 聂洪勇.知识产权的刑法保护[M].北京：中国方正出版社，2000：138.

④ 向开柱，李国如.侵犯著作权犯罪的罪名的确定和犯罪构成特征新论[J].郑州大学学报(哲社版)，1996(1).

还有人认为，对于制作、出售假冒他人署名的美术作品之犯罪行为的构成，并不一定要求制作行为与出售行为必须同时存在才能构成犯罪，只要具有其一就可构成侵犯著作权罪。因为在司法实践中存在不出售、只制作假冒他人署名的作品牟利的情况，如自己制作美术作品，假冒名家之名拿去展览，从而收取门票费的即是如此。[①]

笔者认为，从立法原意上讲，此处“制作、出售”似应理解为各自独立的行为，既包括制作，也包括出售。但结合本罪的具体情况，此处解释为“制作并出售”或者“为出售而制作”才构成本罪，更有其合理性。从主观上看，也只有既制作并出售或者为出售而制作才能表明行为人具有营利的目的。如果行为人仅有出售行为而无制作行为，则完全符合《刑法》第二百一十八条所规定的销售侵权复制品罪的构成要件；如果行为人制作后并无出售行为甚至无出售的意图，则行为人主观上就缺乏“营利目的”，从而不符合侵犯著作权罪的构成要件，不能构成犯罪。当然，如果行为人为出售而实施制作行为，但未及出售即被察觉，则可以按照未遂加以认定。[②]

根据刑法规定，上述侵犯著作权的行为，必须违法所得数额较大或者有其他严重情节的，才能构成侵犯著作权罪。对此 2004 年 12 月 22 日施行的最高人民法院和最高人民检察院联合制定的《关于办理侵犯知识产权刑事案件具体应用法律若干问题的解释》第五条规定，以营利为目的，实施《刑法》第二百一十七条所列侵犯著作权行为之一，违法所得数额在 3 万元以上的，属于“违法所得数额较大”；具有下列情形之一的，属于“有其他严重情节”：一是非法经营数额在 5 万元以上的；二是未经著作权人许可，复制发行其文字作品、音乐、电影、电视、录像作品、计算机软件及其他作品，复制品数量合计在 1 千张(份)以上的；三是其他严重情节的情形。第五条同时还规定了“违法所得数额巨大”及“有其他特别严重情节”的情形，并规定了与前者不同的刑罚处罚。违法所得数额在 15 万元以上的，属于“违法所得数额巨大”；具有下列情形之一的，属于“有其他特别严重情节”：一是非法经营数额在 25 万元以上的；二是未经著作权人许可，复制发行其文字作品、音乐、电影、电视、录像作品、计算机软件及其他作品，复制品数量合计在 5 千张(份)以上的；三是其他特别严重情节的情形。

关于侵犯著作权罪的主观要件。依照我国刑法规定，本罪在主观上要求行为人故意，并具有营利目的。主观上必须是故意，即行为人明知自己没有该作品的著作权，并且也没有取得著作权人的许可而非法复制、发行他人作品或明知不是某人美术作品而假冒他人署名的主观心理态度。同时，主观上还要有营利目的，即希望通过实施侵犯他人著作权的行为获得一定的经济利益。如果行为人出于过失，如误认为他人作品已过保护期而复制发行，或虽系故意，但并非以营利为目的，例如只是为了追求名利，则不能构成本罪。认定行为人的主观心理状态如何，应注意从行为人动机、对侵权后果的态度、行为时的客观条件等多方面进行考察，切忌片面性，以避免定性错误。[③]

(二)销售侵权复制品罪

根据《刑法》第二百一十八条，销售侵权复制品罪是指以营利为目的，销售明知是侵权复制品，违法所得数额巨大的行为。

---

① 刘家琛.新罪通论[M].北京：人民法院出版社，1996：336.

② 赵秉志.侵犯知识产权罪疑难问题司法对策[M].长春：吉林人民出版社，2000：60-61.

③ 马洪涛，李江波.浅谈我国著作权的刑法保护[J].出版科学，2003(1)：43.

销售侵权复制品罪侵犯的客体是国家的著作权管理制度以及他人的著作权和与著作权有关的权益。这与侵犯著作权罪侵犯的客体是相同的。所不同的是本罪的侵权具有间接性，即对他人著作权和与著作权有关权益的侵犯是由非法复制、出版或其他制作行为直接造成的，行为人的销售行为只不过是前述直接侵权行为的延续，或者说是对直接侵权行为人的一种帮助。也正因为如此，在立法者看来其危害性比侵犯著作权罪相对要小些，规定的处罚也相应应该轻些。本罪的对象是侵权复制品。依《刑法》第二百一十八条规定，构成本罪对象的侵权复制品限于侵权作品、侵权图书、侵权音像制品和假冒他人署名的美术作品，除此之外的其他侵权复制品不能成为本罪对象。

销售侵权复制品罪在客观上表现为行为人实施了销售侵权复制品，违法所得数额巨大的行为。销售是本罪客观行为的具体内容，销售通常指将侵权复制品向消费者出卖，非销售营利行为不能构成销售侵权复制品罪。如果行为人不是销售而是赠与、出借或收买自用等，均不符合本罪行为特征。

销售侵权复制品罪的主观方面为故意，并且具有营利目的。这就要求行为人必须明知是侵权复制品而仍进行销售的才能构成本罪。“明知”包括“明知必然是”和“明知可能是”两种情况，只要行为人有其中之一情形的，就可认为其属于“明知”，不能把“明知”局限于“确知”，以免放纵犯罪分子。对于“明知”的认定，不能仅凭行为人的口供，而应根据全案情况尤其是侵权复制品的来源渠道、行为人进货与销售的价格等客观事实来综合分析判断。如果行为人出于过失并不知道属于侵权复制品而予以销售的，不构成本罪。

近年来，许多学者对于侵犯著作权罪和销售侵权复制品罪“目的犯”的立法模式提出质疑，建议取消“以营利为目的”限制的呼声很高。

第一，取消“以营利为目的”的限制，是适应现代科技的发展，加强对著作权刑法保护的需要。侵犯著作权的行为并非一定是为了营利，也可以是出于其他目的，如出于报复毁损他人名誉的目的等。我国自改革开放以来，信息技术发展迅速，不以营利为目的的侵犯著作权行为日益猖獗，出于其他目的的侵权行为给权利人造成的危害后果与出于营利目的的侵权行为造成的后果可能并没有区别，都形成了实质性的伤害。因此有必要顺应现代科技的发展，取消“以营利为目的”的限制，以加强对著作权的刑法保护。仅仅规定“以营利为目的”的侵犯著作权行为为犯罪行为从逻辑上看是不合适的。

第二，取消“以营利为目的”的限制，是降低司法机关证明难度，严密惩治侵犯著作权犯罪之刑事法网的需要。在民事责任领域，长期存在的适用原则是：合同责任是严格责任，而侵权责任则是过错原则。然而，与商标权、专利权的取得方式不同，著作权的侵权行为，特别是某些计算机软件、网络侵权行为的过错证明十分困难，因此包括我国在内的许多国家对著作权直接侵权行为采用了严格责任。我国《著作权法》第五十二条和第五十三条规定了严格责任即过错推定责任原则。这一责任原则同样可以适用于刑法领域，即由复制发行人等涉嫌侵权的犯罪嫌疑人负责举证侵权复制品的合法来源或者是经过合法授权取得。如果不能证明，就要承担刑事责任，这样可以提高证明成功率和诉讼效率。[①]

第三，取消“以营利为目的”的限制，符合侵犯著作权犯罪的国际立法发展趋势。世界上许多国家和地区（如日本、法国、意大利、美国等）的刑法均未将“以营利为目的”作为侵犯著

---

① 王文华．侵犯著作权犯罪立法若干问题研究[J]．深圳大学学报（人文社会科学版），2006(5)．

作权犯罪的主观要件。许多国家都尽可能放宽侵犯著作权犯罪的构成要件，减少限制性要求，扩大侵犯著作权犯罪的刑法规制范围。对于侵犯著作权犯罪的主观要件，仅要求行为人具有故意，至于是否有营利目的，于犯罪的成立不发生影响。这一认定标准已成为世界各国惩治侵犯著作权犯罪的发展趋势。① 相比之下，我国对于侵犯著作权犯罪立法模式，显然已远远滞后于侵犯著作权犯罪的国际立法发展趋势。

第四，取消“以营利为目的”，是与《与贸易有关的知识产权协议》(TRIPS 协议)的有关规定相协调的需要。TRIPS 协议已将故意但不一定出于商业利益或者个人经济利益目的的严重侵权行为纳入刑事犯罪的规制范畴。

第五，取消“以营利为目的”，也是与中国刑法典中其他知识产权犯罪的规定相协调的需要。我国刑法关于知识产权犯罪规定所保护的商标权、专利权、著作权、商业秘密权这四种权利中，仅仅只对侵犯著作权犯罪做出了“以营利为目的”的要求，而对侵犯专利权、商标权和商业秘密的行为则没有此要求，甚至新修订的著作权法都将“以营利为目的”的前提删除了。刑法这样区别不但形式上使得立法很不协调，而且实质上非常不妥。著作权不同于商标权、专利权等工业产权，它更多的是文化产品，注入了更多的思想、精神方面的内容。因此，现实中存有许多事实案例，都并非以营利为目的，可能就是为了毁坏他人作品的声誉。对基于其他复杂动机或者目的而侵犯著作权，情节严重的行为，也应当规定为犯罪。商标权、专利权、商业秘密权与著作权均属知识产权，都既具有经济内容，又具有人身依附性和名誉权方面的价值，都是人身权与财产权的统一。因此，仅对侵犯著作权要求“以营利为目的”的法定因素是没有根据的。即使是为了区别于那些合理使用他人作品的行为，也仍然可以取消“以营利为目的”的内容，改为“违反著作权法的规定”。这样做一样直白明了，一样可以达到区别于合理使用的目的。②

因此笔者建议取消侵犯著作权犯罪、销售侵权复制品罪中“以营利为目的”的限制。即将《刑法》第二百一十七条和第二百一十八条中的“以营利为目的”删除，对不论出于何种目的的故意严重侵权行为都追究刑事责任。只有这样，才能更加完善知识产权的保护，也符合 TRIPS 协议关于各成员国对侵犯知识产权行为“以故意的具有商业规模”规定范围的法理内涵。

二、法外准犯罪行为

(一)侵犯著作人身权的行为

我国刑法对于侵犯著作人身权的行为关注较少，而国外对于著作人身权予以刑法保护的立法例则屡见不鲜，常见的罪名有侵害已亡作品作者著作人格权罪、不履行注明义务罪等。根据我国《著作权法》，侵犯著作人身权的行为主要表现为对发表权、署名权、保护作品完整权的侵犯。

1. 侵犯发表权的行为

发表权即决定作品是否公之于众的权利。所谓公之于众就是公开让不特定的多数人知晓。至于公众是否知悉或关注被发表的作品，以及知悉人的多少和作品被关注的程度，则无

---

① 李文燕，田宏杰. 著作权刑事立法保护比较研究[J]. 山东公安专科学校学报，2004(3).

② 王文华. 侵犯著作权罪的立法完善[EB/OL]. (2003-07-10)[2020-06-01]. https://www.chinacourt.org/article/detail/2003/07/id/68585.shtml.

关紧要。发表权的内容包括决定作品是否发表、在何时何地发表、以何种形式发表。作品发表的形式有:图书形式、刊物形式、录音制品形式、电影、电视、广播、表演等。

发表是实现著作权的重要途径。著作权是基于创作完成作品而产生,作品是否发表并不影响著作权的存在。发表权的影响主要体现在以下两个方面:一是只有将作品发表,作者才能将法定的权利主要是财产权利变为现实的利益;二则是作品是否发表,还决定作品是否能被合理使用、保护期的计算以及外国人的作品是否受我国著作权法的保护。

发表权只能行使一次,作品一经公开,发表权就终止。如果作者还未发表作品就将著作财产权转移了,则推定作者已经行使了发表权。作品发表之后,他人在该作品的基础上创作的演绎作品的发表常常要取得原著作权人的许可,故原著作权人实际上对演绎作品的发表有间接的影响。

发表权通常需和其他著作财产权中的任何一种一起行使。比如,作者允许出版社或期刊杂志社出版其作品,而使发表权得以实现,剧作家可以以将剧本交由某剧团上演的方式发表其作品。因此侵犯发表权的侵权行为侵犯的客体是复杂客体,既侵犯了作者的作品发表权,也侵犯了其著作财产权。例如未经作者同意,将其作品摄制成电影的行为,既侵犯了作者的发表权,也侵犯了作者的电影摄制权。

按照我国《著作权法》第四十六条之规定,侵犯发表权的行为包括两种:一是未经著作权人许可,发表其作品的行为;二是未经合作作者许可,将与他人合作创作的作品当作自己单独创作的作品发表的。

谈到侵犯发表权,有必要将作者的发表权与作品原件的合法所有人的发表权之间的关系做一介绍。这是因为,即使没有得到作者同意发表作品的明确授权,作品原件的合法所有人在一定情形下也可享有并行使作品的发表权。也就是说,特定情形下,存有侵犯作者发表权的免责事由。依法理,发表权专属于作者,通常情况下不能转移,也不能由他人代为行使,作者以外的其他人只能作为发表权的保护人。但若作品在作者生前没有发表,而且其在生前也未明确表示反对该作品的发表的,那么在作者死后,其作品原件的合法所有人可享有并可行使作品的发表权。这种情形下,作品原件合法所有人发表作品的行为即不构成对作者发表权的侵犯。自然,也不存在侵犯著作权的可能。

下列情形,依据我国著作权法规定,可以推定作者允许他人发表其作品,他人的行为不构成侵权。(1)作者身份不明时,作品原件的合法持有人发表作品。(2)作者生前未发表的作品,如果作者未明确表示不发表,在其死后的50年内,其继承人、受遗赠人发表作品,或者在没有继承人或受遗赠人时原件的合法所有人发表作品。作者死亡50年以后任何人都可以发表其作品。(3)电影、电视、录像作品的制片者发表该作品。这类作品虽然涉及众多的著作权人,包括制片者、剧作者、导演、摄影者、词作者、曲作者等,但是依照著作权法的规定,上述作品作为一个整体,著作权由制片者享有,其他作者只能享有署名权。(4)法人或者其他组织依法发表有关职务作品。《著作权法》第十八条规定,有下列情形之一的职务作品,作者享有署名权,著作权的其他权利由法人或者其他组织享有,法人或者其他组织可以给予作者奖励:主要是利用法人或者其他组织的物质技术条件创作,并由法人或者其他组织承担责任的工程设计图、产品设计图、地图、计算机软件等职务作品;法律、行政法规规定或者合同约定著作权由法人或者其他组织享有的职务作品。(5)委托人依照约定发表有关作品。《著作权法》第十九条规定,受委托创作的作品,著作权的归属由委托人和受托人通过合同约定,当合同约定著作权属于委托人时,委托人虽然不是作者,但可以以著作权人的身份行使发表权等著作权。(6)美术作品原件所有人以展览的方式发表该作品。《著作权法》第二十条规定,美术等作品原件所有权的转移,不视为作品著作权的转移,但美术作品原件的展览权由原件所有人享有。也就是说,当美术作品在未发表前其原件就已经转让给他人时,受让人有权展出该作品。展出是发表作品的一种方式。

2.侵犯署名权的行为

署名权,也称为姓名表示权,即表明作者身份,在作品或其复制件上标记作者姓名的权利。署名权同作者的人身关系至为密切,是作者最为重要的一项著作人身权。作者有权在作品上署名,也有权不署名;有权署真名,也有权署假名、笔名,这些都可归之于署名权的积极权能。署名权也有其消极权能,即有权禁止没有参加直接产生文学、艺术和科学作品的智力活动的他人在作品上署名。依我国《著作权法》的规定,没有参加创作,为谋取个人名利,在他人作品上署名的,构成侵权。

只能是真正的作者和被视同作者的法人和非法人单位才有资格享有署名权。在两人或多人合作完成一部作品的情况下,其中一个或数个作者只署自己姓名,而不给他人署名的行为,也是一种侵犯他人署名权的行为。

没有参加创作,或仅是为他人的创作行为提供辅助性工作,或提供了一部分资金,但为谋取个人名利,在他人的作品上署名的行为也构成侵权。如若一部作品是由多人共同创作完成,则他们都将作为作品的作者,都享有署名权。若数人关于其署名顺序有约定的,则应依其约定。若其中有人为谋取个人私利,擅自变动署名顺序,也是一种侵犯他人署名权的行为。这是因为,作为作者的一项人身权利,署名权的内容包含了作者有决定如何署名的权利。如果作品的合作创作者之一明确表示放弃自己的署名权,那么,即使在作品或其复制件上不署其姓名,则不属于侵犯署名权的行为。

对于为了牟取不正当利益,而在自己创作的作品上署上别人姓名,出版销售作品的行为,不是侵犯署名权的行为,而是一种侵犯他人姓名权的著作权欺诈行为。在现实生活中,有的作品是由较多的人共同完成的,那么,这种情况下,如何署名?此时,应由该作品的作者协商确定,若出版社擅自删除一部分作者的姓名或仅列出其中几个,用"等著"的方式署名,都是一种侵犯署名权的行为。

3.侵犯保护作品完整权的行为

保护作品完整权,即作者或其他著作权人保护作品不受歪曲、篡改的权利。我国《著作权法》第五十二条第四项规定,歪曲、篡改他人作品的,是侵犯著作权的行为。保护作品完整权,旨在保护作者通过作品完整充分地表达自己的思想、观点和感情。作者表达自己的思想、观点和感情必然通过一定的表现形式。因而,保护作品完整权,必然也要通过对其作品表现形式的保护来完成。保护作品完整权旨在防止、对抗对作品完整性的破坏,破坏作品完整性常常不仅会导致对作者著作权即保护作品完整权的侵犯,还会间接地侵犯作者的名誉权。

我国1992年加入的《伯尔尼公约》第六条之二对保护作品完整权也设有规定。只是在《伯尔尼公约》加了更严格的限制词:有权反对"有损作者声誉的"歪曲、篡改、修改或其他贬抑。在一般情况下,能称为"歪曲""篡改"的,必然有损作者声誉,但这只是从理论上讲。在实践中,有时"篡改"与尚构不成篡改的"修改"之间的界限很难划清,从而是否构成侵犯作者精神权利也难以认定。有了"有损作者声誉"这一标准,就使界限比较好划了。也就是说,作者在一般情形下无权禁止他人对作品必要的修改。把禁止他人修改的程度限制在“歪曲”“篡改”,尤其是限制在“有损作者声誉的”修改,可使出版单位传统的工作方法不致因著作权法的实施而无法继续。[①] 我国《著作权法》第三十六条明确规定:图书出版者经作者许可,可以对作品修改、删节。报社、杂志社可以对作品作文字性修改、删节,对内容的修改应当经作者许可。

钱锺书先生所著小说《围城》继重新出版和搬上荧屏之后,全国上下兴起了“围城热”。在这一背景下,春风文艺出版社于1992年7月出版了鲁兆明著的小说《围城之后》,该书的封面印有“围城续集”字样。《围城之后》中的人物设计、人物关系及人物性格和社会背景都与钱锺书先生的《围城》十分之相似,语言和创作风格也相差甚微,延续了《围城》中的故事,使《围城》中不同人物的经历、命运都得到了新的发展。该书上市后,钱锺书先生认为,续集作者鲁兆明未经其允许,擅自对其小说《围城》作续,侵犯了其权益,并请求著作权管理机关进行处理。这一案例中,《围城之后》的作者鲁兆明及春风文艺出版社也侵犯了钱锺书的保护作品完整权。因为作为作者思想、观点和感情的体现,《围城》反映了钱锺书对他预设的社会背景下特定人物的经历、命运的理解和把握,在作者的心目中,小说中的特定人物的经历和命运只能有一个选择,也只能有一个结果。因此任何未经作者许可或授权,对特定人物经历、命运的发展或改变,都侵犯了作者思想、观点、感情的整体性。

有学者提出,我国刑法仅规制“绝对盗版”行为,亦即只有未经著作权人许可,复制发行他人原创作品的,才可能构成犯罪。这是不利于充分保护著作权的,还应当包括未经著作权人许可,复制发行经过改动的他人文字作品、音乐、电影、电视、录像作品、计算机软件及其他作品的行为。原因在于,这些行为不仅侵犯了作者的著作人身权中的发表权和著作财产权,还侵犯了作品的修改权和保护作品完整权。有些侵权人甚至对作品的思想内容进行歪曲、篡改,例如擅自增加迎合部分读者、观众、听众以及使用者的低级趣味的内容,当然,还是署原作作者的名字。这一行为严重违反了原作的精神、风格、格调。对这些大量复制发行的非100%复制品的行为,虽然为著作权法所禁止,并要依据第四十六条第四项规定承担民事责任,但是如果依然按照《刑法》第二百一十七条处罚,则有违罪刑法定原则,因为法条本身并未包括这种复制经过改动的作品的行为。如果不处罚,显然放纵了这类犯罪,这种行为就其严重性而言,比复制“绝对盗版”的行为的危害更甚。这一点应当在立法时有所体现。[②]

(二)侵犯著作财产权的行为

我国刑法对于侵犯著作权犯罪罪名的设置,主要是出于保护著作财产权的需要。但是刑法所保护的著作财产权范围有限,侵犯著作财产权的行为至少还应当包括以下两种情形。

1. 非法使用及传播作品的行为

我国《著作权法》第五十二条第六项规定,未经著作权人许可,以展览、摄制电影和以类似摄制电影的方法使用作品,或者以改编、翻译、注释等方式使用作品的,是著作权侵权行为,但著作权法另有规定的除外。第七项规定,使用他人作品,应当支付报酬而未支付的行为,亦属著作权侵权行为。第五十三条第一项规定,未经著作权人许可,复制、发行、表演、放映、广播、汇编、通过信息网络向公众传播其作品的行为,是著作权侵权行为,但著作权法另

① 郑成思.版权公约、版权保护与版权贸易[M].北京:中国人民大学出版社,1992:105.

② 王文华.侵犯著作权犯罪立法若干问题研究[J].深圳大学学报(人文社会科学版),2006(5).

有规定的除外。

2.侵犯出租权的行为

我国《著作权法》第五十二条第八项规定,未经电影作品和以类似摄制电影的方法创作的作品、计算机软件的著作权人许可,出租其作品的,是著作权侵权行为,但计算机软件不是出租的主要标的除外。这表明我国《著作权法》肯定了出租权是著作权权能之一。出租权即有偿许可他人临时使用电影作品和以类似摄制电影的方法创作的作品、计算机软件的权利。作品出租权的产生和著作权的产生和发展一样都归因于传播技术的发展。在现代,新的传播技术层出不穷,例如光导纤维传输、通信卫星传输等。新的传播技术的发展,不仅创造了新的作品形式,拓宽了著作权客体的范围,而且使著作权的权能日渐丰富多彩,为著作权人开辟了获取财产利益的新途径。作品出租权就是在这样的背景下伴随着音像制品、软件出租业之昌盛而逐渐萌生、发展、完善的。

著作权人出租权的客体,根据著作权原理,应为作品,即文学、艺术和科学领域内,具有独创性并能以某种有形形式复制的智力创作成果。但不是所有的作品都能成为出租权的客体。由于各国在对待出租权的客体范围上差距较大,有的国家法律完全不承认出租权,有的则明文规定承认一切作品的著作权人均享有出租权。为平衡其间的利益,《与贸易有关的知识产权协议》第十一条要求成员至少对出租中利润可能很高的作品给予出租权,这就是电影作品和计算机程序。我国《著作权法》规定的出租权的客体是,“电影作品和以类似摄制电影的方法创作的作品、计算机软件,但计算机软件不是出租的主要标的除外”。“计算机软件不是出租的主要标的”是指,如果出租的是一台装有计算机程序的计算机,计算机是出租的主要标的,其中装载的计算机程序——计算机软件不是出租的主要标的。在这种情况下,著作权人对计算机程序就没有出租权,不能收取租金。反之,如果计算机程序是单独出租的,如单独出租装有计算机程序的光盘,则出租人应当向著作权人支付租金。

作品出租权的主体,即出租权人,应当是作品的作者和其他依法享有著作权的人,而不是音像制品、软件光盘的出租商店,即租赁业经营者。租赁业经营者享有的是租赁经营权,而不是作为著作权之一的作品出租权。

应当看到,立法虽然赋予了著作权人以出租权,但完全实现出租权还需要一个较长的过程,现实中还存在众多困难。第一,出租权的行使,必须依靠著作权集体管理组织,作者个人的力量是无力实现完整的出租权的。我国尚缺乏有效的著作权集体管理机构。目前我国的著作权集体管理机构主要是音乐著作权协会,远远不能满足现实需要。第二,还存在观念转变问题。出租店出租的作品往往是花钱购买取得了所有权的作品原件或复制件。自己出租自己的东西为什么还要向著作人支付报酬?著作权人已经从作品的销售中获利,为什么还要收取出租费?可能有些人,尤其是出租商对此不理解。在此,需要从理论上将作品及作品的载体,著作权的客体及所有权的客体区别开来。作品是著作权的客体。作品的载体,即作品原件或复制件——固定和传播作品的物体,是著作权人欲行使作品的出租权必须借助的物,是财产所有权的客体。出租店虽然对这些载体享有所有权,但对附着于载体上的作品并不享有著作权。因为作品的载体并非民法上一般的物,而是负载着智力创造成果的一种物。所以,出租店出租作品原件或者复制件的行为并不能简单地解释为一种行使其所有权的行为。相反,文化消费者使用作品载体的真实意图是利用作品的内容而非载体本身。著作权人对出租权的行使,是对其所创作的法定作品的出租权而不是对其作品的载体的出租权。

考虑到无论从行为的社会危害性及其严重程度还是行为人的主观恶性、大小等方面来看，笔者认为，非法出租侵权复制品的行为与销售侵权复制品的行为具有相当性。因此，为严厉打击非法出租侵权复制品行为，刑法有必要将其单独规定为一种侵犯著作权的犯罪。

（三）侵犯著作邻接权的行为

1. 侵犯出版者版式设计专有使用权的行为

图书出版者、报社、期刊社享有版式设计的专有使用权。我国《著作权法》第三十七条规定："出版者有权许可或者禁止他人使用其出版的图书、期刊的版式设计。"有学者认为，出版者权，严格而言就是指这种专有使用权。专有使用权，顾名思义，只能由出版者享有，因而，无论是著作权人，还是其他出版者，或任何其他第三人，未经享有专有使用权的出版人同意，都不得使用其版式、装帧设计。按照我国《著作权法》的规定，未经出版社许可，使用其出版的图书、期刊的版式设计的，构成侵权。

2. 侵犯表演者权的行为

我国《著作权法实施条例》第五条对表演的解释是："表演，指演奏乐曲、上演剧本、朗诵诗词等直接或者借助技术设备以声音、表情、动作公开再现作品。"该法第六条对表演者的界定是："表演者，指演员或其他表演文学、艺术作品的人。"我国《著作权法》第三十六条对表演者权做了明确规定："表演者对其表演享有下列权利：(1)表明表演者身份；(2)保护表演形象不受歪曲；(3)许可他人从现场直播；(4)许可他人为营利目的录音、录像，并获得报酬。"由此可见，表演者权由表演者人身权和表演者财产权组成。

表演者人身权首先是表明表演者身份的权利。表明表演者身份的权利，就其性质而言，类似于著作人身权中的署名权，即表演者对其表演行为所享有的表示姓名的权利。表演者的演出包含了表演者个人对其表演内容的理解和感受，其演出本身也是一种创造性劳动，表演者所塑造的形象体现了表演者的独特风格。因而表演者理所当然地享有在表演中或表演前后表明其身份的权利。当然，在实践中，表明表演者身份的方式并无定式，既可以在演出前，在演出广告、演出宣传中表明表演者的身份；在尚未正式表演前由主持人介绍表演者身份；也可在演出过程中，通过打字幕标明表演者的身份；或在进行现场直播时，由解说员解说的方式表明表演者身份；还可在表演结束后及时介绍表演者身份。

表演者的财产权利首先是许可他人从现场直播的权利，即许可他人通过电视、广播等通信手段把现场表演直接传送给观众、听众的权利。随着电视、广播等通信手段自身技术的提高和日益被广泛地运用，现场直播各项表演业已成为人们欣赏表演的主要方式，而卫星通信技术的运用，更使跨越国界的现场直播成为可能。由于表演者的表演一旦被现场直播，受当代科技的影响，很大程度上会带来经济上的收益，因而各国法律大都认为许可现场直播权为表演者财产权的重要内容。许可他人以营利为目的录音录像的权利也是表演者财产权的一种，他人将表演者的表演通过录音录像复制发行，自然也会严重影响表演者的经济利益，因而若是对表演者的表演录音录像，应征得表演者的许可，并向其支付报酬。

我国《著作权法》第五十二条和第五十三条规定："未经表演者许可，从现场直播或者公开传送其现场表演，或者录制其表演的；未经表演者许可，复制、发行录有其表演的录音录像制品，或者通过信息网络向公众传播其表演的，构成侵权，本法另有规定的除外。"

3. 侵犯录音录像制作者权的行为

录音录像是复制的方式之一。所谓录音录像，是指将一定的声音、形象以物质形式予以复制，以满足人们的视听需要。录音制品，指任何声音的原始录制品，包括唱片、磁带、唱盘等。录像制品是指电影、电视、录像作品以外的任何有伴音或无伴音的连续相关形象的原始录制品。录音录像制作者，简而言之，就是制作录音制品和录像制品的人。

需予以注意的是，电影、电视和录像作品与录像制品存在着区别，前者是智力创作的成果，有作者的个人思想的汇入，创作作品的作者是享有著作权的人；后者则仅是一种物化的载体，不属于智力劳动，并不包含创造性劳动，因而制品的制作者享有邻接权。另音像制品与音像复制品也不同，我国《著作权法》所指的音像制品是录音、录像的原始录制品，而音像复制品则是音像制品的复制品。音像复制品，就其本质而言，与产品并无区别。因而音像复制品者并无著作权法意义上的音像复制品者权，他只是扮演着一个生产厂商的角色，因而也只拥有一个生产厂商的权利。

录音录像制作者的权利，最重要的一项是对其制作的录音、录像制品，享有许可他人复制发行，并获得报酬的权利。为了维护录音录像制作者的权利，防止随着录制设备的普及和录制技术的发展，而可能出现的大规模侵害录音、录像制作者权利的现象发生，国际组织曾分别于 1961 年、1971 年和 1989 年缔结了三个保护邻接权的公约，即《罗马公约》《保护录音制品录制者，防止录音制品被擅自复制公约》《视听作品的国际登记公约》。同时大多数国家的国内法也都有保护录音、录像制作者权的规定。我国《著作权法》第四十四条规定："录音录像制作者对其制作的录音录像制品，享有许可他人复制、发行、出租、通过信息网络向公众传播并获得报酬的权利。"这一规定确立了我国的录音录像制作者权。录音录像制作者权的保护期为 50 年，截止于该制品首次制作完成后第五十年的 12 月 31 日。未经录音录像制作者许可，复制、发行、通过信息网络向公众传播其制作的录音录像制品，构成侵犯录音录像制作者权的行为，但著作权法另有规定的除外。

4.侵犯广播电视组织者权的行为

广播电视组织者权，是指广播电台、电视台对其所制作和播放的广播、电视节目依法所享有的权利和承担的义务。其主体是制作和播放广播、电视节目的广播电台或电视台；其客体是所制作和播放的广播或电视节目。

广播电台、电视台对其所制作播放的节目依法享有的权利包括下列几项。(1)播放权，即广播电台、电视台有权播放其制作的广播或电视节目。(2)许可他人复制、录制或转播其制作的广播、电视节目并获得报酬权。(3)禁止权，广播电台、电视台有权禁止未经其许可，将其播放的广播、电视转播或者将其播放的广播、电视录制在音像载体上以及复制音像载体。禁止权的保护期限为 50 年，截至该广播、电视首次播放后的 50 年的 12 月 31 日。(4)外国的广播电台、电视台根据中国参加的国际条约对其播放的广播、电视节目享有的权利，受著作权法保护。

(四)其他侵犯著作权或者著作邻接权的行为

随着现代著作权制度的发展，为了最终达到保护著作的目的，有的国家在立法中规定了一些新的侵犯著作权犯罪。这类侵犯著作权犯罪不像传统的侵犯著作权犯罪一样，以著作权法保护的客体为直接的犯罪对象，而是以著作权的技术防范措施或者权利管理信息为犯罪对象。这类侵犯著作权犯罪主要针对的是在现代社会有极大经济价值和技术价值的计算机软件，或网络服务技术等其他高科技著作权作品。保护这一类著作权的最终目的是预防和惩治大规模的以商业或者其他目的而侵犯高科技著作权作品的行为。

如日本在1999年6月15日修订的著作权法律中，具体规定了对于技术规避措施和侵犯他人权利管理信息的刑事救济措施。根据规定，故意增设虚假权利管理信息和故意除去、改变权利管理信息等行为并严重侵犯作者人格权、著作权等权利者，可以追究刑事责任，处3年以下有期徒刑或者300万日元以下罚金。对于以获取商业优势或者营利为目的而规避技术措施者，可以处1年以下有期徒刑或者100万日元以下的罚金。美国1998年10月的《数字化时代版权法》对侵犯技术措施和著作权管理信息的刑事救济也做了规定，对于故意侵犯技术措施和著作权管理信息，其目的是获得商业优势或者个人金钱的，如果是初犯，处以50万美元以下的罚金或者5年以下的监禁，或两者并处。[①] 我国刑法尚未关注到对著作权的技术防范措施或者权利管理信息的保护，但是《著作权法》中规定了两种此类行为。

1. 故意避开、破坏保护著作权的技术措施

根据我国《著作权法》第四十九条第六项的规定，未经著作权人或者与著作权有关的权利人许可，故意避开或者破坏权利人为其作品、录音录像制品等采取的保护著作权或者与著作权有关的权利的技术措施的行为，构成侵权，法律、行政法规另有规定的除外。

2. 删改著作权管理信息

我国《著作权法》第五十三条第七项规定，未经著作权人或者与著作权有关的权利人许可，故意删除或者改变作品、录音录像制品等的权利管理电子信息的，构成侵权，法律、行政法规另有规定的除外。

第四节　侵犯商业秘密罪

自20世纪90年代我国在《反不正当竞争法》中明确写入保护商业秘密的专门条款开始，历经20余年的发展，我国在商业秘密立法和司法保护方面取得了长足的进步。立法方面形成了由我国《民法典》《反不正当竞争法》等十余部法律和《关于禁止侵害商业秘密行为的若干规定》等多个行政法规和部门规章组成的商业秘密保护法律体系，司法方面则出台了《最高人民法院关于审理不正当竞争民事案件应用法律若干问题的解释》等多个涉及商业秘密保护的法律解释性文件。尤其是作为规定商业秘密保护基本条款的我国《反不正当竞争法》，在2017年与2019年两次修订中都对商业秘密条款做了较大幅度的修改，奠定了我国商业秘密法律保护的基础。然而，值得注意的是，我国《刑法》虽然在1997年修订时将侵犯商业秘密行为犯罪化（我国《刑法》第二百一十九条），但之后就再没有过任何变化，相关司法解释也极为稀少。[②] 这种规范供给的态势传导到司法领域就呈现出商业秘密刑法保护乏力的状态。在中国裁判文书网发布的2013年至2017年数据中，全国法院审结的侵害商业秘密犯罪刑事案件仅198起。[③] 因此，侵犯商业秘密罪的设立虽然为商业秘密的保护提供了

---

① 李明德．网络时代的法律问题[J]．环球法律评论，2001(春季号)．

② 目前仅有2010年最高人民检察院、公安部联合发布的《关于公安机关管辖的刑事案件立案追诉标准的规定(二)》第七十五条和2004年最高人民法院、最高人民检察院联合发布的《关于办理侵犯知识产权刑事案件具体应用法律若干问题的解释》第七条两个条款，并且，这两个条款都只是涉及对我国《刑法》第二百一十九条所规定的“重大损失”要件的解释。

③ 重要知识产权维权难　商业秘密法亟待出台[N]．21世纪经济报道，2018-06-09(5)．

强有力的法律武器，但是司法效果和社会效果却并不显著。[①] 由此可见，面对国际与国内有关商业秘密保护战略与制度的重大变革，我国目前商业秘密刑法保护的制度变革与规范完善已刻不容缓。

一、商业秘密刑法保护的基本立场

我国当前商业秘密刑法保护制度主要是由我国《刑法》第二百一十九条侵犯商业秘密罪的第四款规定以及相应的司法解释组成的。商业秘密的刑法保护制度的变革核心是对现行刑法规范的变革，而这种变革的方向与路径选择则取决于国家对商业秘密的保护所持的基本刑事政策立场，具体而言就是，国家立法与司法机关对侵犯商业秘密行为的刑罚惩罚与控制应当秉持何种态度。刑事政策是刑法的灵魂，任何刑法规范的制定与适用都不是“无源之水”，背后总是有一定的基本立场作为支撑，同时，对法规范的解释、适用乃至修订无不以一定的基本立场做指引。只有在正确的立场指导下，才能探寻到商业秘密刑法保护的妥当路径。

（一）商业秘密刑法保护的适度扩张

商业秘密刑法保护的扩张性倾向源于以下几项因素。

首先，是相关权利人客观需求的必然反应。从目前司法适用的效果来看，我国现行刑法实践有关侵犯商业秘密罪条款的适用显然是不理想的，相关权利主体尤其是企业要求强化刑法保护的呼声非常强烈。2018 年“两会”期间，全国人大代表——格力集团董事长董明珠在其提案中就指出，在现如今激烈的市场竞争中，部分企业为快速获得竞争对手的独特优势，越来越多以卧底、间谍等方式窃取商业秘密，而由于法律制度的缺陷，商业秘密泄露后维权又极为困难，为此，她向国家最高立法机关提出“将商业秘密刑事案件立案标准由 50 万元的直接损失，调整为 10 万元的直接损失或者间接损失”的建议，呼吁通过修法和出台司法解释给予商业秘密更大力度的保护。[②] 企业家群体所提出的“调低立案标准”的建议，实际上意味着侵犯商业秘密罪入罪门槛的降低，刑法的扩张自不待言。

其次，商业秘密的性质及其自身存在状态的独特性要求刑法应当给予其更为强有力的保护。在当今市场经济环境下，企业可能未必拥有专利，但绝大多数却拥有商业秘密，且不少专利的创意首先也都来源于商业秘密，越来越多的市场主体更偏好于使用商业秘密保护其技术信息与经营信息，因此，商业秘密在当今社会是企业的核心竞争力。欧盟在 2016 年发布的《商业秘密保护指令》(EU-TSD)序言中就明确指出：“无论何种规模的企业，都将商业秘密与专利及其他形式知识产权同等重视……中小企业甚至更加重视与依赖商业秘密。”2017 年欧盟知识产权局发布的一项关于“通过商业秘密和专利保护创新”的研究表明，在其所调查的 20 万个不同规模的欧洲企业中，与专利、商标、版权等相比，52.3%的企业使用商业秘密，在欧盟 24 个成员的大多数不同规模的公司，使用商业秘密保护创新的比例高于专利。[③] 美国的贝克·麦坚时国际律师事务所 2017 年发布的研究报告也显示，69%的企业高

---

① 邓斌，龙海燕，邢波. 中国特色智慧财产的法治保障与制度完善——以秘密保持命令制度为研究对象[C]. 中国知识产权法学研究会 2015 年年会论文集，2015.

② 董明珠. 关于加强商业秘密保护保护创新者合法权益的建议[N]. 中国科学报，2018-03-16(1).

③ EU Study Highlights Importance of Trade Secrets to InnovativeFirms[EB/OL]. (2018-01-16)[2019-08-01]. https://www. mccannfitzgerald. com/knowledge/intellectual-property/eu-study-highlights-importance-of-trade-secrets-to-innovative-firms.

管认为，商业秘密和知识产权对于企业的品牌价值和战略发挥着非常重要或者关键的作用，在快速发展的技术创新保护上，保护商业秘密比保护其他类型的知识产权更显重要。然而，在商业秘密的优势显著、重要性日益凸显的同时，其在权益保护上的脆弱性也异常突出。这种脆弱性在于：相对于被窃取或泄密的风险，商业秘密的保护仅依赖于权利主体的自我保密措施，处于“易攻难守”的境地。这一方面是因为企业研发中开放创新的盛行以及大数据、人工智能、云存储等新兴技术的发展导致的商业秘密被窥探、窃取的风险愈来愈大，另一方面是因为人才流动的加剧、国家对经济活动领域管理范围的扩大使得企业的商业秘密被相关方合法占有后不当披露的风险显著增加。商业秘密这种重要性与脆弱性行影相随，权利获取、占有的优势与保护方式的劣势共存的特征就要求刑法对其给予更多的关注，尤其在我国《刑法》商业秘密罪条款20年无变化的情况下，这种适度的扩张就更为急迫。

最后，刑法在中国市场经济发展历程中的独特地位与当前我国商业秘密非刑事法律保护体系的特点也决定了刑法在商业秘密保护领域的扩张倾向。市场经济是规则经济、法治经济，市场经济秩序形成的关键在于建立一套统一的、符合规律的市场行为规则，以这种规则为核心形成稳定健全的市场秩序。在大多数发达国家，向市场经济过渡的启动力量来自市民社会内部，市场经济取代封建自然经济是一个长期的、自发的、逐步过渡的过程。因此，市场规则首先是在经济活动中自发形成并先于国家立法而存在的。而中国从计划经济向市场经济的启动力量并不是来自于市民社会，而是呈现出国家主动运用权力建立和培育市场的过程。相当一部分市场规则不得不先由国家通过立法的方式强制地提供给社会。改革开放40年来我国大规模的经济立法活动正是这一特征的最佳注脚。中国这种市场规则形成的特殊性使得那些原本因其形成的自发性、渐进性而带有市场自律机制特征的市场规则在中国则更多地具有了外在的强制色彩。刑法因其所具有的其他法律无法比拟的严厉性、强制性和特殊的行为规制机能，通过设立和惩治经济犯罪，国家不仅能够强力恢复被破坏的经济秩序，而且还可以从反面向市场主体昭示市场规则。因此，以刑法来强化主体的市场规则意识，帮助国家促进市场规则的建立，就成为我国立法机关的重要选择。① 1997年修订后的我国《刑法》及其以后历次修正案有关经济犯罪的设立无不体现出中国刑法在推进中国经济市场化进程中所具有的强化市场规则意识、促进市场规则建立的功能定位。

当前，全球强化商业秘密保护呈现新的趋势，发达国家面对当下商业秘密保护领域呈现的新问题、新局面，纷纷采取高标准、严要求的新立场和专门化的立法模式。其中代表性的有美国《保护商业秘密法》、欧盟《商业秘密保护指令》、英国《商业秘密条例》、法国《商业秘密保护法案》、德国《保护商业秘密法（草案）》、韩国《反不正当竞争和商业秘密保护法》，其他欧盟国家如意大利、荷兰、瑞典、丹麦等国也通过了新的商业秘密保护法，这些法律制度的重大变革也相应地影响了各国有关商业秘密的刑法保护规则的扩张。② 反观我国的商业秘密保护体制，其非刑事法律保护体系一直采取分散立法模式，不仅缺乏商业秘密保护专门法，相关的规定也都散见于我国《反不正当竞争》等多部法律法规和司法解释中，缺乏系统性、有序性和逻辑自洽性。这种法律保护体系远远跟不上商业秘密保护的当今国际潮流。有鉴于商业秘密制度的外部供给性色彩和中国当前商业秘密非刑法保护制度的现状，在持续强化、扩

---

① 唐稷尧．经济犯罪的刑事惩罚标准研究[M]．成都：四川大学出版社，2007：160-168．

② 郑友德，钱向阳．论我国商业秘密保护专门法的制定[J]．电子知识产权，2018(10)．

大商业秘密保护的国际潮流和中国刑法强化市场规则建立的现实功能定位的叠加下，中国刑法在商业秘密保护领域的扩张性呈现较大的空间与较强的紧迫性。

（二）商业秘密刑法保护的限缩要求

虽然我国现行刑法对商业秘密的保护存在扩张的趋势，但这种扩张并不是绝对的，而是相对的、有限的，这是因为商业秘密的刑法保护还同时存在限缩性要求。这种限缩性不仅是基于现代社会刑法所具有的调整社会关系的片段性（不完整性）、补充性和最后手段性等基本特性的要求，还基于商业秘密这种保护对象在性质等方面的特殊性要求。

一方面，商业秘密权利属性的特殊性要求刑法的扩张应当是有限度的。其一，相对于专利、商标等工业产权权利内容与边界的清晰性，商业秘密的权利边界相对模糊，具体内容处于不断的扩展与变化之中。1994 年乌拉圭回合谈判通过的《与贸易有关的知识产权协议》（TRIPS）将商业秘密定义为符合秘密性、价值性、保密性的未披露信息，但并未阐明这种“未披露信息”到底包含何种内容、其边界在何处，之后各国的法律也基本上是沿循着该条款设立商业秘密的法律定义。由于专利、商标权的获得必须依法通过专门的审查，需要提交具有清晰内容的权利申请书，而商业秘密则无须进行法律前置性审查，其内容与权利边界显然具有较大的灵活性和变动性，如果刑法不加限制地将任何的企业“未披露信息”都纳入保护范围，不仅有违现代刑法的谦抑性、补充性，也势必导致侵犯商业秘密罪的犯罪对象的内容与边界都处于完全不确定状态，罪刑法定原则所要求的明确性就会荡然无存。其二，相对于传统的有体物财产所有权，作为知识产权类型之一的商业秘密在权利的法律性质方面也存在极大的差异。传统财产所有权是对世权，具有绝对性与排他性，权利人对财产的所有则排除他人的占有与使用，因此，刑法对传统财产权的保护是广泛的，甚至是全方位的，针对权利人财产所有权的各种不法侵害方式几乎都纳入刑法调整的范围。然而商业秘密属于广义的智力成果，具有无限的可复制性，一项保密的技术信息或商业信息可能同时为多个主体占有，权利人对商业秘密的占有和使用也并不影响他人对它的占有与使用，其他人仍然可以在不享有所有权的情况下同时占有和使用该商业秘密，其作为一种无形物并不具有传统财产权的绝对性与排他性。商业秘密的这种权利属性决定了刑法不可能采取类似于保护财产所有权的方式对其提供全方位的保护，而只能采取有限保护原则。从中国现行刑法规定来看，刑法在规定有关著作权、商标权和专利权的具体犯罪时也是遵循有限保护原则，仅选择将有限的几种侵权类型予以犯罪化。

另一方面，商业秘密的准公共产品性质在一定程度上也对刑法的扩张构成限制。创新一方面需要知识产权的保护作为激励，另一方面则需要市场有公平的竞争环境作为保障，以确保实现促进社会进步、增加人类福祉的最终目标。从我国现行的知识产权制度来看，著作权、商标权、专利权保护体系都在强化产权保护的同时设置了权利合理使用制度和防止权利滥用机制，近年来我国司法机关审理的华为诉 IDC 案、高通案等令世界瞩目的案件，都体现了中国在司法及行政执法的实践中对知识产权滥用的处理态度。而对于商业秘密而言，如果不加约束，也同样存在权利主体利用商业秘密法来阻碍消费者、公共监督群体和潜在改进者审视大量相关信息的可能。当前，各国已开始通过制定相关规范防止这种权利被滥用。例如，美国《反不正当竞争法（第三版）重述》就指出：“出于非商业利用目的披露他人的商业秘密可能涉及自由表达权益，或者促进其他重要的公共利益，……可针对有关公共卫生或安全、犯罪或侵权行为或者其他重要公共事项等的信息披露授予特许豁免。”[①]我国《反垄断法》第五十五条也明确规定：“经营者依照有关知识产权的法律、行政法规规定行使知识产权的行为，不适用本法；但是，经营者滥用知识产权，排除、限制竞争的行为，适用本法。”我国国务院反垄断委员会还在2017年公开发布了《关于滥用知识产权的反垄断指南（草案建议稿）》。不过，相对于专利、商标和著作权法律中所存在的防止权利滥用的成熟机制，我国现行商业秘密的法律保护制度中相应机制还非常初级与薄弱。在这种制度现状下，如果刑法单边强化对商业秘密的保护而无限制地扩张，很难说不会出现市场主体为了追求垄断利益而借用刑法阻碍、打击技术创新的可能。

二、侵犯商业秘密罪的犯罪对象与不法行为类型的适度扩张

刑事政策的立场选择最终需要在刑法规范及其适用中得以实现。我国《刑法》对于商业秘密的保护体现在第二百一十九条侵犯商业秘密罪的规定，该条款从保护对象的范围、特征、可罚行为类型、危害后果等方面构建了商业秘密刑法保护的基本制度。面对国内外商业秘密保护的新态势，在现有制度框架下，如果要实现对商业秘密刑法保护的适度扩张，主要路径选择有二：一是从解释论的角度扩大犯罪对象的范围；二是从立法论的角度对侵犯商业秘密罪的具体不法行为类型予以必要的修订。

（一）路径之一：侵犯商业秘密罪犯罪对象的扩张解释

根据我国《刑法》第二百一十九条第三款的规定，侵犯商业秘密罪的犯罪对象——商业秘密是指“不为公众所知悉，能为权利人带来经济利益，具有实用性并经权利人采取保密措施的技术信息和经营信息”。从商业秘密保护的整个法律体系来看，我国《刑法》的这一规定其实是对1993年颁布的我国《反不正当竞争法》第十条第三款的原文照搬。然而，在2017年与2019年我国《反不正当竞争法》的两次修订中，有关商业秘密的条款连续做了两次重大修订，商业秘密的概念与范围已经与1993年的规定有了显著的不同。

2017年修订后的我国《反不正当竞争法》第九条第三款规定的商业秘密是指“不为公众所知悉、具有商业价值并经权利人采取相应保密措施的技术信息和经营信息”，2019年修订后的我国《反不正当竞争法》第九条第三款规定的商业秘密是指“不为公众所知悉、具有商业价值并经权利人采取相应保密措施的技术信息、经营信息等商业信息”。对比上述三个条款可以发现，我国非刑事法律中设定的商业秘密范围在不断扩大。这种扩大一方面体现为认定商业秘密的法定要件更为简单，将“能为权利人带来经济利益”改为“具有商业价值”，尤其是取消了“实用性”要件，使商业秘密的价值属性外延更为广泛，避免某些技术、经营的创意仅因为尚未及时转化而否认其为商业秘密；另一方面体现为将商业秘密的核心范围从“技术信息和经营信息”调整为“技术信息、经营信息等商业信息”，增加了“等商业信息”这一兜底性表述，弥补了原规定对信息分类不周延的短板，使得不易被分类为技术信息或经营信息的其他商业秘密信息在符合商业秘密的构成要件下也能够获得作为商业秘密的保护。这些修改使得我国法律有关商业秘密的构成要件与当前国际上通行的概念相一致，也与扩大商业秘密保护范围的国际潮流相契合。例如，在商业秘密的构成属性上，无论是美国《保护商业

---

① 郑友德，钱向阳．论我国商业秘密保护专门法的制定[J]．电子知识产权，2018(10)．

秘密法》(DTSA)、《统一商业秘密法》(Uniform Trade Secret Act,USTA),还是欧盟《商业秘密保护指令》(EU-TSD)都坚持和沿用了《与贸易有关的知识产权协议》(TRIPS)第三十九条第二款的基本立场,即商业秘密构成三要件——"秘密性"、"价值性"与"保密性",而在商业秘密的覆盖范围上,美国将"所有形式和类型的财务、商业、科学、技术、经济或工程信息",只要符合商业秘密属性要件都纳入保护范围。① 欧盟《商业秘密保护指令》则明确规定,即使是公开可用信息的组合也可获得保护,前提是只要它们不易获得或者不为相关公众所知悉。②

由于我国《刑法》第二百一十九条第三款明确规定了商业秘密的定义而并未采取空白罪状的立法模式,司法机关无法在刑法条文尚未修改时直接适用我国《反不正当竞争法》的相关规定,因此,从法解释的角度对现行我国《刑法》中商业秘密的范围予以适当扩张就是一个可行的选择。具体来说可以有两个方向。一是借鉴 2007 年《最高人民法院关于审理不正当竞争民事案件应用法律若干问题的解释》第十条的规定,将"能为权利人带来经济利益"明确解释为"具有现实的或者潜在的商业价值,能为权利人带来竞争优势",使之与国际立法和国内最新的反不正当竞争法的规定趋同。在当今的企业创新实践中,的确有一些技术或经营信息并不能为权利人直接带来经济利益,但如果其竞争对手获取则可能直接从中获取应用价值,损及权利人相对于其竞争对手的竞争优势。这种法律解释思路既符合商业秘密保护的客观实际,也基本符合我国立法机关在 2017 年修订《反不正当竞争法》时对商业秘密修订条款的立法意图。③ 二是针对现行刑法中的"实用性"要件,可以通过司法解释确立推定认定的原则,即如果某一信息"具有现实的或者潜在的商业价值,能为权利人带来竞争优势"即可直接推定其具有"实用性",因为通常能够成为商业秘密的内容均具现实或潜在的经济利益,而有经济利益就可以认为其有实用性,如果相对方否认,则由其举证证明,这样就可以减轻商业秘密权利人一方的在保护对象方面的举证责任,从而在操作层面取得扩大保护的效果。

（二）路径之二:不法行为类型的适度扩张

我国《刑法》所规定的侵犯商业秘密罪不法行为主要有四类:以盗窃、利诱、胁迫或其他不正当手段获取权利人的商业秘密的行为;披露、使用或允许他人使用以前项手段获取的权利人的商业秘密;违反约定或者违反权利人有关保守商业秘密的要求,披露、使用或者允许他人使用其所掌握的商业秘密的;明知或者应知前述三种违法行为,获取、使用或者披露他人的商业秘密的行为。这些不法行为类型的规定是侵犯商业秘密罪成立要件的核心内容之一,决定了刑法所划定的商业秘密保护圈的大小。因此,如果要实现商业秘密刑法保护的适度扩张,刑法在不法行为类型方面也应当有所反映,具体可以从以下两个方向着手。

一是通过对"其他不正当手段"的明确化解释扩大不法行为类型的覆盖范围。从商业秘

---

① 李薇薇,郑友德.欧美商业秘密保护立法新进展及对我国的启示[J].法学,2017(7).

② 该规定为欧盟《商业秘密保护指令》的第二条,系对"秘密性"的规定,其原文为:It is secret in the sense that it is not, as a body or in the precise configuration and assembly of its components, generally known among or readily accessible to persons within the circles that normal-ly deal with the kind of information in question.

③ 根据全国人大常委会法工委对我国《反不正当竞争法》第九条第三款规定的解释,商业秘密信息具有商业价值,一是指该信息能够为经营者带来经济利益或者竞争优势,二是指该信息能够带来直接的、现实的或者间接的、潜在的经济利益或竞争优势。参见:王瑞贺.中华人民共和国反不正当竞争法释义[M].北京.法律出版社,2018.

密保护的实践来看，非法获取商业秘密行为是刑法应当首先予以打击与遏制的不法行为类型，但从刑法规定来看，我国刑法只是将"盗窃、利诱、胁迫"三种手段明确规定为非法获取商业秘密的行为手段，而用"其他不正当手段"来概括其他的不法类型。到底何为"其他不正当手段"，我国司法机关至今并未给出相对明确的解释，这就为实践中适用刑法打击侵犯商业秘密的工作造成操作上的困惑。从规范的历史变迁来看，我国《刑法》这一条款的规定其实是来源于1993年我国《反不正当竞争法》第十条第一款第一项的原文照搬，然而，经过近30年的变迁，经济全球化的加剧，物联网、云存储等新兴技术的发展，全球供应链的勃兴，国际人才流动的日益频繁，都使得商业秘密被窥探、窃取的风险愈来愈大，行为方式也出现新的变化，采取欺诈、收买企业内部人员、网络黑客等手段获取商业秘密已经成为典型的不法手段。面对商业秘密保护的新趋势与新要求，我国《反不正当竞争法》通过2017年和2019年两次修订，在继续保留"其他不正当手段"这一概括规定的同时，有针对性地修订了具体列举的非法获取商业秘密行为方式，删除了原条文中的"利诱"这种内涵较窄、规范化较弱的表述，而代之"贿赂"这种内涵更为丰富、更为规范的表述，同时还增加了"欺诈"和"电子侵入"两种新的不法手段，使得反不正当竞争法的相关法律规定积极回应了商业秘密保护的社会需求。面对这种客观的社会需求与非刑事法律的变化，刑法理应做出适当的反应。虽然目前有关侵犯商业秘密罪的相关条文尚未修改，但条文中"其他不正当手段"这种概括规定已经为刑法所规定的不法手段的扩张提供了制度空间。根据法律解释方法中的"只含同类"规则，所谓的"其他不正当手段"应当解释为与前面所列的具体行为类型具有同质性的不法手段，即具有取得他人商业秘密的非正当性这一核心特征。借鉴反不正当竞争法的规定，我们完全可以通过法律解释的方式将"贿赂""欺诈""电子侵入"这三种具有典型性的不法手段纳入刑法要惩治的非法获取商业秘密不法行为类型中。

二是通过立法修订将违反法定保密义务行为犯罪化。这里所说的保密义务是指在相关非刑事法律、法规中明确规定的特定主体对企业商业秘密的保密义务。在现实生活中，某些特定国家机关的人员或特定市场主体因职务或业务原因接触到权利人的商业秘密，由于这些人员在工作中会不可避免地接触、知悉企业的商业秘密，从保障民事权利、维护国家信用与行业信用的角度出发，包括中国在内的各国法律大多为此类人员明确设置了特定的保密义务。如果这些人员故意泄露所知悉的权利人商业秘密，不仅是对其职业道德的亵渎，更是对法定义务的明知故犯。相对于违反合同约定的保密义务的披露、使用商业秘密的行为，此类行为人的主观恶性更大，更彰显出对国家法律的藐视，商业秘密权利人对此类行为也更难以控制。正是基于对其严重危害性的考虑，域外刑法大多将此类行为列为侵犯商业秘密罪的典型不法类型。例如《德国刑法典》第二百零三条侵害他人秘密罪就将律师、公证人员、会计师、审计人员、辩护人、税务代理人、公务人员、依职位代理法执行任务或职权的人员、立法机构所属调查委员会的成员等具有特殊职业身份的主体泄露他人秘密（私生活秘密或企业、商业秘密）行为予以了犯罪化。[①]《日本不正当竞争防止法》第二十一条第一款也规定，从商业秘密所有者处获知商业秘密的管理人员或者从业者，违背关于该商业秘密的管理义务，以获得不正当利益的目的使用或者公开该商业秘密的行为构成侵犯商业秘密犯罪。其中的

---

① 德国刑法典[M].徐久生，庄敬华，译.北京.中国法制出版社.2000：157-158；齐文远，唐子艳.德国商业秘密刑法保护规定及其启示[J].中南民族大学学报，2013(4).

"商业秘密的管理人员"就是指理事、董事、经理人、执行业务的公司成员、监事或者监察成员,或者相当于上述人员者。[①] 其他国家的刑法,如《法国刑法典》第二百二十六条、《瑞士刑法典》第三百二十条和第三百二十一条、《俄罗斯刑法典》第一百八十三条也都有类似的规定。[②] 遗憾的是,我国《刑法》仅将违反保密约定的普通民事违约行为纳入侵犯商业秘密罪的规定(即第二百一十九条第一款第三项),却对于这种主观可谴责性、刑事可罚性远胜于普通民事违约行为的不法行为有所疏漏,这显然不利于商业秘密的保护,也与域外的刑事立法潮流不相符。[③] 因此,就强化商业秘密的法律保护而言,通过对我国《刑法》修订将违反法定保密义务行为犯罪化是一个必然的选择。值得注意的是,我国《反不正当竞争法》在 2019 年修订时,已经将第九条侵犯商业秘密行为的第一款第三项中"违反约定或者违反权利人有关保守商业秘密的要求"的表述修改为"违反保密义务或者违反权利人有关保守商业秘密的要求",这说明立法机关也已经意识到了法定保密义务的履行对于商业秘密保护的重要作用,这就进一步为刑法将此类行为的犯罪化奠定了坚实的基础。

三、侵犯商业秘密罪的部分犯罪成立要件的适当限缩

考虑到现代刑法在国家法律体系中的位置与地位,基于商业秘密这种保护对象在权利属性上的特殊性,我国《刑法》在商业秘密保护领域既有扩张趋势,又存在限缩的要求。这种限缩可以通过三个具体路径来实现。

(一)路径一:不法行为入罪门槛条件的分类设置

我国刑法规定的侵犯商业秘密罪在入罪条件上设置了"给商业秘密权利人造成重大损失"这一门槛条件。从条文的字面来看,这一规定可以理解为是针对所有侵犯商业秘密不法行为类型的通用条件或同一条件,自 1997 年我国《刑法》规定侵犯商业秘密罪以来有关该条款的刑法解释性文件也都是按照这一思路来理解和解释"重大损失"要件。[④] 从控制犯罪圈、防止刑法过度扩张的角度来说,这种设置是可取的。然而,这种解释虽然有利于司法实践对定罪标准的把握,但其科学性、公正性却是值得商榷的。其核心原因就在于,我国《刑法》第二百一十九条所规定的侵犯商业秘密四类不法行为类型在本质上存在较大的差异。我国刑法所规定的侵犯商业秘密罪不法行为主要涉及四类:以盗窃等不正当手段获取权利人的商业秘密;披露、使用或允许他人使用以前项手段获取的商业秘密;违约披露、使用或者允许他人使用其所掌握的商业秘密;明知或者应知前述三种违法行为,获取、使用或者披露他人的商业秘密。在这四种不法类型中,第一种、第二种行为主体相同,对象同一,行为类型存在密切联系,前者强调的是非法获取,后者强调的是使用非法获取的商业秘密(披露和允许他人使用事实上都是一种使用方式),后者实际上是对前者的补充,所列举的行为是前者

---

① 刘科.中日侵犯商业秘密犯罪比较研究[J].中国刑事法杂志,2011(3).

② 法国刑法典[M].罗结珍,译.北京.中国人民公安大学出版社,1995:91;徐久生.瑞士联邦刑法典[M].北京.中国法制出版社,1999:101;黄道秀.俄罗斯联邦刑法典[M].北京.中国法制出版社,1996:93.

③ 唐稷尧.罪刑法定视野下的侵犯商业秘密罪[J].四川师范大学学报,2003(3).

④ 2004 年最高人民法院和最高人民检察院联合发布的《关于办理侵犯知识产权刑事案件具体应用法律若干问题的解释》第七条规定,给商业秘密权利人造成损失数额在 50 万元以上的,属于"给商业秘密权利人造成重大损失";2010 年最高人民检察院、公安部联合发布的《关于公安机关管辖的刑事案件立案追诉标准的规定(二)》第七十三条也同样采取了统一规定的形式。

行为的自然延伸,可以都归属于“商业间谍”行为。这种“商业间谍”行为是最典型的侵犯商业秘密行为,其不仅可能对商业秘密权利人造成巨大损失,而且由于其获取商业秘密的不正当性,因此行为的不法性最高、行为人的主观可谴责性(主观恶性)最大。与此同时,由于行为人获取商业秘密手段的不正当性,此类行为也是最难以被发现和侦破的行为。作为一种最为严重的侵犯商业秘密行为,将其予以犯罪化是世界上许多国家的通例,美、德、奥地利、俄罗斯等国刑法都有类似的规定,我国《刑法》在1997年修订前,在司法活动中就已经将其作为盗窃罪处理(非法使用获取的秘密的行为也被视为盗窃行为的延伸)。第三种行为本质是刑法对违约行为的犯罪化,此类行为虽然也可能在客观上对商业秘密权利人造成如商业间谍行为同等程度的损害,但行为人取得商业秘密本身却是合法的,只是违反保密约定对外披露、使用商业秘密,其本质上属于单纯的民事违约行为,由于民事合同行为的相对性,相较于商业间谍行为,行为人不仅主观可谴责性明显较低,而且违约行为也更容易被发现,权利人也容易通过非刑事途径获得及时的保护。至于第四种行为,其特殊性与前三种更为不同,行为人并不是直接从商业秘密权利人那里获取商业秘密,而是从前二类侵权人处获得,行为人只是在知道所获取的商业秘密存在不法性的前提下依然披露、使用该商业秘密,因此,该行为在本质上并非是对权利人商业秘密的直接侵犯,而属于“间接侵犯商业秘密的行为”,我国刑法特别采用“以侵犯商业秘密论”这种立法技术予以表述表明该行为其实属于侵犯商业秘密罪的拟制条款。

由此可见,侵犯商业秘密罪所规定的四种不法行为类型在其所具有的社会危害性方面存在明显的不同,不应当设置无差别的定罪量刑条件。在这一点上,德国刑法有关商业秘密犯罪的“区别对待”模式具有借鉴价值。德国反不正当竞争中涉及侵犯商业秘密罪的内容主要规定在三个条文中,这三个条文的一大亮点就在于区别不同行为主体、不同行为对象、不同适用区域设置有差别的构成要件,其法定刑也成阶梯式的递减趋势。有鉴于此,笔者认为,无论从有效保护商业秘密、遏制潜在的不法行为的角度来看,还是从我国刑法所坚持的主客观相统一的原则和实现刑法的公正性来看,针对刑法所规定的四种不法行为类型,应当设置有差别的入罪门槛。具体来说,可以通过对“给商业秘密权利人造成重大损失”中损失数额实施差异化司法解释来实现,即对商业间谍行为、违约披露和使用商业秘密行为、间接侵犯商业秘密的行为设置损失数额依次递增的入罪门槛。

(二)路径二:违约行为犯罪化条款的限制解释

在我国刑法所规定的侵犯商业秘密罪四种不法行为类型中,违约披露、使用或者允许他人使用其所掌握的商业秘密行为最为特殊。在该行为中,行为人获取权利人商业秘密并非通过违背权利人意愿的侵权活动非法取得,而是基于权利人的意志合法获取,其只是在合法获悉与使用该秘密时违背双方的保密约定而向第三方披露该商业秘密,就民事角度而论,这属于违约行为,与商业间谍这种侵权行为存在本质区别,因此,我国刑法在商业秘密罪状中所设置的这种不法行为模式本质上是将普通的民事违约行为犯罪化。这种规定不仅在我国刑法中属于非常特殊的立法例①,在域外刑法中也极其罕见。

在国家法律体系中,由于刑罚所具有的剥夺公民基本权利的严厉性特征,现代民主社会

① 从广义上看,除侵犯商业秘密罪以外,我国《刑法》第二百七十六条之一拒不支付劳动报酬罪和第一百九十六条信用卡诈骗罪规定的“恶意透支”行为是另外两个民事违约行为犯罪化的立法例。

的刑法基于人权保障的基本观念，早已摒弃了古代刑法全面介入社会生活的定位，对于民事违约行为，刑法大都选择不干预、不介入的基本立场，不会将单纯违约行为犯罪化。因此，现代国家一般来说都缺乏动用刑罚权来处罚民事违约行为的冲动与必要。[①] 由此可见，侵犯商业秘密罪中所包含的这种违约行为类型在立法的科学性与公正性方面都存在明显的问题。更值得注意的是，我国刑法在侵犯商业秘密罪中将违约行为犯罪化虽然看似对企业的商业秘密提供了更强的刑事保护手段，有助于促进企业的创新，但从实践效果来看，却并不尽如人意，甚至走向反面，出现了动辄以刑事手段来解决与保密协议和竞业禁止协议有关的商业秘密纠纷的趋势。有学者在研究了目前出现的案例后指出："由于我国刑法区别商业秘密民事侵权与刑事犯罪的唯一界线就是 50 万元的犯罪数额，对于那些没有明显的不正当手段仅属雇员跳槽引发的商业秘密侵权纠纷，只要获利或者损失超过 50 万元，商业秘密权利人为惩一儆百，更多选择利用刑事手段惩处跳槽者、离职者。……有资料显示，我国商业秘密刑事案件中，60％与人才跳槽有关。跟人才跳槽有关的商业秘密案件从民事案件转化成刑事案件的以每年 100％的速度在上升。"[②]设置这种单纯为了实现企业商业秘密的保护而不惜以刑事手段来解决民事违约行为的法律规范，其立法目的是期望以刑罚的强制力来解决企业之间在知识创新与人才流动过程中出现的矛盾与纠纷，但事实上却严重影响了人才的正常流动，最终可能导致对企业创新能力的减损，其背后折射出的是中国长期以来重刑轻民传统与社会管控传统下立法者对刑法的过度依赖。事实上，商业秘密保护与人才流动之间的紧张关系并非我国独有的现象，美国等发达国家也面临同样的困扰，但这些国家的解决路径却不是一味强化对企业的保护，也鲜有将违约行为犯罪化的立法，而是更注重考虑两者之间的平衡。例如，2016 年美国颁布的最新《保护商业秘密法》就在商业秘密保护与劳动自由之间进行了平衡，要求保护商业秘密的禁令不得禁止雇员缔结新的雇佣关系，不得不合理以及不当限制或干涉雇员选择雇主、进入新的劳动关系的自由，也不得与禁止限制商业活动的州法相冲突，以确保对商业秘密的保护在整体上维护市场竞争的秩序，促进技术创新和经济活力，鼓励企业创新和劳动力发展的目的。[③] 由此可见，从世界各国保护商业秘密的刑法规定来看，虽然扩大与强化商业秘密的保护是当今世界的潮流，但对于违约行为，各国仍然坚守刑民分野，几乎都不以犯罪论处。

在笔者看来，对于我国侵犯商业秘密罪中的违约行为类型，应当通过立法修订的方式将其做非犯罪化处理，并以违反法定保密义务行为取代之。在这一立法修订实现之前，应当通过对其罪状的限制性解释限缩其实际的适用。其一，是对于违约披露商业秘密的行为的定罪，在法律适用解释上应当将行为人是否具有法定的保密义务，作为考察其行为是否符合"给商业秘密权利人造成重大损失"要件的重要因素而不仅仅考察损失的金额，行为人只有在既有合同约定保密义务又有法定义务却违反保密约定披露或使用权利人商业秘密造成重大损失的情况下，才应当认定为犯罪，仅仅违反合同约定的保密义务，只有损失数额达到特别巨大且难以挽回时才可以认定为犯罪。其二，通过司法解释设置刑事责任的可逆性条款，即借鉴我国《刑法》第二百零一条逃税罪第四款的立法例，设置一项特别条款，明确规定行为

---

① 王燕莉，唐稷尧. 中国刑法中违约行为犯罪化之现象分析与反思[J]. 四川师范大学学报，2013(3).

② 高晓莹. 论商业秘密保护中的刑民分野与协调[J]. 北京交通大学学报(社科版)，2010(4).

③ 傅宏宇. 美国《保护商业秘密法》的立法评价[J]. 知识产权，2016(7).

人在检察机关向法院起诉前，向商业秘密权利人赔偿相应损失，可以不起诉或免予刑罚处罚，从而“软化”司法实践中对违约行为实际定罪的刚性，降低因受到刑事惩罚而对违约者产生的负面影响。从行为的危害性来看，偷逃国家税款行为显然远远高于违约侵犯商业秘密的行为，从举重以明轻的角度来看，设置这种条款限制刑法的适用具有正当性。事实上，这种通过司法解释设置刑事责任可逆条件的模式在我国法律解释活动中也已存在先例。针对我国刑法中另外两个涉及违约行为犯罪化的个罪——据不支付劳动报酬罪与恶意透支型信用卡诈骗罪，最高人民法院发布的《关于审理拒不支付劳动报酬刑事案件适用法律若干问题的解释》（法释〔2013〕3 号）和最高人民法院和最高人民检察院联合发布的《关于办理妨害信用卡管理刑事案件具体应用法律若干问题的解释》（法释〔2018〕19 号）中就做出过类似的解释性规定。因此，在侵犯商业秘密罪的司法解释中设置类似条款应当说并没有制度上的障碍。

（三）路径三：“间接侵犯商业秘密行为”条款的限缩适用

“间接侵犯商业秘密行为”的特殊性在于行为人所获取、披露或使用的商业秘密并非直接来源于商业秘密权利人，而是从其他侵权人处获得，其实际上是在已发生侵害商业秘密行为之后的独立行为。虽然这种行为也可能会对商业秘密权利人的利益存在危险甚至造成实际的损害，但这种危险与损害相对于直接的侵害行为（尤其是商业间谍行为）距离刑法所保护的利益要远得多，其不法性也要小得多，在本质上应当不同于直接侵害商业秘密的不法行为类型。如果从行为类型上看，间接侵犯商业秘密行为与直接侵害商业秘密的行为（尤其是商业间谍行为）之间的关系更类似于盗窃、诈骗等财产犯罪与我国《刑法》第三百一十二条规定的掩饰、隐瞒犯罪所得、犯罪所得收益罪这种赃物犯罪之间的关系。

然而，我国刑法并没有采取类似独立设置赃物犯罪的模式，而是将间接侵犯商业秘密行为与商业间谍行为并列归属于侵犯商业秘密罪，共用同一的“给商业秘密权利人造成重大损失”这一门槛条件。更为重要的是，我国刑法针对这种间接侵犯商业秘密行为甚至还设置了更为独特的主观罪过条件，即“明知或者应知前述三种违法行为，获取、使用或者披露他人的商业秘密”。从字面意思来看，“应知”即“应当知道”的缩写，根据我国《刑法》总则的规定，“应当知道”是犯罪过失中疏忽大意过失这种罪过形式的认识特征，所指的是行为人客观上所具有的“不知道”的心理事实和有义务“知道”的主观认知义务。因此，如果从字面审视此条款，间接侵犯商业秘密行为所要求的“应知”在主观上显然是一种过失的心理态度，这意味着对这种距离刑法所保护的利益要远得多，其不法性也要小得多的间接侵权行为，刑法却要同时处罚故意、过失两种类型，这也使得以间接侵犯商业秘密行为的成罪条件，相对于侵犯商业秘密罪的其他不法行为更为宽松，呈现出行为危害性与刑法处罚成反比的不协调、不科学状态。对比我国刑法中与之类似的赃物犯罪——我国《刑法》第三百一十二条规定的掩饰、隐瞒犯罪所得、犯罪所得收益罪，这种不协调也非常明显。该罪也仅规定了“明知是犯罪所得及其产生的收益”而未规定“应知”。我国刑法对这种过失直接侵犯商业秘密的行为不予追究，但却要追究过失间接侵犯商业秘密的行为的本末倒置的做法，“导致了严重的罪刑不公和刑罚体系失衡，同时也与 TRIPS 协议反复强调的‘蓄意’要件无法对接”。[①]

① 吴瑞. TRIPS 视阈下中国商业秘密的刑法保护研究[J]. 经济问题探索，2009(6).

综上所述，我国《刑法》第二百一十九条规定的有关“间接侵犯商业秘密”所具有的客观行为不法侵害的间接性与主观要件兼具故意与过失的特点，使得该条款的适用具有了过度的扩张性，其科学性与正当性都存在疑问，有必要给予适当的调整。在刑法条文没有修改的情况下，考虑到刑法的稳定性与惩罚的正当性，可以通过两个方法限缩该“间接侵犯商业秘密行为”条款的适用。

其一，将刑法条文所规定的“应知”限制性解释为“推定知道”，从而使该行为类型的主观状态实际上限制于“故意”这种罪过形式。从理论上讲，“知道”和“明知”都是指以认识与意志等心理内容为中心而存在的犯罪主观事实，它们与行为方式、行为对象等客观事实一样是需要证明的，但鉴于这些心理事实不像客观事实那样具有外在形态可以直接感知与证明，因此，在许多情况下，主观心理事实需要采取司法推定这样一种司法技术间接地予以证明和认定，“推定知道”其实就是“明知”的一种特定形式。我国现行的刑法司法解释文件中也存在以这一思路对刑法所规定的“明知”展开解释的范例。2011 年最高人民法院发布的《关于审理破坏森林资源刑事案件具体应用法律若干问题的解释》(法释〔2000〕36 号)第十条就规定：“刑法第三百四十五条规定的‘非法收购明知是盗伐、滥伐的林木’中的‘明知’，是指知道或者应当知道。具有下列情形之一的，可以视为应当知道，但是有证据证明确属被蒙骗的除外：(一)在非法的木材交易场所或者单位收购木材的……”这个司法解释不仅将“明知”解释为“知道”与“应当知道”，而且还明确规定了三种客观情形作为判断“应当知道”是否存在的标准。可见，该解释条款中的“应当知道”其实就是“推定知道”或“推定的明知”。由于“推定”本质上是一种证明方法，意味着从已知的事实(证据)运用逻辑与常识确定一个未知或无法用直接证据证明的事实，因此，这种通过证据推定所确认的事实也就可以以反证来推翻，在该条解释中，具体表现为但书——“但是有证据证明确属被蒙骗的除外”。

循着这一思路，可以对我国《刑法》第二百一十九条所规定的“间接侵犯商业秘密”条款中“应知”这一主观要件进行限制性解释。一方面，从正面规定可以推定行为人主观上存在“明知”状态的典型化客观情形。这样就把与拟推定事实具有高度相关性的基础性客观事实法定化，司法者只要查明基础事实的存在即可推定“明知”的主观状态，从而简化了司法者的证明责任与证明难度。根据我国当前商业秘密保护的客观情形，笔者认为，这些典型的客观事实至少可以包括两类：一是行为人以明显低于市场对价获得商业秘密的；二是有证据表明行为人有合法渠道或者机会从权利人处获取商业秘密，但却是从其他渠道获取商业秘密的。另一方面，基于证据法中有关“推定”的证明规则，可以同时做出反向规定条款，即行为人可以基于“有证据证明确属被蒙骗”来推翻这种推定。

其二，通过司法解释明确与侵犯商业秘密罪相关联的特定的正当化事由。作为一种广义的智力成果，商业秘密的特殊性在于它的非独占性。一项保密的技术信息或商业信息可能同时为多个主体占有，权利人对商业秘密的占有和使用并不影响他人对它的合法占有与使用。之所以出现这种现象主要是因为无论是技术的发明创造还是商业信息的收集与整合本身都可以同时由多个主体独立完成，同时，商业秘密的“秘密性”特征又强化了这种独立性。鉴于这种特征，欧美发达国家通过经验总结，在侵犯商业秘密行为的认定标准中都明确将独立发现与反向工程两种类型纳入排除性规定。例如，在民事领域，欧盟 2016 年发布的《商业秘密保护指令》(EU-TSD)就规定，“独立发现或创造”和“对公众可获得的产品或客体的观察、研究、拆卸或信息获取”所取得的商业秘密应被认为是合法的，不得被认定为侵犯商业秘密。[①] 美国2016年出台的《保护商业秘密法》在定义侵犯商业秘密的"不正当手段"时也明确规定，这些手段不包括反向工程、独立推导或其他任何合法获取方式。法国2018年通过的《商业秘密保护法案》在第2节规定："当商业秘密是通过以下方式获得的，应视为合法：独立发现或创造；观察、研究、拆卸或测试已向公众提供的产品或物品，或合法地拥有信息获取者，除非合同规定禁止或限制获取商业秘密。"[②]在刑事领域，美国国会在1996年通过的以联邦法律形式对商业秘密侵权犯罪予以规制的《反经济间谍法》中明确指出，"缺乏保密、独立发展和逆向工程"是盗窃商业秘密罪与经济间谍罪特有的正当化事由(justification)。[③] 虽然我国相关民事法律在有关商业秘密保护的条款中尚未明确载明排除性规定，但有关司法解释及司法实践却早已存在。最高人民法院发布的《关于审理不正当竞争民事案件应用法律若干问题的解释》(法释〔2007〕2号)第十二条就规定："通过自行开发研制或者反向工程等方式获得的商业秘密，不认定为反不正当竞争法第十条第(一)、(二)项规定的侵犯商业秘密行为……"这实际上就为刑事司法认定中确立排除犯罪性事由提供了规范基础。笔者认为，面对我国刑法"间接侵犯商业秘密"条款的潜在的扩张倾向，在当前我国实施知识创新战略的大背景下，从促进创新的最终目的出发，有必要借鉴欧美国家的相关立法例，通过司法解释将逆向工程和独立发展明确规定为侵犯商业秘密罪认定中特殊的排除犯罪性事由，从而有助于保护真正的技术创新，防止竞争对手利用商业秘密刑法保护机制而形成权利滥用与技术垄断。

结 语

知识产权的基本客体是信息或信息的某些方面。信息产品，不论有形还是无形，只要是通过独创、努力工作和支出而形成的，那么法律就应该承认其具有可强制执行的所有权。在信息时代，信息产品的范围不断增大，软件、芯片设计、有线和卫星广播，已经是当中成功获得保护的争取者。在一个信息已成为稀有资源的时代，信息已成为我们的商品中最具价值的一种，这些利益和属于它们的合适重量，是至关重要的。如果客体是信息或信息的某些方面，受到不正当的利用，这样的信息产品的保护可能不具有正当性。竞争者和消费者的利益无法得到安置，那么寻求不适当的保护，当然是危险、不切实际且不可行的。

知识产权刑事司法保护是知识产权保护中最具有强制力和威慑力的方式。国家历来高度重视知识产权刑事司法保护。2019年11月，中共中央办公厅、国务院办公厅《关于强化知识产权保护的意见》进一步明确"加强刑事司法保护，推进刑事法律和司法解释的修订完善。加大刑事打击力度，研究降低知识产权犯罪入罪标准，提高量刑处罚力度，修改罪状表述，推动解决涉案侵权物品处置等问题"。

---

① EU-TSD Article 3.1，原文为：The acquisition of a trade secret shall be considered lawful when the trade secret is obtained by any of the following means：(a)independent discovery or creation；(b)observation，study，disassembly or testing of a product or object that has been made available to the public or that is lawfully in the possession of the acquirer of the information who is free from any legally valid duty to limit the acquisition of the trade secret.

② 郑友德，钱向阳. 论我国商业秘密保护专门法的制定[J]. 电子知识产权，2018(10).

③ 贾学胜，郑泳彬. 美国对商业秘密的刑法保护及其启示[J]. 知识产权，2014(5).

知识产权刑事司法保护坚持了以下几个原则：

一是坚持罪刑法定原则，严格依法办事。严格遵循刑法的明文规定和立法本意，从惩处知识产权犯罪的实际需要出发，综合考虑司法实践经验，依法明确相关罪状含义，厘清罪与非罪的边界。

二是坚持问题导向，有效解决司法实务问题。从司法实践需要出发，增加相关情节在定罪标准中的适用，构建合理的定罪量刑模式；规范假冒注册商标罪、侵犯著作权罪、侵犯商业秘密罪法律适用中的难点、疑点问题，进一步统一司法标准。

三是坚持宽严相济，突出惩治重点。明确规定了从重处罚和不适用缓刑的具体情形，重点打击以侵犯知识产权为业和因侵犯知识产权受过处罚后再次犯罪的情形，明确了罚金刑适用标准，充分发挥刑罚惩治和预防犯罪的功能；同时规定了从轻处罚的情形，有利于化解社会矛盾。

四是坚持凝聚法治共识，充分与民、行各方规定相衔接。充分考虑和吸收了民事、行政各方规定，凝聚社会各界的法治智慧。

2020 年 9 月 14 日起施行的最高人民法院、最高人民检察院《关于办理侵犯知识产权刑事案件具体应用法律若干问题的解释(三)》共十二条，主要规定了三方面的内容：一是规定了侵犯商业秘密罪的定罪量刑标准，根据不同行为的社会危害程度，规定不同的损失计算方式，以统一法律适用标准；二是进一步明确假冒注册商标罪“相同商标”、侵犯著作权罪“未经著作权人许可”、侵犯商业秘密罪“不正当手段”等的具体认定，以统一司法实践认识；三是明确知识产权犯罪刑罚适用及宽严相济刑事政策把握等问题，规定从重处罚、不适用缓刑以及从轻处罚的情形，进一步规范量刑标准。

第十一章　知识产权犯罪行为人与被害人研究

第一节　知识产权犯罪行为人研究

一、知识产权犯罪行为人的概念

犯罪行为是人的行为，犯罪行为人是犯罪行为的实施者，没有行为人就根本不会存在犯罪行为。只有通过揭示行为人的特征、寻求犯罪的原因所在，才可能提出有效的预防对策，达到减少犯罪的最终目的。通常认为，犯罪学中的犯罪人是指实施了危害社会的行为，应当对其采用一定防治措施的人。显然，犯罪学中的犯罪行为人，其内涵和外延比刑法学中的犯罪行为人更为宽泛。研究犯罪行为人，分析犯罪行为人的类型和特征，是犯罪学中的基本方面的核心内容。从历史上看，现代犯罪的孕育和发展，就是以对犯罪行为人的研究为中心展开的。从现实中说，犯罪学通过对犯罪行为人的研究揭示犯罪行为人的特征、分析犯罪的原因，以提出有利于预防和控制犯罪的对策措施。研究知识产权犯罪亦应如此，必须研究知识产权犯罪行为人。

如同犯罪学中的犯罪概念不同于并且外延宽于刑法学中的犯罪概念一样，犯罪学中的犯罪行为人概念也不同于并且外延宽于刑法学中的犯罪主体概念。犯罪学中的犯罪行为人不仅包括触犯刑律应受到刑罚处罚的刑事法律意义上的犯罪人，而且可以包括一定范围内的实施违法或者越轨行为应受法律或者道德责罚的人；不仅包括具备刑事责任能力和达到刑事责任年龄的犯罪人，而且可以包括不具备上述条件但实施了违法或者越轨行为的未成年人；不仅包括已经经过正当审判或者行政程序而受到一定处罚的“已决犯”，而且包括尚未受到追究的“未决犯”。[①] 显然，“犯罪行为人”概念较之“犯罪主体”概念在外延上已有所扩展，这种扩展是由犯罪学的学科性质和特点所决定的。犯罪学不是一门规范法学，它的任务不是进行规范注释和探讨法律的适用，而是采取一种批判和进取的态度对现存社会以及现行法律和司法制度加以审视和批判；并就社会规划和法制建设等问题提出设想和建议。因此，犯罪学在犯罪以及犯罪行为人等概念的理解和使用上不可能也没有必要因循于法律规定。此外，“犯罪行为人”概念外延之所以扩展，还有以下具体理由：那些不属于法定犯罪的其他严重违法和越轨行为的发生原因和心理机制与法律意义上的犯罪行为不存在质的区别。在犯罪学研究中，只要我们把“犯罪行为人”概念同“犯罪主体”概念严格区分开来，在概

① 杜亚．我国侵犯知识产权犯罪中的犯罪人研究[J]．牡丹江教育学院学报，2011(2)．

念的使用上适当超越法律规定就不会导致对法制的破坏和法律适用上的混乱。

据此，从犯罪学意义上说，知识产权犯罪行为人，就是指实施了侵犯他人知识产权或者破坏知识产权制度的违法犯罪行为，应当被采取预防和矫治措施的人（既包括自然人，也包括单位）。应当说，这里所说的知识产权犯罪行为人的概念，并不是一个严格和完整意义上的定义，而是为了对知识产权犯罪进行专门研究而对侵犯知识产权或者知识产权制度的违法犯罪人所做出的一种非正式意义上的界定。① 对犯罪学意义的知识产权犯罪人，理论上可以做不同的分类。第一，依据行为的性质，可分为狭义的犯罪人和广义的犯罪人。狭义的犯罪人是指违反刑法规定，侵犯知识产权人的合法权益，情节严重，应受刑事处罚的自然人和单位。广义的犯罪人，是指违反知识产权保护的其他法规，应受非刑事制裁的人，也即通常所称的侵权人。第二，依据行为人的自然属性，可分为自然人和单位。第三，依据犯罪对象所在领域，可分为侵犯著作权的犯罪人、侵犯商标权的犯罪人、侵犯专利权的犯罪人以及侵犯商业秘密的犯罪人等。第四，依据犯罪行为人的法律意识以及对犯罪行为及其性质的了解程度和态度，可分为意欲型犯罪人、疏忽型犯罪人和法盲型犯罪人。第五，依据犯罪人的人数以及是否存在一定的组织形式，可以分为单个犯罪人和共同犯罪人，其中共同犯罪人又分为一般共同犯罪人和有组织犯罪集团，后面要提及，这种分类尤其是其中的有组织犯罪集团日益严重，而且是需要特别对待的一类犯罪人。②

二、我国知识产权犯罪行为人的现状

知识产权犯罪行为人的绝对数量较大。当前我国的知识产权犯罪数量呈逐年上升趋势。数据显示，2017 年全国专利行政执法办案量为 6.7 万件，同比增长 36.3%；商标行政执法办案量为 3.01 万件，涉案金额 3.33 亿元；版权部门查处侵权盗版案件为 3100 余件，收缴盗版制品 605 万件；海关查获进出口侵权货物 1.92 万批次，涉及侵权货物 4095 万件，案值达 1.82 亿元。全国法院新收知识产权民事、行政、刑事一审案件 21.35 万件，审结 20.30 万件，分别同比增长 40.37%、38.38%。检察机关共批准逮捕涉及知识产权犯罪案件 2510 件 4272 人，起诉 3880 件 7157 人。公安机关共破获侵犯知识产权和制售假冒伪劣商品犯罪案件1.7万起，涉案金额 64.6 亿元，挂牌督办 44 起重大知识产权犯罪案件。③ 知识产权犯罪行为人的数量由此可见一斑。

知识产权犯罪行为人成分复杂，呈现多元化、有组织化趋势。知识产权具有易受侵犯的特点。因为知识产权是无形的，其产品、作品又是公开流通的、可复制的。如表现著作权的书籍、图纸，表现商标权的商标，体现专利权的专利产品等，都是公开出版发行或进入商品流通领域的。知识产权的价值就体现在公开流传、流通和使用中，所以难以严密防护。知识产权犯罪对于犯罪行为人来说是成本低廉、效益显著的一种“经济活动”，造假与销售其他违禁物品如毒品、枪支取得的利益不相上下，但风险小得多。只要拥有简单的造假、复制设备，就可以在转瞬间将伪劣产品变成名牌产品，一本万利，这使得侵犯知识产权成为一个低风险、高获利的地下产业。知识产权的易被侵犯性以及知识产权犯罪的高额回报吸引着社会各个

---

① 杜永浩.知识产权犯罪人实证研究[J].江苏警官学院学报，2003(4).

② 杜亚.我国侵犯知识产权犯罪中的犯罪人研究[J]牡丹江教育学院学报，2011(2).

③ 国家知识产权局.2017 年中国知识产权保护状况（白皮书）[R/OL].国家知识产权局网站，2018-04-25.

阶层的犯罪人趋之若鹜。对于权利人而言，知识产权是智力劳动成果；但对于侵权人来说，侵权有时就是简单的熟练工种。

在国外，知识产权犯罪分子一般是“白领”阶层的人居多，属智能型犯罪。而我国知识产权犯罪的主体构成十分复杂，既有中小企业，也有大型企业；既有社会闲散人员，也有国家工作人员；既有个体商贩、农民、工人，也有知识分子、白领阶层，甚至国家干部等，不一而足。与传统的犯罪相比，实施知识产权犯罪，行为人往往需要掌握经营信息，具有一定的科学文化水平或者较高的专业知识、专业技能，并且能运用一定的高科技手段。因此，尽管我国知识产权犯罪的主体构成多元化，但是涉案人员一般具有较高文化程度，或者具有一定专业技能。在假冒专利、侵犯商业秘密案件中，更是以高科技的专业人员为主，不少犯罪嫌疑人具有大学本科以上学历。在外贸经济发达的浙江，外贸企业人员尤其是经营管理人员携商业秘密跳槽的多；在民营经济发达的温州，企业管理人员和技术人员携商业秘密跳槽的也很多。①

据统计，在犯罪人职业构成上，知识产权犯罪人中厂长经理数量最多，占36%，这也与此类犯罪多为单位犯罪相互印证；其次是个体户，占23%。另外，相当一部分犯罪人是专业技术人员（占10%），甚至还有国家公务员（占3%）。②

与此同时，随着知识产权犯罪的发展和国家对知识产权保护力度的增大，以及司法部门对其打击力度的加强，犯罪分子在强大的司法阻碍面前组织起来，知识产权犯罪的规模也越来越大，正向专业化、集团化、有组织化发展，已出现“产、供、销”一条龙现象。目前，我国知识产权犯罪的组织化体现在以下方面：第一，分工的组织化。随着知识产权保护意识的强化，我国加强了知识产权的司法保护。而知识产权犯罪行为人为了与强大的司法监控相抗衡，采取日益严密的组织和技术分工，将犯罪过程化整为零。不同环节中的犯罪人各司其职，谁负责制假、谁负责销售、谁负责联络和收款都有明确的分工，甚至跨地域、流动性生产或操作，遥控指挥。在这种情况下一旦查处，也只能抓住某个环节的犯罪人，无法将整个组织打掉，待到打击风声减弱，犯罪组织很快就会恢复。第二，行为的单位化。许多犯罪人为了以合法的形式从事知识产权犯罪行为，注册成乡镇企业、小企业等单位。他们表面上从事着合法的生产，暗地里生产、销售侵权产品。单位在知识产权犯罪案件中所占比重较大。抽样调查结果显示，知识产权犯罪行为人中自然人犯罪占11%，单位犯罪高达89%。③ 单位犯罪包括直接侵权和间接侵权。在市场竞争中，一些企业、单位没有自己的“拳头”产品，为了获取市场的利润，急功近利，把眼光盯在他人的产品技术、信息、驰名商标上，进行假冒专利、假冒商标、盗窃商业秘密等严重侵犯他人知识产权的行为或是充当他人犯罪的“下家”单位，成为间接的侵权主体或是共犯。第三，地方保护的组织化。有的地方政府不能深刻理解知识产权保护的意义，从地方经济私利出发，为了增加地方税收，也为体现自己的政绩，对本地侵权行为姑息纵容，甚至对司法监管横加干涉。对于严重侵权犯罪人，有的部门也只是罚款了事，不将侵权人移交刑事司法部门，甚至将侵权罚没款视为创收渠道。当然，很多时候地方保护的组织化是“官商”结合的产物，是贿赂或“利益一体化”的结果。知识产权犯罪组

① 于滨．侵犯知识产权六种表现[J]．瞭望，2004(38)．

② 李春雷，刘南男．我国知识产权犯罪现状及其防控研究[J]．知识产权．2007(3)．

③ 李春雷，刘南男．我国知识产权犯罪现状及其防控研究[J]．知识产权．2007(3)．

织往往会在实施犯罪的同时，寻求地方保护主义的法外支持，以贿赂、威胁、利诱等方式拉拢地方部分官员，把他们作为实施犯罪的保护伞。如此一来，他们实施相应的知识产权犯罪更是如虎添翼。第四，逃避打击的组织化。知识产权犯罪的有组织化还体现在犯罪成员的窝赃串供、协调组织各犯罪参与者的行为，使得知识产权犯罪的侦破难度加大。这种组织化、专业化和智能化的犯罪规模导致的直接后果，就是有的地方出现假冒品牌产品的专业户、专业村。如在广东潮阳市，就有专门假冒香烟的“榕堂村”，有假冒牙膏、牙刷的“仙港村”，有假冒化妆品、洗涤用品的“两英镇”。①

三、我国刑法中的知识产权犯罪行为人特点

我国当前知识产权犯罪的特点不但表现为案件数量显著增加，更重要的是日趋表现出组织化、集团化和跨国（境）化等多方面的严重趋势。

（一）犯罪行为人的贪婪心理日益膨胀

犯罪心理学告诉我们，影响和推动犯罪实施的心理特征包括需要、价值观和认识特征等主要方面。从需要方面看，行为人对金钱的渴望和占有是促使行为人实施知识产权犯罪的重要因素。实践中，知识产权的犯罪行为人为了获取非法利润或者收益，往往绞尽脑汁，不惜采取包括暴力在内的各种手段实施违法犯罪行为。在价值观方面，好逸恶劳、极端自私是导致行为人实施知识产权犯罪的又一重要因素。同时，侵犯知识产权又是一种风险小、获利丰的违法行为，这就更加助推了行为人的自私心理的膨胀。从认识层面说，由于传统观念的影响，一部分人往往认为“知识可以分享”，于是敢于以身试法。此外，他们认为实施知识产权犯罪比较难以发现和查处，也是导致这种犯罪发生的因素之一。②

（二）主体形式日趋多元，共同犯罪比例不断增加

知识产权犯罪的主体包括自然人和单位，其中又可分为单个犯罪主体和共同犯罪主体。共同犯罪中，还可以进一步区分为一般共同犯罪（结伙犯罪）、犯罪团伙、犯罪集团。纵观我国知识产权犯罪的发展，其犯罪主体以以前的单个犯罪和一般共同犯罪为主，发展到现在的以共同犯罪、犯罪集团为主，表现出主体形式日趋多元的明显趋势。以北京海淀区为例，截止到 2017 年 12 月，共计办理审查逮捕案件 635 件 918 人，审查起诉案件 687 件 1041 人，受理民事申诉案件 1 件 1 人，其中办理侵犯知识产权类审查逮捕案件 269 件 439 人，审查起诉案件 206 件 389 人，其中相当一批人员是团伙成员。可见，在我国当今的知识产权犯罪中，共同犯罪等组织结构比较高级的主体形式占据绝大多数。

（三）犯罪主体的组织结构更趋复杂，有组织犯罪集团与知识产权犯罪已经形成“合流”

就我国情况看，近年由有组织犯罪集团实施或参与的知识产权犯罪日益增多。正如有学者所言：“知识产权犯罪活动逐步与有组织犯罪问题结合在一起，形成了合流的趋势。”③这是当今中外知识产权犯罪发展的一个重要特点。从我国近年查处的案件看，知识产权犯罪与有组织犯罪的“合流”，主要表现为以下几个方面：一是犯罪活动的组织实施日益严密。

---

① 刘仁文，周振杰. 2004 年刑事法治状况[R/OL]. 中国法学网，2006-05-01.

② 杜亚. 我国侵犯知识产权犯罪中的犯罪人研究[J]. 牡丹江教育学院学报，2011(2).

③ 王志广. 中国知识产权刑事保护研究(理论卷)[M]. 北京：中国人民公安大学出版社，2007：136.

如越来越多的知识产权犯罪活动向专业化、集团化方向发展,形成"产、供、销"一条龙。二是知识产权犯罪日益出现数罪俱发、罪种交织的现象,表现为知识产权犯罪的行为人往往在实施一种犯罪行为的同时又构成了其他种类的知识产权犯罪甚至非知识产权领域的犯罪。例如,实施盗版行为的同时,行为人很可能既侵犯了作者、出版商的著作权,又侵犯了出版商的商标权,还可能侵犯了商标权人的商业秘密。又如,知识产权犯罪的行为人还可能实施走私犯罪,制作、复制、出版、贩卖、传播淫秽物品犯罪,甚至还包括伤害、杀人等其他经济犯罪或者非经济犯罪。三是知识产权犯罪日益向合法经济领域渗透并形成对一定行业、范围的非法控制,或者通过威胁、贿赂等手段拉拢地方官员,寻求政府官员的权力保护。四是与国(境)外的有组织犯罪集团勾结,形成跨国(境)有组织的知识产权犯罪集团。据公安部相关主管部门的信息,近年境外犯罪集团采用境外下单、境内加工等方式,与国内团伙勾结作案,许多跨国知识产权犯罪团伙已经基本具备了有组织犯罪的许多特征。[①] 这样形成国内外相勾结的制售假冒盗版产品犯罪链,其中中国的不法分子处于加工、组装这个中间环节,国外的不法分子不但负责假冒产品的选择、设计,而且掌控着国际进出口渠道和分销网络。如在中美联合开展的"越洋行动"中,揭示了这样一个地下假药售价表:中国的造假分子生产的假冒"万艾可"药品出厂价每粒仅为 0.3 元人民币,批发商向美国不法分子提供的批发价为 8 元人民币,而美国、欧洲不法分子的售价则达到了 50～100 元人民币。

福建省诏安县官陂镇近 30 家假烟制售"企业"成立起"大公家"组织,当地群众称为"造假协会",专门向打假官员和职能部门送"保护费"。在金钱的诱惑下,诏安县负责打假工作的部分领导和专职部门为制售假烟的犯罪分子提供公权保护,致使当地制假违法犯罪一度十分猖獗,成为当地的"支柱产业"。实际上,这个"造假协会"的主要目的之一就是按照各制假企业的生产规模的一定比例收取会费,用于"打通关节"。经过"造假协会"采取金钱贿赂等多种手段,该县党政多名官员被拉下水,包括县委常委兼政法委书记、副县长、县公安副局长、县打假领导小组组长副组长、县技术监督局局长、工商管理局副局长、所在镇党委书记、镇长、派出所所长、工商所所长等在内。这样,该县各级党政部门为当地香烟制假行为织起了严密的保护伞,致使这种违法犯罪活动一时间泛滥成灾,造成恶劣的社会影响。[②]

从国际上看,在一些国家及地区,知识产权犯罪与有组织犯罪"合流"这一现象的产生及发展要早,认识也比较深入。例如,早在 1998 年,北大西洋公约组织(NATO)就已经指出有组织犯罪以实施知识产权犯罪作为常规活动的这一趋势。并且认为,尽管没有关于有组织犯罪实施知识产权犯罪的精确比例,但盗版案件当中的 65%～70%与有组织犯罪有关。可见,知识产权犯罪与有组织犯罪"合流",已是一个日益明显和突出的国家趋势。

四、我国刑法中的知识产权犯罪行为人分述

刑法中的犯罪行为人,即犯罪主体,是指实施犯罪行为,依法应当承担刑事责任的人。按我国现行刑法规定,犯罪主体主要是自然人,但如果法律有规定的,单位也可以成为某些罪的犯罪主体。

由于知识产权领域存在着多种法律关系,其中既有行政法律关系,又有民事法律关系,

① 杜亚.我国侵犯知识产权犯罪中的犯罪人研究[J].牡丹江教育学院学报,2011(2):1-2.

② 赵国玲.知识产权犯罪调查与研究[M].北京:中国检察出版社,2002:252.

这些法律关系相互交叉、错综复杂。任何法律关系主体侵犯知识产权法律关系达到一定严重程度时，行政或民事的制裁措施不足以补救其对知识产权领域中正常秩序的危害时，就需要用刑罚手段来加以制裁。因而，知识产权法律关系主体的多样性决定了知识产权犯罪主体的多样性，包括自然人与单位。[①] 我国刑法规定的侵犯知识产权罪的主体，均为一般主体，即只要年满16周岁、具有刑事责任能力的自然人实施了知识产权犯罪的行为，均可以构成犯罪。此外，刑法对于知识产权犯罪中的所有七种犯罪均规定单位可以成为其犯罪主体，并集中规定了对单位知识产权犯罪的处罚，即对单位判处罚金，并对其直接负责的主管人员和其他直接责任人员，依照刑法相应条款的规定处罚。我国刑法对知识产权犯罪的规定，充分表明了知识产权犯罪主体的广泛性。因为知识产权是公开存在的财产形态（商业秘密除外），而且知识产权通常也只能以公开的方式存在，其价值才能得以实现。因此，知识产权的易受侵犯性是显而易见的。知识产权的这一重要特性使大量自然人和单位侵犯他人知识产权成为可能。单位作为侵犯知识产权罪犯罪主体的重要组成部分，具有较自然人更为强大的经济实力以及对利润最大化的无限追求。这使得单位更易于以侵犯他人知识产权的方式来获取利润。知识产权犯罪主体的上述特点无疑大大增加了防范和治理知识产权犯罪的难度和复杂性。[②]

（一）侵犯商标犯罪行为人

在商标犯罪中，行为人的“傍名牌”心理非常突出。他们盯住的基本都是知名度高、市场认可度高的品牌。而这些品牌可以说遍布各行各业，大至汽车及家用电器，小至生活必需品，无不成为他们侵犯的对象。犯罪人为了攫取这些知名商标中的无形利润，对这些知名商标的侵犯竟到了无以复加的地步。商标犯罪行为大多是由单位实施，而且较个人而言，单位实施犯罪的规模往往很大，造成的危害也相应比较严重。犯罪手段日益专业、科学、先进，达到了让一般的消费者无法准确辨明真伪的地步。生产假冒注册商标商品的一般都有专门的生产线，甚至在生产过程中采用计算机等高科技技术来帮助制假。

犯罪行为人组成结构复杂，多为共同犯罪。商标犯罪往往涉及较为复杂的分工，因此犯罪行为人一般采取共同犯罪的形式作案，各犯罪行为人之间分工细致，作案手段狡猾、隐蔽。而对于一些中小企业而言，由于法律意识淡薄，在自己没有叫得响的品牌的情况下，为了追求短期效应和高额利润，利用自己的生产设施、合法的生产经营外表，采取侵犯他人注册商标的方法，进行侵犯商标权的犯罪活动，攫取高额利润是不足为奇的。

（二）侵犯专利犯罪行为人

专利犯罪的行为人一般具有较高文化水平和专业技能，属于智能型犯罪人。专利犯罪的对象是专利或者国家的专利管理制度。专利包括发明、实用新型和外观设计，它们一般具有创造性、新颖性和实用性，科技含量高。因此，专利犯罪的专业性和技术性都很强，除了科技人员外，其他一般人员很难实施。

一般情况下，专利犯罪行为人是基于贪财图利的主观心理状态实施的犯罪行为。行为人在进行专利犯罪时，往往是在利益的驱动下，铤而走险，非法实施假冒他人专利，抑或是冒

① 王晓峰．知识产权犯罪侦查研究[M]．北京：中国检察出版社，2007.

② 杜永浩．知识产权犯罪人实证研究[J]．江苏警官学院学报，2003(4).

充专利产品，以较少的投入获得较高的回报。

专利犯罪行为人的居住地具有较强的地域性。一般而言，经济发达的地区较经济落后的地区发案率高。例如，在我国东部沿海地区，侵犯专利权犯罪或是一般的专利侵权行为都要比西部地区频繁。

专利犯罪具有跨国发展的趋势。当今国际贸易日益发达，经济技术全球化，专利犯罪常常会超越国界产生不良影响。

（三）侵犯著作权犯罪行为人

第一，早期的侵犯著作权犯罪多集中在图书、音像制品的盗版领域。这些犯罪行为人普遍文化水平不高，法制观念淡薄。这种犯罪行为更多的是要求行为手段的专业性，而非要求行为人文化水平有多高。换句话说，这种犯罪行为，虽属知识产权犯罪，但并不是人们通常所想象的白领犯罪，它更多的是一个熟练“工种”而已，行为人只要经过一定的专业知识与技巧培训即可，可以说，对犯罪能力的要求较低。近几年，虽然侵犯著作权罪呈现多样化趋势，以及国家把侵权盗版行为作为打击重点，但是普通的图书、音像制品的盗版行为，仍然是侵犯著作权的重灾区，不断有不法书商铤而走险，走上犯罪道路。

第二，侵犯著作权犯罪主体向智能型发展。随着科技的发展，著作权人出于对自己权利的保护意识，纷纷采取了严密的反盗版措施，如激光防伪等。这样，造假者为了达到以假充真的目的，就同样会借助高科技的手段来对权利者的防伪技术进行仿造。因此，犯罪者的高智能就成为犯罪的一个重要的条件。而且随着计算机技术的普及和网络技术的发展，盗版软件成为侵犯著作权犯罪人的新宠，他们或者从网络上直接下载大量的软件结集出版牟利，或盗版合法软件非法出版牟利，这些也需要一定的计算机知识，如对合法软件出版商技术防范措施的解密或规避等。因此，在新的社会环境下，侵犯著作权犯罪主体出现了向智能型发展的趋势。①

第三，在侵犯著作权犯罪中，信息网络传播侵权的情形居多，提供搜索引擎服务的犯罪屡见不鲜。从世界范围来看，侵犯著作权犯罪往往涉及图书、音像制品的出版、发行等诸多环节，个人犯罪或是一般的共同犯罪往往不能达到赚取高额利润的目的。在这种情况下，有分工、有组织的集团作案往往成为犯罪人的首选。具体到我国来讲，由于我国实行出版、发行特许制度，拥有出版、发行权利的法人面对知识产品的巨大经济效益以及出版、发行制度中管理和法律上的漏洞，铤而走险，以身试法，在合法外衣下进行侵犯著作权犯罪，如出版发行自己不享有出版发行权的图书、音像制品，或者是在明知自己享有的出版发行权超过期限的情况下仍然出版发行图书、音像制品。这种侵犯著作权的犯罪由于其主体的貌似合法性，更容易逃脱法律的制裁，也更容易使知识产品的消费者受骗上当，从而使著作权权利人遭受更大的损失，因此也就具有更大的社会危害性。

第四，行为人的跨国有组织性日益突出。知识产权犯罪已经成为联合国规定的17类跨国犯罪中最严重的犯罪之一，这些犯罪包括侵犯著作权以及非法使用著作权标识等犯罪。而这种跨国犯罪往往以有组织犯罪的形式实施。这种新的特点就使得侵犯著作权犯罪的社会危害性更为严重，也给世界各国（地区）打击侵犯著作权犯罪增加了难度。在我国，这种状

---

① 董克云．网络环境中侵犯著作权犯罪若干问题的研究[J]．江苏警官学院学报，2008(1).

况也不容乐观，我国所处的复杂的周边环境，使得境内外的犯罪人利用各国（地区）法律制度的差异以及著作权管理上的漏洞进行大规模的侵犯著作权犯罪活动。特别是境内外犯罪人互相勾结走私盗版光碟的现象屡禁不止，而且越来越猖獗，严重扰乱了国内的音像出版物市场，阻碍了国内音像出版社的投资积极性。①

（四）侵犯商业秘密罪行为人

侵犯商业秘密罪行为人大多为商业秘密权利人的雇员、顾问、合伙人等与商业秘密权利人有着某种特殊关系的人员。这是因为，这些人员因与商业秘密权利人的特殊关系，接触商业秘密的机会比一般人多，实施侵犯商业秘密的行为也比一般人容易。在侵犯商业秘密犯罪的某些具体行为方式上，甚至可以理解为对于行为人的要求是必须是身份犯。如故意泄露权利人的商业秘密的行为人，要求是因各种身份关系而事先知悉他人商业秘密的人。

整体而言，侵犯商业秘密犯罪的行为人应该是知识产权犯罪行为人之中知识水平最高的。他们一般都在具有较高技术含量的单位任职，所从事的行业具有较高技术含量。这些人一般在下列场合成为犯罪行为人。

（1）人才流动时，从原单位带走技术并在新单位使用。

（2）离开原单位时，利用原单位的技术信息和经营信息，自己经营，"另起炉灶"，从事与原单位的业务相同的服务。

（3）利用在原单位工作期间掌握的商业秘密，谋取第二职业，为另一个单位服务。

通常认为，犯罪学中的犯罪人是指实施了危害社会的行为，应当对其采用一定防治措施的人。据此，侵犯知识产权的犯罪人是指实施了侵犯知识产权危害行为，应当对其采用一定防治措施的人。显然，犯罪学中的犯罪人，其内涵和外延比知识产权犯罪中的犯罪人更为宽泛。研究犯罪人，分析犯罪人的类型和特征，是犯罪学基本方面的核心内容。从历史上看，现代犯罪的孕育和发展，就是以对犯罪人的研究为中心展开的；从现实中说，知识产权犯罪学通过对知识产权犯罪中的犯罪人的研究揭示犯罪人的特征、分析犯罪的原因，以提出有利于预防和控制犯罪的对策措施。

五、研究知识产权犯罪行为人的意义

研究知识产权犯罪行为人，有着多方面的重要意义。第一，对侵犯知识产权的犯罪行为人进行犯罪学研究，我们能在掌握该犯罪在犯罪行为人方面的形式特点的同时，深刻把握其社会背景及其发展趋势。第二，对侵犯知识产权的犯罪行为人进行犯罪学研究，有助于全面认识该犯罪的社会危害性，从而制定和实施有针对性的预防措施和处罚制度。以有组织犯罪集团实施的知识产权犯罪为例说明：首先，有组织犯罪与知识产权犯罪的"联姻"并不是偶然的，而是根源于当代社会发展的各种条件，具有某种必然性。正如国外学者所言，现代社会发展的诸多特征为知识产权犯罪及有组织犯罪提供了相同的可资利用的路径。而这两种犯罪的一些共同特征使得它们趋于融合，从而产生了所谓的有组织的知识产权犯罪。造成这种融合的社会发展特征主要是：低风险高回报的利润空间、技术进步、全球化、一般聚众犯罪发展壮大为有组织犯罪集团、知识产权可用作资金积累的手段、犯罪与社会发展的适用

① 杜国强，廖梅，王明星. 侵犯知识产权罪比较研究[M]. 北京：中国人民公安大学出版社，2005：61.

性、司法不公、利用社会对知识产权违法的宽容气度。其次,知识产权犯罪与有组织犯罪“合流”这一趋势,使我们能有新的契机对知识产权犯罪的社会危害性等深层问题进行新的思考。从犯罪的本质上说,这种合流形成的有组织的知识产权犯罪兼具知识产权犯罪以及有组织犯罪的双重社会危害属性,因而其社会危害性更为严重、深刻。从应对有组织犯罪方面看,美国的现代有组织犯罪滋生发展较早,其打击有组织犯罪的立法和司法日趋完善,成效显著。与此同时,美国对于有组织犯罪的特殊危害性的认识也相当深刻,值得借鉴。例如,美国学界和官方在确认有组织犯罪是一种最为严重的犯罪形式的前提下,有关其特殊危害性的如下认识,相对于我们惯常的抽象表述,应该说更为深刻。一方面,那些控制犯罪组织的行为人通过不同的途径获得财富和权力。他们鼓动穷困的人去冒险投机,诱惑那些迷茫的人通过毒品自毁,敲诈那些诚实、勤劳的商人,向处于经济困境的人收取高利贷,伤害或者杀害那些敢于反对他们的人,贿赂那些决心捣毁其组织的人。另一方面,有组织犯罪致力于破坏的不仅是美国现行的制度,还有正当和正直这些民主社会所认可和珍视的核心价值。当有组织犯罪的头目和他们的支持者公然和不断违背法律,逍遥自在地从事他们的违法犯罪活动,他们遵循的是为绝大多数美国人所唾弃的异端信条:政府是可以收买的,违法是获得财富的途径,诚实与道德只是为傻瓜设立的陷阱和圈套。① 正是基于对有组织犯罪的特殊严重危害性的深刻认识,美国才会在刑事实体法、程序法和执法设施等方面制定出特殊的针对性的法律制度,取得了打击有组织犯罪的重大成绩,并确立自己在世界上打击有组织犯罪的重要地位。

第二节　知识产权犯罪被害人研究

一、知识产权犯罪被害人概述

犯罪被害人是犯罪危害结果的承受者。对被害人的描述,可以为我们提供许多有价值的信息:一则可以查明犯罪是如何在犯罪人与犯罪被害人互动的过程中发生的,有助于认识犯罪原因和发生机制;二则可以告诉人们究竟哪些人更容易成为犯罪被害者,提醒人们注意自我保护;三则有助于查明犯罪黑数,了解犯罪现象的实际规模及其严重程度;四则可以为立法和行政以及刑事政策的制定提供必需的资料和信息。②

而知识产权犯罪被害人是指其自身拥有的知识产权遭受违法犯罪行为直接侵害而承受损失的权利人。一方面,与其他犯罪的被害人相比,知识产权犯罪的被害人具有一些显著的自身特点;另一方面,由于传统观念的影响以及现行制度方面的漏洞,实践中许多实施的知识产权犯罪没有被发现查处或者虽然被发现却被当作一般侵权行为或行政违法处理,这就导致十分严重的犯罪黑数。因此,对知识产权犯罪的被害人进行专门研究,也就十分必要。对此,可以从以下几个方面加以理解:(1)知识产权犯罪被害人是拥有合法知识产权的权利人;(2)知识产权犯罪被害人因自身所拥有的知识产权权益受到侵犯而遭受了损失;(3)知识

---

① 杜亚.我国侵犯知识产权犯罪中的犯罪人研究[J].牡丹江教育学院学报,2012(2):185.

② 王牧.新犯罪学[M].北京:高等教育出版社,2005:200.

产权犯罪被害人包括自然人与单位。

在计划经济时代，我国没有法律意义上的知识产权犯罪行为，因而也就谈不上此类行为的被害者。随着我国经济的发展，法制的不断完善，知识产权日益受到重视，与此同时，侵犯知识产权行为也日益严重。现实生活中，知识产权犯罪被害人数字也是直线上升。而且，由于犯罪黑数的客观存在，现实中的知识产权犯罪被害人要远远多于已知的被害人数。从类型上看，知识产权犯罪被害人的范围非常广泛，几乎囊括了所有的知识产权合法权利所有人、使用人。

首先，与其他犯罪的被害人相比，知识产权犯罪的被害人具有一些显著的不同特点：

（1）知识产权犯罪被害人的知名性。知识产权犯罪被害人身上真正体现着知识产权高、精、尖的特征。他们都是本行业或者本领域的领头羊或者佼佼者。个人被害者一般拥有较高学历和较高社会地位，此点与其他犯罪被害人明显不同。

（2）知识产权犯罪被害人居住地具有显著城市化特征。知识产权犯罪被害人一般居于大中城市，具有较为优越的工作与生活环境。单位被害者一般为经济效益良好的法人或非法人组织。

（3）知识产权犯罪被害人的单位性。知识产权犯罪被害人以单位居多，尤其是商标、专利侵权，商业秘密领域更是如此。

（4）知识产权犯罪被害人与知识产权犯罪行为人的同业性。知识产权犯罪被害人多与知识产权犯罪行为人同业。

（5）知识产权犯罪被害人在权利保护意识方面多有欠缺。知识产权犯罪被害人一般有较强的专业知识，但是法律保护意识和保护手段有待加强。这一点，越往前期追溯，会越发明显。有些知识产权犯罪被害人甚至法律保护意识全无，在权利受到侵害时，也缺乏有力有效的救济措施。

（6）知识产权犯罪被害人的易受害性。众所周知，知识产权的客体包括作品、发明创造、商标、商业秘密等，其本质上就是信息。一方面，信息的基本属性是无形性、流动性和非消耗性。这些属性决定了只要信息向社会公开，就难以对其实行后续控制，这就使得他人易于对其实施违法犯罪。另一方面，与民法中的物权相比，知识产权的独占性和排他性明显较弱，这也是其易受害的重要原因。比如，物权可以通过实际占有实现，但知识产权的特点决定其必须依靠法律的保护。此外，当今社会是高技术的信息社会，网络等信息技术的迅速发展以及信息的生产及其在社会中重要性的凸显，使知识产权上述特点导致的易受害性也就更加明显。

（7）受害人和加害人之间的不对称性。从保护自身利益和实施违法犯罪的手段和能力看，知识产权犯罪的被害人和加害人之间明显不对称。一方面，同一知识产权可能在不同时间和不同地点遭到无数次的侵害。例如，我国著名的“茅台”酒、“红塔山”香烟就曾经在许多地方遭到仿冒生产和销售。另一方面，知识产权犯罪的加害人往往能同时对数个知识产权的权利人实施侵害。认识到知识产权犯罪的受害人和加害人之间的不对称性有助于在制度层面强化知识产权的立法和执法司法，就知识产权的权利人个人而言则是应当增强保护意识，防止被害。

（8）被害事实的隐秘性。就是说，在知识产权犯罪的危害行为已经实施之后，被害人往往不知道这样的行为已经发生，更难以发觉实施犯罪的行为人的个人情况。显然，这种特点和人身权利、有形财产权利遭受侵害的情形完全不同。此外，在当今高技术日益发达的社会，借助或通过网络等高科技手段实施知识产权犯罪更加便利，这也使得知识产权犯罪被害事实的隐秘性愈加凸显。

(9)被害人自我保护的手段缺失。从自我保护手段看，与人身犯罪、财产犯罪等犯罪的受害人比较，知识产权犯罪的受害人欠缺有效的个人保护措施，而往往依赖于外部的保护，主要是法律保护。这是因为，知识产权的权利人为了得到更多的利益，必须尽可能广地公开其信息产品中的智力成果，以此扩大其被他人知悉和利用的机会。与此同时，这也增加了他人实施侵害的机会。当然，知识产权犯罪的被害人欠缺自我保护是相对而言的，他仍然应该且有可能提高被害预防意识，减少和防止被害。

二、知识产权犯罪被害人分述

(一)商标犯罪被害人

1.商标犯罪被害人的数量特征

商标犯罪行为主要存在三个特点：数量大、规模大、损失大。这个问题是全世界范围内知识产权领域的通病，并非中国仅有。

据国家知识产权局商标局公布的数据，2018 年 1 月至 4 月我国商标注册申请量达 214.8 万件，同比增长 71.5%，累计有效注册商标量达 1632.3 万件，平均每 6.2 个市场主体拥有 1 件注册商标。但是在商标注册被推进的同时，商标犯罪也大肆进行着。数据显示，2018 年 1 月至 5 月全国工商和市场监管部门共查处商标违法案件 9329 件，同比增长 13.01%；违法经营额 1.76 亿元，同比增长 117.79%。其中，查处商标侵权案件 8130 件，同比增长 1.58%；违法经营额 1.58 亿元，同比增长 116.28%。①

近年来，侵犯商标权犯罪在知识产权犯罪中所占的比例始终居高不下，而且有逐年上升的趋势。侵犯他人注册商标行为甚至是商标犯罪行为非常猖獗，以至于像“什么都是假的，只有假货是真的”一言流传甚广。

2.商标犯罪被害人的类型特征

商标犯罪被害人的“知名性”特征显著，涉及名企、名牌的案件多。

2017 年以来，河北省工商局按照国家工商总局和省打侵办(打击侵犯知识产权和制造假冒伪劣商品领导小组办公室)关于打击侵犯知识产权和制售假冒伪劣商品工作的相关部署，扎实开展打击侵犯知识产权和制售假冒伪劣商品工作。截至 2018 年 1 月 17 日，全系统共查处侵权假冒案件 2863 件，案值 1778.6 万元。其中查处侵犯商标权案件 914 件，案值 626.9 万元；查处仿冒知名商品特有的名称、包装、装潢案件 28 件，案值 31 万元；查处伪劣商品案件 1921 件，案值 1130 万元。打击侵犯知识产权和制售假冒伪劣商品工作，可以小到一枚绣花针，大到汽车，商标犯罪活动几乎渗透到经济生活的各个方面。

但总体上说，在所有的侵犯商标权案件当中，通过假冒知名注册商标获取暴利成为我国当前商标犯罪的一个显著特点。侵犯商标权犯罪的被害人具有极强的目标特征，驰名、著名、知名品牌，以及具有较高知名度的洋品牌始终是犯罪行为人关注的重点。这是因为假冒

---

① 国家工商行政管理总局商标局.释放改革红利 擦亮“中国品牌”[N].中国知识产权报，2018-06-20.

知名商标的商品投入成本低、销路好、获利巨大。被假冒的知名商标商品主要集中在名烟、名酒、名牌化妆品，以及与老百姓生活密切相关的生活必需品等。司法实践中，制售假冒"阿迪达斯""耐克""五粮液""中华"等国际、国内知名品牌商品案件屡禁不止。2017年，全国各级工商和市场监管部门共查处商标侵权案件26985件，案值33348.33万元，罚没金额44307.22万元。并在2017年4月26日的第18个世界知识产权日，通过中国工商报发起的投票，相关机关发布了2017年工商和市场监管部门查处商标侵权典型案例。其中包括了江苏省淮安市清江浦区市场监管局查处侵犯"五粮液"等注册商标专用权案、上海市闵行区市场监管局查处侵犯"伯尔梅特 BERMAD"注册商标专用权案、福建省厦门市市场监管局查处侵犯"纪梵希"等注册商标专用权案、北京市工商局海淀分局查处侵犯海贼王及图注册商标专用权案等。从这些典型案例可以看出侵犯商标权案件中，被侵害商标一般具有较大"知名性"的特点。

此外，商标犯罪被害人的涉外性越来越突出。加入世界贸易组织后，我国与有关国家的经济、科技交流也日益频繁，涉及高新技术和重大利益的涉外知识产权案件也越来越多。据统计，2013年重庆市全年累计出动执法人员74500人次，检查经营主体135240户次，检查各类市场10973个次，捣毁制假售假窝点5个。共查处各类商标违法案件322件，案值1036.67万元，没收、销毁侵权商品97377件、商标标识44952件。其中，涉外商标违法案件77件，案值324万元，罚没金额384万元，涉外商标违法案件数量在商标违法案件中的比重同比上升4个百分点。江北局成功查获某销售公司侵犯普拉达、博柏利、缪缪等国际知名品牌案件，涉案金额达210余万元。全年向司法机关移送涉嫌商标犯罪案件12件。[①]

3. 商标犯罪被害人的区域特征

我国商标犯罪被害人主要集中在东部和中部等经济较为发达的地区。商标犯罪案件的地域分布情况在整体上与各地区的经济发展状况相一致。数据显示，2017年上半年，全国共立案查处商标侵权假冒案件11788件，案值12637.8万元，移送司法机关63件。其中侵权假冒案件办理结案件数排名前三的省份是安徽、湖北、江苏，分别为2842件、2705件、2068件；办结案件涉案金额排前三的省份是浙江、广东、江苏，分别为3190万元、3080万元、2423万元；移送司法机关案件数量最多的省份是广东，共有29件，涉案金额总共高达4322万元。[②] 越是经济发达的地区，越容易发生商标侵权案件。这里所说的经济发达既指商品生产发达，也指商品流通发达。商品生产发达的地区，商标犯罪多以制造侵权商品的形式表现出来。商品流通发达的地区，以销售侵权商品的形式表现出来的商标犯罪案件的数量可能比较多。当然，现实生活中商品生产和商品流通不会是截然分开的，商品生产发达的地区，往往商品流通也是比较发达的。但是，在很多案件中，犯罪行为人是在一地进行侵权商品的制造，而运往另外的省份、地区进行销售。在这种情况下，对商品生产和商品流通的区分就有意义了。[③]

从微观上看，小商品市场是商标假冒侵权行为的多发地。原因大致如下：小商品市场里

① 2013年重庆市知识产权保护状况新闻发布会[R/OL].国家知识产权局网站，2014-04-23.

② 国家工商总局办公厅.关于2017年上半年全国工商、市场监管部门打击侵权假冒工作情况的通报[J].中国知识产权，2017(11).

③ 赵国玲，王海涛.知识产权犯罪中的被害人——控制被害的实证分析[M].北京：北京大学出版社，2008：115.

多为销售链条终端的个体工商户，有的不知假冒商品侵害了他人商标权，有的认为原告应去告制假者或批发商；再者是小商品市场经营者监管缺位，随着超市、大商场对商标的审查力度的加大，假货的制造者或批发商一般不敢将假货引入超市和各大商场销售，而将目光瞄准了小商品市场，利用小商品市场经营者对假货监管缺位，对所购进的商品审查不严，相应进货凭据留存不齐等不规范经营习惯，将假货通过商户引入小商品市场大肆销售。

4.商标犯罪被害人重复被害严重

信息产品具有非物质性和公开性特征，这一特征使同一信息产品的合法使用与侵权使用在同一时空、不同地域发生成为可能。[①] 例如，2017 年全国政协第十二届五次会议第四次全体会议上，将知识产权保护作为重点议题，并以近年很火的美国运动品牌“newbalance”为例，提出现在国内市场上除了部分商场有“newbalance”专柜外，还存在着 newbarlun niubalunsi NB、newballon、美国新百伦等一系列“山寨货”。其实 newbalance 的品牌只有英文名，而这些近似商标全打擦边球，并且仿造该品牌商标，然后以低价进行促销，导致很多不明真相的消费者选择了较为低价的“山寨货”，大大损失原品牌的口碑，侵害商标专用权，直接影响了其在国内市场的利益。

5.单位被害严重，具体情况复杂

单位被害中，企业更容易成为被害的主体，并且呈现出一种复杂的局面。从被害企业所属的性质来看，既有国有公司、集体所有制企业，又有联营、合伙、私营、中外合资、外商独资、股份制公司等多种经营方式的组合；涉案产业范围非常广泛，从装备制造业等基础产业，到现代服务业等第三产业；从打火机、拉链等传统产业，到生物制药、数码芯片等高科技产业，涉及众多的产业和部门。[②]

6.商标犯罪被害人责任较大

被害人责任在知识产权不同领域的分布具有不均衡性。商标犯罪中被害人的责任较大，即在建立保护自身权利的规章制度方面相对较为滞后，没有充分履行保护自己的义务。在商标领域并没有建立起完善的对同类产品商标的监控制度和废旧商标的规范处理机制，被害人对同类产品商标非常熟悉和比较熟悉的仅占样本总体的 22.9%。而对废旧商品的处理上，当作废品卖掉和没有统一处理的样本占总体的 60.4%。制度保护的漏洞给商标犯罪行为人提供了较多侵害权利的机会。[③]

（二）专利犯罪被害人

1.专利犯罪被害人的数量特征

2017 年，全国知识产权系统深入贯彻落实党中央、国务院关于严格知识产权保护的决策部署，强化打击侵权假冒的执法办案力度，并取得显著成效。同年，专利行政执法办案总量达 6.6 万件，同比增长 36.3%。其中，专利纠纷案件首次突破 2 万件，达到 2.8 万件（其中专利侵权纠纷 2.7 万件），同比增长 35.0%；假冒专利案件 3.8 万件，同比增长 37.2%。[④] 由此可见，专利犯罪中被害人数量也会是如此巨大。

---

① 崔会如．侵犯专利权犯罪被害现象描述及原因分析[J]．山东警察学院学报，2007(5)．

② 崔会如．侵犯专利权犯罪被害现象描述及原因分析[J]．山东警察学院学报，2007(5)．

③ 赵国玲，王海涛．知识产权犯罪单位被害人责任研究[J]．电子知识产权，2007(11)．

④ 李丽萍．中国高铁：知识产权“擦”亮国家名片[N]．中国企业报，2017-08-01．

2.专利犯罪被害人的类型及领域特征

贪利是专利侵权犯罪活动屡屡发生和屡禁不止的根本原因。因之，如何以最小的投入获得最大的产出，实现利润的最大化，同样是专利侵权人选择侵害目标时考虑的重点。显然，假冒已经实施而且效益好的专利项目无疑是一条一本万利的“便捷途径”。上海市专利局发出的一份调查问卷所反馈的资料显示，103 项已实施且效益好的专利项目中，有 51 项被侵权，占 44.72%，在其他 400 多项抽样调查项目中，侵权行为 53 项，仅占 11%。此外，北京市第一中级人民法院 1998 年至 2000 年审结的案件表明，发生在专利授予前的侵犯发明人专利申请权、临时经济权等行为所占比例为 24.4%，而发生在正式授予专利权之后的专利侵权行为所占比例则为 75.6%，具体表现为未经允许擅自制造、销售他人专利产品，假冒专利，在专利转让、实施许可过程中侵犯专利权人相关权利等行为。[①] 事实表明，效益好的已实施专利更易被侵权。以这种类型的专利项目为侵权目标的专利犯罪行为，对于被侵权企业的打击是相当沉重的。这是因为，为了开发一项新技术，企业往往投入大量资金和人力，并在开发研制成功投入生产后，还将度过一段艰难的创业期，而在该专利技术给企业带来的效益初步显示，销售前景开始好转，企业有望收回投资进行扩大再生产时，大量的假冒专利产品出现了，这显然会严重“削弱甚至破坏”企业正常的财务规划，从而限制该企业面向全球市场进一步发展的潜力。

此外，近年来，知识产权案件数量持续大幅增长，新类型和复杂、疑难案件层出不穷，审判实践遇到了前所未有的挑战。一些随着科技发展而产生的新类型知识产权案件，如基因等生物技术相关发明的专利权案件等也不断进入人民法院审判领域。

3.专利犯罪被害人的区域特征

专利犯罪被害人地域性特征明显，大多集中于广东、福建、浙江、江苏等经济发达省份。例如，在广东省，有关“佛陶”“康宝”“立昌”等企业要求制止本厂产品被侵权的诉讼近年不断见诸报端。有人认为，专利侵权多发生在经济发达地区，有其深刻的原因，尤其是与诸如广东等经济发达地区的发展模式有密切的关系。改革开放初期，广东等沿海省份是经济发展的前沿阵地，是经济体制从原有的计划经济转向市场经济的“试验田”。在这块试验田中，虽然经济体制转变过来了，但人们对知识产权的权利意识和保护意识并没有随之转变。在经济起飞阶段，为追求速度和效益，许多行业的产品，特别是家用电器等轻工类产品往往采用“拿来主义”的方法，靠模仿或照搬同类产品，尤其是同类专利产品起家，从而埋下了专利纠纷的种子。

但由于这一时期我国正从计划经济体制向着市场经济体制转轨，各项法律、法规尚不健全，经济秩序比较混乱，国家有关主管部门也没有及时对这种行为进行制止和处理。直到 1985 年 2 月 16 日，最高人民法院在《关于开展专利审判工作的几个问题的通知》中首次明确规定，对假冒他人专利行为依照《中华人民共和国刑法》的有关规定追究刑事责任。随着各项法律法规的健全和我国对知识产权保护的日益重视，人们的专利意识逐渐觉醒，不仅开始大量申请专利，而且注意运用法律手段维护自己的专利权益。如果像珠江三角洲这样，在同一个镇上就有几家空调厂、十几家电饭锅厂、几十家电风扇厂，那么发生诸多专利侵权纠纷乃至于出现假冒专利案件，也就在所难免了。而随着我国对专利侵权犯罪活动打击力度

---

① 赵国玲.侵犯知识产权犯罪调查与研究[M].北京:中国检察出版社,2002:140.

的不断加大，跨地区的专利侵权犯罪日益增多，专利侵权犯罪案件也因之从原来比较集中的几个经济发达省份，开始向着全国范围辐射。①

4. 共同被害引人关注

专利权处在由静态向动态、由潜在利益向现实利益转化的过程中，往往需要进行一系列复杂的民事法律关系的流转，比如转让、许可等，这就导致专利权在被侵害的过程中，往往涉及两个以上利害关系人，所以，由专利所有人和受让人、专利共同权利人等构成共同被害成为一种不容忽视的现象。②

5. 被害人重复被害严重

在单位被害中，既有以营利为目的，参与市场经济竞争的企业，又有从事教学与研究的学校、科研单位等机构；既有专利申请前后职务发明、委托发明而引起的权属纠纷，又有专利确权后因收益、处分而引发的争端；既有对原始专利权人独占权、处分权、标记权、收益权的侵犯，又有对专利受让人或实施人相关权益的侵犯。

专利权的取得以相关信息的公开为条件，而且信息本身具有“流而不失”的特性，即一项专利可以被转让或许可使用给两个以上的其他人，并且多个主体的使用在一定条件下也不会使该项权利自身遭受耗损或灭失。专利权的这种公开性、无形性的特点，一方面为其所有人带来巨大的利益，另一方面也容易引起不特定多数犯罪人的关注而遭受毫无关联的多重主体的侵害。因此，在司法实践中，常常出现权利人就同一项权利分别与毫无关系的数个侵权人对簿公堂的现象。③ 比如 2013 年 11 月，由苹果、微软、黑莓、爱立信和索尼等企业合资成立的 Rockstar 财团向美国得克萨斯州地区法院提起诉讼，指控包括谷歌、三星等在内的多家企业侵犯了其所拥有的专利。该财团曾经斥资 45 亿美元收购前加拿大电信设备厂商北电网络的专利。此次，该财团利用手中所掌握的专利，对谷歌、三星、HTC 等多家厂商提起了诉讼，其中最主要的起诉对象为谷歌，谷歌被控侵犯 7 项专利，涉及的技术可以帮助搜索条目与相关广告匹配。

专利犯罪被害人的现状充分说明在全球经济一体化和知识经济的背景之下，知识产权作为一项重要的技术创新机制，以其背后所潜藏的巨大利益空间而引起了犯罪人的广泛觊觎。

（三）侵犯著作权犯罪被害人

1. 侵犯著作权犯罪被害人的数量特征

最高人民法院 2018 年 7 月 5 日发布的“司法大数据专题报告之知识产权侵权”选取了 2015—2016 年民事一审审结案件进行了统计分析，得出该两年审结的知识产权侵权案件总数为 1.2 万余件，且 2016 年案件数同比增长 41%之多。该报告还显示，2015—2016 两年全国著作权侵权案件在知识产权案件中占比 50.2%，约 6000 件。由此可见在侵犯著作权犯罪中被害人的数量之大。

2. 侵犯著作权犯罪被害人的类型及领域特征

著作权侵权犯罪被害人所涉领域十分广泛，从文章、专著、译著、小说、诗歌、美术作品、

---

① 赵秉志，田宏杰. 侵犯知识产权犯罪比较研究[M]. 北京：法律出版社，2004：141.

② 赵国玲，王海涛. 知识产权犯罪中的被害人——控制被害的实证分析[M]. 北京：北京大学出版社，2008：79.

③ 崔会如. 侵犯专利权犯罪被害现象描述及原因分析[J]. 山东警察学院学报，2007(5).

摄影作品等文学、艺术品市场到电影电视作品、音乐、戏剧市场，从图书出版市场到音像制品市场等，盗版几乎无孔不入。可以说，经济、文化生活领域中凡是有可以被称为“作品”的地方，就有著作权犯罪活动出现。著作权犯罪被害人存在的行业领域非常集中，以音像制品、图书出版以及美术作品等方面的侵权犯罪活动尤为突出。[①]

音像制品市场盗版犯罪最为猖獗。一些不法分子看准正版与盗版音像制品之间的差价，不惜重金搞起光盘生产线，一条生产线一日就能生产上万张光盘，被称为“印钞机”。

图书出版市场由于盗版图书的猖獗而成为著作权侵权犯罪活动泛滥的另一“重灾区”。盗版图书成本小、营利高，犯罪设备简单，作案技能要求低，不少犯罪分子大量盗印正规出版社专有出版权的图书牟取暴利。兰州大学出版社副社长骆小丰说：“不法分子瞄得很紧，什么东西畅销，他就盗版什么。有时，我们的教辅刚发行，盗版的就出来了，甚至后期的发行比正版的还要快，面还要广。教辅面对的是巨大的学生市场，销路比较畅通，这是盗版教辅疯狂的一个主要原因，盗版教辅的量能占到整个盗版图书市场的 90%以上。”

艺术品市场著作权被害也比较突出。以美术作品为例，制售假冒名人美术作品的情况比较严重。中国当代著名画家齐白石、吴作人、吴冠中、李可染、黄胄等人的画，都有人造假、出售。

近年来，知识产权案件数量持续大幅增长，新类型和复杂、疑难案件层出不穷。侵犯著作权犯罪领域又出现了涉及计算机软件、数据库、互联网、电子商务等与信息科技有关的新类型犯罪。如网上音乐下载和数字图书馆等引起的网络著作权侵权案件等也不断进入人民法院审判领域。涉及网络的知识产权侵权纠纷案件在我国呈上升趋势，其中又以网络著作权纠纷案件最为突出。由于计算机软件的可复制性，复制软件非常容易，因而针对计算机软件的侵犯著作权犯罪也很突出。在我国，1993 年 2 月首例计算机软件著作权侵权纠纷案件在北京市海淀区人民法院进行了审理，此后，我国计算机软件权利纠纷诉讼案逐年增多，遍及国内一些软件业发达的地区，北京市的诉讼案数量为全国之最。

3. 重复被害严重，盗版版本众多

现代信息技术、传播技术的出现，使侵犯知识产权的行为出现两个重要趋势：一是个体侵权行为“普及化”。[②] 如静电复印技术的推行，使得大规模复印文字作品变得极为便利，并对社会公众购买、复印作品的习惯产生巨大影响。二是高科技侵权行为“国际化”。如在互联网广阔的空间中，知识产品可以以极快的速度在极广泛的范围内传播，从而为不同国家的不同主体所接受和使用。信息流跨空间、跨区域的大规模、高速度的运动，使得跨国侵权成为一件非常容易的事情。侵权人足不出户，即可能进入他国国民的数据库，以获取所需要的信息和技术秘密，或在计算机上输入、储存、显示他人的网络作品。根据公安部掌握的情况，售假者通过互联网将侵权产品的销售渠道延伸到世界各国。令人咋舌的是，一些盗版组织制作的盗版品曾在 12 个小时内，便传播到全球 1 万个互联网站点上。在上述情况下，每一项知识产品都可能处于广泛的侵权环境中。

在著作权领域，重复被害情况非常严重，突出表现是畅销书盗版版本众多。例如因在中

---

① 张昀. 侵犯著作权罪犯罪行为若干问题探讨[EB/OL]. (2018-12-01)[2020-06-01]. http://go.microsoft.com/fwlink/p/? LinkId=255141.

② 崔会如. 侵犯专利权犯罪被害现象描述及原因分析[J]. 山东警察学院学报，2007(5).

央电视台《百家讲坛》讲述《论语心得》一炮而红的于丹，她的同名书籍《于丹〈论语〉心得》首发不到一个月就遭到多个版本的盗版，盗版书和伪书在北京和其他省份都有出现，盗版猖獗使很多正规书店的销量受到明显影响。

由于重复被害严重，因此同一原告起诉的系列案件明显增加，这些案件的审理结果往往相互关联，牵一发而动全身。在系列案件中，既有原告因数项知识产权被同一被告侵犯而分别起诉的案件，也有原告因一项知识产权被数个被告侵犯而分别起诉的案件。例如2017年4月26日，腾讯科技发表文章称，因今日头条涉嫌侵犯腾讯作品版权和约稿版权，腾讯已向北京市海淀区人民法院提交诉状。对此，今日头条头号负责人表示，今日头条一贯致力于版权的保护。今日头条上所有的内容，均来自与今日头条有正式合作关系的媒体、自媒体作者及普通用户。该负责人说，截至2017年2月，头条号账号总数超过55万个，与今日头条建立合作伙伴关系的传统媒体已超过4000家。但过去一年间，腾讯下属的天天快报平台，曾多次侵犯今日头条的作品版权。2016年4月，今日头条正式与中国版权保护中心合作，帮助头条号作者进行维权。中国版权保护中心的数据显示，截至2017年3月底，仅今日头条千人万元、百群万元作者就被天天快报侵权文章达20913篇，通过中国版权保护中心发函成功删除文章19311篇。该事件后今日头条于当天将腾讯起诉至法院，希望通过法律手段解决腾讯侵犯今日头条作品版权问题。同时搜狐也因侵犯著作权被今日头条起诉至海淀区人民法院。

头条号负责人表示，今日头条作为国内最大的信息分发平台，每年内容投入超过15亿元，并且今日头条一直致力于通过技术手段，帮助内容创作者和版权方进行维权，“版权保护，是内容行业发展的基石。今日头条乐于和整个行业一起，来推动整个行业的版权保护机制更合理更健康地发展”。①

4.出版社被害案件所占比重较大

在侵犯著作权犯罪中占极大比重的盗版图书案，表面上看是侵犯了作者的权益，而实质上是侵犯了出版社的图书专有出版权，最大的受害者是出版社。现在社会上有一些犯罪分子专门盯着图书市场，什么书畅销就盗版什么。例如，全国“扫黄打非”办、公安部挂牌督办的湖南长沙“1·28”贮存盗版图书案就是这样的典型案例。2007年1月下旬，全国“扫黄打非”办接到举报电话，反映湖南长沙一个盗版书商梁某有3个仓库存放了数量巨大的盗版图书。在全国“扫黄打非”办和公安部直接督办协调下，1月28日，湖南省公安厅治安总队和长沙市公安局治安支队侦查大队进行突击行动，先后捣毁4个贮存盗版图书的仓库，共查获涉嫌盗版图书268种，约627000册(套)，码洋约2032万元，涉及人民卫生出版社、北京大学医学出版社、中国中医药出版社、中国财经出版社、中国建筑工业出版社等国内21家出版单位，盗版数额巨大、情节严重、性质恶劣。

(四)侵犯商业秘密罪被害人

1.侵犯商业秘密罪被害人的数量特征

据资料统计，2017年地方各级人民法院共审结侵犯知识产权罪一审案件3642件，涉及侵犯知识产权的生产、销售伪劣商品罪案件1100件。在审结的侵犯知识产权罪一审案件

---

① 岳修科.今日头条屡陷风波，“互怼”能否解决问题？[J].河南科技，2017(8).

中，假冒注册商标罪案件 1687 件；销售假冒注册商标的商品罪案件 1494 件；非法制造、销售非法制造的注册商标标识罪案件 260 件；假冒专利罪案件 1 件；侵犯著作权罪案件 170 件；销售侵权复制品罪案件 4 件；侵犯商业秘密罪案件 26 件，占总案件数的 7.14％。[①] 其中陈奕泉等四人侵犯商业秘密犯罪案被列为 2017 年人民法院审结的具有较大影响的知识产权刑事案件。所以侵犯商业秘密罪被害人的数量相对较小。

2.被害模式单一：被害人与行为人关系密切

有资料显示，90％以上的商业秘密案件都跟人才流动有关。具体的被害情形有以下几类。

(1)行为人离职后自立门户，侵犯原工作单位商业秘密。

例如，被告人王某丙原为北京 B 电子技术有限公司(经营范围为喷码机的研发、生产和销售，以下简称 B 公司)股东(持有股份占公司股份 44.5％)，担任法人代表、董事长；被告人王某乙原为 B 公司股东，任副总经理(主管营销工作)，二人系叔侄关系。张某系 B 公司另外一名股东(持有股份占公司股份 46.5％)，任总经理，系王某乙舅舅。2005 年 12 月，三人因经营策略不同导致分家，王某丙与王某乙二人将所持股份以现金形式转让予张某，双方达成协议：王某丙和王某乙退股，B 公司支付给王某丙人民币 1240 万元、王某乙人民币 270 万元，并约定股权转让方退出公司后不得利用 B 公司现有的技术秘密、专利技术生产、制造产品。

2006 年 2 月，王某乙、王某丙等人注册成立北京 A 科技有限公司(以下简称 A 公司)，王某乙为法人，任总经理，王某丙系最大股东(占公司股份 44％)，A 公司亦从事喷码机的研发、生产和销售。A 公司筹备期间，急于生产，但缺少软件开发工程师，此时，王某丙和王某乙想到了 B 公司的软件工程师王某甲。2006 年 1 月，王某丙先后数次通过电话和登门等方式拜访王某甲，要求其到 A 公司工作，但王某甲担心与 B 所签的劳动合同中有关“竞业禁止”“保密条款”等内容会产生纠纷。王某丙和王某乙对王某甲许以高薪，并承诺让其入股 A 公司(后王某甲以其妻子乔某某的名义入股 A 公司，占公司股份 2％)。后王某甲同意上述条件，在 B 公司未允许其离职的情况下，于 2006 年 2 月开始在 A 公司上班。由王某乙直接负责喷码机的研发和生产工作，王某甲主要负责喷码机软件程序的开发。

2006 年 2 月，王某甲违反与原工作单位 B 公司劳动合同及保密条款约定，在为 A 公司研发 G100、G200 型喷码机过程中，使用 B 公司研发的、应用于多种型号喷码机的技术秘密——CPU 软件程序；王某乙、王某丙在明知上述事实的情况下，仍然使用 B 公司的技术秘密用于生产，并将包含有上述技术秘密的 G100、G200 型喷码机上市销售。经审计，至当年 9 月，A 公司销售 G100、G200 型喷码机所得共计人民币 1673889.66 元。

2006 年 9 月，B 公司向海淀分局报案称：A 公司王某甲、王某乙、王某丙侵犯其公司的商业秘密，要求公安机关介入调查。公安机关提取了 A 公司喷码机从 CPU 软件程序与 B 公司提交的喷码机从 CPU 软件程序，进行电子数据鉴定，鉴定结果是两家公司的喷码机从 CPU 软件源代码相似度达到 99％以上。

在公安机关侦查期间，王某乙、王某丙让王某甲重新编写喷码机软件，要求区别于 G100 软件，王某甲重新编写软件后，A 公司委托某鉴定中心对其前后两个版本的软件程序进行

① 最高人民法院.中国法院知识产权司法保护状况[M].北京：人民法院出版社，2018：前言.

鉴定,鉴定结论为上述两个软件不构成实质性相似。后A公司利用新编的软件再次生产G100A、G200A型喷码机,2006年10月至2007年5月间销售所得为人民币470万元。

B公司继续举报A公司侵犯其商业秘密,公安机关对A公司重新开发的软件程序进行鉴定,鉴定结论是上述软件的源代码功能相似度达到90%以上。

法院裁判结果:

①被告单位北京A科技有限公司犯侵犯商业秘密罪,判处罚金人民币10万元。

②被告人王某甲、王某乙、王某丙犯侵犯商业秘密罪,均判处有期徒刑1年,罚金人民币1万元。

被告单位及被告人均未在法定期限内提出上诉,一审判决生效。

又如,2002年,宁波市江东盛丰钢塑管制造厂(简称盛丰厂)成功研制了具有自主知识产权、国内领先的钢塑管饮用水管材生产设备,其中的一个核心技术是以高温水蒸气替代原先的电、柴油对钢塑复合材料进行定型(此前钢塑管定型时普遍采用电或柴油作为能源,不但成本较高,而且极易造成对产品的污染)。2003年底,盛丰厂的这套设备获得国家发明专利,其中的高温水蒸气替代工艺更成为企业的商业秘密受到保护。

2005年春节过后,盛丰厂设备制造组组长张某突然跳槽到天津沽上渠道制造有限公司(简称沽上公司)。约4个月后,沽上公司主要负责人左某、刘某来到宁波,秘密约见了盛丰厂掌握这套生产设备图纸和生产工艺的工程师孟某。此后不久,孟某也离开宁波到了天津。7月初,盛丰厂厂长章明伟获得一个确切的信息,沽上公司已生产出三条与盛丰厂完全相同的生产线,大量制造钢塑管,其所采用的核心技术与盛丰厂完全相同。沽上公司还在很短时间内在全国设立了10多个办事处销售钢塑管。10月,蒙受了巨大经济损失的盛丰厂正式向公安机关报案。江东公安机关查清了沽上公司负责人左某、刘某收买张某、孟某,共同侵犯盛丰厂的商业秘密,并已构成犯罪的事实。2007年12月,江东区人民法院做出判决,被告人孟某、刘某因侵犯商业秘密罪分别被判处有期徒刑3年和2年,并处罚金5万元。

3.被害人责任较小

当前,商业秘密权利人在保护商业秘密方面的努力越来越值得肯定,其制度也越来越健全,因而引发被害现象的责任也相对较小。在商业秘密领域,有近64.2%的单位建立了商业秘密保护的规章制度,和职工签订保密协议占样本总体的53.5%,而划定专门保护区域的单位占据了58.3%的比例,所以在商业秘密领域,被害现象的发生和被害人未尽保护自身的义务联系较小,其责任程度也较轻。①

第三节 知识产权犯罪行为人与被害人的互动关系

一、犯罪人与被害人的关系

犯罪人与被害人作为构成犯罪的两个主体要素,他们之间的关系无疑应当受到重视。犯罪学研究表明,犯罪人与被害人之间具有互动关系。互动性,是指犯罪人与刑事被害人之

① 赵国玲,王海涛.知识产权犯罪单位被害人责任研究[J].电子知识产权,2007(11).

间的加害被害关系是犯罪人与刑事被害人之间相互影响、相互作用的结果。认识到这一点具有重要的意义和作用。犯罪人与刑事被害人之间的互动性意味着犯罪控制体系的重心从惩罚和教育改造向调整加害被害关系的转换。① 归纳起来，被害人与犯罪人存在以下关系。

(一)静态的伴生关系

从静态的角度而言，犯罪人与被害人相对应而存在，统一于犯罪范畴之中。抽象而言，无犯罪人则无被害人，无被害人则无犯罪人，两者相伴而生，缺一不可。体现在具体的犯罪中也是如此，假想一个人体弱、言行不检、全无自我保护意识，充满了所能想到的各种被害性因素，但如果没有另一个人的发现和利用，这个人就不可能成为被害人；而如果一个人穷凶极恶、怙恶不悛，符合了全部那些所谓"天生犯罪人"的特征，但如果无从找到一个对象实现其意图，那么他的犯罪意图永远只能是意图，他也永远不可能成为犯罪人，因为任何人不会只因为思想而受到刑罚惩罚。

具体考虑人的因素，犯罪人可能是自然人或者法人，一定时候甚至可能是国家，被害人同样可能是自然人、法人或者国家，无论各自的地位是多么的悬殊，在犯罪中是以什么样的形象出现，作为犯罪的两个基本因素，犯罪人与被害人永远是地位平等的两极，尽管在每一个具体犯罪案件中两者对于犯罪发生的责任不同，可能是犯罪人先进行攻击，也可能是被害人先进行挑衅，但这不影响他们之间总体上的伴生关系。

(二)动态的互动关系

抽象意义上的伴生关系体现在具体的犯罪中，就是犯罪人与被害人之间的互动关系。犯罪人与被害人是人格上相互独立的两个主体，统一于犯罪这同一个范畴。在犯罪行为发生过程中，两者就不再是静态的两个相对应的符号，而是相互作用的两个主体。"一般认为，被害人与加害人的相互关系，在犯罪的全过程中，总是处于一种动态关系。"有的学者持这样的观点："被害者与犯罪者两方面都是互为客体而行动着的，被害与犯罪不能简单地被看作为一种静止的量，犯罪化过程(变为犯罪者)和被害化过程(变为被害者)，是作为社会相互作用的过程进行研究的。"这就是犯罪学理论中的互动原理。根据白建军教授的观点，所谓互动性，是指犯罪人与刑事被害人之间的加害被害关系，是犯罪人与刑事被害人之间相互影响、相互作用的结果。犯罪人与刑事被害人之间的互动性意味着犯罪控制体系的重心从惩罚和教育改造向调整加害被害关系的转换，同时也有利于我们进一步理解社会安全状况。② 认识到这一点具有重要的意义和作用。

二、知识产权犯罪人与被害人之间利益关系的基本分布

知识产权犯罪人与被害人之间也具有一定的互动关系。两者之间的互动性突出表现为知识产权犯罪人与知识产权被害人之间的密切关系。刑法虽然将侵犯知识产权罪的犯罪主体规定为一般主体，但知识产权犯罪人大多与相应的被害人存在同行、雇佣等联系。我们以 137 件典型知识产权刑案为样本，在这 137 件犯罪中，与被害人属于同一行业的占比例最大，而两者属同行关系、雇佣关系、相关关系的总共占到整体的 2/3 以上，也就是说，大多数

① 彭少辉.知识产权犯罪人与被害人互动关系实证研究——以 137 个典型知识产权刑案为样本[J].贵州警官职业学院学报，2010(5).

② 杜永浩.知识产权犯罪人实证研究[J].江苏警官学院学报，2003(4).

的知识产权犯罪人和知识产权被害人之间具有密切的联系(见图 11-1 和图 11-2)。①

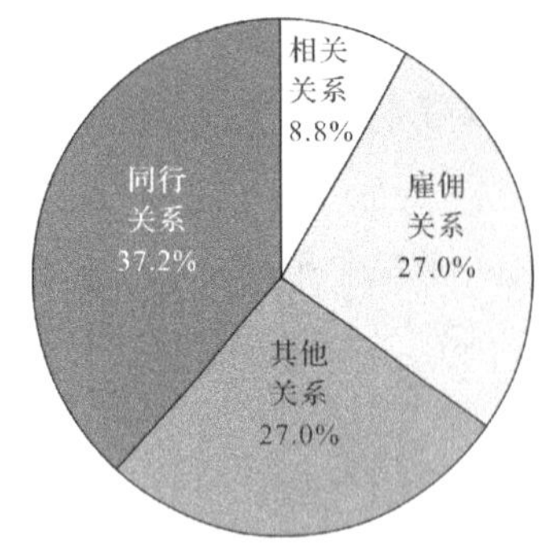

图 11-1 知识产权犯罪人与被害人之间利益关系的分布

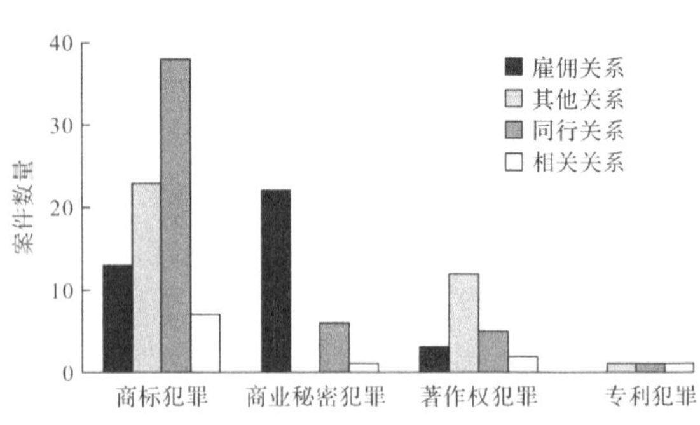

图 11-2 法律性质与利益关系交互分析

通过法律性质与利益关系的交互分析,可以发现不同类型的知识产权犯罪中,犯罪人与被害人的关系呈现不同特点。通过表 11-1 能够看出,在四种类型的知识产权犯罪中,侵犯商标权的犯罪行为最多。在 81 件侵犯商标权的犯罪中,有 38 件属于犯罪人和被害人为同一行业,有 13 件属于雇佣关系,有 8 件属于相关关系,其他关系占 22 件;在侵犯商业秘密的犯罪中,犯罪人与被害人全部为密切关系,分别是 21 件雇佣关系、7 件同行关系和 1 件相关关系;在侵犯著作权的犯罪中,有 3 件属于犯罪人和被害人是雇佣关系,5 件属于同行关系,2 件属于相关关系,另外其他关系有 14 件之多;在 3 件侵犯专利的犯罪中,其他关系、同行关系、相关关系各占 1 个。

表 11-1 知识产权犯罪人与被害人之间利益关系的交互分析 (单位:件)

法律关系	雇佣关系	其他关系	同行关系	相关关系	合计
商标权犯罪	13	22	38	8	81
商业秘密犯罪	21	0	7	1	29
著作权犯罪	3	14	5	2	24
专利犯罪	0	1	1	1	3
合计	37	37	51	12	137

通过进一步观察和思考,我们发现,同行关系在商标犯罪中的比例高于其他知识产权犯罪。同一行业关系意味着知识产权犯罪人与知识产权被害人之间的关系最为密切,互动程度最强,同一行业中的知识产权犯罪人对被害人而言,意味着外部风险。知识产权保护与公平竞争具有直接的相关性,侵犯知识产权往往就是不正当竞争的结果。同时,知识产权法与反不正当竞争法之间的关系本身就意味着知识产权犯罪往往就是不正当竞争恶性发展的产物。如何处理好知识产权保护与市场竞争的关系成为进一步研究的方向。

雇佣关系在商业秘密中成为占支配地位的关系。和同一行业关系一样,雇佣关系也是知识产权犯罪人与知识产权被害人之间的一种非常重要的关系,两者之间同样具有高度的相关性。这种关系意味着知识产权被害人与其内部成员之间存在着较大程度的受害与侵害的可能性。具有雇佣关系的知识产权犯罪人对被害人而言则意味着来自被害人内部的风险。“特别是当前公司企业中高层管理人员和专业技术人员频频跳槽的情况下,如何应对来

① 彭少辉.知识产权犯罪人与被害人互动关系实证研究——以 137 个典型知识产权刑案为样本[J].贵州警官职业学院学报,2010(5).

自公司企业内的风险，也是我们必须面对的一个重要课题。”[①]

总之，在知识产权犯罪人和被害人所具有的上述四种类型的关系中，不同的关系意味着知识产权犯罪人与知识产权被害人具有不同的相关度，同时也代表了他们之间互动关系的强弱程度。总体而言，知识产权犯罪人和被害人之间具有密切的联系，这突出表现在两者之间的同业关系和雇佣关系上。这对知识产权权利人而言，意味着保护自己的知识产权，要防范来自两个方面的风险：一个是来自自身外部的风险，这种风险主要来自同一行业的竞争者；另一种风险则是来自自身内部的风险，这种风险的主要来源是专业技术人员及其他高级管理人员。[②]

三、知识产权犯罪行为人与被害人的互动关系

在加害与被害过程中，加害人与被害人之间并非完全处于机械式的运动状态，而是相互影响、相互作用的。知识产权犯罪行为人与知识产权犯罪被害人之间也具有一定的互动关系。在知识产权犯罪中，行为人与被害人可能毫无瓜葛，素昧平生，仅仅是因为在市场中了解到某种产品比较畅销，美誉度高，有利可图，从而大肆进行侵犯知识产权的犯罪行为。但在发现和破获的知识产权犯罪案件中，也存在不少行为人与被害人存在某种特殊关系的案例。例如，被害单位中国少年儿童出版社在 2001 年 5 月从比利时卡斯特曼出版集团独家引进了彩色绘图本《丁丁历险记》，时任中国少年儿童出版社对外合作部编辑的钟自仁，见该书市场销路好，利润空间大，遂利用其参与了该书的制作、编辑、策划、宣传、营销的便利条件，趁双休日中国少年儿童出版社没人，潜回社里，非法复制了该书的拷贝光盘 50 余张，交给同伙制作发行。又如，王红星、赵坤原系北京雷石世纪数字技术有限公司职员，负责软件的开发工作。2002 年 3 月，二人从雷石公司辞职后，带走了雷石公司 KTV 点歌系统软件的源代码，欲继续从事该系统软件的开发和销售活动。2002 年 3 月至 2003 年 1 月，二被告人将“雷石 KTV 宽带服务系统”软件稍加修改后复制安装盘，先后向西安、杭州、北京等地七家公司销售该软件复制品，违法所得额共计 119295 元。北京海淀区法院以二人犯侵犯著作权罪，分别判处有期徒刑 1 年 6 个月和 1 年，并各处罚金 5000 元和 3000 元，追缴违法所得 119295 元，没收与犯罪有关的笔记本电脑、打印机等物品。[③]

在四种类型的知识产权犯罪中，侵犯商标权犯罪人与被害人的关系最为复杂，可能表现为上述各种特殊关系；在侵犯专利权的犯罪中，犯罪人与被害人的关系最为单纯，侵犯专利权的犯罪人和被害人具有属于同一行业的主要特征；在侵犯商业秘密的犯罪人中，行为人和被害人亦多属于同一行业，或者和被害人具有雇佣关系。

在知识产权犯罪人和被害人所具有的特殊关系中，不同的关系意味着知识产权犯罪行为人与知识产权犯罪被害人具有不同的相关度，同时也就意味着他们之间的互动关系的强弱程度。其中，同一行业关系意味着知识产权犯罪行为人与知识产权被害人之间的关系最为密切，相关度最高，互动程度最强，相关行业次之。和同一行业关系一样，雇佣关系也是知

① 彭少辉.知识产权犯罪人与被害人互动关系实证研究——以 137 个典型知识产权刑案为样本[J].贵州警官职业学院学报，2010(5).

② 彭少辉.知识产权犯罪人与被害人互动关系实证研究——以 137 个典型知识产权刑案为样本[J].贵州警官职业学院学报，2010(5).

③ 陈静.论我国侵犯著作权犯罪的特点及侦查对策[J].吉林公安高等专科学校学报，2006(2)：52.

识产权犯罪行为人与知识产权被害人之间的一种非常重要的关系，两者之间同样具有高度的相关性，这种关系意味着知识产权被害人与其内部成员之间存在着较大程度的受害与侵害的可能性。和同一行业以及相关行业关系相比，雇佣关系对被害人有着不同的意义。如果说同一行业中的知识产权犯罪行为人对被害人而言意味着外部风险的话，那么具有雇佣关系的知识产权犯罪行为人对被害人而言则意味着来自被害人内部的风险。地域关系意味着知识产权犯罪行为人与知识产权被害人之间具有地域上的同一性。这种关系所反映出的两者之间的关系较为疏远，相关度已经大大降低。[①]

从以上分析，我们基本可以得出以下结论：就知识产权犯罪行为人总体而言，行为人和知识产权被害人之间具有密切的联系，这突出表现在两者之间的同业关系和雇佣关系上。因此，权利人应当充分注意规避来自这两个方面的被害风险，一是在与同行交往时，格外注重保护好自己的知识产权；在设计保护措施时，特别注重防范同行业者的侵权行为；二是加强内部管理，防范“爱吃窝边草”的专业技术人员及其他高级管理人员。[②]

第四节　知识产权犯罪被害人保护与救济

知识产权犯罪被害人的保护和救济包括刑事保护、行政保护和自我保护等三种主要方式。刑事保护就是指通过追究侵权人的刑事责任来实现对知识产权的保护。行政保护指行政机关在知识产权执法的过程中，依法纠正侵害知识产权的违法行为，并对知识产权人的合法权益进行支持和保障。自我保护是指知识产权人运用自己的力量，对微观的受害情景进行控制，减少犯罪机会。

通过定量分析，可以以知识产权犯罪人和被害人互动为中心构筑预防知识产权犯罪的对策体系，通过减少来自被害人的互动性影响，控制犯罪的机会。这种研究对于控制知识产权犯罪提供了一种新的思路，并能使我们在不同的视角下审视和重构现有的知识产权保护政策。

一、国家知识产权政策应当贯彻预防优先于惩罚的理念

应当将国家保护知识产权政策的指导思想从以惩罚为中心转移到以预防为中心的轨道上来，我们不仅要重视对犯罪和犯罪人的预防，而且要关注到被害人对犯罪发生的互动性影响。如果过于依赖事后的惩罚，容易导致忽视事前预防。“通过引导和帮助被害人矫正其被害倾向，切断被害人和被害现象的联系以减少被害，即国家必须努力寻求对被害人和被害现象的控制；只有实施犯罪预防和被害预防双管齐下的政策，才可能取得从根本上遏制知识产权犯罪的效果。”[③]

二、被害人必须致力于对微观被害情景的改善，降低犯罪发生概率

首先，知识产权的权利人作为潜在的被害人，要加大对知识产权保护的投入，建立起完

① 杜永浩.知识产权犯罪人实证研究[J].江苏警官学院学报，2003(4):40.
② 杜永浩.知识产权犯罪人实证研究[J].江苏警官学院学报，2003(4):40.
③ 赵国玲，王海涛.知识产权犯罪单位被害人责任研究[J].电子知识产权，2007(11).

整的知识产权保护的规章制度，增加犯罪人实施侵害的成本，以免受侵害。其次，由于被害人在不同领域作用的分布并不均衡，以及在商标、商业秘密领域权利人存在的问题较多，故应在这两方面重点防范知识产权犯罪行为，使保护权利的工作更有针对性和效率性。最后，鉴于加害人和被害人在地域上接近和在人格上联系紧密的比例较高的情况，被害人应当加强对同行业内相关竞争对手、合作伙伴生产经营状况的了解和监控，加强对内部员工的规范和管理，以降低知识产权犯罪发生的概率。[①]

三、国家应当设立知识产权犯罪被害人补偿与援助制度

当前，设立国家对于知识产权犯罪被害人的补偿制度具有极强现实性和必要性，要进一步强化知识产权犯罪被害人保护和救济的措施。

在知识经济时代，以知识产权为代表的知识经济已经成为一个国家经济发展的引擎和助推器，没有技术创新和革新发明，一个国家的经济就很难具有澎湃的活力，没有一批批成熟的商品品牌、专利的涌现，一个国家的经济就只能在初级无序竞争中徘徊。在我国建设创新型社会的今天，知识产权已经成为促进经济持续、健康发展的关键因素，保护和加强知识产权制度已经成为我国全面实现现代化的必然选择，因此有必要积极探索设立知识产权犯罪被害人的保护和救济制度；从微观层面上看，因为知识产权对于高额利润的积极作用，其已成为市场竞争中被经常侵犯的一类权利，尤其是在当前对知识产权保护的法律法规还不健全、技术保障手段还处于摸索阶段的历史条件下，知识产权更容易成为犯罪侵害的标的和对象。与此同时，由于知识产权诉讼涉及的证据往往数量多、种类繁杂、专业技术性强，一般权利人往往不知道保存固定哪些侵权或犯罪证据才能更好地在将来追究侵权人的责任，这使得知识产权犯罪被害人在以证据认定事实、决定裁判结果的司法程序中经常不能实现合法权益的充分维护，所受到的损失难以得到足额的赔付。一项知识产权的取得，往往需要付出很多的智力、物力和财力，侵犯行为的发生可能会大大地动摇知识产权权利人本人及其他人投身于发明创造的信心，这对于一个国家的创新发展是极为不利的，因此，国家不仅要及时惩处那些侵犯知识产权的违法犯罪分子，也应该向被害人提供一定的物质补偿和援助，以帮助他们减少侵权带来的损失，尽快恢复生产经营和科技创新探索。国家也有义务对知识产权犯罪被害人提供补偿或援助，因为，从事市场经营的知识产权权利人一般都是国家的纳税人，而且很多还是纳税大户，往往在国家的科技进步中起着龙头的作用，国家通过法律规定的著作权、专利权的合理使用制度，还可以在一定条件下无偿享用知识产权权利人的成果，这都是知识产权权利人对国家和社会的巨大贡献。因此当他们遭遇不测时，国家给予一定的帮助扶持，也是理所当然的事。因此，设立国家知识产权被害人补偿、援助制度是一项既符合情理，又能促进国家知识产权制度发展的有益制度。[②]

国家知识产权被害人补偿、援助制度的内容应当既包括物质、金钱，也包括技术支持、心理安慰、信息咨询等非物质给付性内容。笔者建议，鉴于知识产权权利人个体力量分散、难以形成合力的特点，国家应当依托一定的组织——例如现有的从中央到地方的各级知识产

① 彭少辉.知识产权犯罪人与被害人互动关系实证研究——以137个典型知识产权刑案为样本[J].贵州警官职业学院学报，2010(5).

② 赵星.知识产权侵权犯罪被害人保护和救济研究[M].北京：中国人民公安大学出版社，2008.

权协会——成立专门的知识产权犯罪被害人保护和救济工作小组，这种专门工作机构的成立非常有必要，其主要职责可以包括：其一，定期不定期地以调查问卷、电话采访、面对面交谈等方式进行特定地区知识产权被害人的调查统计工作，辅助司法机关相关的统计科室做好被害人特征的调查统计工作，为全面做好知识产权犯罪被害人保护和救济工作提供全面的信息和分析依据。这种信息收集方式还有利于及时发现犯罪黑数，全面掌握在犯罪发生后没有告发、司法机关也没有立案追究而实际上属于犯罪案件的情况。可以聘请有丰富经验的专家作为顾问，帮助分析一定时间内知识产权侵权犯罪的特点和规律，在取得阶段性研究分析成果时可以利用行业联系紧密这一渠道和优势，及时将相关信息提供给协会内的知识产权权利人，让权利人及时掌握有关犯罪动向，采取有针对性的措施，加强自我保护。其二，组织开展关于知识产权防控措施实际效果的调查。其三，可以由中央一级的知识产权犯罪被害人保护和救济工作组织统一聘请有关专家，研究设计或者集中采购比较成熟的知识产权具体保护手段和技术措施，然后在行业内统一实施，这样既提高了效率，克服了知识产权权利人各自为战，所采取的技术手段良莠不齐易于为侵权人破解的缺点，又可极大地减少有关研发费用、降低成本，于国于民都厥功甚伟。其四，对于需要提供即时的技术支持、心理抚慰、信息服务的知识产权犯罪被害人，可以由组织派专人提供服务，以更快地抚平犯罪可能给被害人带来的各种创伤，消除其避免进一步遭受侵权而面临的技术难题，以尽快使生产经营走上正轨。其五，调查被害的实际损失，为其获得国家补偿提出意见方案。笔者建议发动中外知识产权企业、组织和机构向工作小组开展募捐活动，因为知识产权企业对于知识产权犯罪和侵权更有切肤之痛，更了解知识产权犯罪的危害和损失，他们也最有同知识产权侵权行为做斗争的要求和动力。而且，从经济层面上看，这种募捐也有现实的可能性，因为，每年我国国内仅因假冒知识产权产品造成的直接经济损失就达到 2000 亿元左右，对美国知识产权权利人而言，如果盗版率减少 10%，就会给他们带来 1250 亿美元的经济效益。面对这么巨大的损失，动员他们捐出资金来更好地维护他们的合法权益，他们没有理由不积极参与。在募捐的基础上可以建立知识产权犯罪被害人保护和救济基金，作为国家知识产权被害人补偿、援助制度有力的资金补充，更好地为被害人提供物质补偿。①

对于国家知识产权被害人补偿、援助制度和知识产权犯罪再犯保证金或者投保信用保证保险的关系，笔者认为可以是一种相互配合、灵活选择的关系，它们之间并不矛盾和冲突。知识产权犯罪再犯保证金或者投保信用保证保险是犯罪人的一项义务，它们主要是从犯罪人的角度出发所做出的实现知识产权犯罪被害人高质量保护和救济的制度，其资金来源与国家、社会没有直接关系，它们在根本上对于犯罪人既有防控的作用，还有处罚的意味。国家知识产权被害人补偿、援助是国家的一项责任，它的落脚点在于通过对知识产权犯罪被害人及时的物质、精神救助和补偿，帮助他们恢复生产经营、减少损失、重塑信心。因此，它可以视为一种国家福利性的救济政策。当被害人可以从犯罪人的再犯保证金或者投保的信用保证保险金那里获得足额经济赔偿的时候，国家对被害人的物质补偿、援助就没有必要再实施，可能只需要根据情况为他们提供一些必要的精神抚恤就足够了。

① 赵星.知识产权侵权犯罪被害人保护和救济研究[M].北京：中国人民公安大学出版社，2008.

四、要设立知识产权犯罪非监禁刑执行委员会

当前，我国审判机关对于一般情节的知识产权犯罪人在适用刑罚时较少适用监禁刑，更多的是判决拘役、管制等非监禁刑或者采取缓刑等执行方法[①]以改造罪犯，为了更好地适应当前知识产权犯罪刑罚的这种特点，切实保障被害人要求国家追究犯罪人刑事责任的权利，有效减少知识产权犯罪被害人重复被害和再次被害的可能性，实现法律对于犯罪人威慑、处罚和改造的效果和作用，笔者认为，当前完善我国的知识产权犯罪非监禁刑罚制度，可以尝试设立专门的非监禁刑综合执行机构，摸索相关听证制度。

我国对知识产权犯罪人较少适用实刑的原因是多方面的，首先，这是同知识产权类犯罪的特点相联系的。知识产权犯罪是一种比较典型的法定犯罪，相比传统的自然犯，人们对此类犯罪所表现出来的伦理谴责和道德义愤都明显要弱于传统的一般自然人犯罪，我国传统上对于知识产权保护的重视不够，对于知识产权犯罪的危害性估计不足，因此在量刑时经常表现出对于一般知识产权犯罪人的过分宽赦，许多人认为对此类犯罪没有必要过多施用实刑。其次，从法律层面看，我国《刑法》对于一般的知识产权犯罪也规定有 3 年以下有期徒刑的法定刑，因此对情节一般并符合法定条件的知识产权犯罪案件适用缓刑也不违背法律的规定，前两者相加构成了在实践中对知识产权犯罪常用缓刑的主要原因。相信在功利刑刑罚理论和刑罚人道思想日益受到重视的社会背景之下，更多适用非监禁刑会在相当长的一段时期内成为一般知识产权犯罪量刑的一个重要特点或趋势。[②] 最后，在实践中还有其他一些原因直接造成了对一般知识产权犯罪较少追究刑事责任或者较少适用实刑的现实。例如，从经济利益角度看，由于知识产权犯罪往往能给地方带来一些短期的局部税收、就业等直接利益，因此在一些地方甚至出现了对知识产权类犯罪打击不尽力或者滥用缓刑以使犯罪人能够继续维持生产经营，以避免犯罪人的入狱给当地经济带来损失等不正常情况的发生。综合上述因素，也就不难解释为什么我国会出现“从实际的处罚结果来看，普遍存在着对（包括知识产权犯罪在内的）经济犯罪打击不力的问题，表现出‘案件实际发生多、查处少，行政处理多、移送追究刑事责任少，查处一般犯罪分子多、追究幕后操纵的主犯少，判处罚金及缓刑多、判处实刑少’的所谓‘四多四少’现象”[③]。

第一个探索性举措是建立非监禁刑执行委员会。这是当前为了更好地保护知识产权被害人权利的一项措施，也是我国非监禁刑“缓而不刑”“管而不制”的现实情况所决定的。当前，非监禁刑执行机构已经归属于司法部门，由于是初创阶段，许多有效措施没有到位，监管人员经验不足，效果不明显。有鉴于此，笔者主张在每个地级市（地区）的司法机关中成立独立的非监禁刑执行委员会，在每个县区设立执行分（支）局。执行委员会由包括主任执行官及其副手以及他们下属承担具体工作的事务执行官组成，还可包括一定数量的志愿服务者。委员会设立专门程序确定议事规则，主任非监禁刑官员负责一个地区全面的非监禁刑工作；

---

① 为方便论述，下文将拘役、管制等非监禁刑和缓刑统称为非监禁刑。

② 当然，如果有《解释（二）》第三条明确规定的四种情况（即因侵犯知识产权被刑事处罚或者行政处罚后，再次侵犯知识产权构成犯罪的；不具有悔罪表现的；拒不交出违法所得的；其他不宜适用缓刑的情形）时，一般不适用缓刑。

③ 最高人民检察院张穹副检察长在名为“关于‘严打’的政策和策略”的报告中对当前包括知识产权犯罪在内的打击经济领域犯罪过于宽纵的分析，参见：http://www.cnmtnallawbnu.cn/criminal/info/showpage.aap?showhead=&ProgramID=10&pkID=8278.

事务执行官按分工管理、主持某一类、某几类人员执行的日常监管；志愿者则按执行官的批示和指导协助执行的开展。[①] 对于执行官和犯罪人，应该有一个合适的比例，比例过高，工作质量虽然可能会提高，但也往往会造成资源的浪费；如果比例过小，则会造成工作压力过大，疲于应付甚至相关执行任务无法完成的窘境。[②] 尽管有学者提出一种相反观点，认为每位非监禁刑人员所管理的人数与非监禁刑人得到的监管服务的质量并非一一对应关系[③]，但可以想象，没有人员保证的非监禁刑想得到好的效果是非常困难的。应该说，不仅非监禁刑如此，对于管制或拘役的执行也是如此。[④]

非监禁刑委员会的主要职权包括以下几个方面：其一是监督。在对其基本职能做明确分类的基础上，赋予每位执行官确切的工作分工，以加强对执行人员的动态管理、强化落实日常义务履行情况的监督为工作重点。其二是组织指导。非监禁刑执行调查和提出执行非监禁刑建议以及撤销非监禁刑建议，由于非监禁刑人的非监禁刑资格的撤销直接涉及他们的切身利益，因此，应该由法院的专门的组织、规范的程序来规范撤销行为。其三是帮助。例如，通过对经济、心理、社会处境充分切实的分析研究，找出知识产权犯罪人实施犯罪的经济、心理等方面的原因，帮助他们尽快恢复正常，重新融入社会。

第二个探索性举措是建立健全知识产权犯罪非监禁刑判决的听证制度。在非监禁刑判决程序中引入听证制度，至少有以下益处：首先，它可以克服法官在案件审理过程中过度的主观化，使他们更充分地认识知识产权犯罪被害人所受到的损害和侵犯，从而有利于法庭做出最符合被害需要的判决结果；其次，在尊重广大民众知情权和发表批评建议权的基础上做出的判决可以提高人们的认同感，容易为当事人和社会各方面所接受，可以更好地实现对非监禁改造人员的社会监督；最后，在法官素质较低、监督制约机制不健全的客观现实条件下，通过听证，可以使非监禁刑判决环节处于更透明的状态之下，更大限度地实现公平、公正、公开，维护被害人的合法权益。[⑤]

当前，非监禁刑判决听证制度中许多涉及听证地点、听证人员、听证程序、听证原则及听证费用等方面的问题都需要研究。笔者对非监禁刑判决听证程序设置的一些初步构想如下。

听证地点不应该拘泥于特定场所，要方便被害人和其他诉讼参与人的参与，既要便于查清事实，又不能过于随意，有损法律的严肃。从目前国内的实际情况看，可以在基层法庭、基层司法所、派出所进行，也可以到被告居所地、经常居住地的村委会或居委会进行。对听证的提起，非监禁刑执行委员会与被害方都应有权做出。其中被害人提起的，既可以通过执行委员会，也可以直接向法院提起；由执行委员会提起的必须进行听证，由被害人提起的，法院可以举行听证。听证的参加人员应该有全面的代表性，既要有被告人及其亲友，也要有被害

---

① 在美国，早在20世纪70年代，就有30万～50万志愿者在大约2000个缓刑区工作，每年至少贡献2000万个小时的义务劳动。参见：Chris Eskridge, et al. The Use of Volunteers in Probation[J]. Journal of offender Counseling Services and Rehabilitation, 1975,4(4):175-189.

② Tonry M. Probation and Parole[M]//Tonry. The Handbook of Crime and Punishment. Oxford: Oxford University Press, 1998:563-588.

③ Joan Petersilia, Susan Turner. Tonry, Intensive Probation and Parole[J]. Crime and Justice,1993,7:281-335.

④ 赵星.知识产权侵权犯罪被害人保护和救济研究[M].北京：中国人民公安大学出版社，2008.

⑤ 赵星.论我国缓行制度的创新——初步的建议与设计[J].北京人民警察学院学报，2006(4):16.

人的亲友参与(如果有自然人被害人),双方数量应当大致相等。同时还要有一定量的负有社会责任心、具有较高的公道声望并与案件没有利害关系的人士以及一定数量同案件没有直接利害关系又热心公益活动的社会一般人士参与(这两种人统称为独立第三方)。独立第三方最好采取平时征集志愿者、听证会召开前随机抽取的方式选取。对于争论分歧较大的,应当采取无记名投票、现场唱票的方式,以确定最终的民意;听证程序可以借鉴行政法的有关程序,法院应在听证 3 日前确定听证参与人员;当事人可以委托 1～2 名代理人。听证开始后,由审判长说明听证案由、听证步骤及注意事项;然后依次由被害人或代表(以下简称被害一方)、被告人或代表(简称被告一方)发言,最后由独立第三方人员发言;发言完毕后进入交叉质证阶段,先由被害一方就被告一方的发言质对,然后由被告一方向被害方质对,最后由第三方向任一方质对,法官在质对过程中有权向任何一方发问;听证应当制作笔录,并交全部参加人审核无误后签名或盖章。在听证中,任何人都有权利和义务对全面的事实情况加以详细陈述。对于原、被告任何一方处于明显弱势地位的,法官应采取切实步骤,保证他们合法的申辩权的实现。①

五、要建立缴纳知识产权犯罪再犯保证金与投保信用保证保险制度

在当今,对于重复构成知识产权犯罪二次以上或者有确切证据证明有较大再犯可能性的知识产权犯罪人,强制其缴纳知识产权犯罪再犯保证金或者投保信用保证保险是值得尝试的有效保护和救济知识产权犯罪被害人的方法,是适应中国国情的剧烈变化和快速发展的一项很有针对性的举措。因为从根本上讲,我国现有知识产权犯罪保护和救济措施基本上都是与过去社会具体情况和经济发展程度相适应的。在我国社会改革开放之初,人员流动远不如今天这样活跃,人们在很大的程度上被限制在以户籍为纽带的一定区域内,相对自由地选择自己生活、就业地点的机会微乎其微,对于知识产权犯罪的防控以及定罪量刑以后的非监禁刑的执行都比较容易实现。而时至今日,流动性已经成为人们生活的基本特征之一,例如,国家统计局公布的 2005 年 1%人口抽样调查数据就表明,全国流动人口达到了 14735 万人,与第五次全国人口普查相比,流动人口增加 296 万人,跨省流动人口增加了 537 万多人。② 在人们受地域约束越来越小、传统的监督与控制措施已经越来越难以实现其作用的社会状况下,设立知识产权保证金,以静制动地对付知识产权犯罪的日益增加,不啻为一项合理的制度设计。由于知识产权犯罪以营利为目的的还占大多数,加重他们的犯罪成本和风险,也可以有力地抑制犯罪人的恶意和犯罪冲动,因此,设立知识产权保证金制度对于保护和救济知识产权犯罪被害人是很有针对意义的一种措施。从另一角度讲,在市场经济条件下,变人身约束为经济控制,也不失为一项与时俱进的监控手段。③

知识产权犯罪再犯保证金的数量是推行保证金制度首先要面临的问题。根据最高人民法院、最高人民检察院、公安部、国家安全部《关于取保候审若干问题的规定》,取保候审的起点数额是 1000 元人民币。考虑到知识产权犯罪再犯保证金的性质和知识产权犯罪的起刑点等因素,笔者认为应当适当提高起点数额,可以结合其上次实施知识产权犯罪的具体数额

① 赵星.知识产权侵权犯罪被害人保护和救济研究[M].北京:中国人民公安大学出版社,2008.

② 国家统计局公布 2005 年全国 1%人口抽样调查数据[EB/OL].(2017-08-01)[2019-12-15].http://www.china-com.cn/chinese/kuaixun/1156615.htm.

③ 赵星.知识产权侵权犯罪被害人保护和救济研究[M].北京:中国人民公安大学出版社,2008.

或者给被害人造成的损失并结合犯罪人再犯可能性的大小等因素综合加以确定。知识产权犯罪再犯保证金原则上应由犯罪人本人缴纳，但鉴于该保证金的性质，也允许第三人代为缴纳。目前，取保候审和监视居住的保证金之所以可由嫌疑人（被告人）以外的人代缴，是因为在没有做出最终的审判前，并不能确定他就是犯罪人，同时，为自己的亲友做保证，也是以自己的信心对嫌疑人的一种情感支持，是符合中国伦理文化传统的。在知识产权犯罪案件中代为缴纳再犯保证金的道理与此相类似。当前，强制那些具备特定消极特征和物质条件的犯罪人缴纳一定的再犯保证金在制度层面也具有较强的可操作性。例如，对于缓刑保证金的收取程序，可以由法院在做出判决的同时，宣布犯罪人在判决做出后一定时间内向法院指定的账户交存保证金，然后由人民法院将此账户冻结，将有关交存者的详细信息输入全国统一建立的再犯保证金银联信息库，以备各地法院判决知识产权犯罪案件时查询使用。在法院规定的时间内如果没有再发生知识产权犯罪可以解除冻结，连本带息返还给交存人，也可以视情况延长冻结时间至法院认为合适的期限。①

作为一种进一步保护和救济知识产权犯罪被害人的刑事保障制度，投保知识产权再犯罪信用保证保险是指符合特定特征和条件的知识产权犯罪案件的犯罪人向法院指定的保险机构投保，当其行为构成犯罪，侵犯了知识产权权利人的利益时，由保险公司向被害人赔偿其所遭受的物质损失的一种制度。信用保证保险本来是民商事领域的一种信用救济制度，是保险人作为保证人与债权人（即权利人）约定，当被保险人不履行债务时，保险人根据保险合同约定履行债务或者承担责任的一种保险制度，被害人也可以自行投保此类险种以更好地降低自己被害时的经济风险。信用保证保险始创于英国和中欧及亚洲的贸易之中。在我国，信用保证保险主要是随着分期付款买卖方式的兴起而被列为一项专门的保险类别的，现在我国开办的信用保证保险业务范围涉及的险种比较少，主要有分期付款买卖保证保险、住房消费贷款保证保险、汽车消费贷款保证保险等类别，但其基本的运作原理是可以适用于犯罪人犯罪担保责任的。对于知识产权再犯罪信用保证保险具体的赔偿金数额，可以结合犯罪人上次犯罪的数额、同类犯罪的一般数额及其他一些现实情况，由人民法院酌情确定。这种制度的建立可以使权利人在权利遭受侵害时将风险转移给专业的风险承担机构——保险公司，更好地保证可以得到应有的赔偿。在法院没有强制要求犯罪投信用保证保险时，知识产权权利人也可以主动进行此类保险，以更好地保护自己的经济利益。信用保证保险的引入可以有效地实现知识产权犯罪被害人利益保护和救济的社会化，它在知识产权犯罪人所缴纳的知识产权犯罪再犯保证金或所判罚金、罚款不能充分赔偿被害人的实际损失时，能更好地维护被害人的利益，具有直接的现实意义。当前，尝试设立投保信用保证保险制度最大的不便在于相关法律不健全。在我国，《保险法》虽然对于信用保证保险在“保险公司的业务范围”中明确做了规定，但是截至目前，缺乏信用保证保险的专门立法和具有可操作性的相关规定。要建立信用保证保险制度，首先要加强立法，尽快建立健全关于信用保证保险制度的具体法律、法规，对于涉及信用保证保险制度的程序做出特别的规定，这些规定既要符合保险法等基本法律原则的要求，又要结合刑事诉讼程序做出具体规定，只有这样，才能真正将这种制度的优势发挥出来。②

---

① 赵星.知识产权侵权犯罪被害人保护和救济研究[M].北京：中国人民公安大学出版社，2008.

② 赵星.知识产权侵权犯罪被害人保护和救济研究[M].北京：中国人民公安大学出版社，2008.

结 语

犯罪行为是人的行为,犯罪行为人是犯罪行为的实施者,没有行为人就根本不会存在犯罪行为,只有通过揭示行为人的特征,寻求犯罪的原因所在,才能提出有效的预防对策,从而达到减少犯罪的目的。

随着我国知识产权犯罪数量呈逐年上升趋势,知识产权犯罪行为人的数量也在大量增加,并呈现出多元化、有组织化的趋势。知识产权的易被侵犯性以及知识产权犯罪的高额犯罪回报吸引着社会各个阶层的犯罪人趋之若鹜。由于在知识产权领域中存在着多种法律关系,其中既有行政法律关系,又有民事法律关系。但任何法律关系主体侵犯知识产权关系达到一定严重程度时,行政或民事的制裁措施不足以补救其对知识产权领域中正常秩序的危害时,就需要用刑罚手段来加以制裁。①

而对知识产权被害人的研究有助于认识犯罪原因和发生机制,也能从中归纳出哪些人更容易成为犯罪被害者,从而有所防范;可以了解犯罪现象的实际规模与危害程度;还可以为立法和行政以及刑事政策的制定提供必需的资料和信息。而且通过对商标犯罪被害人、专利犯罪被害人、侵犯著作权犯罪被害人、侵犯商业秘密罪被害人的分类研究,可知其数量都十分巨大,有着特殊的区域特征,及各自独有的重复被害严重等特点。

在单独了解了知识产权犯罪人与知识产权犯罪被害人之后,就需要讨论两者间存在着的互动关系,首先是静态的伴生关系,即无犯罪人则无被害人,而无被害人也就无犯罪人,两者相伴而生,缺一不可。其次是动态的互动关系,即被害人与犯罪人都是互为客体而行动着的,被害与犯罪不能简单地被看作为一种静止的量。犯罪人与被害人之间的加害被害关系,是犯罪人与被害人之间相互影响相互作用的结果。

在上述的成果下,就能以知识产权犯罪人和被害人互动为中心,通过减少来自被害人的互动性影响,来控制犯罪的机会,主要就是通过刑事保护、行政保护、自我保护等三种主要方式来对知识产权被害人进行保护与救济。

① 王晓峰.知识产权犯罪侦查研究[D].郑州:郑州大学,2007.

第十二章　知识产权犯罪原因研究

知识产权是人们对其创造性的智力劳动成果依法享有的专有权利。[①] 犯罪学意义上的知识产权犯罪是指侵犯他人的知识产权权益，对社会具有严重危害性的行为，包括侵犯商标权犯罪、侵犯专利权犯罪、侵犯著作权犯罪、侵犯商业秘密犯罪及其他知识产权犯罪。同其他犯罪一样，知识产权犯罪的原因是一个复杂的结构体系，它是由一定的外因和内因组成的。犯罪的外因与内因，是以犯罪主体即犯罪人进行划分的：犯罪的外因是犯罪主体以外的一切促使个人实施犯罪行为的原因，主要是指主体以外的社会环境因素，包括我国社会经济、政治、文化及法制环境中存在的某些不利因素，其为知识产权犯罪提供了滋生的土壤；犯罪的内因，指犯罪主体本身诸种促成其最终实施犯罪行为的原因，主要是指个体的犯罪意识、动因。犯罪经济学的成本—收益理论阐释了在知识产权犯罪巨额收益的基础上，诸多犯罪外因极大地降低了知识产权犯罪的成本，最终导致个体犯罪动机的形成。外因是条件，内因是依据，犯罪行为是犯罪的外因与内因相互作用的结果。[②] 总之，我国知识产权犯罪的成因，还包括：垃圾专利的增多；知识产权保护制度方面发达国家和跨国公司等强势群体掌握话语权的现状；我国市场经济体制的不健全以及消费者正常消费能力的不足；公众在文化和观念上缺乏尊重知识产权的社会意识；立法上刑罚结构的不合理以及执法部门执法不严等。

因此，提高我国公民的知识产权保护意识，完善知识产权犯罪的立法，以及大力改善执法不力的现状，是当前形势下知识产权犯罪防治之举的重中之重。

第一节　我国知识产权犯罪外因分析

相对落后的社会生产力是我国知识产权犯罪泛滥的深层次原因。从历史唯物主义的基本观点出发，社会生产力落后是我国各种社会问题产生和存在的根本原因。

一、知识产权犯罪的社会经济原因

（一）相对落后的社会生产力是我国知识产权犯罪泛滥的深层次原因

从历史唯物主义的基本观点出发，社会生产力落后是我国各种社会问题产生和存在的根本原因。在现阶段，我国社会的主要矛盾已经从人民日益增长的物质文化需要同落后的

---

① 郑成思．知识产权法教程[M]．北京：法律出版社，1993.

② 吴鹏森．犯罪社会学[M]．北京：中国审计出版社，2001：118.

社会生产之间的矛盾转化为人民日益增长的美好生活需要和不平衡不充分的发展之间的矛盾。改革开放40多年来，我国经济虽然有了迅猛发展，但整体经济水平仍然不高，平均国民收入较低，只能维持较低的生活水平。然而，知识产权侵权商品的价格往往非常低廉，尤其是一些制作精良的盗版光盘、盗版书籍，与正版效果别无二致。这不仅迎合了我国广大的普通工薪阶层以及低收入群众的消费心理，也符合他们的经济购买能力。国家保护知识产权网进行的一项调查结果显示（见表12-1），我国普通百姓在“您怎样看待盗版DVD、音像制品、专利产品、网络域名、集成电路软件、个人著作权图书以及假冒名牌服装、箱包?”这一问题上，有超过一半的人（占52.34%）对侵权商品存在的合理性做出了肯定性的评价。由此可见，在我国当前经济发展状况尚不能满足人们的物质文化生活需要的条件下，侵权商品存在着巨大的潜在需求市场。

表12-1　国家保护知识产权网的调查结果

问题	选项		票数	比例
您怎样看待盗版DVD、音像制品、专利产品、网络域名、集成电路软件、个人著作权图书以及假冒名牌服装、箱包?	A	价廉物美，没什么不好的	24	8.66%
	B	正版、正牌太贵，盗版、冒牌产品能够满足大众的消费需求	121	43.68%
	C	盗版、冒牌行为侵犯了别人的智力劳动成果，应当抵制	111	40.07%
	D	无所谓	17	6.14%

国家整体经济水平不高，消费者正常消费能力不足，为知识产权犯罪的肆虐提供了现实土壤。人类社会发展到现在，从带动经济发展的核心因素来看，可以说经历了三种经济形态，即农业经济、工业经济和正在蓬勃发展的知识经济。不同的经济形态，代表着不同的经济因素和生产力发展水平。与此相对应，在不同的经济形态中，也存在着不同的知识产权权利形态。

在农业社会，几乎不存在知识产权保护和知识产权犯罪问题。在工业社会里，伴随着知识产权这一新生事物的蓬勃发展，知识产权犯罪也应运而生。知识产权犯罪行为从知识产权降生时就如影随形。

而知识经济时代的到来则为知识产权犯罪的肆虐提供了更加广阔的舞台。有论者生动地指出：“如果说工业经济为知识产权犯罪提供了赖以生存和发展的基础平台的话，那么知识经济时代的到来则为知识产权犯罪提供了新的引擎。”[①]

关于知识经济，1996年国际经济合作与发展组织（OECD）将其定义为：它是建立在知识和信息的生产、分配和使用之上的经济，它表明建立在知识基础上有别于实物经济的一种新型经济，它是以知识资源为基础、以知识创新为动力、以知识产业为主导、以高智力和人力资本为主体、以知识产品为依托、以实现知识价值为目的的经济形式。在知识经济时代，知识和技术将成为经济增长的主导力量。我国也有学者明确提出，“知识经济的核心问题是知识产权”[②]。我国是一个发展中国家，虽然目前尚处于工业化过程中，与知识经济还有一段距

---

① 赵国玲.知识产权犯罪调查与研究[M].北京：中国检察出版社，2002：61.

② 吴澄.知识产权是知识经济的核心[N].人民日报，1998-11-14(07).

离，但是随着全球经济一体化步伐的加快，遍布全球的计算机信息网络将使得跨越国界的投资、生产、管理、市场、营销、技术等成为一个不可阻挡的世界潮流，各国之间的相互依存越来越明显，知识经济呈现出国际性特征，任何一个国家都不可能完全游离于世界经济体系之外，何况坚持对外开放始终是我们谋求经济发展的基本思路，我们不可能不受到知识经济大潮的冲击。

在知识经济时代，各国经济领域都深深打上了知识的烙印。知识形态的生产力已成为独立的内生变量，其直接进入生产过程、创造价值，并且成为生产力的主导因素进而决定生产力的性质和水平，决定生产关系和经济制度的发展。[①] 对于发展中国家而言，知识产权将成为促进其经济增长和经济发展的基本手段之一。知识产权犯罪的特质的形成得益于知识日益发挥出至关重要的作用和人们对知识产权这一产权形态的日益增强的依赖性。知识经济的发展，提供给人们进行知识产权犯罪的目标增多，犯罪的机会随之增多，[②]深深扎根于知识产权的知识产权犯罪在知识经济大潮中不断翻新。作为知识经济时代的最主要标识的高新技术，可以更加有效地被用作侵犯他人知识产权的工具。由于模仿技术成本大大低于创新成本，而知识又具有外溢效应，知识产权犯罪手段专业性、技术性不断增强，犯罪人可以购买到先进的机器设备，使很多的侵权复制品、假冒产品达到以假乱真的程度，并为这些侵权产品成批量生产创造了技术上的客观条件。知识经济一直是以生产和流通为基础，网络的存在提高了知识生产和流通的速度。[③] 一些知识产权犯罪分子借助网络实施犯罪行为，使知识产权犯罪具有很强的隐蔽性，很容易消除犯罪痕迹，犯罪嫌疑人很难被追踪。这就使得知识产权犯罪人有恃无恐，增加了知识产权犯罪的发生概率。正如美国犯罪学家L.汉农所言："知识的生产力要素的地位也增加了人们的犯罪能力。"[④]这是我们不愿看到的，但也是无法避免的。同时，随着知识经济时代的降临，对劳动力的需求量有所减少，由此富余了大量的非知识型人员，这在一定程度上为知识产权犯罪的日益扩散提供了主体性要件。

我国还属于发展中国家，正处在社会主义初级阶段，经济不发达。改革开放后虽然经济有了迅猛发展，但整体经济水平仍然不高，国民的平均收入较低，消费者正常消费能力不足，这为知识产权犯罪提供了现实土壤。而假冒伪劣商品一般价格低廉，这正迎合了一部分人尤其是普通工薪阶层和低收入农民群众的购买心理。因此，市场上经常出现人们围着打折扣的假冒伪劣商品柜台疯狂购买的情形。在去电影院花几十元看电影与买正版光碟在家看和通过网络免费下载电影、音乐欣赏之间，绝大多数普通网民都会选择后者。

（二）市场经济体制本身的负面效应刺激知识产权犯罪的滋长

市场经济能够极大地促进社会生产力的发展，推动社会全面进步。我们要建立的市场经济是健康、文明的现代市场经济，是与民主政治和精神文明同步发展的经济体制。但是应当看到，虽然说市场经济是迄今为止最不坏的一种经济制度，但其本身仍然存在着一些负面

---

① 吴玲.知识经济时代与社会转型[J].哈尔滨商业大学学报(社会科学版)，2002(1).

② 于邦振，杨仉孙.知识产权犯罪成因及对策探析[J].上海公安高等专科学校学报，2006(1).

③ 娄耀雄.论网络创造效益的方式及其法律问题[J].法律科学，2002(1).

④ [美]L.汉农.犯罪机会论和贫困与财产犯罪的关系[J].国外社会科学，2003(1).

效应,这在一定程度上导致诸多包括知识产权犯罪在内的经济犯罪的发生。

市场经济负面效应主要有二:其一,在市场经济体制下,企业生产者的直接目的是追求经营利润。我国学者储槐植指出:“市场经济在宏观上是以法律为边界的公平竞争的经济,在微观上竞争主体均以获取最大利润为目的,以便在竞争中求得生存和最大发展。这种生产经营目的成为经济主体采取非法手段突破竞争的公平界域的内动力。”[①]在这种目的的驱使下,社会中一部分人利欲膨胀,抵制不住金钱的诱惑,表现之一就是不惜采用侵犯他人知识产权的手段来牟取经济利润。商标、专利、著作和商业秘密都是创造者花费大量的时间、精力、资金和技术获得的,而对不法经营者来说,只需随手拿来,不需对知识产权人支付任何成本,假冒、盗版成了致富赚钱的“最佳捷径”。其二,市场经济是一种竞争经济。竞争者把自己生产经营的商品投入市场,相互比较,接受价值规律和消费者的检验。因此,市场主体在竞争中实现优胜劣汰,如果不能在市场上实现价值,那么就必然被淘汰出局。竞争的残酷性致使一些生产者为了自身的生存发展,不顾国家的法律和公平、公正的市场规则,采取制假售假、窃取他人商业秘密等非法手段来降低自己的生产成本,进行恶性竞争,以此取得竞争优势。

1. 拜金主义是侵犯他人知识产权等社会消极现象产生的重要诱因

知识产权作为市场经济的元素形态,比市场经济历史更为悠久。在商品关系之下,人与人交换劳动的社会关系表现为物与物之间的关系。这样就使知识产权的技术成果获得了一种神奇的魅力,似乎是一种凌驾于人之上并统治人、支配人命运的东西,从而导致一些人对它顶礼膜拜,这就产生了知识产权拜物教。

在市场经济需要充分发展的社会主义国家里,市场经济在人生价值观上易产生拜金主义。在当前社会大变革潮流中,有的人在重新选择理想坐标和价值取向时,把发展市场经济看作人人发财和捞好处,因而崇尚以个人为中心的价值观,甚至纯粹把获取物质利益的多少看作现代社会衡量个人成败得失的尺度,认为有钱就有了一切。在趋利逐财的市场中,一部分人因为垂涎 100%、200%甚至 300%的利润而甘愿走上犯罪的道路,以偷窃或侵犯专利技术、假冒或“傍”上注册商标、盗印贩卖版权作品来牟取暴利。一些人利欲膨胀,为取得经济上的成功而不惜铤而走险。低成本的支出以及高利润的回报是知识产权犯罪的主要动力。巨额的非法利润是知识产权犯罪产生的根本原因。侵犯知识产权是全世界普遍存在的问题,其根本原因是利益驱动。一张正版光盘可能要卖成百上千元甚至上万元的价格,而一张盗版光盘的成本不过几毛钱,以 5 元钱卖就已经有了 500%以上的利润。据烟草行业人士估算,制作一条假红塔山卷烟的成本约 6 元至 8 元,当地批发价为 40 元至 50 元,犯罪分子每箱能获利 2500 元,利润率高达 300 至 400 倍。[②] 有人认为,知识产权犯罪的利润有时甚至比贩毒还高。极小的成本投入与巨大利润的反差极大地刺激了知识产权犯罪行为。有些企业为抢占市场份额,大肆实施知识产权侵权行为,甚至挂着其他企业的商标生产着劣质产品,损害竞争对手的商誉;或者把其他品牌商标挂在自己的产品上以扩大自己产品的销售量等。

---

① 储槐植.市场经济与刑法[J].中外法学,1993(3):23.

② 唐广良.知识产权研究(第十一卷)[M].北京:中国方正出版社,2000:344.

2. 市场经济运行缺乏规范有序的市场秩序，客观上为投机行为、犯罪行为的发生留下了更多的可乘之机

自 1992 年党的十四大报告明确提出建立社会主义市场经济体制以来，国民经济经历了从计划经济向市场经济体制的转轨过程。不同的经济体制，对知识产权制度的发展产生的影响不同。应当承认，我国长期推行的计划经济体制把市场经济作为社会主义经济的对立面，完全放弃了发挥商标、专利在经济发展中的作用，压抑了知识产权的权利意识。知识产权在今天是一个普遍使用的词汇，可是时间退回去 30 年，在改革开放之初，却是一个稀罕词。当时，民生凋敝，物质匮乏，而且受多年极左思想荼毒，财产权本身就是一个敏感的话题，更难以想象知识也是财产，也有权利。回忆到当时的状况，最高人民法院知识产权审判庭前庭长蒋志培说："那时我们连物质财产都很少，很单薄，根本没有知识财产的观念，大家都不知道知识产权是什么。"①随着我国市场经济体制的确立和发展，权利意识不断得以彰显，"我国社会主义市场经济体制的确立和市场经济的充分发展，为我国知识产权的国际保护提供了最为有利的国际环境和坚实的经济基础"②。因此，在转轨过程中，知识产权日益受到各方面的重视，保护也逐步得到加强。但同时，习惯于单一计划经济的社会，一旦向市场经济转轨，在新旧体制交替过程中，必然会发生摩擦与碰撞，必然会出现许多制度上的"真空"与漏洞。"由于转轨的速度过快，在计划经济体制下建立起来的监督体制已经失效或者弱化，而适应市场经济需要的新的监督和制约机制的形成还需要相当长一段时间，在新旧体制转轨、碰撞和摩擦中，假冒伪劣商品迅速找到了生存和发展的空间。"③在市场经济体制的建立和发展过程中，很多体制性问题在经济领域日益显露。市场发育不足，市场体系还没有完全建立起来。市场和产业准入规则不完善，执行不严格；管理方式不适应形势的变化；投资约束机制不健全，各级政府部门对投资和经济活动的直接参与过多，国有银行和各类金融机构与政府的关系过于紧密，行政主导的投资扩张机制仍然存在；地区封锁和行业割据时有发生。市场体系内部、各类市场之间存在着一些不协调的关系或现象；倘若某一部分市场发育不全、发展滞后，将影响其他市场的发展和功能的发挥，从而影响市场体系的整体效率。经济领域这种暂时性的失范、无序状态，致使经济犯罪包括知识产权犯罪合乎逻辑地增多，甚至异乎寻常地增多。

需要指出的是，经济犯罪增多并不是体制改革自身的罪恶，相反，在改革过程中经济犯罪有一定程度的增多具有其不可避免性。但是，我们又不能讳言目前我国经济犯罪的增加已经超出了合理的、正常的限度。这种不正常增长同样不是改革自身的原因，而是由于改革进度过缓，旧体制固有的弊端与社会转型过程中的社会震荡和失误相叠加，从而造成这种现象。相信待到市场经济发育成熟，经济领域呈现出一派井然有序的状态之后，经济犯罪便会回落到合理、正常的程度。

---

① 赵刚. 三十年走过百年路——一位资深知识产权法官的视角[EB/OL]. 中国知识产权司法保护网，2008-11-12.

② 夏文树. 论我国知识产权保护的国际化[J]. 安徽师范大学学报(人文社会科学版)，1995(1).

③ 叶柏林. 假冒伪劣是 20 世纪的"工业毒品"(之五)[J]. 中国质量万里行，1999(6).

二、知识产权犯罪的政治原因

(一)我国行政体制中一些行政管理权力的交叉和真空,给知识产权犯罪人留下潜在的犯罪空间

政治体制与经济体制的不适应、不协调性在经济高增长的形势下愈加突出,给知识产权犯罪的滋长蔓延留下了足够的生存空间。行政体制改革中出现的行政部门权力划分的不明确、不科学性,导致行政管理权力的交叉和真空,给知识产权犯罪者留下潜在的犯罪空间。知识产权犯罪涉及面广,很多行政部门,如工商部门、文化部门、版权部门、信息产业部门、海关、公安都有查处权,不少知识产权犯罪案件需要它们的通力合作才能有效打击。根据我国目前的行政职能划分,知识产权侵权行为按照权力种类的不同分别由不同的机构处理。商标、商业秘密侵权归工商机关处理,专利侵权由专利局主管,著作权问题则由版权机关处理。而在实践中,工商机关对专利、著作权侵权也能以假冒伪劣为由进行处理,文化部门、公安部门甚至市容管理部门也在对有些侵权行为进行处罚。各部门都管也就等于都不负全责,没有一个部门为我国当前知识产权犯罪泛滥的状况真正负责。这种多头管理在执法上很可能造成对侵权行为不能及时处理,甚至是无人管理,造成知识产权犯罪事实上的真空地带。

(二)地方保护主义作祟,客观上纵容了知识产权犯罪的发生

由于某些知识产权犯罪,在客观上能为当地带来一定的眼前利益,因而往往受到地方政府的纵容。有些地方领导盲目追求政绩,缺乏长远眼光和全局意识,往往从自己任期目标和本地区利益出发,认为侵犯知识产权行为不妨碍大事,还可以增加地方财政收入。在这种思想指导下,一些地方政府支持私营企业、个体户实施诸如假冒注册商标、假冒专利、销售侵权复制品等行为,甚至以侵犯商业秘密、著名商标等知识产权为代价,来暂时性地增加地方财政收入,促进本地方经济发展。为了地方或者部门的局部利益,不惜充当知识产权犯罪的保护伞,对制假、售假不闻不问,甚至姑息、怂恿,特别是在经济欠发达地区,这一情况更为严重,造假贩假已成专业化,而管理者却听之任之。

与此同时,政治权力还介入行政执法以及司法。一些与市场主体具有共同利益的地方政府及其部门,通过各种手段干预行政执法部门和司法机关的执法。少数地方甚至以"营造发展经济环境"名义设置"封闭区",规定行政执法人员和司法人员进入须经批准,人为设置执法障碍。①

有些案件的最后定性处理并不是严格依照法律规定,而是某个机关甚至某个领导人说了算,不但大事化小、小事化了的情况常见,就是大事化了也非鲜见。有的地方行政领导往往以下岗人员太多、经济困难、维护社会稳定为借口对需要协查的案件不协助,甚至设法阻挠,导致大量犯罪"黑数"的产生,放纵了犯罪。一些地方领导对外地来办案的不积极配合,甚至以影响地方经济为由,阻止查处,导致办案工作搁浅。由于侵权地大多不是被害企业所在地,因此,受地方保护主义的影响,有管辖权的公安机关就难以追究假冒者的刑事责任。从近几年的办案情况看,真正由侵犯知识产权嫌疑人所在地的行政执法部门和公安机关主动立案查处的案件非常少,多数是权利人所在地行政执法部门和公安机关在接到权利人举

---

① 孙国祥,魏昌东.经济刑法研究[M].北京:法律出版社,2005:66.

报后查处的，而执法部门在相互协作中也是困难重重。一些侵权行为发生地执法部门从地方利益出发，虽然对案件有管辖权，但办案不积极不主动，而被侵权地执法部门虽然想处理，但苦于无权管辖，难以追究侵权人的刑事责任。① 像南孚电池厂在福建的南平市，但30%的假冒品出自河南，30%出自浙江，余下的40%出自湖南、江苏、山东、广东、湖北、安徽、贵州等地。据南孚电池厂"打假办"人员介绍，去上述地方公安机关报案，能够受理的很少，能够立案的就更少，能够追究假冒者刑事责任的就少之又少。

（三）行政监督权力乏力，导致对于知识产权犯罪的打击不力

虽然我国已基本上建立起一整套形式相对完整的，包括人大监督（主要以罢免质询方式）、监察部门的监察、司法监督（是指检察部门的法律监督，广义上还包括法院以行政诉讼方式进行的监督）、党派监督（其中中国共产党的纪律部门的监督是强而有力的）、政协等人民团体的监督、社会舆论监督（新闻出版事业从业人员的言论自由权的发挥将是有力的监督力量，以至于成为与立法、行政、司法并立的"第四种公共权力"）和人民群众的监督在内的监督体系，但各种监督形式的作用因各种原因未能完全发挥，各监督主体之间的监督权能协调不够、缺乏沟通，信息共享程度低，监督手段有限、效力不足，监督不及时，这些弊端的存在使对行政权力的监督举步维艰。② 行政执法权力缺乏足够制约，行政效率低下，不但妨碍对于知识产权犯罪的打击，甚至可能出现公权力人利用手中权力寻租的变异现象。

三、知识产权犯罪的社会文化原因

中国作为一个拥有悠久历史文明的国家，文化氛围与文化气息都相对较浓厚，同时文化也是一个国家与一个民族最有持久力的影响因素。不法分子在侵权的违法行为上，很大程度上受到了文化环境因素的影响，从而产生了许多不正确的病态心理。③

我国知识产权犯罪屡禁不绝的原因也可以从我国的知识产权文化观念上找到答案。知识产权犯罪的产生、蔓延是社会文化对知识产权的权利人、犯罪行为人以及知识产权管理者、广大公众的思维乃至行为全方位影响的结果。

（一）"重义轻利"的传统思想

儒家思想一直是贯穿我国历史的重要思想成分，其中重情义轻利益的思想被视为优秀传统。我国的知识分子也在代代相传中秉持着此类想法，将知识成果与作品等财产价值忽略。诚然，这样重义轻利的思想值得我们的肯定与敬佩，但在目前我国市场经济积极发展的今天，这样的行为无疑是一种自我知识产权意识的缺失，让许多不法分子有机可乘，以侵权、剽窃的手段，将他人的知识结果化为己用，谋求违法的个人利益。而这样的知识分子思想行为，会加重不法分子心安理得的歪曲思想，使其负罪感严重缺失，为他们继续侵权行为提供了精神支持。

（二）强保护与弱保护理论之争，模糊着民众的群体知识产权意识

在我国，知识产权作为正式的法律用语，最早出现于1986年4月12日第六届全国人民

---

① 沙宇航．浅议侵犯知识产权犯罪特点、办理难点和对策[J]．民营科技，2007(7)．

② 杨正鸣，倪铁．知识产权犯罪动因论析[J]．山东公安专科学校学报，2004(1)．

③ 陈醒．知识产权犯罪成因与侵犯知识产权的心理研究[J]．法制与社会，2017(12)．

代表大会第四次会议通过的《中华人民共和国民法通则》中。由此推算，知识产权概念进入我国民众视野中的历史非常短暂，而尊重和保护知识产权意识的唤起绝非一朝一夕之事。况且，在知识产权领域关于强保护与弱保护的争论始终未绝，弱保护理论支持者在我国至今大有人在，在民间更是拥护者甚众。对于这种理论的误读模糊着群体知识产权意识，对民众知识产权观念的培植产生了重要影响。关于一国的知识产权保护政策应当施行强保护还是弱保护的争论，主要存在于发达国家与发展中国家之间。由于发达国家占有了目前世界上绝大部分的知识产权，而知识产权又赋予权利人一定期间内“专有其利”的垄断权，这使得发达国家希望通过加强知识产权保护在世界范围内获取更多的利润。发展中国家则希望通过弱保护策略容许对外国先进技术的复制或者仿制，摆脱技术上的依赖地位，促进自身民族工业的发展。由此在某些发展中国家产生了所谓知识产权弱保护的神话，认为这样做可以节约国家资金，低成本取得先进技术，摆脱国外的技术控制，推动本国工业和经济的发展。我国是一个发展中的大国，知识产权保护制度才刚刚建立，面临许多机遇和挑战，同样有许多人想当然地认为应当实行弱保护战略以尽快壮大自身的力量，甚至认为，在国内强调知识产权保护是在维护外国人的利益。因此，很多人不以为然地认为被侵权的知识产权人都是财大气粗的大公司、大企业，这点损失对他们只是九牛一毛，不值一提。对以低价销售盗版产品，公众缺少否定的道德评价，人们可以心安理得地购买盗版软件，认为占的是“阔人们”的便宜，并声讨正版价格太贵。我国当代著名导演冯小刚炮轰“看盗版的人猪狗不如”，引起网上的一片挞伐之声，网民必欲诛之而后快，结果是冯小刚灰头土脸，解释不迭。由此可见民意在反“反盗版”的立场上达到了惊人一致，这也是我们国家目前知识产权问题赖以存在的土壤。①

在弱保护理论的指引下，有人认为我国的知识产权保护缺乏独立的品格，更多的是来自外来经济政治压力的结果②，发达国家以经济贸易要挟而形成过高的知识产权保护难以在司法实践中得以落实，只要能促进产业发展又不杀人放火违背自然道德性就行。③ 至于是否侵犯他人的知识产权则不是关键问题。有些人把知识产权保护简单地等同于垄断，认为是垄断就应打破。

在弱保护理论影响下，国民的知识产权意识薄弱。知识产权保护被视为富国的粮食和穷国的毒药。知识产权犯罪人、权利人和广大公众知识产权观念匮乏，有的执法人员对知识产权违法犯罪行为的社会危害性也存有模糊认识，这为知识产权犯罪提供了便利条件。而对于侵权人而言，则意味着侵犯他人的知识产权乃天经地义，丧失了内心的羞耻感，进而导致诸多大肆侵犯他人知识产权的犯罪行为的发生。

（三）集体本位思想至上，私权观念淡薄，在一定程度上造成知识产权保护观念的错位

我国传统礼法观念的基本精神是国家本位主义或者说集体本位主义，而非个人本位。在这种传统的以集体为本位、以义务为本位的思想理念下，个人的人格、个人的智力劳动得不到尊重，个人的智力劳动成果得不到社会的充分认同；知识产权至上的基本精神需要很长时间才可能在整个社会得到认同。在传统观念的影响下，我国的知识产权保护整体上缺乏

---

① 舒洪水，贾宇．全球化时代的知识产权犯罪及其防治[J]．法学家，2009(1)．

② 曲三强．被动立法的百年轮回—谈中国知识产权保护的发展历程[J]．中外法学，1999(2)．

③ 赵国玲．知识产权犯罪调查与研究[M]．北京：中国检察出版社，2002：97-98．

思想文化背景的支持，反而在一定程度上形成了有利于侵犯知识产权行为的社会环境，没有把专利商标、著作、音像作品等无形财产作为专有的财产看待，认为知识和技术公有公用，可以任意使用，甚至认为如此可以促进科学技术的普及。在我国除了直接侵犯知识产权现象相当严重外，消费、使用假冒或其他侵犯知识产权的商品现象更是相当普及。从有关统计和调查来看，著作权刑事案件极少，公众大多对盗版持容忍甚至间接参与态度。广大消费者因盗版、假冒产品的低廉价格而趋之若鹜，而并未意识到自己的行为已侵犯他人的知识产权，这无疑更进一步为知识产权犯罪提供了市场和土壤。而且在经济飞速发展的知识经济时代，完全固守集体本位的思想观念将压抑个人的主动性和创造力，甚至阻碍社会的全面发展。

（四）诚信意识的扭曲为知识产权犯罪提供了精神动力

传统道德文化教育人们"重义轻利""诚信立身"，但千年文明背后隐藏着无数背信弃义的不诚信事例，市场经济的利益原则高度刺激人们潜意识中的自利本性。市场经济的道德中的观念日渐沦落，诚信为财富所取代。与一个市场经济发达、讲求信用的商业社会相比，我国的诚信体系还有很大差距。公众的诚信意识、信用观念较薄弱，商业欺诈行为屡屡发生，直接导致商业信誉不高，商业活动的履约率降低。市场主体的行为不规范、缺少诚信机制和诚信观念、缺少商业道德，致使主体往往在竞争残酷的商业环境中以不正当方式或犯罪行为谋取法外利益。经济领域、行业部门广泛存在着商业信誉不高、诚信度低的现象。我们只有完善有关法律制度，增强商业信誉，提高公众的诚信理念，才能早日实现市场经济各类活动的诚信化、效率化，使知识产权的使用和管理都在良好的外部环境中进行，从而减少知识产权犯罪的产生。

四、知识产权犯罪的法律原因

（一）知识产权立法上的漏洞，使大量知识产权犯罪以合法面目存在

我国知识产权刑事立法方面的缺陷十分明显。一是保护客体不全面。现行《刑法》对知识产权罪规定了7个罪名，仅局限于传统的知识产权保护范围。对于因新兴技术的突飞猛进而出现的网络知识产权等新权利类型未给予应有的关注。相比较来说，许多国家在知识产权保护的范围上都远远大于我国。二是主观条件要求过严。我国《刑法》中，侵犯著作权罪和销售侵权复制品罪以"以营利为目的"为主观要件。在犯罪构成中特别设立主观目的要件等于是增加了犯罪成立的条件，徒增公诉机关的证明难度，从而导致作恶者逃脱法网的概率上升的局面。三是定罪标准不合理。《刑法》第二百一十七条和第二百一十八条对著作权犯罪以"违法所得数额较大"这一结果要件作为犯罪量化标准。这一做法势必造成对犯罪的宽纵，成为实践中此罪《刑法》适用率极低的直接原因。四是刑罚结构单一。我国《刑法》对知识产权犯罪的惩罚手段以自由刑为主，罚金刑为辅，此外不适用其他刑种，这使得我国《刑法》对知识产权犯罪的打击手段过于狭窄，不能适应新条件下对日益严重的知识产权犯罪打击的需要。

（二）知识产权犯罪执法上的疏漏导致大量知识产权犯罪行为沦为犯罪黑数，放纵了犯罪

其原因在于：其一，在观念上，执法机关和执法人员知识产权保护意识薄弱，把精力集中在那些带有暴力性质和急、险、恶等特点的传统案件上，而对知识产权犯罪行为危害性认识不足，

未给予充分重视。其二，司法机关办理知识产权犯罪案件的办案水平和能力不强。知识产权犯罪具有很强的专业性和技术性，查证难度大，对此类犯罪的侦、诉、审要求司法人员具有较高的法律职业素质。而我国现状恰恰是司法人员缺乏知识产权专业知识，从而严重影响法律的适用。其三，司法机关与行政执法部门之间未建立有效的协作机制，行政机关处理案件依法移送率低是当前知识产权刑事案件立案率很低的一个最直接的原因。知识产权的行政保护是我国的一大特色，不可否认，它对知识产权违法行为的打击曾起到重要的作用。但不容忽视的是，知识产权的行政保护在一定程度上也降低了打击力度，因为实践中不少知识产权犯罪未能进入刑事司法程序，而被纳入行政保护的囊中。以行政处罚代替刑事处罚，犯罪人能够以此来规避刑罚制裁，这无疑增加了他们的侥幸心理，使他们更加猖獗地进行犯罪活动。

第二节　我国知识产权犯罪内因分析

知识产权犯罪在本质上是一种非常态的市场逐利行为，这一行为典型地体现了经济人理性的利益权衡和计算。因此，笔者认为借助犯罪经济学中的“成本—收益”理论来解释知识产权犯罪的内因如何形成，在某种程度上更具有针对性。

一、犯罪经济学关于“成本—收益”理论的基本观点

犯罪经济学的理论前提是把犯罪人看作追求利益最大化的理性人，理性主体在做出一定行为之前，总要对各种可选的行为方式的成本和收益的大小进行预测和比较，从中选择能给自己带来最大利益的行为。因此，犯罪经济学认为，犯罪行为也是一种受制于投入产出规律的经济行为，犯罪人实施犯罪行为也是按“成本—收益”核算后做出的理性选择。也就是说，如果犯罪成本低于犯罪收益，犯罪人有利可图，就有可能实施这种犯罪行为；反之，如果某种犯罪成本高于犯罪收益，那么犯罪人就不会实施犯罪行为。

二、知识产权犯罪行为的成本分析

犯罪成本是主体为实施特定的犯罪行为，在进行犯罪决策、犯罪实施过程中以及承担犯罪后果所支付的成本和代价。运用犯罪经济学的理论观点，犯罪成本的构成可用如下公式表示：

犯罪成本＝犯罪必然成本＋犯罪惩罚成本

其中，犯罪必然成本＝道德成本＋直接成本＋时间机会成本；犯罪惩罚成本＝法定成本×被追究率。

结合这一公式，我们可以对知识产权犯罪的成本进行逐一分析。

（一）道德成本

这种成本表现为社会舆论的谴责和贬谪，以及由此影响到信誉的降低。受经济、文化等因素的影响，我国公众对知识产权的认识十分淡薄，知识产权保护意识很差，甚至相当一部分群众对知识产权犯罪持肯定性评价。社会上这种对知识产权犯罪的“包容”态度，导致知识产权犯罪人罪责感缺失，甚至不认为自己的行为触犯了法律。自然地，犯罪人所承受的道德成本也就十分低廉，甚至没有道德成本可言。

（二）直接成本

它是指主体在实施特定违法犯罪行为过程中时间、脑力、体力和已经取得的其他资源的消耗。与有形物相比，知识产权发明成本很高，但复制成本极为低廉。因为知识产权犯罪人根本不用承担知识产权开发过程中大量资金、技术及人力物力的耗费。[①] 今天，科学技术的发展使盗版、制假等活动变得越来越容易，加之一部分知识产权企业或个人的防范意识差，自我保护手段缺乏，使侵权行为几乎没有任何障碍。而对绝大多数以“跳槽”这种行为方式侵犯商业秘密的犯罪人而言，他们带走的是一种无形的信息，犯罪直接成本几乎为“零”。

（三）时间机会成本

它是指犯罪人在一定的时间、利用某种机会从事犯罪活动，从而放弃了用这部分时间或利用某种机会从事合法活动所带来的收益产生的一种成本。在现实生活中，犯罪时间机会成本与犯罪人的受教育程度、经济条件、就业状况、社会地位等客观条件密切相关。[②] 因此，相比较其他犯罪而言，知识产权犯罪的时间机会成本较高。

（四）知识产权犯罪的惩罚成本

它是犯罪人从事犯罪活动而承担的风险代价或为犯罪后果而支付的成本，也就是公安机关逮捕、法院定罪并实施刑罚给犯罪人带来的损失。犯罪惩罚成本的高低，对犯罪行为的决策起着举足轻重的作用。表 12-2 的统计数据证实了我国相当一部分的知识产权侵权行为是以民事制裁方式加以处罚，刑罚的适用率极低。“法律规制和执法水平直接决定着犯罪惩罚成本的高低。”[③]我国当前立法上的缺陷以及执法上的疏漏导致大量实质上的知识产权犯罪行为沦为犯罪黑数，追究率极低。这不仅放纵了犯罪，严重削弱了刑罚的威慑力，而且降低了知识产权犯罪人预期的犯罪惩罚成本。

表 12-2 我国知识产权侵权案件与犯罪案件对照

年份	收案数/件	其中		刑事案件占比/%
		民事侵权案件/件	刑事犯罪案件/件	
2013	97914	88583	9331	9.53
2014	106610	95522	11088	10.40
2015	120361	109386	10975	9.12
2016	144886	136534	8352	5.76
2017	204660	201039	3621	1.77

三、知识产权犯罪行为的收益分析

顾名思义，所谓犯罪收益就是主体通过实施特定犯罪行为所获得的利益。实施知识产权犯罪能够从中攫取巨额非法利润，其收益甚至高于贩毒和走私军火。据烟草行业人士估算，制作一条假冒红塔山卷烟的成本为 6～8 元，而当地批发价为 40～50 元，商标犯罪分子每箱就能获利 2500 元，利润高达 300～400 倍。[④] 另据微软负责欧洲、中东和非洲数字一体

① 赵国玲.知识产权犯罪调查与研究[M].北京：中国检察出版社，2002：69.

② 宋浩波.犯罪经济学[M].北京：中国人民公安大学出版社，2002：18.

③ 林飞.经济违法行为的法律经济学分析[J].法学论坛，2001(6)：27.

④ 唐广良.知识产权研究[M].北京：中国方正出版社，2001：344.

化业务的主管戴维·菲恩(David Finn)的说法，盗版软件的利润率高达 900%，比贩毒的利润高出 9 倍。[①] 可见，知识产权本身所蕴含的巨大财富使得犯罪人能够从中攫取巨额的非法利益。

四、知识产权犯罪的行为人原因

知识产权犯罪的主观原因侧重于对知识产权犯罪人的犯罪动机和犯罪心理等因素的分析。知识产权犯罪人的犯罪动机是诱发其实施犯罪行为的内部要素，反映了犯罪人的内心需要；它是知识产权犯罪构成中犯罪主观方面的重要组成部分，是促使行为人决意犯罪的意识上的起因。当前知识产权犯罪形成的主观方面的原因主要表现在以下几个方面。

(一)经济利益的驱动，是知识产权犯罪行为人犯罪的主要心理动力

知识产权犯罪大多以营利为目的，严重的"趋利"思想和对金钱的无限制追逐，可以说是知识产权犯罪人犯罪的主要心理动力。改革开放以来，人的价值观念发生很大变化，一些人以"拜金主义"作为其价值取向，一切向钱看。牟利的动机破坏了其本来就有异于正常人的思维模式。知识产权犯罪行为人大多对财富有极强的占有欲和支配欲，一般在追求享乐方面也强于一般人。太多的超常需要和享乐诱惑，对心理协调机制不强的人来说，其心理平衡极易遭受破坏。在他们心目中，市场经济条件下的"以经济为中心"变成了"以金钱至上为目的"，由此驱动其不择手段、不计后果，只要能捞钱，不惜触犯刑律。

知识产权是一种无形财产权，本身代表着巨大的经济利益，而且其具有易侵犯性，致使知识产权犯罪具有某种程度的隐蔽性和简易性。隐蔽性是指其犯罪行为力求不被他人特别是消费者发现，消费者一般是认牌购货，商品市场上由于注册商标的假冒伪造，鱼目混珠，使人很难辨别真假；简易性是指这种犯罪行为方式简便，例如在普通产品上贴上优质畅销产品的商标即完成作案过程。在这种情况下，就有一部分人在市场上搭别人的便车，如利用他人已取得较高市场份额的注册商标获取高额利润。这在一定程度上窃取了他人的劳动成果，致使知识产权人合法权益严重受损，也极大地挫伤了权利人开发新的信息产品中的智力成果的积极性。

知识产业的欣欣向荣，又给行为人提供了大量的机会，用不法手段侵犯信息产品中的智力成果便可获得巨利。从事犯罪活动所得的非法收益是影响犯罪率的一个重要因素。据海关人士估算，一条盗版光盘生产线每天可以生产 1.5 万～2 万张光盘，一张盗版光盘的生产成本仅几角钱，却能够以高出成本价 10 倍的价格在市场售出，获利甚高。[②]

据保守估计，仅北京中关村地区，盗版光盘每年便可非法获利近亿元。[③] 中国公安部负责组织协调全国知识产权犯罪侦查工作的有关负责人指出，制贩假冒盗版品，其背后有利益驱动的经济因素，在某些情况下甚至超过贩毒的暴利。

正如马克思所言："一旦有适当的利润，资本的胆子就大起来。如果有 10%的利润，它

---

① 微软高管称盗版软件利润比贩卖毒品高出九倍[EB/OL].(2003-12-04)[2020-06-01]. http://tech.sina.com.cn/it/200312-04/0929263653.shtml.

② 三大原因导致侵犯知识产权行为"久打不绝"[EB/OL].(2004-09-06)[2019-06-01]. http://news.sohu.com/20040906/n221904767.shtml.

③ 肖玮.知识产权：无形资产期待有序保护[N].检察日报，2001-05-09.

就保证到处被使用;有 20%的利润,它就活跃起来;有 50%的利润,它就铤而走险;有 100%的利润,它就敢践踏一切人间法律;有 300%的利润,它就敢犯任何罪行,甚至冒着绞首的危险。”①在极小的成本投入与巨大利润的反差刺激下,极端自私自利的个性心理极大地助长了行为人实施知识产权犯罪的决意。

(二)知识产权犯罪的特殊性,淡化了行为人的羞耻感、负罪感

羞耻感是个体自我道德意识的一种表现,表示一个人对自己的行为、动机和道德品质谴责时的内心体验。仅仅以逃避外在处罚为目的,是低级形式的羞耻感。高级形式的羞耻感是内疚,它是主体高度意识化的内心体验,内疚可以激活潜在的思维和力量,对主体的过失产生懊悔和追悔。个体内疚的匮乏,将对道德不屑一顾。羞耻感一方面表现出对他人不道德行为的谴责、愤慨和厌恶,另一方面表现出对自己的不道德行为的知耻和悔恨。②

在知识产权犯罪中,行为人侵害的知识产权建立在无形的客体(专利权、商标权、著作权和商业秘密)之上,与侵害有形客体的犯罪相比,行为人的心态有很大的区别。对有形物的侵害,行为人追求的目的是对侵害对象(有形物)的占有,往往表现为对犯罪对象的占有、毁损,容易在道德和法律上迅速识别(不道德、违法犯罪)。而对知识产权的侵害行为,通常表现为假冒、仿制、剽窃,行为人并不追求对侵害对象的占有,而是追求侵害对象(无形的客体)所派生出的经济利益,侵害结果的间接性使犯罪行为不容易直接判断。因此,犯罪行为具有一定的隐蔽性,社会舆论的监督制约力不强,行为人不容易直接产生“内疚”感,特别是与“合理使用”“借鉴”以及侵害对象的时限性、地域性等相互交织,使侵权与否难以明确认定,也使行为人产生侥幸心理,淡化了负罪感,从而放纵自己的犯罪行为。

(三)犯罪行为人扭曲的荣誉感的建立

所谓荣誉感,是个体通过合法、正确的途径,为社会及个人贡献利益,创造了一定的价值,在受到社会积极反馈与得到道德褒奖后,产生的喜悦心情。因此,荣誉感的建立不是个人自我产生的过程,而是必须建立在社会与人民群众的肯定之上的。而侵权者往往拥有病态的自我肯定心理,认为自己的行为不仅没有损害到原作者的利益,反而一定程度上为自己带来了较大的利益,从而建立了一项扭曲的荣誉感。侵权者正是为了满足自身虚荣心,将个人利益置于一切利益之上,不惜侵害他人的知识产权获取利益来抬高自己的身价,以提高自己的社会地位,虚荣心导致虚伪的荣誉感,从而使侵权人在道德的天平上失去了平衡。③

(四)侥幸、从众、攀比等心理,是知识产权犯罪行为人犯罪的助推剂

影响知识产权犯罪行为人实施犯罪行为的个体心理还包括以下形式:(1)侥幸心理。认为侦查人员的侦查技术手段不足以高超到侦破每一起知识产权犯罪,当其知识产权犯罪的行为未受到责罚时,他本来对惩罚的预期的恐惧感在一次次作案后因侥幸得以逃脱而减弱。而侥幸心理往往又会促使他们进行更为严重的犯罪。(2)从众心理。知识产权犯罪的猖獗使犯罪行为人在组织化、隐秘化的群体犯罪中受到其他犯罪人的榜样作用的影响,共同的罪责分担减轻了他们对刑罚的恐惧。2006 年 4 月,北京市社情民意调查中心以计算机辅助电

① 马克思恩格斯全集(第 23 卷)[M]. 北京:人民出版社,1982.

② 曾平,蒋言斌. 侵犯知识产权的病态心理解析及道德矫治[J]. 湘潭大学社会科学学报,2000(4).

③ 陈醒. 知识产权犯罪成因与侵犯知识产权的心理研究[J]. 法制与社会,2017(34).

话访问(CATI)形式对全市18个区县2514位市民进行了市民保护知识产权意识调查。调查结果亦显示:市民从众效应较强。49.4%的被访者认为身边的人对他们选择是否购买、使用盗版或假冒商品有影响。(3)补偿心理。持这种心态的犯罪分子认为现在的知识产权犯罪是对自己经济、生活劣势的弥补。(4)投机取巧的投资回报心理。知识产权犯罪的较少投资和巨额犯罪所得是知识产权犯罪居高不下的一个重要原因。知识产权犯罪人一般通过侵犯他人知识产权,将他人已有的知识成果秘密窃取为己有,以给自己带来丰厚经济利润,典型的如侵犯商业秘密罪。在知识产权犯罪中,知识产权犯罪人一般都认为犯罪所得收益与犯罪成本的投入之比是合算的。基于这种成本与效益的分析,知识产权犯罪人产生投机心理,进而积极犯罪。(5)攀比心理。对其他知识产权犯罪人的经济优势的向往,使其在其他犯罪分子漏网的示范作用下产生了犯罪致富的心理。其他诸如狂妄自大、预支、非罪等犯罪心理形式等都在知识产权犯罪中有所体现。

(五)行为人基于非营利性的目的实施犯罪

目前许多知识产权犯罪逐渐倾向于非营利性,尤其是在网络盛行的当今社会,众多的侵权人将他人的计算机软件、音乐文学作品等挂到网络公告板上,让需要者尽情下载、使用,这给知识产权权利人造成无法估量的巨大损失。此外,还有其他一些主观原因,如仇视他人心理、变态人格等犯罪行为人的个体不良心理因素等。

五、知识产权犯罪的诱因——被害人原因

犯罪诱因,也称犯罪助因,它能够影响和挑起犯罪人做出实施犯罪的决定。在理论上,通常把来自被害人方面的犯罪原因看作最主要的犯罪诱因。在很大程度上,经济犯罪包括知识产权犯罪是被害人与犯罪人互动的结果。知识产权犯罪被害人自身往往存在诸多易导致其受侵害的特点。

(一)知识产权犯罪被害人的自我保护意识缺乏,对知识产权犯罪的严重性认识不足

知识产权权利人在发展业务或者创作作品时,往往只关注产品会给自己带来多大的经济利益,对知识产权的注册、使用许可的规范和潜在的利益或者可期待利益缺乏关注。在科技人员和企业管理人员中还普遍存在着重成果轻专利、重奖励轻市场、重有形轻无形的“三重三轻”的错误观念。知识产权权利人自我保护意识缺失,受传统观念和传统经济管理理念的影响,一些经济实体及相关科研机构对知识产权的重要性认识不足,他们常常只重视有形资产的作用,而忽视无形资产的存在和潜在经济价值,也造成著作权、专利权、商标权、商业秘密权被侵害等现象的发生。部分被侵权企业防范意识薄弱,也造成著作权、专利权、商标权、商业秘密权被侵害等现象的发生。知识产权意识和知识产权保护意识薄弱的现状使知识产权犯罪分子有机可乘。

权利受到侵害后,被害人的维权意识较差。像侵犯商业秘密等犯罪的被害人不主动举报,有关机关调查时不积极配合,也是导致侵犯知识产权罪追诉率低,违法行为屡禁不止的原因之一。此外,这类犯罪本身的复杂性也是被害人不愿起诉的一个重要因素。被害人对侵犯知识产权罪的严重性认识不足,权利被侵犯后优先关注的往往是自己的损害能否得到填补,而希望侵权人受到行政处罚、刑罚严惩的只占很小的比例。在被害人的视野中,侵权活动更多的是侵权者和被害者之间的利益冲突,而不是侵权者和国家、社会之间的利益冲

突,因而在权利被侵犯后更加关注的不是法律秩序的维护,或者报应正义的伸张,而是自身权利的恢复。

(二)知识产权犯罪被害人自我保护手段有限,往往只能求助于外部保护

知识产权表现为一种无形性权利,知识产权被害人难以对其采取有效的自我保护手段。在这一点上它不同于财产犯罪、性犯罪等,这些犯罪的被害人可以采取很多有效的自我保护措施。而知识产权被害人往往想获得更多的利益,从而进一步公开、推广、扩大其权利的被利用程度和范围,这样就更容易受害。①

(三)知识产权犯罪被害人内部管理混乱,给知识产权犯罪行为人带来了诸多可乘之机

很多知识产权权利人在知识产权形成以后不去主管部门立项备案以明确权属,一些企业在用人之初不与员工签订完备的保密协议和对员工的行为进行知识产权保护方面的合理规范。有些企业内部的机构设置混乱、机构职责不明,知识产权保护专项人才缺乏。不少单位在知识产权的内部管理上,无档可寻、无案可考。在这样的混乱状态中,难免会有人在巨额利益的驱动下泄露、盗窃、出卖、擅自使用单位的知识产权。

(四)市场主体滥用知识产权,过高定价,追求超额垄断利润,最终使自己沦为被害人

在社会发展中,一个企业意味着更多的责任。企业通过技术、市场和管理的创新获取利润是天经地义的。但是,一个企业尤其是跨国企业,也必须承担相应的社会责任。这些责任包括科学技术的传播、培训、环境、就业等诸多方面。尤其是在知识经济时代,软件业获得的利润几乎是暴利。但是,在获得超额垄断利润的同时,跨国企业的社会责任应该说承担的是很不够的。举一简单例子,某些知识产品的定价太高,例如 Windows vista、Office 2007 等,完全超过了我们的承受能力。造成极少数公司和极少数产品盗版率异常高的根本原因,到底是国家和用户的不道德,还是这些公司这些产品本来就有问题,这些是值得我们反省的。②

知识产权犯罪是全世界普遍存在的问题。高收益是全世界的知识产权犯罪人实施此类罪行的共同原因。需要指出的是,对于我国当前的知识产权犯罪而言,高收益仅是原因的一个方面,低成本是造成此类犯罪泛滥更为关键的因素。

结　语

综上所述,在我国的经济、政治、文化及法制环境中存在着影响侵犯知识产权发生发展的种种不利因素。这些外在因素的综合作用造成知识产权犯罪的道德成本和犯罪惩罚成本极为低廉,其“廉价”程度甚至能够诱使时间机会成本较高的人通过选择犯罪的方式达到目的。另外,知识产权自身的特性使侵权的直接成本大大降低,这是一个十分重要的客观事实。而作为“经济人”的知识产权犯罪主体,其行为是按“成本-收益”核算后做出的理性选择。让我们认识到,道德成本和惩罚成本的低廉对知识产权犯罪行为具有极大的促成作用。

---

① 刘宪权,吴允峰.侵犯知识产权犯罪理论与实务[M].北京:北京大学出版社,2007.

② 舒洪水,贾宇.全球化时代的知识产权犯罪及其防治[J].法学家,2009(1).

因此，为了遏制此类犯罪，最为重要的是提高我国公民的知识产权保护意识，并尽快完善知识产权犯罪的相关立法，下大力气改善执法不力的现状，提高知识产权犯罪的道德成本和惩罚成本，这是我国对知识产权犯罪防治之举的重中之重。

知识产权是对权利人智力成果的一种法律保障，是对权利人合法利益的一种维护。而我国目前由于存在主客观、内外部等一系列因素的影响，知识产权犯罪现象严重。我国目前还将长期处于社会主义初级阶段，很多制度建设不够健全，我国的市场经济还处于发展阶段，也会存在很多不足，经济制度、政治制度无法及时适应经济发展的需要，因此给知识产权犯罪以可乘之机；我国目前仍为最大的发展中国家，人们对于美好生活的期盼与现实生活仍存在一些差距。经济的发展远远超过了人们的支付水平和承担范围，尤其是智力成果的价值更是与实物相差甚远。基于此，人们也就更愿意选择上网下载或者购买盗版影像来满足实际需要。

此外，我国知识产权立法上存在疏漏，司法监管上存在着一定的失误，国民产权意识薄弱，致使我国的知识产权保护不力，出现了众多的知识产权犯罪现象，也因此严重损害了个人和企业的合法利益，对于市场稳定和社会发展都造成了不良影响。

知识产权犯罪的产生有其本身的因素。不法分子侵权行为背后的心理因素，既有个体的内因因素，也有社会制约手段还未完善等外因因素，同时也包括在经济不够发达的社会背景下的社会原因。然而最根本的解决方式还是在于解放生产力、发展生产力，全面提高我国经济实力，使人们的文化需求得以满足，同时完善法律制度，使法律与日益变化的社会情况尽可能地相适应，进而以健全的法律应对变化的时代情况，从而预防和制止网络知识产权犯罪，保障知识产权人应有的权利。

第十三章　网络环境下知识产权犯罪人实证研究

随着信息时代的到来，互联网产业迅猛发展，为人们的生活带了来极大便捷，与此同时，互联网的发展也给犯罪分子实施犯罪带来极大便捷。犯罪分子利用网络资讯发达，沟通不受时空阻碍等特点，轻松获取侵权犯罪的新工具和新手段，导致知识产权侵权犯罪活动呈现新形态。[①] 我们都知道任何犯罪都是一种危害社会的行为，行为对社会的危害性，是犯罪最本质的特征。犯罪人是犯罪行为的实施者，从根本上来说，没有犯罪人就不会存在犯罪行为，因此，任何犯罪都无一例外地被打上了犯罪人的烙印。犯罪人的具体状况如何，深深地影响甚至决定了犯罪是否发生。从犯罪学的创始人龙勃罗梭开始，犯罪学的研究核心始终是“犯罪人”。美国学者吉本斯曾指出：“研究犯罪可以从两个方面入手：其一是研究犯罪行为；其二是研究犯罪人。在实践中，有的犯罪学家同时采取上述两种方法。但是比较起来，后者比前者应用的更广泛一些。”犯罪人的研究在犯罪学领域中具有重要的地位和作用，是犯罪学研究的基本出发点之一。因此，深入地了解犯罪人的特点和基本状况，是有针对性地进行犯罪预防和控制的重要环节。本文对网络环境下知识产权犯罪人进行考察，目的即在于此。

第一节　网络环境下的知识产权犯罪

一、网络环境下的知识产权犯罪

知识产权是法律赋予人们对脑力劳动创造的精神产品所享有的财产权利，为智力成果的传播及其收益提供了保护伞，调动人们从事文学艺术作品创作和科学技术研究的积极性和创造性，并为其成果推动生产力发展加以助力。[②] 在科教兴国发展战略的推动下，我国的知识产权法律制度从无到有，在短短的20余年间已经建立了包括民法、行政法、刑法在内的完整的知识产权法律保护体系，对知识产权的保护力度前所未有地加强。然而，在社会经济的发展过程中，在经济利益的驱使下，知识产权侵权行为，甚至是知识产权犯罪行为也愈演愈烈。尤其是当人类社会迈入网络时代，知识产权犯罪手段也从传统方式向网络化方向发展，给知识产权的刑法保护带来了一系列挑战，也提出了更高的要求。[③]

---

① 龚义年．论知识产权犯罪网络化及其刑法回应[J]．河南科技大学学报(社会科学版)，2018(1)：100.

② 亢爱清．知识产权刑法保护若干问题研究[D]．南京：南京大学，2002.

③ 童珊．论网络环境下的知识产权保护[J]．法制与社会，2012(2)：278.

近年来，随着网络技术的日渐发展，网络已经渗透到人类生活的各个角落，人们的工作、学习、生活都离不开网络，网络社会日趋成形。但随之而来的，是网络的滥用所造成的各种侵权现象，包括发布违法信息，侵犯他人知识产权的内容发布、下载等，而其中知识产权侵权甚至犯罪现象尤为突出，并且越来越受到各国的关注。知识产权犯罪逐渐呈现出网络化发展趋势。一般来说，现行网络环境下的知识产权犯罪，可以分为以下几种。

（一）以网络为犯罪场所的知识产权犯罪

该类犯罪主要是指利用网络的通信、资源共享、远程传输等功能实现的知识产权犯罪。假冒型、流通型、复制传播型知识产权犯罪均是利用网络环境作为场所，通过正常的网络技术应用而实现的。[①] 从具体罪名来看，该类知识产权犯罪主要包括：假冒注册商标罪，销售假冒注册商标的商品罪，非法制造、销售非法制造的注册商标标识罪，假冒专利罪，侵犯著作权罪，销售侵权复制品罪等。

（二）侵害网络信息的知识产权犯罪

该类犯罪主要是指利用网络信息技术手段侵害他人信息安全的知识产权犯罪。上述非法获取型犯罪是指在网络环境下，通过网络信息技术的应用，破坏或者非破坏地进入他人计算机网络，非法获取他人信息的行为。涉及的具体罪名只有一个，即侵犯商业秘密罪。[②]

二、网络知识产权犯罪的基本特征

互联网，又称国际网络。1969 年，美国国防部出于军事目的建立了互联网的前身——“阿帕网”，20 世纪 90 年代中期，万维网的出现使网络得到了世界性的推广和普及。随着现代科学技术的发展，网络技术也不断完善、不断进步。现在，互联网已经把世界变成了一个“地球村”，犯罪也因此扩展到了“虚拟空间”。正因为网络具有独特的开放性、不确定性、交互性、超越时空性以及巨大的信息传递性，网络环境下知识产权犯罪与传统的知识产权犯罪相比，呈现出了新的特征。

（一）犯罪渠道网络化

近年来，我国电子商务市场发展迅猛，截至 2018 年 6 月，我国网民规模达 8.02 亿，互联网普及率为 57.7%；2018 年上半年新增网民 2968 万人，较 2017 年末增长 3.8%；我国手机网民规模达 7.88 亿，网民通过手机接入互联网的比例高达 98.3%（见图 13-1）。移动互联网发展推动消费模式共享化、设备智能化和场景多元化。[③] 当电子商务日益成为商家提供产品、服务的主要渠道时，不少犯罪分子也借助电子商务平台实施知识产权犯罪，网络售假呈现“一条龙”发展趋势。北京市人民检察院 2016 年发布的知识产权刑事司法保护白皮书显示，40%以上的网络知识产权犯罪案件都利用了各式电子商务平台。犯罪分子在采购、销售等环节利用电商平台即可完成交易全过程，而不需在线下交易，加之物流业的发展，跨区域犯罪较之以往更加严重。由于上下游犯罪行为人均使用化名且大多借助网络平台完成交

① 廖勇.网络知识产权刑法保护的基本理念[J].理论与改革，2013(2)：184.

② 廖勇.网络知识产权刑法保护的基本理念[J].理论与改革，2013(2)：184.

③ 中国互联网络信息中心.中国互联网络发展状况统计报告[EB/OL].(2018-12-10)[2019-06-01].http://m.elecfans.com/article/749450.html.

易，大量跨区域犯罪仍然难以实现全面打击。[①]

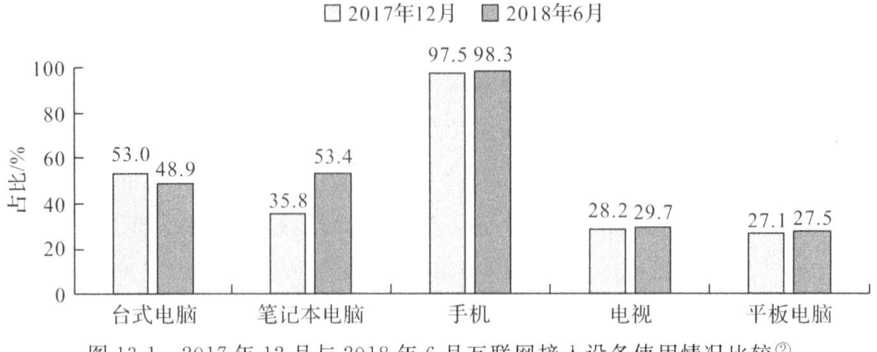

图 13-1 2017 年 12 月与 2018 年 6 月互联网接入设备使用情况比较[②]

（二）危害的扩散化

危害的扩散化是指危害领域、危害对象、危害结果都具有广泛性。由于当今世界科技突飞猛进，特别是近年信息技术和网络技术发展迅速，互联网的普及程度越来越高，网络人口不断增加，根据“We Are Social”和“Hootsuite”披露的最新数据，全球互联网用户数已经突破了 40 亿大关，证实了全球有一半的人口“触网”。报告指出，2017 年新增网民人数为 2.5 亿人，其中非洲地区增势喜人；与欧洲大陆相比，非洲地区的年增长率要高出 20 个百分点。此外受智能手机和移动数据的推动，新增移动互联网用户的占比也更大；2017 年里，有超过 2 亿人获得了他们的第一款移动设备。[③] 庞大的互联网用户群体涉及社会的各行各业，互联网把世界各国、各地区连成了一个整体。因此，网络环境中一旦发生侵犯知识产权的违法犯罪行为，其危害结果就可能在极短的时间内波及世界的各个角落。牵一发而动全身，这样的速度、范围和影响力已经大大超过了传统的知识产权犯罪。有专家认为“知识产权犯罪危害深远，其手段的高科技性增强了知识产权犯罪的扩散性，网络的无限复制性和快捷的全球传播性扩大了知识产权犯罪的传染性”。特别是以著作权犯罪为甚，网络上的“网络书屋”“网上影院”“网上音乐吧”“软件园”等不计其数，不管是书籍、电影、音乐还是软件，在很短的时间内都可能被世界各地数以百万计甚至亿计的网民下载，这对著作权人权益的侵害是空前巨大的。[④]

（三）犯罪类型集中化

传统的知识产权犯罪中，在数量上，“主要集中在侵犯商标权犯罪，占了全部知识产权犯罪案件的 85％”[⑤]。著作权犯罪、专利权犯罪及商业秘密犯罪都只占很小一部分。目前，网络环境下知识产权犯罪集中在著作权犯罪上（见图 13-2），主要是计算机软件、电影、音乐、数据库、数字化的传统作品及网络原创作品（包括网络原创音乐、文学作品、多媒体作品等）的非法

① 梁莉.网络知识产权犯罪的司法认定与法律规制[J].湖北民族学院学报（哲学社会科学版），2017（5）：107.

② 中国互联网络信息中心.中国互联网络发展状况统计报告[EB/OL].（2018-12-10）[2019-06-01].http://m.elecfans.com/article/749450.html.

③ 2018 全球数字报告.互联网用户数突破 40 亿大关[EB/OL].（2018-12-10）[2019-06-01].https://baijiahao.baidu.com/s?id=1590992866508900979&wfr=spider&for=pc.

④ 王立敏.论我国网络作品著作权的刑法保护[D].北京：北京交通大学，2012.

⑤ 高超.当前我国知识产权犯罪统计数据分析及预测[J].中国公安大学学报，2005.2：151.

使用所带来的问题。根据上海市人民检察院 2016 年发布的知识产权检察白皮书，利用互联网来实施知识产权犯罪的情况日益凸显，相关刑事案件可分为三类：一是借助网络实施犯罪；二是以网络知识产权作为侵权客体；三是以网络工具侵犯网络知识产权的案件，如“私服外挂”程序、手机 App 侵犯著作权、非法深度链接等。此外，本土品牌逐步取代洋品牌，成为知识产权刑事案件的主要受侵害对象。

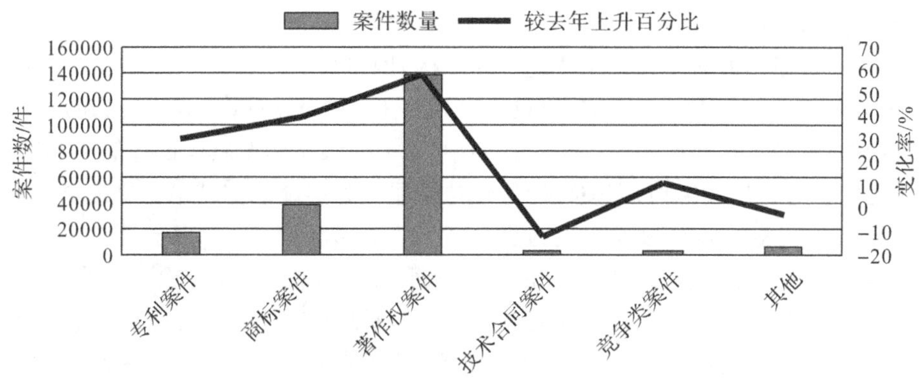

图 13-2　2017 年地方各级人民法院新收和审结知识产权民事一审案件分析[①]

（四）犯罪组织专业化

随着现代通信、交通物流技术的快速发展，知识产权犯罪的组织体系发生很大变化，由过去的小范围、小规模，逐步发展成为大规模的产业网络，并且涉案范围往往涉及多个区域，知识产权犯罪的产业化、跨区域趋势明显。从地域分布上来看，地域经济发达与否同网络知识产权犯罪活动是否高发具有紧密的正相关性。北京、上海、江苏、浙江、广东等经济发达省市涉嫌知识产权犯罪总人数明显多于经济欠发达甚至中等经济规模的省份（见图 13-3）。利用互联网实施知识产权犯罪等新型犯罪案件不断涌现，给执法司法工作带来了较大的困难。知识产权犯罪团伙日益呈现专业化、精细化、系统化等特征，往往分工明确、组织有序，在“生产一销售一回收”等环节形成了日趋成熟的网络体系和全覆盖的犯罪产业链。[②]

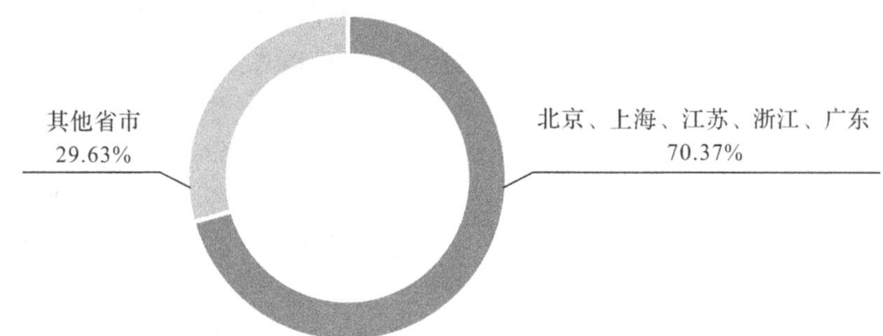

图 13-3　北京、上海、江苏、浙江、广东五省市新收知识产权案件数量与其他省市比较[③]

① 最高人民法院知识产权审判庭．中国法院知识产权司法保护状况[M]．北京：人民法院出版社，2017．

② 梁莉．网络知识产权犯罪的司法认定与法律规制[J]．湖北民族学院学报（哲学社会科学版），2017(5)：108．

③ 最高人民法院知识产权审判庭．中国法院知识产权司法保护状况[M]．北京：人民法院出版社，2017．

（五）司法管辖权不确定化

传统的知识产权犯罪的司法管辖建立在地域、当事人国籍或者是当事人意志的基础上，如住所、经常居住地、财产所在地、行为发生地、国籍的归属等。例如司法管辖中，刑事案件由犯罪地的人民法院管辖。如果由被告人居住地的人民法院审判更为适宜的，可以由被告人居住地的人民法院管辖。[①] 而网络冲破了地域限制，把整个世界连成一个整体，在网络上显现的只是分布在世界各地的一个个可以即时通信的网络站点，各种信息通过网络进行传送时，国界和地理距离的概念在网络中是不存在的，网络用户只是各个站点上的虚拟用户。而且，一个人还可以拥有多个用户名，仅仅凭借网络上的注册的用户名，难以确定行为人的真实身份和住址。所以，在网络这个虚拟社会中，一方面很难确定具体的违法犯罪行为实施地和违法犯罪行为结果发生地，即便确定了违法犯罪行为实施地和结果发生地，也有可能出现违法犯罪行为实施地和结果发生地与受害者距离在数千里之外，甚至是在国外的情况。这些现实地域的限制给当事人寻求司法救济带来很大的困难，如何选择诉讼地也就成为难题，相应的司法管辖权也就无法准确认定。另外，传统知识产权的效力是以地域为界限的，同一知识产权可以在不同的地域范围内取得专有权，可是到了网络空间，地域性冲突就无法避免。例如传统的商标 Phoenix 同时在美国和巴西获得商标注册，美国的公司和巴西的公司同时在互联网上进行商品广告、销售，到底谁是假冒注册商标商品的犯罪人，抑或双方国家都对双方的行为享有管辖权这些问题至今都没有统一的解决规则。[②]

（六）证据取得难度大

证据是整个诉讼活动的基础和核心。按刑事诉讼程序的要求，要做到准确惩罚犯罪、保障无罪的人不受刑事追究，不放纵犯罪，不冤枉好人。正确地执行刑事法律，必须正确运用证据，查明案件事实真相。证据也是法官查明案情真相、确定案情性质，并依法准确予以断案的基本依据。传统的知识产权犯罪中，证据主要包括书证、物证、视听材料等，收集途径主要有现场勘验、搜查、扣押与调取等。但在网络环境下，犯罪行为的证据具有不确定性和易逝性。网络环境下知识产权犯罪行为发生在虚拟空间，其证据主要是电子证据（即在计算机或者计算机系统运行过程中产生的、以其记录的内容来证明案件事实的电磁记录），一方面，犯罪人可以很容易消灭自己在网络空间留下的痕迹，也可以直接予以改变且不留痕迹；另一方面，司法机关在截获、查验、储存这些电子证据中，稍有不慎，便有侵犯他人隐私权和商业秘密的嫌疑。此外，许多国家对网络运营商的信息传递记录保持时间没有明确规定，加上匿名软件的盛行，都对侵犯知识产权行为的证据取得提出了挑战。[③] 如第三代 P2P[④] 文件交换服务以被称作“匿名型 P2P”的 Freenet 软件为代表，它最大的特点就是能够隐藏用户的 IP 地址（因为有关机关侦察取证时，主要是通过地址来确认网络用户的真实身份，所以只要能够隐藏自己的 IP 地址，就不会遇到麻烦）。第三代 P2P 文件交换技术的诞生，使得执法人员或者被害人取证时面临丧失取得合法证据的尴尬。此外，互联网上的证据数字化，可随时

① 董邦俊. 论侵犯知识产权犯罪案件侦查[J]. 中国人民公安大学学报（社会科学版），2013(6)：67.

② 张晗. 论知识产权保护的刑法介入[D]. 上海：华东政法学院，2006.

③ 徐晓卓. 浅议网络知识产权的刑法保护[J]. 大江周刊（论坛），2011(3)：73.

④ P2P(peer to peer)可以理解为“伙伴对伙伴”“点对点”的意思，或者称为对等联网。目前人们认为其在加强网络上人的交流、文件交换、分布计算等方面大有前途。

修改后放回原处,那么如何认定证据的真实性也是一个关键性问题。例如很多网络原创作品是在电脑上创作,在网络中进行,没有以传统方式使用和发表。知识产权具有无形性,再加上网络的虚拟性,一旦出现侵犯其著作权的违法犯罪行为,那么对于其著作权人的身份和发表时间的认定以及犯罪行为的取证都存在很大的难度。

(七)犯罪黑数大

犯罪黑数(dark figure of crime)又称犯罪隐数或犯罪暗数,是指一个国家或地区一定时期(通常为一年)内,社会上已经发生,但尚未被司法机关获知或没有被纳入官方犯罪统计的刑事犯罪案件的数量。引起网络环境下知识产权犯罪黑数大的原因有多方面:(1)网络环境下知识产权犯罪是随着网络发展出现的新生事物,不但社会公众对其持宽容态度,认为这些犯罪行为对他人没有造成直接损失,没有什么危害性,不愿主动地与司法部门合作,检举、揭发犯罪,致使有关部门不能及时掌握实际的犯罪情况,大量案件不能进入司法程序。(2)司法机关对于网络环境下知识产权犯罪行为的严重性存在认识上的偏差,对这类案件没有给予应有的重视,投入人力物力不足,惩处不力,破案率低,导致大量的犯罪黑数产生。(3)由于这类犯罪具有涉及范围广、隐蔽性强、证据易被删改、对侦察人员业务水平要求高等特点,司法机关侦察取证存在很大难度,司法部门不愿意立案或者降格为行政处罚,也造成了犯罪黑数大的局面。(4)网络上站点星罗棋布,涉及不同的国家和地区,信息数据量太大,受害人发现自己的知识产权被侵犯的可能性很小,因此不能及时向有关部门报告。相关证据往往在公安机关侦察取证之前就已经被删改或消失,这也是造成犯罪黑数大的一个原因。

(八)犯罪影响国际化

伴随着经济全球化和互联网的虚拟化和无国界化,知识产权犯罪活动的国际性、隐蔽性更加突出。一般而言,无论是从犯罪对象的角度看,还是从犯罪结果的角度看,或从犯罪影响的角度看,网络知识产权犯罪比传统知识产权犯罪涉及范围广泛、深远得多。互联网知识产权犯罪的指挥中心、制造地、销售地以及结算地均可能在不同区域,网络服务器甚至可能在境外。一些不法分子从传统的假冒国外知名商品在境内销售,发展到在中国制造假冒国外知名商品并进入全球消费市场,在境外进行销售实施知识产权犯罪的新动向。网络环境下的知识产权犯罪不仅使涉案金额迅速增长,而且给相关权利人造成了极大损失,甚至严重影响了我国的国际形象,造成了不可估量的损失。①

(九)定罪量刑难度大

当今世界科技突飞猛进,特别是近年信息技术和网络技术发展迅速,互联网的普及程度越来越高。网络销售平台的便捷性,导致侵犯知识产权所衍生的相关类产品,数量大且传播性广,加之网络的隐蔽性较强,犯罪线索找寻难度大,往往是在犯罪次数和犯罪后果积累到一定程度,或者是经相关人举报后,网络监管部门和公安机关才发现。且侵犯知识产权的衍生产品在网络销售平台销售,往往存在店家付款请人假扮顾客,用以假乱真的购物方式进行虚假交易,以此来提高网店的排名和销量。获取销量及好评吸引顾客的"刷单"行为,给犯罪金额的认定和最后的量刑带来难度。需要在大数据中排除虚假交易,排除伪顾客,查询真实

① 梁莉.网络知识产权犯罪的司法认定与法律规制[J].湖北民族学院学报(哲学社会科学版),2017(5):108.

交易额，流程实在烦琐复杂，难度十分大。

第二节 网络环境下知识产权犯罪人的概念及其分类

一、网络环境下知识产权犯罪人的概念

犯罪人是犯罪学的最重要的基本范畴之一。我国犯罪学理论认为，“犯罪学中研究的犯罪人，是指实施了危害社会的违法犯罪行为以及其他严重社会越轨行为，应受法律和道德惩罚的人”。犯罪学中的犯罪人不同于刑法学中的犯罪主体概念，其外延宽于后者。换言之，犯罪学中的犯罪人不仅包括触犯刑律应受刑罚的刑事法律意义上的犯罪人，而且包括一定范围内严重违法或者越轨、应受法律和道德惩罚的人。其不仅包括具备承担刑事责任能力的犯罪人，而且包括不具有上述特征但实施了违法犯罪或者越轨行为的未成年人、变态人格者以及精神病人；不仅包括经过正当审判或者行政程序而受到一定处罚的“已决犯”，而且包括尚未受到追究的“未决犯”。[①] 据此，笔者认为，网络环境下知识产权犯罪人，就是指以网络为工具或媒介，实施了违反相关知识产权管理的法律、法规，侵犯他人知识产权，实施破坏国家知识产权管理制度的违法犯罪行为，应受处罚的自然人或单位。应当说，这里所说的“网络环境下知识产权犯罪人”的概念，并不是一个严格和完整意义上的定义，而是为了对知识产权犯罪进行专门研究而进行区分，对在网络环境下侵犯知识产权的违法犯罪人所做出的一种非正式意义上的界定。[②]

一般而言，犯罪现象由犯罪事实、犯罪人及社会这三个要素构成。而网络环境下知识产权犯罪现象，是在特定的网络环境下知识产权犯罪人事件、犯罪人所表现出的与犯罪发生有关的外部形态和相互联系。具体表现为网络环境下知识产权犯罪人、被害人、犯罪行为等各种因素以及这些因素间的联系。由此可见，犯罪人是网络环境下知识产权犯罪现象的重要组成部分。此外，网络环境下知识产权犯罪行为的实施必然要通过犯罪人，并且以犯罪人为载体才能现实化，这说明犯罪人是网络环境下知识产权犯罪现象研究的出发点。所以，如果缺乏对犯罪人的研究，必然无法全面把握网络环境下知识产权犯罪现象，就不能正确分析和掌握犯罪发生的原因，那么对犯罪行为的研究也将只是纸上谈兵。[③]

二、网络环境下知识产权犯罪人的分类

从犯罪学意义上说，网络环境下知识产权犯罪人是指实施了侵犯知识产权的危害性行为，应当对其采用一定防治措施的人。理论上可以进行以下不同的分类。

第一，根据行为的性质，可分为狭义的犯罪人和广义的犯罪人。狭义的犯罪人是指违反刑法规定，侵犯知识产权人的合法权益，情节严重，应受刑事处罚的自然人和单位。广义的犯罪人还包括违反知识产权保护的其他法规，应当受非刑事处罚和刑事处罚的人，

① 杜亚．我国侵犯知识产权犯罪中的犯罪人研究[J]．牡丹江教育学院学报，2012(2)：184.

② 杜永浩．知识产权犯罪人实证研究[J]．江苏警官学院学报，2003，18(4)：38.

③ 彭少辉．网络游戏著作权刑法保护实证分析[J]．江苏警官学院学报，2011，26(4)：32.

也即通常所称的侵权人。

第二，根据行为人的自然属性，可以分为自然人和单位。

第三，根据犯罪对象所在的领域，可以分为侵犯著作权的犯罪人、侵犯商标权的犯罪人、侵犯专利权的犯罪人以及侵犯商业秘密的犯罪人等。

第四，根据犯罪人的法律意识及其对犯罪行为与性质的了解程度和态度，可以分为意欲型犯罪人、疏忽型犯罪人和法盲型犯罪人。

第五，根据犯罪人的人数以及是否存在一定的组织形式，可以分为单个犯罪人和共同犯罪人，其中共同犯罪人又分为一般共同犯罪人和有组织犯罪集团。当前有组织犯罪集团日益猖獗，是需要特别对待的一类犯罪人。[①]

第三节　网络环境下知识产权犯罪人的实证分析

一、网络环境下知识产权犯罪人的自然特征

网络环境下知识产权犯罪人的自然特征，是基于网络环境下知识产权犯罪人中，包括年龄、职业、行业、地域等自然状况的数据分析。自然特征反映了犯罪人的生理因素和环境因素，对其犯罪心理和犯罪行为有着重要影响，并且自然特征也是犯罪人各种属性中最直观、更易获取的信息。因此，分析网络环境下知识产权犯罪人的自然特征，对于犯罪预测与预防，犯罪矫治与控制方略都有重要的意义。网络环境下知识产权犯罪人的自然特征和传统的知识产权犯罪人的自然特征有许多相似之处，这里只对网络环境下知识产权犯罪人有别于传统的知识产权犯罪人自然特征的特殊点进行分析。

（一）低龄性

不同的年龄发展阶段的个体会有不同的身心发展水平，拥有不同的社会经历，因而年龄因素会对犯罪率的高低、犯罪种类和犯罪手段的选择产生影响。据广东省互联网安全儿童论坛 2017 年 9 月 23 日发布的一项调查显示，在接受调查的 7 岁儿童群体中，有超过 60％的儿童会自行下载游戏、录像或音乐；其中 8.5％的人在网上购物；大约 15％的人在互联网上发布了图片、视频或文字。中国互联网络信息中心（CNNIC）发布的《第十七次中国互联网络发展状况统计报告》显示，35 岁以下的网民占全部上网人口的 82.6％，这其中，18～24 岁的年轻人所占比例最高，达到 35.1％。这部分人群是思维最活跃，对网络最有兴趣，最喜欢尝试新鲜东西的一个群体，也是知识产权法制观念较为淡薄、网络环境下知识产权犯罪率最高的一个群体。横店集团影视娱乐有限公司最近的一份市场调查也表明，目前中国电影观众的核心人群是 18～24 岁的年轻人，他们看电影的主要途径是网络（如图 13-4 所示）。

---

① 杜亚. 我国侵犯知识产权犯罪中的犯罪人研究[J]. 牡丹江教育学院学报，2012(2)：184.

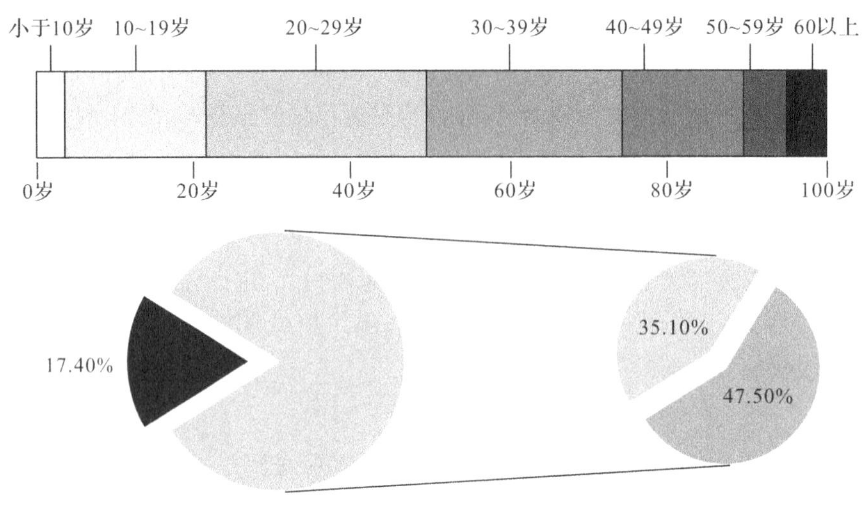

图 13-4 截至 2016 年各年龄阶段网民占比[①]

(二)智能性

犯罪人的智能化是网络环境下知识产权犯罪的一个显著特征。网络环境下知识产权犯罪大量涉及计算机软件、数据库、网络域名、网络商业秘密等更多与互联网有关的新类型犯罪领域。和传统知识产权犯罪相比,这类犯罪要求犯罪人必须具有知识程度较高、信息灵活、头脑活络、有丰富的计算机知识和能够熟练操作计算机等较高的智能特征。计算机教育在我国已经非常普及,35 岁以下的年轻人多数都已经能熟练操作计算机上网,技术水平高的人还设计了自己的网站或网页,为了追求点击率,他们往往准备了一些好听的音乐、好看的电子书籍和精彩的电影、实用的软件供大家分享,在充分发挥了他们的聪明才智和网络才能的同时,他们也在实施着违法犯罪行为。

(三)行业性

知识产权犯罪人的行业特征,是指对知识产权犯罪单位的行业分布,即知识产权犯罪单位中某行业的数量,以及此行业的犯罪单位数占总单位数的份额进行分析所总结出来的特征。传统知识产权犯罪单位总体有集中性(以营利性公司、企业为主)和广泛性(涉及知识产权犯罪的公司、企业种类繁多)的特征。[②] 互联网以其信息储存量大、传播速度快等优势,成为现代社会展示知识产权作品,尤其是著作权产品的一个重要平台。随着互联网的不断发展壮大,网站(此处的网站是指以网络为载体,通过提供信息和服务来获取利益的经营公司)在侵权对象的种类上(可以同时侵犯包括所有的知识产权保护对象)和所涉及的罪名上远远超出传统的行业。因此,网站在知识产权犯罪人中的比例越来越大,据专家预计,在不久的将来,网站在侵权数量和性质上都要超过其他主要侵权企业。值得注意的是,网站犯罪是否属于单位犯罪还有很大争议。实践中,对违法网站往往采取行政处罚,即关闭网站并处以罚款,而对网络经营者处以民事或刑事处罚。

---

① 中国互联网络信息中心发布的《第十七次中国互联网络发展状况统计报告》。

② 马克.侵犯知识产权犯罪案件的侦查[D].重庆:西南政法大学,2007.

二、网络环境下知识产权犯罪人的犯罪动机

动机是指能够激起和维持个体活动，使之按一定方向或目的进行，以使个体的某种需要得到满足的内部心理过程。人们的一切行为总是由动机支配的。犯罪动机是指引起和推动犯罪人实施犯罪活动，以使个体的某种违法需要得到满足的内部心理过程，即推动犯罪人实施犯罪活动的内在动力或动因。所以研究网络环境下知识产权犯罪人的犯罪动机，有利于揭示犯罪的成因，有利于加强对重点人群的教育引导，有利于使潜在犯罪人的正确动机去压制犯罪动机，从而中止犯罪行为，这对预防和矫治犯罪有重要意义。笔者认为，网络环境下知识产权犯罪人的犯罪动机主要有以下几个方面。

（一）网络资源的共享

网络最初产生是基于自由共享与交流，"网络共享"可以说是网络公认的基本准则，因此大部分网民默认自己有自由复制的权利。如果某种知识产权的不法行为乃至知识产权犯罪能够为社会上的众多个体带来某种现实利益，降低其为该制度所可能支付的成本，个体是不会主动去否认这种行为的。[①] 网民们上网的首要目的就是获取信息，其中相当多的信息，如音乐、影视剧、图书、软件、数据库等都是和知识产权有关的，在没有经过知识产权所有人授权的情况下上传和下载这些信息，都是侵犯他人知识产权的行为。而许多网站管理者也是本着服务广大网民的目的，为公众提供免费资源的下载服务。在这些网站上，网民们可以很方便地在网络上大量地复制、下载、传播信息。绝大多数普通用户在享受网络共享所带来的好处时，却从来没有认真考虑过这些共享文件的知识产权问题。

（二）好奇心的满足

网络覆盖面大、传播速度快，信息可以在极短的时间内传遍世界的每一个角落，这使得网络成为满足人们好奇心的最好工具。如好莱坞电影，按照正常档期，美国首播后其他地区按照计划依次播映，有的地方要几个月后才能公映，但是网上的"盗版"在首播后几天内就可以在全球范围内下载了。

（三）利益的驱动

利益驱动不仅表现在网络环境下知识产权犯罪中的经营者身上，也是最终用户和消费者迎合网络环境下知识产权犯罪行为的重要因素。我国刑法把"以营利为目的"作为构成犯罪的主观要件之一，而网络特有的域名抢注引发侵权行为，也是行为人受利益驱使的行为。域名是网上的重要标识，是一种与企业名称、商标有密切关系的资源，自然也成为网络环境下知识产权保护的客体，由于网络域名具有唯一性、排他性和无地域性，一旦被某一自然人或者公司在先注册享有，则在全球范围内的其他后来者便无法获得同一域名。域名所具有的巨大商机和无形资产已经引起人们的高度重视，域名抢注便成了某些人牟取不正当利益的方式。利用网络贩卖、邮购侵犯他人商标权和专利权产品的违法犯罪行为以及利用网络盗取他人商业秘密的不正当竞争行为都属于不正当的主观追求利益的行为。

---

① 朱秀杉. 我国知识产权刑事保护研究——从刑事政策的视角分析[D]. 上海：上海大学，2005.

三、网络环境下的法律意识问题

(一)社会公众群体法律意识淡薄

法律意识,是指人们关于法(特别是现行法)的思想、观点、知识和心理的总称。网络环境下知识产权依法得到保护,不仅依赖国家强制力,更有赖于社会公众法律意识的普遍提高。

在我国,法律的底蕴传统并不深厚,尤其是民商法等私法体系一向不发达,这和古代中国封建专制的不断强化,自然经济占主导地位,重农抑商的政策以及儒家思想中强调权力服从,忽视个人权利有很大关系。现实生活中,私人财产往往得不到足够的重视和保护,像知识产权这样的具有无形性的财产权利更是如此,而这些问题投射在网络虚拟环境中便凸显得更为严重。网络的发展迅猛,立法的速度和质量跟不上科技发展,法制宣传力度不够……诸类原因都造成了公众对于网络环境下的知识产权犯罪的法律意识淡薄。

(二)法律意识的强弱影响着处罚方式

按照网络环境下知识产权犯罪人法律意识的强弱,我们可将之分为三类。

1. 法盲型犯罪人

有些网络环境下知识产权犯罪人在网络中实施侵犯知识产权的犯罪行为,是由于缺乏基本的生活法律常识,不了解或者不是很了解自身行为触犯了法律,或者有的虽然知道自己的行为是法律或者法规禁止的,却不知道被禁止的原因所在,这种犯罪人我们称之为法盲型网络环境下知识产权犯罪人。具体可表现为有的人建设提供音乐下载、电子书下载、影视下载以及软件下载等主要服务的网站,他们只追求点击率和浏览数量,根本就没有注意到自己提供的音乐、书籍、影视作品软件已经侵犯了他人的知识产权,也没有想到自己的行为可能构成犯罪。网络上大多数侵犯著作权的网民和不以营利为目的的网络经营者均属于这种类型。对待这类犯罪人,由于主观恶意小,不会造成严重后果,以教育引导为主、法律制裁为辅的方式处理比较妥当。

2. 放任型犯罪人

有些犯罪人虽然了解法律,并且已经预见自己的行为可能发生危害社会的结果,但在行为过程中,由于先前合法行为的存在,自以为已经排除了违反知识产权之责任,导致最终触犯了法律。这一类犯罪人的法律意思表面看有疏忽大意或者过于自信的特点,然而本质上是对法律的轻视、不负责。例如在 2009 年的“5·19 断网事件”中,4 名犯罪嫌疑人长期在互联网上经营游戏“私服”广告服务,并于 2009 年 2 月份在互联网上租用服务器专门协助他人攻击其他游戏“私服”和“私服”广告网站牟利。5 月 19 日,嫌疑人对三个游戏私服广告网站的域名解析服务器实施攻击,因受攻击的域名解析服务器同时为“暴风影音”软件提供域名解析服务,造成“暴风影音”软件域名解析请求拥塞,进而导致多个省份网络域名解析服务瘫痪。在该事件中,4 名犯罪嫌疑人的动机是“协助他人攻击其他游戏私服和私服广告网站以牟利”,此动机就是引起网络过失危害行为的动机。而在其“对三个游戏私服广告网站的域名解析服务器实施攻击”中,漠视相关用户的利益,对网络相关用户可能遭受重大损失漠不关心,这种对他人可能遭受重大损失漠不关心的情感态度就是犯罪嫌疑人肯定危害结果的罪过心理部分。[①] 这种法律意识可以称为放任型法律意识，在这种法律意识支配下的犯罪人属于网络环境下放任型知识产权犯罪人。《刑法》的每一条款犯罪以及刑罚轻重的设定，要考虑的最主要因素就是行为人的主观恶性大小。而行为人主观恶性的大小不仅取决于他的行为，更取决于他在主观方面是否有罪过。放任型知识产权犯罪人主观上存在过错，但不及明知故犯型主观恶意明显，因此严格按照刑法相关规定进行制裁的同时，可适当从轻或减轻处罚。

3. 明知故犯型犯罪人

有些犯罪人为获取不法利益，明知自己的行为触犯法律，甚至明确了解其行为所违反的具体规定，已经意识到自己的行为侵犯他人合法的知识产权权益，依然实施犯罪行为。该类犯罪人所反映的法律意识是明知故犯型法律意识，该类犯罪人属于网络环境下明知故犯型知识产权犯罪人。如邵某、马某某侵犯著作权案，犯罪嫌疑人通过入侵游戏《风云无双》权利人深圳市墨麟科技有限公司服务器，拷贝该游戏源代码，架设在其租用的服务器上私自运营，获利近百万元，给权利人造成巨大损失。这类网络环境下知识产权犯罪人明知有关法律法规中的禁止性规定，出于对自己丰富的计算机知识和熟练的网络技术的自信，以及网络环境下知识产权犯罪人罕有被追诉的司法现实，使得其产生强烈的侥幸心理。他们往往通过成本与利益的权衡，错误以为自己被发现的可能性小，被刑事惩罚的可能性微乎其微，因此在这种"虽然有法律制裁但不会是我"的心理驱动下，不惜以身试法。总体来看，网络上的专利权犯罪、商标权犯罪、侵犯商业秘密犯罪和大部分以营利为目的的著作权犯罪的犯罪人都属该类型。这类犯罪人由于主观恶意明显，对社会危害性大，应当严格按照刑法相关规定进行制裁。

第四节　网络环境下知识产权犯罪人的现实挑战

知识产权犯罪人的犯罪形态变得更为复杂多样，犯罪手法更为新颖隐蔽，不仅对知识产权权利人的合法权益带来严重损害，更对市场经济公平有序发展造成巨大破坏。目前，网络知识产权犯罪人的现实挑战主要体现在观念层面、立法层面、司法层面和执法层面等四个方面。

一、观念层面

(一)权利人的防范和维权意识有待加强

一些权利人的防范意识不够强，是导致网络知识产权犯罪人频发犯罪的主要原因之一。自然人主体往往关注事后救济模式，对著作权的保护声明、集体管理以及技术措施等事前救济方式关注度不够；而单位主体则往往因为保护和管理意识匮乏，使得犯罪行为人有机可乘。从事后维权来看，鉴于维权成本较高、证据固定困难以及赔偿额度偏低等制约因素，权利人的维权积极性也不太高。

---

① 温建辉. 网络过失行为犯罪化研究[J]. 聊城大学学报(社会科学版)，2015(4).

(二)行政执法机关的执法理念亟待更新

一方面,对侵犯知识产权违法犯罪人调查取证难度较大。侵权违法犯罪活动的组织化程度提高以及犯罪证据的不确定性和易逝性必然使得调查取证难度加大。同时,侵犯知识产权违法犯罪隐蔽性强,有的只摆少量侵权商品,店库分离,真假参半,有的由公开、半公开转入地下、半地下状态,有的进销不设账册,生产、销售少有物理痕迹,也给取证带来了极大困难。另一方面,刑事侦查模式没有与时俱进。公安经侦部门的工作常常处于被动应付状态,难以主动发现、有效防范和及时打击犯罪。

(三)社会公众对知识产权犯罪的识别能力低

鉴于知识产权的无形性、易受侵害性等特征,社会公众对网络知识产权犯罪的识别能力相对较弱,也降低了犯罪的风险成本。在漳州市破获的全国首例网络假冒专利案中,大学毕业生熊某假冒漳州一家公司的专利号,在自己的天猫网店虚假宣传,销售额高达200万元,被抓时居然不知道自己触犯刑法。受过高等教育的大学毕业生尚属如此,普通公众的保护意识更是可见一斑。

二、立法层面

(一)罪名适用不协调较为突出

从理论上讲,前述几种犯罪类型,是知识产权犯罪的基本犯罪类型,应当在打击知识产权犯罪中发挥主导性作用。然而,司法实践正好相反,比较而言,前述七种犯罪罪名在司法实践中很少得到适用,经常性适用的往往是生产、销售伪劣商品罪和非法经营罪,直至2012年,此种不正常的现象才有所改观。[①] 此外,作为知识产权的三大重要权利,长期以来商标权犯罪占据了侵犯网络知识产权犯罪的主要部分,而侵犯专利权犯罪的适用一直在低位徘徊,这种侵犯知识产权罪中内部罪名之间适用的不协调也值得我们思考。[②]

(二)保护范围过于狭窄和模糊

我国《商标法》规定的假冒注册商标行为主要有四种表现形式,而《刑法》只将第一种情况规定为假冒注册商标罪的行为方式,而将其他三种形式排除在外。[③] 从我国知识产权类型与《刑法》规定的罪名相比较能够得出,知识产权的刑事保护范围相当狭窄。再加之网络环境的特殊化,更难以对四类传统的知识产权予以充分必要的保护。

(三)犯罪构成要件存在缺失

在构成要件上仅以"情节严重""数额较大"等抽象概念与知识产权基本法律制度的规定进行区分,以至于在制止假冒专利罪和商业秘密罪的立法与实践上存在着纠结的局面。例如,网络环境下侵犯著作权犯罪"以营利为目的"的存废在业界存在较大争议,客观上可能使违法者逃脱惩罚的概率上升。此外,当前知识产权刑事司法实践在一定程度上存在着重视犯罪金额认定,轻视或者忽略是否为"同一种商品"的现象。而刑事犯罪中"同一种商品"与民事侵权中"类似商品"的认定标准如何协调,亦成为困扰司法实践的难题。

---

① 梁莉.网络知识产权犯罪的司法认定与法律规制[J].湖北民族学院学报(哲学社会科学版),2017(5):109-110.

② 于志强.我国网络知识产权犯罪制裁体系检视与未来建构[J].中国法学,2014(3):162.

③ 梁莉.网络知识产权犯罪的司法认定与法律规制[J].湖北民族学院学报(哲学社会科学版),2017(5):110.

三、司法层面

(一)网络犯罪隐蔽性强

相较于传统的犯罪形态,网络环境下知识产权犯罪的手段和方式更加隐蔽,同时还具有很大的迷惑性。这种数据信息的隐蔽性,源自电子证据的易变和易消逝,导致常规手段往往难以确定网络证据与特定主体之间的关联性。例如,“微商”通过朋友圈售卖假货,通常情况下可能隐瞒自己的真实姓名和地址,且多采取微信支付的方式,逐步形成了固定的客户群。微商一旦与消费者产生纠纷可能迅速“拉黑”后再改头换面继续经营。因此,在经过较长时间的售假后,只有锁定人、货和交易记录才能予以确认。

(二)证据收集和固定困难

2012年新《刑事诉讼法》正式将“电子数据”规定为法定证据种类。鉴于网络案件的证据主要表现为电子数据信息,以光电信号的形式存储,使得证据的毁灭和篡改较为便利。这种电子数据的易碎性、易变性以及非直观性,也使得其证据能力受到极大挑战,对于司法人员的素质要求极高。因此,在虚拟环境下知识产权犯罪的证据收集、固定、采信以及取证规范等都存在较大挑战。特别是涉及电子证据的跨国取证问题时,在犯罪分子身份确定、抓捕归案以及调查取证等方面的难度远高于传统案件。

(三)案件准确定性较困难

我国是成文法国家,相对于网络技术的不断更新,法律显然难以适应这一快速的变化,导致司法实务中对知识产权犯罪案件难以准确定性。以南京市的全国首例网络游戏“外挂”犯罪案为例,其究竟属于侵犯著作权罪、破坏计算机信息系统罪还是非法经营罪曾引起极大争议。此外,实践中对“违法所得数额”以及“重大损失”等均缺乏明确的计算标准,往往难以认定违法所得的具体数额。此外,一些不法商家往往采取虚假交易行为,以达到提高其网店商誉的目的,认定违法所得的具体数额时如何剔除这些虚假交易数额,也是实践中的一大难题。

四、执法层面

(一)办案专业化水平不足

司法人员如果局限于就案办案,处于粗放状态,就会对出现侵犯知识产权的新情况新问题,特别是与网络技术相关的知识产权犯罪缺乏深入研究和思考。囿于办案的认知与经验不足,处理新型侵犯知识产权案件就容易出现瑕疵。网络知识产权犯罪的隐蔽性强、犯罪链条长、犯罪手段和形式不断翻新,对检察人员的业务水平提出了严峻的考验。其要求司法人员必须具备扎实的知识产权领域专业知识,同时还需对网络技术的发展前沿、电子证据的相关特性有相当程度的理解。

(二)执法力度存在不统一

一般而言,知识产权犯罪分子往往会避开知识产权权利人所在地实施犯罪,知识产权犯罪地往往同知识产权权利人所在地不一致。知识产权权利人所在地执法、司法机关难以查处,而出于地方保护主义的狭隘思想,知识产权犯罪地的执法、司法机关往往没有动力进行查处，甚至阻挠外地执法、司法机关的查处。这一方面使犯罪堂而皇之得以顺利实施，另一方面也为腐败提供了滋生的土壤。此外，行政执法人员在办理网络知识产权犯罪案件可能存在“以罚代刑、降格处理”的现象，往往以缴纳一定数额的罚款了事。

（三）两法衔接机制不通畅

当前，我国知识产权行政执法与刑事司法部门虽然建立了一定的沟通衔接机制，但两者之间工作目标有别，导致程序、标准都有本质的不同。双方在案件移送、受理、情况反馈、通报及资源共享机制等方面的协作配合存在一定的冲突，这种体制等因素的制约，致使破案时机贻误、证据散失、嫌疑人逃跑等情形时有发生。① 2005 年至 2014 年十年来《中国知识产权保护状况白皮书》的统计数据显示，涉嫌知识产权犯罪案件在移送数量、移送比例上呈现出相对较低的现状，知识产权案件“行刑衔接”机制存在着受移送机关、移送标准、移送程序、违法责任不清等诸多问题。②

第五节 网络环境下对知识产权犯罪人的规制路径

随着知识产权犯罪模式及手段日益升级，知识产权犯罪更具组织化、网络化，打击犯罪也面临着诸多新挑战。无论是相关立法、办案机制还是监督措施，都需要及时跟进、完善。针对网络知识产权犯罪在意识、立法、司法以及执法层面存在的挑战，有必要从大力塑造知识产权文化的良好氛围、完善网络知识产权犯罪的刑事立法、健全行政执法与刑事司法衔接机制以及加强网络电商平台的合法监管等四个方面予以完善。

一、大力塑造知识产权文化的良好氛围

网络知识产权犯罪频发的原因多样，作为知识产权制度赖以存在的根基——大众的知识产权观念和相应的法律文化严重滞后，正是现阶段网络知识产权犯罪多发的根本原因。2013 年，国家知识产权局等六部委联合发布了《关于加强知识产权文化建设的若干意见》，明确提出“大力弘扬尊重知识、崇尚创新、诚信守法的知识产权文化观念”。

仅以“山寨现象”为例，近年来，以模仿创新为核心的山寨文化引起了产业界的广泛关注，围绕山寨文化与知识产权保护之间的关系探讨更是众说纷纭。以网络销售山寨手机的现象为例，低水平的局部创新难以规避知识产权侵权犯罪的法律风险。因此，只有在尊重他人知识产权的前提下注重实质性的技术创新，才能从“山寨”走入殿堂，去申请并拥有自己的知识产权，形成自己独特的产品，占领自己应有的市场。社会公众也自觉抵制网络购物售假、网络盗版行为，消费对生产具有反作用，网络知识产权犯罪分子无利可图，自然会减少生产山寨手机，缓解“山寨现象”。

从知识产权权利人的角度而言，良好知识产权文化的塑造同样意味着需要健全知识产权保护的内外部监管机制。以网络环境下商业秘密犯罪为例，最为常见的形式是企业内部

---

① 梁莉. 网络知识产权犯罪的司法认定与法律规制[J]. 湖北民族学院学报(哲学社会科学版)，2017(5)：110-111.

② 于冲，郁舜. 知识产权案件“行刑衔接”机制的构建思路——以《中国知识产权保护状况白皮书》的统计数据为分析样本[J]. 知识产权，2016(1)：112.

员工窃取公司机密后售卖给外部情报人员。网络环境下商业秘密犯罪具有高技术性、高隐蔽性、高危险性以及调查取证难等新特点，因此，要加强对员工网络安全与法制的常态化教育，同时要采取相应的技术措施加强网络涉密管理。

二、完善网络知识产权犯罪的刑事立法

国务院在2017年发布了《关于新形势下加强打击侵犯知识产权和制售假冒伪劣商品工作的意见》，明确提出"推动修订完善刑法或相关司法解释有关知识产权犯罪的条款，加大处罚力度，完善定罪量刑标准，加强刑法与其他法律之间的有效衔接"。具体而言，可以从实体法和程序法两个层面完善刑事立法以保护网络知识产权。

（一）适度扩张知识产权的刑法保护权益

网络环境下知识产权犯罪的现实危害性不断增加，一些新型的知识产权权益也亟待纳入刑法的保护范围。目前，我国《刑法》主要规范的知识产权犯罪类型，同知识产权形式的发展、知识产权基本法律制度的发展不相适应。因此，有必要扩大刑事法律体系对知识产权权益的全面保护，适时注重对新型权益的确认和刑法规制。建立一套完整的以《刑法》为主体，以《著作权法》《专利法》《商标法》和商业秘密等相关司法解释为补充的网络知识产权刑事法律保护体系，实现刑法与知识产权法律制度之间的有效衔接与互补。

（二）完善网络知识产权犯罪的程序法规制

当前，我国司法解释有关知识产权自诉案件的规定与刑法规定并不一致，造成了司法的困惑和认定标准的混乱。从司法实践来看，有必要扩大网络知识产权刑事案件的自诉范围，给知识产权人更多的选择权。其次，要完善网络知识产权犯罪的证据规则，具体包括三个方面：准确界定证据的形式、建立规范的技术方法加强证据固定，以及加大对毁坏证据行为的刑事惩罚力度。

三、健全行政执法与刑事司法衔接机制

（一）完善两法衔接平台建设，实现资源共享

将行政执法机关对知识产权违法犯罪案件的整个处理过程、所有文书资料、案情摘要、处罚依据、处罚结果、案件移送等情况及时动态录入网络信息平台，实现行政执法与刑事司法的资源共享，促进行政处罚与刑事处罚各尽其责，共同推进知识产权保护工作健康发展。

（二）完善提前介入机制

行政执法往往处于第一线，及时收集、固定证据直接影响甚至决定案件的后续处理。而行政处罚与刑事处罚的证据标准差异较大，对有可能构成刑事犯罪的知识产权违法事件，行政执法人员的取证方向、对象、范围、程序、标准等方面较难正确把握，一旦错过时机，就无法追究相关人员的刑事责任。因此，公安机关、检察机关要与相关执法单位进一步规范提前介入的案件范围、标准、时机、方式等事项，加强合力，有利于提高知识产权刑事犯罪的打击成效。

（三）完善联席会议制度

要进一步健全完善检察机关与行政机关的联席会议制度，相互通报一定时期知识产权

侵权与知识产权犯罪的情况，分析当前知识产权保护当中存在的主要问题。苗头性、倾向性问题以及遇到的主要困难，共商对策，相互学习，查漏补缺，共同提高保护知识产权的能力，进一步探索构建保护知识产权的长效机制和制度体系。

四、加强网络电商平台的合法有效监管

如前所述，根据《2016 年北京市检察机关知识产权刑事司法保护白皮书》的数据统计，超四成知识产权犯罪是利用电商平台作案。因此，加强网络电商平台的有效监管是规制网络知识产权犯罪的重要环节。

（一）要注重加强网络电商平台监管

网络电商平台是网络知识产权保护的重要关口，要重点加强网络电商平台知识产权违法犯罪预防宣传，通过约见、座谈、告诫等方式督促网络电商平台切实履行日常管理责任，引导市场经营者合法地从事经营活动。网络交易平台应建立有效的内部监管系统，认真处理有关侵犯知识产权和假冒商品的投诉举报，排查可疑商品，一经查实立即删除相关信息直至关闭店铺。

（二）明确相关服务提供行为的刑事责任

作为行为人实施网络知识产权犯罪的中介，网络在犯罪过程中扮演了至关重要的角色。因此，必须加强对网络服务提供商的监管。根据 2020 年 9 月 14 日施行的《最高人民法院关于涉网知识产权侵权纠纷的几个法律问题的批复》，明知行为人实施犯罪行为的，不予制止甚至仍然为犯罪分子提供服务的，应以共犯论处。此外，对其实施帮助行为，应当一并以共犯论处。

（三）形成打击网络知识产权犯罪的共同合力

例如，针对互联网电商平台领域知识产权犯罪的高发现象，根据 2020 年 9 月 14 日施行的《最高人民法院〈关于审理电子商务平台知识产权民事案件的指导意见〉》，阿里巴巴在 2017 年首次聘请 10 位“特邀知识产权保护监督员”，参与电商平台的知识产权保护工作，监督平台企业履行责任，监督商家和消费者抵制造假、售假、买假等行为。电商平台还可以利用大数据分析追踪造假售假的源头，建立良性的平台运行机制，通过各方协力共同打击知识产权犯罪产业链。[①]

结　语

近年来，随着网络的迅猛发展，人们已经被“互联网”这张大网紧紧网住，人们的生活已经离不开网络，网络社会日益成形。人们在享受网络共享带来的便利的同时，网络也给侵犯知识产权行为提供了更多的方法和条件。由于网络空间交易的虚拟性质以及电子证据的特殊性，网络知识产权刑法保护疑难问题层出不穷，知识产权的跨域保护，特别是网络知识产权犯罪惩治面临挑战。在此背景下，笔者从新的角度检视网络知识产权犯罪问题，剖析网络

① 梁莉. 网络知识产权犯罪的司法认定与法律规制[J]. 湖北民族学院学报（哲学社会科学版），2017(5)：112.

犯罪源头，寻求破解途径。

互联网作为一种新兴的媒体，日益成为一种不容忽视的知识传播方式，网络最初产生是基于自由共享与交流，“网络共享”可以说是网络公认的基本准则。在网络时代，如果知识产权权利人不能有效地控制网络这种日益主流的传播方式，那么其知识产权就不可避免地会受到他人的侵犯。而改善网络知识产权违法犯罪的现状，犯罪人是其中极为重要的一环，是犯罪是否发生的基本因素，是进行犯罪预防和犯罪控制的基础点，针对犯罪人进行研究，无异于对网络犯罪现象进行“刮骨疗毒”。

网络现象的发生，必然是犯罪人被诱惑，这不仅表现在网络环境下知识产权犯罪中的经营者身上，也是最终用户和消费者迎合网络环境下知识产权犯罪行为的重要原因。或是出于好奇心，或是缘于网络共享的特点，或是出于利益的考量，双方双向利益驱动，造成了该类不正当的利益追求方式，侵犯了知识产权人的基本权益。

除却对犯罪人研究中最直接的犯罪人自然特征对犯罪心理和犯罪行为的影响外，犯罪人的法律意识也起着举足轻重的作用。但出于历史底蕴和现实因素的考量，我们比较遗憾地认知到，在实际生活中，私人财产还得不到足够的尊重和重视，像知识产权这样具有无形性的财产权利更是如此，而这些问题投射在网络虚拟环境中便凸显得更为严重。我们根据网络环境下知识产权犯罪人法律意识的强弱，将知识产权犯罪人分为法盲型犯罪人、放任型犯罪人和明知故犯型犯罪人三类，通过对犯罪人的主观恶意和法律意识强弱进行权衡，分类依法惩处，使量刑更具有效性和公平性，利于犯罪预防和犯罪控制。

深入地了解犯罪人的特点和基本状况，是有针对性地进行犯罪预防和控制的重要环节。随着知识产权犯罪模式及手段日益升级，知识产权犯罪更具组织化、网络化，打击犯罪也面临着诸多新挑战，无论是监督措施、办案机制还是相关立法，都需要及时跟进、完善。针对网络知识产权犯罪在意识、立法、司法以及执法层面存在的挑战，笔者认为，从大力塑造知识产权文化的良好氛围、完善网络知识产权犯罪的刑事立法、健全行政执法与刑事司法衔接机制以及加强网络电商平台的合法有效监管等四个方面予以完善，形成完整防范犯罪的链条式关联是较为完备妥当的。

第十四章　全球化时代知识产权保护战略研究

在这个飞速发展的时代，我们的生活日新月异，新型的犯罪也不断涌现。知识产权犯罪学该如何应对经济、科技发展过程中接二连三出现的新型犯罪，以及应当如何及时探讨研究，提出整改防范措施，于理论、于实践，都是一个亟待解决的重要命题。正义不仅是伦理标杆、道德规范，更应是全社会的普遍美德。正义的美德应贯彻于刑事立法与司法实践中，除了正义，法律的理念不可能是其他理念。因而，知识产权犯罪学研究对知识产权的保护也要追寻正义理念的指引，进而实现法律正义。众所周知，作为非法竞争类经济犯罪的一种，知识产权犯罪与其他非法破坏市场秩序的竞争类犯罪有着十分明显的差异。准确辨识侵害知识产权的表现是犯罪防控的基础，也造就了知识产权犯罪防控体系的特殊性，犯罪防控则是分析和研究犯罪的目的和归宿。与中国一样，由于特殊的历史原因，世界各国的法域沿着不同的轨迹向前发展，从而在保护知识产权领域形成了各具特色的法律制度。

然而，只有能够促进经济社会全面发展乃至密切关系国计民生走向的总体谋划，才能够上升到国家战略层面的高度。《国家知识产权战略纲要》在序言中指出，目前，知识产权制度作为能推动经济发展、促进社会进步的战略性制度，已经日益成为国家发展不可或缺的战略性资源和国际竞争极为关键的核心要素。不仅发达国家激流勇进，利用知识产权制度保持竞争优势，发展中国家为谋求自身发展，也应积极采取知识产权政策措施予以应对。对我国而言，知识产权保护制度基本上属于“舶来品”，甚至可以说是被迫接受的制度，然而这样一项制度如今能够上升到国家战略层面，必有其内在原因。本章主要考察全球化背景下的知识产权保护，当今知识产权制度最为发达和完善的美国以及我们的近邻日本这两国的知识产权战略，通过梳理我国知识产权战略的制定和实施过程，深入探讨我国将知识产权制度确立为国家战略对国际国内的实际影响和作用，并针对实施过程中所出现的问题，提出相应的建议。

第一节　全球化背景下的知识产权保护

一、19世纪末至20世纪初知识产权保护出现的“全球化”趋势

19世纪后期，资本主义经济已经发展到了“垄断”的阶段，老牌的资本主义国家已经将世界市场瓜分完毕，新兴的资本主义国家则要求重新分割国际市场。这种对市场的争夺最终导致了世界范围内的战争。鸦片战争、甲午战争以及日俄战争、第一次世界大战等，都是这一时期市场争夺矛盾激化的结果。

这一时期，世界经济与政治命脉都处在西方列强的控制之下。虽然如此，在付诸武力解决之前，西方列强首先选择谈判，试图寻找一些可供遵守的国际规则，以平衡各国的利益。但是当时各国关于知识产权保护的法律基本以保护本国人为核心，而且按照地域性原则，对于依外国法律授予的知识产权权利不予保护。这不利于技术信息的跨国界交流。1873 年，奥匈帝国举办第一次国际发明展览会，向其他国家发出邀请后，一些国家的企业因担心其技术得不到保护而不愿意参加。这让一些国家意识到，只保护本国国民智力成果的知识产权保护政策可能已经成为正常的国际贸易进一步发展的障碍，于是发起了缔结一项旨在为其他国家国民提供工业产权保护的国际公约的国际谈判。1883 年，《保护工业产权巴黎公约》在法国缔结，成为知识产权领域的第一个国际公约，也是迄今仍为这一领域之基本国际法原则与规则的国际文件。1886 年，有关国家又在瑞士首都伯尔尼签订了《保护文学艺术作品伯尔尼公约》，为版权的国际保护达成了至今有效的基本原则与规则。

这一时期并没有出现“全球化”概念，甚至没有“国际化”之说，只是相关国家通过两个国际文件共同承诺，按照“国民待遇”原则为他国国民提供知识产权保护。因为一般都认为，“全球化”概念是 100 年后的 20 世纪 80 年代才出现的。全球化作为一种趋势，乃至一种思维方式，其实早在 19 世纪后期就已经有了。有关国家之所以能够在 19 世纪后期缔结至今看来仍然并不落后的国际公约，说明当时参与公约起草的相关国家代表已经具备了相当开阔的全球化视野，能够以全球经济必将走向一体化的思维方式思考并解决国际问题。

“国民待遇”原则是以承认知识产权保护的地域性与各国知识产权保护政策的差异为前提的。《巴黎公约》与《伯尔尼公约》都为各国基于本国法的知识产权保护设定了“最低要求”。这些最低要求显然是从全球一体化的视角提出来的，是加入保护联盟的各成员国在保留各自立法差异的情况下能够在基本相同的平台对话的起码保证。

1994 年达成的 TRIPS 协议虽然在知识产权保护方面规定了更具体且更具约束力的原则与规则，但 TRIPS 协议中的所有制度与规则都是以《巴黎公约》和《伯尔尼公约》为基本原则而设立的，属于这两个基本国际公约之内容的延伸。显然，1995 年正式成立的世界贸易组织本身即被视为经济全球化的产物和重要标志。这也进一步证明，从知识产权保护的角度来看，全球化的趋势早在 19 世纪后期就已经形成了。

二、知识产权问题与国际经济、政治问题的相互影响

20 世纪 50 年代到 80 年代，是东西方两大阵营“冷战”的时期，也是以美国为首的西方世界经济获得高速发展的时期。这一时期，作为战败国的德国与日本在美国的扶持下经济迅速发展，成了真正的世界强国。西方其他国家也在和平的环境下获得了高速的发展，成了现代化国家。在亚洲，除日本外，韩国、新加坡也因为属于西方阵营，获得了美国及欧洲国家的特别照顾，在 60 年代至 80 年代的 20 年左右的时间里获得了飞速的发展。这一时期，知识产权保护领域又签订了一系列国际条约，区域一体化的知识产权保护组织也在这一时期出现。

20 世纪的最后十余年，正逢世界风云多变。苏联解体，以《华沙条约》为基础组建起来的东盟解散，部分成员很快加入西欧及北约的队伍。两德的统一，欧洲联盟的成立与欧元的诞生，使欧洲一体化程度进一步提高，且随着冷战的结束，欧洲与美国之间的利益竞争日渐

突出。中国正式加入市场经济行列，对外开放程度进一步加深。世界贸易组织的成立让全球化从口号变成了真正的行动。与此同时，随着中国、印度、巴西、南非等新兴市场经济国家国力的提高，全球性的自然资源争夺战更加激烈。美国为了维持其霸主地位，不得不在亚洲、中东、北非、南美等地四处点火，局部战争愈演愈烈。

21世纪初的10年，是世界格局由单极化向多极化过渡的10年。新兴市场经济国家，尤其是中国的不断强大，必然要求在国际舞台上获得相应的话语权，也必然会与前世界霸主产生各种摩擦与冲突。由于大国之间不太可能发生直接的军事对抗，因而一些看似偶然的不愉快事件相继上演，如中美南海撞机事件、北约"误炸"中国驻南联盟使馆事件、打压华为事件等。

新兴市场经济国家国际竞争力的进一步增强，使得在"大国"位置上稳坐几十年的发达国家感觉有些不适应，尤其是东亚的日本。经过思考，日本推出了"知识产权立国"的战略，试图在被中国等新兴市场国家夺走制造业老大地位后用新的手法东山再起，并在一定程度上保持其对中国等发展中国家的优势地位。

就中国而言，廉价的劳动力优势以及农村人口对社会保障的忽视在短短的20年间就已不复存在。随着社会整体生活水平的提高，尤其是中国政府不断推出的关注民生政策，一线劳动工人的工资不断提高，企业需要缴纳的社会保险金的数额更是日益上涨，从而大幅度地提高了制造业的生产成本，致使简单的加工工业在国际市场上的竞争力日渐减弱。越来越多的外资制造业不得不搬离中国，转移到劳动力成本更低的其他发展中国家。与此同时，外商投资企业税收优惠政策的终结，终于让本地企业，尤其是本地民营企业获得与外企平等的"国民待遇"，使本地企业获得了在同一平台上与外企竞争的机会。一边是外企的撤退，另一边是本地企业的进攻，中国市场基本上回到了本地资本的控制之下，而且即便是外国品牌，除个别"高档"产品外，大多也有本地资本涉足。

当然，中国经济的高速发展离不开对自然资源与能源的巨大需求，对石油、铁矿石等中国本土基本上已经枯竭的矿产资源的获取，让中国成了世界上自然资源消耗最多的国家，同时也将其在国际市场上的价格推高了很多。于是，中国发展"威胁"论开始在某些发达国家流行；抑制中国的发展成了个别国家的政治与经济目标，于是出现了中兴事件、华为的孟晚舟事件等。

本地生产成本的上升，自然资源价格的上涨，竞争对手的排挤与打压，让中国企业及中国整体经济的发展遇到了前所未有的困境。现在正好是转变发展思路，调整发展模式的最好时机。2008年，中国公布了自己的"知识产权战略纲要"。根据设计，在21世纪的第二个十年，中国将把自己建设成为具备可持续创新能力的国家，将资源依赖与劳动力密集型经济发展模式转换成创新驱动、技术密集型经济。

除中国外，印度、巴西、俄罗斯、南非、印度尼西亚等新兴市场经济体也都在21世纪的第一个十年获得了引人注目的发展，在一定程度上成为可与发达国家抗衡的力量。为了彼此共同的利益，一些新兴市场经济体逐渐联合起来，成立了不同层面的利益共同体，如上海合作组织、"金砖国家"合作机制等。这些措施都加强了新兴市场经济体对外参与竞争的能力及在国际讲坛上的话语权。

从以上的简单介绍与分析中可以看出，知识产权保护与全球经济的发展总是密切相关的，也与世界政治的变幻相互影响。当全球经济发展迅速，让各国都把注意力集中在经济发展上时，知识产权保护也会成为各国关注的焦点。而当经济发展遇到严重困境，致使各国不得不诉诸武力来缓解和转移矛盾时，知识产权保护也就成了无暇顾及的小事。反过来说，只要科学技术的发展能够满足日益增长的社会生产与生活需求，全球经济就能够相对平衡地发展，国际政治就不会出现太大的问题，军事冲突也就不会发生。

三、知识产权保护的地域性受到挑战

知识产权保护的"地域性"是指，依一个国家或地区的知识产权法获得的知识产权仅在该法律有效的范围内被承认为所有权，一旦超出该法律有效的范围，其将被视为"公有领域"的东西，任何人都可以自由使用。正是由于地域性的存在，1883 年的《保护工业产权巴黎公约》与 1886 年的《保护文学艺术作品伯尔尼公约》的缔结才有了意义。而且直到今天，这两个国际公约确立的"国民待遇"原则仍在发挥着制衡地域性的作用，使各国国民都有了就自己的智力成果在其他国家获得法律保护的机会。

随着全球经济发展的一体化程度不断提高，国界本身对经济与贸易活动的影响已经越来越小。但与此同时，知识产权保护依然要受到国界的限制。这给许多权利人带来了不便与负担。因为商品与技术流动越发容易和自由，为保护商品与技术信息中承载的智力创造不进入公有领域，权利人不得不分别到许多国家去申请专利、注册商标。虽然 1891 年关于商标注册的《马德里协定》的签订，以及 1970 年《专利合作条约》的缔结，让申请人有机会通过一次申请就让自己的发明创造或商标在多个国家获得保护。但这样的申请依然非常复杂，且并不能保证在所有指定的国家都获得批准，而且即使获得了批准，此后的权利维系还是要按照国别分别缴费，在权利受到侵害时还要分别到不同的国家去寻求保护。

于是一种真正的"国际知识产权保护法"设想被一些人提出来。这种设想的目标是制定国际统一适用的知识产权保护法，尤其是专利法，用以保护符合授权条件的"国际专利"。然而到目前为止，这种设想并没有获得有价值的国际支持，因而没有进入任何一个国际组织的讨论范围。1973 年，14 个欧洲国家签订了《欧洲专利公约》。该公约于 1978 年生效，目前有 19 个成员。虽然该公约签订的最初目标是制定一部适用于所有缔约国的统一专利法，但最终签订的公约实际上还是一部统一授权、分别保护的法律，与《专利合作条约》并没有实质性的区别。

在全球化时代，网络的普及的确向知识产权人提出了一个现实的问题：发生在网络环境下涉嫌侵犯他人知识产权的活动怎样认定"地域性"？

例如，一项在中国专利局获得专利授权的技术如未同时在美国申请专利，按照地域性原则，其在美国就属于公有领域的技术，任何人都可以自由使用。但如果在美国使用该技术生产的产品进口到了中国，按照中国专利法的规定将构成专利侵权。现在的问题是：在美国生产的产品正在通过互联网销售，中国的消费者也可以购买，那么专利权人是否可以对在实际处于美国的网络销售行为提起专利侵权诉讼？

显然，如果专利权人到美国法院起诉，只能以败诉告终。但如果其在中国法院起诉，中国的法院没有对被告人的管辖权，从而使这个可能胜诉的诉讼程序没办法开展。与此同时，中国现行诉讼制度中又没有对物诉讼程序，不可能在没有被告人的情况下立案，当然也不能随意按照被告"缺席"来审理，否则会有不正当地剥夺他国公民诉讼权利之嫌。所以，在中国法院起诉也是不可能的。这就意味着，在互联网环境下，由于知识产权保护地域性的存在，知识产权保护的目标有可能落空。为了填补这个“漏洞”,有必要在诉讼制度中增加“域外管辖”与“对物诉讼”两项程序。

第二节　美国的知识产权保护战略

一、美国出台知识产权保护战略的背景

在20世纪后期,《拜杜法案》《联邦技术转移法》《技术转让商业化法》《美国发明人保护法令》等一系列法案律令的颁布和实施,体现了美国对技术创新和知识产权产业化、价值化一以贯之的高度重视和不断探索。进入21世纪以来,美国又陆续通过了一系列有关创新和知识产权保护的法案,并采取了相应的配套保障措施,使得当今美国知识产权的战略体系呈现出多层次、一体化的特点。

2008年9月,美国参议院通过《2008美国优化知识产权资源和组织法》(*U. S. Prioritizing Resources and Organization for Intellectual Property Act of* 2008),主要目的是打击盗版和假冒,保护版权和商标,这是美国在知识产权执法领域的一份重要文件。其主要内容包括:

(1)通过对版权法及商标法的相关条款的修改,在民事和刑事领域强化对权利人的保护和对侵权行为的制裁。

(2)在有关反假冒和侵权的执法领域加强协调和合作,包括设立知识产权执法协调员(Intellectual Property Enforcement Coordinator,IPEC)和跨部门的知识产权执法咨询委员会(Intellectual Property Enforcement Advisory Committee),以及实施反假冒和侵权的联合战略计划(Joint Strategic Plan,JSP)。IPEC由总统根据参议院的提名任命,在知识产权执法方面加强各部门之间的协作,可以直接向总统汇报,并向其提供国内外知识产权执法政策的建议,还负责制定和组织实施JSP。知识产权执法咨询委员会由国土安全部、司法部、专利商标局、版权局等多部门代表组成,每个代表都要参与JSP的制定。

(3)加强知识产权域外执法,主要通过知识产权执法联合战略计划实现涵盖。

知识产权执法协调员的设立对于协调美国知识产权执法的各部门有重要意义,协调员的权限和职责范围很广,这一职位的设立有利于缓解美国在知识产权执法过程中效率低下的问题。

2010年6月,美国政府公布了由知识产权执法协调员Victoria A. Espinel提出的《2010知识产权执法联合战略计划》(*2010 Joint Strategic Plan on Intellectual Property Enforcement*),该战略计划几乎涵盖美国政府知识产权执法的所有部门,乃至所有领域。计划中所指明的措施包括阻断假冒药品流通、查找联邦合同中的侵权软件、促进联邦与地方执法机构的合作、减少互联网盗版等。该计划鼓励国外执法部门追究“流氓”网站的相关责任,同时增加打击知识产权违法犯罪的执法活动数量。计划还指出将对现有知识产权法律法规开展长达120天的全面审查,以确定这些法律法规是否有改变的必要。

知识产权执法协调员Victoria A. Espinel强调了美国在全球经济创新领域的领导地

位，并指出，如果要保持这种优势地位，就必须采取强有力的措施，来加强对本国知识产权的保护。在信件中，执法协调员建议，联邦政府应当采取如下措施来加强美国的知识产权保护：

(1)以身作则，努力确保联邦政府不购买或使用侵权产品；

(2)支持执法政策的变化及信息分享的透明度，报告国内外的知识产权执法活动情况；

(3)加强协调，提高联邦和地方、驻外人员和机构行政执法的效率和有效性；

(4)与贸易伙伴和国际组织合作，在全球范围内保护美国的知识产权；

(5)与私营组织合作，确保侵权产品被阻挡于国界之外；

(6)从与知识产权相关的活动中不断改进信息和数据的收集方式，不断评估国内和国外的法律和执法活动，为美国的知识产权持有人保持一个开放、公平的环境。

作为对 2009 年 9 月发布的《美国创新战略——推动可持续增长和高质量就业》的修订，《美国创新战略——确保我们的经济增长和繁荣》(*A Strategy for American Innovation: Securing Our Economic Growth and Prosperity*)于 2011 年 2 月由美国国家经济委员会、经济顾问委员会以及科学和技术政策办公室发布。前者强调以发展和创新新产业来解决金融危机之后的就业问题，而新的美国创新战略则将重心转移到促进美国的经济增长与繁荣上。这份文件指出，美国未来的经济增长和繁荣对创新能力的依赖性大大增强，为此，政府要从多方面、多维度为创新开拓路径、创造条件。对于如何构建创新战略，该文件列出了金字塔式的三个层面。

第一层，对基础创新的投资。首先，加强创新教育，从小学、中学到大学，都要积极采用各种方式不遗余力地持续推行创新教育，为美国培养新世纪全球领先的高水平新兴人才；其次，巩固和加强美国在基础研究领域的领先地位；再者，提供和完善引领 21 世纪的支持创新的基础设施；最后，进一步加强和推动信息技术系统的建设。

第二层，促进以市场为基础的创新。这主要是指企业的创新。首先，通过财税政策为企业创新提供坚实支撑和持续动力，2011 财年的计划是于 10 年间拿出 1000 亿美元财政资金，支持企业创新；其次，对各种制度大力改革，支持企业创新，比如对专利审查制度的改革，将美国的专利审查周期从目前的 35 个月缩短到 20 个月，在缩短审查周期的同时提高专利质量，在此基础上，如有必要，申请人还可提出优先审查申请，从而使最具价值的发明专利投入市场的时间缩短到一年以内；再次，谋求集群创新，鼓励企业建立创新体系；最后，推动建立具有创造性、公开性和富有竞争力的市场。

第三层，推动国家优先发展行业领域的突破。比如在清洁能源、生物技术、太空技术、生命健康技术等领域，优先助力，加快实现技术和创新上的突破。

进入 21 世纪以来，许多国家，包括美国主要的竞争对手日本，都开始着手制定知识产权保护战略，这无疑对美国的知识产权政策造成了不小的冲击和影响。虽然美国一直是最重视保护知识产权制度的国家之一，但其实并未颁布专门的国家知识产权战略，而竞争对手的做法使美国产生了警惕。美国专利商标局指出，只有创新上的领先者才能在 21 世纪保持强经济实力，美国主要的全球竞争对手已经意识到这个问题，并已经开始发展国家创新战略。与此同时，许多竞争对手还意识到，由于知识产权是创新的关键推动力，故而制定全面科学的知识产权战略对于国家创新战略来说显得尤为重要。因而，美国专利商标局决定也将随之制定 21 世纪“国家知识产权战略”，作为美国创新战略的重要组成部分。2010 年，美国专利商标局(USPTO)公布了《2010—2015 财年战略计划》(*United States Patent and Trademark Office* 2010—2015 *Strategic Plan*),首次提出将制定"21 世纪国家知识产权战略"(A National IP Strategy for the 21st Century)。

美国专利商标局在回应 2009 年的《美国创新战略》白皮书对创新的要求时,提出完整的创新战略应当包括一个综合性的国家知识产权战略(National IP Strategy),同时这样的国家知识产权战略反过来又会促进高质量的知识产权创新。国家知识产权战略的制定,会促进知识产权政策上的统一和企业在研发、权利获得等方面的合作共赢,进而可以保证美国在创新领域的全球领先地位。此外,美国专利商标局决定,要在国内外致力于广泛提高公众的知识产权意识,使其意识到知识产权与经济发展的密切关系。为达到这一目的,美国专利商标局将设立知识产权首席经济家办公室(office of the chief economist),首席经济家通过考察并提出相关报告,阐明知识产权产品在经济增长过程中的贡献率。专利商标局还强调,要加强与其他联邦机构以及知识产权执法协调员的合作,以促进各领域知识产权执法的顺利进行。

不过与其他国家的"知识产权战略"不同,美国专利商标局制定的"21 世纪国家知识产权战略"在现阶段似乎仅准备立足国内。虽然在"21 世纪国家知识产权战略"的计划中未提及美国在国际领域的知识产权事务。然而这份"财年战略计划"的其他部分,仍然可见美国专利商标局对美国在国际知识产权事务中应如何保护美国知识产权的详细描述,包括致力于在 WIPO 和其他国际组织中为保护知识产权和加强知识产权执法做出努力,促使中国、巴西、俄罗斯、印度等"利益优先国或地区"(Prioritized Countries/Regions of Interest)提高其知识产权保护水平和加强执法水平能力建设,完善立法,并制订知识产权战略和具体行动计划。

二、美国知识产权保护战略的特点

(一)强调创新,以创新保持美国经济的持续增长和繁荣

正如美国前总统奥巴马在 2010 年 11 月的一次讲话中所强调的,"在全球经济中,我们保持繁荣的关键不在于降低工人工资或提供低质廉价产品与人竞争,这并不是我们的优势。我们成功的关键将是并且一直是通过开发新产品、建立新工业以及做好我们在科学发现和技术创新中的发动者的角色的方式来展开竞争。这对我们的未来至关重要"。所以,无论是《美国创新战略》,还是专利商标局制定的"财年战略计划",或是其他各专项知识产权法律的制定和修改,无不围绕创新展开。由此可见,美国对知识产权执法的强调,也是为了保障创新,以保证美国在创新上的领先地位。创新对美国企业来说不仅仅体现在知识产权的获得上,更体现在对知识产权的运用上。比如将专利技术标准化,通过许可、转让等方式促进知识产权贸易,这一方面为其他竞争对手设置了进入市场的强大屏障,另一方面还可以使自身知识产权的价值实现效益最大化。

(二)在全世界范围内推行自己的标准

无论是在《美国创新战略》中,在专利商标局的"财年战略计划"中,还是在知识产权执法协调员提交的《知识产权执法联合战略计划》中,美国各部门都毫不掩饰对美国在创新和知识产权制度上的世界"领导者"地位的自豪,并明确表示,其各项政策的出发点就是保证美国

在这方面的优势地位，并保护美国权利人的利益。着眼于这一目标，无论是在与知识产权有关的国际组织中、在双边和多边知识产权谈判中，还是在对其他所谓“优先观察国”的指责中，美国都竭力推行自己的标准，并强行引入对自身有利的知识产权制度的理念和规定，不遗余力地寻求对美国国家利益和知识产权权利人最有力的保护方式。比如在世贸组织框架之外的“反假冒贸易协定”，从谈判开展到最终文本，主要是在美国推动下形成的。在当今世界中，恐怕只有美国能够做到这种程度，且结果还颇有成效，这是由其强大的经济实力所决定的，而这种经济实力的形成，与美国一向重视创新、重视知识产权制度的建设不无关系。抛开其他因素，这种经济发展与知识产权制度构建相辅相成、相得益彰的关系，对于其他国家来说也颇有借鉴意义。

（三）在知识产权战略的制定和实施过程中，政府主导性突出

无论是在国内政策的制定方面，还是在国际知识产权事务中，美国政府部门都积极介入。如设立知识产权执法协调员，以协调国内各行政部门的知识产权执法；为企业创新提供资金和税收的支持；对各国政府施加长臂管辖的压力，要求其保护美国知识产权权利人的利益等。在对内知识产权政策上，无论是创新战略还是知识产权战略，都颇具宏观性，其涉及的领域和部门也极为宽泛，因而政府的介入和协调显得必不可少；而在对外知识产权事务中，尤其是在私权纷争中，美国政府依旧采用政府施压的方式要求其他国家政府采取相应措施保护其知识产权权利人利益，则不免有以势欺人之嫌。

（四）重视自由竞争，对于因知识产权而导致的垄断绝不手软

当多数国家还停留在加强知识产权保护的阶段时，美国已经开始对妨碍自由竞争利用知识产权垄断经济的行为进行处罚。对垄断行为的打击一向是市场经济国家着力进行的，在这方面美国也不例外，甚至更为彻底。几乎任何垄断都会对健康自由的竞争环境造成破坏，而保证自由竞争是使经济得以持续稳定健康发展的关键。知识产权一旦超过法律所允许的“合法垄断”的界限，同样会对创新和竞争造成极大的破坏。所以美国虽然一贯重视知识产权制度，但绝不以牺牲自由竞争的市场秩序为代价。

第三节　日本“知识产权立国”保护战略的出台及其对周边国家的影响

一、日本“知识产权立国”保护战略出台的背景

“二战”以来，日本通过从欧美引进技术并加以改进，再凭借自己较为廉价的劳动力，在经济上取得了飞速的发展；但自进入20世纪90年代以来，亚洲各国凭借更为低廉的劳动成本以及生产技术的提高，使得日本在低附加值的传统工业以及劳动密集型产品和服务方面的竞争优势迅速丧失。与此同时，欧美各国在新信息技术等高新技术方面持续保持领先，日本国内上下开始担忧日本产业日益减弱的国际竞争力，在这种情况下，要求建立新的国家战略的诉求便开始产生。

日本的国家战略自“二战”后进行了数次调整：在“二战”结束后到70年代末，日本主要实行“贸易立国”战略，通过引进欧美的先进技术并加以改进，化学工业、制造组装业等都在这一时期得到飞速发展，尤其是汽车和家用电器，在70年代已具有了席卷全球的优势。从20世纪80年代到90年代，日本开始实施“技术立国”战略，以此应对欧美国家利用专利等知识产权来打压日本经济的困境，其特点是在继续引进先进技术的同时，加强自主研发，注重技术创新，逐步提高日本企业在专利等知识产权方面的拥有量。进入21世纪后，新的国家战略开始定位于“知识产权立国”。

2002年7月3日，日本政府知识产权战略会议发表《知识产权战略大纲》，将“知识产权立国”确立为国家战略，同年11月27日，日本国会通过了政府制定的《知识产权基本法》，为“知识产权立国”提供法律保障。

根据日本《知识产权战略大纲》，所谓“知识产权立国”，就是要“把日本建设成为一个崇尚发明与创造的国家”。《知识产权战略大纲》指出：“在21世纪中，为了继续确保日本在世界上许多工业领域及文化的先锋地位，必须将实现知识产权立国作为日本的一项基本国策，而且要尽早实施针对该目标的一系列措施。”

日本“知识产权立国”战略实际上是“技术立国”战略的延续，包括知识产权的创造、运用、保护等各个环节在内的知识产权的“创造循环”方面的改革。这是日本“知识产权立国”战略的核心，跟后者相比，这一新的战略的着眼点不再局限于技术创新。

二、日本“知识产权立国”保护战略的主要内容及其实施状况

根据日本《知识产权战略大纲》，日本将“知识创造的循环”分为知识产权的“创造”“保护”“运用”以及构成上述环节基础的“人才基础的充实”四个层面，也设定了相应的战略性对策。

（一）创造战略

促进和支持大学、公立研究机构等的知识产权创造，主要通过利益激励、价值认可等方式，鼓励科研人员不断创新；也包括加强企业战略性知识产权的创造、取得和管理，主要是激励日本企业树立全球性竞争意识，增加国外尤其是欧美国家申请的专利数量；还包括为鼓励创造，对教育和人才培养的高度重视，这种教育和培养涵盖了从初等、中等到高等教育的整个过程。

（二）保护战略

对知识产权的保护是为了更好地鼓励创造，包括：加快专利审查周期，并为避免各国重复审查寻求国际合作；为确保日本在信息文化产业方面的竞争优势，加强对版权的适当保护；加强对商业秘密的保护，使其接近于欧美国家水平；建立知识产权法院以加强纠纷处理，并加强仲裁等替代性争端解决机制（ADR）；加强国外和边境的知识产权保护，对侵犯日本知识产权的国家政府施加压力，利用WTO的审议制度，监视侵权国的知识产权制度及其应用，对于非WTO成员，通过谈判等方式，迫使其加强对日本的知识产权保护；改善有关知识产权保护边境措施的法律制度，并积极参与建立完善保护知识产权的新的国际规则。

（三）运用战略

知识产权的利用是日本“知识产权立国”战略最核心的部分，也是“知识创造的循环”最

关键的环节。这主要是指要促进大学和公立研究机构等单位的知识产权利用，通过各种方式迅速转化其科研成果，鼓励这些单位吸引风险投资，与技术转让机构（TLO）合作，并要在2003年之前实现在全国数十所主要公立和私立大学中设立"知识产权本部"。另外，战略大纲还提出要积极发布大企业不曾使用的知识产权，鼓励中小企业对其进行利用，要为这样的知识产权流通营造环境；加强知识产权的评估与利用也是知识产权利用战略中非常重要的一环。

（四）充实人才基础

日本一向重视教育，自"二战"结束后日本一直不遗余力地推行"教育立国"这一国家战略。战略大纲提出，人是各种制度的支柱，要实现知识产权立国，必须培养创造知识产权的中坚人才，也要培养提供获权、处理纠纷、签订知识产权许可合同等方面的专家人才。具体措施包括在大学和研究机构中招收和培养既有优秀的专业技术知识，又具有卓越的技术远见和管理能力的人才。向美国学习，通过创设专门课程，如美国的管理与技术（MOT）那样的技术管理课程，加强对技术类学生的法律教育和管理来努力培养人才，同时努力建立TLO等体制，扩大其活动余地。

（五）建立实施体制

主要是指要为确保快速统一推行知识产权立国战略，切实实施知识产权战略大纲，要在2003年之前，订立"知识产权基本法"，设置"知识产权战略本部"。

2002年11月，为落实知识产权战略大纲的要求，日本国会通过《知识产权基本法》，并于2003年3月1日生效，为"知识产权立国"提供法律保障。《知识产权基本法》共包括4章33条，还有附则2个条款。其内容包括与知识产权立国战略相关的立法目的、政府责任、社会机构职责等总则条款，知识产权战略实施的基本措施，知识产权创造、保护和利用的战略计划，以及知识产权战略本部的设置及相应职责等。

2003年3月，日本政府成立"知识产权战略本部"，由全体内阁成员和10名在知识产权方面有专长的成员组成，首相小泉纯一郎任部长，副部长由内阁官房长官、负责科学技术的大臣、文部科学大臣、经济产业大臣担任。

知识产权战略总部下设知识产权推进局，由25名成员组成，其中17名来自各部委，2名来自大学，6名来自产业部门。知识产权战略推进局的主要工作是制定年度"知识产权战略推进计划"。2003年7月，第一份"知识产权战略推进计划"发布。迄今为止，日本已连续九年制定"知识产权战略推进计划"，每年的计划都包括几百项措施，囊括了知识产权创造、保护、利用、人才培养和提高国民意识等各项内容，分别由不同的机构和部门负责推进和实施。

日本知识产权战略大纲颁布后，为实施"知识产权立国"战略做出的又一件重大举措便是设立知识产权高等法院。日本《知识产权战略大纲》要求，"以2003年的通常国会为目标，提出建立实质上的'专利法院'所必要的法案"，要"努力在2003年的'通常国会'上提出所需法案，对于与发明专利权、实用新型权相关的诉讼案件，由东京和大阪两地地方法院专属管辖，使东京、大阪两地地方法院的专门部门发挥实质上的'专利法院'功能"。知识产权战略本部在2003年的"知识产权战略推进计划"中，就提出了设立知识产权高等法院的课题。知识产权高等法院设置法于2004年6月通过。据此，知识产权高等法院作为东京高等法院的特别支部于 2005 年 4 月 1 日成立。其审判组织机构包括法官、法院调查官、法院书记员、法院事务员和专业委员。现在共有 18 名法官，11 名技术助理法官。① 日本知识产权高等法院并不是独立的知识产权法院，而是存在于普通法院系统的分部。据日本知识产权学者解释，设立独立的知识产权法院会增加关联纠纷的竞合管辖，同时在案件审判速度上也受到人事等方面的制约，而且不同区域的人提出一般的版权和不正当竞争侵权诉讼存在不便。

知识产权高等法院主要受理管辖四类案件的审理：第一，对专利局裁决不服的诉讼，全部由知识产权高等法院受理管辖；第二，有关发明专利、实用新型专利和半导体集成电路的电路配置利用权以及有关计算机程序著作的著作权的民事上诉案件，均由知识产权高等法院受理；第三，外观设计权、商标权、著作权、出版权、植物品种权的上诉案件，同时又属于东京高等法院属地管辖的，则由知识产权高等法院负责处理，若不属于东京高等法院的管辖的，将依据属地管辖原则，由对应的 8 个地方高等法院管辖；第四，东京高等法院所管辖的民事案件以及行政案件中，主要争论点需要有关知识产权专业知识的其他类案件，由知识产权高等法院受理管辖。

三、日本“知识产权立国”保护战略的特点及其对周边国家的影响

通过考察日本《知识产权战略大纲》《知识产权基本法》以及日本在推进知识产权战略实施过程中的一些做法，我们可以发现日本“知识产权立国”战略具有这样一些特点。

(1)强调“知识创造的良性循环”。不过分关注诸如专利申请数量这样的数字指标，而更加注重知识产权价值实现，这是“日本知识产权立国战略”的核心。日本人认为日本在知识创造的良性循环方面“并不令人满意”，如日本企业的国内专利申请量虽然位居世界第一，但国外申请，尤其是向欧美国家提出的专利申请却很少。而且在专利申请之前的研究开发阶段，日本企业的战略性考虑并不充分。同时大学在取得专利和技术转让方面的水平也有待提高。“知识产权立国”战略正是要克服上述弊端，促进日本知识创造的良性循环。

(2)处处以美国作为标杆，试图建立接近美国的知识产权战略体系。比如知识产权战略大纲在描述日本大学的技术许可、专利数量时，指出“大学的技术许可数量大约只有美国的百分之一，大学的专利获权量大约是美国的二十分之一”；对大学和科研机构的技术成果转让情况做出批评，指出虽然近年成立了不少 TLO，但比起美国来还有很大差距。在培养知识产权人才方面，建议“必须通过创设美国的管理与技术(MOT)那样的技术管理专门课程、加强对技术类学生的管理和法律教育来努力培养人才，同时努力建立 TLO 等体制，扩大其活动余地”。对于商业秘密的保护方面，也致力于“使日本的商业秘密保护水平近似于欧美”。对规范受国家和特殊法人委托研究开发成果的归属方面以及利用的日本《产业活力重创特别措施法》，也毫不避讳地称之为“日本版的拜杜制度”；尤其对于美国的知识产权司法裁判，更是不遗余力地褒扬和羡慕。这一方面说明美国在技术创新和知识产权领域无法撼动的优势地位，也说明日本社会对此有比较清醒的认识，另一方面也流露出一丝一以贯之的“崇美”心态。

---

① 孟海燕. 日韩知识产权战略实施考察报告[EB/OL]. (2015-09-23)[2019-06-01]. http://www.maxlaw.cn/l/20150923/829321553967.shtml.

(3)具有国际化视野,时刻将自己放在立足于全球竞争的位置上。如在专利申请上,更加关注国外申请,尤其是在欧美国家的申请上,而不单单将视线放在国内。在专利审查上,力图寻求"国际专利"的实现,致力于谋求各国合作;对知识产权保护的边境措施上,要求对侵权国家政府施加压力,迫使其保护日本知识产权;利用日本驻各国政府机构,通过谈判等方式保护知识产权;积极参与多边贸易谈判,建立新的国际规则,对发展中国家施加影响;对于其战略所在的亚洲地区,推行所谓"支援"亚洲计划——"亚洲工业产权信息网络";利用各种框架,向亚洲发展中国家提供人才培训合作、教材开发合作、信息化合作等方式,进行有关知识产权重要性的教育,以达到完善知识产权应用体制、改善亚洲的环境,以在东盟等亚洲地区顺利而迅速地获得能有效反假冒的外观设计权和商标权的目的。

(4)鼓励中小企业的发展。在知识产权的创造、运用等方面,日本大企业的实力毋庸置疑,但中小企业的状况也不容乐观。所以日本知识产权战略大纲指出,"要对实业的中坚力量——中小企业、风险企业及个人的知识产权利用给以支援"。政策措施包括积极发布大企业不曾使用的知识产权,鼓励中小企业对其进行积极利用,从而"为这样的知识产权流通营造环境"。

(5)重视人才培养。上文在介绍日本知识产权战略大纲时已经提过,日本一向重视"教育立国"。最难能可贵的一点是,能够深刻认识到创新的关键在于自由思考和创造,"在制造组装业中,和谐的团队精神是重要的要素之一;在发明、艺术创造方面,则关键在于个人的自由创意"。"从较早的小学阶段起,我们就应该推行重视自由思考、重视独具匠心的教育",这对于一向排斥独特个性、崇尚团体精神的日本来说,实属难得。而且日本在知识产权教育与培训方面,除了培养专门的知识产权人才,还非常注重知识产权的普及教育,同时还面向教职员举办知识产权制度讨论会,来研究知识产权教育的方法,从而提高教育工作者的知识产权意识。

(6)注重各部门通力合作,确保知识产权战略的实施。颁布《知识产权基本法》,设立知识产权战略本部,为确保知识产权战略的顺利实施,由首相亲自担任部长,真正实现"知识产权立国"。

日本确立其"知识产权立国"战略之后,对此反应最大的是中国和韩国。有学者认为,日本的知识产权战略在很大程度上针对的是中国。虽然在日本知识产权战略大纲中并未明确提出这一点,但促使日本制定"知识产权立国"战略的原因之一,确实是亚洲各国在低附加值产品上日益增强的竞争力,中国毫无疑问也在其这一考虑范围之内。实际上中国启动制定国家知识产权战略,最直接的触动就是日本国家知识产权战略的出台。韩国的情况也大致相似。2008 年 6 月,中国《国家知识产权战略纲要》出台;2009 年,韩国制定《知识产权强国实现战略》,2011 年 4 月,韩国国会通过《知识产权基本法》,其基本框架也类似于日本《知识产权基本法》,此作为韩国国家知识产权战略的基础和支柱。可以说,日本"知识产权立国"战略的出台,迫使其亚洲近邻开始意识到发展知识产权战略的紧迫性,便开始主动或者被动制定和实施知识产权战略。除了对近邻的影响,日本"知识产权立国"战略的制定,也对美国的知识产权战略产生影响,美国专利商标局(USPTO)在其《2010—2015 财年战略计划》中首次提出要制定"21 世纪国家知识产权战略",其中一个重要的原因就在于"美国主要的全球竞争对手"已经意识到知识产权是创新的关键推动力,已经开始制定国家知识产权战略。毫无疑问,日本正是"美国主要的全球竞争对手"之一。

第四节 中国知识产权保护战略的制定与实施

一、中国知识产权保护战略的制定与实施状况

当我们的近邻日本于2002年出台《知识产权战略大纲》，确立了其"知识产权立国"的国家战略之后，国内就有不少知识产权学者呼吁，要尽快确立我国的知识产权战略，政府层面对这一问题也开始予以重视。

2005年初，国务院成立了国家知识产权战略制定工作领导小组，启动了国家知识产权战略制定工作，国家知识产权局、工商总局、版权局、发展改革委、科技部、商务部等33家中央部委办局共同推进国家知识产权战略制定工作。国家知识产权战略分为《纲要》和20个专题的研究制定工作。① 2007年2月15日，领导小组召开第三次全体会议，审定了20个专题研究报告，专题研究工作如期完成。2007年5月，《国家知识产权战略纲要（送审稿）》形成，并于2008年4月9日国务院常务会议审议并原则通过。2008年6月5日，国务院印发了《国家知识产权战略纲要》（以下简称《纲要》）。

《纲要》包括5个部分共65条，分别从指导思想、战略目标、战略重点、专项任务、战略措施等方面，阐述了我国的知识产权战略。《纲要》明确，实施知识产权战略，要坚持"激励创造、有效运用、依法保护、科学管理"的方针，在5个方面确立了知识产权工作的战略重点：一是完善知识产权制度，二是促进知识产权创造和运用，三是加强知识产权保护，四是防止知识产权滥用，五是培育知识产权文化。《纲要》还分别部署了专利、商标、版权、商业秘密、植物新品种、特定领域知识产权和国防知识产权领域的七大专项任务，提出了各领域要解决的突出问题和要完成的主要任务。

《纲要》提出，要"到2020年，把我国建设成为知识产权创造、运用、保护和管理水平较高的国家"。可以看出，《纲要》只是提出了一个短期的战略目标，并未将知识产权上升到"立国战略"的高度。毕竟在对知识产权的认识、知识产权对经济发展所发挥的作用以及知识产权制度的建设上，中日两国有着较大的差距。

在《纲要》颁布之后，国务院批复成立了国家知识产权战略实施工作部际"联席会议"，由国家知识产权局、国家工商总局、国家版权局、海关总署、国家发改委、中宣部、教育部等28个成员部门组成，并将联席会议办公室设在国家知识产权局。联席会议的职能是在国务院领导下，统筹协调国家知识产权战略实施工作。国务院办公厅印发了《实施〈国家知识产权战略纲要〉任务分工》，明确了各成员单位在战略实施中的职责任务。

为确保知识产权战略实施工作按进度、分步骤逐年推进，联席会议办公室每年制定和发布《国家知识产权战略实施推进计划》，对年度战略工作进行集中部署，迄今为止已经连续发

---

① 《国家知识产权战略纲要》的制定背景和主要过程[EB/OL].（2008-08-04）[2019-06-01]. http://epaper.hezeribao.com/shtml/hzrb/20080804/143071.shtml.

布了十年。根据国际在线 2018 年 6 月 5 日报道[①],2008 年 6 月 5 日,中国国务院颁布实施《国家知识产权战略纲要》,将知识产权工作上升到国家战略层面。《纲要》实施 10 多年来,中国知识产权事业取得了长足进展。

第一,《国家知识产权战略纲要》实施 10 多年来,中国知识产权创造水平持续提高,中国成为知识产权创造大国。数据显示,10 多年来,中国每万人口发明专利拥有量由 2007 年的 0.6 件增长至 2017 年的 9.8 件。中国专利申请年均增长 19.56%,专利授权年均增长 21.29%。国内(不含港澳台)有效发明专利拥有量从 2007 年的 9.6 万件增长到 2017 年的 135.6 万件,仅次于美国和日本,居世界第三位。

第二,10 多年来,在各类知识产权拥有量大幅增加的同时,中国知识产权的质量稳步提升,核心专利、知名品牌、版权精品等不断涌现。根据世界品牌实验室发布的 2017 年度《世界品牌 500 强》排行榜,中国 37 个品牌上榜,位居世界第五位。此外,神舟天宫太空对接,蛟龙深潜大洋探险,高铁驰骋纵横神州,C919 大飞机载梦首飞,华为 5G 领先全球……在这些振奋人心的自主创新成就的背后,都有知识产权的支撑。

第三,同时,中国对知识产权的保护力度不断加大。2008 年以来,全国人大修订了专利法、商标法、著作权法、反不正当竞争法、促进科技成果转化法等知识产权领域专门法律,国务院相应修订了专利法、商标法、著作权法的实施细则以及针对计算机软件、信息网络传播权、植物新品种的保护条例。此外,中国积极打击盗版等知识产权侵害行为,2005 年至 2016 年,全国共收缴各类侵权盗版制品超过 5.08 亿件。最高人民法院审判委员会副部级专职委员胡云腾指出,10 多年来,中国知识产权保护全面强化,保护力度持续加大,保护及时性不断提高。中国已经建立起了符合国际通行规则、门类较为齐全的知识产权法律制度。

第四,中国知识产权对外合作与交流机制也在不断完善。中南财经政法大学知识产权研究中心名誉主任吴汉东介绍说,中国目前已与全球 63 个国家、地区和国际组织签订了多双边合作协议、谅解备忘录等 171 份,与 50 个世界知识产权组织成员国建立正式合作关系,并积极推进建立"一带一路"沿线国家和地区知识产权机构合作机制。

第五,国家知识产权局局长申长雨表示,下一步中国将努力培育更多高价值核心专利、版权精品、知名品牌,实现知识产权创造由多向优、由大到强转变。同时,有关部门也将统筹推进知识产权"严保护、大保护、快保护、同保护"各项工作,努力实现知识产权保护从不断加强向全面从严转变。

在《纲要》颁布十周年之际,国家知识产权局局长、联席会议召集人申长雨先生在纪念《国家知识产权战略纲要》颁布实施 10 周年座谈会上指出,纲要颁布实施以来,我国"各类知识产权创造始终保持良好增长势头,商标申请量连续多年稳居世界首位,专利领域相继实现年发明专利申请量和国内有效发明专利拥有量"两个 100 万件"的重大突破,知识产权大国地位牢固确立"。并回顾了国家知识产权战略实施 10 多年以来所取得的成效。[②]

---

① 以上内容根据"中央广电总台国际在线"的资料"中国国家知识产权战略纲要实施十周年从知识产权大国向强国迈进"整理,详见:http://news.cri.cn/20180605/e51f3b5a-7e1d-2f6d-20e0-be897d947043.html.

② 以上内容根据"经济日报－中国经济网"的资料"《国家知识产权战略纲要》颁布实施 10 周年成就巨大举世瞩目"整理,详见:http://www.ce.cn/cysc/newmain/yc/jsxw/201806/05/t20180605_29347110.shtml.

第一，知识产权意识提高。10 多年中，我国已形成由国务院统一领导，国家知识产权战略实施工作部际联席会议统筹部署，各部门各地方分工负责、协作推进的国家知识产权战略实施工作体系。部际联席会议办公室已连续 9 年制定和发布《国家知识产权战略实施推进计划》，对年度战略工作进行集中部署。绝大多数省（区、市）设立了知识产权战略制定或实施领导机构。

第二，知识产权战略实施取得显著成就。专利申请及授权数量快速增长，专利申请年均增长 19.56%，专利授权年均增长 21.29%。国内有效发明专利拥有量从 2007 年的 9.6 万件增长到 2017 年的超 100 万件。每万人口发明专利拥有量由 2007 年的 0.6 件增长至 2017 年的 9.8 件。有效注册商标量从 2007 年的 235.3 万件增长至 2017 年的 1492 万件，连续 16 年位居世界第一。全国著作权登记量由 2007 年的 13.8 万件上升到 2017 年的 274.8 万件。计算机软件著作权登记超过 70 万件。世界知识产权组织发布的《2017 年全球创新指数报告》显示，我国创新指数跃居全球第二十二位，是唯一进入 25 强的中等收入经济体。

第三，加强知识产权保护激发创新创业热情。2008 年以来，全国人大修订了专利法、商标法、著作权法等知识产权领域专门法律。国务院相应修订了专利法、商标法、著作权法的实施细则。我国已经建立起符合国际通行规则、门类较为齐全的知识产权法律制度。地理标识产品的授予和保护成为促进现代农业发展、带动农民致富的重要载体，文化创意产业在版权保护下蓬勃发展，中国作品进入海外文化市场的步伐更快更稳。2017 年，评选出中国专利金奖 20 项，外观设计金奖 5 项，优秀奖 870 项，金奖获奖项目实现新增销售额 939 亿元。知识产权交易日趋活跃，我国专利、商标转让和许可数量稳步上升。新的知识产权运用模式不断涌现，知识产权收储、运营、质押、保险、托管、联盟、股权投资、拍卖等新业态方兴未艾。专利、商标、版权质押贷款发展迅速，规模突破千亿元，有效解决了一批轻资产中小企业融资难问题。

“加强知识产权保护。这是完善产权保护制度最重要的内容，也是提高中国经济竞争力最大的激励。对此，外资企业有要求，中国企业更有要求。”习近平总书记在博鳌亚洲论坛 2018 年年会开幕式上的讲话中，深刻指明了知识产权保护的重要意义。如今，知识产权保护已经越来越成为我国高质量发展的内在需求。

第四，拥有自主产权的核心技术高端产业不断涌现。近年来，我国在通信、航空航天、高铁、核能等领域形成了一批拥有自主知识产权的核心技术，有效支撑了产业向高端迈进。例如，大唐电信科技产业集团主导提出的具有自主知识产权的 TD-SCDMA 3G 和 TD-LTE-A 4G 国际标准，推动我国移动通信产业实现了从 3G 跟跑到 4G 并跑的重大跨越，使移动通信成为少数具有国际竞争力的高科技领域之一。当前，大唐正加快落实“5G 引领”的国家发展战略。在 5G 标准进程中，中国提案数量占全球提案总量的三分之一。同时，华为等企业加入或组建重要技术标准的国际专利池，中科院计算技术研究所牵头的 AVS 标准形成了国际通行的知识产权政策，我国在 5G 关键技术领域形成了一批纳入国际标准的核心专利，构筑了在未来通信领域的先发优势和有利地位。

第五，全社会尊重和保护知识产权的维权意识明显提高。社会公众对知识产权战略的认知率由 2008 年的 3.7%提升至 2017 年的 85.3%。维权意识进一步增强，全国法院新收知识产权一审案件量由 2007 年的 2.2 万件增至 2017 年的 20 多万件。截至 2016 年底，全国累计有 3.15 万家企业通过检查验收实现软件正版化。102 家中央企业总部全部实现软件正版化,97.36%的下属企业实现软件正版化。70.15%的金融机构实现软件正版化。外国在华专利申请持续增长,多家跨国企业在中国设立了研发中心。

第六,知识产权管理能力持续增强。专利商标审查能力大幅提升,设立审查协作中心。审查周期明显缩短,发明专利授权周期稳定在22个月,商标注册审查周期从法定的9个月缩短到8个月。创新主体和市场主体的知识产权管理能力持续提高,颁布企业、高等学校、科研组织知识产权管理规范国家标准,已有2.6万家企业贯彻实施知识产权管理标准。着力推动知识产权强企建设,努力培育更多知识产权示范和优势企业,夯实强国建设发展基础。

第七,知识产权多元保护机制逐步完善。这是完善产权保护制度最重要的内容,也是提高中国经济竞争力最大的激励。2008—2017年,全国法院新收知识产权一审案件量年均增长20%以上;成立3家知识产权法院,在南京等16地中级人民法院内设知识产权法庭,知识产权民事、行政、刑事审判"三合一"在全国法院全面推开,审判标准日趋统一,判赔数额明显提高。

知识产权司法保护、知识产权行政保护全面强化,保护力度持续加大,保护及时性不断提高,对各类市场主体公开透明、一视同仁,"严保护、大保护、快保护、同保护"的知识产权保护格局正在形成。全国深入开展"双打""雷雨""天网""护航""雷霆""清风""龙腾""剑网""溯源""打击傍名牌"等知识产权保护专项行动。

知识产权多元保护机制不断发展,统筹推进快速审查、快速确权、快速维权协调联动。全国知识产权保护中心已批复建立19家,快速维权中心达到17家,知识产权举报投诉与维权援助服务网络基本覆盖全国,知识产权维权调解机制进一步完善。知识产权仲裁调解工作深入开展,全国设立10余个知识产权专门仲裁机构。开通中国知识产权公证服务平台。

第八,任重道远。当前,我国已与全球63个国家、地区和国际组织签订了多双边合作协议、谅解备忘录等171份,与50个世界知识产权组织成员建立正式合作关系。积极推进建立"一带一路"沿线国家和地区知识产权机构合作机制,2017年,世界知识产权组织总干事高锐出席"一带一路"国际合作高峰论坛,与我国签署《加强"一带一路"知识产权合作协议》。

"知识产权应是世界各国之间创新合作的桥梁。"在加强国内知识产权保护的同时,我国也积极参与知识产权的对外合作交流。比如,签署加强"一带一路"知识产权合作协议及司法交流合作谅解备忘录,在《金砖国家领导人厦门宣言》中纳入加强知识产权合作的内容,推动中欧地理标识协定谈判取得实质性进展,等等。而中国严肃处理包括"乔丹"商标案等在内的侵权案件,积极向国外企业支付知识产权使用费等,一视同仁地保护国内外企业知识产权的态度,也赢得世界范围的赞誉。一位负责知识产权事务的工作人员表示,"这两年间,我们发现向欧洲的客户介绍中国的知识产权保护体系时越来越有信心。可以说,中国的知识产权保护环境已经跟10多年前完全不一样了"。

也不可否认,我国知识产权保护仍然任重道远。此前,浙江某家工厂发现专利被侵权后寻求司法保护,前后历时4年,花费40多万元,但最终仅得到4万元的赔偿。类似这样的维权成本与侵权成本不匹配的矛盾如何解决?"洗稿""伪原创"等打擦边球的侵权行为不时出现,对于这样隐蔽性强、取证难的侵权行为又该如何处理?在进一步加强知识产权保护的进程中,这些问题亟待破解。10多年来,我国以"互联网+"为代表的创新经济发展迅猛,网络小说、网络音乐、移动支付、共享单车等渗透到人们生活的方方面面。《中国互联网发展报告2017》显示，我国数字经济总量已超过22.6万亿元，互联网产业GDP占比已超过30%。不过，互联网经济快速发展的同时，由于一些技术易于被“复制”和人们习惯免费使用等，知识产权保护也面临诸多新问题。比如盗版侵权现象突出，侵权主体泛化，侵权责任认定困难等。如何加强知识产权保护，保护创新者的积极性，促进互联网产业持续健康发展，成为全球关注的焦点。

二、对中国知识产权保护战略的评价

当今世界已经进入“知识经济”时代，经济发展的源泉是创新，而与创新息息相关的知识产权制度必然成为引领经济发展的制度保障。将知识产权确立为国家战略，说明决策者的战略眼光还是具有前瞻性的，也在一定程度上说明我国要转变经济增长方式、发展创新型产业的决心。《国家知识产权战略纲要》的出台对国内政府机构、部门以及企业和民众来说，可以提高对知识产权的重视程度，鼓励创新；对国际社会，尤其是竞争对手和贸易伙伴来说，可以增强他们对中国知识产权保护的信心，当然在某种程度上也会使他们提高警惕，以应对新的战略引领下的中国经济发展。

应该说，《国家知识产权战略纲要》颁布以来，在国家知识产权局等知识产权行政部门的着力推动下，我国在知识产权的创造、运用、管理和保护等方面都取得了不少成绩。但是，还应当看到，与日、美等国的知识产权战略相比，我国的知识产权战略在许多方面还存在问题，有的是制度设计或实施中的问题，可以在今后做进一步的改善；有的则是囿于我国经济发展水平和国民的知识产权意识，一时难以发生根本性改变。这些问题主要体现在以下几个方面。

第一，在知识产权的获取上，仍然停留在“重量不重质”的阶段。以专利为例，国家知识产权战略实施10多年以来，我国国内专利的申请量已经位居世界第一，而且国内企业的申请量已超过国外企业。在许多考核指标中，专利的拥有量仍然是最重要的考核指标，许多企业为了获得政府的政策优惠或资金奖励，或者出于考核或申请、评比的目的，会有针对性地去申请一些无用专利甚至是假专利，我们看起来很“养眼”的专利统计数字中，也应该有大量类似这样的“专利”。日本在其《知识产权战略大纲》中也提到日本企业的专利申请量很大，但更加看重专利的质量，比如产业上的实施或者通过许可或转让等方式使企业获取利益。在美国的知识产权制度下，企业不去刻意追求数量，而更加看重所获取的知识产权的质量。如果要改变这种状况，需要政府在各项考核指标中淡化对知识产权拥有量的强调，更加看重企业所拥有的知识产权能为其带来的实际价值，以引导企业走向真正的创新。

第二，在知识产权制度设置上，我国迄今为止仍然有许多关系尚未理顺。比如在知识产权行政管理体制上政出多头，效率低下；行政管理和行政执法职能不分导致行政管理机关职能模糊且负担过重；在司法体制的设置上民事、刑事和行政案件分属不同的法庭审理，不同地区知识产权案件的审理水平和结果大相径庭，等等。这些体制上的问题在短期内很难发生较大改变。

第三，知识产权行政管理体制的设置问题。我国的知识产权行政部门有很多，除了知识产权局系统，还有商标局系统、版权局系统、国家质检局系统、农业及林业系统、医药管理系统、商务部等，都具有知识产权管理以及执法职能。这种多头管理的制度设置会给国内公众造成寻求服务或帮助时的困难，也会在对外交往和交流时给对方造成困扰，导致国际事务处理效率低下，在一定程度上影响国际形象。另外，各机构之间难以互通和共享信息，也容易在授权与登记程序中造成权利冲突、重复授权、评审与审查标准不一等不良后果。

第四，行政管理和行政执法职能不分的问题。现行的每一系统内的行政体制基本上都是将授权或注册、管理及案件查处等各项职能集于一身的设计。这种制度设计违背了知识产权为私权的原则，容易导致不公平的裁决结果。行政机关还会因为这种本属民事争议的裁决结果而作为被告被诉。更重要的是，行政管理机关负责执法，容易给其他国家传递一个错误信号，让他们在遇到问题时直接向中国政府施压，从而使中国政府承担了过重的本可避免的负担。

上述四种情况是我国知识产权制度建立以来一直存在的问题，在国家知识产权战略实施 10 多年以后，上述情况也未发生令人期待的变化。实际上统一知识产权管理体制在世界许多国家都有先例可循，并无理论上的难度。如美国的专利商标局同时承担专利和商标的审查、公开等事务性工作，其内部还设置了一个部门负责版权的管理和对外交流，实际上也承担了版权局的日常行政管理职能。日本特许厅也同时负责专利和商标的管理。造成这种状况的主因在我国现有的行政体制之下很难在短时间内消除，笔者建议在中央国家机构改革尚未先行之时，鼓励各地方探索知识产权行政管理体制的“二合一”或者“三合一”的管理模式，由此而形成的成熟的经验可以自下而上推动知识产权行政管理体制的改革。如深圳市政府就已在 2009 年 8 月成立了市场监督管理局，率先在全国实现了知识产权管理的专利、版权和商标的“三合一”。①

知识产权行政管理职能与执法职能分开也是必然趋势，在具体做法上可以考虑三种模式：其一，赋予其独立地位，作为与现有公安系统平行的专业行政执法机构，独立设置，垂直管理；其二，将其归并到现有的公安系统中，纳入公安执法体系；其三，暂时划归相应的知识产权行政管理机构领导，在适当时候分离出来成为专业行政执法队伍的一部分。

第五，在知识产权战略实施协调部门的设置上不尽合理。知识产权战略的制定和实施，都是在政府的主导下进行的，政府的介入对于知识产权战略来说是必需的。无论是美国还是日本，都为知识产权战略的实施设置了多部门协调联动的机制。美国在知识产权执法领域设置了知识产权执法协调员，执法协调员办公室隶属于总统办公室，负责协调政府各部门之间的知识产权执法工作，协调员由参议院提名，总统任命，并可向总统直接汇报工作。日本则成立知识产权战略本部，由首相亲自担任部长，以确保知识产权战略的顺利实施。我国也为知识产权战略的实施设置了包含多部门的“部际联席会议”，但部际联席会议仅设在国家知识产权局，设联席会议召集人，由国家知识产权局局长担任，这种设置与日、美相比，显然不尽合理。这样的制度设置起码表明中央政府对知识产权战略的重视程度并不够，具体实施的效果也可想而知。所以，如果知识产权战略要真正上升为国家战略，起码要在制度设置上表明中央政府的态度，应由国家总理担任部际联席会议主席，各部部长担任副主席，以确保知识产权战略的顺利实施。

第六，对知识产权的普及宣传教育重视程度仍然不够。《国家知识产权战略纲要》要求“培育知识产权文化”，要求加强知识产权宣传，广泛开展知识产权普及型教育，提高全社会

---

① 微嘉．深圳市率先实现知识产权管理“三合一”[J]．电子知识产权，2009(9)：3.

知识产权意识。虽然在历次《国家知识产权战略实施推进计划》中有提出要求，但目前义务教育阶段及高职院校的知识产权教育基本是缺失的。日本在这方面的做法值得借鉴：日本小学、中学每个年龄段的学生，都拥有特许厅提供的与其年龄相适应的工业产权教育补充教材；而职业学院和高等院校的学生也拥有特许厅编制的知识产权标准教材；除此之外，特许厅还与一些技术高中、技术学院等合作进行工业产权教育的实验，并将实验结果作为“范例”在全国职业高中中推广。[①] 国家知识产权行政部门应当与教育部等教育行政部门协调，编写适合不同年龄段学生的知识产权教材，培养学生的知识产权意识。除此之外，还应当大力加强面向普通公众的知识产权宣传工作。

知识产权作为一种法律授予的权利或者制度设计，在西方发达国家已经存在了上百年，我国的知识产权制度的建立也不过几十年的光景。建立知识产权保护制度，在某种程度上就是接受一种由强者所设立的“游戏规则”，在世界经济一体化的时代，这是别无选择的选择。既然别无选择，那就应当在规则框架内尽力利用和完善这种规则，知识产权战略的制定和实施，就体现了这种努力。

但是应当看到，我国的实际情况与美国、日本等尚有很大差距，无论在经济发展水平，还是在创新力以及知识产权文化和意识上，差距都不是一星半点。所以，与日本的“知识产权立国”战略相比，我国的《知识产权战略纲要》仅仅提出到2020年的知识产权制度发展目标，这在一定程度上体现了决策者的务实精神。即使如此，也要警惕这样的目标和设计成为一纸空文，沦为一种口号。不过不可否认的是，在融入世界经济一体化几十年之后，我国企业的创新程度及民众的知识产权意识都有所提高，这是实施知识产权战略的基础。而且随着我国劳动成本的提高以及资源的日益短缺，我国在低附加值产品上的竞争力已经日渐减弱，经济增长方式的转变势在必行。下一步，中国将努力培育更多高价值核心专利、版权精品、知名品牌，实现知识产权创造由多向优、由大到强的转变。同时，有关部门也将统筹推进知识产权“严保护、大保护、快保护、同保护”各项工作，努力实现知识产权保护从不断加强向全面从严转变。

第五节　知识产权保护战略展望

随着科技的发展，知识产权保护正走在不断扩张的路上，每一次技术进步都为知识提供新的表达形式，知识产权的内容与保护范围都在不断地扩张。知识产权中的内在矛盾是知识产权中的内伤，造成知识产权自产生以来便一直尴尬前行的局面。知识产权在实现许多社会目标的同时，也带来了重重伦理困境，为人类的道德生活与违法犯罪问题提出了新的难题。

法律内在的道德与犯罪冲突仅仅依靠法律本身是无法彻底解决的，我们必须寻找更高的更具有普适性的伦理精神来加以解决，而中庸之道就是最适合的。

---

① 朱雪忠，周风华. 美国、日本的知识产权教育及其对中国的启示[M]//陶鑫良. 中国知识产权人才培养研究(一). 上海：上海大学出版社，2008.

中庸在某种程度上可以代表中国传统伦理精神的最高境界，是我国传统伦理文化中的精髓。它是伦理精神的极致，是个体德行与社会伦理，己性、人性、万物之性的圆通。[①] “中庸”即于两端（过与不及）取其中，不偏不倚，既不“过”，也不“不及”。[②] 孔子说“过犹不及”。[③] 过度与不及都属于恶（犯罪），中庸才是德行。一个人遵守道德是否中庸、适当，并非一成不变的，而是因时因事而异。当遵守一种道德与遵守他种道德发生冲突而不能两全时，如果此种道德的价值小于他种道德的价值，那么遵守此种道德便是过，不遵守此种道德而遵守他种道德便是中庸；如果此种道德的价值大于他种道德的价值，那么遵守此种道德便是中庸，而不遵守此种道德则是不及。两善相权取其重，两恶相权取其轻。[④] 中庸之道的精髓在于权变，以权变的形式为道德冲突的解决提供适当的伦理途径，当遭遇道德冲突时，道德主体应根据实际情况的变化，对相互冲突的道德进行价值上的排序，选择位列较上的、价值更高的道德加以遵守。

中庸从价值取向上说是求和。这里的和包括个体德行的和与社会伦理的和。作为个体德行的和，它是指人性与人的道德行为的体与用的合一、内与外的合一，是指喜怒哀乐发而中节，即人性见之于情，无过无不及，也即通过德行修养后达到人性与德行的合一，这实际上是孔子“从心所欲不逾矩”的境界。[⑤] 中庸在价值取向上强调个体德行与社会伦理乃至世界伦理的和谐发展，也是传统中国做人做事的准则和最高境界。

和谐是法律所追求的目标，也是社会发展的目标。然而，知识产权保护中包含多重伦理冲突，这些道德与犯罪冲突只有以中庸之道才能较为完善地解决。首先，根据社会实践发展的需要，制定合理的知识产权制度，对知识产权进行适度的保护。其次，主体树立正确的知识产权伦理观与价值观，在处理知识产权关系中，根据实际情况，正确对待自我权利，坚守中庸之德行，在伦理道德与犯罪之间进行适当的平衡。总之，中庸之道要求对知识产权进行适度的保护，促进知识产权的和谐发展，促使知识产权真正实现以人为本、有利于人的存在与发展的伦理道德与违法犯罪之使命。

一、不同主体间的利益平衡

权利的基础是利益，人与人之间的权利义务关系本质上是一种利益关系。知识产权作为一项私有财产权，它涉及不同主体之间的利益分配。在知识财产仍然稀缺的今天，不同主体之间的利益必然相互冲突。我们应根据中庸的精神在相互冲突的利益之间寻求最佳的平衡点以协调各种利益冲突，对每个主体的利益进行适度的保护，实现不同主体之间的利益需要的和谐发展。

（一）权利主体与公众之间的利益平衡

知识产权制度以法律的权威保障了智能成果所有人的法定权利。而智能成果所有人法定权利的确定和强化又是对社会公众的一种义务要求和权利限制。因此，知识产权保护中

---

① 樊浩.中国伦理精神的历史建构[M].南京:江苏人民出版社,1992:212.

② 朱贻庭.中国传统伦理思想史[M].上海:华东师范大学出版社,1994:161.

③ 论语.先进篇.参见:https://www.gushiwen.org/GuShiWen_fe0fe0f0fd.aspx.

④ 王海明.新伦理学[M].北京:商务印书馆,2002:553.

⑤ 樊浩.中国伦理精神的历史建构[M].南京:江苏人民出版社,1992:213.

始终存在一个矛盾:既要保护权利人对其智能成果的排他性权利,同时又不能剥夺公众合理利用这些智能成果的机会。正如经济学家罗伯特·考特所指出的那样,知识产权保护中存在着这样一个无法避免的矛盾:"通过给予思想的生产者以垄断权,该生产者就有一种强有力的刺激去发现新的思想。然而,垄断者对产品索取高价将阻止该产品的使用。"[①]这一矛盾通常体现为权利人与公众之间的利益冲突。为缓解这一矛盾,有必要对知识产权保护期限进行调整。知识产权保护必须对其保护期限、专有范围等进行某种调整甚至限制,以协调知识产权人与公众之间的利益冲突。

(二)发达国家与发展中国家之间的利益平衡

当今的知识产权保护呈现出范围扩大、水准提高和标准国际化等特征。[②] 在知识产权国际保护中,各个国家是其国内知识产权所有人的代言人。因此,知识产权所有人与知识产品使用人之间的矛盾转化为国家之间的矛盾,主要是发达国家与发展中国家的矛盾。发达国家与发展中国家的技术差距悬殊,知识资源在两者之间的分配上存在严重的失衡。当前,发达国家占有科学技术的制高点,拥有更多的知识产权资源,而发展中国家的科学技术则普遍落后,其知识产权资源亦非常匮乏。知识产权国际保护制度应当重视发达国家与发展中国家之间的利益平衡。

21 世纪是知识经济时代,当今世界的经济竞争主要体现为综合国力的竞争,而综合国力竞争的关键就在于科技特别是高科技及其产业发展的竞争,就在于知识产权和智力资源配置的竞争。有些发达国家过分强调自己在世界贸易中的经济利益和支配地位,保护自己的智力资源,把自己在知识产权保护和市场准入方面的标准强加给他国,在其他国家强制推行自己的知识产权制度。很多国家的知识产权保护和市场准入的水平,是由某些发达国家的经济强权决定的,而不是由这些国家自身决定的。

发达国家和发展中国家固然各有其自身利益,但既然各国都认同当今时代的世界主旋律是和平与发展,那么它们就都应在谋求自身最大发展的同时兼顾竞争对手的合理权益,在整个世界的和谐发展中谋求自身的最大发展。发达国家不应在知识产权国际保护方面强制推行自己的意愿,恃强凌弱,而应在保护自己的知识产权的同时适当照顾发展中国家,以优惠的价格甚至免费向后者转让某些知识产权。

总之,知识产权的国际保护必须重视作为不同权利主体的各个国家之间的利益平衡,尤其应注意发达国家与发展中国家之间的利益平衡。在保护发达国家的知识产权的同时,应给予发展中国家以一定的发展空间,适当减少发展中国家所承担的保护发达国家知识产权的费用。

在当今世界,科学技术的发展和经济、信息的全球化使不同权利主体之间利益冲突加剧,知识产权保护变得更为复杂。这要求人们树立中庸之德,以应对知识产权保护中复杂的利益冲突,使知识产权制度在实现保障权利人利益、满足公众需要和社会公平、促进科学文化事业发展等多重价值目标的过程中统筹兼顾,和谐发展。

---

① 罗伯特·考特,托马斯,尤伦.法和经济学[M].张军,译.上海:上海三联书店,上海人民出版社,1994:185.

② 郑成思.知识产权法[M].北京:法律出版社,1998:427-437.

二、权利与义务的协调

法律是以分配权利与义务为内容的。知识产权作为一项基本法律制度，以权利和义务为机制调整人的行为和知识财产关系。任何一方权利的过度扩张，都不利于知识产权的发展，知识产权保护须在权利与义务中寻求平衡。根据实践的需要，在知识产权保护的权利与义务协调中也应坚持中庸之道，以权变的形式协调知识产权保护中权利与义务的关系。

（一）权利与义务的相关性

关于权利与义务的关系，罗斯在其著作《正当与善》中概括如下：

(1)A 对 B 有权利意味着 B 对 A 有义务；

(2)B 对 A 有义务意味着 A 对 B 有权利；

(3)A 对 B 有权利意味着 A 对 B 有义务；

(4)A 对 B 有义务意味着 A 对 B 有权利。

陈述(1)表明的是“A 有权利让 B 对他做某个行为，意味着对 A 做那个行为是 B 的义务”；陈述(2)是陈述(1)的反命题；陈述(3)表明的是“A 有权让 B 对他做某个行为，意味着 A 对 B 有做另一个行为的义务，这个行为既可能是一个相似的行为，例如，一个人有要求人说实话的权利，就意味着他有说实话的义务，也可能是一种不同的行为，例如，一个人有要求人服从的权利就意味着他有统治好的义务”；陈述(4)是陈述(3)的反命题。[①] 罗斯对权利与义务关系的概括显示了权利与义务的相关性。权利与义务的相关性体现在两个方面。一方面是道德相关性，另一方面是逻辑相关性。道德相关性意味着一个人对权利的拥有是以他履行相应的义务为条件的，履行义务是拥有权利的代价。道德相关性与陈述(3)和(4)的内容相似。逻辑相关性意味着一个人对权利的拥有并不一定必须以他履行自己的义务为条件，换言之，权利拥有者自身履行其义务在逻辑上并非其拥有权利的必然依据。逻辑相关性与陈述(1)和(2)的内容相同。逻辑相关性只是肯定一个人拥有权利在逻辑上必须与他人的义务相关，以履行义务的他人的存在为条件；同样，一个人履行义务需要以他人拥有权利为条件。[②]

（二）法律权利与义务、道德权利与义务

法律权利与道德权利是两种基本的、重要的权利形式。法律上的权利与义务有严格的道德相关性和逻辑相关性，其关系非常明确。在法律上，权利与义务是一对相互对立、辩证统一的范畴。法律中的权利与义务是相互对应、相互依存的。如马克思所说的“没有无义务的权利，也没有无权利的义务”。一个人拥有某项法律权利，他必须履行相应的法律义务。任何一项法律权利都必然伴随着一个或几个保证其实现的法律义务，而不管这个义务是权利人自己的还是他人的。同时，法律权利以法律义务的存在为存在条件，法律义务以法律权利的存在为存在条件。主体所享有的权利与所承担的义务应该对等。法律上权利与义务存在着严格的对称性关系，即权利与义务是完全对等的。这也是法律在分配主体的权利与义务时的公正之要求。

---

① 李建华.法治社会中的伦理秩序[M].北京：中国社会科学出版社，2004：141.

② 余涌.道德权利和道德义务的相关性问题[J].哲学研究，2000(10)：59-65.

对于知识产权保护究竟是否存在道德权利，在学术界有争议。许多学者并不认同知识产权保护存在所谓的道德权利，至多只是象征性承认人们有行善或选择行善的道德权利[①]。道德在逻辑上优先于法律。[②] 法律本身的合理性根据只有从道德中寻找。道德权利在逻辑上优先于法律权利。洛克也指出“道德上的权利和义务是内在本质并优先于法律”。[③] 道德权利是法律权利的正当性来源，同时也是守法义务的根据。米尔恩强调“没有法律可以有道德，但没有道德就不会有法律。这是因为，法律可以创设特定的义务，却无法创设服从法律的一般义务。这种义务必须，也有必要是道德的”。“假如没有服从法律的道德义务，那就不会有什么堪称法律义务的东西。”[④]道德是法律建构的基础。法律也必须以道德为基石。

法律权利与义务严格遵守道德与逻辑相关性。但是道德权利与义务则不然，它们并不具有严格的相关性。首先，人在道德上有慷慨的义务、仁慈的义务、行善的义务等，或更广泛地说，任何一个人，他并不能理直气壮地说自己拥有受慷慨和仁慈对待的道德权利。在这里，虽然有博爱、仁慈、慷慨的义务存在，但这种义务并不赋予相应的权利。博登海默认为“一个人可能会认为有一种道德上的义务去帮助一个陷于经济困境的人从债务中解脱出来，但是该债务人无权要求他做出此种慷慨之举”[⑤]。弗兰克在其著作《伦理学》中指出“一般来说，权利和义务是相关的。如果 X 对 Y 有一种权利，那么 Y 对 X 就有一种义务。但我们已经看到，反过来却不一定正确。Y 应对 X 仁慈，而很难讲 X 有要求这一点的权利”[⑥]。道德权利与义务并不如法律权利与义务那样严格，它的对等性趋于弱化，即一切权利都可有义务，但并非所有的义务都赋予权利。其次，从道德主体自身的义务和权利来看，其履行的义务和获得的权利也不是简单的直接对应关系。道德主体履行了义务并不一定获得相应的权利，而他获得权利不是一定因为履行了义务，即他履行的义务与获得的权利并不一定具有完全的对等性。[⑦] 如一个人行了善，并不意味着他应拥有对等的请求报答的或帮助的权利；对于接受行善的主体而言，他获得帮助的权利不是因为他在此前履行了行善的义务。

并非所有的道德义务都赋予道德权利。根据与权利对应的关系，道德义务划分为“完全义务”和“不完全义务”。“完全义务”又称为“完全强制义务”，是那种赋予他人相应道德权利的义务。“不完全义务”又称为“不完全强制义务”，是不赋予他人权利的义务。前者如公正的义务，后者如慈善的义务。“不完全义务”是一种“责任外的义务”，它超越了“完全责任”的义务和公正义务。“完全义务”是道德主体必须履行的，它是社会实现有序化的基本要求，是形成一个有组织有序的社会所必不可少的。如避免暴力和伤害、不偷盗等义务都是完全义务。它们的履行是实现社会有序的基本要求。“不完全义务”是有助于提高生活质量，形成一个良好社会所必需的。它们是人类幸福生活所必需的，但是它们不是维持社会生活与

---

① 唐凯麟．伦理学教程[M]．长沙：湖南师范大学出版社，1993：219-220．

② 米尔恩．人的权利与人的多样性[M]．夏勇，张志铭，译．北京：中国大百科全书出版社，1995：35．

③ 萨拜因．政治学说史（下）[M]．刘山，译，北京：商务印书馆，1986：590-591．

④ 米尔恩．人的权利与人的多样性[M]．夏勇，张志铭，译．北京：中国大百科全书出版社，1995：35．

⑤ 博登海默．法理学：法律哲学与法律方法[M]．邓正来，译．北京：中国政法大学出版社，1999：374-375．

⑥ 弗兰克．伦理学[M]．关键，译．北京：生活·读书·新知三联书店，1987：123．

⑦ 李建华．法治社会中的伦理秩序[M]．北京：中国社会科学出版社，2004：143．

社会存在的必要条件。如慷慨、仁慈、博爱、无私和富有爱心等道德义务，其履行带有自愿自发与自觉的成分，正因为这种自愿自发与自觉，体现了人类作为道德主体的纯洁与崇高。

（三）知识产权中权利与义务的协调

知识产权主体所享有法律权利与所应承担的法律义务应该完全对等。国家将智能成果的所有权授予创造主体，同时也就将维护知识产权的义务分配给社会公众。具体来说，知识产权人在进行知识生产和创造活动中不得侵犯他人正当权利，且应维护他人正当权利，维护社会公众分享其智力成果的权利，承担对社会和他人应尽的义务。在法律上，知识产权人的权利与义务是完全对等的，应尊重公正原则。在这里，我们重点探讨的是知识产权保护中主体间的道德权利与义务的关系问题。

道德权利与义务并不具有严格的相关性，即并非所有的义务都赋予权利。在知识产权保护中，知识产权人应积极行使不完全道德义务，如慷慨、仁慈、博爱等道德义务。一般来说，知识产权主体有较好的天赋，接受了良好的社会教育，把握较多的社会知识。因此，相对而言，知识产权人是社会中的精英，是社会中的强势群体。他们的强势地位在知识产权制度的作用下进一步得到强化，因为知识产权制度激励社会竞争中的优胜者，它使强者愈强、弱者愈弱。弱势群体在知识产权制度的作用下，其生存状态更加恶化。但是，人类社会还是文明的社会，它追求人以人的方式来生活，使每个人得到人应得的待遇。因而，我们必须对知识产权制度中的自然法则进行矫正，即实施人道法则。人类所追求的是文明、优良、美好的人类社会，而一个文明、优良、美好的人类社会的建立，必然要求社会成员富有爱心、仁慈等优良品德，要求人们能积极履行仁慈、慷慨等善行。而权利人作为社会中的强势群体更应该积极履行这些善行。这些"责任外义务"的履行更能显示权利主体品性之优良，展现主体崇高的道德境界。也只有这类义务的积极履行，人类社会才能更文明更人道，人们生活才会更幸福。

社会中的穷人是最容易受到知识产权制度不利影响的群体，在某种程度上，知识产权加剧了穷人生存的艰难。知识产权人应努力消除自身知识产权保护给穷人所带来的不利影响，积极行善，帮助穷人。例如，在药品专利保护中，贫困的消费者无力购买价格高昂的专利药品，其身体遭受疾病痛苦的折磨，甚至面临丧失生命的危险。那么药品专利权人应该慷慨地降低自身专利药品的价格，甚至无私地将药品捐赠给贫困的患者，保证贫困患者对所需要药品的可及力。这是专利权人应尽的道德义务。当人类面临公共健康危机时，药品专利权人应积极履行仁慈的道德义务，低价提供药品或转让专利技术，甚至免费捐赠药品或转让技术，帮助贫困地区度过公共健康危机。在知识产权国际保护中，作为先进知识产权人的代言人的发达国家同样应履行如仁慈、慷慨等道德义务，积极援助发展中国家或不发达国家，让他们远离贫穷、饥饿、疾病的痛苦，也一起共享人类知识进步的好处。当然，不发达国家所面临的贫穷、健康等问题不是发达国家所造成的，不发达国家没有要求发达国家帮助自己的道德权利，但是发达国家有这样的义务。因为人类是一个命运共同体，建立一个和谐、繁荣、幸福、美好的人类社会是我们共同的理想。而仁慈、博爱等善行义务的履行是建立和谐的人类命运共同体所必需的。

在知识产权保护中，知识产权人应坚守中庸之道，实现个体德行与社会伦理、世界伦理的和谐统一。对知识产权主体而言，他应在力所能及的范围内积极行善，履行仁慈、慷慨、博爱等道德义务，帮助需要利用其智力成果的人们脱离困境，为提高社会道德生活质量和促进社会和谐而努力。行善的道德义务是非强制性的，完全依赖于知识产权人的自发、自愿、自觉与自为。积极行善超越了利益交换对等的公正原则，意味着某些超功利的牺牲。正因为这些自愿的牺牲，才更显示了知识产权人作为道德主体的崇高性。

结　语

当下，人类已进入知识经济时代。在这个经济形态中，知识成为极为重要的资源，知识产权受到了前所未有的重视，成为促进国家经济增长和经济发展的基本手段之一。与此同时，与知识产权相关的违法犯罪活动也日益频繁和严重，知识产权犯罪已成为联合国规定的17类跨国犯罪中最严重的犯罪之一。知识产权犯罪及其防控，其实是一个有机的系统。以全球化时代为视角来研究知识产权犯罪预防，主要有两个目的：一是将视野拓展至全球化的广度和深度，能更理性地研究知识产权犯罪预防；二是有利于推进我国知识产权犯罪预防工作向规范化、法制化发展。

近年来，中国的知识产权犯罪防控取得了瞩目的成绩，但依然面临着“内忧外患”——内部的侵权行为频发，外部的国际冲突不断。要想从根本上提升防控水平，仅仅研究知识产权犯罪本身是远远不够的，只有将眼光投向防控的“今”与“昔”，投向防控的“彼”与“此”，投向防控的“内”与“外”，才能汲取更多养料，结出防控的累累果实。

首先，知识产权防控理念的创新。知识产权的防控要更加关注宽严相济政策的运用。刑法是规制违法行为的最后一道防线，新行为的入罪虽然对加大打击力度有着迅速的效果，但也可能导致公众利益受损。因此，一方面要实现刑事程序和行政程序的有效衔接，排除人为的“宽”的因素；另一方面，则应当更为谨慎地对待“刑事门槛”的问题，利用现有法律体系的协调运作和改善社会防控环境的系列举措来实现更高效地防控犯罪的目的。

其次，知识产权法律防控的革新。在立法方面，一是要从严治理知识产权犯罪，将知识产权犯罪界定为财产犯罪可以在很大程度上解决刑法对新行为打击不力的问题；二是利用不同法律的相互关系实现现有法律体系功效最大限度的发挥；三是实现行政程序与刑事程序的有效对接，规范行政机关在处理涉嫌犯罪的案件中的行为。在司法方面，一是要重视自诉模式的运用，自诉模式是针对知识产权犯罪的特征、犯罪人矫治要求引进的，是对被害人实现有效救济的途径之一；二是要以建立知识产权专门法院为目标解决诉讼管辖冲突和专业人员缺乏的问题。在执法方面，要重视长效机制的建立、技术防控的应用，实现司法力量更有效的应用。

再次，知识产权综合治理的维新。社会治安综合治理要秉承“以人为本”的理念，坚持预防为主，重点关注社会大环境的改善。要加快建立更加便捷、高效、低成本的维权渠道，打造诚信经营、公平竞争的营商秩序，营造保护知识产权、崇尚创新的市场环境。

最后，市场经济的发展无法回避知识产权侵权问题。犯罪是一种客观存在，在短时间内无法消灭，杜绝知识产权犯罪亦是目前世界上绝大多数国家和地区都不能完全解决的问题。但是存在犯罪并不等于犯罪现象不可以被控制和减少。因此，犯罪对策的研究就成为犯罪学的必然逻辑。目前我们应当采取标本兼治的方针，同时以治本为重。主要措施包括：创造良好的政策环境支持自主知识产权的研发，大力提高创新实力，鼓励创造发明，实现知识产权对生产力的极大促进作用，这是提升综合国力的必由之路，也是最终完善知识产权犯罪防控体系的保障；提高立法执法水平，进一步完善知识产权法律保护体系，在发挥司法保护知识产权主导作用的同时，强化知识产权行政执法和加大刑事打击力度，同时增强与公安局、检察院的协调以及法院的内部沟通，共同推进知识产权司法保护的统一；加强宣传，提高广大企业和群众的维权意识和维权能力，进行道德教化和道义启蒙，树立知识产权保护和知识产权权利意识，在全社会形成重视和保护知识产权的良好氛围。

参考文献

[1]阿瑟·R. 米勒,迈克尔·H. 戴维斯. 知识产权法概论[M]. 周林,等译. 北京:中国社会科学出版社,1998.

[2]安娜. 我国侵犯商标权犯罪的刑事立法完善研究[D]. 西宁:青海民族大学,2011.

[3]比尔·盖茨. 未来之路[M]. 辜正坤,译. 北京:北京大学出版社,1996.

[4]博登浩森. 保护工业产权巴黎公约指南[M]. 汤宗舜,段瑞林,译. 北京:中国人民大学出版社,2003.

[5]卜维义. 法人犯罪及其双层机制与两罚制[J]. 经济与法,1991(6).

[6]曹建明. WTO与中国法律制度问题研究[M]. 北京:人民法院出版社,2001.

[7]曹建中,韩文成. 论犯罪人与被害人的互动关系[J]. 河北法学,1999(1).

[8]常磊. 知识产权犯罪司法控制实证分析[J]. 山东省农业管理干部学院学报,2006(5).

[9]陈彬,李昌林,薛竑,等. 刑事被害人救济制度研究[M]. 北京:法律出版社,2009.

[10]陈东升. 高科技时代犯罪新趋势及控制和预防对策简论[J]. 公安大学学报,2000(2).

[11]陈东升. TRIPS与我国知识产权保护的刑事立法完善[J]. 政法论坛,2003(1).

[12]陈光中. 刑事和解的理论基础与司法适用[J]. 人民检察,2006(5).

[13]陈静. 论我国侵犯著作权犯罪的特点及侦查对策[J]. 吉林公安高等专科学校学报,2006(2).

[14]陈奎,梁平. 知识产权犯罪刑事和解制度之构建[J]. 知识产权,2013(11).

[15]陈庆华,任旭东. 谈侵犯知识产权犯罪的特点、侦查难点及对策[J]. 浙江公安高等专科学校学报,2002(3).

[16]陈兴良. 刑法全书[M]. 北京:中国人民公安大学出版社,1997.

[17]陈兴良. 本体刑法学[M]. 北京:商务印书馆,2001.

[18]陈兴良. 刑事法判解(第2卷)[M]. 北京:法律出版社,2000.

[19]陈兴良. 刑法哲学[M]. 北京:中国政法大学出版社,2000.

[20]陈兴良. 宽严相济刑事政策研究[M]. 北京:中国人民大学出版社,2007.

[21]陈忠林,陈可倩. 关于知识产权刑法保护的几个问题[J]. 中国刑事法杂志,2007(3).

[22]程荣斌. 经济全球化与刑事司法协助[J]. 中国法学,1999(4).

[23]储槐植. 犯罪学[M]. 北京:法律出版社,1997.

[24]崔立红,秦野. 网络时代知识产权犯罪问题研究及其对策[J]. 知识产权,2001(4).

[25]大谷实. 刑事政策学[M]. 黎宏,译. 北京:法律出版社,2000.

[26]党建军. 侵犯知识产权罪[M]. 北京:中国人民公安大学出版社,1999.

[27]邓宇琼. 侵犯知识产权犯罪案件的现状与侦控对策[J]. 新疆警官高等专科学校学报,2003(4).

[28]丁娟. 知识产权犯罪中的被害人权利保护[J]. 经济论坛,2009(4).
[29]董克云. 网络环境中侵犯著作权犯罪若干问题的研究[D]. 上海:华东政法大学,2007.
[30]董士昙. 被害预防在犯罪预防中的地位和作用[J]. 北京人民警察学院学报,2006(4).
[31]杜国强,廖梅,王明星. 侵犯知识产权罪比较研究[M]. 北京:中国人民公安大学出版社,2005.
[32]杜健勋. 分配与治理:风险社会的环境法结构转型[C]. 桂林:中国法学会环境资源法学研究会 2011 年年会,2011.
[33]杜亚. 我国侵犯知识产权犯罪中的犯罪人研究[J]. 牡丹江教育学院学报,2012(2).
[34]杜永浩. 知识产权犯罪人实证研究[J]. 江苏警官学院学报,2003(4).
[35]杜宇. 理解"刑事和解"[M]. 北京:法律出版社,2010.
[36]恩里克·菲利. 实证派犯罪学[M]. 郭建安,译. 北京:中国公安大学出版社,2004.
[37]樊崇义,王文生. 关于刑事和解的若干问题探讨[J]. 中国司法,2009(1).
[38]费美娟. 论商业秘密的刑事保护[D]. 苏州:苏州大学,2010.
[39]冯洁菡. 中国知识产权保护:任重而道远[J]. 法学评论,2006(1).
[40]冯军. 刑事责任论[M]. 北京:法律出版社,1996.
[41]弗里德里希·冯·哈耶克. 法律、立法与自由(第一卷)[M]. 邓正来,张守东,李静冰,译. 北京:中国大百科全书出版社,2000.
[42]付丽洁. 侵犯知识产权犯罪研究[J]. 北京人民警察学院学报,2005(1).
[43]富田彻男. 市场竞争中的知识产权[M]. 廖正衡,金路,张明国,译. 北京:商务印书馆,2000.
[44]高超. 刑事一体化视野中的知识产权犯罪[D]. 北京:北京大学,2005.
[45]高铭暄,马克昌. 刑法学[M]. 北京:北京大学出版社,高等教育出版社,2007.
[46]郭建安. 论犯罪学的研究对象[J]. 江苏警官学院学报,2008(1).
[47]郭建安. 犯罪被害人学[M]. 北京:北京大学出版社,1997.
[48]高晓莹. 知识产权犯罪研究——主要从犯罪学视角[D]. 北京:中国政法大学,2009.
[49]高晓莹. 侵犯知识产权罪的认定与处理[M]. 北京:中国检察出版社,1998.
[50]郭修申. 企业商标使用与保护[M]. 北京:知识产权出版社,2004.
[51]高艳东. 论 TRIPS 视野下的刑法对知识产权保护的必要性与限度性[J]. 甘肃政法学院报,2003(5).
[52]龚培华. 侵犯知识产权犯罪构成与证明[M]. 北京:法律出版社,2004.
[53]韩凯. 论我国网络环境下的知识产权刑法保护[D]. 昆明:云南大学,2013.
[54]汉斯·海因里希·耶赛克,托马斯·魏根特. 德国刑法教科书[M]. 徐久生,译. 北京:中国法制出版社,2001.
[55]汉斯·约阿希姆·施奈德. 犯罪学[M]. 吴鑫涛,马君玉,译. 北京:中国人民公安大学出版社,1990.
[56]韩志红. 对我国侵犯知识产权犯罪构成的思考[J]. 知识产权,2003(6).
[57]韩志红. 行政司法权的行使应当以当事人自愿为前提[J]. 法学杂志,200(1).
[58]何秉松. 法人犯罪与刑事责任[M]. 北京:中国法制出版社,1991.
[59]何培育. 知识产权侵权责任理论研究[D]. 重庆:重庆大学,2011.

[60]何显兵.后现代性风险社会的犯罪预防[J].中国图书评论,2009(11).
[61]胡开忠.知识产权犯罪比较研究[M].北京:中国人民公安大学出版社,2004.
[62]黄富源.犯罪学概论[M].桃园:台湾警察大学出版社,2002.
[63]黄京平.破坏市场经济秩序罪研究[M].北京:中国人民大学出版社,1999.
[64]黄京平.刑事和解的政策性运行到法制化运行——以当事人和解的轻伤害案件为样本的分析[J].中国法学,2013(3).
[65]吉米·边沁.立法理论——刑法典原理[M].李贵方,陈兴良,等译.北京:中国人民公安大学出版社,1993.
[66]加罗法洛.犯罪学[M].耿伟,王新,译.北京:中国大百科全书出版社,1996.
[67]蒋平.计算机犯罪研究[M].北京:商务印书馆,2000.
[68]姜伟.知识产权刑事保护研究[M].北京:法律出版社,2003.
[69]卡斯东·斯特法尼.法国刑法总论精义[M].罗洁珍,译.北京:中国政法大学出版社,1998.
[70]克劳斯·罗克辛.德国刑法学(总论)[M].王世洲,译.北京:法律出版社,2005.
[71]孔祥俊.商业秘密保护法原理[M].北京:中国法制出版社,1999.
[72]理查德·昆尼,约翰·威尔德曼.新犯罪学[M].陈兴良,周振想,张志辉,等译.北京:中国国际广播出版社,1988.
[73]李成军.青少年网络犯罪的原因分析[J].湖北广播电视大学学报,2004(5).
[74]李春雷,刘南男.我国知识产权犯罪现状及其防控研究[J].知识产权,2007(3).
[75]李汉军,张文.知识产权的刑法保护[J].中国法学,1995(3).
[76]李慧敏.将恢复性司法引入侵犯知识产权犯罪的处罚机制[J].犯罪研究,2007(2).
[77]李梁.侵犯知识产权犯罪案件的现状分析[J].中共乐山市委党校学报,2009(1).
[78]李文革,向朝敏.刑事和解协议的相关问题[J].湖北民族学院学报(哲学社会科学版),2009(6).
[79]李文燕,田宏杰.著作权刑事立法保护比较研究[J].山东公安专科学校学报,2004(3).
[80]李锡海.论市场文化与经济犯罪[J].江苏警官学院学报,2006(3).
[81]李晓.中美知识产权刑事保护比较研究[J].法律适用,2006(5).
[82]李玉香.现代企业知识产权类无形资产法律问题[M].北京:法律出版社,2002.
[83]李治,刘楠楠,张跃.当前我国知识产权犯罪的状况与治理[J].云南行政学院学报,2007(6).
[84]梁莉.网络知识产权犯罪的司法认定与法律规制[J].湖北民族学院学报(哲学社会科学版),2017(6).
[85]梁平,陈焘.论我国知识产权纠纷解决机制的多元构建[J].知识产权,2013(2).
[86]廖家明.刑事和解的契约法视角解读[J].盐城工学院(社会科学版),2005(1).
[87]廖中洪.中美知识产权刑事保护的比较研究[J].法律科学,1997(3).
[88]林冬阳.犯罪被害恐惧与城市空间环境关系的研究综述[C].中国城市规划年会,2014.
[89]林广海.中国知识产权司法保护研究——TRIPS的司法应对[J].重庆:西南政法大学,2008.
[90]林晋章.近百年来专利商标法之变迁[M].台北:台一国际专利商标事务所,1996.

[91]林山田，林东茂，林灿璋. 犯罪学[M]. 台北：三民书局，1996..
[92]刘春田. 知识产权法[M]. 北京：中国人民大学出版社，2000.
[93]刘春田. 中国知识产权二十年[M]. 北京：专利文献出版社，1998.
[94]刘春田，杨雄文. 知识产权法[M]. 北京：北京大学出版社，2007.
[95]刘春茂. 中国民法学・知识产权[M]. 北京：中国公安大学出版社，1997.
[96]刘方. 侵犯知识产权犯罪定罪量刑案例评析[M]. 北京：中国民主法制出版社，2003.
[97]刘芳，单民. 侵犯知识产权犯罪的定罪与量刑[M]. 北京：人民法院出版社，2001.
[98]刘贵萍. 论被害人的心理演变[J]. 贵州警官职业学院学报，2002(5).
[99]刘科. 中国知识产权刑法保护国际化研究[M]. 北京：中国人民公安大学出版社，2009.
[100]刘茂林. 知识产权法的经济分析[M]. 北京：法律出版社，1996.
[101]刘科. 中国知识产权刑法立法国际化研究[D]. 北京：中国人民大学，2006.
[102]刘靖辉. 论犯罪心理[J]. 当代法学，1999(6).
[103]刘素君. 知识产权侵权惩罚性赔偿制度研究[D]. 广州：中山大学，2009.
[104]刘涛. 犯罪情境预防[D]. 南京：南京师范大学，2013.
[105]刘涛. 表现型犯罪的情境预防——一个西方犯罪学视角的观察[J]. 犯罪研究，2012(2).
[106]刘宪权. 假冒专利罪客观行为的界定与刑法完善[J]. 华东政法学院学报，2006(1).
[107]刘宪权，吴允峰. 侵犯知识产权犯罪理论与实务[M]. 北京：北京大学出版社，2007.
[108]龙晟. 修复式正义及其在我国之适用[J]. 上海政法学院学报，2009(1).
[109]龙祥. 侵犯商业秘密罪辨析[J]. 西安政治学院学报，1999(5).
[110]卢建平，翁跃强. 全球化时代知识产权犯罪及其防治[M]. 北京：北京师范大学出版社，2008.
[111]路易斯・谢利. 犯罪与现代化[M]. 何秉松，译. 北京：中信出版社，2002.
[112]陆宗舜. 各国商标法律与实务[M]. 北京：科普出版社，1996.
[113]罗大华，俞亮，张驰. 论刑事被害人的心理损害及其援助[J]. 政法学刊，2001(5).
[114]吕国强. 知识产权禁令制度的建立与完善[J]. 人民司法，2004(4).
[115]吕薇. 知识产权挑战与对策[M]. 北京：知识产权出版社，2004.
[116]马传生. 刑事被害人国家补偿制度的法理思考[D]. 北京：中共中央党校，2006.
[117]马克昌. 犯罪通论[M]. 武汉：武汉大学出版社，2003.
[118]马克昌. 经济犯罪新论[M]. 武汉：武汉大学出版社，1998.
[119]马一德. 中国企业知识产权战略[M]. 北京：商务印书馆，2006.
[120]莫洪宪. 论知识产权犯罪控制中的道德要素[J]. 犯罪研究，2007(5).
[121]莫洪宪，贺志军. 论知识产权犯罪控制中的道德要素[J]. 犯罪研究，2007(5).
[122]莫晓宇. 和谐社会视野下刑事和解机制的构建[J]. 人民检察，2006(12).
[123]南振兴，刘春霖. 知识产权学术前沿问题研究[M]. 北京：中国书籍出版社，2003.
[124]聂洪勇. 知识产权的刑法保护[M]. 北京：中国方正出版社，2000.
[125]诺兰. 伦理学与现实生活[M]. 姚新中，等译. 北京：华夏出版社，1988.
[126]彭立静. 伦理视野中的知识产权[M]. 北京：知识产权出版社，2010.
[127]彭少辉. 知识产权犯罪人与被害人互动关系实证研究——以 137 个典型知识产权刑案

为样本[J].贵州警官职业学院学报,2010(5).
[128]彭玉伟.老年犯罪被害基本问题研究[D].北京:北京师范大学,2011.
[129]皮艺军.越轨社会学概论[M].北京:中国政法大学出版社,2004.
[130]乔治·比卡.犯罪学的思考与展望[M].王立宪,徐德瑛,译.北京:中国人民公安大学出版社,1992.
[131]曲三强.被动立法的百年轮回——谈中国知识产权保护的发展历程[J].中外法学,1999(2).
[132]曲三强.知识产权法原理[M].北京:中国检察出版社,2004.
[133]沈东.知识产权犯罪被害人权利的救济[D].广州:中山大学,2009.
[134]申琳琳.也谈我国的知识产权刑罚改革[J].法制博览,2016(10).
[135]沈培.电子商务中的知识产权问题及其保护策略[J].特区经济,2005(8).
[136]沈仁干,钟颖科.著作权法概论(修订本)[M].北京:商务印书馆,2003.
[137]舒洪水,贾宇.全球化时代的知识产权犯罪及其防治[J].法学家,2009(1)
[138]宋英辉.刑事和解实证研究[M].北京:北京大学出版社,2010.
[139]苏桂林.知识产权犯罪的特点、成因与对策[J].广西社会科学,2000(4).
[140]孙万怀.侵犯知识产权犯罪刑事责任基础构造比较[J].华东政法学院学报,1999(2).
[141]唐·布莱克.社会学视野中的司法[M].郭星华,等译.北京:法律出版社,2002.
[142]唐广良.知识产权:反观、妄议与臆测[M].北京:知识产权出版社,2013.
[143]唐广良.知识产权研究(第十一卷)[M].北京:中国方正出版社,2000.
[144]唐纳德·布莱克.法律的运作行为[M].唐越,苏力,译.北京:中国政法大学出版社,2004.
[145]唐琦.知识产权犯罪若干问题研究[J].法制与社会,2009(1).
[146]万鄂湘.国际知识产权法[M].武汉:湖北人民出版社,2001.
[147]汪高坤.知识经济时代的犯罪趋势预测[J].青少年犯罪研究,1998(3).
[148]王欢.知识产权犯罪中被害人保护制度探析[C].检察机关服务文化创意产业科学发展专题研讨会,2012.
[149]王军明,郭磊,马宁."全球化时代的知识产权犯罪及其防治"学术研讨会综述[J].江苏警官学院学报,2008(3).
[150]王牧.新犯罪学[M].北京:高等教育出版社,2005.
[151]王牧.根基性的错误:对犯罪学理论前提的质疑[J].中国法学,2002(5).
[152]王牧.犯罪学:研究犯罪现象规律的社会科学[N].光明日报,2003-10-28.
[153]旺娜.论我国知识产权刑事保护的完善——从知识产权的私权性质谈起[D].石家庄:河北师范大学,2011.
[154]王鹏祥.我国刑事和解制度的立法价值与进一步完善[J].江西社会科学,2012(6).
[155]王文波.经济全球化与知识产权犯罪[J].山东公安专科学校学报,2002(5).
[156]王轶群.新时期的知识产权犯罪研究[D].上海:华东政法大学,2010.
[157]王玉杰.论商业秘密的刑法保护[J].法学评论,1996(4).
[158]王新奎,刘光溪.WTO与知识产权争端[M].上海:上海人民出版社,2001.
[159]王作富.刑法分则实务研究(上)[M].北京:中国方正出版社,2001.

[160]韦恩·莫里森.理论犯罪学[M].刘仁文,吴宗宪,徐雨衡,等译.北京:法律出版社,2004.
[161]魏一波.我国知识产权刑法保护问题研究[D].北京:对外经济贸易大学,2011.
[162]韦之.论不正当竞争法与知识产权法的关系[J].北京大学学报(哲社版),1999(6).
[163]吴澄.知识产权是知识经济的核心[N].人民日报,1998-11-14.
[164]吴汉东.关于知识产权私权属性的再认识——兼评"知识产权公权化"理论[J].社会科学,2005(10).
[165]吴宗宪.西方犯罪学[M].北京:法律出版社,2006.
[166]夏朝晖,吴继承.经济犯罪控制与经济发展[J].湖北警官学院学报,2006(1).
[167]向开柱,李国如.侵犯著作权犯罪的罪名的确定和犯罪构成特征新论[J].郑州大学学报(哲社版),1996(1).
[168]肖玮.知识产权:无形资产期待有序保护[N].检察日报,2001-05-09.
[169]徐岱,刘余敏,王军明.论知识产权犯罪惩治的困境及其出路[J].政治与法律,2008(7).
[170]许福生.犯罪学与犯罪预防[M].台北:台湾元照出版公司,2018.
[171]许福生.论风险社会与台湾性侵害犯司法处遇法制之变革[J].海峡法学,2016(3).
[172]许福生.台湾地区社区处遇制度之探讨[J].刑法论丛,2012(4).
[173]徐玉玲.营业秘密的保护[M].台北:三民书局,1993.
[174]许章润.犯罪学[M].北京:法律出版社,2004.
[175]薛兴华.强化电信网络知识产权法律保护的对策[J].通信企业管理,2004(6).
[176]杨雄文.知识产权熵论[J].知识产权,2006(10).
[177]杨雄文.知识产权法总论[M].广州:华南理工大学出版社,2013.
[178]杨延超.我国侵犯知识产权犯罪的立法完善[J].法学论坛,2007(5).
[179]杨正鸣.经济犯罪侦查新论[M].北京:中国方正出版社,2004.
[180]杨正鸣,倪铁.知识产权犯罪动因论析[J].山东公安专科学校学报,2004(1).
[181]杨正鸣,倪铁.知识产权犯罪特征分析[J].江苏警官学院学报,2004(2).
[182]杨正鸣,倪铁.知识产权犯罪抗制对策论[J].犯罪研究,2003(6).
[183]易继明,李辉凤.论著作权犯罪与刑罚的价值取向[J].刑事法学,2000(6).
[184]尹宁.民营企业家犯罪治理研究[D].重庆:西南政法大学,2016.
[185]于邦振,杨仉孙.知识产权犯罪成因及对策探析[J].上海公安高等专科学校学报,2006(1).
[186]于阜民.专利权的刑事保护[M].北京:社会科学文献出版社,2005.
[187]于锐.民法视域中的刑事和解协议[J].民主与法制,2012(6).
[188]余翔,武兰芬,姜军.国家经济安全与知识产权危机预警和管理机制的构建[J].科学学与科学技术管理,2004(3).
[189]于志强.我国网络知识产权犯罪制裁体系检视与未来建构[J].中国法学,2014(3).
[190]赵斌,曹文智.浅议侵犯知识产权犯罪侦查[J].中国人民公安大学学报,2005(2).
[191]赵秉志.侵犯知识产权罪疑难问题司法对策[M].长春:吉林人民出版社,2000.
[192]赵秉志,刘伟.海峡两岸侵犯商标罪立法之比较[J].法学评论,1994(5).

[193]赵秉志，田宏杰. 侵犯知识产权犯罪比较研究[M]. 北京：法律出版社，2004.
[194]赵国玲. 侵犯知识产权犯罪调查与研究[M]. 北京：中国检察出版社，2002.
[195]赵国玲，宾亭. 论知识产权犯罪被害人及其保护[J]. 政法论丛，2001(4).
[196]赵国玲，刘东根. 中国内地与澳门刑法中侵犯著作权犯罪之比较[J]. 犯罪研究，2002(5).
[197]赵国玲，王海涛. 知识产权犯罪中的被害人——控制被害的实证分析[M]. 北京：北京大学出版社，2008.
[198]赵国玲，王海涛. 知识产权犯罪单位被害人责任研究[J]. 电子知识产权，2007(11).
[199]赵可，周纪兰，董新臣. 一个被轻视的社会群体——犯罪被害人[M]. 北京：群众出版社，2002.
[200]赵星. 知识产权侵权犯罪被害人保护和救济研究[M]. 北京：中国人民公安大学出版社，2008.
[201]赵永红. 知识产权犯罪研究[M]. 北京：中国法制出版社，2004.
[202]张国轩. 商业犯罪研究[M]. 北京：经济管理出版社，2001.
[203]张军，卫聪玲，马筱莉. 知识产权领域侵权行为研究[M]. 北京：经济科学出版社，2005.
[204]张可创. 犯罪学的实证研究方法[M]. 桂林：广西师范大学出版社，2009.
[205]张明楷. 市场经济下的经济犯罪与对策[M]. 北京：中国检察出版社，1995.
[206]张明楷. 论刑法的谦抑性[J]. 法商研究，1995(4).
[207]张绍彦. 犯罪学[M]. 成都：四川大学出版社，1995.
[208]张胜利. 软件著作权的侵权与赔偿问题研究——以"番茄花园网络软件盗版案"为视角[D]. 兰州：兰州大学，2011.
[209]张宪辉. 知识产权的刑事法律保护研究[D]. 长春：吉林大学，2009.
[210]张小虎. 犯罪预防与犯罪控制的基本理念[J]. 河南省政法管理干部学院学报，2008(1).
[211]张晓晶. 知识产权被侵之痛[J]. 科技信息，2005(1).
[212]张玉瑞. 商业秘密的法律保护[M]. 北京：专利文献出版社，1994.
[213]张跃. 中国侵犯知识产权犯罪原因探析[J]. 吉林公安高等专科学校学报，2009(4).
[214]郑成思. 知识产权法[M]. 北京：法律出版社，2004.
[215]郑成思. 版权法[M]. 北京：中国人民大学出版社，1997.
[216]郑成思. 版权公约、版权保护与版权贸易[M]. 北京：中国人民大学出版社，1992.
[217]郑成思. 世界贸易组织与贸易有关的知识产权[M]. 北京：中国人民大学出版社，1996.
[218]郑成思. 关税总协定与世界贸易组织中的知识产权协议[M]. 北京：学习出版社，1994.
[219]朱乃肖. 论知识产权的商品属性、发展趋势和应对措施[J]. 经济理论与经济管理，2006(5).
[220]朱刚灵. 互联网时代下知识产权刑法保护的应对策略[J]. 北京政法职业学院学报，2017(1).
[221]庄伟，吕国玉. 生产销售伪劣产品犯罪以及侵犯知识产权犯罪实证研究[J]. 国家检察官学院学报，2006(5).
[222]宗艳霞. 网络著作权行政法保护研究[D]. 大连：大连海事大学，2017.

后　记

《知识产权犯罪学的建构及其应用》总算脱稿了，我为此松了一口气。今年下半年部门同事理解我手头上繁重的写作任务，劝我放下这学期教学任务而腾出时间专心写作。也正是放下教学的担子后，我感到轻松了不少，自在了许多，也得以腾出更多的时间独处。

独处是一种难得的经历。善于独处的人能享受独处的妙处，心连广宇，思接千载，在远离尘世喧嚣后与内心进行自我对话。这是一种独特的趣，更是一种纯粹的美。这段时光伴着著书立说，独处并非清闲，写作亦是我生活的一部分，尤其是在人生的这个阶段，著书立说的愿景一直激励着我完成这份书稿。其间有失有得，苦乐参半，也终究体悟"书卷多情似故人，晨昏忧乐每相亲"的心境。窗前月常伴，盏中茶作陪，在翻飞书页间求索，在汪洋思绪中寻真，感悟时常闪过脑海，悲喜间或涌上心头。人生大抵如此，该看透的早已看透，该放下的也终要放下。人云"一无所有时曾苦苦追求，可拥有后还是空虚"，千帆过尽才恍然醒悟，寻觅半生的恰恰是最初最真实的自我。在自在中觉悟，在觉悟中欢喜。所以，寻找自己，远比追求外在物质更重要。如今的我已过耳顺之年，写完这"封笔著作"，待到卸去重担，走下讲坛之际，也当以不一样的心态去面对新的生活了。

不过，我向来是以严谨治学为第一宗旨的，在求知问道的路上从未停下过脚步。也正是借这段闲暇，我重拾起多年萦绕心头的夙愿，系统梳理了关于知识产权犯罪的若干问题，希望能为这一领域填上一片空白。仔细说来，这本书算是前年才开始动笔，而后经历了一段相当曲折的时光，几易其稿，直至今日。考虑到本书探讨的问题大多是具有方向性或者开拓性的，整体而言似大而化之，但又不乏具体细微之处。譬如有的是提出新的思考模式，有的则是旧曲新唱，对老生常谈的问题作新的解读。笔者今年刚刚出版了《知识产权刑法学的建构及其应用》专著，本书算是它的姊妹篇，故命名为"知识产权犯罪学的建构及其应用"。然而我时常为此惶恐忐忑，毕竟知识产权犯罪学领域新兴而广袤，而我只不过是一个没有指南针的探索者，纵然心比天高，奈何才疏学浅，穷尽智思也难窥真理之一隅。本书或许只能算作是一家之言，但亦是我呕心沥血、殚精竭虑之明证。君不见字里行间皆真意，满腔热血付其中。

本书尝试论述侵害知识产权犯罪的基本观点，而这些观点是建立在特定的材料基础上的。材料是观点诞生之前提，亦是其升华质变之基石。所谓论著，往往是百分之九十九的材料加上百分之一的观点。这样的说法绝非耸人听闻，或许材料过多会落入喧宾夺主的窘境，但材料不足注定会使观点沦为空中楼阁。曹禺先生曾说："作为一个大作家，要有自己的看法、自己的思想，有自己的独立见解。否则，尽管掌握了很多的、很丰富的生活积累，但是因为他没有一个独立见解，没有一个头脑来运用这些东西，从中悟出一个道理，悟出一个主题来，那还是写不出深刻的作品。"因此，当材料的地基打好，观点便决定了论著的高度。我们所要做的不仅仅是从新的材料中提炼新的观点，也需要用新的观点去归纳旧的材料。新的观点可以定位新的方向，新的方向可以通往新的境界，自古以来的学术发展乃至社会变革概莫能外。本书以当下知识产权犯罪的司法实践为背景，选取其中一些或前沿或典型的问题深入思考，梳理来龙去脉，整合前人理论，也尝试提出自己的观点。但遗憾的是，由于各种原因，本书引用的资料素材未必完全准确，其中有些观点是否属实也颇受争议。但无论如何，我都已尽力去核实查证，力求尽善尽美，于心无愧，况且我引用资料或理论更多的是为了表达自己的思想，提出自己的观点。当然，倘若书中确有谬误差池，也请读者不吝指正。

我从来不是故弄玄虚、哗众取宠之人，写书的初衷是想为我国知识产权犯罪学领域的开拓尽绵薄之力，书中的观点与思考皆是平素积累之成果，绝非东拼西凑、寻章摘句之产物。数十年的法律工作与法学教育的经历告诉我，面对艰深问题须追本溯源、寻其法理，而不能拘泥于固有形式与外在表象。掌握了问题的内在法理，便掌握了更高层次的思维，也就能以更全面更深刻的眼光去解读问题的本质。余秋雨先生曾言"写天可以取其一角，但必先感受满天气象；画地可以选其一隅，也必先四顾大地苍茫"，文法两道，殊途同归。这便是本书写作所依托的核心思想，全文从立论到展开都是以之为要义的。我也为此做了许多摸索与总结，希望能以足够成熟的方式传达这一思想，无论是面向在读法科生还是同行从业者。

本书的创作可谓坎坷多磨，从动笔至定稿历时两年有余，前后起起伏伏、一波三折，也所幸皇天不负，终得其稿。写作期间，我得到了来自亲友和同事的鼓励，他们理解这本书对于我的意义，也感叹我的热情与决心。但一件事情坚持两年绝非易事，我也有过气馁动摇之时，甚至会扪心自问这一切的付出和努力是否值得。写作于我，固然是教书治学的一部分，也同样是修身消遣的习惯使然。我将写作看作是一种生活方式，在世俗社会的条条框框中打开一个窗口，让自己得以重新审视世界，审视人生，审视自己。我对知识产权犯罪学已研究多年，也有诸多收获与心得，但一直没有机会将之系统整理，许多疑难问题也很难找到志同道合之士探讨。事实上，直至本书定稿之日，我国的知识产权犯罪学领域依然一片荒芜，市面上也找不到一套面向高校师生的专业教材。因此我决心将自己的所知所思与更多人分享，哪怕招致讥讽；我也总是希望能为知识产权犯罪学的建设献上自己的一份力，即使不被理解。然此可为智者道，难为俗人言也。

这一路走来，我得到了许多支持，亦承蒙多方鼓励。特别是法学界每位朋友包括西湖区法院知识产权庭吕厚望庭长，他们为本书提供了诸多宝贵的经验和意见。在本书撰写过程中，我的科研助理也全程参与了本书的撰写，作为研究生和本科生的学习历练，值得肯定。在与他们一起修改书稿时，发现他们渊博的文化知识，犀利的直觉、敏锐的问题意识，给了我很多的学术启迪，在我心里永远都镌刻着他们尊师辅佐的智慧与师生情谊。在此，我要对许越、徐东尔、陈艺欣、娄晶媛、孙寅杰、朱敏琦、汪翀尔、孙佳玮、张虹、周芷薏、黄梦颖、胡丹冰等同学表示感谢，若没有他们，这本书也不会是你们现在所看到的样子。

我还要感谢浙江大学出版社石国华老师和各位编辑，本书写作过程，拖拖沓沓而迟迟不能交稿，对为此所带来的麻烦深表歉意，并对你们一如既往为本书出版付出的辛勤劳动，深表谢意。

最后，谨以此书献给家人们，尤其是年迈的母亲，因为有了他们的鼓励和支持，本书才得以完成。尤其是父亲从小就在我的头脑中灌注和树立起了对学习终生尊重的习惯，他为我设立的做人道德标准，至今我仍在努力遵循，他言传身教的为人处世之道亦是我毕生践行的准则。父亲虽过世已久，但风范长存。

杨燮蛟
2020 年 12 月 30 日